少林木子 ◎ 编著

国历代

冤案

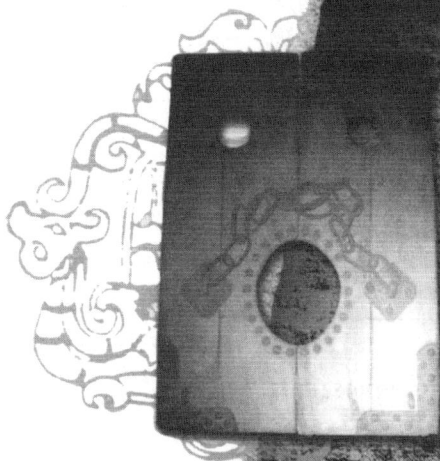

内蒙古文化出版社

图书在版编目(CIP)数据

中国历代冤案/少林木子编著.—呼伦贝尔:内蒙古文化出版社,2009.5
ISBN 978-7-80675-711-6

Ⅰ.中…Ⅱ.少…Ⅲ.历史事件一中国一古代 Ⅳ.K2205

中国版本图书馆CIP数据核字(2009)第068444号

中国历代冤案
ZHONGGUO LIDAI YUANAN

少林木子　编著

责任编辑	白　鹭　王　春
装帧设计	知尧视觉

出版发行	内蒙古文化出版社
地　　址	呼伦贝尔市海拉尔区河东新春街4 – 3号
直销热线	0470 – 8241422　　邮编　021008

排版制作	北京鸿儒文轩文化传播有限公司
印刷装订	三河市华东印刷有限公司
开　　本	787mm×1092mm　1/16
字　　数	400千
印　　张	25
版　　次	2009年6月第1版
印　　次	2022年4月第2次印刷
印　　数	8001—13000 册
书　　号	ISBN 978-7-80675-711-6
定　　价	68.00元

前　言

中国自古以来,就有敢于为民请命的人和舍身求法的人。正是这些中华民族的优秀分子,为了国家和民族的大利益,往往为邪恶势力和专制君主所不容,以至以身殉国,甚至连及亲属,弄得家破人亡。但历史是公正的。历史将洗刷掉泼在他们身上的污泥浊水,还他们以清白,而将那些奸邪之徒永远钉在耻辱柱上。

中国经历了漫长的封建社会,而封建君主专制经历了一个日益强化的过程。正是在这种封建君主专制强化的过程中,有多少仁人志士被冤杀,有多少一心为国为民的忠梗之士身陷囹圄,甚至遭灭门之祸。不难想象,在这种君主专制不断强化的过程中,天下臣民的身家性命系于君主一言,即使再英明的君主,也难免会产生冤案。这些君主或有意,或无意,或受某些佞臣的蒙蔽,使一些忠梗大臣被误杀,这就成了很普通的事,历代皆有。人们还可以看到,君主专制越是强化的时代,这类冤案就越多。

造成冤案的具体原因多种多样,大体说来可归纳为以下几种情况:

其一,君主昏暗,或受某些因素的迷惑,对忠梗大臣的谏言听不进去,对他们的犯颜直谏无法忍受,因而就对他们进行诛杀。

其二,在你死我活的政治斗争中,一些人成了无辜的牺牲品,构成冤案。

其三,一些大臣功勋卓著,已达到所谓"功高震主"的程度,引起皇帝的猜疑。

其四,皇帝本人出于某种私心,不从国家的全局出发,而对一心报国的忠良之士进行排挤,甚至诛杀,造成冤案。

其五,一些有责任心的大臣认识到国家政治弊端,忧国忧民,为改变现状而勇于革新,因而得罪了旧势力,得罪了那些既得利益者。旧势力对他们进行百般攻击和陷害,使这些革新者有的被杀头,有的被贬逐,下场都很可悲。

其六,有的大臣勇于任事,忠心报国,但皇帝却中了敌方的反间计,致使大臣被误杀。

其七,有时君臣之间产生误会也会造成冤案。

其八,有的大臣见识高远,而主上却昏庸无能,主上嫉妒臣下的才能,这也会造成冤案。

其九,专制君主有意滥杀:即出于某种目的和需要,故意诛杀功臣,制造冤案。这种情况在一个新王朝建立之初最为常见。

其十,有些忠贞梗直的大臣被恶势力所陷害,造成冤案。

所列十种情况只是大概成因,实际上每一个冤案都有不同的具体原因。本书所选取的都是史书上有记载的重大案例,都发生在著名的大臣或重要人物身上。至于发生在千百万小民百姓当中的冤案,由于缺乏史料记载,也就无从考究了。

今天,中华人民共和国宪法明确规定,国家权力属于人民。这就为人民当家作主提供了根本保证。在1999年初通过的宪法修正案中又明确规定,要"依法治国"。这就为我国建立一个民主与法制的社会指明了方向。在法律面前人人平等,任何人都不能以权代法,以言代法,任何权力都要接受人民的监督和制约,这就为减少冤案并最终消除冤案奠定了基础。

全书以中国历史发展进程为主线,考虑到故事之间的联结性(人物和时代背景),我们将中国分类史概分为上古至春秋战国、秦汉、隋唐五代、宋元、明清这五个时间段,以此来展开中国冤案故事的叙述。五个时间段即是本书结构的五个篇章,每个篇章都有章序,用以概括本章所要传达出的信息。

中国历代冤案

目 录

第三篇　隋唐虽有兴盛世 也有沉冤诗雪昭

第四篇　宋辽金元多更替 上天总把英才嫉

第五篇　惊天动地明清案　英灵之冤泣鬼神

中国历代
冤案

4

第一篇
春秋秦汉多战乱　多少冤魂风雨中

　　夏朝，中国开始了"家天下"的君位传承制，王权开始有意识地被无限扩大，以致于催生出王权暴力政治。专制制度和人治因素处于主导地位，法制因素极其淡薄，"以权代法"的滋生，为冤案的产生提供了丰腴的土壤。

　　春秋时期是中国历史上一个较为典型的动荡期，这时正值中国历史上由分封建制制度到君主集权专制制度的过渡期。此时周室衰微，群雄纷争，战火弥漫中华大地，各个诸侯国逐渐摆脱了周天子的辖制，兴兵举政以图自强，从而称雄称霸。这一时期硝烟弥漫、疆场浴血，不择手段的离间计谋、暗怀妒忌的朝臣相诬、兔死狗烹般的君不容臣，为冤案的产生埋下了伏笔，只等你踏入雷区，苦果自食！

路漫漫修远 舍身投汨罗
——屈原之冤

我国历史上的战国社会末期,是一次前所未有的席卷整个中国大地的大战乱时期。当时,农业、手工业、商业的发展,使得社会生产力大大提高,从而推动和促进了生产关系的变革,新兴的地主阶级开始登上政治舞台,日益要求参与变革和掌握国家政权。而腐朽的奴隶主贵族势力仍顽固地维护反动落后的政治统治。这种实质性的斗争具体表现为:七个强大的诸侯国家——齐、楚、燕、赵、韩、魏、秦,都积极任用革新派人物,在本国实行变法,富国强兵。同时互相进行激烈的拼杀征战,企图以自己为主统一中国。

七国之中位于西方的秦国,原来经济、文化都很落后,但由于在秦孝公时重用了卫国人公孙鞅(因仕秦有功,封于商地,号商鞅)实行变法,并取得了较为彻底的胜利,到战国中期后来居上,一跃成为七国中最强大的国家。秦强大之后,立即对其它六国展开强大的攻伐,给山东六国(因六国均位于秦以东的崤山之东)造成了极大的威胁。

当时的山东六国中,最有可能与秦抗衡的是楚国。楚国是战国七雄中地域最大的国家。它的国界北至中原,与韩、魏、齐等国为邻,西至黔中(湖南沅陵)、巫郡(四川巫山),与巴蜀和秦为邻,南到苍梧(湖南九嶷山),东达海滨。楚国的建国和开发虽不及北方黄河流域历史久远,但由于南方江汉流域富庶的自然条件和广大人民的辛勤劳动,经济、文化发展很快,到春秋中期,楚国在政治、军事上都已达到鼎盛时期,当时的国君楚庄王继齐桓公、晋文公之后成为中原又一霸主,成为历史上的"春秋五霸"之一。战国时期,楚国国力更加强大,生产力发展水平已经达到相当的高度。

但到战国中后期,楚国的政治、军事状况和实力却日益腐朽和衰落。这是由于楚国的奴隶主贵族腐朽势力十分顽固和强大,他们在楚王周

屈原

2

围形成了一个盘根错节的集团，千方百计阻止和破坏一切具有积极进步意义的改革措施。战国初期，楚悼王曾任用卫国人吴起为丞相，制定了一整套抑制奴隶主贵族势力、富国强兵的变法措施。一度使楚"南平百越，北并陈蔡，却三晋，西伐秦；诸侯患楚之强。"但是，由于楚国旧贵族势力的处处对抗，使吴起的政治主张难以彻底贯彻实行。支持变法的楚悼王在世时，楚的贵族旧势力就企图杀害吴起，等楚悼王一死，甚至尸骨还未寒，吴起便立即被杀，他制定的新法也随之废除。这种倒行逆施的结果，使得楚国实力逐渐衰落，到楚怀王即位时，楚国虽然表面上还很强大，但实际上军事实力和政治声望都已远远落后于秦国。楚怀王也清楚地看到了这种局势，曾哀叹道："寡人自料以楚当秦，不见胜也；内与群臣谋，不足恃也。寡人卧不安席，食不甘味，心摇摇然如悬旌而无所终薄。"

　　面对当时这种力量对比十分悬殊的局势，楚国和山东六国中的其它五国都十分清楚地感到秦的威胁，同时也产生了联合抗秦的要求。从公元前334年开始，山东六国相继接受了洛阳策士苏秦关于联合抗秦的主张，委他挂六国相印，由南到北组成一条纵线抗击秦国，这就是历史上的"合纵"政策。在"合纵"过程中，楚国曾发挥过重要作用，一度居"长"的地位。与此同时，秦国也在公元前328年，用魏国人张仪为丞相，采取分化瓦解、远交近攻的策略对六国进行各个击破，史称"连横"。"合纵"和"连横"两种势力斗争的结果，决定着秦和山东六国生死存亡的命运。在这种历史背景下，屈原步履蹒跚地走上了政治舞台。

胸有大才　生不逢时

　　提起屈原，在中国可谓家喻户晓。他的名字和民间节日端午节联系在一起。正是由于屈原是农历五月初五投入汨罗江，这一天便成了人们纪念这位伟人的日子。彼时，滔滔湘江，浩浩洞庭，千帆竞渡，百舸争流，万众呼唤：

"魂兮，归来，三闾大夫——"

"魂兮，归来，三闾大夫——"

屈原，今湖北省秭归县人，楚威王元年（公元前339年），出生在楚国一个没落的旧贵族家庭。他的家族曾是楚国的贵族，其祖先与楚王同姓，因此他与楚王是同一始祖的子孙，这个始祖就是古代传说中的高阳颛顼氏。相传，颛顼兴起于高阳地方，他有一支叫做季连的六代孙开始姓芈，楚国就是他的后代。周文王时，季连的后裔鬻熊的曾孙熊绎因祖上有功，被封在楚，住丹阳（今湖北省秭归县）。这就是楚国建国的开始，而熊绎便是楚国的第一代国君。可见，楚国本应该姓芈，到鬻熊以后姓熊。屈原与楚王同姓，也应姓芈或熊，到春秋初年，屈原的祖先、楚武王熊通的儿子瑕受封于屈地为卿，才把"屈"作为氏的称号，后来，随着社会的发展，姓氏逐渐

不分,屈原祖先的氏号"屈"便作为他家的本姓流传下来。因为屈原家族是楚国的王族,所以他的许多先人都曾担任过楚国的重要官职,发挥过重要作用,如屈重、屈完、屈建等。据史书记载,他们或是善于辞令的外交家,或是统领千军万马的将军,曾给屈氏家族带来过极大的荣誉。但到战国时期,屈氏家族衰落下来,在政治上虽仍能够保持贵族身份,但经济上已经十分贫寒了。

在战乱而复杂的年代中成长起来的屈原,高贵的家庭出身使他从小具有良好的文化素养、超群的才华和非凡的抱负。他比一般的楚国人更关心楚国的命运和前途。

幕僚倾轧　首遭放逐

公元前329年,楚威王去世,次年由其子熊槐即位,是为楚怀王。楚怀王统治时期,还是很有一番作为的,对内发布限制旧贵族的法令,对外出兵打败魏国。年轻的屈原看到楚怀王有变法图强的要求,便于怀王十年(公元前319年),怀着崇高的理想和一腔爱国热忱之心,从家乡秭归来到楚都郢(今湖北江陵西北)。开始时,屈原担任文学侍臣。他利用在工作上的便利,以自己渊博的知识,明于治乱的本领和善于辞令的特长,跟楚怀王高谈阔论。从远古怎样开头,到天地怎样形成,从吴起变法的失败,到商鞅变法成功,从秦楚两国的对比,说到变法的必要,终于赢得了楚怀王的信任。

怀王十一年,屈原由文学侍臣被擢升为左徒。左徒在当时的楚国是一个很重要的官职,地位仅次于令尹(宰相),能参与商讨国家大事,负责发布命令,接待各国使节,处理外交事务。这一年,屈原才22岁。他踌躇满志,决心像伊尹、吕望辅佐商汤、周文王那样去辅佐怀王,解决当时楚国在内政外交上面临的问题。

楚国当时在外交上没有确定的策略。楚怀王缺乏政治远见,自恃武力强大,不时攻打周围邻国,结果使自己陷于孤立。屈原明白楚国的有利条件,但他也正视秦强于楚的客观事实。他向怀王分析了形势后,提出楚国在外交上必须采取合纵政策,最重要的是联齐抗秦。楚怀王听了屈原对各国形势的分析,觉得很有道理,决定在外交上实行联齐抗秦的政策,即派屈原出使齐国,谈判两国联盟的事宜。当时齐国的国君是齐宣王,由于齐国以前不断受到楚国的进攻,他开始时对楚怀王要求与齐联盟表示怀疑。但在屈原的说服下,终于同意签订盟约。之后,楚齐等山东六国在楚都郢开会,结成合纵联盟,并推举楚怀王为"纵约长",联合攻秦。联军虽在军事上没有什么结果,但也给秦国以很大的威胁,使其不敢再轻视楚国。

随着楚国地位的提高,楚怀王看到屈原主张的外交政策取得了成功,因此对他更加信任和器重。便决定采纳屈原的建议,修明法度,在内政方面实行改革,并任

命屈原秘密着手起草一部《宪令》，待将来公布实行。

正如任何革新和进步都无一例外地会遭到保守势力的阻挠和反对一样，屈原的政治措施也很快成为楚王周围盘根错节的奴隶主贵族势力诋毁和攻击的目标。

首先向屈原发难的是上官大夫靳尚。他和怀王少子子兰都是楚怀王的亲信近臣，他们互相勾结利用，形成怀王身边一个腐朽的反动集团。看到怀王重用屈原，他们心中自然不满。

一次，屈原接受怀王的命令，草拟了一份新的政策法令，稿子还没有写定，心怀叵测的靳尚就要强行抢来按自己的意思改动。屈原为保守国家机密，坚持自己的正确主张，坚决不把草稿交出去。这样就惹怒了靳尚，他便到怀王面前去告屈原的状，并煞有介事地说："现在外面的人都在私下议论大王让屈原起草《宪令》的事！这件事除了屈原以外，还有谁会泄露出去呢？他还对别人说在楚国除了他，别人是订不出来的，连大王您也干不了……"一向妄自尊大、自以为是的楚怀王听了靳尚的谗言，不仅认为屈原泄露了国家秘密，更使他恼怒的是，屈原连他这个大王也不放在眼里。回宫后，又听宠姬郑袖添油加醋地说了屈原的一些坏话，不禁对屈原厌恶起来。

正当屈原废寝忘食地伏案起草《宪令》、立志报效国家的时候，突然传来了楚怀王的命令，免除了他的左徒官职，降为三闾大夫，屈原被从高级领导集团中赶了出来。事后，屈原一次次地向楚怀王表示自己的忠贞，但无奈奏章根本到不了怀王手里。

当时的七国形势，秦虽然已十分强大，但也一直害怕山东六国的联合抗击，特别担心地域最大的楚国和财力最雄厚的齐国的联合。为了破坏这种联合，楚怀王十六年，秦派"连横"的代表人物张仪到楚国游说。张仪用重金买通了靳尚等人，并诱骗楚怀王说："秦国最憎恨的是齐国。楚国如果能断绝与齐国的联合，秦国愿把商於地方的六百里土地作为礼物送给楚国。你们如同意这样做，则既削弱了齐国，又和好了秦国，同时还使自己增加了土地，这样一举三得的好事，大王何乐而不为呢？"贪图小利的怀王果然听信了张仪的话，答应断绝与齐国联合的要求，还马上拜张仪为相国，连着几天摆起庆贺的酒宴，乐不可支地宣布："我们要收回商於地方了。"

屈原此时正出使齐国，得知消息后，立即赶回楚国，极力阻止，但为时已晚。屈原埋怨头脑简单的楚怀王，痛恨里通外国的靳尚之流，更担心楚国的前途。看到自己的理想不能实现，留在郢都已无益，屈原便回到秭归，处理王族中的事务，并密切关注着楚国事态的发展。

楚怀王断绝了与齐国的结好联盟后，派人到秦国去接受六百里封地。当楚国的受地使者来到秦国时，张仪却谎称酒后摔伤，不能见客，闭门三个月不露面。楚使没有办法，只好回去报告怀王。怀王不但不醒悟，反而猜想是秦国认为他和齐国

的关系断绝的不坚决。于是又派人到齐国，当着齐王的面将齐辱骂了一番，齐王又气又恼，转而与秦国结好。这样，张仪破坏楚齐联盟的目的已达到，便将六百里的许诺变为六里。楚怀王这时才发觉自己上了秦国的当，一怒之下，发兵讨伐秦国。公元前312年春，楚与秦在丹阳交战，结果楚军大败，将士死伤八万人，许多将领被俘，还损失了汉中一带六百里的土地，怀王损兵折将，更加恼羞成怒，倾全国兵力第二次伐秦，两军在蓝田大战，楚又遭到惨重的失败。这时，韩、魏也乘机出兵袭击楚的后方，在腹背受敌的情况下，怀王只得忍气退兵。

受了秦的愚弄欺骗，又接连吃了两次败仗，楚怀王稍微清醒了一些，他后悔不该对齐那样背信弃义、孤立了自己。于是把一直主张联齐的屈原召回，派他前往齐国去请求谅解，以图再度联合。屈原毫不计较个人的恩怨，于怀王十八年，受命第三次出使齐国。

正当屈原前往齐国作再度联齐的说服工作时，秦国又在窥测时机，玩弄新的权术了。他们派人到楚国求和，还发誓愿将刚夺到手的原楚汉中一带六百里土地分一半给楚。怀王怀恨未消，说："我只要张仪的脑袋，不要什么土地。"胸有成竹，对楚内部情况了如指掌的张仪也果真自愿赴楚。靠着用重金买通的上官大夫靳尚和楚王宠姬郑袖的帮助，他不但毫发未损，反向与楚达成了"叛纵约而与秦合亲、约婚姻"的协议，然后凯旋而归。

张仪刚走，屈原风尘仆仆地从齐国回来了，他听到了张仪来楚的经过，又气又急，力劝怀王说："为什么不杀掉他呢？"但是当怀王再次后悔，派人去追赶时，张仪早已跑掉了，就这样，楚国再次失信于齐国而投入秦国的怀抱，屈原联齐的成果轻易地被葬送了。不久，重用张仪的秦惠王死了，张仪逃到魏国，很快也死在那里。这之后，齐又曾写信给楚国，争取怀王联合抗秦，而楚也一度与齐、韩联合。但是，当秦昭王即位后，又开始拉拢楚国。刚愎自用、反复无常的楚怀王也就再度听从秦的摆布，于公元前304年与秦正式联盟，并作了秦国的女婿。

屈原竭力反对怀王亲秦背齐，一再苦谏。靳尚、子兰恐怕屈原破坏了他们背齐亲秦的政策，也不断地在怀王面前诋毁屈原，并威胁怀王说："秦最恨亲齐的屈原，现在秦楚已结盟，可屈原还在攻击秦国，万一秦国怪罪下来，那楚国不就要大祸临头了吗？以臣等之见，应该将屈原论罪，以示守信于秦。"

昏庸的怀王听信了靳尚、子兰的谗言，便于怀王二十五年，将屈原治罪，定为流刑，驱出郢都，放逐到汉北（汉水上游，今湖北郧、襄一带）。汉北是楚国的边陲，紧靠已被秦夺去的土地。来到这里，屈原触景生情，感慨万千，写下了他的不朽诗篇——《离骚》，表达了他忧国忧民的情感和为理想而英勇献身的精神。

嫉才妒能　再度流放

在屈原第一次被放逐期间，秦曾几次发兵伐楚，使楚遭受很大的损失。怀王又感到了秦的凶狠，有心与齐重修旧好。于是，他派太子熊横作人质住到齐国，又下令召回了被放逐汉北的屈原，准备通过屈原的游说调解恢复楚齐联盟。这样，怀王三十年，被放逐了五年之久的屈原重回郢都。

就在这一年，秦军在攻陷了楚的八座城池、军事上占了对楚的绝对优势之后，派人送书信给怀王，要求与怀王在武关（今陕西商县东）会面结盟。面对这封吉凶莫测的来信，怀王感到左右为难，前往武关吧，又怕再次上当，不去吧，又担心惹恼了秦国。这时，屈原极力劝阻怀王不要前往，他说："秦乃虎狼之国，毫无信义，楚国已多次被秦所骗，大王千万不可自投罗网！"靳尚则说："不然，楚不能敌秦，因而屡次兵败将死，国土日削。现在秦欲与楚复好，如果拒绝了他，秦王必震怒，定会增兵伐楚。以臣之见，大王切不可得罪于秦。"怀王犹豫不决，就问少子子兰。子兰娶秦女为妻，以为婚姻有恃，力劝怀王赴会，他说："秦楚之女，互相嫁娶，亲莫于此。秦以兵相加，还要求和，今欢然相会，怎可不去？上官大夫所言极是，大王不可不听。"

怀王昏聩，心本惧秦，又被子兰、靳尚二人撺掇不过，遂答应秦王赴会，在一帮亲秦派官员的簇拥下去了武关。果然不出屈原所料，怀王刚入关，就被秦软禁。秦以割取楚巫、黔等郡的条件相要挟，怀王不肯。怀王悲愤交加，哀叹道："悔不听屈原之言，至有今日。靳尚、子兰误我！"最后怀王被秦长期扣留，最后落了个客死秦邦、为天下笑的下场。

楚怀王的死，是屈原政治生命的一个重要的转折点。怀王在世时，屈原就同旧贵族集团进行了长期的斗争。在这个斗争中，双方都是以争取怀王的支持为主要手段，而怀王在早年的确还有一点改革楚国政治、富国强兵的念头，所以屈原虽屡次被疏远，但他在内政外交方面的一些主张还能够被怀王接受，他本人也不时受到重用。

公元前298年，楚怀王的儿子熊横即位，是为顷襄王。他即位之初，就彻底地跪在了

屈原

秦的脚下,忍辱投降,对内更是荒淫腐朽。人民对屈原的敬仰,引起了他的嫉恨,就在他即位的第二年,即公元前296年,再次将屈原逐出郢都,流放江南。

屈原从郢都出发,沿长江北岸东行,在起初的三年中,他还抱有朝廷将他召回的幻想。后见无望,才向南渡过大江和洞庭湖,辗转进入湘西地区。这里是荒僻之地,到处是深山野谷。林中阴森昏暗,不见天日;四处猿猴嘶叫,令人毛骨悚然。在这种极其恶劣的环境里,屈原与世隔绝,跋山涉水,遍尝了漂泊困顿的苦楚,产生过各种各样复杂的想法。但不管环境多么险恶,十几年的漫长岁月过去了,他对祖国的复兴的信念却一直没有泯灭。公元前278年,秦将白起攻下郢都,楚王东迁陈城(今河南淮阳)的消息传来,处于孤寂凄苦境地中的屈原受到了致命的一击。国都是国家的象征,国都沦陷,意味着亡国在即。屈原为复兴楚国奋斗了一生,至此,他的追求和希望完全破灭了。

长年的放逐生活和希望理想的破灭,屈原已被折磨得面色憔悴、形容枯槁。他经常在湘水旁徘徊独吟,以发泄心中的忧怨。一次,有位渔翁在江边遇到他,惊奇地问道:"你不是三闾大夫吗? 怎么会落到这个地步?"屈原愤然地说:"世人皆浊我独清,世人皆醉我独醒,所以我被放逐了。"渔翁又问道:"世人皆浊,何不搅其烂泥汤扬其污水? 世人皆醉,何不食其酒糟而啜其余汤? 为什么要表现得那样清高而使自己招致放逐呢?"屈原却摇头说:"我听说,新沐者必弹冠,新浴者必振衣,那正是为了不让干净的身体遭受脏物的玷污,我宁可跳进江流,葬于江鱼之腹,又怎么能使自身的皓皓之白,蒙上世俗的尘埃呢?"

顷襄王二十一年(公元前278年),农历三四月间,屈原来到长沙附近,他再也不想流浪下去了,决心以身殉国。五月初五,62岁的屈原自沉于汨罗江。在这里,他的内心虽然悲怆和痛苦,但为坚持崇高的理想而死,他的胸怀又是坦荡的。所以在这位伟大的爱国诗人留给人世的最后诗篇《怀沙》中,就不再过多地流露忧思愁苦、悲怆凄切的情感,而是分析黑暗的社会现实,清醒地总结了自己坎坷的一生。

立功齐天高　性命比纸薄

——商鞅之冤

　　秦国的统治者是西周在后期扶植起来的一个小贵族。公元前770年,秦襄公因护送周平王向东迁到洛阳有功,才被列为诸侯。到秦穆公(公元前659—前621年在位)时,曾多次插手晋国的事务,企图向东争霸中原。秦穆公十四年(公元前645)秦国曾经袭击晋国,大败晋军,并俘虏了晋惠公(公元前650—前636年在位)。后来,双方订盟,晋国把河西(陕西省黄河以西)之地献给秦国,秦国的领土东扩至黄河。十几年以后,晋国在崤山(今河南渑池西)大破秦军,阻塞了秦国东扩的道路。于是,秦穆公转而向西发展,吞并了许多小国,开拓了大片国土,成为西方的一霸。但是,同中原各国相比,秦国还是落后的,社会经济的发展很迟缓,社会变革也比较晚。

　　战国初期,变法后的中原各国都瞧不起秦国,不约它参与中原各国的会盟,把它作为落后的国家看待。孔子曾到处游说,却偏偏"西行不到秦"。可见,连孔子也不曾把秦国放在眼里。

　　在商鞅变法以前,秦国统治集团的内部斗争十分激烈。自秦躁公(公元前442—前429年在位)以后,宗室贵族操纵了秦国的政权,少数庶长甚至可以决定国君的废立,争夺王位的斗争经常发生,造成"数易君,君臣乖乱"的局面。公元前415年,秦灵公死后,灵公的叔父发动宫廷政变,篡夺了王位,他就是秦简公(公元前414—前400年在位)。灵公的儿子公子连被迫在魏国流亡了21年。

　　在秦简公统治时期,秦国经常受到魏国的进攻。公元前413年(魏文侯三十三年,秦简公二年),魏军在郑(今陕西华县)大败秦军;第二年又包围了黄河边的繁庞(今陕西韩城东),赶走了秦国的居民。公元前409年(魏文侯三十七年,秦简公六年),魏文侯派吴起再次伐秦,魏军在两年内先后攻占了秦国的临晋(今陕西大荔)、元里(今陕西澄城南)、洛阴(今陕西大荔西北)、郃阳(今陕西合阳)等地。这样,秦国的河西之地全部丧失,被迫退到洛水,并修筑了重泉(今陕西蒲城东南)城。魏国却设立了西河郡,由吴起担任郡守。

　　秦国之所以遭此惨败,丢城失地,是同政治腐败、国力虚弱分不开的。秦国无法同变法后的魏国相匹敌。面对着这种"国内多忧,未遑外事"的局面,秦国统治者迫于形势,也开始进行社会改革。公元前408年,秦简公宣布实行"初租禾",改变

剥削方式,根据土地面积向田主征收租税。尽管这比鲁国实行"初税亩"晚了将近二百年,但是它标志着地主阶级的土地私有被承认合法。

公元前385年,一个庶长发动宫廷政变,迎立了公子连。公子连从魏国回到秦国,夺取了秦国的统治权,他就是秦献公(公元前384年—前362年在位)。秦献公即位以后,为了改变内忧外困的局面,维持自己的统治地位,在同奴隶主贵族的斗争中,迫切需要并寻求一定的政治力量的支持。这时,新兴地主阶级也日益发展了自己的力量,他们积极推行社会改革。献公即位的那一年,就宣布"止从死",废除了奴隶制的殉葬制度。那时候,随着商业的发展,集市的繁荣,以一家一户为单位的个体经济也迅速发展起来。在这种情况下,旧的宗族关系已难以维持。在公元前375年,秦献公又实行了"户籍相伍"制,把五家编为一伍。这是新的基层行政单位,有利于加强国君的权力。在军事上,也采取了一些积极措施。公元前383年,秦献公修筑了栎阳(今陕西临潼东北)城。次年,又改栎阳为县。秦国失去河西地区以后,栎阳便成了东方的前哨。

秦献公修筑栎阳城,并在栎阳设县,显然是为东征作准备。在对外战争中,秦国也取得了一些胜利。公元前366年,秦国在洛阴、邻阳打败了韩、魏联军。两年以后,又在石门(今陕西三原)大败魏军,斩首六万。公元前362年,秦国又趁韩、赵、魏相互攻战的机会,进攻魏国的少梁(今陕西韩城南),并俘虏了魏将公孙痤,收复了繁庞。第二年,魏国便把国都从安邑(今山西夏县北)迁到大梁(今河南开封)。

秦献公的这些措施促进了社会经济的发展,秦国的力量也有所增强,为秦孝公时的商鞅变法打下了良好的基础。

商鞅入秦　首推新法

商鞅(公元前390—前338年)是战国时期著名的政治家和改革家,卫国人,复姓公孙,名鞅,亦称卫鞅。

商鞅和吴起同是卫国人,但年辈要比吴起晚一些。年轻时,商鞅就热心学习李悝、吴起这一派法家学说。魏惠王(公元前370—前335年在位)初年,商鞅曾在魏相公叔痤的门下任中庶子。

公叔痤很推崇吴起变法的成效。公元前362年,公叔痤率领魏军在浍水(今山西翼城东南)以北大败韩、赵两国联军,俘虏了赵将乐祚。魏惠王很高兴,亲自出城迎接,要赏给公叔痤百万良田,公叔痤不敢领受,认为这次打了胜仗,是得益于吴起。对于商鞅的才能,公叔痤也十分赏识。后来公叔痤得了重病,魏惠王亲自去探望他,病危中的公叔痤便向魏惠王推荐了商鞅。

由于商鞅年纪轻、资历浅，又没有什么名望，魏惠王很看不起他。公叔痤死后，商鞅得不到赏识和重用，便想离开魏国。

　　公元前361年，秦孝公（公元前361—前338年在位）即位，很快颁布了招贤令，起用代表新兴地主阶级利益的人才。招贤令一下，商鞅便很快带着李悝写的《法经》到了秦国，并通过秦孝公的宠臣景监见到了秦孝公。在一次又一次地反复宣传自己的变法主张后，商鞅受到秦孝公的欢迎和重视。

　　秦孝公三年（公元前359年），商鞅在秦孝公的支持下，制定了变法令，准备变法。

　　在变法令公布之前，商鞅恐怕人们不相信，便在国都市场的南门立了一根三丈长的木头，并定下赏格，谁能把木头搬到北门去，就赏给他十金。人们都很怀疑，没有人敢动。商鞅又宣布："谁能搬走，赏五十金。"有一个人真的把木头搬走了。商鞅便立即赏了他五十金，以表示决不相欺。人们争相传颂，谓商鞅说到做到，可以信赖。接着，商鞅便陆续颁布了变法令。这次变法的主要内容有以下几个方面：

　　第一是废除旧的世卿世禄制度，用奖励军功的办法，建立地主阶级的官僚等级制度。这样，凡是拼死为国家效力并立有军功的，就可以得到官禄，享受各种政治、经济特权。即使农民斩得敌人甲士的首级，也可以进入官吏的行列，或者成为地主。这就扶植了地主阶级的政治、经济势力，打击、限制了宗室贵族，使地主阶级的封建等级制度很快形成。

　　第二是重农抑商，发展生产。重农政策在客观上有利于奴隶的解放，有利于提高农民的生产积极性；抑商政策是为封建地主阶级服务的，它限制了工商业与农业争夺劳动力，同时也防止商人、高利贷者兼并土地，这都是对封建地主阶级有利的。商鞅鼓励人们努力从事农业生产，奋力为国家打仗，以此得到富贵；下令改变秦国落后的习俗，扭转"父子无别，同室而居"的状态，鼓励分家，各自独立为生，这样做对确立和发展以一家一户为单位的个体经济、提高劳动生产率、增殖人口起到了积极的作用。

　　第三是编制户籍，实行什伍连坐。商鞅在秦献公"户籍相伍"的基础上，整顿、编制户籍。并把五家编为一伍，十家编为一什，实行什伍连坐。在什伍之内，各家要相互监督、纠察。如果有一家作奸犯科，同一什伍的其他各家必须检举、告发，否则与犯人同罪。户籍制和什伍连坐的实行，主要是为了维护新兴地主阶级的利益。这种制度使摆脱了奴隶主奴役的农民直接成为国君的农户，客观上是有进步

商鞅镈铭

意义的。同时,这种按地区管理的形式,为以后的普遍设县创造了条件。但是,随着封建制的确立,加重了对农民的剥削和压迫,造成贫富悬殊的情况。

第四是废分封,设郡县。为了巩固地主阶级的统治,建立中央集权的政治制度,商鞅把秦国的乡、邑(小城市)、聚(村落)合并成41县(一说31县),每县设县令、县丞等官吏,掌管全县事务。县令、县丞由国君任命或罢免,受国君直接统辖,而且不再是世袭的。这些官吏,由国家按等级发给一定数量的谷物作为俸禄。商鞅普遍推行县制,同什伍制结合起来,就形成了一套比较完整的、新的官僚行政制度,这样从政治上、组织上打击了旧贵族的势力,把政权集中到国君手里,使秦国走上了地主阶级中央集权的道路。另外,商鞅还统一了秦国的度量衡,建立了统一的赋税和俸禄标准,促进了各地的经济交流。

第五是迁都咸阳。迁都以后,在政治上加强了对秦国各地的控制,在经济上有利于沟通物资交流,在军事上为日后的东征做好了准备。所以,迁都也是一项重大的积极措施。

商鞅的第二次变法同样遭到了奴隶主贵族的激烈反对。公子虔更是明目张胆地加以阻挠,再次触犯新法,被商鞅处以割鼻的重刑。宗室贵族中很多人都怀恨在心,怨恨商鞅。

为了维护新生的封建制,商鞅对他们进行了严厉的镇压,狠狠地打击了他们的反动气焰,充分表现了新兴地主阶级在同奴隶主斗争中的革命作用。商鞅处死了旧贵族祝欢,并在渭水边一天就杀掉了七百多个旧贵族。

在我国社会由奴隶制向封建制转化的时期,商鞅变法是比较全面、比较彻底的一次。变法以前,秦国比中原各国落后。但是,由于秦孝公和商鞅顺应了时代发展的潮流,两人协调一致,推行新法的决心很大,措施也比较得力,商鞅变法成效显著,行之久远。这是其他各国无法比拟的。据史书记载,商鞅变法后"秦民大悦"、"家给人足"、"乡邑大治";秦国"兵革强大,诸侯畏惧。"这在一定程度上反映了秦国已经由弱变强,由落后到先进。

用奖励耕战促成国家的统一,是法家一贯的进步主张。在奖励耕战、奋发图强的基础上,秦国开始东征。

自从秦简公时失去河西之地以后,魏国大兵压境,对秦国是一个很大的威胁。早在秦献公时,就曾举行过东征,但没有实现收复全部失地的愿望。秦孝公即位以后,他为完成秦国的统一事业采取了一系列军事行动。秦孝公八年(公元前354年),秦国趁魏、韩交战的机会,派兵进攻魏国,在元里大败魏军,斩首七千,并

商鞅方升

攻占了少梁。两年后,商鞅刚刚升任大良造,便亲自统率秦军,打过黄河,直捣魏国的旧都安邑,并一度迫使安邑投降。接着,秦军又围攻魏国的固阳(今内蒙古自治区包头市附近),魏军被迫投降。

秦孝公二十一年(公元前341年),著名的马陵之战发生了。这一年,魏国进攻韩国,韩国向齐国求救。于是,齐国派田忌为将军,孙膑为军师,统率大军攻魏救韩。魏国也派名将庞涓和太子申带兵十万迎击齐军。孙膑采用退兵减灶的策略,诱敌深入。齐军在撤退的第一天造了十万个灶,第二天减到五万,第三天减到三万,以迷惑魏军。庞涓接连追赶了三天,见齐军灶数越来越少,以为齐军伤亡过半,便丢下步兵,只带一部分精锐部队轻装前进,兼程追赶。孙膑计算了魏军的行程,在马陵(今山东鄄城东北)设下埋伏。马陵道路狭窄,涧深谷险,当魏军夜间到达时,齐军万箭齐发,全歼魏军。结果,庞涓自杀,太子申被俘。从此,魏国开始衰落下去。

第二年,商鞅向秦孝公分析了形势,认为秦、魏两国势不两立,魏国有高山险阻,同秦以黄河为界,而且占据了中条山以东的地形优势。对它有利时,可以向西侵略秦国;对它不利时,可以向东发展。现在秦国已经富强起来了,魏国却新败于齐,诸侯也背叛了它,正好趁机伐魏。魏国抵挡不住秦国的进攻,一定会向东迁移;魏国东迁,秦国就占据了黄河天堑和中条山的险要地势,得以控制东方各国。

秦孝公认为商鞅的分析很对,便派他率领秦军,向东进攻魏国。魏国派公子卬为将,统率魏军迎击秦军。结果,公子卬被俘,魏军溃败。经过这次失败,魏国国库空虚,力量削弱,不得不派使节把一部分河西地区归还秦国,并向秦国讲和。魏惠王想到公叔痤生前向他推荐商鞅的事,很感慨地说:"我不该不听公叔痤的话呀!"但是,后悔已经晚了。

商鞅大败魏军,凯旋后,秦孝公把商、於(今陕西商县西)等十五个邑封给了他。

秦孝公二十四年(公元前338年),秦国继续攻魏,并渡过黄河,在岸门(今山西河津南)击败魏军,俘虏了魏将魏错。

经过商鞅变法,秦国的国力空前强大起来,很快成为战国七雄中最强大的国家。后来秦始皇能够统一中国,这与商鞅变法是密切相关的。

朝廷易主　车裂之祸

公元前338年,秦孝公病死。秦孝公死前不久,一个名叫赵良的人去见了商鞅。

开始时,赵良吞吞吐吐,转弯抹角。后来,他就左一个"孔子",右一个"尧舜",以这些"先王先圣"的"遗训"作法宝,指责商鞅违背了"尧舜之道",不准他们讲话。

并且,以古非今,反对商鞅的变法。

赵良对商鞅说:"你不循旧制,用不正当的手段建立集权,变革法制,这些都是不足以教化人民的。""《书经》上说:'恃德者昌,恃力者亡。'你已经像早晨的露水一样,危在旦夕,难道还想延年益寿吗?何不把封给你的十五个邑交回去,到偏僻的地方去种种地、浇浇花,劝秦王起用隐居山林的人。"最后,他警告商鞅道:"秦王一旦死了,秦国要收拾你的人难道会少吗?你的末日快到了!"

赵良的这段话说明旧贵族不甘心退出历史舞台。赵良打出"为民请命"的旗号,抓住秦孝公病重的时机,迫使他放弃变法。但是,赵良的建议被商鞅拒绝了,商鞅决心要将新法贯彻到底。

秦孝公死后,太子驷即位,这就是秦惠王(公元前337—前311年在位)。不久,商鞅告退。

旧贵族以为复辟的大好时机已到,他们纷纷聚集在公子虔的旗帜之下,掀起一股反对商鞅变法的逆流。公子虔的党徒们大肆活动,他们有的诬告商鞅谋反,有的向秦惠王煽风点火,别有用心地对秦惠王说:"现在连秦国的妇女、儿童都知道商鞅之法,却没有人说是大王之法。这样,商鞅反成了主,大王却成了臣。何况商鞅本来就是大王的仇人。希望大王早早除掉他。"

秦惠王派人去逮捕商鞅。商鞅逃到边境的一个关口,没有过夜的地方。他想逃往魏国,魏国守将又不准商鞅入魏。商鞅便赶到於商,发动兵变,准备起兵反抗。结果,商鞅失败被俘。秦惠王用最残酷的刑罚把商鞅车裂示众,还杀害了商鞅的全家,并恫吓说:"没有人再敢像商鞅那样造反了吧。"在古代,车裂是一种极为残酷的刑罚,民间也俗称五马分尸。其方法是,将犯人的四肢和头系在马车上,同时朝不同方向拉,将人体分解。

商鞅一生致力于地主阶级的社会改革,并为推翻奴隶制、建立封建制献出了自己的生命。正如汉代著名法家桑弘羊(公元前152—前80年)所说,商鞅"功如丘山,名传后世"。但是,商鞅作为新兴地主阶级的政治代表,必然打上剥削阶级的烙印,摆脱不了剥削阶级的局限性和软弱性。他的变法是自上而下的改革,根本不可能依靠人民群众,组织人民群众。就是对于新兴地主阶级,他也没有把他们的力量广泛动员起来。因此,秦孝公一死,他就失去了支持者,没有力量抵挡旧贵族的反扑,最后竟被车裂而死。

商鞅虽死,"秦法未败"。秦国从秦孝公到秦始皇,相传六代,基本上都沿用了商鞅的法制,新兴地主阶级的势力日益强大,奴隶主贵族的势力日益削弱。而当时的中原各国却法制不定,内乱频繁。各国之间尔虞我诈,互相攻打。三晋人民纷纷入秦,更增加了秦国的力量。经过一个多世纪的发展,秦国"沃野千里,蓄积饶多",号称"天下之雄国"。在这个基础上,秦始皇终于陆续消灭六国,完成了统一中国的大业,奠定了我国两千多年封建中央集权的局面。

中国历代冤案

高处不胜寒　谗言毁金石
——韩非之冤

经过春秋时期的兼并战争,到战国时形成了几个大国争雄的局面。争雄的基础在于经济实力的增长,为达到这一目的,各国统治者相继开展了一系列的变法运动,对旧的经济基础和上层建筑进行改造,以巩固和加强地主阶级专政。

到战国后期,秦国无论是从政治、经济还是军事实力上,都已经大大优于其他国家,其统一六国已是大势所趋。在和当时的时局相并行的意识形态领域里,其宣扬的"天下归一"的政治思想这时也上升到了一个新的高度,韩非的政治思想无疑是这一时期最卓越的。韩非以超越的目光审视了一个时代所应该具有的进步性,人类发展所应该具有的变革性和自新的能力,韩非是一个行走在历史间的智者。然而,大智之士却往往不善谋其身,这种悖论在中国历史中可谓屡见不鲜,"合理"地存在于历史隐晦的角落中,令人扼腕和无奈,韩非即为此中一例。

天降大任　舍我其谁

韩非(公元前280—前233年),贵族出身,是继李悝、吴起、商鞅、申不害、慎到等战国早期变法运动倡导者之后,战国后期法家的代表人物。韩非"喜刑名法术之学,而其归本于黄老"。韩非为人口吃,不善说道,而善于著书立作。韩非与李斯俱从师于荀卿,在学业和思想上,李斯自以为不如韩非。

到战国后期,秦国逐渐强大,统一成为历史发展的总趋势。在这种形势下,韩非继承了法家提出的具有发展进化因素的历史观,力图论证战国时期政治、经济地位的变动和财富权力的转移是合理的、进步的,并在批判儒家守旧不变的观点的基础上加以发展。他认为,历史是不断发展变化的,随着时代的进步,社会生活和政治制度也要随着发生变化,复古倒退是行不通的。基于这种认识,韩非得出结论说:"今欲以先王之政,治当世之民,皆守株之类也"。他的这种思想体现出新兴地主阶级改革旧制度的进取精神。

鉴于历史必然是结束诸侯割据而走向统一的总趋势,韩非主张建立"法"、"术"、"势"结合的中央集权的专制主义政治体制。商鞅注重"法",即成文法令;申

不害注重"术",即国君操纵臣下的手段;慎到注重"势",即国君拥有至高无上的权势。韩非则集三者之大成,主张把"法"、"术"、"势"结合起来,以此作为加强中央集权的工具。对于中央和地方的关系,韩非提出"事在四方,要在中央,圣人执要,四方来效"。这些主张,为结束诸侯割据、建立统一的中央集权的封建国家提供了理论依据。

韩非致力于国家的统一。他虽身处韩国,但由于韩王安的昏庸,他的政治抱负得不到施展。秦国因政治改革而逐渐强大,加之秦王嬴政具有远大的政治抱负,使韩非对秦国兼并六国、结束割据寄予了很大希望。"韩非毫无疑问是有心于秦的",韩非曾在文章中写道:"万乘之主,有能服术行法以为亡徵之君风雨者,其兼天下不难矣。"而从当时的历史背景来看,其"亡徵之君"显然是指昏聩的韩王安一类的国君,而"兼天下不难矣"的"万乘之主"也只能是指虎视六国的秦王嬴政。

韩非不仅发展了法家的思想,还对人口问题提出了有悖于前人且非常独到的观点。其基本的人口思想,集中体现在他的《五蠹》篇中。他说:"古代的人,即使男人不去耕作,草木之实也足以养活人;妇人不织,禽兽之皮也足以使人有衣可穿。不出力而生活充足,人民少而财有余,所以万民不争,所以厚赏不行,重罚不用,而民自治。今人有五子不为多,子又有五子,大父未死而有二十五孙,人民众而货财寡,出力多而供养薄,所以人民就群起纷争,虽然这样会付出生命的代价,然而这种事情却不见终止。"虽然韩非把"民争"与社会"不免于乱"归之于"人民众",但他在当时生产力十分低下的情况下,却能够充分认识到"人民众而货财寡,出力多而供养薄"的矛盾给社会发展带来的沉重负担。这种不墨守成规、勇于打破以往观念的思想是中国古代人口思想的一个新的突破。

为解决这一矛盾,韩非提出了解决的办法。他认为,应以农为本:"有道之君……其治人事也务本","富国以农,拒敌恃卒"。同时指出,发展农业,要制定长期稳定的、适合农业生产发展的政策,这样才能使百姓安居乐业,提高劳动生产率。在以农为本的同时,韩非强调发挥人的主观能动性,而且注意用自然力、手工技术和科学管理来提高劳动生产率,以生产更多的社会财富,这样才能富国强兵。

著书立说　游说列国

公元前355年,韩昭侯任用申不害为相实行改革。申不害是战国早期的代表,他建立了"循功劳、视次第"的因功行赏制度。他强调"术"的作用,即君主任免、考核、赏罚各级官吏的办法,从而加强了韩国的专制主义的中央集权。申不害相韩十多年中,"修术行道,国内以治,诸侯不来侵伐"。然而,申不害死后,韩国逐渐衰弱,先是秦攻占了韩的宜阳(今河南洛阳西南),后又逢旱灾。在内忧外患的形势下,韩

中国历代冤案

昭侯被迫加强城池的建设，筑起了一座高大的城门。楚大夫屈宜臼分析说："韩昭侯出不了这座城门，什么原因呢？因为时运不宜。申不害为相时，韩昭侯不建造高大的城门。去年，秦国攻占了韩国的宜阳，今年国中大旱，韩昭侯不在这个时候安抚人民的疾苦，反而更加奢侈，这就叫做'时绌举赢'。"等城门筑成，韩昭侯也死了，他果真未出得去这座城门。

　　韩非目睹韩国的衰弱，曾屡次上书规谏韩王，但都没有被采纳。韩非从内心抱怨国君治国不能讲求法制；不能用权势来统御臣下；不能使国家富强、军事强大；也不能切实地任用贤能的人，反而举用一些浮夸淫乱的人，以为他们是有能力有贡献的人。韩非还认为，儒者常常用文词来扰乱法术，"侠义"的人又常常用武力来干犯禁忌。法宽就恩宠到那些名誉之士，法严就要起用那些穿甲胄的武士。平日所培养的人，都不是所要用的人，而一些所要用的人又都不是平日所培养的人。他还同情那些清廉正直的臣子，不被邪曲枉乱之臣所容。体察古来国君得失之变异，最悲伤的，可能就是韩非自己。所以，韩非写了《孤愤》、《五蠹》、《内外储》、《说林》、《说难》文章等。尤其《说难》篇甚为完备，阐述了在当时的历史条件下，怎样做博得君主的欢悦，进而自己提出的建议才能被采纳，从而收到实效。

　　韩非深刻揭示了封建专制主义制度下贤臣难以施展才能并时刻有危害加身的种种情形，虽有着那个时代的糟粕，却也有着深刻的历史背景，不乏淋漓尽致之处。尤其是当他联想到自己屡谏而不被采纳反遭排挤的经历，更是感慨万千。虽然《说难》对游说之难可谓面面俱到，到头来连他自己也不能自圆其说，而终死于游说。

遭遇谗言　饮鸩他乡

　　韩非的文章传入秦国，欲完成统一大业的秦王嬴政看到后，对韩非的见解和才能大加称赞，并说："我若能见到这个人并且与他交往，死而无憾！"而这时在秦王身边的韩非的同学李斯进言说："这几篇文章是韩非写的。"秦王为得到韩非，便加紧进攻韩国，韩王无奈只得派韩非出使秦国以缓解秦国的进攻。可是，韩非到秦国后还未受到任用，等待他的却是他的同学、自认"才能不如韩非"的李斯以及姚贾的陷害，并最终含冤而死。

　　这里不妨看看李斯其人。史书中是这样写李斯的："见吏舍厕中鼠食不洁，近人犬，数惊恐之。斯入仓，观仓中鼠，食积粟，居大庑之下，不见人犬之忧。于是李斯乃叹曰：'人之贤不肖比如鼠矣，在所自处耳！'"在李斯欲投奔秦王而辞别老师荀卿时曾说："诟莫大于卑贱，而悲莫甚于穷困。"可见，李斯是个卑微旷利、胸襟狭隘之人。

　　一次，李斯在外当官的儿子回家探亲，文武百官到李斯家前来祝贺，来往于李

斯家门前的车马竟有好几千。其实，这些人是以探望李斯之子为借口来讨好李斯的。李斯也知道这一点，并不禁为此长叹说："唉！我曾听荀卿说过：'富贵权势不宜享受得太过分。'我李斯只不过是上蔡布衣，民间一个普通的百姓而已。皇帝实在不知道我是一个没有才能的人，竟把我提拔到这样高的地位。现在朝廷中的众臣，地位没有一个人是在我之上的，可以说我的富贵达到极点了。事物发展到尽头必然要衰微下来，真不知道我将来的结局是福还是祸呢！"李斯原为楚国上蔡（今河南省上蔡县西南）人，跟随荀卿学成后，鉴于当时大国争雄的局势，思量回楚国是不足以成就什么事业的，所以最后选择投奔秦国。其政治用心不言自明，其结局也正如他自己所说并不比韩非强。这种结果也足以让人回味吧！

韩非子

李斯在与韩非同学于荀卿时就"自以为不如非"。秦王一见韩非的文章便发出"我若能见到这个人并且与他交往，死而无憾！"的叹息，这种极欲见韩非的心情更加剧了李斯的妒忌心理。韩非一入秦，李斯便急不可耐地奏了一本："韩非，韩之诸公子也。今大王要兼并诸侯，韩非最终为韩不为秦……不如以过法诛之。"生怕夜长梦多而被韩非取代了自己的位置。后世之人也说："李斯与韩非都师从于荀卿，李斯自知其才不如韩非，如果韩非一旦掌了大权，其措施规划必大异于自己，所以李斯与姚贾合谋排挤韩非为下吏，又唯恐秦始皇有朝一日反悔而赦免了韩非，所以就下药杀韩非于云阳。"李斯一反自己所写的《谏逐客书》中所言"士不产于秦，而愿忠者众"的说法，竟谗陷韩非"终为韩不为秦"，而竟忘了自己也并非秦人。可见，李斯欲置韩非于死地已到了不择手段的地步，最终派人给韩非送上毒药，令韩非自杀。待秦王后悔，派人去赦免韩非的罪过的时候，韩非已经死于非命了。

筑长城御外　冤死宫廷内
——蒙恬之冤

秦始皇灭六国后，先后五次大规模出巡。秦王政三十七年（公元前210年），他最后一次东巡，至云梦、丹阳、钱唐，登会稽山，祭大禹。始皇出巡的地区集中在东方，特别是燕、齐、楚旧地。这表明，出巡的目的之一，是镇服六国贵族，巩固统治，而不是简单的游览。这是因为燕、齐、楚比韩、赵、魏灭亡得晚，距离咸阳又远，反抗的力量也较大，政治上、军事上都有一再出巡这些地区的必要。行罢天子之仪，始皇随后登上西还之路，经临淄（今山东淄博市东北），抵平原（今山东平原南）。

车驾到达平原津时，正是盛夏季节，始皇突然患病。但这位封建皇帝特别怕死，厌恶言及"死"字，群臣更是"莫敢言死事"，以致病情日益恶化。始皇无可奈何，只得为玺书给远在上郡的长子扶苏，要他迅速"与丧令咸阳而葬"。书已封，却被代管皇帝符玺的中车府令赵高劫持在手，未派人送走。

七月丙寅，始皇死于沙丘平台（今河北平乡东北）。

秦始皇死后，左丞相李斯、宦官赵高和始皇次子胡亥密不发丧，计立胡亥为帝，另为伪书给被他们视为心腹大患的太子扶苏、大将蒙恬，诬其"为人子不孝"，"为人臣不忠"，逼迫扶苏自杀，蒙恬被囚。这就是给秦朝统治带来了严重恶果的沙丘之变。

赵高、胡亥、李斯的沙丘阴谋得逞后，随即从这里北上，经井陉（今河北井陉西北），抵九原（今内蒙包头市西北），然后沿直道入关中。抵咸阳后，便为始皇发丧。胡亥以太子的名义袭帝位，为二世皇帝。九月，葬始皇于骊山。

二世元年（公元前209年），为了消灭异己，维持篡夺到手的政权，赵高、二世又逼死蒙恬。这蒙恬本是秦朝著名的大将。秦始皇统一全国后，他受命率兵北击匈奴，继而修筑长城，为秦王朝的巩固和疆域的奠定作出了重大的贡献。然而一张假诏却让这位功勋卓著的大将蒙冤而死。

驻边守疆　功绩赫赫

　　蒙恬的祖先是战国时期齐国人,祖父蒙骜在秦昭襄王嬴稷时投奔秦国。从他祖父起,祖孙三代都是秦国名将。由于出身将门,蒙恬不仅学过狱法,做过狱官,掌管过文书,率兵征战也是好手。秦王政二十年(公元前221年),蒙恬率兵攻打齐国,这是秦统一的最后一个目标,最后取得全胜,凯旋而归。战后,蒙恬因功高当上了管辖京城咸阳的最高行政长官——内史。就在这一年,我国历史上第一个统一的专制主义中央集权的封建王朝——秦王朝建立了。

　　秦王朝建立之后,秦始皇采取了一系列的措施、巩固统一。其中经略边疆、北防匈奴就是其中的重要内容。

　　匈奴是我国北方草原上的一个古老的民族,逐水草而居,过着游牧生活。战国中后期,匈奴经常对内地进行侵扰和掠夺,一再与秦、赵、燕三国发生战争。三国相继修筑长城,防备匈奴进犯。秦灭六国时,匈奴乘机侵入黄河河套以南的地区。秦统一全国后,为解除匈奴骚扰之患,保障边境地区和中原人民生命财产的安全,巩固其封建中央集权统治,于公元前215年委派蒙恬为大将军,率领三十万将士北击匈奴,很快就收复了河套地区,接着又率军渡过黄河,寻找匈奴主力作战。匈奴首领单于感到自己不是蒙恬的对手,便率兵北退七百多里。蒙恬乘势夺回了黄河以北直至阴山一带广大地区,在那里建立了数十个县。

　　匈奴虽被赶走,但秦始皇担心他们会卷土重来,为解除后顾之忧,秦始皇亲自巡视北部边境,最后确定以筑长城为万全之策。他任命蒙恬为总管,到边界指挥修筑长城,后来又命长子扶苏当蒙恬的监军。这一次筑长城,除了把原来赵、燕、秦三国的长城连接和加固外,还补筑新的长城地段千余里。为了使长城能发挥防御匈奴的作用,做到一劳永逸,蒙恬组织善于筑城的能工巧匠,巧妙地利用山势和河川的走向,进行多次实地勘测,取历代筑城之长,进行精心设计。绝大多数地方是以山脉为基础,随着山势的高低起伏而变化,有的地段建在距地面千余米的高山上,在山势陡峭的地段,就利用山脊作基础筑墙,既控制了险要,又便于施工;在河岸和深谷,就利用原来的陡坎和山崖筑城,从外面看起来,非常险峻,在较平缓的丘陵地,墙身则筑得宽厚高大,使人马不能攀登翻越;在一些不便于筑城的地方,则因地制宜,采取多种筑城形式,设置烽燧、堡障等报警和防卫设施。经过五年的修筑,一条西起临洮(今甘肃岷县),东至辽东(今辽宁辽阳),绵延万余里的长城宛如一条巨龙,屹立在中国北方的大地上,成为匈奴进犯的重大障碍。

　　蒙恬驻军上郡多年,威慑匈奴,为秦朝北方边境的安定作出了重大的贡献。在戍守长城的过程中,蒙恬和秦始皇的长子扶苏结成了不同寻常的亲密关系,这也给

蒙恬的命运埋下了祸端。

蒙恬威慑匈奴，深得秦始皇的信任，其家族也因此受到尊宠。蒙恬有一个弟弟蒙毅，被秦始皇视为亲信，位居上卿。在朝时，蒙毅侍从皇帝身旁，经常为国家出谋划策，出巡时，蒙毅坐在皇帝车内，作为贴身护卫。蒙恬兄弟二人，一个在外，一个在内，对秦朝忠心耿耿。

蒙毅因执法上的分歧，与秦始皇的另一亲信赵高结下了怨仇。赵高是宦官，秦始皇听说他力气大，而且通晓狱法律令，便提拔他做了中车府令，掌管皇帝的车马。赵高善于体察人意，发现秦始皇对小儿子胡亥分外疼爱，他便有意识地利用一切机会接近胡亥，并教他狱法，不久便成了胡亥的心腹。一次，赵高犯了大罪，秦始皇让蒙毅依法惩治，蒙毅不敢枉屈法律，实事求是地削了赵高的官职，并判以死罪。后来，秦始皇顾念赵高平时办事认真，不仅下令赦免了他，而且还官复原职。这里面，深得秦始皇喜爱的少子胡亥起了一定的作用。赵高虽官复原职，但内心深处却恨透了蒙毅，也恨上了蒙恬。

小人得势　沦为街囚

秦始皇三十七年（公元前210年）冬，始皇出巡，同行的有左丞相李斯、中车府令赵高以及他最喜爱的小儿子胡亥。十一月，秦始皇来到了云梦泽，在九疑山祭祀了舜。然后浩浩荡荡沿江东下，到了绍兴，登上会稽山祭祀禹，并为自己此番出游立碑纪念。

在回来的途中，走到平原郡时，秦始皇得了病。病势日渐沉重，随行的大臣们感到情况严重，但秦始皇平日最忌讳说死字，大臣们谁也不敢提醒他准备身后的事。秦始皇三十八年七月，当行至沙丘（今河北广宗县西北）时，秦始皇病情恶化，生命垂危。但此地离京城咸阳尚有二千里之遥。这时，秦始皇才感到死神的逼近，自叹将要撒手人寰，只得尽力支撑着虚弱的病体，令赵高草拟遗书。他叫赵高替他给在上郡监军的大儿子扶苏写信，信中说："把军队交给大将蒙恬，速返咸阳为我举行葬礼。"秦始皇死前独赐遗书给长子扶苏，而不赐其他诸子，其意是让扶苏继承皇位。遗书已封好，但还没有发出去，秦始皇就突然死去了，终年50岁。

左丞相李斯因为秦始皇死于巡游途中，生前没有立太子，担心秦始皇的儿子们争权夺位，又怕消息传出天下大乱，于是，同胡亥、赵高核计，暂时封锁消息，把秦始皇的棺材装在他的座车里，让亲信的太监赶车，到吃饭时候，照样奉上饭菜；群臣有事，照样禀报。让一个太监坐在车里，批阅、答复大臣们的奏章。当时时值七月，天气酷热，尸体腐烂发臭，李斯便命令同车载上一石鲍鱼，以腥乱臭。就这样，将秦始皇的死讯瞒住了，除了胡亥、李斯、赵高和五六个心腹太监知道，其他随行百官对秦

始皇的死,概无所闻。这也给赵高提供了机会大耍政治阴谋。

赵高诡计多端,仗着掌握了玉玺和遗书,想扶胡亥当皇帝,以便操纵政权。他先说服了胡亥,由他继承皇位,随后又与丞相李斯密谋。赵高先对李斯说:"皇帝死了,给大公子留下一封遗书,要他到咸阳参加葬礼,继承皇位。这封信没有发出去,没有别人知道这件事。皇帝留给大公子的信及玉玺都在公子胡亥那里。确立谁是太子,继承皇位,全在于丞相您和我的一句话了!这事怎么办吧?"李斯一本正经地说:"你怎么能说出这种亡国的话来?由谁来当太子,这事不是当臣下的你我应该议论的!"赵高却微微一笑,慢条斯理地说:"丞相,你自己掂量一下,论才能,你比得上蒙恬吗?论功绩,你能高过蒙恬吗?论谋略,你能赶得上蒙恬吗?论对百姓的好处,你能超过蒙恬吗?论与大公子的关系以及获得大公子信任的程度,丞相,您同蒙恬相比,谁又占上风呢?"

李斯沉吟了一下,说道:"这五点我都比不上蒙恬,可是您为什么这样苛求于我呢?"赵高接着又说:"皇帝有二十多个儿子,想必丞相对他们都了解,大公子扶苏刚毅武勇,威望很高,他即位后一定会用蒙恬作丞相。那时,丞相您可就不能佩戴着侯爵印信回故乡了,这不是很显而易见的吗!我受先帝委派,教给胡亥法律,已经好几年了,从没发现他有什么不对的地方。公子胡亥为人老实厚道,轻视财物,敬重读书人,思想敏捷,不轻易表态,礼贤下士。秦国所有的公子没有一个能赶得上他!胡亥是最有资格继承皇位的。"接着赵高又告诫李斯,只要听从安排,就能长保爵禄,世代富贵。否则便会祸及子孙,结局悲惨。最后李斯仰天长叹道:"上苍啊!我为什么偏偏遭遇这乱世!我既然不能以死报答先帝,那我的归宿又该寄托在何处呢?"就这样,李斯在赵高的威胁和利诱下,只好俯首听命。

于是,赵高、胡亥、李斯三人共同策划,把秦始皇写给扶苏的信毁掉,伪造了一道秦始皇在沙丘留给丞相的遗诏,遗诏上说应立胡亥为太子;同时还伪造了秦始皇让扶苏、蒙恬自尽的命令,命令中说:"我巡视天下,向名山、诸神祷告,以便降福延长寿命。现在,扶苏与将军蒙恬领兵数十万驻守边疆,已经十多年了。不能开疆拓土,却花费很大,没有立下一点功劳,反而三番五次上书,肆无忌惮地攻击我的一切行动,而且还因为不能回京当太子,日夜埋怨。扶苏作为儿子很不孝顺,现在赏他一口宝剑,让他自己处置自己!将军蒙恬与扶苏一道驻守边疆,既不能改正扶苏的错误,显然有意如此。蒙恬作为臣下不忠,命令他自杀!兵权交付副将王离。"这封假诏由胡亥的一个亲信送到上郡交给扶苏。

胡亥的使者到了上郡,当着扶苏的面,宣读了所谓的秦始皇的信。扶苏听后,禁不住失声痛哭。他的确想不到父亲会无缘无故地置自己于死地,但是封建伦理道德要求君叫臣死,臣不得不死。况且扶苏是一个仁厚的人,自知蒙冤也不敢违背父命,于是走入内宅,准备挥剑自杀。蒙恬劝阻他道:"皇帝陛下一直未立太子,派我率三十万大军驻守边疆,又命公子您来作监军,这是关系到国家的安危的!现

在，就凭一个使者来念了一封信，公子您就要自杀，又怎么能知道这里面有没有假呢？您写奏章再请示一番，如果上边的答复仍然是让您死，那时再死也不迟。"

使者在外边一迭声地催促扶苏按照皇帝信里的意思办。扶苏为人忠厚仁义，他对蒙恬说："父亲命令儿子死，何必重新请示！"说完，就自杀了。蒙恬却不然，他不肯自杀。使者就把蒙恬交给了当地的官吏，将他囚禁在阳周城（今陕西子长）。

使者回来，一一向胡亥作了汇报。胡亥、李斯、赵高听说扶苏已死，都感到登上皇位的威胁减轻了，便想赦免蒙恬。这时，蒙恬的弟弟蒙毅也从会稽山祷告山川回来。如果昔日蒙毅没有得罪赵高，事情可能就此结束，但现在不行。赵高一方面怨恨蒙氏兄弟，另一方面又惧怕他们日后得势，对自己不利，便编造谣言对胡亥说："我听说先帝因您贤能，早想立您为太子，可蒙毅却从中阻拦，他因知您贤能而反对，这就是蛊惑君主，是为臣不忠的行为！依我之见，应当杀了他。"胡亥是一个没有主见的人，听了赵高的这番话，就把蒙毅囚禁在代郡（今河北蔚县西南），蒙恬也因此没有受赦免。

再遭陷害　英魂归天

胡亥回到咸阳后，顺利地登上了皇位，是为秦二世。沙丘阴谋的策划者赵高获得了最大的好处，被封为郎中令，全面负责宫廷的警卫，而实际的权力却远远超过郎中令，他成了胡亥身边最亲信的决策人物。

赵高独揽大权后，并未就此罢休，因为他十分清楚，想真正掌握权力，必须除掉朝中旧臣及秦始皇的其他儿子，否则阴谋败露时就是他的死期。于是他又开始策划新的阴谋。

有一次，秦二世问赵高，一个君主怎样做才能既保江山，又能尽情享乐。赵高觉得实施第二个阴谋的机会来了，就挑唆说："臣不敢回避斧钺罪诛，就让臣说给陛下听听，但愿陛下能够考虑，说到沙丘篡位的密谋，诸位公子以及朝中大臣都在怀疑。现在陛下刚刚即位，他们总是不服气，只怕他们要造反了。臣可真是心惊胆战，就怕没有好下场，陛下又哪里能尽情享受这种快乐呢？"秦二世让赵高这么一说，心里不免着慌，忙问该怎么办。赵高见二世面有惧色，觉得扫除自己弄权障碍的时机来了，便阴狠地说："实行严厉的法律，一人犯罪，诛灭九族。要尽除先帝的旧臣，换上您的亲信大臣。这样陛下才能高枕无忧，尽享欢乐。"秦二世对赵高的话十分相信，让赵高全权处理这事。赵高就操起了屠刀，大开杀戒，凡是他觉得不顺眼的，坚决除掉。

赵高第一个想除掉的便是蒙氏兄弟，但蒙氏兄弟尽忠于秦王朝是众所公认的，连秦二世的侄子子婴也竭力替他们辩解。子婴说："我听说以前赵王迁杀良臣李牧

而改用颜聚，齐王建杀数世忠臣而用后胜，最后终于亡国。蒙氏一家人都是秦朝的重臣和智囊，陛下却打算一次铲除，我私下认为不可以。我听说考虑不周的人不能治理国家，不纳众言的人不能保全君位。杀忠臣而用没有品德的人，对内不能取信于群臣，对外将使军心涣散，我私下认为不可以这样。"

但是秦二世根本不听这些劝告，他派御史曲宫乘驿车去代郡传达对蒙毅的诏令。诏令说："先主要立太子，而你加以阻拦。现在丞相以为你不忠，判你灭家之罪，我不忍心你这样，只让你一个人自杀吧。"蒙毅分辩道："如要说我不能得到先主的欢心，那么我从青年时做官，顺从先主的旨意而得到宠幸直到先主去世，总可以称得上能知先主的旨意吧。如果说我不知太子的贤能，太子独自跟随先主周游天下，远远超过各位公子，我还有什么可怀疑的。先主选立太子是考虑多年的结果，我还有什么话敢拦阻，还有什么计谋敢策划呢？这并不是我巧言辩解来逃避死罪，而是怕损害先主的声誉，希望大夫加以考虑，让我死得其所。"

说完这些话，蒙毅又举出历史上的君主，因使忠诚贤臣惨遭冤死，而受到天下人指责被视为昏君的事实。曲宫知道胡亥、赵高的心意，不听蒙毅的话，照样杀了他。蒙毅至死也不明白，真正的祸端是自己以前种下的，因为他执法得罪赵高，当赵高能左右至高无上的皇帝时，他是逃脱不了这一命运的。

杀了蒙毅之后，赵高便把屠刀指向了蒙恬。胡亥的使者来到阳周，宣判蒙恬死罪，并带来了皇帝赐的毒酒。诏令的大意是这样的：你的过错太多了，而你的弟弟蒙毅现在又有大罪，依法要牵连到你。蒙恬对秦朝忠心耿耿，自知并无过错，出于一种对国家前途忧虑的动机，他在临死前要向皇帝进一番忠言。他对使者说："自我先人，直到子孙，对秦国累积大功，建立威信已有三代了。现在我统率三十万大军，虽然身遭囚禁，也有足够背叛的实力，但我知道，作为一名将士，应该守义而死，我之所以要这样，完全在于不敢辜负先人的教诲，不敢忘记先主的恩惠啊。"

蒙恬表白自己有反叛力量，却决不反叛，意思是让秦二世放心。接着蒙恬又讲了一段周初的历史，以求秦二世有错必改。他说："当年周成王刚即位时，还是个幼儿。周公旦便背着他接受群臣的朝见，以至最后稳定了天下。在成王有病危险时，周公旦曾剪下自己的指甲沉入河中，祷告说：'君主年幼无知，都由我代为行事，若有罪过殃祸，便由我来承受惩罚。'还把这些话记录下来，收藏在档案馆里，可以说是尽忠了。然而

蒙恬墓

当成王能够处理国事时，却有奸臣造谣说：'周公想要作乱已经很久了，君主如果不防备，会危及社稷安全。'周成王不加分辨，逼得周公旦逃到楚国去避难。后来周成王发现了周公旦的祷告词，才明白真相。于是杀了造谣的人，请回了周公旦。因此《周书》上说'国君做事一定要多方考虑，反复审查。'现在我蒙氏家族，世代忠于朝廷没有二心，而最后的结果却这样，这一定是有人叛逆作乱的缘故。周成王犯了过失可以改正，听从规劝可以觉醒。有事多向群臣百官咨询查问，这才是圣君治国的法则。"蒙恬再三声明，他所说的话，并不是请求免罪，而是临死前的忠诚规劝。希望秦二世多替百姓考虑。

使者听后，非常坦率地对蒙恬说："我受诏行法于将军，不敢把将军的话报给皇上听。"蒙恬长叹了一声说："我到底犯了什么罪呢？"沉默了许久，他又慢声地说："我的罪过本来就该受死刑，从临洮到辽东，筑城墙，挖壕沟，长达万余里，这中间不可能没有截断地脉，这便是我的罪过了。"说完便喝下了毒酒。

蒙恬认为是修筑长城给自己带来了灾难，但实际上他真正的死因并不在此。他的死是封建统治集团之间争宠夺权的结果。他与扶苏关系密切，胡亥上台，他已是九死一生，再加上他的功劳太大，威信太高，兵力太强，更是非死不可，因为赵高、胡亥是不会让一个潜在的劲敌活在世上的。

助秦为一统　三族难保全

——李斯之冤

　　战国时期,历史正处于社会大变革之际。自春秋以来,人民群众饱受分裂战乱之苦。随着社会经济的发展,他们要求尽快结束列国纷争的局面,实现国家统一。各国统治阶级出于对土地、人口、财宝无止境的追求,互相兼并,你争我夺。这种纷乱的时局,为那些欲建功业之士提供了活动舞台。就在七雄并争的战国末期,李斯出生于楚国上蔡(今河南上蔡县西南)的一个平民家庭。

　　李斯是秦朝重臣,两朝元老,几与秦王朝的兴亡相始终。他通过不遗余力的政治实践,辅佐秦始皇兼并六国,为建立和巩固统一的封建国家纵横捭阖,功勋盖世。当秦二世继位后,他因揭露赵高的恶行而被逮系狱中,备受折磨,最后不仅自己被腰斩,而且祸及三族。李斯之死实际上也意味着秦王朝末日的到来。

发奋上进　心向功名

　　李斯(?—公元前208)年轻时曾做过郡中小吏,即管理乡文书的办事员。小吏的地位低下,侍奉长官,唯恐有所闪失。满怀理想与抱负的李斯自然不甘久居其位。有一天,他看到官舍厕所中的老鼠偷吃粪便,一旦人来狗咬,立刻惊恐万状,仓皇逃窜。他又来到官仓中,看到这里的老鼠很自在地吃着粮食,住着高大宽敞的库房,尽情享受,公然出入,根本不害怕人来,也不用担心有狗来咬。两相对照,给他留下了很深的印象。李斯由此及彼,发出了这样的感慨:"老鼠处于不同环境,就有不同的遭遇!人有君子小人之别,就像老鼠一样,在于自己选择所处的环境和地位!"可以看出,在战国时期人人争名逐利的情况下,李斯也不满于布衣或小吏的处境。他决心抛开贫贱,去干一番轰轰烈烈的事业。在李斯眼里,人生最大的荣耀莫过于取得高贵的身份,最大的快乐莫过于享受荣华富贵。在李斯的胸中,雄心与野心混在一起,化为一团追求功名富贵的熊熊燃烧的欲望之火。

　　"学而优则仕",李斯很懂这句话的涵义,当官的资本就是要通晓治理国家的帝王之术。李斯为了改变生活航向,也不得不走当时游学之士普遍的道路,即先投师受教。因此,李斯辞去了郡小吏的职务,远离家乡,来到千里之外的齐国兰陵(今山

东苍山县兰陵镇）求学，拜当时最著名的思想家、儒学大师荀况为师。

荀况，史称荀卿或孙卿，人尊之为荀子。他是战国晚期新兴地主阶级的理论代言人，打着孔子的旗号讲学。荀况的学说虽然仍以孔子为宗，但又结合战国时期变化了的形势，对儒学进行了发挥和改造，因而很适应新兴地主阶级统一天下的形势需要。从荀子思想体系的核心来看，他把儒学的"礼治"思想和法家的"法治"思想结合在一起，即后人所说的"儒中有法"。

李斯投师荀况门下，主要着眼于学习所谓"帝王之术"，即学习如何治理国家，如何满足君主的扩张欲望和急功近利的"法治"学说。当时与李斯同学的还有韩非。他们都抛弃了老师的儒家仁义道德，而吸收他那符合法家理论的"帝王之术"。后来，韩非终于成为法家理论的集大成者，而李斯则化理论为实践，成为真正实践法家思想的政治家。

李斯学成之后，反复思考应该到哪个地方去显露才干。他想效力于自己的国家楚国，又眼看着楚国江河日下，楚王已难有作为。其他东方各国也正在走下坡路，都不是能让人建功立业的理想之地。只有秦国最强盛，显得朝气蓬勃，具备了统一中国的初步条件。于是，李斯决定西入秦国，一试身手。临行之前，荀卿曾问李斯为什么要到秦国去。李斯坦率地表露了自己的心态："我听人说，机不可失，时不再来。现在各国都在争雄，这正是游说之士立功成名的好机会。秦王羽翼丰满，雄心勃勃，想奋力一统天下，到那里可以大干一场。人生在世，卑贱是最大的耻辱，穷困是莫大的悲哀。一个人总处于卑贱穷困的地位，那是会令人讥笑的。处士横议而又说自己羞于富贵，如此'无为'，只是掩饰自己无能的表现，这是不合人之常情的，更不是读书人的想法。我将到秦王那里以取富贵。"李斯公然摈弃礼义，毫不虚伪，追求功利，这正是他的品性。这种强烈而偏狭的功利观伴其一生，成为催他奋进的动力。又是他这种赤裸裸的功利主义往往在关键时刻模糊了他的视野，使他不能冷静地思考和理智地选择，最终酿成不可挽回的个人悲剧。

秦庄襄王三年（公元前247年）五月，李斯来到秦国时，正值庄襄王病死，13岁的赢政（秦始皇）即位，相国吕不韦总揽朝政。因此，李斯去投靠吕不韦，成为吕门"舍人"，也就是门下的食客。当时，诸侯贵族养士之风甚盛，吕不韦也承袭秦国传统的用人政策，广招宾客，从东方六国引进各种人才，门下食客多达三千人，在这三千人中，李斯很快显露出才华，成为其中的佼佼者，受到吕不韦的赏识。于是，吕不韦把他推荐到秦王宫廷里，担任郎官，郎官虽然品级低微，职责是守护宫门、侍卫人君、顾问建议及差遣出使等。但因职务之便，李斯有了接近国王的机会。

在此期间，天下形势已发生重大变化，韩国入朝称臣，魏亦举国听命于秦。这一年，虽有魏国信陵君率五国联军打败秦将蒙骜，实为回光返照、垂死挣扎而已。而秦国自从秦孝公任用商鞅实行变法以来，历经惠王、武王、昭王、文王、庄襄王六世，国力大增，兵强民富，实力远远超过了东方六国。秦统一宇内的形势已基本形成。当时秦王嬴政虽然年轻，但志向远大、思想活跃，在丞相吕不韦的辅助下，正在为统一全国做准备。对此，李斯也和当时许多明智之士一样，看得非常清楚。但他的高明之处在于，能够认准时机，及时地提出谋略和方案，为秦王献计献策。

有一次，李斯得到了一个向秦王上书的机会，便立刻提出吞并六国，统一天下的战略建议。这封上书以简洁明晰的语言剖析了形势变化，以推动秦国加快统一六国的步伐。李斯综观时局，既指出了此时正是兼并六国的良机，又指出了倘坐失良机，就会有诸侯复强的危险，精辟而透彻。果然，这封奏书正合秦王嬴政的心意，也是众大臣日思夜想的主要问题，秦王不能不对这个年轻人刮目相看，于是"乃拜李斯为长史，听其计"。

李斯刚从东方来，对那里各国政权的腐败和君臣离心的状况了如指掌。他建议，暗中派遣能言善辩、巧于谋略的官员，各带金银财宝，去游说诸侯。各诸侯国的大臣权贵如果贪财，就行贿收买；如果不为金钱所动，就派刺客把他杀掉。总的谋略是远交近攻，并利用一切手段，在六国君臣之间挑拨离间，破坏其团结，使其内部越来越乱，然后等待机会，派出良将劲旅各个击破。秦王嬴政闻言大喜，更加信任李斯，不久便提升他为客卿。客卿是秦国专为从别国来的人才而设置的高级官位。李斯跻身于客卿之列，终于可以与国王和众大臣共谋国家大事了。

在以秦王嬴政为首的决策层中，李斯占有重要的一席。他虽未能像王翦等武将那样，率领大军，开赴前线，效命疆场，但作为秦国的谋士，他参与了整个统一战争的重大决策。东方诸国疆域广大，犬牙交错，强弱不一，情况复杂，统一战争应从何入手，必须有一个全面规划。正是李斯在深入分析的基础上，拟定出了攻灭六国的战略决策，即由近及远，避实就虚，选择弱点，正面突破，先灭掉韩，再扫两翼，最后消灭齐国。而统一战争的进程表明，这个策略是非常正确的。

同时，在统一六国的过程中，战争固然是最重要的手段。但是，还必须采取相应的策略与之配合，如设法从内部瓦解，涣散敌国的军事力量，使其失去抵抗力等，从而使战争更加顺利地进行。这时候，李斯的策略就起了很大作用。例如赵国名将李牧，曾两次击退秦军的进攻，赵国将亡，他还率领赵军，坚持抵抗秦军达一年之久。于是，在李斯的建议下，秦国派人持金玉收买权臣郭开。郭开在赵王面前诬告李牧勾结秦国，阴谋反叛。赵王中计，杀死李牧，自毁长城，秦军乘乱进攻，不久就灭了赵国这个劲敌。在这期间，秦国基本上是按照李斯的战略安排，逐步吞食六国的，从而大大加快了统一战争的进程。正是由于这一策略的成功，秦王嬴政才得以"奋六世之余烈，振长策而御宇内"。而李斯也赢得了秦王的信赖，官位不断升迁，逐渐成为秦国决策的主要人物。

面对排挤 "谏逐客书"

就在李斯的仕途一帆风顺时,发生了一件大事,几乎断送了他的整个政治生涯。

秦国和关东诸国相比,一向重用外来人才。自商鞅变法后,秦国地位蒸蒸日上,更吸引了大批关东士人入秦。这对秦国的发展产生了重大作用,但同时也引起了秦国一些旧贵族的忌恨。秦王嬴政元年(公元前246年),韩国因为抵抗不住秦国的进攻,就派"水工"(水利专家)郑国去"间秦",怂恿秦王修筑一条沟通泾河与洛河的渠道,引泾水灌田,干渠长三百多里,即历史上著名的"郑国渠"。

韩国的本意是想使秦国耗费大量人力物力,疲劳不堪,腾不出手来再向东征伐,以便暂时减轻秦对韩的军事压力。此术之愚蠢,犹如以肉投虎,虽然耗费了秦国十年之功,却可灌溉田地四万余顷。从此"关中为沃野,无凶年",秦国更加富强,为兼并战争作了充分的物质准备。正如后来郑国所说的,水渠修成,"为韩延数岁之命,为秦建万世之功。"

渠将修成,郑国的间谍身份也暴露了,秦国上下一片哗然。接着,秦王嬴政九年,长信侯缪毐发动叛乱。次年,又查明相国吕不韦与缪毐之乱有关,遂罢斥其相。郑国、吕不韦都不是秦国人,这就为一向守旧的宗室大臣提供了借口。他们本来就对秦"不用同姓"的政策不满,认为大量异国异姓的人充塞秦国上下,堵住了他们的仕途,因此乘机推波助澜,在秦王面前煽动:"一切在秦做官的外来人都是间谍,是为其本国利益来破坏秦国的,请把他们一概驱逐出境,免遗后患。"秦王嬴政对此也不能不加怀疑,于是下了一道十分严厉的"逐客令","不问可否,不论曲直,非秦者去,为客者逐!"

作为楚人的李斯,当然也在被逐之列。当时的李斯已到中年,是一个颇有影响的客卿,成为被驱逐的重点对象。眼看自己的前途将被断送,不仅对他本人,对秦国统一天下的大业也相当不利,甚至有可能引起国内的动乱,削弱秦国实力。于是,在被逐的路上,李斯毅然向秦王上书,力请改变逐客的决定。这就是历史上著名的《谏逐客书》。

《谏逐客书》一文洋洋洒洒,多用排比句式和形象比喻。并巧于运用虚词助字作转折过渡,来增加文章气势和衬托作者的精神。文章思想犀利,逻辑性强,很有说服力。文章开宗明义:"臣闻吏议逐客,窃以为过矣。"针锋相对,观点鲜明。接着,李斯用透彻、明快、雄辩、激切的言词,连物比类,就秦国本身发展的历史事实,历述异国人的丰功传绩和关键作用。春秋时代的秦穆公,是强秦的奠基之君,他从西戎迎来由余,从宛地(今河南南阳)得到百里奚,从宋国招来蹇叔,任用从晋国来

的丕豹、公孙支。秦穆公任用这五人，兼并了二十国，称霸西戎。秦孝公任用商鞅，实行新法，移风易俗，兵强国富，打败楚魏，扩地千里。秦惠王用张仪的计谋，拆散了六国的合纵同盟，迫使他们一个个西面事秦。秦昭王得到魏国人范雎，计除秦国王庭上专权的亲贵大臣魏冉，加强了王权，并吞食诸侯，奠定了秦国帝业的基础。

上述四位国君，都是靠任用客卿而大大促进了秦国的发展。作者借助无可辩驳的事实有力地反问道："客何负于秦哉？"假如这四位君主也"却宾不用"，那怎么会有今天强大的秦国呢？李斯又以秦王对来自异国的明珠美玉，骏马利剑、音乐、舞蹈、矿产、美女的喜爱为例，发问道，陛下并不因为这些所好不是秦国出产就舍弃不用，为什么独独对客卿要一概驱逐呢？"逐客"将破坏秦国威望，从此天下背秦，这实际是抛弃百姓去资助敌国，排除"客"籍人才而去成就各诸侯国的功业，这决不是"跨海内制诸侯"的君主所应采取的态度，而是俗语所说的"借寇兵而赍盗粮"的做法。他由此得出结论，逐客之举是既损害了人民，又资助了敌国，"内自虚而外树怨"，破坏秦国统一天下的大好形势。这对秦国来说简直太危险了！

李斯的上述议论表明，这篇文章不仅仅是如何对待外国异域人士的问题，而且涉及到要不要广泛地争取人才，实现统一的大问题。很显然，"逐客"与秦王横扫宇内的既定方针完全是背道而驰的。

《谏逐客书》一气呵成，情辞恳切，确实反映了秦国历史和现在的实际情况，充分代表了当时有识之士的深刻见解。秦王赢政读后，颇受感动，顿时醒悟，明白了利害得失，立刻废除逐客令，并派人把李斯追回来。当时，李斯基于对秦王赢政的了解与信心，一路慢慢地走。追回的命令下达时，他才走到离京师不远的骊邑（今陕西临潼县东北）。这也说明李斯性格的机敏及其政治预见性。

可以看出，如果没有李斯挺身而出，呈上《谏逐客书》，秦王是决不会轻易收回成命的。这一事件能否正确处理，保守贵族那闭塞的宗法统治能否被打破，对于秦王今后的事业能否成功，关系极大。正是因为秦王听取了李斯的正确意见，保持了这种政策的连续性，广泛地招揽外国异域贤士，使得当时各国的佼佼者都几乎西奔入秦，一大批第一流的政治家和军事家聚集在秦王周围。李斯、尉缭之类的"士"人自不必说，就是在歼灭六国中战功赫赫的王翦、王贲、王离、冯劫、李信、蒙武、蒙恬等武将，皆系异域之人。他们群集于秦国都城咸阳，呈现出"大略驾群才"的壮观局面。这期间虽然曾有一段荆轲刺秦王的插曲，秦王赢政本人几乎丧命，但一直未动摇他对外国异域人士的信任和重用。若无这些来自异域的文臣武将的协助策划，秦王要实现"六王毕，海内一"的目标是不可能的。李斯的《谏逐客书》，预示了秦国将要改变历史航向而一统天下的辉煌前景，具有深远的意义。

李斯的直言进谏既保住了客卿在秦国的地位，也为他在秦国的发展铺平了道路。秦王赢政也因此更加器重李斯，并很快把他提升为廷尉。廷尉是主管全国刑狱的长官，又是朝廷的所谓九卿之一，对国家的基本决策有重要的发言权。

中国历代冤案

计杀韩非　夷灭六国

逐客风波平息后,秦国的政治、经济实力大大增强,平定六国已被提到秦王嬴政的日程上。李斯根据当时形势,认为地处天下之中,又正挡秦军东向之路的韩国实力最弱,应作为统一六国的突破口。以韩国之弱小,头一炮打响,不仅可以振奋军威,而且敲山震虎,还能从心理上慑服其他五国。李斯的贡献是根据时势的发展,清醒地认识到统一大业将水到渠成,不失时机地转入逐步灭亡六国的轨道。

秦军向韩国边境大举进攻,韩王安十分恐慌。李斯在这关键时刻亲自出使韩国,威逼利诱,迫使韩王安向秦称臣。在这种危急形势下,韩王急忙找韩非商讨救亡图存之策。

韩非是韩国的王室贵族,早年曾与李斯一同跟荀况学习,攻读刑名法术之学。韩非口吃,不善于演讲,但擅长思考和著述。李斯自以为才学不如韩非。可是,由于两人在人生道路上的选择不同,致使结局大不一样。李斯择地而处,择主而仕,效力于国力蒸蒸日上的秦国,依附于雄才大略的秦王,终能大展鸿图,飞黄腾达。韩非则念念不忘故国,情牵于贵族世家,一直为江河日下的韩国效力,希图挽狂澜于既倒。眼看韩国的国势日益削弱,韩非屡次上书韩王,要求运用法家理论励精图治,进行改革,但都不被采纳。对此,韩非感到痛心疾首,悲愤莫名。于是他发愤著书,先后写了《孤愤》、《五蠹》、《说难》、《内储》、《外储》等数十篇千古流传的著名文章,约十余万言,后人编为《韩非子》一书,集先秦法家理论之大成。韩非的行文风格峻峭、笔峰犀利,切中要害。他的书传到秦国,由于讲的都是"尊主安国"的理论,秦王读后连连拍案叫绝,赞叹道:"真是太精彩了!我要是能见到这个人并且与他交往,死而无憾!"不久,秦国攻打韩国。韩王考虑到韩非的学识和名望,便派他出使秦国,想通过外交努力使韩国苟延残喘。

韩非此时处于两难之地。作为一个深谙历史大势的思想家,他对形势的分析估计与李斯基本相同,即认为秦统一中国的条件已是水到渠成,不可逆转;但作为一个韩国贵族,他又不忍祖宗基业毁于一旦,自己还要为保存韩国作最大的努力。李斯也极力劝他前往秦国。韩非到秦国后,当即上书秦王:"如今,秦地数千里,雄师百万,号令赏罚严明,天下不及。臣冒死求见大王,进献计谋。大王诚能听臣之说,必一举而破天下合纵,亡韩,克赵,降服楚、魏,亲附齐、燕,使秦成霸主之名,君临四境诸侯。否则,大王斩臣示众,以戒为王谋划而不尽忠之人。"这话说得斩钉截铁,使秦王越发敬重韩非。韩非趁秦王高兴,上了一篇表面上为秦着想,实则设法保韩的奏章。韩非这篇上书的实质,就是劝秦王缓攻韩国。

秦王把韩非的计划交给大臣们讨论。李斯立刻上书,反对韩非的"存韩"之论。

李斯说："韩国对秦来说，好比心腹之患。别看它现在顺服于秦，实际上是顺服强力。一旦秦保留韩国而东攻赵、齐，难保它不与赵、齐、楚合谋，从后方夹击秦国。故韩非的话决不可信！"接着，李斯提出："韩非是韩国的公子。现在正是大王扫平诸侯、兼并天下的时代，韩非当然忠心于韩，而决不会真心为秦效力，这是人之常情。大王千万不能为其言语所惑，要明察其心，若要放他归国，那就等于放虎归山，他会伺机报仇，给秦国留下无穷的后患啊！所以不如借故把他杀掉！"最后，李斯建议，由自己前往韩国，诱使韩王入秦。秦就以韩王为人质，胁迫其大臣俯首归顺。然后秦再发兵威胁齐国，齐也必然效法韩国。这样一来，赵人破胆，楚人狐疑，魏国不敢轻举妄动，诸侯便可蚕食而尽。

此书一上，秦王嬴政马上下令把韩非逮捕入狱。不久，韩非在狱中服药自杀。与此同时，李斯出使韩国，失去主见的韩王眼见秦国大军压境，再也无计可施，只得交出传国玉玺，向秦国称臣。秦王嬴政十七年，秦又借口韩国背叛，向其发动全面进攻。韩在六国中第一个被秦灭亡，李斯的战略首获成功。

从公元前230年灭韩起，至秦王嬴政二十六年（公元前221年）止，短短10年间，秦先后吞灭赵、燕、魏、楚、齐等国，结束了春秋以来分裂割据的局面，实现了我国历史上第一次空前的大统一，建立起我国第一个封建王朝——秦朝，中国的历史翻开了新的一页。统一大业之所以能如此顺利而迅速，除了当时所具备的客观历史条件——秦国强大的经济、军事实力以及作为统帅的秦王本人的雄才大略外，作为秦王最重要谋士的李斯具体制定的一整套战略，也发挥了重大作用。因此，李斯无疑是秦王朝的开国元勋。

洞悉史患　　力驳分封

公元前221年，在中国大地上首次出现了一个以咸阳为国都的大帝国，其疆域东至大海，西至甘青高原，北至河套、阴山、辽东，南至岭南。面对如此辽阔的疆城，众多的人口，复杂的形势，需要建立什么样的政权机构，采用什么样的统治方式才能把新帝国的政权巩固下来，秦王嬴政并非成竹在胸。他只好数次召集群臣"议政"。许多人主张，仍沿用古代的体制和称谓。在此关键时刻，又是李斯，再度扮演了极为显要的角色。新帝国确立的政治制度和其它方针政策，除立帝号一项是李斯与王绾等人合提而外，其它均出自李斯一人之手。中国历史上第一个封建专制的中央集权国家的建立，深深地打上了李斯的印记。

秦王嬴政志得意满，作为新帝国的最高统治者，他急不可待地要"更名号"。于是召集群臣"议帝号"。丞相王绾、御史大夫冯劫和廷尉李斯联合出面，盛赞秦王的功业是"上古以来未尝有，王帝所不及"。建议选用古代最尊贵的称号"泰皇"，天

子自称为"朕"。秦王嬴政去"泰"著"皇",采上古帝位号,称"皇帝",嬴政为始皇帝。后世依次为二世、三世……传之无穷。从此,中国历史就有了"皇帝"及其它专用的一套称谓,为以后历代封建王朝的最高统治者沿用下来。

战国时期,各国"言语异声,文字异形",同一个字往往有几种不同的写法。文字的不统一,对于推行中央政府的政策法令和文化传播都是极大的障碍。于是,李斯以原秦国的文字为基础,整理出一种笔画较战国时期简便、写法一致的文字,这就是历史上所说的"书同文"。李斯自己动手,写成范本,称为小篆,颁行全国。这就废除了其它异形字,有助于统一的多民族国家的形成。"书同文"成为联结整个中华民族的一根无形纽带,李斯对此有开创之功。

李斯的历史功绩,莫过于他在分封制与郡县制论争中所起的作用了。公元前221年,当秦始皇召集群臣讨论政治制度时,廷尉李斯与以丞相王绾为首的多数大臣产生了尖锐的对立,分别规划了两个不同的蓝图。王绾等人提出:"秦王朝国土广大,中央不宜都直接管理,应该在原燕、齐、楚等偏远地区实行分封制,立诸子为王。如果不实行这种办法,这些地区很难巩固。"

秦始皇把王绾的建议交群臣集议,文武百官多以为意见正确。唯独李斯力排众议,他力陈分封制的弊瑞:"周初分封子弟为诸侯,原来是想让他们保卫王室。但过了几代之后,他们彼此疏远,相互攻击诛戮,如同寇仇,连周天子也无法禁止。五百多年来,闹得天下沸沸扬扬,不得安宁,正是分封的那些诸侯葬送了周的天下。这个历史教训让人记忆犹新。"因此李斯建议:"现在依赖陛下英明,好不容易天下统一,应在各地区设置郡县,由中央直接任命官员管理。至于公子王孙或有功之臣,国家可以用赋税收入多多赏赐,这样他们就容易被皇帝控制。实行郡县制,天子的意志可以直接贯彻到国家的每个角落,这才是安定社会的行之有效的策略。"

这一席话符合历史发展的趋势,因此打动了秦始皇。这位新皇帝终于果断地下了结论:"正因为过去诸侯割据,所以天下战乱不息,百姓受苦。现在天下初定,如果再行分封,那是重新授人以柄,等于又开动乱之源,天下将永无太平之日。廷尉李斯的意见是正确的。"于是,这种延续了两千多年的郡县制就从此奠定了下来。

在李斯的辅佐之下,秦王朝分天下为36郡(后增至40余郡),派太守治理,都尉掌武备,御史行监督。这些郡县是中央政府直接管辖下的地方行政单位,完全听命于中央和皇帝。至此,中国历史上第一次分封制与郡县制的大论战,也是秦王朝建立后第一次大的政治斗争,终以秦始皇、李斯为首的坚持郡县制论者的胜利而告结束,而以皇帝制、三公九卿制、郡县制为主要特征的一套完整的封建国体、政体终于在中国确立。这种国体、政体为以后各封建王朝相继沿袭。可见,李斯是中国封建国体、政体的主要规划者。从此以后,秦始皇对李斯宠信有加,并擢至左丞相,成了一人之下、万人之上的权臣。

巩固专政　焚书坑儒

　　秦朝统治者除用严酷的刑罚对广大人民进行统治外，还加强了对思想文化领域的专政，焚书坑儒即是最为有力的措施，而这一事件的主谋者就是李斯。由于秦始皇是以法家理论为指导统一天下的，对这套理论的效用十分重视，因此引起了大批儒家学者的不满。他们往往采取借古讽今的形式，对秦始皇进行批评。

　　秦始皇三十四年，秦皇置酒咸阳宫，大会群臣。博士仆射周青臣当面颂扬说："往时秦地不过千里，而今赖陛下英明神圣，平定海内，放逐蛮夷，日月所照，莫不宾服；以诸侯为郡县，人人自安乐，无战争之患。如此彬彬之盛，可传之万世，自上古不及陛下威德。"周的颂词虽有奉承之嫌，却也大体合于事实。而来自齐地的博士淳于越颇不知趣，指责周不忠，并借话头重新要求实行分封制。淳于越进谏说，殷、周之所以存在千年，是因为它把天下分封给子弟和功臣。现在天下如此之大，宗室子弟没有封地，和百姓一样，万一发生了田常、六卿之变，又有谁来相救呢？最后，他批评秦始皇说："凡事不效法古人，而想求得长治久安，我还从未听说过呢！"

　　淳于越的驳议，首先选错了历史根据，殷、周存在时间较长，决非因为分封子弟功臣。在人类历史的初级阶段，社会发展速度较为缓慢，因而必然历时长久。以周代为例，合东、西周共八百余年，但名存实亡的时间过半，比先前的夏、商两朝要短。而且，"田常"、"六卿"之变，不是分封子弟就可以避免的，这恰恰是在分封时代产生的历史现象。基于此，他得出的"效法古人"的结论无疑就缺少根据了。这必然导致颂古非今，走回头路。淳于越是以儒家的立场来看待秦朝政治的，要求恢复已经过时的分封制，说明了他们历史观念的守旧和迁腐，也说明了先秦的旧儒学与新的大一统政治格局的格格不入。

　　秦始皇将淳于越之议下达朝廷，让他们评判周、淳的是非。丞相李斯对淳于越的复古倒退言论痛加驳斥。他向秦始皇阐述了自己的观点："古时五帝治理天下的办法互相都不重复，夏、商、周三代也是各以其方略治国，互不沿袭。原因就在于时代和环境不同，不能盲目仿古。今天陛下开创大业，建成万世之功，您的英明之处，当然不是那些愚儒所能理解的。淳于越一味颂扬三代之事，何足效法！"当时李斯明白皇帝心思，认为淳于越之议是陈词滥调，不能答应。坚持郡县制，反对分封制，也是无可厚非的。假如李斯的话到此为止，也不过是以前出现多次的政争的重演。李斯却进一步附和秦始皇的独裁心理，不仅要求一统行政，而且严格要求一统思想。他变本加厉，大加发挥，提出了"焚书"的建议。他说："以前政出多门，各种学派乘机招摇。现在天下统一，法令一统，百姓努力生产，游学之士也应专学法令，否则将会影响政局的稳定，有损于皇帝的权威。可当今儒生专门以古非今，扰乱人

心。对皇帝的法令，总是以自家学说为标准来衡量取舍，议论诽谤，标新立异。长此下去，势必会破坏朝廷的威信。因此，必须严禁私家学派。"

李斯为使舆论一律，所采取的措施不免太极端：凡历史书籍，除《秦记》以外，一律烧毁；《诗》、《书》及诸子百家的著作，除博士官所收藏的以外，其余的一律烧毁；有敢谈论或讲诵禁书的，公开处死；以古非今者，举族连坐；除了医药、占卜和农林园艺这几类书不烧外，其他书一律在命令下达三十日以内焚毁清除；官吏知情不报者，与违禁者同罪；严禁私人办学；凡欲求学者，以吏为师，研习法令。很显然，这是极端的文化专制措施。

秦始皇采纳李斯的建议，下达了焚书的诏令。这样，从商鞅提出"燔诗书而明法令"的理论以来，直到秦始皇时才化为具体行动。中国大地上迅即出现了一次文化史上的空前大浩劫，使先秦时的无数珍贵典籍化为乌有。焚书的暴行进一步强化了皇帝的专制独裁，引发了坑儒事件。

秦始皇三十五年，为秦始皇炼长生不死药的方士侯生、卢生私议秦始皇"不德"，然后逃之夭夭。方士们的骗术自不可信，但他们所议始皇专横则是事实。秦始皇闻之大怒，认为他们是"为妖言以乱黔首"，派御史悉案问诸生，诸生转相告引，"乃自除犯禁者四百六十余人，皆坑之咸阳，使天下知之，以惩后。"史籍虽未明载此事与李斯有什么关系，但以其当时的政治地位和思想倾向看，他成为秦始皇的积极支持者当不会有什么问题。

这就是历史上著名的"焚书坑儒"事件。这次事件的原因，是由于讨论是否分封的问题引起的，无论是主张分封还是反对分封的大臣，都是为了秦王朝的长治久安，他们并无根本利益上的对立。李斯借题发挥，终于酿成焚书坑儒的惨祸。另外，这也不是没有其它的缘由。秦国自商鞅变法以来，一直以法家理论作为治国的指导思想。秦始皇一统天下之后，把主要精力放在建立中央专制政权方面，划定全国疆域，统一文字度量衡，修筑长城等，对文化思想方面很少注意。淳于越以儒家思想为秦始皇出谋划策，不利于秦的中央集权统治。而善于领会秦始皇意图的李斯，为了打击儒家势力，巩固统一政权，不失时机地提出了焚书的主张，并很快发展到坑儒的严重局面。

"焚书坑儒"事件，本来是一桩甚为简单的历史旧案。但古今人物对此却议论纷纷。其实，这一事件的出发点在于实现思想统一，这本是所有统治阶级巩固统治的自然要求。尤其对于巩固刚刚缔造的多民族的统一国家有重要作用。但用诛杀知识分子，毁灭历史和文化的专制主义来达到统一思想的目的，却不能不说是政策上的重大失误。这对中国古代文化是一次严重的摧残，而且其危害远远超出意识形态领域斗争的范围。企图用高压手段强制人们只尊奉一种思想，显然是达不到目的的，甚至适得其反。这种愚民政策可以愚民于一时，不能愚民于长久。它必将激起人民群众更为激烈的反抗。焚书坑儒这种文化专制主义不但不能巩固封建专

制政权,反而成为加速秦王朝灭亡的一个重要原因。

勾心斗角　立秦二世

到秦始皇晚年,李斯已位居丞相高位。如果说,在做丞相之前,李斯的一切努力都是为着猎取富贵功名,那么,位极人臣之后,他的一切努力又都是围绕着保持这种权势和富贵了。此时的秦始皇,对于李斯一味的阿谀奉承并不感谢。相反,他对李斯也时刻提防,颇多疑忌。

大概是怕人刺杀自己,始皇的行踪不定,鲜为人知。一次,他去梁山宫时,从山头上往下望,只见丞相的车马随从甚盛,心中很不高兴。有一侍从宦官把这事偷偷告诉李斯,李斯很害怕,马上将车马随从大大减少。秦始皇得知后大发雷霆,认为是内侍把他的话泄露了出去。于是严刑逼供,但无人招认,在毫无结果的情况下,秦始皇把身边的内侍统统杀掉。这时的李斯也是诚惶诚恐,日子自然也不好过。他非常清楚,秦始皇既可使他位极人臣,也可以使他血染黄泉。当时,李斯的长子李由为三川郡守,领兵在外,镇抚一方。其他的儿子都娶了秦公主为妻,女儿们则尽嫁皇族公子。一次李由告假回家,李斯在家设宴。满朝文武闻讯纷纷赶来"祝寿",车水马龙,络绎不绝。此情此景,使李斯大发感慨:"荀卿常说'物禁太盛',任何事物发展到极点,就会向反面转化。我原是一介布衣,今天却做了丞相,可以说是富贵到了极点。天下事是盛极而衰,我今后的前途吉凶未卜啊!"

统治阶级内部的勾心斗角,已在李斯身上逐渐露出悲剧气氛了。从此以后,李斯在秦始皇跟前更加谨慎从事。因此,李斯在秦始皇时代一直宠信未衰。秦始皇几度出巡全国,李斯总是不离左右。而且每到一地,无论是泰山封禅,或巡视陇右,据说所有刻石的书法文章都出自李斯之手。这不仅是因为李斯文采出众,更重要的是显示了他是秦始皇的宠臣。

秦始皇三十七年,秦始皇最后一次到东方巡游。随从秦始皇身边的除丞相李斯外,还有中车府令赵高和秦始皇的少子胡亥。据说秦始皇有二十多个儿子,一直没立太子。大儿子扶苏因对父亲"焚书坑儒"等政策犯颜直谏,被派到北方边境上蒙恬的军营去做监军,其他儿子也都未能随行。

十月,巡视队伍从咸阳出发了。在南方巡游一大圈之后,又乘舟渡海到了琅琊(在今山东胶南县境内),再折而西行。由于旅途劳顿,车驾在返回途中行至平原津(今山东平原县)时,秦始皇突然身染重疾。随行的大臣们眼见皇帝病情日渐加重,内心都为未定太子而惶惶不安。可是由于秦始皇平时最忌讳一个"死"字,所以大臣们都不敢提醒皇帝。次年七月,皇舆西还至沙丘(今河北广宗县西北),秦始皇病情恶化,生命垂危。这里离秦都咸阳尚有两千里之遥。此时,秦始皇才感到死神的

逼近,自叹将要撒手人寰,只得尽力支撑着虚弱的病体,命赵高代诏,赐公子扶苏书信。其大意是:将边事悉交蒙恬,速赴咸阳料理丧葬。实际上是让他回京主持丧礼,继承皇位。但书信在赵高手中尚未发出,秦始皇就突然死去了,终年50岁。

开国帝王的暴死往往引起举国慌乱,何况秦始皇死在巡游途中,生前又未及确立太子。为防止意外事变,这一消息被严密封锁,只有李斯、赵高、胡亥和少数贴身侍从知道。李斯将秦始皇的尸体安置在一辆帷幕低垂的车中,表面上一切如故。车内置一亲信宦官作替身,在百官奏事时代为应答。回京路上,因为天气酷热,尸体腐烂发臭。李斯命令同车载上一些鲍鱼,以腥乱臭,等回到京师咸阳,方才正式发丧。但就在回京路上,爆发了一场历史上罕见的宫廷政变。

当时的中车府令赵高出身低贱,秦始皇认为他博闻强记,机敏过人,通晓律令,就提拔了他,并使之辅佐少子胡亥,教他刑法知识。一次,赵高犯了大罪,交由蒙毅处置。蒙氏本是秦国的名将世家,其祖蒙骜、父蒙武、兄蒙恬均屡建战功。蒙氏兄弟又与始皇长子扶苏关系甚密,蒙毅依法判处赵高死罪。但始皇不仅赦免,而且命他官复原职,赵高从此与蒙氏家族结下仇怨。秦始皇的死,给了赵高以可乘之机。赵高与胡亥关系亲近,二人密谋扣下秦始皇的遗诏不发,老奸巨猾的赵高深感自己难以一手遮天。因此,他便把眼光投向能够左右局势的丞相李斯。

赵高郑重其事地对李斯说:"先皇驾崩,子嗣未立,留给扶苏的遗诏和玉玺都在公子胡亥手中。确立谁继承皇位,全在于阁下与我审时定策了!怎么办?请丞相发表高见吧。"李斯听了大吃一惊:"你怎么想出了这种犯上作乱的主意?由谁来即位,可不是身为人臣的你我所应议论的!"赵高显出忧心忡忡的样子,说道:"丞相啊,您可以自己惦量一下。论才能,能与蒙恬相提并论吗?论谋略,能与蒙恬一比高低吗?论功绩,能高出蒙恬之上吗?论无怨于天下,能与蒙恬相比吗?论与扶苏之间的私下交情,又谁亲谁疏呢?"

李斯略加思索,一本正经地说:"这五点我自然都不及蒙恬。"赵高紧逼一步:"先帝有二十多个儿子,他们的情况丞相也都清楚。就拿长子扶苏来说吧,他刚毅勇武,监军边陲,深孚众望。一旦扶苏即位,必用蒙恬为丞相,而您不过老归故里,了此一生。这是显而易见的事,丞相您还犹豫什么呢?"李斯立即反驳道:"我只奉先帝遗命,顺从天意,从不考虑个人安危,请你不要再说。"赵高不紧不慢地说:"圣人处事,总是审时度势,不拘守已过时的法则。聪明的人,总善于在机遇的转折关头作出明智的选择,丞相您总不是那种不知变通的人吧!"密谈至此,李斯也显得有些激动:"我听说晋国将太子申生废置而立奚齐为太子,造成三代不安;齐桓公与公子纠争夺君位,弄得祸起萧墙;殷纣王拒谏,杀死了其叔父比干,最终招致国破家亡之祸!这一切都史有明鉴,我李斯怎能违背先帝遗愿,参与这样的篡权密谋呢!"

赵高是个伪善狡诈、善于揣测别人内心隐私的人,他对李斯自然了如指掌。赵高便用保住功名富贵去拨动李斯的心弦,厉声说道:"方今天下的大权,国家的命运

都操在胡亥的手中，我赵高倒不愁不得志啊。可是丞相您呢，就要当心了！采纳我的建议，您可世代封侯，富贵延及子孙；否则，到时落得满门抄斩，灾祸殃及子孙，该是多么令人寒心的事啊！"李斯呆呆地怔在那里，由于内心斗争激烈，脸上的肌肉也不时地抽搐着。片刻之后，他不禁涕泪交流，仰天长叹道："上苍啊！我为什么偏偏遭遇这乱世啊！我既然不能以死报答先帝，那我命运的归宿又该寄托在何处啊！"在这次非同寻常的密谈中，赵高对李斯以利相诱惑，以威相胁逼，软硬兼施，终于使这位堂堂丞相的思想防线崩溃了。

于是，李斯便顺从了赵高，共立胡亥为太子。另又伪造诏书，赐死公子扶苏和大将蒙恬。这两人死后，李斯同赵高一样，也是一阵狂喜，以为除掉了自己的心腹大患。到咸阳后，立刻发丧，拥立胡亥为二世皇帝。接着，二世命赵高为郎中令，名为全面担负宫廷的警卫之职，实际上常居宫廷，参与军国大政的决策，实权远远超过了郎中令的职责范围。在赵高的有意唆使下，秦二世大开杀戒，处死自己兄弟姐妹二十多人，又诛杀了功高任重的大臣蒙毅等人。于是，秦统治集团开始分裂瓦解，人人自危。

身遭车裂　被夷三族

秦始皇作为中国历史上第一个统一全国的杰出人物，自有其伟大的功绩，但同时他又是历史上少有的暴君。秦二世当时虽已 21 岁，但较之他的父皇，少了事必躬亲的气魄和才干，却多了许多荒淫和残暴。秦二世曾有一段自白："夫人生居世间也，譬犹骋六骥过决隙也。吾既已临天下矣，欲悉耳目之所好，穷心志之所乐。"在秦二世看来，人生在世就是为了寻欢作乐。这种极端腐朽的人生观与皇权结合在一起，迅即给人民造成了无穷的灾难。"法令诛罚，日益深刻"，"赋敛愈重，戍徭无已"，农民的困苦达到极点，社会生产力的破坏达到极端严重的程度。贾谊《过秦论》说，秦二世即位不久，全国到处出现了"父不宁子，兄不安弟，政苛刑惨，民皆引领而望，倾耳而听，悲号仰天，叩心怨上，欲为乱者，十室而八"，本来在秦始皇统治晚年已激化的阶级矛盾，此时更加尖锐，终于触发了一场埋葬秦王朝的农民大起义。

大规模的农民起义及六国贵族的起义迅速发展，如火如荼。二世胡亥却被蒙在鼓里，以为只是几个盗贼流窜，仍然一味纵情酒色，大权实际操纵在赵高手里。赵高恃宠专权，骄纵不法。他怕大臣入朝奏事，暴露其恶，便像教育一个小孩子似的对胡亥说："陛下要显示自己尊贵，就应该深居简出，不必天天按时上朝。陛下还很年轻，万一在大臣面前讲错了话，那岂不被人小看？依我之见，陛下不如不上朝，凡国中之事由我和几位熟悉法令的大臣去办好了。假如遇到大事，再出来裁定，天

下人便不敢轻视陛下。"胡亥受其诱骗,从此深居皇宫,不理政事,大臣的奏报均由赵高代理。

丞相李斯比昏庸无能的胡亥当然高明得多。他看到了秦王朝的危机,为了保住秦王朝,更为了保存自己的既得利益,他心急如焚,几次进谏,但都受到二世的斥责。

随着秦将章邯暂时击溃了周文率领的农民起义军,秦二世更加恣意享乐。一次,胡亥责问李斯说:"过去韩非曾经说过,古代的君王都十分辛勤劳苦,难道君王管理天下是为了受苦受累吗?这是因为他们无能。贤人有天下,就要让天下适应自己,如果连自己都不能满足,又如何使天下满足呢?我想随心所欲,而又要永远统治天下,你李斯有什么办法吗?"当东方烽烟遍地,秦王朝的末日就要到来时,胡亥想到的不是如何挽救危机,而是要李斯向他传授"长享天下而无害"的秘诀。

善于窥测方向的赵高看到李斯向二世上督责之术,深恐他夺己之宠。于是,赵高便和几个心腹密谋,必欲置李斯于死地。

一天,赵高愁容满面地对李斯说:"近来关东强盗蜂起,而皇上却不以为意,仍然急征徭役,修阿房宫。我多次想劝劝皇上,但自感人微言轻,说了也无济于事。丞相为什么不去劝劝呢?"聪明绝顶的李斯听了这番话,竟也不知是计,很快陷入了赵高设下的圈套。后来赵高总是在二世欢宴正乐的时候,通知李斯进宫奏事,以致胡亥极不情愿地中断玩耍,驱散宫人。李斯一次次地进宫求见,终于使这位皇帝怒不可遏:"我平日空闲,丞相不来;每次我玩得正开心,丞相就到。这分明是欺我年少,藐视寡人!"赵高乘机添油加醋地说:"陛下,您可要当心呀!沙丘之事,丞相参与策划,事后未得赏官加爵,他必是想裂地称王!丞相的大儿子李由为三川郡守,陈胜、吴广一伙盗贼路过三川时,郡守也不出兵进剿。陈胜、吴广那一伙,都是丞相老家那一带的人,据说郡守还与这股叛军暗中有来往呢!况且,丞相位高权重,亲信遍布朝野。这是很危险的呀!"赵高的话犹如利剑长枪,直刺李斯,胡亥听后似乎恍然大悟。李斯居然敢通敌谋反,他决意对李氏父子严加治罪。

李斯闻状,知无退路,只得立即给皇帝上书,揭发赵高,说他劫君亡国、无耻反复、贪欲无厌、求利不止,是个危险人物。但此时二世对赵高恩宠正深,认为赵高精明强干,忠心耿耿,无可怀疑,二世还把李斯的话告知赵高。赵高便哭诉道:"丞相

李斯

所恨,唯独赵高。我一死,他就可以为所欲为、弑君造反了!"秦二世一听,顿时暴跳如雷,立即下令将李斯逮捕入狱,交赵高严加审讯。

李斯以为自己有功于秦始皇和秦二世,实无谋反的企图;又自负辩才,希望上书二世,以求恩赦,出狱重享富贵。他奋笔疾书,给二世写了一封长信:"臣作为丞相,治理国家三十多年。原先秦地陕隘,先皇时秦地不过千里,兵数十万。臣尽薄才,献谋略,谨奉法令,派遣谋士说诸侯,又发展军队,整饬朝廷,赏功罚过,国力大盛,终于扫灭六国,一统天下,尊秦为天子,一罪也。开拓疆土,北伐匈奴,南征百越,以张秦强,二罪也。重赏功臣,让他们热爱国家,尽力为国效力,三罪也。立社稷,修宗庙,以示皇帝英明,四罪也。统一度量衡,公布天下,以明秦的建树,五罪也。治交通,巡游全国,以见我主之威德,六罪也。缓刑薄赋,收拾民心,拥戴君王。死而无志,七罪也。像我这样,早够死罪了。先皇不弃,尽臣之力,所以还能活到今天。愿陛下明鉴。"这封上书正话反说,历数自己入秦以来辅政治民的七大功绩,希望借此感动二世。

但这封上书却落到了赵高手中,他恶狠狠地说:"囚徒安得上书!"赵高立即让人毁掉此书,同时选派心腹党羽,装扮成御史、谒者、侍中,假借圣旨,轮番审讯李斯。李斯一说实话,立即报以无情鞭打。一次比一次更为严酷的刑罚,使李斯彻底绝望了,只得甘心诬服。后来秦二世真的派人来审讯李斯了,以核实口供。李斯这时已遍体鳞伤,再也没有勇气为自己辩白了。他害怕说了真话又像以往那样遭到毒打,只得承认"谋反"属实。供词一上去,二世大喜道:"如果没有赵君,我险些被李斯出卖!"而三川郡守李由也已被项梁率领的楚军所杀,死无对证。赵高闻讯,赶紧暗约使臣密议,编造了一份假报告,说李由拥兵叛变,已经依法就地诛杀。于是经二世批准,把李斯"具五刑"、"夷三族",腰斩咸阳。

秦二世二年(公元前208年)七月,京师咸阳警戒森严,气氛异常。大牢门外,全副武装的士兵分列两旁,刀枪林立,如临大敌。一会儿,狱卒从死牢里牵出了一批又一批犯人,男女老少,什么样的人都有,为首的钦点要犯正是前丞相李斯。此时的李斯感慨万千,他意识到自己的生命旅途已走到了尽头。一生追求建功立业,意欲永保富贵,却不料得而复失,落得如此悲惨的下场。临刑之际,李斯看着次子,老泪纵横地说:"从前在家乡上蔡,我带着你同出东门,手牵黄犬,猎兔取乐。今生今世再也不可能有那种开心的事了。"说完,父子抱头痛哭。一代名相李斯就这样惨遭腰斩,并被夷灭三族。

次年,赵高杀掉秦二世,立子婴继位。不久,赵高又被子婴杀掉。子婴在位仅46日,刘邦便率军进逼咸阳,他只得出城投降,从而宣告了秦王朝的灭亡。

功高疑震主　成败皆萧何
——韩信、彭越之冤

汉五年(公元前202年)二月,刘邦终于在楚汉战争中击败项羽,在定陶(山东今县)即皇帝位,建立了西汉王朝。荣登皇位后,刘邦为了巩固新建立的国家政权,开始采取不择手段的方式,逐一消灭拥有重兵、专制一方,对皇家有威胁的异姓诸侯王势力。

西汉初年,功臣为王者有七人,即楚王韩信、梁王彭越、淮南王英布、韩王信、赵王张敖、燕王臧荼、长沙王吴芮,史称"异姓诸王"。正所谓"兔死狗烹",历史向我们昭彰着在集权统治幕布下政治的残酷和黑暗。

投奔刘邦　登坛拜将

韩信,淮阴(今江苏淮阴市东南)人。年少时家贫,父母早亡。贫困的韩信,既不得推举为吏,又无钱经商,只好流浪乞食,经常遭到白眼。他常到下乡南昌亭长家吃饭。时间长了,亭长的妻子深感厌恶,便提前吃饭,使韩信来了吃不到饭。

无奈之下,韩信只好到城下钓鱼,有一些老妇人在那里漂絮。其中一位老妇人,见他常饿肚子,便把自己的饭分给他吃,一连数十日。韩信感激地说:"我以后必报您的大恩。"老妇人愤怒地说:"大丈夫不能自食,吾哀王孙而进食,岂望报乎!"

淮阴屠户少年,见韩信身材高大,好带刀剑,却到处乞食,便当众侮辱他说"你要想死,就刺我。不想死,就从我的胯下钻过去。"围观者起哄,等待韩信的选择。于是,韩信强忍着耻辱,从其胯下钻过。

项梁率起义军渡过淮河后,韩信杖剑往从,在项梁的军中谋差。但是,一直无声无名。项梁战死后,项羽才拜韩信为郎中。此后,韩信多次献

韩信

策,谋划大计,然而终究还是没有被项羽所重用。于是韩信决定另谋出路,经过反复思量,最终决定投奔刘邦。

投奔刘邦后,韩信被拜官为连敖。但没过多久,韩信在一次战事中犯了当斩的大罪,同行的十三人均已被处决。轮到韩信时,他仰视监斩官滕公,说:"陛下不是要取天下吗,为什么要斩我这样的壮士?"滕公对韩信的话颇感惊奇,再看看韩信英武的体貌,就把他给放了。滕公与韩信交谈后,觉得韩信是个人才,建议刘邦重用。刘邦拜韩信为治粟都尉。韩信仍感到英雄无用武之地,偷偷地跑了。萧何听说韩信逃走,来不及请示,星夜把他追回。然后,极力向刘邦推荐,说:"一般的大将都很容易得到,而韩信却是举世无双的人才。大王想要取得天下,没有韩信是万万不能的。"于是刘邦决定拜韩信为将。萧何说,这样仍留不住他。刘邦遂拜韩信为大将军。

登坛拜将时,刘邦说:"丞相屡次褒扬将军,将军能教寡人什么计策呢?"韩信反问说:"大王东向争天下,对手是不是项王?"刘邦答:"是。"韩信又问:"大王自己感觉勇悍仁强,与项王相比,谁更强呢?"刘邦答:"我不如项王。"刘邦既已承认不如对手,韩信便提出从强者手中夺天下的计策。他分析说:"项王勇武叱咤,千人都不能敌过他,然而他不能任用贤将,所以是匹夫之勇。项王待人恭敬慈爱,说话和气,然而有功当封爵者,却常得不到论功行赏的机会,所以是妇人之仁。项王虽然称霸天下,然而他残暴好杀,分封不公,天下多怨,百姓不亲附,所以虽有霸王之名,实际上已失天下人之心。基于上述分析,臣得出'其强易弱'的结论。"韩信又进一步说:"大王如能反其道行之,任天下武勇,何所不诛?以天下城邑封功臣,何所不服?以义兵从思东归之士,何所不散?况且,关中父兄怨恨三秦王。而大王自入关中,秋毫无犯,除秦苛法,与民约法三章,关中百姓皆拥戴大王,盼望大王称王关中。今大王举而东,三秦可传檄而定也。"韩信的一席话,使刘邦深感得韩信之晚。韩信对项羽的透彻分析,增强了刘邦争夺天下的信心,随后依韩信之计,部署诸将出击。

汉元年(公元前206年)八月,刘邦东进,击败三秦,夺取了关中。汉二年(公元前205年)四月,刘邦乘项羽征田荣、田横兄弟的机会,率诸侯兵五十六万,攻占彭城。项羽率三万兵回救,大败刘邦。汉兵死伤二十余万。刘邦率数十骑突围,逃至荥阳。在刘邦大败之际,韩信从关外收散归之兵,使诣荥阳,从而阻止了项羽西进,缓解了刘邦的困境。

东西征讨　助汉一统

刘邦彭城败后,塞王欣、翟王翳亡汉降楚,齐、赵也随之与楚媾和,诸侯纷纷又攀附于楚而背离汉。魏王豹是其中之一。他占据今山西南部,扼守临晋关,西向可

取关中，东向可使刘邦腹背受敌，对汉威胁极大。刘邦"方东忧楚，未及击"，遣郦食其游说魏豹。魏豹不仅不归顺汉，反而陈兵黄河东岸的蒲坂，封锁临晋关渡口，截断刘邦与关中的联系。在这关键时刻，韩信以武力击降魏豹。他采用声东击西、避实就虚的战术，把船只集中在临晋，摆出渡河的架势，吸引魏豹的兵力。暗中调兵遣将，准备渡河用的木罂缶。一切具备，出其不意，从阳夏抢渡黄河，一举成功。渡河后，直逼魏都安邑。魏豹闻讯，仓皇迎战，战败被俘。接着，韩信击破代兵，擒获代相夏说。然后，韩信把收编的魏、代降卒以及自己的精兵，送到荥阳前线，增强正面的战斗力量，使刘邦恢复了元气。

汉三年（公元前204年），韩信提出他的作战方略："北举燕、赵，东击齐，南绝楚粮道，西与大王会于荥阳。"刘邦给了他三万人，使与张耳率兵越过太行山，攻击赵国。赵以二十万大军，扼守井陉口，准备与韩信决战。赵谋士李左车认为，韩信涉西河，虏魏豹，擒夏说，乘胜远斗，锋锐不可当。他想利用井陉的有利地形，制伏韩信。他献策说："今井陉之道，车不能方轨，骑不能成列，行数百里，看形势粮食必在其后。愿大王借臣奇兵三万人，从中间之道绝了韩信的辎重，大王只要深沟高垒，坚守军营不要与其发生战争。他前不能斗，退又退不得，我用奇兵绝了他的后路，使他在野外找不到粮食吃，不出十日，韩信、张耳必败无疑。"成安君陈余则认为，韩信以少数兵力远征，士卒疲惫，不堪一击。他傲气十足，以一时之勇不用诈谋奇计，轻易地拒绝了李左车的建议。

韩信遣人探知赵不用李左车之谋，即刻进兵，至井陉口三十里，停止前进。选轻骑二千人，各持一赤旗，埋伏在赵营侧后。任务是待赵兵倾巢而出，进击汉军时，闯入赵营，拔掉赵旗，插上汉的赤旗。为了诱使赵军出营决战，韩信故意背水列阵，把将卒布置在绵蔓水东岸的微水村，摆出易受攻击的阵形。然后，他亲自率军出井陉口。赵军见韩信军至，出营狙击。经过一阵激战，韩信佯败，丢旗弃鼓，向绵蔓水后退。背水列阵，向来为兵家之大忌。所以，赵王歇、成安君陈余误认为韩信不懂军法，见他后退，便下令追击。赵军倾巢出动，争抢旗鼓，一味前进。韩信埋伏的二千人，乘机占领赵营，拔掉赵旗，插上汉的赤旗。韩信与绵蔓水的将卒会合后，被置于死地的汉军，拼死战斗，勇猛异常。赵军见取胜无望，准备退回，但见营寨一片赤旗，顿时仓皇溃逃。韩信军前后夹击，追至泜水，全歼赵军，俘赵王歇，斩成安君陈余。

败赵后，韩信立即下令：不准杀害李左车，并且高价悬赏，生得李左车者予千金。后李左车被捆来时，韩信亲自为其松绑，东向坐，西向对，向他请教攻燕伐齐的策略。李左车分析了韩信军的长处与短处后，提出了和平取燕的良策。后韩信用李左车之计策，未发一兵一卒，燕国便归降了。

在韩信节节胜利之时，刘邦却被项羽困在成皋。他和滕公从北门逃出，渡黄河，到脩武。韩信再次把精兵交给他。刘邦得到韩信的军队，才又重新振作起来。

韩信收"赵兵未发者"及刘邦挑选剩下的士卒,东进击齐。乘齐守备懈怠,韩信一举破齐历下军,夺取齐都临菑。齐王田广逃到高密,求楚救援。项羽遣龙且率军救齐。人们劝龙且坚壁清野,令齐王发使招所亡城郭,逼使汉军不战而降。龙且自恃有大兵二十万,齐将田间也将二十万,所以就傲慢起来,遂与韩信夹潍水对阵。韩信军居水西,龙且军居水东。韩信夜遣人以沙袋万余截断水流。然后,引军渡河,刚过一半,佯败而还。龙且高兴地说:"我就知道韩信已经胆怯了。"遂追而渡水。龙且军刚渡近半,韩信使人撤去沙袋,大水骤至,把龙且军分成两半。渡过河的龙且军,人数并不比韩信军队少,但是由于被分割,将士恐慌,韩信轻易地击败了渡河的楚军,杀了龙且,未渡河的楚军惊慌逃散。韩信乘胜追击,至城阳,全歼楚军,虏齐王田广和守将田光。又败齐相田横于嬴下,杀齐将田既于胶东,遂定齐地。但是,齐田氏仍在抵抗。

汉四年(公元前203年),韩信以"齐伪诈多变,反覆之国,南边楚,若不用王以镇之,其势不定"为由,遣人申请作假齐王。刘邦拆书,大怒,骂道:"我困在这里,而你还要在那里称王!"张良、陈平急踢他的脚,并咬耳说:"现在能阻止韩信为王吗?不如善待之,使其守齐。不然,生变,后果不堪设想。"刘邦醒悟,改口说:"大丈夫定诸侯,即为真王耳,何以假为?"就这样,刘邦违心地遣张良拜韩信为真齐王。

汉五年(公元前202年),韩信率兵赴垓下,参加楚汉最后的决战。当时,项羽所剩兵力约十万人。由于"楚战士无不一以当十",战斗力仍然很强。汉军的阵势排列是:韩信将三十万自当之,孔将军居左,费将军居右,是第一线。刘邦在后,是第二线。周勃、柴将军在刘邦后,是第三线。战斗开始,韩信佯败。项羽追击,孔、费二将从两侧出击,楚不利。韩信杀回马枪,大败楚军。第二、第三线未动,楚军便被打垮。项羽丧失了再战的信心,被迫突围,至乌江自刎,楚汉战争结束。

楚汉战争一结束,刘邦立即"袭夺齐王军",徙韩信为楚王,都下邳。韩信到下邳,找到当年的老母,馈赠千金,报答赐食之恩。而对于下乡亭长,仅给百钱,对他说:"公,小人也,为德不卒。"又找到逼他钻胯的少年,拜为中尉。已为王的韩信,如此处理微贱时的恩恩怨怨,可以反映他的为人。

兔死狗烹　冤死钟室

汉六年(公元前201年),有人告韩信谋反。刘邦用陈平之计,假装游幸云梦,诡谋擒韩信。韩信恍然大悟地说:"果然如人们所说的,'狡兔死,良狗烹;高鸟尽,良弓藏;敌国破,谋臣亡。'天下已定,我固当烹!"刘邦说:"别人告你企图谋反。"把信押解到洛阳,降为淮阴侯。但是,并未让韩信去淮阴,而是使他居留在长安。

通过被捕,韩信进一步认识到,刘邦"畏恶其能,常称病不朝从"。一次,刘邦与

韩信讨论诸将带兵的能力。刘邦说："如果是我,我能带多少兵?"韩信说："陛下不过能带十万的兵。"刘邦说:"那么你呢?"韩信说:"臣多多而益善。"刘邦说:"多多益善,那又怎么被我所擒了呢?"韩信说:"陛下不能带兵,但却能驾驭将领,这就是我为什么被擒的原因。"刘邦本来就"畏恶其能",韩信不顾阶下囚的地位,毫不隐瞒自己的观点,进一步触动了刘邦的痛处。

高帝十一年(公元前 196 年),刘邦去代地镇压陈豨的叛乱。韩信的舍人得罪韩信,韩信要杀他。其弟告变,说韩信与叛将陈豨合谋造反。吕后与萧何诈称刘邦已诛陈豨,诱韩信入宫祝贺。韩信进官后,吕后命令武士捉住韩信,将他斩死于长乐钟室。韩信将要被斩的时候说:"我悔不听蒯通之计,今天被一个女子所诈,这难道就是天命吗!"

韩信死后,又被夷灭了三族。刘邦回到长安,对韩信之死,"且喜且怜之"。并问韩信死时说了些什么,吕后回答:"韩信说后悔没用蒯通之计。"

所谓蒯通之计,是韩信定齐后的事。这时,项羽遣武涉说韩信反汉,三分天下。韩信对刘邦授上将军印,予数万众,言听计从,感恩不尽,表示"虽死而不改节",婉言回绝了武涉。齐人蒯通知道天下之事"权在韩信",便欲以奇策打动韩信,三分天下。蒯通从相面入手,对韩信说:"相君之面不过封侯,又危不安。相君之背,贵乃不可言。""面",指跟刘邦走;"背",指背叛刘邦。蒯通接着说:"当今两主之命悬于足下,足下为汉则汉胜,为楚则楚胜。""莫若两利而俱存之,三分天下,鼎足

韩信

而居,其势莫敢先动。""今足下戴震主之威,挟不赏之功。归楚,楚人不信;归汉,汉人震恐,足下欲持是安归乎?"几天后,蒯通再次敦促韩信反汉。韩信坚定地回绝说:"汉王遇我甚厚,载我以其车,衣我以其衣,食我以其食。吾闻之,乘人之车者,载人之患;衣人之衣者,怀人之忧;食人之食者,死人之事。吾岂可以乡利倍义乎!"那时,韩信要搞垮刘邦,并不难。但是,他坚定地谢绝了蒯通的献策。"悔不用蒯通之计",足以说明韩信未曾反。至于说韩信与陈豨有谋,显系诬陷。陈豨叛乱,是养客引起的。陈豨养客很多,门庭若市,周昌怀疑他图谋不规,上报刘邦。刘邦遣人调查,事多牵连陈豨,陈豨恐惧,仓促起兵叛乱。

春秋秦汉多战乱　多少冤魂风雨中

功成于汉　满门皆诛

彭越,字仲,昌邑(今山东金乡县西北)人,早年常在巨野泽中打鱼。

陈胜起义后,各地纷纷响应。少年们鼓动彭越响应。彭越说:"两龙方斗,先耐心观察一番。"一年后,巨野泽间少年聚众百余人起义,请彭越为头领。彭越一开始坚辞不受,然而禁不住少年们强烈的请求,彭越最终勉强答应了,相约明日日出相会,迟到者斩。第二天日出之时,迟到的有十余人,最晚的中午才到,彭越很生气,对少年们说:"我老了,你们强让我为头领,可又不听我的约束。这么多人迟到,不能都杀掉,只有杀最后迟到的那个人。"他命令校长执行。校长不以为然,笑着说:"没这么严重吧?以后不敢就是了。"彭越见校长不忍杀同伙,他亲自拉过最后到的那个人,斩首示众。接着设坛祭祀,宣布军纪。少年们无不大为震惊,畏惧彭越,连仰视都不敢。彭越遂率少年们略地,收拢诸侯散卒,足有千余人。

秦二世二年(公元前208年),刘邦奉楚怀王之命从砀出发,西攻关中至昌邑,与彭越相遇,合兵攻昌邑,没有取胜。刘邦引兵西去。彭越率领他的部众在巨野泽发展势力,收编魏的散卒。秦亡后,项羽封诸侯,自立为西楚霸王,回师彭城。这时,彭越的部众已有万余人,无所归属。

汉王元年(公元前206年),田荣起兵反楚,自立为齐王。田荣赐彭越将军印,鼓励他起兵反楚。在田荣鼓励下,彭越攻占济阴。楚遣萧公角征讨彭越,彭越大败萧军。

汉二年(公元前205年),刘邦率诸侯兵五十六万伐楚。行至外黄之时,彭越率领他的部众三万余人归汉。刘邦拜彭越为魏相国,让他经略梁地。不久,刘邦兵败于彭城,仅率数十骑逃归荥阳。彭越所占城邑,又被项羽夺去,彭越率其众暂居河上。

汉三年(公元前204年),彭越率汉游兵,痛击楚军,断绝楚军的粮道,并渡过睢水,大败楚将项声、薛公于下邳。项羽被迫放弃对刘邦的包围,东击彭越。刘邦乘机北走,再次占领成皋。项羽已破彭越,听闻刘邦回军成皋,立即挥师西向,拔荥阳,杀周苛、枞公,俘韩王信,进而围攻成皋。刘邦与滕公逃出成皋,渡河至脩武。收编韩信大军后,刘邦复振。遣卢绾、刘贾率二万人、数百骑,深入楚地,助彭越,破楚军于燕郭西,下睢阳、外黄等十七城。汉四年(公元前203年),项羽令曹咎等守成皋,再次领兵东击彭越,收复了失陷的城邑。彭越战败,率将士北走谷城。刘邦乘项羽攻打彭越之际,大败曹咎,收复成皋。项羽又回军击刘邦。这时,彭越在梁地,率领着汉之游兵,往来骚扰楚兵,绝其粮运,调动项羽东征西战,疲于奔命。加之韩信已攻占齐,对楚构成包围之势。项羽惊恐,于是与汉王刘邦约定分治天下,

中国历代冤案

以鸿沟为界,西边的地盘归为汉,东边的归为楚。

汉五年(公元前202年),彭越连下昌邑等二十余城,得谷十余万斛,输送给汉军,以供军食。楚汉既已停战,项羽东撤。刘邦采纳了张良、陈平的建议,破坏停战协议,追项羽于阳夏,召彭越共击项羽。彭越说:"魏地初定,对于楚尚有所畏惧,不宜出击。"刘邦至固陵,由于彭越、韩信军不至,项羽再次大败刘邦。刘邦入壁自守,采纳张良的建议,遣使对彭越许愿说:打败项羽后,睢阳以北至穀城归其所有。彭越得到许诺后,率军参加垓下会战。项羽已死,刘邦封彭越为梁王,都定陶。

汉十年(公元前197年),陈豨在代地起兵造反,刘邦领兵镇压陈豨,到邯郸时,征用梁兵。彭越假装有病没有随军出战,而只是派了一名将领出战。刘邦大怒,遣人责备彭越。彭越恐惧,想要前往。其手下大将扈辄说:"大王开始的时候不去,现在而往,去了就有可能被擒。不如趁这个时候发兵造反。"彭越不听,但也不敢独自前往。这时,彭越手下的太仆得罪了他,彭越想要杀了他。太仆逃亡到汉的地界,诬告彭越与扈辄要谋反。刘邦遣使以隐蔽方式捕彭越,囚之洛阳。有司请以反叛治罪,刘邦赦其死罪,流放于蜀地青衣。彭越西至郑,遇到吕后从长安而来,他对吕后哭诉无罪,请求回故邑昌邑。吕后满口许诺,遂带彭越至洛阳。吕后对刘邦说:"梁王彭越不可小觑,如今迁徙到蜀地,必然会后患无穷,不如现在就把他杀了。"吕后令其舍人"告彭越复谋反",廷尉奏请诛彭越满门。彭越满族被诛,彭越的尸体被剁成肉酱,分赐诸侯。

后宫多规则　红颜多薄命
——戚氏之冤案

公元前202年农历二月，刘邦打败项羽后，建立了汉朝，他就成了汉朝的第一个皇帝，谓汉高祖。汉高祖刘邦开始把都城定在洛阳，后来迁到了长安。汉高祖在秦朝兴乐宫的基础上进行了修整和扩建，改名叫做"长乐宫"。长乐宫，顾名思义，是永远快乐的意思。但是，长乐宫里并没有长乐，除了汉高祖曾经体会到了由一个亭长当上皇帝的快乐以外，长乐宫里上演的全都是一幕幕凄惨的悲剧。这当中最令人惨不忍睹、骇人听闻的就是吕后一手制造的"人彘案"。

美貌难掩　狠毒吕雉

吕后的小名叫娥姁，长大以后，娥姁就成了她的字。娥是姣美的意思。她名叫吕雉。雉，也就是人们平常说的野鸡，羽毛特别美丽，尤其是雄性的野鸡，全身的羽毛更加美丽，还拖着一条长长的尾巴，十分漂亮。吕后名叫雉，字叫娥姁，就是形容她长得非常漂亮姣美。公元前226年秋天的时候，吕雉嫁给了刘邦。那时候，刘邦只是沛县（今江苏省沛县）泗水亭一个小小的亭长。这种官只管当地老百姓打官司和抓小偷的事情，农活忙的时候还得回家去种地。吕雉嫁给刘邦的时候是15岁，刘邦已经30多岁了。他们结婚以后，情投意合，生下了一个女孩儿，史书上没有留下名字；一个男孩子儿叫刘盈。

公元前205年的春天，刘邦和项羽进行楚汉战争的时候，项羽俘虏了吕雉和刘邦的父亲刘太公，当作人质。公元前202年，刘邦大破项羽，让手下的人去说服项羽，请项羽放了吕雉和刘太公，项羽根本不听。刘邦又派了一个叫侯公的人去说服项羽。侯公花言巧语，终于说服了项羽和刘邦定下和约，以鸿沟为界，西边的地盘归刘邦，东边的地盘归项羽。鸿沟是一条河流，从河南省荥阳以北，向东流到开封附近，折向南流，流到淮阳东南人颍水。项羽和刘邦定好这个和约，才把吕雉和刘太公还给了刘邦。可是，没过多少日子，刘邦就撕毁了和约，越过鸿沟，经过垓下（今安徽省灵壁县东南）一战，打得项羽全军覆没。最后，项羽在乌江（今安徽省和县东北）拔剑自杀了。刘邦终于取得了最后的胜利，建立了汉朝，都城是长安，就在

今天陕西省西安市北部一带。

刘邦登上皇帝的宝座以后,封吕雉做了皇后,封儿子刘盈做了太子,封女儿做了鲁元公主。从那儿以后,人们就将吕雉称做吕后。

吕后这个人阴险奸诈,心狠手毒。现在,刘邦从一个小小亭长当上至高无上的皇帝,吕雉也从一个非常普通的乡下妇女当上了威风无比的皇后。两人高兴得心花怒放,不知道怎么庆贺才好!

刘邦当了皇帝,觉得秦朝的那些礼仪制度太麻烦,就把它们全部废除了。可这么一来,那些都是老百姓出身的大臣们在朝廷上显得太随便了,简直不成个样子。这时候,有一个叫叔孙通的儒生,对汉高祖说:"陛下,我愿意为您征集一些懂得礼仪的儒生,来为您制定出一套新的礼仪。"汉高祖说:"好,你就试试吧。不过千万要简单一点儿,让我和大臣们容易学才行。"于是,叔孙通就找人制定新的礼仪去了。同时,汉高祖下令把秦朝时期的兴乐官进行修整和扩建,然后改名叫做了长乐宫。

长乐宫的规模很大,据说占地面积大约有 6 平方公里,是当时整个长安城面积的六分之一。整座宫殿那真是雄伟多姿,金碧辉煌,富丽天下。长乐宫的宫城四面都有一座宫门,东宫门和西宫门是主要的通道。长乐宫里一共有十四座大型的宫殿,它们是正殿、长秋殿、永寿殿、永昌殿、宣德殿、大厦殿、临华殿、高明殿、建始殿和广阳殿。长乐宫的建筑分成前殿和后宫两个部分。前殿的四周是高高的围墙,南边开有一个殿门,殿门里边是一个特别宽阔的庭院。前殿是长乐宫的主体部分,东边和西边都有厢房,皇帝上朝的时候,一般都是在厢房里对一些重大事情反复商量以后,再到前殿去向大臣们宣布。

长乐宫修整扩建好了,叔孙通把新的礼仪也制定出来了。汉高祖和大臣们在叔孙通的指导下,好好地演练了几次。

公元前 200 年农历十月。这一天,天还没有大亮,文武大臣们按照官职的大小,在长乐宫的宫门外边排好队,等着朝拜汉高祖。工夫不大,只听传令官一声令下:"传大臣们上殿!"然后,大臣们按照规矩,分成两路走进长乐宫的大殿,太尉这样的武官站在西边,面向着东边;丞相这样的文官站在东边,面向着西边。大臣们都站好了,汉高祖坐着辇车从内宫来到大殿,接受大臣们的朝拜。每个大臣都要先报告自己的姓名和官职,再恭恭敬敬地行跪拜礼,然后退回自己原来站的位置。大臣们全都朝拜完了,汉高祖赏赐大臣们饮法酒。因为这种时候饮酒是有限度的,绝对不能喝醉,所以叫做"法酒"。喝酒的时候,大臣们要把酒杯举到跟自己脑门那么高,然后齐声喊道:"谢酒!敬祝皇帝万寿无疆!"整个朝拜当中,有御史在旁边负责执法,谁要是出了差错,就让卫兵把谁带走。所以,大臣们一个个特别认真,没有一个人出差错。

从那以后,中国古代封建王朝的皇帝有了至高无上的威风和权力,大臣们成了皇帝的忠实奴仆,封建社会里皇帝和大臣之间的一整套礼仪规矩就建立起来了。

这套礼仪规矩，在封建社会里一直实行了两千多年，从形式上巩固了封建制度。

朝拜结束以后，汉高祖非常高兴地说："哎呀！我今天才知道当皇帝的尊贵啊！"吕后也是高兴得不知道说什么才好。过后，汉高祖就让叔孙通当上了奉常，专门管礼仪的事情。

可是，汉高祖和吕后的心里有些不自在了，两人想：以前的老朋友一起出生入死，现在让他们对着自己行三跪九叩之礼，他们的心里会怎么想呢？他们会不会造反呢？于是，吕后帮助汉高祖使用阴谋手段，把那些功臣一个个杀死了。

立储之议　肇始祸端

汉高祖一共有八个儿子，可他最喜爱的还是戚夫人生的刘如意。吕后生的儿子刘盈虽然已经被立成了太子，可刘盈的性格比较软弱，心地也比较单纯。汉高祖就想废掉刘盈，让戚夫人生的刘如意当太子。因此，吕后恨透了戚夫人。

公元前202年，刘邦在垓下打败了项羽，攻入定陶（今山东省定陶县）的时候，得到了一个姓戚的美人。这个戚氏人很聪明，精通音律，善于弹奏，还会跳翘袖折腰的舞蹈，特别受刘邦的宠爱。刘邦当上皇帝以后，就封她为戚夫人。

这个戚夫人还会摆弄一种叫做"瑟"的乐器，汉高祖常常把她抱在怀里，一边听着她鼓瑟，一边和着乐曲唱歌，唱到辛酸的地方，还流下眼泪。有的时候，戚夫人为汉高祖表演翘袖折腰的舞蹈，演唱什么《出塞曲》、《入塞曲》、《望思曲》，汉高祖总是那么兴致勃勃地看着，还跟着一块儿歌唱。汉高祖还让戚夫人把这些曲子一首一首地全都教给了宫女们。然后，他在特别高兴的时候，就和戚夫人带着好几千名宫女，一起放声歌唱，那歌声真是响彻云天、声震长安。

到了后来，汉高祖简直离不开戚夫人了，一天看不见她就饭吃得不香，觉睡不安稳。所以，汉高祖不管去什么地方，都要把戚夫人带在身边。有一天，有个叫周昌的大臣来向汉高祖禀告事情，进了长乐宫一看，汉高祖正抱着戚夫人玩耍，扭头就走。汉高祖大喊一声，叫周昌跪下。然后，他走过去，一下骑在了周昌的脖子上，问道："周昌！你说，我是什么样的君主？"周昌在汉高祖当泗水亭长的时候，就在他手下当一名吏卒，几十年来一直跟随他出生入死，现在是御史大夫。周昌说起话来有点儿结巴，听汉高祖这么问，就毫不客气地说："我，我看，你是一个像夏桀、纣王一样的昏、昏君。"没想到，汉高祖听了，并不生气，反倒哈哈大笑起来。通过这件事情可以看出来，大臣们对戚夫人也非常不满了。

后来，戚夫人生下了儿子如意。汉高祖特别喜爱这个如意，因为他长得很好看，跟戚夫人一样俊秀。不久，汉高祖就封如意当了赵隐王。刘邦经常对戚夫人说："太子不像我，还是如意像我呀！"戚夫人听了这话，心里当然特别高兴了，总是鼓动汉高祖废掉太子刘盈,让如意当太子。

汉高祖的心里有些活动了,一来他知道吕后可不是一个简单的人物。尤其是在杀害功臣们这件事情上,汉高祖看到吕后的性格太刚愎了,对于权力的欲望太贪婪了。二来,太子刘盈的性格太软弱。他想:如果我哪一天万一不行了,太子刘盈继承皇位,能把国家大事处理得好吗?吕后那么刚愎,要是把国家大权夺过去怎么办?不行,我应该现在就废掉太子刘盈,让如意当上太子!

吕后听说这件事情以后,极力阻拦,大臣们更是不同意汉高祖这么干。

高人相助　吕后得势

有一天,汉高祖在长乐宫对文武大臣们说道:"我想改换太子,你们说怎么样呀?"大臣们全都愣住了,一个个你看看我、我瞧瞧你,惊讶得说不出话来。这时候,吕后正在东厢房里探听消息,看到这种情景,一下急坏了,只觉得两眼发黑,两腿发软,差一点儿没倒在地上。她知道:只要刘盈被废掉了太子的地位,自己的皇后地位紧接着也就保不住了。那么一来,自己恐怕就得被打入冷宫了!吕后正在着急,忽然听见周昌结结巴巴地说话了:"陛下!这改换太子的事情,可,可使不得呀。臣说不出个子丑寅卯,但臣,臣,知道不可!"周昌的心里又生气又着急,本来说话就有点儿结巴,这会儿连吐字都不清楚了,急得他脖子根都红了。汉高祖看到周昌急成这个样子,一下笑了,大臣们也哄堂大笑起来。汉高祖一看改换太子的事情没办法说下去了,就让大臣们退朝了。

大臣们走了以后,周昌因为心里边有事,还站在那里发愣,最后一个走下大殿。这时候,吕后急忙从东厢房里跑出来,也顾不上什么皇后的尊严,"扑通"一下跪在周昌的面前,特别感激地说:"御史大夫,今天要不是你出来说话,太子一定保不住了!"周昌一看,连忙扶起吕后,一本正经地说:"我,我这完全是为了国家社稷,并不是为了太子,有什么可,可感激我的。"说完,他一转身走了。

吕后回到后宫,心里还是一个劲儿地提心吊胆:"现在,皇帝暂时是不提改换太子的事情了,可他以后要是再提起来该怎么办呢?对,张良这个人足智多谋,还是请他出出主意吧。"没想到,张良不愿意介入皇帝家的事情,不肯来。最后,还是吕后的哥哥吕释之好说歹说才把张良请到了后宫。

张良刚刚坐下,吕后就急忙问道:"您经常为皇帝出主意平定天下,现在皇帝要改换太子,您怎么能不管呢?"张良一听,不紧不慢地说:"皇帝争夺天下,在困难的时候,能够采纳我的建议。现在,天下平定了,想改换太子,那是骨肉之情,我有什么办法。"吕后一句话也说不出来了。吕释之一看,一把拉住张良的手,说:"请您一定要为我们出个主意,一定要为我们出个主意呀!"

没办法，张良只好想了想说："咳，办法倒是有一个，不知道管用不管用呀，就看太子的运气怎么样了。"吕后赶紧问道："什么办法，您快说吧。"

"终南山商上有四位隐居的老人，皇帝很崇拜他们，好几次请他们下山来长安做客，可他们就是不来。"

"他们都叫什么名字？"

"一位叫庚宣明，号东园公；一位叫崔广，号夏黄公；另一位叫周术，号角里先生；还有一位叫绮里季。他们全都住在商山，人称商山四皓。皇后可以派人多带金银财宝，让太子亲自写上一封书信，向四老说明事情的重大。如果太子能够把这四老请来，皇帝就不会再说什么了。"

于是，吕后让吕释之派人拿着太子的亲笔书信，带上好多金银财宝，恭恭敬敬地去请商山四皓。这四位老人看了太子的书信，还真的下了山。吕释之就让这四位老人住进自己的家里，辅佐太子刘盈。

公元前196年的时候，淮南王英布发动了一场叛乱，这时候汉高祖却生了病。于是，汉高祖打算派太子刘盈当统帅去平定这场叛乱。吕释之听到这个消息，马上告诉了商山四皓。四位老人想了想说："皇后请我们四个人来，是为了保护太子。如果太子带兵出征，打胜了也不会加封爵位；打不胜，太子的地位肯定就会保不住。现在，必须得想办法请皇帝取消这个念头才行。"吕释之连忙问道："那么，应该怎么办，才能使皇帝取消这个念头呢？"四位老人琢磨了一会儿，想出了一个办法，请吕释之告诉吕后，赶紧按照这个办法去面见汉高祖。

吕后赶紧按照商山四皓出的主意，来到汉高祖面前，一把鼻涕一把眼泪地说道："陛下！那英布是一个有名的猛将，很会用兵打仗，太子怎么对付得了他呢？再说，那些大将都是您的老部下，让太子去指挥他们，他们肯定不会卖力气的，现在，您虽然生了病，可您只要在军队里呆着，大将们哪个敢不拼死战斗。我知道，您带病出征是非常劳苦，可是您为了我和儿子，也是为了大汉江山，还是请您勉强去一趟吧。"汉高祖听了吕后的话，仔细一想，这话很有道理："是呀，我本来就是因为太子的性格太软弱，才想废掉他的。现在，我派他去带兵打仗，确实是对付不了英布，确实是对大汉天下没有什么好处。万一他要是打了败仗，那后果可就难以想像了。"想到这儿，汉高祖只好带病出征了。

没想到，汉高祖在战斗中，被一支流箭射中了胸膛。这么一来，他的病情更加厉害了。幸亏大将们拼死战斗，最后总算打败了英布，平息了这场叛乱。

回到长安以后，汉高祖看到自己的病情一天天严重，知道自己活不了多长时间了。他躺在病床上，思考着以后的国家大事。越想越觉得让太子刘盈继承皇位，吕后肯定会擅权。那样的话，整个天下会更加不稳定了。不行，必须要废掉太子刘盈！

有一天，汉高祖传令摆下酒宴，让太子刘盈来陪着他喝酒。吕后听到这个消

中国历代冤案

息,心想:皇帝的病情已经这么严重了,为什么还要太子刘盈陪着他喝酒呢?不好,他一定是想废掉刘盈了!这可怎么办呢?吕后急得团团乱转,没有了一点儿办法。忽然,她想起了商山四皓:"对呀,让这四位老人陪着刘盈一块儿去不就行了。"于是,吕后赶紧叫人赶到吕释之的家里,去请商山四皓。

等到商山四皓陪着太子刘盈来到汉高祖面前,汉高祖十分惊讶,连忙问道:"四位老者,你们是什么人呀?"商山四皓给汉高祖行了大礼,一一作了回答。汉高祖一听,大吃一惊:"哎呀!我访求你们几位已经有好多年了,你们却逃到深山里。今天,你们怎么陪着太子前来了呢?"四位老人异口同声地说道:"陛下!以前我们听说您喜欢怠慢大臣,所以才逃进了深山。现在,我们听说太子为人仁义孝顺,礼待天下之士,没有哪一个不愿意为太子效劳的,即使是赴汤蹈火、粉身碎骨也在所不惜呀!所以,我们愿意侍奉太子。"汉高祖听了,心中不由地大吃一惊,连忙说道:"好,好!往后就请你们好好地辅佐太子吧。"

商山四皓和太子刘盈走了以后,汉高祖把戚夫人叫到跟前,说:"我想改立如意为太子,可现在刘盈有商山四皓辅佐,难以变动了。往后,吕雉就是你的主人了。"戚夫人听了,眼泪像断了线的珍珠"唰唰"地掉了下来。汉高祖也感到一阵伤心:"别哭了,事情已经是这个样子了。咱们原来都是楚国人,你跳个楚舞,我来为你唱个楚歌吧!"这样,戚夫人悲伤地跳起了楚舞,汉高祖踏着节拍,唱出了一曲心中的哀歌:

鸿鹄高飞,一举千里。
羽翼已就,横绝四海。
横绝四海,又可奈何。
虽有缯缴,尚安所施。

这就是那首有名的《鸿鹄歌》,意思是说:鸿鹄高高地飞翔,飞往遥远的地方。翅膀已经硬朗,羽毛已经丰满,可以飞向四海,什么都不能把它阻挡。什么都不能把它阻挡,谁能把它怎么样!纵使有锐利的带绳短箭,又有什么用场?

汉高祖唱完,戚夫人早就哭成了一个泪人。

从那儿以后,汉高祖日日夜夜心神不定,总在想:如果我不在了,戚夫人和如意可怎么办呢?他们哪里是吕后的对手呢?

这时候,长乐宫里有一个叫赵尧的人,专门负责掌管皇帝的玉玺大印,他看到汉高祖整天闷闷不乐的样子,猜出了汉高祖的心思,就趁着周围没有人的机会,大着胆子说道:"陛下!臣知道您的心事,您是不是担心赵隐王如意的安全呀?"汉高祖一听,想不到这个赵尧年纪轻轻就这样有心计,十分高兴:"是呀,我一直想不出一个妥善的办法安排如意和戚夫人。你要是有什么好的办法,就快快说吧。"

"陛下！保住了赵隐王如意，就能保住戚夫人。不过，要想保住赵隐王如意并不难，有两条不知道陛下能不能办到？"

"哪两条？你就快点儿说吧。"

"这第一条，陛下应该早一天让赵隐王如意离开长安，到他的封地赵国去。另一条，要挑选一个地位尊贵而且性格刚强的大臣去当他的丞相。这个大臣一定要能顶得住皇后的压力。另外，还必须设立一个御史大夫。这样，就能保住赵隐王如意，也能保住戚夫人了。陛下，您看这个办法行吗？"

汉高祖想了想，高兴得一拍大腿："好，这个办法太好了！这个御史大夫，就由你来担任。我马上派周昌去担任如意的丞相，跟随如意一块儿到赵国去。现在，你赶紧把周昌叫来。"

工夫不大，周昌走进长乐宫，来到汉高祖面前。汉高祖立刻说道："周昌呀，你跟了我几十年，只有你靠得住。今天，我有一件事情托给你，不知道你愿意不愿意去做？"周昌连忙回答："陛下！只要是您说的事情，臣肝脑涂地也愿意为您效力！"这样，汉高祖就把保护赵隐王如意和赵尧的计划说了一遍，最后说道："周昌呀，当初你不让我改换太子，现在我只能把如意托付给你了。你只好跟着如意到千里之外的地方去当赵国的丞相了。"周昌说："陛下！您放心，我一定要尽心尽职地保护如意。"说完，周昌马上带着如意到封地赵国去了。

汉高祖干的这些事情，吕后看得一清二楚，冷笑一声说："好你个赵尧，咱们等着瞧吧！"

戚氏之冤　天人共愤

公元前195年农历四月二十五日，汉高祖刘邦去世了。吕后立刻下令：谁也不能把这个消息传出去，谁要是传出去就杀了谁。而且，整个长乐宫里的人，谁也不准走出宫门半步。接着，她赶紧把一个叫审食其的人找来商量下边应该怎么干。这个审食其原来只是吕后家里的一个仆人，曾经陪着吕后在项羽那里关了3年。吕后和他非常要好，俩人的关系有些不清不白。吕后不管碰到什么事情都要和他商量。吕后对审食其说："和皇帝一起打天下的那些大将，会听从小皇帝的命令吗？我看，不如趁着这个机会把他们全都杀死了！"审食其想了想，就同意了。

世上没有不透风的墙。这件事情很快就泄露出去，被一个叫郦商的大臣听说了。他急忙找到审食其，说："听说皇帝已经死了四天，还不发丧。皇后还要把大将们全都杀死。如果真的那么干，天下就要大乱，国家可就危险了。审食其呀，你想过没有，大将灌婴在荥阳有10万兵马，大将周勃在燕、代有20万兵马。朝廷的大将被杀了，他们肯定会联合起来造反，杀向长安呀！到了那个时候，不管是你，还是

皇后,恐怕都活不成了。审食其呀审食其,你千万不能做这种蠢事呀!"审食其一听,吓出了一身冷汗。他赶紧报告给了吕后,吕后也觉得情况危急,赶紧公布了汉高祖去世的消息。接着,吕后又让太子刘盈登上了皇帝的宝座,这就是汉惠帝。吕后就成了皇太后。

正像汉高祖料想的那样,汉惠帝性格软弱,朝廷的大权最终落到了吕后的手里。吕后立刻开始报复戚夫人了。她传下命令,把戚夫人关进了后宫里一个偏僻的房子,谁也不许到那里去。吕后还觉得不解气,过了几天,又让人剃光了戚夫人的头发,给她带上手铐、穿上犯人的衣服,还逼着她不停地舂米这种苦活儿。只要戚夫人刚想休息一会儿,监视她的太监就会挥起皮鞭子抽打她。娇嫩的戚夫人哪里受得了这种残酷的折磨呀,就一边舂米,一边悲悲切切地唱起了《舂米歌》:

> 子为王,母为虏。
>
> 终日舂薄暮,常与死为伍。
>
> 相隔三千里,当使谁告汝!

意思是说:儿子为王,母亲却成了囚徒。整天舂米一直到日落,常常和死神为伍。母子分离相隔3000里,母亲的冤仇没办法派人告诉你!

悲痛中的戚夫人思念着做赵隐王的儿子如意,可是如意又怎么才能知道她受的苦难呢?戚夫人的悲歌,很快就传到了吕后的耳朵里。吕后冷笑一声,张口大骂:"这个贱货,还想指望着如意为她报仇呀!好,我这就叫如意来见见你!"于是,吕后立刻派使者赶到赵国,让如意来长安。

没想到,周昌担心吕后会暗害如意,就对使者说:"赵王年幼,最近又生了病,不能走呀!你有什么事情,就对我说吧!"吕后一听气坏了,又两次派使者让如意到长安来,全都被周昌拒绝了。吕后气急败坏,只好下令派使者召周昌来长安面见汉惠帝。这下,周昌不敢违抗,只好跟着使者到了长安。

周昌到了长安,吕后把他狠狠地训斥了一顿。接着,她派使者第四次去命令如意进京。如意才十多岁,还是个天真的孩子,不仅想念着母亲,又向往皇宫里的舒服的生活,就跟着使者到了长安。

汉惠帝和如意非常要好,特别爱护自己的这个弟弟。他听说吕后几次派人去叫如意,知道吕后肯定没安什么好心,连忙赶到城外迎接如意,然后和如意一块儿进了皇宫。在皇宫里,汉惠帝整天和如意形影不离,连吃饭睡觉都在一块儿。吕后派人几次想害死如意,却一直没有机会下手。如意好几次想去看一看母亲,吕后都不让。

公元前194年农历十二月里的一天,汉惠帝一清早要去长安城外的上林苑打猎。他一看如意睡得正香,就没有叫醒如意一块儿去。吕后在汉惠帝身边的耳目

赶紧报告给了吕后。吕后赶紧派人拿了毒酒,悄悄地溜到汉惠帝的卧室,趁着如意还在睡觉,就捏着如意的鼻子,把毒酒灌进了如意的肚子里。

等到汉惠帝打猎回来,只见如意七窍流血,早就死去了。汉惠帝不禁大哭起来,然后把如意埋葬了。

吕后害死了如意以后,就来伤害戚夫人了。心肠狠毒的吕后下令砍掉了戚夫人的两只手和两只脚,又挖掉戚夫人的两只眼睛,熏聋了戚夫人的两只耳朵。接着,吕后还下令弄哑了戚夫人的嗓子,丢进了茅厕里边。这样,狠毒的吕后就使得戚夫人想死不能死,想说不能说,想看不能看,想听不能听,还起了个名字叫什么"人彘"。然后,吕后逼着汉惠帝去看"人彘"。汉惠帝心想:什么是'人彘'呀? 我怎么从来没有听说过,是不是又像人又像猪的一种动物呢?

等到汉惠帝跟着吕后来到茅厕,一看有个血肉模糊的东西在那里蠕动,在那里颤抖,感到非常纳闷。吕后冷笑了两声说道:"你知道那是谁吗?"汉惠帝摇了摇头,回答:"不知道。"

"告诉你吧,那就是戚夫人!"

"什么,戚夫人?"

汉惠帝的脑子里顿时"嗡"地一声,就一头栽倒在地,不省人事了。吕后急忙叫人把他抬回宫里,叫太医抢救。

汉惠帝苏醒过来以后,哭着对吕后说道:"这太残忍了,太可怕了! 我作为你的儿子,再也没有脸面治理天下了!"从那儿以后,汉惠帝的神经开始失常,什么国家大事都不管了,一天到晚饮酒作乐,身体一下就垮了。公元前188年农历八月十二日,汉惠帝病死,那年他才24岁。

戚夫人呢? 在受尽了惨绝人寰的折磨以后,也无声无息地死去了。

著史传千古　遭冤受官刑
——司马迁之冤

　　刘邦建汉以后,重新建立了档案制度。史载:"天下既定,命萧何次律令,韩信申军法,张苍定章程,叔孙通制礼仪,陆贾造《新语》;又与功臣剖符作誓,丹书铁契,金匮石室"。汉惠帝时又废除"挟书令",注意搜求先秦典籍。到了汉武帝时期,为了刘家王朝的长治久安和宣扬大汉的盛德,他非常重视文化,广搜散失的书籍,取得了一定成效。汉武帝时期,经济发展,政权稳固,学术文化空前繁荣。因此,编写一部贯通古今的历史著作,已经成为时代发展之需。正是所谓的时世造英杰,司马迁作为开创我国史学著述的一代宗师不失时机地担当了这项大任。

　　而一提到司马迁,人们马上就会想到《史记》这部不朽的巨著。《史记》不仅是一部史学著作,而且有着很高的文学成就,所以鲁迅称它为"史家之绝唱,无韵之离骚"。但人们很难想像,这是司马迁在蒙冤遭受腐刑以后完成的。

史学世家　自幼诵古

　　司马迁,字子长,汉左冯翊夏阳(今陕西韩城)人。他的生卒年代现已难详考,大约生于汉景帝中元五年(公元前145年),卒于汉武帝征和二年(公元前90年)左右。

　　从秦统一以来,尽管汉武帝实行"罢黜百家,独尊儒术"的方针,但这时仍然是各种思想承前启后的历史时期。经过改造了的儒家思想正日益处于主导地位,但百家依然并存,并未达到后来的那种"独尊"的地步。因此,在当时的思想文化领域里,仍然不时地闪烁着古代进步思想的余辉。如果没有这样一个时代,司马迁也是很难写出《史记》来的。

　　司马迁之所以能承担撰写《史记》这一重任,决不是靠侥幸,而是靠他自己所具备的条件

司马迁

和他个人的努力。

司马迁有着深厚的家学渊源。在《自序》中,司马迁对他的先世作了详细的介绍。他把传说中的颛顼时代掌管天地的重黎氏引为自己的祖先,大概是为了说明他的家世是一个悠久的史官世家。在周宣王时期,重黎氏的后代程伯休甫做了司马,从此,这一支改姓司马。后来,司马氏分散各地,直到公元前七世纪,司马迁祖上迁到少梁(即今韩城,汉代称夏阳)。

对司马迁影响最大的当然是他的父亲司马谈。在汉武帝初年,司马谈为太史令。太史令级别并不高,然而司马谈父子对此却极为重视,司马谈以"世典周史"这一世传祖业教育司马迁。唐都、杨何、黄子这三个人,都是活跃于汉初政治舞台上的大学问家。在他们的教育下,司马谈成为一个通晓天文星象、阴阳吉凶和信奉黄老之学的文人。司马谈的《六家要旨》是我国思想史上一篇重要学术论文。在这篇文章中,司马谈以概括的手法、简炼的文字分析了阴阳、儒、墨、名、法、道六家之长短,充分显示出他的才华,说明他是一个知识渊博的人。司马迁生长在这样一个家庭里,他所受到的教育自然与众不同。

司马迁在《自序》中说:"迁生龙门,耕牧河山之阳,年十岁则诵古文"。离司马迁生地不远有座龙门山,是传说中鲤鱼跳龙门的地方。司马迁生活在这个风景秀丽、充满神奇韵味的地方,自小就养成了他热爱大自然的性格。许多人从字面上去理解"耕牧河山之阳"这句话,认为司马迁从小过着耕牧生活,家境贫寒。这种分析是不对的,司马迁祖上很富有,司马迁的祖父司马喜在汉文帝时花四千石粟买来一个"五大夫"(二十级军功爵中的第九级)的爵位。司马谈在武帝初年为太史令,俸禄六百石,司马迁家的生活虽不十分富庶,但也决不致于靠耕牧为生。司马迁说:"耕牧河山之阳",那只是文人的一种浪漫的笔法,可以理解为他在农村里过着田园牧歌式的童年生活。

司马迁从小就喜欢读书,他"十岁诵古文"。后来,又向当时著名的儒学大师董仲舒、孔安国学习。董仲舒是今文经学大师,司马迁向他学习了《公羊春秋》。孔安国是古文经学大师,司马迁向他学习了《古文尚书》。这两位学者对他的思想乃至日后写《史记》都有一定的影响。司马迁能有这样的家学和师承,可以说是得天独厚的。正因为此,他才有可能成为一个博学多才的历史学家。

在司马谈长期地培养和教育下,司马迁继承父业研究祖国历史的思想逐渐明确。在他二十来岁时,为了更好地学习和研究历史,他不满足于书本知识,在父亲的支持下,决定漫游大江南北。

司马迁这次游历的地区,主要是江淮一带。根据《自序》和《史记》其它篇的记载,我们可以大体勾画出司马迁这次漫游的路线:从京师长安出发,南下至江陵,渡江辗转到汨罗江畔,凭吊屈原;他又"浮沅湘,窥九疑",考察舜的葬地和事迹;再登庐山,了解大禹疏九江的传说,还"上会稽,探禹穴";又由越至吴,登姑苏,望五湖,

中国历代冤案

并参观了春申君的故城宫室；又渡江北上，走访淮阴父老，了解韩信等人传闻；然后"北涉汶、泗，讲业齐、鲁之都，观孔子之遗风"；向西到秦汉之际一些风云人物的故里访问，又去楚汉战场进行实地考察；最后，"过梁、楚以归"长安。他有了丰富的积累，决心要成就一番令人瞩目的大事业。

司马迁这次漫游是一次壮举，对于他的思想和著述都产生了极其深刻的影响。

其一，他通过实地考察和到民间采访，印证了许多历史文献和传闻；其二，司马迁在游历中掌握了大量的、生动的历史材料；其三，这次漫游活动对于司马迁的写作风格的形式，也产生了一定的影响；其四，通过游历名山大川，更加培养了司马迁热爱山河、热爱祖国的感情。

司马迁在这次漫游之后，被选进朝廷里做一名郎中。这是郎官中最低一级的小官，其职责是"掌守门户，出充车骑"。元封元年（公元前110年），汉武帝到泰山举行封禅大典，以显示自己的功业。身为太史令的司马谈因病滞留在周南（今河南洛阳附近）。此时，司马迁刚刚从西南归来，便匆忙赶到周南与父亲诀别。在司马谈的遗言里，他已开始着手为撰写《史记》作准备工作，所以才留下这样的遗嘱："无忘吾所欲论著矣"，"汝其念哉！"司马谈把毕生的事业和理想都遗留给司马迁，司马迁也立下誓言，一定要著史成功。

壮志未酬　身遭腐刑

元封三年，司马迁被任命为太史令，开始了史官生活。正如他自己所讲，为了撰述《史记》，他认真整理阅读"石室金匮之书"。"天下遗文古事，靡不毕集太史公"，可见其工作之辛劳。太初元年（公元前104年），司马迁主持了"太初历"的改制工作。不久，他便开始了《史记》的写作，力求完成这件不朽之业。正当司马迁全力以赴写作《史记》时，李陵之祸却降临到他的头上。

天汉二年（公元前99年），汉武帝派李夫人的哥哥贰师将军李广出击匈奴，让李广之孙李陵为后方辎重。李陵自告奋勇，率兵五千出击匈奴，因寡不敌众，全军溃败，李陵投降匈奴。司马迁与李陵相识，认为他一向品德很好，有"国士之风"，投降是出于无奈，绝非真心，一有机会就会报效汉室。希望汉武帝不必深责李陵。不料，武帝却认为司马迁为李陵开脱，是为了贬低贰师将军。于是，在天汉三年（公元前98年），司马迁以诬罔主上的罪名，被判死刑。按照当时的法律规定，犯死罪者若想不死，或交纳五十万钱赎死，或受腐刑。司马迁此时无钱赎死，又不愿受腐刑，蒙受奇耻大辱。司马迁思想斗争异常激烈。他思前瞻后，想到历史上那些成大事业者无不经受各种磨难，想到了父亲的遗志，《史记》还在"草创未就"之时，遂决定下"蚕室"，就"极刑而无愠色"。腐刑是很残忍的刑罚，它使男子失去了生育功能。

约在太始元年(公元前96年),司马迁出狱,做了中书令。中书令是皇帝的秘书一类文官,一般人认为,这是个"尊宠任责"的职位,而在司马迁看来,不过是个"扫除之隶"、"闺阁之臣"而已。他经常想到腐刑的痛苦,所以,"每念斯耻,汗未尝不发背露衣也"。他把全部的精力都放在撰写《史记》上,经过辛勤努力,在太始四年(公元前93年)前后,完成了《史记》。《史记》包括十二本纪、八书、十表、三十世家、七十列传,共一百三十篇,五十二万六千五百字。《史记》体例完备,囊括中外,贯通古今,是一部体大思精的鸿篇巨制。

史学巨制　泽惠后世

《史记》是二十四史之首,历代研究者不乏其人。两千年来,人们对司马迁的评述可以说经久不衰。司马迁在历史编纂学方面的贡献,主要有以下几点。

第一,司马迁开创了纪传体编纂史书的体例,扩大了历史研究的领域。

我国的史学起源很早,在奴隶社会时期就出现了许多历史典籍。这些典籍都是以编年体著述的,依年月纪事,记述比较简单。司马迁在撰述《史记》时,以"究天人之际,通古今之变,成一家之言"为指导思想,在继承前人著述体例的基础上,"勒成一书,分为五体",写出我国第一部纪传体通史,创造性地探索了以人物为主体的历史学方法。

从体裁来看,本纪、表、书、世家、列传五体,有的前人已经用过,并不全是司马迁的发明。但是,把这五种体裁有意识地互相配合,有机地形成一个完整的统一体系,则是司马迁的创举。当然,纪传体这一编纂历史的方法,在今天看来,显然是有缺陷和不足的。但是,在两千多年以前,司马迁能开创这一历史学编纂方法,还是值得赞颂的。

《史记》的五体结构是一个完整的统一体系,缺一不可。本纪是全书的提纲,它以王朝的更替为体系,用编年的形式,排比一代大事。世家是记载诸侯和有特殊功勋的人物。列传是各种人物的传记,有专传、合传和类传等不同形式。表是用谱牒的形式,既可囊括错综复杂的史事,又可表现出历史的线索。因此,对本纪和列传所载的史事能够起到穿针引线的作用。书主要是记述一些典章制度的沿革。司马迁运用互见法,详此略彼,互为补充,使五体结构浑然一体。

许多学者往往只注意《史记》的五体结构,却忽略了互见法。其实,互见法与五体结构是密不可分的,这是司马迁匠心独运的创造。司马迁撰写《史记》是以帝王将相为中心的,对于入传的人也是按照等级,分别以本纪、世家、列传的规格予以载述。司马迁的五体结构的形式,是他的大一统思想的体现。这种思想反映了汉武帝时期打击割据势力,加强中央集权的要求。同时,也反映了司马迁加强中央集权

的思想,一切以君主为中心。

司马迁在历史编纂学方面的另一贡献,是扩大历史研究领域。

我国古代有左史记言、右史记事的传统,把历史只看作是统治者个人的活动,其记载范围如此狭窄,显然是不科学的。在孔子以前,史书都是官书,是史官按照统治者的规范而记录的流水账而已。孔子修《春秋》,史事记载太简单。而司马迁的《史记》却第一次囊括了古今中外,汇总了百科知识,自成体系,完成了一家之言。无论从深度和广度上来看,都是前无古人的。

司马迁首创学术史传,综合古今学术,辩别源流得失。在《史记》以前,我国是没有学术史的,是《史记》开创了学术史的先河。司马迁引用其父司马谈的《六家要旨》,这可以说是对六家的学术总论。他还分别给先秦诸子立传,并议论他们的学术成就。至于兵家、数术家、方技家等等均有记载。后来史书中的《艺文志》、《天文志》、《律历志》等形式就是对司马迁开创的学术史的继承和发展。

司马迁首创民族史传,反映了他的民族一统的思想观念。在《史记》中,司马迁为各少数民族分别立了《匈奴列传》、《南越列传》、《东越列传》、《西南夷列传》等篇。每篇史传都各自独立成篇,详今略古,着重叙述汉武帝时期周边少数民族与中原王朝的关系。《史记》中的民族史传,贯穿着这样一个主题,即:东南西北各个少数民族均为天子臣民,他们的历史发展是走向统一。这也是司马迁为少数民族立传的原因所在。司马迁民族一统思想的基本内容是:民族等列思想;中国境内的各个民族都是黄帝的子孙;各民族都有革故鼎新的权利。司马迁的这些真知灼见,却遭到后来许多封建史家的责难。但是,司马迁为民族立史传的思想在正史中还是被肯定了下来。

司马迁首创经济史传,指出了生产活动在历史中的重要性,为我国史学树立了重视经济活动的优良传统。班固撰《汉书》时,根据《史记》的《平准书》作《食货志》。后代史家在修史时,大都继承了这一传统,设"食货志"记载一朝的经济状况。到唐代以后,又发展成为《通典》等专史。我们中国之所以有两千多年关于经济史的记载,是司马迁为我们创立的好传统。

总之,《史记》第一次把政治、经济、文化、法律、军事、伦理、道德、宗教、文学、艺术、科学等方面都包容在历史学的研究范围之内,开拓了历史学研究的新领域,推动了历史学的发展。

第二,司马迁以实录精神编撰《史记》。

《史记》一向是以"信史"著称的。司马迁认为史学应该求是存真,反对"誉者或过其实,毁者或损其真"的作法。他在求是存真方面,也为我们提供了一些经验。

一是注意搜集散佚资料。

汉初注意文化事业的发展,搜集了许多书籍,司马迁对这些资料的整理工作下了很大工夫。但是,司马迁并不满足于现有的资料,他还不遗余力地网罗散佚的资料,以求得历史的真实性。

从《史记》的记载来看,司马迁的游历很广,可以说遍及今天的大半个中国,以搜求遗闻逸事,补正了许多历史史实。司马迁为了更好地记载有关五帝的传说,他利用扈从武帝巡视的机会采访到一些传闻,但说法不一。于是,他就以孔子的著作和有关文献记载相验证,才撰写出《五帝本纪》。这种实事求是的学风,有着永恒的价值。

二是"疑者传疑","疑者缺焉"。

历史上常常有许多问题说法不一,真假难辨,有时甚至几种说法都似有道理,难以统一。司马迁对待这样的问题,能以严肃的科学态度,运用"疑则传疑"的方法去处理。如比干之死和箕子为奴这两件事情哪个在前,哪个在后,司马迁无法断定,故两存之。《殷本纪》载比干谏死之后箕子为奴,与《韩诗外传》所载相同;而《宋微子世家》言箕子为奴而后比干死,则与《论语·微子篇》所载一致。司马迁采取两存之,以供后人研究。

司马迁对于哪些实在无法知道或无法相信的记载,为了不致于以讹传讹,采取"疑者缺焉"的办法来解决。

第三,司马迁"寓论断于序事",发挥"史以道义"的作用。

"史以道义",这是我国史学传统之一。早在孔子著《春秋》时,就充分体现了这个思想,因而有"春秋笔法"之称。司马迁很重视这个思想,他在《自序》中一再陈述《春秋》的这种作用。他说:"《春秋》以道义";"拨乱世反之正,莫近于《春秋》";《春秋》上"上明三王之道,下辨人事之纪,别嫌疑,明是非,定犹豫,善善恶恶,贤贱不肖,存亡国,继绝世,补敝起废,王道之大者也。"然而,《春秋》也存在史事载述简单,以个人的好恶总结史事和过分强调义理之弊病。特别是到了战国秦汉时期,一些文人学者往往空发议论,司马迁对此很不满。为了改变这种学风,他决心写出事理结合的著作来。

"史以道义"的思想古已有之。但是,在著述中如何体现这个思想,司马迁却有所建树。他认为,用历史事实阐述义理,总结历史经验,既结合实际又深刻。因此,他说:"我欲载之空言,不如见之于行事之深切著明也"。"寓论断于序事",就是说司马迁能够在史实的陈述中把自己的论点表达出来,

司马迁故乡韩城

中国历代冤案

这是他表达自己史学思想的一种特殊形式。同时,这也反映出司马迁的文字表达水平之高超。

司马迁对刘邦夫妇在历史上的作用是充分肯定的。但是,对于他们的个人品德是不满的。在他的眼中,一个是无赖,一个是心狠手辣的野心家。司马迁并不下什么结论,而是通过叙述史事来表达他的爱憎之情。《高祖本纪》记载了在未央宫修成后,刘邦在群臣面前,手捧玉杯为他老父祝福时说:"小时候,你老人家常说我无赖,不能治家立业,不如老二勤快。现在我成就的事业与老二相比,谁的多呢?"刘邦当了皇帝与兄弟比富,向老父夸耀,对父亲当年的批评仍然耿耿于怀,正说明了刘邦虽然当了皇帝,其无赖的禀性却丝毫未减。刘邦的无赖相在其它篇中亦可见。如《叔孙通列传》中,司马迁写叔孙通建议制礼仪,刘邦说:"可试为之"。后来长乐宫修成之后,文武百官按礼行事,"于是高帝曰:'吾乃今日知为皇帝之贵也'!"从对刘邦得意忘形的叙述中,使我们看到刘邦虽然当了皇帝,仍不失无赖之本性。

巫蛊毒泛滥　深宫第一案
——卫皇后和太子之冤

汉武帝是两汉时期雄才大略的皇帝,他建立了封建专制主义多方面的制度,旧史往往以他与秦始皇并举,称为"秦皇汉武"。

武帝在位时期,汉的强大是空前的。但在强盛的同时,也伴随着奢侈、腐化,潜伏着衰落的因素。武帝晚年生活奢靡,耗费了大量的人力和物力。同时,武帝还宠信方士,迷信神怪,惑于方士们所谓神仙长生不老和巫蛊之说,这直接导致了我国第一起皇宫冤案的发生,弄得到了骨肉相残的地步。

秀色可餐　因色得宠

卫子夫是汉代一位有名的皇后,她以美艳和歌喉征服了不可一世的汉武帝刘彻,从而取陈皇后阿娇而代之,成为刘彻的第二任皇后。卫子夫作为一个女人显然获得了成功。

秀色可餐的卫子夫出身贫寒,身世也很坎坷。卫子夫的母亲卫媪,是个漂亮风情的女人。卫媪在武帝刘彻的姊丈平阳侯曹寿家中供役,是曹寿家的一位姬妾。卫媪生性多情,不满足于一个男人的享受,经常和外人私通。

卫媪先后生下了六个孩子:三个儿子,三个女儿。长子名卫长君,次子名卫青,三子名卫步;长女名卫君孺,次女名卫少儿,三女名卫子夫。

卫媪虽是一名姬妾,和众多男人奸通,生下了这群孩子,但这群孩子成人以后,都成了气候,都有出息。三个儿子中,以卫青最为有名,留名历史,成为抗击匈奴、维护汉王朝广大疆土的民族英雄。

卫媪的三个女儿更是一个比一个有出息。长女卫君孺嫁给公孙贺,公孙贺是位胡人,风流倜傥,闻名士林。第二个女儿卫少儿,长得窈窕美丽,极像母亲卫媪,好与男人私通偷情。卫少儿最初和霍仲孺相好,长期奸通,结果怀孕,生下了一个儿子,取名霍去病——他便是汉王朝又一位日后令匈奴闻风丧胆的、令后世敬仰的民族英雄。

卫少儿生下霍去病后,渐渐厌恶了霍仲孺,而移情于更为年轻漂亮的陈掌。陈

中国历代冤案

掌是丞相陈平的曾孙,拜官詹事,前途无量。卫少儿看上了陈掌,便一不做,二不休,公然和陈掌姘居。卫少儿也是一位敢想敢为的女子。

比起卫君孺、卫少儿姐妹,三女卫子夫更为迷人。卫子夫没受过什么良好的教育,但却天生一副极好的歌喉,卫子夫很小的时候便被送到平阳侯曹寿家中学习歌舞。卫子夫亭亭玉立,色艺俱佳,很得平阳公主的喜爱,让她侍从左右。

这一天,孤独寂寞的武帝刘彻独自一人信步漫游。不知不觉间,走到了嫁到平阳侯曹寿家的姐姐平阳公主家中,平阳公主大为兴奋,立即将上好的酒菜摆上,招待这位皇帝弟弟。刘彻坐在那里,慢慢饮酒。平阳公主让平日为弟弟搜罗到的美女盛装一一而出,没想到刘彻看过以后,只是摇头。

平阳公主继续为刘彻斟酒,并不惊慌,从容地吩咐让歌女卫子夫献歌一曲。卫子夫从丝幕后出来,简直如同跃出了一轮太阳,光彩夺目。刘彻微张着嘴,呆在了那里,竟说不出一句话来!

卫子夫的小巧玲珑正合征服四海的刘彻的口味。美丽无比的卫子夫更有天生的一副好歌喉,声音清亮圆润,优美动听。卫子夫唱得声情并茂,一双迷人的眼睛转动着万种风情。刘彻听得如醉如痴,一双眼睛直勾勾地看着卫子夫,仿佛丢了魂。

武帝刘彻寂寞太久了,这时候便有些不能自制,他站起身来,要去别室更衣,点名要卫子夫伺候。卫子夫当然十分乐意,同时,也有些害怕。堂堂天子一直那么高高在上,可望而不可及,天天盼着见到天子,这瞬息之间就见到了天子,还要为他更衣,这不是在梦中吧?

卫子夫糊里糊涂,随着刘彻进了别室。还没搞明白是怎么回事,刘彻就过来了,就在这简陋的更衣室中刘彻占有了她。

完事以后,刘彻穿好衣服,又重新入席。春风得意的刘彻觉得十分惬意,吩咐赏赐姐姐平阳公主黄金一千斤。平阳公主谢恩以后,心里有了主意:既然皇帝弟弟为了一刻欢娱不惜赏金千斤,一定是这美人儿令皇帝弟弟动心了,何不送个人情,将这美人坯子送进后宫!

平阳公主将这意思告诉了弟弟,刘彻当然乐意,又重赏了平阳公主。第二天,平阳公主就将卫子夫好生打扮了一番,赠送大量衣物,如同出嫁女儿一样郑重其事地将卫子夫送进皇宫。临行时,平阳公主深情而诚挚地说:去吧,多多保重,日后荣宠富贵了,别忘了我。卫子夫十分感激地泣别了平阳公主,带着彩色的美梦,进入了重重深宫。

卫子夫带着几分羞涩向往着,盼着那激动的时刻。然而,进入了深宫,每天饮食虽然不错,可那激动的时刻却一直没有出现,皇上连影子也见不着。卫子夫在一个又一个漫漫长夜的等待中,渐渐心灰意冷。卫子夫明白,皇宫不是别处,妙龄美人太多了,皇上哪能顾得过来? 自己不过是皇上喜爱的众多美人之一,皇上在更衣室中不过是逢场作戏,见美色就要而已,并不是自己有什么特别。卫子夫在痛苦、寂寞、悲伤、失望中期盼着皇帝刘彻,一盼就是一年有余,再也没有见到刘彻。

以泪洗面的卫子夫在煎熬着,忍受着被冷落和失望的痛苦。然而,更大的痛苦在等待着她——武帝刘彻觉得后宫美女实在太多了,下令将后宫中的宫女,遣散一部分出宫。皇帝下诏遣宫女出宫,历来是皇帝的一大德政。让这些久居宫室又无缘得幸的女子在青春尚在的时候出宫嫁人,也是这些女子所求的。

不幸的是,卫子夫也被列入了被遣出宫的名单。

卫子夫无论怎样地伤心、悲痛,还是不得不面对这个残酷的现实:她已被列入遣散出宫之列。卫子夫感叹自己的命相不好,一边收拾行装,一边低头垂泪。泪光盈盈的卫子夫艰难地走出了生活了四百个日夜的熟悉的宫室,临到门口还禁不住深情地回望。

卫子夫思绪纷乱地来到了一个开阔的广场。抬头一看,黑压压的一大片,都是秀发如墨的女子,一个个俊眉俏目,泪眼朦胧。卫子夫明白了,这都是和自己命运相同的女子,都以为自己是绝色佳人,会赢得皇上的垂爱,不料想都是红颜苦命。卫子夫一颗伤痛的心似乎好受了一些。

卫子夫抬起头,发现前面威严的仪仗下坐着一个英武的男人,那不就是那天疯狂如颠地占有自己的刘彻吗? 卫子夫呆在了那里,思前想后,禁不住泪水滂沱,掩面悲泣。卫子夫是那样绝色的美人,在一大群女子中间如鹤立鸡群。卫子夫看见武帝刘彻的一瞬间,刘彻仿佛有什么感应似的,发现了卫子夫,及至看见卫子夫可怜无助地悲泣,越发显得楚楚动人,他那颗无坚不摧的英雄心,一下子迷醉了。

武帝刘彻这是在例行公事地给遣散出宫的女子作一次辞别,实际上是最后鉴别一次,看有没有好点的佳人也被放出去。没想到,竟然发现了这位绝世的美女。刘彻走过去,看清了卫子夫,这才记起来,这不是在姐姐平阳公主家见到的那位歌喉动听的美人吗?

卫子夫见刘彻向她走过来,心情很激动,眼睛中流露着喜悦和歉疚的神情。卫子夫渐渐力不能支,飘飘然仿佛一片秋日的落叶。刘彻赶紧走过去,扶住娇弱无力的卫子夫,然后扶掖着她无声地走向富丽堂皇的宫室。从此以后,刘彻便忘情于卫子夫的美色,日夜销魂。卫子夫也从此独享专房,宠冠后宫。

因子显贵　入主后宫

　　卫子夫因色得宠,又因宠怀孕,这对久久不孕的陈皇后来说无疑是个严重的威胁,也使日渐被皇上冷落的感情再一次雪上加霜。卫子夫受孕后,刘彻下旨腾出建章宫,让卫子夫入住。建章宫豪华、舒适,离刘彻很近,宫中生活用品应有尽有,卫子夫觉得很舒适、惬意。

　　三兄弟卫青由于卫子夫得宠,也升任建章宫护卫。陈皇后的母亲馆陶长公主得知卫子夫怀孕,便将一腔妒火发向卫青:长公主命人将卫青捕获,囚禁起来,准备杀死他以泄愤恨。卫青的好友骑郎公孙敖率几名平日和卫青要好的宫廷卫士一举将卫青救出,卫青死里逃生。

　　卫子夫得报以后,十分气愤,便在武帝刘彻看望她并求欢时向他哭诉了这一切,希望刘彻想想办法,让她和她的兄弟脱离险境。刘彻立即召见卫青,当面任卫青为建章宫总管。卫青长得修长健壮,武艺不凡,升任总管手握兵权,更是威风凛凛。有卫青守护建章宫,谁还敢向卫青寻衅? 更没有人敢进犯建章宫的主人卫子夫。

　　卫青旋拜职侍中,成为武帝刘彻的心腹近侍。接着,刘彻将卫子夫的姊妹兄弟一一委以要职:卫子夫姐妹三人,大姐卫君孺嫁公孙贺,胡人公孙贺任职太仆;二姐卫少儿再嫁陈平的曾孙陈掌,均掌宫中要职;卫青后由侍中迁大中大夫。

　　公元前129年,武帝刘彻任卫青为车骑将军。这是武帝即位后的第十二年。武帝觉得,经历了一百多年的积累,汉王朝已经有足够的财力和强大的兵力对付匈奴。武帝让卫青领精骑一万人,出塞打击匈奴。卫青驰骋塞北,斩获匈奴七百余人,获得了汉王朝对匈奴首次大捷。武帝刘彻十分高兴,颁布诏书,封赐卫青为关内侯。

　　从此以后,整整十年间,威武剽悍的卫青先后领精骑十次北击匈奴。卫少儿在嫁陈掌之前和霍仲孺生的霍去病是卫青的亲外甥,年方18岁时就随同卫青第五次出征,并以作战威猛,在军中获得了普遍的赞誉。霍去病曾亲率骑兵八百人,纵向深入匈奴军中,所向披靡,斩匈奴二千余人。刘彻得报以后,欣喜无比,在和卫子夫共享欢乐之后颁下诏书,封霍去病为冠军侯。

　　卫子夫是从武帝的姐姐平阳公主家发迹起家的。卫青当初也不过是平阳公主的骑卫随从,由于卫子夫得宠,得以任要职。卫青才华出众,屡战屡胜,封官拜爵,最后赐长平侯,封大将军,成为武职中最尊最贵的人物。平阳公主一直对自己的丈夫平阳侯曹寿不满意,最要命的是曹寿体虚,不能让平阳公主获得满足。平阳公主

便以曹寿有恶疾为借口，休掉了曹寿。皇帝的姐姐要退婚，谁敢说个不字？

平阳公主退婚了，但决不会独守空房，不再嫁人。那么，再嫁谁呢？平阳公主可不是普通的女人。普通的女人如果离婚后再嫁，往往没有选择的余地，大致过得去被人看上了就可以。可平阳公主是皇帝的姐姐，满朝文武自然供她选择，而且要选择年轻健壮而又职尊位贵的人物。

平阳公主提出的条件是：地位高，有贤声，封侯爵。平阳公主问心腹侍从，谁最合适？侍从们几乎异口同声地说：大将军卫青。他们认为卫青体格健壮，正当盛年，封赐侯爵，官拜大将军，武功赫赫，彪炳史册，这些都是无人能比的。平阳公主听后不禁大笑：卫青是我当年的骑从，选他作驸马，未免降尊下嫁了吧？

左右心腹侍从一一摇头，认为不是这样的，此一时，彼一时也。侍从们说，且不说卫青武功超群，身强体壮，拜官封侯，就单凭两点：一是这么年轻就官拜武职第一的大将军；二是他是当今皇后卫子夫的亲弟。就这两条，足配天下至贵的公主。平阳公主嘴上虽还硬，但心里还是十分满意的，而且比遍朝中的一应侯爵，的确只有卫青一人合适。这样，平阳公主便把自己的想法示意给了一直想报恩的卫子夫，卫子夫自然不胜欢喜：自己的弟弟能娶皇上的姐姐，亲上加亲，在宫中的地位就更加稳固。皇后卫子夫就把这番美意转告了刘彻，刘彻亲自作媒，促成了这桩婚姻。

武帝即皇帝位后的第十三年，卫子夫在一连生下了三个女儿之后，生下了一个儿子，取名刘据。这一年，刘彻年方29岁。卫子夫取陈皇后而代之，为六宫之长的皇后，儿子刘据便在6岁的时候册立为太子。太子丰神秀伟，聪明可爱，极喜读书。武帝刘彻极喜欢太子，特地吩咐，让在太子宫中造一处博望苑，供太子读书学习、广纳文士。

小人作祸　始乱后宫

中国历代的深宫中有许多数也数不清的冤案，由于宫室太深，众多的冤案随着御沟的流水漂流远方，无人得知。但是，有两起大的冤案载在史册，使两位好皇后在冤屈中丧生，其惊险曲折，实在闻所未闻，令人扼腕叹息。这两起大冤案便是汉宫巫蛊案和元宫《十香淫词》案。

汉宫巫蛊冤案的造成者是汉武帝刘彻，根源在两个方面：一是刘彻贪色移情；二是刘彻多疑猜忌，听信小人。而这场冤案的始作俑者和直接策划人便是武帝刘彻的心腹佞臣江充。江充之所以敢冒天下之大不韪诬陷太子，进而逼皇后自杀，是由于太子和江充这种小人平常不对头。江充深知，一旦皇上过世，太子即了大位，不会饶过自己。所以，江充秘密筹划，成功地制造了这场冤案。

汉武帝刘彻独宠歌伎卫子夫，并把出身卑微的卫子夫推到了母仪天下的皇后的位置，这一举动似乎很令人奇怪。其实，这一方面取决于刘彻好色，一方面是因为汉代的礼法制度不够完备，人们生活得较为率意，心理上比较轻松。

武帝刘彻的母亲王氏就是汉景帝刘启的王皇后。王皇后的母亲名叫臧儿，是普通平民王仲的妻子。臧儿和王仲生活平静，过得平平淡淡，每天为衣食奔波，夜晚仅有床第之乐。臧儿替王仲生下了两个女儿，大女儿就是后来的王皇后。

平民出身的王氏怎么会进入皇宫？事实上，王氏本来也是过着普通民女的普通生活。王氏长大了，亭亭玉立，面容娇好，又极丰满。王氏到了出嫁年龄便嫁给了平民金王孙为妻子。金王孙很疼爱这个可爱的女人，王氏替金王孙生下了一个女儿。

臧儿不甘寂寞，也不想让美貌的女儿就这样了却一生。臧儿替女儿算了一命，命中说此女当大贵。臧儿一不做，二不休，强行带人将王氏抢回家，逼迫着金王孙和王氏离婚，并且将王氏生下的女儿留在王家，只让金王孙独自回去。金王孙怒气冲冲，坚决不同意。

臧儿被金王孙纠缠不过，干脆将女儿王氏送进皇宫，直接送到东宫伺候太子刘启。太子刘启被王氏的美艳、丰满和风韵所迷惑，沉溺于酒色之中，不能自拔。文帝去世以后，太子刘启即帝位，为汉景帝，王氏便因此立为皇后，坐镇六宫。

王皇后生前替景帝刘启生下了三个女儿和一个儿子，大女儿便是平阳公主，儿子就是刘彻。平阳公主是刘彻的亲姐姐，刘彻在景帝的众多儿子中却是第九个，不过，刘彻是王皇后所生，是嫡出。

王皇后的母亲臧儿是个了不起又能干的女人，她不仅强行将女儿抢婚送进深宫从而出人头地，同时，她自己也告别了和平民王仲平淡的平民生活，改嫁给位尊势众的田氏，并生下了田蚡、田胜。刘彻即皇帝位后，尊王氏为皇太后，尊王太后的母亲臧儿为平原君，并封田蚡为武安侯，田胜为周阳侯。

刘彻是个好色而多情的皇帝。刘彻既好女色，也迷男色，他的男宠之一便是韩嫣。韩嫣长得如花似玉，人极聪明伶俐。韩嫣之所以能长久获得刘彻的宠爱，就是常能将刘彻没有想到的想得周到，办得妥帖。

王皇后离开平民金王孙，进入太子宫中，步步高升，竟至做了皇后。王皇后有了这样的身份、地位，自然不想再提前夫金王孙，她和金王孙生下的女儿也就更不想提及，觉得这是自己的耻辱，是一段不光彩的事。

可这件事却被韩嫣了解得清清楚楚。韩嫣还得知，王太后的大女儿即武帝刘彻的异父姐姐还隐居在长陵小市，过着清淡的平民生活，竟没有人知道。韩嫣就将这段隐私告知了刘彻。武帝刘彻这才得知太后还有这么一个女儿，生活在民间，过着平民生活，而且还十分清苦，她就是自己的姐姐。

刘彻立即吩咐起驾，前往长陵市看望姐姐。小小的长陵市哪里见到过皇帝的仪仗？武帝的威严几乎让长陵市的官员吓死过去。但武帝刘彻根本不屑于长陵官员，而是直接去看自己的姐姐。

皇帝御驾到达，平民谁不吓破了胆？家里人不知道内情，以为犯了什么法，慌忙逃避。刘彻的近侍找到了刘彻的姐姐，将她扶出来，拜见刘彻。刘彻下车，扶起她，看着她苍白的面容欷歔地说：大姐一直生活在这里，我不知道，否则，我早就接您入宫了。

武帝刘彻带着自己的姐姐回到皇宫，让她住在长乐宫，然后告知王太后。太后得此消息，喜出望外，一颗牵挂的心终于有了着落。母女相见，泪水横流，不免抱头痛哭。武帝刘彻觉得这是宫中的一件大喜事，便下旨举宫欢庆，赐姐姐钱一千万，奴婢三百，田一百顷，上等房舍一区，号修成君。

雄才大略的武帝刘彻就这样敢作敢为，无所顾忌，从不隐瞒自己的感情。刘彻在卫子夫光彩照人时毅然决然地宠爱她，立她为皇后，恩冠后宫。但是，中年以后，卫子夫的美色随着青春日渐逝去，贪色成性而敢作敢为的刘彻即因色衰而爱弛，又宠起了别的美人。赵夫人、李夫人等美女先后得宠。

时光在不知不觉中流逝。精力、锐气和无所畏惧的魄力在悄无声息的衰老中一天天离自己远去。刘彻感到了心虚气短，一种对生命的恐惧便开始缠绕着他，迫使他转求天地神灵、信上了方术之士。刘彻走上了秦始皇当年寻仙求药的求生之路，不断地派遣方士，求长生不老药，并巡游天下，访求长寿神仙。

无论刘彻怎样竭尽财力和心力，任何仙药和神仙都无法延缓他不走向衰老。刘彻不知道这些，他烦躁、恐惧，暴跳如雷。但这一切皆无济于事，病痛时时缠身。刘彻不承认这是生命衰老所带来的必然结果，却猜忌、怀疑，认为这是恨他的人在宫中行巫蛊厌胜秘术。因此，凡是有些嫌疑的，一律格杀勿论。于是佞臣江充乘虚而入，便制造了一起千古冤案。

江充最初不在宫中，更不会接近刘彻，他是如何获得刘彻的宠信，从而位极内臣，令朝臣们都趋奉巴结的呢？主要在于江充能抓住机遇，并能投机奉承，投刘彻所好。刘彻进而便信任他、重用他，从而事无巨细，倚他为心腹。这是人类永恒的灾难：喜欢听好话，喜欢人巴结；溜须拍马的人只要不要脸皮，将脸皮练得又厚又黑，便无往而不胜，一切可能的目的都能达到。

刘彭祖是武帝刘彻的异母兄弟，封赵敬肃王。江充最初供职在赵敬肃王府中，是赵敬肃王宠信的属臣。赵太子丹不喜欢江充，认为他阴险凶狠。江充有一件事惹怒了太子丹，太子丹要惩治他。江充十分恐惧，便逃出王府，直奔京师长安，密告赵太子丹心怀叵测，觊觎神器。

武帝刘彻得讯以后，立即派人前往赵敬肃王查找，结果真有此事。刘彻便下诏

废赵太子丹为庶民，特地召见江充。江充伟岸魁梧，仪表堂堂，刘彻见后十分喜欢，应对也极称意，刘彻便将江充留在身边，委他为锦衣使者，随侍皇帝左右，替皇帝侦伺督察皇亲贵戚、朝廷大臣的言行过失。实际上是皇帝的私人密探、御用特务。这个差使说明皇帝倚他为心腹，而且每天都能见到皇帝，随从左右。这为机敏过人、善于察言观色的江充提供了充分施展才能的机会。从这以后，刘彻便再也离不开江充了。

江充有了皇帝的信任，便尽心竭力为皇帝卖命。他招兵买马，组成一个心腹组织，专伺侦察皇帝以外的各类要员，并将他们的日常言行活动统统奏报给猜忌多疑的武帝刘彻。刘彻有了这样一些心腹耳目，觉得每天对大臣们的行动了如指掌，便十分放心，也十分高兴。刘彻自然而然地对自己忠心耿耿的江充另眼相看，信任得无以复加。

有一次，太子刘据的家臣进入皇宫，例行奏事，乘着车在宫中的驰道上行驶，这当然是违禁的事。驰道是皇帝独用的，是尊贵的象征，谁也不能越职染指。太子家臣这样做了，自然被江充的心腹告知了江充，江充就将太子家臣拿下，交由自己的属下处理。

太子得到报告以后，不免异常愤怒，立即派人去见江充，并希望不要将此事摊开，不要究治太子属臣。太子这样做的目的很明确，就是大事化小，小事化了，不要让皇上刘彻知道。如果刘彻得知，肯定会猜忌太子，轻则责怪太子教诫家臣不严，重则怀疑太子有抢权的野心，在皇帝染病时纵家臣越礼。

江充不理会太子的要求，一意孤行，和盘托出，告知了武帝刘彻。刘彻自然对太子属臣的行为很气愤，从而怀疑到了太子，而刘彻对江充不畏太子之威如实奏报，更见其忠心耿耿，便越发地信任江充，疏远太子。江充这等蔑视储君太子，朝臣们无不震惊。江充得宠，其门生便纷至沓来，效命者络绎不绝。江充势倾朝野。

武帝刘彻 17 岁即皇帝位，在位 54 年，71 岁时离开人世。晚年的刘彻多病缠身，总是疑神疑鬼。刘彻去世前三年，即即位后第五十一年，一次他在建章宫行走时，无意中竟看见了一个男子，身上佩一把宝剑，目中无人、大摇大摆地走进了宫禁森严的龙华门。刘彻认为此人十分可疑，决不是宫中侍卫，便吩咐关闭大门，立即追捕。近侍大量出动，搜遍了各处，一无所获。刘彻大怒，下令宫中所有卫士，搜过宫室以后大搜上林苑，并令关闭长安城门搜查，一连查缉了十一天，仍然一无所获。

武帝刘彻自此更加心烦意乱，情绪喜怒无常，疑心猜忌更重，甚至喜欢无中生有，乱杀无辜。宫中巫蛊案数起，杀死了人员无数，其中就包括武帝刘彻的女儿阳石公主、诸邑公主、太子刘据和皇后卫子夫。而到最后，刘彻才知道，这是一场冤案，但一切都已无法挽回了。

巫蛊是汉时在民间广为流行的一种巫术，后来传入宫中，成为宫廷权力、爱宠之争的一种意识上置对方于死地的一种手段。巫蛊就是用巫术诅咒自己痛恨的人，并做一个木偶埋在地下，代替所痛恨的人，用针扎，这样天长日久，就可以置对方于死地，称为巫蛊。

汉宫巫蛊冤案是从公孙贺开始的。公孙贺是胡人，由于夫人卫君孺是皇后卫子夫的姐姐，公孙贺官至丞相。公孙贺有一个儿子，名叫敬声，视如掌上明珠，骄惯成性。敬声骄奢放荡，挥霍无度，以至私自挪用北军军费一千九百余万两。案发以后，敬声被逮捕，下狱治罪。一旦判罪，自然会受重刑。

公孙贺是个很能干的人，又是位极人臣的丞相，且极爱自己的儿子。公孙贺为了救赎敬声，便主动请求捉拿朱安世，以解除皇帝刘彻的一块心病。朱安世是阳陵大盗，民间视为一代大侠，专与官府作对，官府调兵遣将，始终连影子都没见到，刘彻对此十分恼火。

公孙贺主动请战，想将功赎罪以救助自己的儿子，何况他又是自己的国戚，刘彻同意了公孙贺的请求。公孙贺调集自己的心腹爱将，他们个个身怀绝技，一同捉拿朱安世。事隔不久，公孙贺果然将朱安世捉拿归案。武帝刘彻当然很高兴，便赦免了敬声。公孙贺父子皆大欢喜。可是，公孙贺父子高兴得太早了，他们没想到朱安世会反咬一口。

朱安世是一代强人，猛然间无意被公孙贺捉住，心里咽不下这口气。可是，朱安世已被捕获，成了公孙贺的阶下囚，不服气也得服气。于是朱安世心生一计，反正是活不成了，何不让千刀万剐的公孙贺陪死？朱安世便在狱中，郑重其事地给武帝刘彻写了一封信。

朱安世在信中罗列了公孙贺的许多罪行，并揭露公孙贺不满足于皇后的姐姐做妻子，还搜罗美女，无所不为；这且不算，公孙贺的儿子敬声还公然和皇上的女儿阳石公主通奸，并且秘谋要取皇上而代之，还在宫中皇上经常出入的甘泉宫路下埋放木偶人，巫蛊诅咒皇上。这封信很快转到了武帝刘彻手中。

多疑猜忌的刘彻看了这封信，哪里受得了？震怒之下，刘彻吩咐立即查究。查究的大事自然交江充负责，江充派爪牙四出，网罗罪名，借机将丞相公孙贺的人马一网打尽。公孙贺父子被收捕入狱，严刑拷打，牵连蔓引，致使许多人无端获罪。公孙贺父子惨死狱中，江充觉得还不够，便灭公孙贺家族，就连皇后的姐姐卫君孺也没有幸免。

江充消灭了公孙贺，又将矛头指向其他手握重权的皇亲国戚。武帝刘彻的女儿阳石公主、诸邑公主、卫青的儿子长平侯卫伉也都受到牵连，并且一一被杀。江充很得意，进而将仇恨的利剑指向曾经得罪过的太子刘据。

太子刘据一直不喜欢江充。江充深知，多病多疑的武帝日子不多，一旦武帝去世，太子即大位，自己的末日也就到了。江充借这次查究公孙贺之机，便设计将太

中国历代冤案

子网罗其中,最好是能像公孙贺那样,尽数除掉,一网打尽。

太子天性仁和,宽厚孝诚。刘彻觉得太子不像自己,仁厚过之,不过,在守成时代,太子不失为一个圣明通达的君主。刘彻有一次对大将军卫青说:"汉室立国不是很久,各项规制很不完备,四方夷狄不停侵扰,这些都是急待解决的;我如果不变更制度,定出法则,后世何以可依? 如果不用兵讨伐,征服四夷,天下如何安宁? 只是这样的结果,必然是劳民伤财;我的命数有限,继承王位的人如果还像我这样变更制度,大肆兴兵,国家就危险了,就会像秦始皇一样,蹈亡秦覆辙;太子稳重敦厚,天性好静,是一个能安天下的守成君主,再没有比太子更合适的人了。"

可叹的是,大将军卫青先武帝而去,没能防止这场无端的灾祸。刘彻晚年用法无度,太子宽厚,多有平反,纠正了刘彻的一些失误。但是,这无形中就得罪了那些刘彻信用的好用重刑酷法的大臣,这些人时常在武帝跟前搬弄是非,诽谤太子,武帝自然和太子产生隔阂。

皇后卫子夫年长色衰以后,武帝刘彻移情于赵婕好。赵婕好住在华丽的甘泉宫,武帝便时常宿在甘泉宫。武帝到皇后卫子夫的宫室越来越少,自然和皇后、太子很少见面,一些隔阂自然无法消除,生疏感一天甚于一天。

汉室深宫　千古奇冤

有一天,武帝刘彻神思恍惚,朦胧中看见几千个木人,手里拿着兵器,恶狠狠地向他袭来。惊醒以后,刘彻冷汗淋漓,感到遍体酸软,周身无力,精力锐气荡然无存。自此以后,便觉精气散逸、身体状况江河日下。刘彻怀疑这是巫蛊造成的,于是让江充加紧查实。

江充借机煽风点火,说宫中有不少人忌恨皇上,盼皇上早日殡天,他们用巫蛊邪术诅咒作恶。刘彻越发信以为真,当面委江充为锦衣使者,查办一应巫蛊的人员,立即严惩。江充十分得意,接旨后指使爪牙四出,重点清理那些痛恨的人,尤其是太子。

京师长安和各封地郡国,到处天翻地覆,一有木偶人或可疑的东西,便大肆搜捕,再以酷刑逼其招供,然后拉出去斩杀。几万人就这样经历了一番酷刑以后被一一处死。每件大案江充都亲自审讯,并都一一送呈刘彻。刘彻不仅默许了江充的所为,还厚赏江充。

江充无所顾忌,干脆投刘彻所好。江充奏报刘彻,说善观天象的大师禀报,宫中有一股黑煞之气,正是蛊气,如果不将这股蛊气清除,皇上的病恐怕会一日重似一日。刘彻立即命江充带人入宫搜查,清除蛊气。

江充率领心腹按道侯韩说、御史章赣统领众多爪牙一同进入后宫,一个宫一个宫地挖,掘地三尺,搜查木偶人。皇帝御座下的地面都挖掘了,各宫宫室一片狼藉,最后到了皇后中宫和太子东宫,竟也要掘地三尺。

皇后卫子夫和太子刘据怒不可遏,可是有圣旨在,皇后、太子只能听之任之。江充掘完以后,奏报武帝,说在中宫和东宫挖出的木偶人最多,并且每一个木偶人身上都写了大量咒语,诅咒陛下,文句不堪入目。刘彻自然大怒,但想想又不至于此,就想召太子入宫,问个明白。

刘彻住在城外的甘泉宫。太子刘据得知江充诬告自己,十分恐惧。想出城面见父皇,解释清楚,又有些不敢,怕父皇不问是非曲直,就地置他于死地。太子万般无奈,无计可施,便找少傅石德问计。石德更是一个贪生怕死又十分胆怯的人,他也怕皇上怪罪太子,从而殃及自己,心里十分恐惧。

石德对太子说,不久前丞相公孙贺父子和阳石公主、诸邑公主都因巫蛊之罪,先后被处死,受到牵连的不计其数;如今,江充要诬告太子,没有人能说上话,情况十分危急;皇上有病,躺在甘泉宫,皇后、太子想问病探望,都没有回音,皇上吉凶与否不得而知;江充如此胆大妄为,不正是赵高的作为吗?秦太子扶苏就是死于奸臣毒手;这个时候,别无选择,最好便是以皇上的名义,收捕江充,杀了他,这样或许能逃过此劫。

仁厚宽怀的太子从来没有这样想过,对这一计谋犹豫不决。太子觉得,没有父皇的命令,如何能擅杀父皇的使者?与其这样,还不如前往甘泉宫,拜见父皇,讲明真相。可是,江充阻止太子进入甘泉宫。卫皇后没有意识到事态严重,中宫没有任何动静。太子无计可施,就在万般无奈的情况下接受了石德的秘计,派人假称天子使者,收捕江充,一举将江充和他的死党杀死。

杀死江充后,太子于当天夜里派心腹假称天子使者,进入皇后中宫未央宫,告知皇后所发生的一切,皇后这时方才知道大祸将临。情况万分危急,太子调用皇后的御厩车马、射士,派人打开长乐宫中的武库,急调长乐宫卫士,大肆搜捕江充党羽,一律斩杀。宫中血雨腥风,京师长安乌烟瘴气,一时大乱。

京师人心惶惶,不知道怎么回事,只听说太子谋反。朝官自丞相以下,也一无所知。江充的党羽苏文在京师大乱中逃出京城,直奔甘泉宫,告知武帝刘彻,说太子在宫中兴兵谋反,还杀死了使者江充。

武帝刘彻派使臣面见太子,问明情况。使者胆小怕死,不敢进入长安,便回复武帝,说太子叛势已成,叛兵穷凶极恶,如果不是自己逃得快,早就身首分家!武帝刘彻再也不抱幻想了,相信真的是太子谋反,想取自己而代之,于是决定严惩太子。

皇帝不在京师,京师出了变故,自然由太子和丞相负责应变;如今太子叛乱,自然由丞相出来应变。当时,丞相是武帝刘彻的庶兄,名叫刘屈牦。太子兵卒进入丞

相府后,也是一片大乱。丞相在混乱中逃出了丞相府,连丞相大印也不知丢在哪里。惊慌失措的丞相刘屈牦不知道出了什么事,便派相府长史乘快马飞报武帝刘彻。

刘彻怒不可遏,问相府长史:"京师大乱,丞相采取了什么措施?"相府长史跪奏,说丞相不敢宣布太子谋反,只是逃命。刘彻喝斥说:"事实摆在那里,有什么不敢宣布,丞相实在是太无能了!"刘彻当即下令,命丞相负责平息叛乱;令京师内外官兵和京畿附近郡县兵卒由丞相统一指挥。

太子控制了皇宫。太子在京师城中向百姓宣告:"皇帝在甘泉宫,病情严重,消息一直隔绝,恐怕内中有变,奸臣乘机夺权,所以起兵捉拿奸臣。"就在这时,武帝刘彻亲自移驾京师长安城西的建章宫,直接指挥聚集的军队,准备平息叛乱。

太子指挥的兵士实在太少。太子派人到北军中,希望能指挥北军,但被北军使者任安拒绝。太子只好领少量的兵士和丞相刘屈牦指挥的数倍官兵在京师激战,整整五天五夜,死伤无数,长安城杀声震天,尸体枕藉。

太子兵寡战败,领着残兵逃出京师长安。丞相率领的政府军占领京师以后,将这次叛乱的主谋——搜捕,太子少傅石德和众多的太子宾客、太子家小统统被杀。皇后卫子夫也觉得脱不了干系,儿子家小都杀戮已尽,自己还活着干什么?于是也自杀身亡。

太子刘据领着他的死党奔出长安城后,向东仓皇逃亡,一直逃到今河南阌乡一个农民家隐藏。这户农家心地善良,很同情太子的遭遇,便答应掩护,度此大难。可是,农民十分贫苦,只有靠卖草鞋来供养太子。

太子逃逸在外,当然是个祸根。武帝刘彻下令各地郡县,严加盘查搜捕。各个郡县地方接到圣旨,都加紧盘查,期望能抓到逃亡在外的太子向武帝邀功。官府爪牙奉命四出,密切注视着太子的行踪。

走投无路、饥寒交迫的太子记起在这阌乡有一个交谊很深的朋友。这个朋友家中殷实,太子便派心腹前去求助。不幸的是,事机泄漏,官府爪牙发现了太子的行踪,兵卒迅速围捕太子。宫兵密密麻麻,将太子藏匿的农户人家围了里外三层。太子见出逃已没有任何希望,便紧闭门户,自缢而死。太子的两个儿子也随同离开了人世。

太子一家死亡殆尽。武帝刘彻想不明白,继续派人调查此事。一年以后,此事真相大白,太子无辜,皇后也是冤死,完全是由佞臣江充导演的一场宫廷巫蛊冤案造成的。武帝刘彻十分后悔,可是后悔有什么用?人已去了,不可能再生。受到沉重打击的刘彻自此越发精神不振。

这个时候,一位看守汉高祖陵庙的守吏,名叫田千秋,以小小的职位竟越级上书给武帝刘彻,请求给太子和皇后平反。田千秋情真意切,条陈得很有层次,据理

为太子申冤。书中说：这件事情，太子有罪的话也不过是被逼兴兵，要是治罪也只能是笞刑；天子之子因为过失而误杀一人，该定什么罪呢？

心情沉痛的武帝刘彻看到了田千秋的上书以后，心中越发追悔，更觉得自己在这件事情上处理欠妥。刘彻痛定思痛，当年的豪气和精力又开始在心中复苏，不拘一格使用人才的天性再一次抬头。于是，刘彻召见田千秋，将田千秋当作心腹。

刘彻见到田千秋后，诚挚地对田千秋说："父亲、儿子之间的事，一般人是难以说清的，何况是皇上和太子？谁也不敢多言。你能直言不讳，而且讲得很有道理，这是高皇帝神灵保佑，教你来辅佐我，成就大业。"刘彻郑重其事地以礼接待这位守陵小吏。

刘彻任命田千秋为大鸿胪。不久以后，刘彻又以田千秋处事能干超擢田千秋为丞相。武帝刘彻真正是一个爱才识才的圣明皇帝。田千秋仅以一封上书而显露不同凡响的天智和才华，恰被智慧过人的武帝刘彻所赏识，真正是生逢其时。不久，刘彻因思念太子，便在京师长安修了一座宫殿，赐名思子宫，并在阌乡建了一座望思台，以此寄托对太子的哀思。

第二篇
三国魏晋南北朝　不分忠佞亦飘摇

　　三国、魏晋和南北朝这一时期的动乱勘比我国历史上的春秋战国时期，和春秋战国时期诸侯之争相比较，这个时期呈现的是各个军事实体之间的战争，这其中同时包括了当时中原周边的各个部落民族对外扩张、入主中原的战争。

　　正所谓的"时势造就英雄"，生逢乱世，英雄才有用武之地，贤才才能扶危强国，这就是时代精神所在。从三国鼎立到南北朝分治，整个六朝经历了多重的政权更迭，发生了无数次的战争，这其中有刀枪的明争，也有阴谋的暗斗；有对敌作战，也有内部的倾轧。

劳苦为民众　不屈死狱中

——华佗之冤

东汉末期,朝政腐败,诸侯割据,灾荒频仍。由于连年不断的军阀战争,造成各种疫病蔓延流行,外科之伤残、感染性疾病大大增加,客观上促进了外科学与外科手术的发展。三国时期,以济世为怀的神医华佗声望日隆,民间到处都在流传着他行医的故事。然而,这位老百姓的神医却没能逃脱统治势力的厄运,最终冤死在狱中。

精于外科　发明颇多

华佗(约公元141—203年),一名旉,字元化,沛国谯(今安徽亳县)人。

华佗了解人民的疾苦,更有志于为民医治创伤。他阅读和研究了大量的医学古籍,认真学习并广泛搜集民间医方,在此基础上加以总结和提高,最终成为一位集广博的医学知识、高超的医疗技术和高尚的医德于一身的医学家。

华佗行医,足迹遍及彭城(今江苏徐州)、广陵(今江苏江都县东北)、盐谈(今江苏盐城县西北)、甘陵(今山东高唐县南)、东阳(今山东平原县西)、琅琊(今山东临沂县北)以及河南许昌等地。华佗这种不辞劳苦为民解除疾苦的精神和高超的医疗技术,使他深受百姓的欢迎和爱戴。

华佗最擅长的是外科手术。在中国古典文学名著《三国演义》中,有一段众所周知、脍炙人口的"关云长刮骨疗毒"的故事,说的是蜀国大将关羽被魏兵毒箭射中右臂,红肿疼痛不能动弹。正当随军医生一筹莫展的时候,一位方巾阔服、臂挽青囊的人前来为关羽治病。他看了关羽的肿臂后说:"这是中了有毒的弩箭,现在毒已入骨,若不早治,恐怕这只臂膊就保不住了。"关羽问:"那怎么办呢?"那人回答:"我有一法。在僻静处立一木柱,柱上钉上锁环,把你的手臂穿在环中,用绳子捆牢,再用被子把你的头蒙起来。之所以这样做,是担心你承受不了疼痛。然后我用尖刀割开皮肉,刮去箭毒,方能使你痊愈。"关羽听后说:"用不着这些柱环。"说完就伸出手臂请那人医治。只见那人手持尖刀,割开皮肉,用刀刮骨。不一会儿,箭毒刮净了,敷上药,用线缝好伤口,再在伤口上贴上膏药。过了几天,关羽的肿臂果

然痊愈了。这位医生就是"神医"华佗。这个故事不一定真实,但华佗确实是我国古代一位杰出的外科专家。

华佗是我国历史上第一个有明确记载的施行开腹手术的外科医生。从《三国志》所载病例来看,当时他已经能够成功地进行诸如腹腔肿物摘除等大手术。一位患者请华佗看病,华佗说:"你的病已经很严重了,必须破腹取出肿物。但是你的寿命将不足十年了。"病者不堪其苦,执意要求华佗为他摘除,这个人在肿物摘除后,不出十年果然死了。

为了减轻和消除病人因疾病疼痛带来的痛苦,使手术能够顺利进行从而取得比较好的效果,华佗仔细研究了一些有麻醉作用的药物,发明了一种全身麻醉剂——麻沸散。

华佗利用全身麻醉和手术的方法,救治了不少用其他方法不能治愈的垂危病人。例如,有一个推车的脚夫肚子突然疼得很厉害,来请华佗医治。华佗见他两腿屈曲,声音细弱,病势沉重。经过全面诊察,华佗断定他患的是肠痈(即阑尾炎),需要立即动手术。于是,华佗让他喝下麻沸散,很快为他施行了剖腹术,割掉了溃烂的阑尾。不久,这个脚夫就恢复了健康。

华佗创制麻沸散并能熟练地进行手术,表明他在人体解剖和药物知识方面也有很深的造诣。我们知道,要进行外科手术,就必须有丰富的人体解剖知识,对人体各部分的生理功能也要有深切的了解。在华佗以前,我国在这方面已经积累了不少可贵的经验。例如,在《内经》一书中就记载了人体骨骼、血脉,内脏器官的大小、位置、容量等解剖知识。大约成书于战国时期的《山海经》,其中对许多药物的性能和功用都有记述。书中记有一种叫草荔的植物,说是人服用后有镇痛作用。成书于汉朝的药物学著作《神农本草经》,有"莨菪子……多食令人狂走"的记载。据现代分析,它的主要成分是莨菪碱,具有镇痛和麻醉作用。书中还提到羊踯躅,据说是因为羊吃了这种草以后踯躅不前而得名,又叫闹羊花,也是后世常用的麻醉药。华佗继承了前人的这些可贵经验,并且同自己的临床实践结合起来,经过反复实验,不断改进,终于在外科学和麻醉学方面作出了前所未有的突出成就。

华佗研制的麻沸散,使许多难以进行的大型手术成为可能,从而扩大了外科手术治疗的范围,为人类战胜疾病痛苦提供了新的手段,同时也为医学的发展开拓了新的领域。麻沸散的研制,不仅在中国医学史上是一个重大发明,在世界医学史上也是一项杰出贡献。华佗发明和

华佗

使用麻醉剂比西方要早一千六百多年。

内外兼修　惠人济世

华佗不仅精于外科,对妇产、小儿等科也有相当高的造诣。有一妇女怀有六个月的身孕,却腹痛不得安宁。华佗看了她的脉后说:"胎儿已经死了。"并让人抚摸胎儿在腹中的部位。华佗断言说,胎儿在左腹部是男孩,在右腹部则是女孩。抚摸的人说在左腹部。华佗在让妇女服药产下死胎后验看,果然是一男婴,妇人也随即痊愈了。

有一李姓军官,妻子生了病,请华佗去看。华佗看脉后,说:"是因为身体受伤而不能使胎儿正常生产。"军官说他的妻子在怀胎期间的确受了伤,且胎儿已经因受伤而流产了。华佗说:"从脉象上看,胎儿确实还在母体内。"军官以为不是华佗说的那样。华佗给开了几付药,李姓军官的妻子吃后病情稍有好转。一百多天后病又复发,李姓军官再一次来请华佗。华佗看后说:"脉理与前次一样。你妻子怀的是双胞胎,前一个流产了,因流血过多,使得另一个胎儿不得产出。胎儿已经死在母体内,而脉象却仍如怀胎时一样,一定是胎儿枯燥附着在母脊上。"于是,华佗一面为李姓军官的妻子针灸,一面让其服下汤药。之后,李姓军官的妻子有了临产的征兆但胎儿却生不出来。华佗说:"胎儿已干枯,是不能自然生产的。"遂让人用手助产,果然生出已死的胎儿。其胎儿的人形尚可辨识,只是颜色已经变黑。

另外,华佗对遗传学和优生学也有着一定的认识。

在内科诊断方面,华佗的医术也是相当高明的。华佗善于察声望色,根据病人的面目、形色、病状来判断病人疾病的轻重及治疗的有效程度。有一次,华佗在酒楼中看到几个人在喝酒。他在仔细观察了其中一个叫严昕的人之后对他说:"你感觉身体怎么样?"严昕回答说:"跟往常一样,很正常啊。"华佗说:"从你脸上可以看出你有急病,因而不要多喝酒。"严昕在喝完酒后回家途中,突然感到头晕目眩,并从车上坠落于地,回家不久便死了。还有一次,一个叫徐毅的人对华佗说:"我昨天请大夫看病,大夫给我针刺胃管后,反倒咳嗽不止,不能躺卧了。"华佗看后说:"昨天那个大夫给你针灸,不但没有刺中你的胃管,反而误伤了你的肝。你的饮食将逐日减少,恐怕五天以后就没有救了。"果然如华佗所说,徐毅在四五天后便死了。

正确的诊断是治病的基础。华佗的高明之处还在于他能够透过现象,抓住本质,根据不同情况,辨证施治,对症下药。例如,有两个人都患头痛、发烧,并一同来找华佗医治。华佗经过仔细诊断,给一个人开了泻药,给另一个人开的却是发汗药。旁人迷惑不解,请教于华佗。华佗解释说:"他们二人虽然病症相同,都属实证,但是一个人患的是外实(感冒),另一个患的是内实(伤寒)。得病的原因不同,

所以我给他们开的药也不同。"结果,那两个人服药后病很快都好了。从这里可以看出,华佗掌握并运用辩证法治疗病人,因而才能真正做到"对症下药"

华佗在长期的行医生活中,还十分注意学习和总结劳动人民中常见的治病和用药经验,尤其重视运用民间的单方和验方治疗常见病。华佗处方用药简单,但疗效却很高。华佗曾在路上遇见一个因"咽塞"不能进食的病人,便对他说:"我刚来的路边有家卖饼的,你可到那里买三升醋,以之泡蒜泥,喝下去病就好了。"那人按华佗所说,把醋泡蒜泥喝下去不久便吐出一条虫子,病也跟着好了。待病人拿着虫子到华佗家里致谢时,看到华佗房中墙上挂着十余条相类似的虫子,连声称道华佗的医术真是高明。

华佗还擅长针灸,并有所创新。华佗"若当灸,不过一两处,每处不过七八壮,病亦应除。若当针,亦不过一两处",并且预先告诉病人会引起什么样的针感,沿什么方向传导,得气后即时起针,病就好了。不难看出,华佗在自己身上做过多少次的试验,没有亲身体验是不会有如此高超的技艺的。一次,华佗碰到一个因病两脚不能行走的人。华佗在其脊柱两侧点了几十个穴位,每穴灸十壮,灸后这个人就能行走了。华佗创用的"夹脊穴",至今在中医临床上仍被沿用,并被称为"华佗穴"。

华佗很重视疾病的预防,积极提倡劳动和体育锻炼。他反对当时流行的服食丹药以求长生的风气,明确指出只有经常运动才是健康长寿的方法。他曾对学生吴普说,人体应当经常活动,但不宜超过一定限度。活动能帮助消化,促进血脉流通,从而防止和减少生病,这同天天转动的门轴不会朽烂是一个道理。

我国古代劳动人民在同疾病和衰老作斗争的过程中,很早就认识到运动保健的重要意义,并且创造了一套以呼吸运动和躯体运动相结合的医疗体育方法。早在春秋战国时期,以呼吸运动为主要环节的"导引"方法(类似现代的气功、太极拳等)已经相当普遍,不仅出现了一些专门从事气功的养生家,而且还总结出了一些"熊径"、"鸟伸"等具体操练的姿势。到了汉朝,"导引"疗法有了更进一步的发展。

华佗在对前人这些成就深入研究的基础上,创作了一套名为"五禽戏"的保健体操,即模仿虎、鹿、熊、猿、鸟等五种禽兽动作姿态进行体育锻炼,从而达到预防疾病、延年益寿的目的。他的弟子吴普每天坚持做"五禽戏",从不间断,活到九十多岁,仍"耳目聪明,齿牙完坚"。现代医学已经证明,经常参加体育活动确实是预防和治疗疾病、延年益寿的有效方法。而距今一千七百多年前的华佗能够明确地把体育锻炼同医疗结合起来,以提高人的健康水平,这的确是难能可贵的。

对于一些治愈而后可能复发的病人,华佗都预先提出警告,并指出预防措施。有个叫李成的人因咳嗽昼夜不能睡眠,还不时呕吐脓血。华佗对他说:"你的病是肠子肿烂所引起的。咳嗽所吐脓血,不是来自于肺部,给你开些药吃完就好了。但你要时刻注意保重身体,耐心静养,一个月后可稍事活动,一年以后即可痊愈。但

是，你的病在18年后还会复发，那时，吃我的药仍能痊愈。若没有我给你的药，也就没法治了。"接着，华佗便又给李成拿了另一副药。过了五六年，李成亲戚中有得病且症状与李成一样的。那人对李成说："你现在很强健，而我却要死了，你能忍心看我这样死去而仍然不把药给我吗？请求你先把药借给我，等我病好了再到华佗那里讨同样的药还给你。"李成经不住恳求，把药给了他。18年后，李成的病果然复发，最终因没药可服而死。

医德高尚　竟逢冤狱

华佗学医、行医，目的在于为民除痛祛病，而并非为了做官。由于华佗的名望很高，当时掌权的曹操听闻华佗的大名，遂将他召来。曹操患有头风的毛病，每当发作的时候就心乱目眩，华佗施以针灸，随手就消除了曹操的疼痛。后来曹操头痛加剧，让华佗成为自己的"御医"。这种以权压制的做法，违背了华佗为民解除疾苦的本意和决心，是华佗所不情愿的。于是，华佗假托妻子有病回乡探亲。

曹操见华佗很久不归，多次去信催促。但华佗不畏权势，迟迟不返，曹操便派人去查访虚实。这个东征西讨、挟天子而令诸侯、现时得势而不可冒犯的曹操，此时已心怀杀机。待曹操知道了华佗谎称妻病不还后，华佗的死就已是不可避免的。虽有大臣荀彧为华佗求情，但仍动摇不了曹操欲杀华佗的决心，于是将华佗拘捕下狱，不久加害，使历史上又平添了一桩冤案。

华佗死后，曹操头痛病未除，每当头痛病犯了时就念及华佗。尤其是他十分宠爱的爱子仓舒为疾病困扰却又无人能治时，曹操更是追悔莫及，这实属猫哭耗子。华佗已死，此言与其说是"后悔"，不如说是在欺骗众人或为自己开脱。正所谓早知如此，何必当初！

华佗生前曾经把自己的丰富经验进行了总结，写成了多种医著。在入狱后，华佗知道自己将不久于人世，就把自己在狱中整理出来的一部医学书稿交给了一名狱吏，告诉他："此可以活人。"而那个狱吏因怕受华佗牵连不敢接受。华佗在极度悲愤中把书稿烧毁了，所以华佗的医术没有专门的著述流传下来。他的学生曾把他的经验辑录成书，但也只有书名散见于一些史籍和医书中，而内容却大部分散佚了，就连华佗创制的酒服麻沸散也失传了。后来传说中的麻沸散处方，一种说法是由曼荼罗花（也称作洋金花、风茄花）一斤，生草乌、香白芷、当归、川芎各四钱，天

华佗

南星一钱,共六味药组成;另一种说法是由羊踯躅三钱、茉莉花根一钱、当归三两、菖蒲三分几种药组成。这两个处方中的曼荼罗花、生草乌、羊踯躅等确有镇痛、麻醉的效用。但是,据后人考证,这两种说法皆非华佗的原始处方。

麻沸散的失传是我国医学史上的一大损失。可喜的是,解放后,我国医务工作者应用曼荼罗花等中药进行全身麻醉获得成功,使湮没了一千多年的中药麻醉术重放异彩。临床实践证明,中药麻醉具有安全可靠、抗休克、抗感染等优点。

华佗,我国古代杰出的医学家,把自己的毕生精力都献给了百姓的医疗保健事业,为祖国医学的发展作出了重大贡献。特别是他不贪图功名利禄,笃志为百姓解除疾病痛苦,乃至为之献出生命也在所不惜的铮铮铁骨更值得后人钦佩。华佗以自己的突出业绩,在中国医学史上留下了光辉的一页。

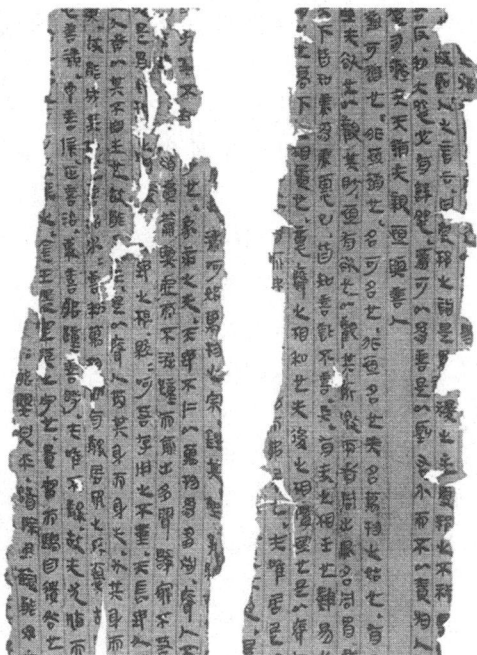

放荡不羁身 贤士含冤去

——嵇康之冤

东汉末年以来政治形势的变化,影响了人们的政治态度和意识形态。政治上他们从过问政治、砥砺名教和积极的现世态度,转变为不问政治、逃避现实明哲保身;思想上他们接受了消沉的、对事不作反抗的,但又含有思想解放的老、庄思想。以老、庄、易为内容的玄学思想,开始抬头。

魏晋交替时代,当时各派政治力量争夺最高统治权的斗争十分残酷激烈,尤其是司马氏集团独揽军政大权,演出了一幕幕任意废立皇帝、擅杀功臣宿将的丑剧。

魏嘉平元年(公元 249 年)正月,利用曹爽及其党羽陪同小皇帝曹芳拜谒高平陵之机,司马懿假传太后旨意,关闭四面城门,占据武器库,派兵封锁了曹爽等人回京的要道。并使用狡诈的手段,骗取了曹爽的信任,最终将曹爽兄弟以及党羽何晏、邓扬、丁谧、毕轨、李胜、桓范等人处以死刑,从而掌握了曹魏政权。

嘉平六年(公元 254 年),司马懿之子司马师又杀了张皇后及其父光禄大夫张缉,废魏帝曹芳,立高贵乡公曹髦为帝。甘露五年(公元 260 年),曹髦不甘坐待灭亡,率僮仆数百人向司马昭发动进攻,结果失败被杀。司马昭立曹奂为帝,改元景元,完全操纵了军政大权,取而代之之心昭然若揭,因此有一句古语称:"司马昭之心,路人皆知也"。司马氏在行动上尔虞我诈,欺上凌下,做出了种种违背礼教和儒学的事情。但在表面上,为了争取士大夫的支持,又极力推崇孔子、提倡礼教,装出一副道貌岸然的样子。出身家传儒学的嵇康,此时在严酷的政治斗争现实面前,逐渐看清了儒教的虚伪本质,以及一批利禄之徒把儒学作为自己晋身敲门砖的卑劣行径。嵇康是魏晋名士,他的思想在当时享有盛名,但最后却惨死在封建礼教的屠刀下。

嵇康

才高名著　隐逸竹林

嵇康,字叔夜,生于魏文帝黄初四年(公元223 年),谯郡铚县(今安徽宿县)人。

嵇家本姓奚,先世因与人结怨,便迁至上虞,后又移居到谯国铚县。嵇康出身庶族,父亲嵇昭,字子远,在魏时曾督运军粮,以后又升任治书侍御史,但在嵇康出生后不久就去世了。嵇康有位哥哥叫嵇喜,很有才干。大臣冯陵知其有才、英俊,便极力荐举他,于是嵇喜在仕途上一帆风顺,官至物州刺史,太仆宗正。

嵇康虽然不幸早孤,但他并未因此而受到太大的影响。他是"家世儒学,少有隽才,旷迈不群,高亮任信,不修名誉"。嵇康风度、才学俱佳,身高七尺八寸,雄伟魁梧,龙章凤姿,天质自然,与常人在一起,宛若鹤立鸡群,加上他文思敏捷,见解独到,才华横溢,因此受到许多青年学子、文人的倾慕及一些门阀士族的青睐,但他并未走上仕途。

太子曹睿十分爱好文学。有一次,他读到一本集子《游山九吟》,大为欣赏,便问左右是否知道其作者嵇康是谁。当时嵇康还不是十分有名,因此曹睿的左右都不知道。太子便吩咐左右十天之内,找到嵇康,并让他来见太子。嵇康未出大名,但他的哥哥嵇喜在朝中做官,再说洛阳姓嵇的并不多。于是太子手下的人便去向嵇喜打听,没想到一问便知道了。嵇康知道太子要见他,十分高兴。与太子谈论后,太子看他风姿清秀,饱读诗书,心中十分高兴,便提出封嵇康为官。两天后,曹睿派人来通知嵇康,封他为浔阳长。

嵇康任浔阳长不久,便升任中散大夫。同时他又娶妻,其妻是曹植、曹丕的异母兄弟穆王曹林之女,这样嵇康虽不是因娶王室之女而升官,但娶了王室之女,也确实提高了他的地位。可是,由于他身处乱世,不但志向和抱负未能实现,相反却卷入到政治斗争的漩涡之中。嵇康生活在魏晋交替之际,出于激愤,他终于走上了鄙弃礼俗、反叛儒教的道路。

嵇康大胆提出了"越名教而任自然"的主张,并写文章对"名教之士"进行辛辣的讽刺和批判,揭露了那些"礼法之士"之所以废寝忘食啃儒家经典,是为了追名逐利。嵇康还把批判的锋芒直指六经。认为六经抑制了人的本性,礼教违背了人伦常情,并公然提出"不学未必为长夜,六经未必为太阳"的观点。同时,他又与儒学创始人孔子"郑声淫"的观点大唱反调,认为"郑声"是一种极优美的音乐,本身没有什么毛病。一些国君欣赏了"郑声"而荒其政,完全是自己不能克制,沉醉于其中造成的,不是"郑声"本身的过错。他还写了《管蔡论》一文,为被周公、孔子定为大逆不道的管叔、蔡叔翻案,为毋立俭等反叛辩解。

嵇康在对虚伪礼教和传统观念进行猛烈抨击的同时,也感到自己已站到了司马氏集团的对立面。他一再感叹"鸟尽良弓藏,谋极身心危,吉凶虽在己,世路多崄峨",但他生性刚强,不肯向世俗低头,不愿与"礼学之士"同流合污,便选择了一条逃避现实、遁世隐居的生活道路。山阳(今河南焦作市附近)便是他主要的隐居之地,他在这里生活了二十余年。

当时在山阳隐居的还有阮籍、山涛、王戎、向秀、刘伶、阮咸等七人。他们七人常作竹林之游,被称为"竹林七贤"。这七个人都有一些惊世骇俗、放浪形骸的奇异举止,或则不拘礼法,不愿入仕,或则谈玄说道,嗜酒如命,或则脱衣裸形,与豕共饮,独嵇康较为严肃,所以名气更大。

"竹林七贤"共同的特点是醉饮加服药,嵇康也不例外,他的嗜酒在七贤中也是有名的。离竹林不远处有家"黄公酒垆",是嵇康一伙经常聚饮、谈玄的去处。嵇康饮酒不太注重酒量大小,主要是看酒友是否意趣相投。一旦谈话投机,不管是达官贵人,还是山野村夫,往往举杯相邀,以至大醉数日。如若一句话不合适,即便是平日的好朋友,也不愿滴酒沾唇,往往闹得不欢而散。如七贤中的王戎,素以吝啬著名,他广收八方田园,积钱无数,又每天执牙筹,昼夜计算。这些行动颇为竹林人瞧不起。

相传,王戎的侄子结婚,王戎送了一件单衣做贺礼。可是婚礼过后不久,他又借口从侄子那里讨回了那件单衣。他家植有几株品种极为优良的李子树,所结李子肉厚味美。每到收获季节,王戎自己舍不得吃,也舍不得馈赠亲友分享,而是拿到集市上出卖。他还担心别人以其核做种子,从而抢走了他的生意,于是想出了一个奇特的办法:每次出卖时,让家人逐个把李子核上钻个眼,使之不能再生芽。并且亲自逐个检查,确定的确不能当种子后,才准予放出家门。正因为如此,嵇康对他很看不惯,所以每次聚饮都不邀请他。

一次,嵇康又约友人去黄公酒垆饮酒,可一开席,王戎就赶来了,还特意带来了一块猪头肉。在座诸人见到他,酒兴大减,嵇康气愤地对他说:"你这俗物来此,不是存心败人酒兴吗?"王戎听了这话非但不生气,还开玩笑说:"你这是抬举我,我有多大本事,能败得了你们的酒兴?"一句话说得嵇康兴致浓浓,忙邀王戎就座,并亲自为他把盏,众人畅饮一番,尽兴而归。

嵇康也是服药的专家。当时名士们喜欢服一种叫"五面散"的药面,它是由石钟乳等五种矿物原料精炼配制而成的。当时人们以服这种"五面散"为时尚,认为能使人"神明开朗",延年益寿。嵇康对此深信不疑,为了采药,他经常深入深山老林,往往一去就是几个月,衣服被树枝划得破烂不堪,蓬头垢面,他全然不顾。在服药方面,他受当时两位世外高人的影响很大。

一位叫王烈,字长休,河北邯郸人,自言年已 200 余岁,博学广识。王烈曾请嵇康前往参观他隐居地方的炼丹房,并将炼成的"石髓"分了一半给嵇康吃。"这石

中国历代冤案

髓其色也洁白,其味也甘甜,食之畅美不可言"。嵇康舍不得吃完,想带回一点去让众贤见识见识,谁知还未走到家,这"石髓"就风化成了石头,令嵇康后悔不已。后来在抱犊山中,王烈发现了一个石洞,在里面找到一卷白绢书,上面写的字,王烈一个也不认识。他照着白绢书上的字样描摹了几个,带回去让嵇康辨认。嵇康接过字样,顺口就念了出来。王烈赶忙带着嵇康去找那石洞,可怎么也找不到了。嵇康因为没有看到白绢书卷,非常遗憾。

另一位叫孙登,字公和,当地人称他为"苏门先生",隐居在汲郡北山的悬岩万仞处。孙登不穿常人穿的衣服,夏天编草为裳,冬天长发蔽体。终日采石炼丹,不问人间世事。他精通《易经》,随身带一弦琴,谈吐玄妙。据说他弹一弦琴而五声和,神明异常。嵇康慕名而从游三年,但孙登自始至终不说一句话。嵇康要下山时问他:"先生,弟子跟随你已三年之久了,获益甚多。如今我们就要分手了,难道您还是一句话也不说吗?"孙登这才轻启金口,对嵇康说:"火点着后会出现光亮,人生下来后就有才智,但关键在于把这些才智发挥出来。光亮要持久保持,必须不断加柴火;才能要发挥出来,必须有识才者从中保荐。现在你虽然才智广博,但见识太短,缺乏保身之道,因此总难为世所用。"没想到,孙登对嵇康的这番话,日后果然应验。嵇康没有听从高师的话,没有及早隐居避祸,最终落得身陷囹圄、血溅法场的结局。

尽管嵇康高蹈遁世,口称虚无,行为狂放,但实际上他是一个热情奔放的人。由于不得意,他扭曲了自己的自然形态,因而他的内心不可避免充满着矛盾和斗争。入世还是出世,激愤还是超脱,两种截然不同的处世态度,像火一样煎熬着他。一次,他漫步在茂密的竹林中,偶然间发现一株被巨石压弯了的翠竹,虽然身体虬曲着,但枝叶仍顽强地向上伸展着。他触景生情,痴痴地呆望了好一会,或许他想到了自己坎坷的一生与此竹有什么相似之处,他便不由自主地走向前去搬动压在翠竹上的石块,可是他的力量实在是太小了,巨石纹丝不动,他无可奈何地苦笑了一声。

嵇康是个诗人,感情激越,要他"心游太玄",闭口不语,简直比登天还难。他不能不说,不能不写,在他隐居山阳期间,仍写了许多批判礼教和现实的文章和诗词。

他的品性决定了他对于自己看不惯的人,往往横眉冷对,所以得罪了不少人。他是有名的铁匠,虽然家贫,可当别人请他锻打农具之类的铁器时,他总是欣然应命,而且从不收取分文报酬。如果客户带有鸡、酒一类的礼物,他就会高兴地收下,就铁匠炉上烹煮成美味,与其欢欣畅饮,倒也十分自在。可是对于权贵,他却表现出漠然待之的态度。当时司马氏政权的显要人物钟会,十分倾慕嵇康的才华。

一次,钟会带着大批人马,穿着华丽的衣服,携带重礼,前来拜访他。这一天,嵇康正和向秀在树荫下锻造农具。对于钟会的到来,嵇康装作没看见,只顾"扬锤不辍,旁若无人",根本不予理睬,把钟会晾在太阳下足有半天时间,弄得钟会很是

尴尬,只好悻悻而去。等到钟会上马时,嵇康才放下手中活计,抬起头来对他说:"先生何所闻而来,何所见而去?"言语中充满了讥讽和高傲。钟会的自尊心受到了打击,他有生以来从未遭受过如此奚落,便回敬道:"闻所闻而来,见所见而去!"说完后,怒气冲冲而去。心中暗暗地说:"非报此辱,誓不为人"。从此,钟会恨透了嵇康,时刻寻机报复。

"七不堪"言　招致祸端

这一时期,司马氏也正一步步蚕食着曹魏政权。为了最终实现其目标,不惜用高官厚禄,招揽名士,搜罗人才。"竹林七贤"名冠四海,更成了司马氏争取的对象。他首先收买了山涛,将其提升为大将军从事郎中,并视其为心腹,对其几乎言听计从。在任用山涛为大将军从事郎中时,司马昭曾问他让谁接任吏部侍郎合适,山涛在朝中已久,对于司马昭之心,路人既知,他自然不会不知。他便推荐中散大夫嵇康,嵇康是曹家的女婿,魏晋名士,在文人特别是太学生中有很高的威望,如果把他拉过来,司马氏的影响肯定倍增。

但是当山涛将司马昭的意思向嵇康转达后,嵇康却拒绝了。而且还给山涛写了一封长达1500余字的《与山巨源绝交书》,痛斥这位昔日的至交。在这封信中,嵇康用玩世不恭的笔调,表达了他对官场的"七不堪"。一是喜欢睡懒觉,而做官必须天天按时进衙理事,把人卡得死死的,我不堪;二是兴之所至,可以抚琴高歌,独往独来,而做官吏要被吏卒们守着,不得乱动乱说,我不堪;三是个人身上有虱子跳蚤,免不了经常搔痒,而做官必须终日身裹华服正襟危坐,见了长官还得低三下四,叩头作揖,我不堪;四是我素来讨厌写冗长的公文,但做官必须处理人间诉讼,案几上必然文牍成山,不办理于心不忍,勉强去办,生性又做不到,我不堪;五是本人生性不喜欢吊丧,但时下重礼教,做了官也不能免俗,我不堪;六是平生讨厌俗人,而官场上都是一些俗不可耐的小人,与这些人打交道,我不堪;七是我个人极怕麻烦,做了官日理万机,俗务缠身,我不堪。最令人不能容忍的是,我这个人不时地非议汤武,讥讽周公、孔子,加之嫉恶如仇,好发议论,更不会为情所容。世上事不可勉强,你爱做官就去做好了,为什么还像庄子说的那样,拿死耗子肉去喂凤鸾这样的珍禽呢?

很明显,这封绝交信表面是他同山涛断绝关系,而实际上却是表明他不肯在司马昭手下做官的心迹。嵇康曾说过:"大伙儿都说汤、武用兵的功劳多么大,周公辅佐幼年的周武王多么好,尧舜禅让是多么崇高,孔子的言论多么有理,可在我看来都是虚伪的。"当时司马昭正在喋喋不休地标榜自己武功多么高强,辅助魏帝多么忠心,还积极酝酿禅让。嵇康这些话,不正是毫不留情地打在司马昭的脸上吗?

一纸绝交书,彻底打破了司马昭对他的幻想,不再在他身上打拉拢、利用的主意,而是整日寻找时机,借以除掉此人。只是嵇康的名声实在太大了,小不忍则乱大谋。因此司马昭按捺杀机,伺机而动。

小人构陷　雅音永绝

但此时,发生的一起吕安事件,终于让司马昭找到了捕杀嵇康的借口。

吕安是冀州刺史吕昭的小儿子,他还有一位兄长,名叫吕巽。兄弟二人个性完全不同。兄长吕巽一心想做官,追求权势、金钱。弟弟吕安则不同,他不喜欢做官,而是游遍天下,结识一些才气横溢的文人墨客,同读好文章,同作好赋。但两人有一样是相同的,就是十分用功读书。

长大后,吕巽被任命为相国掾,很受大将军司马昭的器重。吕安则在各地游历,结交一些有学问的人,他得知了竹林七贤后,大为倾倒,因此时常去百家岩与嵇康等人谈诗论赋。有一次,他为了文章中的几句话,不辞迢迢长途,前去与嵇康讨论,后来干脆带着妻子搬到洛阳,以便与嵇康来往。

不料搬到洛阳后,却发生了一件大事。吕巽倾慕弟媳的美貌,在酒中下药,奸污了弟媳徐氏,使徐氏羞愤上吊而死。吕安不堪忍受,上告官府,控告兄长的罪行,没想到吕巽反控,指责吕安诽谤。吕安被捕入狱,由司隶校尉钟会审理。吕安被告诽谤的案子未了,吕巽又告一状,指责吕安在母死之时,未能尽孝。这时,司马昭打着以孝治天下的旗子,指使钟会将吕安发配到边疆去。

吕安在流放途中,写信向嵇康说明了事件的原委,嵇康得知真相后,极力为之辩解,并请示皇上详查,这使得司马昭不快,认为嵇康眼里只有 17 岁的皇上曹奂而没有他。同时又由于吕安的信中有影射司马昭的地方,司马昭便以不忠不孝的罪名将吕安下狱,嵇康也因此牵连被抓。嵇康被捕的消息不胫而走,全国震动。数千太学生赴阙请求释放嵇康,并要拜他为师。无数豪杰还自愿要求随嵇康入狱,一时间搞得司马昭焦头烂额、不知所措,陷入进退两难的境地。

就在司马昭压力重重、举

嵇康

棋不定之时,钟会为报宿怨,跳了出来,力劝司马昭杀害嵇康。说嵇康"上不臣天子,下不事王侯,轻时傲世,不为物用,无益于今,有败于俗"。又说嵇康是条卧龙,决不能让他飞起来,否则贻害无穷。并以姜尚诛华士、孔子诛少正卯为证,说明"今不诛康,无以清洁王道"。为了加重嵇康的罪孽,钟会还故意编造谣言,胡说嵇康助毋丘俭谋反。在钟会的怂恿、诬告下,司马昭最后坚定了杀嵇康的决心,下达了处斩嵇康的旨意。

景元三年(公元262年)十月,吕安、嵇康被降旨斩首。在洛阳建春门外东石桥南面的牛马市上,年仅39岁的嵇康被押上了断头台。嵇康神色不变,吕安也同样不把死当回事,他两眼充血,心中不平。嵇康看到哥哥嵇喜也来到刑场,便问道:"你带来琴没有?"嵇喜连忙派人去取琴。嵇康手抚琴弦,说道:"袁孝尼要从我学广陵散,我没有教他。我现在只要弹一遍,从此以后,广陵散绝矣!"

他的手指飞快地在琴弦上徘徊往复,或按或抑,琴声忽而轻盈飘摇,留连扶疏,忽而慷慨激昂,风骇云乱。这是一首歌颂聂政刺韩王英勇精神的乐曲,相传是嵇康游洛水时,得异人所授,该曲音律高雅,时人称为"雅音"。

"午时三刻到"!随着一声撕裂心肺的叫喊,一个满脸横肉的刽子手,举起屠刀,恶狠狠地向嵇康砍去。刑场上的太学生们见状,有的捶胸顿足,有的狂奔呼号,有的仰天长叹,他们为失去良师而悲痛欲绝,为一代名士被冤杀而呐喊叫屈,但这一切都无济于事,嵇康最终被残暴地杀害了。

嵇康可以说是死于封建礼教的屠刀之下。自汉武帝接受董仲舒的"罢黜百家,独尊儒术"以后,儒学成为封建统治的正统思想。"三纲五常",忠孝仁义成为当时唯一的政治道德标准和行为准则。嵇康视儒家礼仪为粪土,不仅对它进行无情鞭挞,而且行为上肆意亵渎冒犯,这必然为社会人伦所不容。嵇康生活的时代,恰是司马氏集团篡夺曹魏政权的时期。曹魏宗室几乎被杀戮殆尽,嵇康是曹氏的姻亲,本在被杀之列。可嵇康是一朝名士,非等闲之辈,崇拜、追随者如云,杀之必引起反对。因此,司马氏起初尽力争取。而嵇康偏偏桀骜不顺,对司马氏采取了鄙视和不合作的态度,构成了对司马氏的巨大威胁,成为司马氏篡权道路上的"拦路虎",这样司马氏对他当然就非杀不可了。

中国历代冤案

一生为社稷　罹祸蒙冤终
——张华之冤

公元 290 年,晋武帝死,子惠帝即位。惠帝是一个近乎白痴的庸人,而皇后贾后,却怀有政治野心,并手段毒辣。晋武帝时,外戚贾氏和杨氏都有重要的政治地位。武帝死后,外戚杨骏和杨太后,父女合谋,掌握了朝廷大权。惠帝元康元年(公元 291 年),贾后联络楚王司马玮,杀了杨峻及其家属和党羽数千人,命汝南王司马亮与太保卫瓘共录尚书事以辅政;楚王司马玮为卫将军,领北军中侯。

不久,贾后又以惠帝的手诏,责楚王玮擅杀大臣,杀楚王玮。至此,朝廷权力都落在贾后手里。在贾后政权的核心人物中、贾模、裴頠等是贾后的亲党,张华是个撑门面的人物。本文这则冤案故事讲的主角是张华,他位至公卿,有治世大才,然而不幸的是,他最终被权臣所谋害,遭受不白之冤。

才华横溢　德行严谨

张华(公元 231—300 年),字茂先,范阳方城(今河北涿县)人,西晋时期著名文学家、政治家。父张平,曹魏渔阳郡太守。张华年幼丧父,家境清寒,孤贫无以自立,不得不为人牧羊为生。但他并未因此自甘暴弃,向逆境屈服,而是自幼就注意自我修谨,博览群书,所以学识渊博。他恪守封建道德礼法,为人豁达,勇于赴义,"造次必以礼度"。他气质深沉,器识弘旷,时人鲜有能和他匹敌的。彭城刘讷有识人之才,曾见张华而感叹说:"张茂先我所不解。"

曹魏后期,张华仍居乡未仕。当时门阀世族势力方兴,标榜门第阀阅的风气日强。张华因家族势力单薄,自幼孤贫,虽才华横溢,德行严谨,却一时未能见知于世。同时,他目睹了在曹马斗争中荣辱不定、诛黜无常的政治现状,又受到广为流传的玄学思想的影响,难免产生愤世嫉俗的情绪。他遂著《鹪鹩赋》以自寄,通过对鸟类的褒贬,抒发自己对现实政治的看法。《鹪鹩赋》既是对玄学处世哲学的形象阐述,也是张华早期政治思想的反映。他在赞誉"静守约而不矜,动因循以简易","任自然以为资"的鹪鹩的同时,抨击了"怀宝以贾害","饰表以招累","诱慕于世伪"的社会风尚,揭露了声称任自然的门阀世族的虚伪面目。他提倡"飞不飘飚,翔

不翕习",反对浮华交游;提倡"其居易容,其求易给,巢林不过一枝,每食不过数粒"的简朴生活方式,反对奢侈纵欲,恣意享乐的生活观;主张"上方不足而下比有余","委命顺理,与物无患",反对争名于朝,争利于市。所以,张华的"任自然以为资",与何晏等人的任自然以尽情享乐的腐朽哲学观,是有本质区别的。

《鹪鹩赋》问世后,引起很大反响。名士陈留阮籍看过之后,赞扬张华可谓"王佐之才也!"张华由此声名鹊起。同郡大族名士曹魏吏部尚书卢钦见到张华后,十分器重他。同乡大族曹魏左光禄大夫、方城县侯刘放亦夸其才,将自己的女儿嫁给张华。

张华在25岁左右时,被范阳郡太守鲜于嗣推荐为太常博士。吏部尚书卢钦在辅政的司马昭面前对张华备加推崇,张华又转为佐著作郎,参与编撰国史。不久,张华迁长史,兼中书郎。他才识过人,思维敏捷,"朝议表奏,多见施用",深得司马昭赏识,遂正式任命他为中书郎。

晋武帝禅代曹魏,转张华为黄门侍郎,封关内侯。张华接近皇帝,位居要冲,具有相当大的实权。他习于吏事,"强记默识,四海之内,若指诸掌";他史识渊博,善谈史汉,谙通封建典章制度。晋武帝曾问他汉代宫室制度和建章宫的千门万户,张华应对如流,听者忘返,画地如图,使人大有亲临其境之感;他博通礼乐制度,亦具有很高的文学素养。

泰始五年(269),晋武帝修定礼乐,命张华与太仆傅玄中书监荀勖等人创作正旦行礼、王公上寿酒、食举乐歌,共十三篇,张华一人即写了八篇。诗歌采用四言或五言诗的形式,内容主要是盛誉司马氏功德、粉饰西晋太平盛世,宣扬皇道德教虽音韵逗留曲折、诗句庄重典雅,但与《鹪鹩赋》相比,在思想内容和社会意义方面均不可同日而语。

张华在从政过程中披肝沥胆,政绩突出,不仅深受晋武帝赏识,而且亦博得朝野上下的好评,时人比之为子产。不久,40岁左右的张华就被擢为中书令,后加散骑常侍,成为西晋最高统治集团的成员。

目光远大　平吴立功

张华在任中书令期间最大的贡献就在于促成并制定了伐吴大计,从而加快了南北统一的步伐。

咸宁初年(公元275年),距西晋代魏已有十年,距灭蜀亦时逾十二载。时西晋统治阶级内部矛盾缓和,边境战事不多,经多年休养生息,国力强盛。而割据江南一隅之地的孙吴,则在暴君孙皓的统治下,各种矛盾急剧激化。孙皓亲近小人,刑罚妄加,大臣名将无所亲信,人人忧恐,各不自保。在毫无限制的横征暴敛下,民力

困穷,鬻儿卖子,老幼饥寒,家户菜色,可谓"将疑于朝,士困于野,无有保世之计,一定之心"。西晋攻伐孙吴,取乱侮亡,统一全国的时机业已成熟。当时,镇守江汉地区的征南大将军、都督荆州诸军事、荆州刺史羊祜上疏晋武帝,陈"宜当时定,以一四海"。晋武帝召集群臣朝议。司空、尚书令贾充、中书监荀勖和左卫将军冯紞等人合力苦谏不可,群臣亦多附合,以当时关陇地区氐羌少数民族屡叛、官军屡败为由,多不赞成羊祜的建议。只有张华据理力争,与羊祜、杜预共同主张立即伐吴。晋武帝虽"密有灭吴之计",却因"朝议多违"而未做出伐吴的决断。

咸宁四年(公元278年)六月,羊祜因病回朝。他在拜见晋武帝时,又面陈伐吴之计,晋武帝为之心动。因羊祜有病,不宜经常召入宫内咨询,晋武帝遂派张华去羊祜住处问其筹策。羊祜与张华推心置腹,陈述自己对局势的看法和伐吴的战略方针。张华十分赞同羊祜的见解和伐吴之计。

同年十一月,羊祜病逝。但伐吴大业并未因此而中止。羊祜临终前,推荐了志同道合的杜预接任自己的职务。张华也不负羊祜所望,为完成羊祜遗愿而力排众议。咸宁五年(公元279年),益州刺史王濬上疏,主张应不失时机,迅速征伐孙吴,贾充等人再次反对。张华与之针锋相对,固劝伐吴。不久,杜预开始"缮甲兵,耀威武",充分做好伐吴准备工作后,表陈武帝,主张立即开始军事行动。杜预表至时,晋武帝正与张华下围棋。张华趁热打铁,劝说武帝采纳杜预的建议。武帝遂因此作出最后决断,发诏伐吴。任命张华为度支尚书,主持朝廷财政。

太康元年(公元280年)春正月,伐吴正式开始。贾充任大都督,总统六师,负责整个伐吴战役。开始时,"众军既进,而未有克获",一直反对伐吴的贾充因而上表武帝,放弃平吴,同时与中书监荀勖建议腰斩张华以谢天下。对此晋武帝回答说:"伐吴是我的决策,张华只是赞同我的意见而已。"给予张华以信任和支持。尽管如此,当时朝廷大臣仍多附合贾充、荀勖的主张,认为不可轻举妄动。张华为了使统一大业不致功亏一篑,置个人生死于度外,不顾贾充等人以腰斩相威胁。

通过著名将领杜预、王濬、王浑等人的努力,伐吴战役终于排除各种阻力和干扰,取得了最后的胜利。它的胜利进程,充分证明张华确实是目光远大、意志坚强、运筹于帷幄之中、决胜于千里之外的政治家。平吴后,武帝特下诏令,对张华所建立的殊勋大功予以恰如其分的评价和奖赏。

频岁丰稔 陷入党争

平吴后,张华名重一世,众所推服。但皎皎者易污,他的功勋和才能,亦招来忌妒和谗言。张华虽襟怀坦白,洁身自好,不搞浮华交游,不介入朋党之争,可是,处于政争纷纭的旋涡中心,想要避免是非,又谈何容易!西晋统治集团从咸宁年间开

始，在围绕齐王司马攸之国、伐吴以及太子（即惠帝）废立的问题，逐渐形成两大对立势力。尚书令贾充、中书监荀勖、左卫将军冯紞等人为一方，他们为人鄙薄，好观察上旨，承颜悦色，专以曲意逢迎为事；他们主张剥夺齐王攸实权；反对出师伐吴；反对废黜"不堪政事"的痴呆太子。侍中任恺、中书令和峤、庚纯、向秀等人为另一方。他们以名士自居，刚直守正，素轻视贾充等人的为人；他们主张废昏立贤，更择太子。两派矛盾逐渐激化，由政争发展到人身攻击，互相倾轧，闹得不可开交。张华与任恺、和峤等人关系虽很好，政见基本一致，但他却避免卷入两派的人事争端中。可是，他在伐吴问题上与贾充等人形成的尖锐对立，却使他在平吴前后成为贾充一党的主要攻击目标，屡遭谗言中伤。

平吴后，"自以大族，恃帝恩深"的荀勖，对张华非常憎恨，一得到机会，就阴谋将张华挤出朝廷。晋武帝起初并未听信荀勖谗言。有一次，晋武帝问张华谁可成为辅政大臣的合适人选，张华回答说："明德至亲，莫如齐王攸，宜留以为社稷之镇。"而武帝一直猜忌其弟齐王攸，不欲他权势过重，而是想排挤齐王攸，张华的意见当然不合圣意。张华遂于太康三年（282）春正月，被派出任使持节、都督幽州诸军事，领护乌桓校尉、安北将军。

张华到镇前，鲜卑慕容涉归大肆侵掠辽西，占领昌黎。张华一到镇，即于三月派安北将军严询征伐慕容涉归，在昌黎附近大败之，杀伤数万人。张华在军事胜利后，并未继续穷兵黩武，以武力征服作为调整民族关系的杠杆，而是以安抚来使慕容氏臣服。慕容涉归子慕容廆往谒张华，张华以礼相待，正由于张华抚纳新旧，戎夏怀之，才使是远夷宾服，四境无虞，频岁丰稔，士马强盛。

张华在外藩取得的出色政绩，得到朝野人士的赞赏。时朝议欲征召张华入朝，任为尚书令，进号开府仪同三司，这一动议使贾充党羽侍中冯紞不安。冯紞曾反对伐吴，加之张华曾对武帝非议过冯紞的哥哥冯恢的品行才能，所以冯紞利用"深有宠于帝"的地位，对张华竭尽中伤之能事。冯紞曾侍从武帝，借议论钟会叛乱说："臣以为钟会之所以叛乱，颇与太祖（司马昭）有关。"武帝听后大为不解，问冯紞缘由。冯紞回答说："钟会才浅识薄，而太祖却夸奖太过，称赞他有谋略，授以高官显爵，使他处于要帅重地，掌握精兵强将，因此使钟会自以为谋略万无一失，却功名不符，未受重赏，遂心怀不满，飞扬跋扈，起兵反叛。"

武帝听后表示赞同。冯紞又进一步说："既然陛下已经同意我的看法，那么就应以冰冻三尺，非一日之寒为诫，不要让像钟会那样的人再重蹈覆辙。"武帝问："现在还有像钟会那样的人吗？"冯紞让武帝屏退左右后，遂以隐喻的方式诋毁张华说："过去曾为陛下出谋献策，为国家建立了大功的大臣，可谓人人皆知。现在出据方镇、掌握军队的人，陛下都应对其严加防范。"武帝遂"纳冯紞之言，废张华之功"，非但未采纳朝议征召张华为尚书令，反而剥夺了张华的方镇统兵权，以重儒教为由，任命他为有职无权、形同虚设的太常卿。不久，又以太庙屋栋折为由，免张华官。而后一直到武帝死，张华始终郁郁不得志，未任职官，尽管这样，他仍能做到宠辱不惊，既不为自己申理称冤，又不以牙还牙，以眼还眼，与佞幸小人争一日短长。

武帝死后，惠帝即位。张华的处境稍有好转。永熙元年（公元290年）八月，惠帝立其子广陵王司马遹为皇太子，是为愍怀太子。惠帝"盛选德望以为师傅"，张华因而被任为太子少傅。当时杨太后的哥哥杨骏操持朝政，他"自知素无美望"，所以对张华等德高望重的大臣心存猜忌。张华心胸豁达，没有为此而耿耿于怀。永平元年（公元291年）三月，贾后与汝南王亮、楚王玮合谋诛杀杨骏，又欲废杨太后为庶人。在朝议时，群臣皆赞成废黜太后。张华则既不以贾后旨意为己见，又不计多年来官场失意之恩怨而对武帝遗孀杨氏落井下石，极力阻谏。尽管他的意见未被采纳，其为人之坦荡正直却由此可见一斑。

委命顺理　辅佐朝政

杨骏被诛后，统治阶级内部再次出现权力再分配的矛盾。当时政出多门，权柄不一。大司马汝南王亮和太保卫瓘二公辅政，权倾朝野。野心勃勃的贾后虽挟持昏主惠帝，有皇权这张王牌，却因二公执政而不能专恣。元康元年（公元291年）六月，贾后让惠帝手写密诏，指使卫将军楚王玮诛杀汝南王亮和太保卫瓘等人。但局势却一发而难以控制，时"内外兵扰，朝廷大恐，计无所出"。为了维护至高无上的皇权和统治秩序的稳定，张华明知楚王玮并非矫诏而杀二公，仍参与了贾后在诏书问题上大作文章的密谋。

事后，张华以首谋有功，拜右光禄大夫、侍中、中书监、金章紫绶。张华受皇权至上观念的支配，主观上为了巩固和加强皇权而参与了诛杀楚王玮的密谋，这从封建道德观念的角度看，是无可非议的。但在客观上，他的这一行为却有助纣为虐之嫌，在一定程度上玷污了他洁身自好的名誉。献计诛杀，不仅背离了他所奉行的"委命顺理，与物无患"的处世准则，也使他再次卷入名副其实的朋党之争中，不得不与贾后一党相沉浮。贾后出于扩大自己政治势力的考虑，认为像张华这样出身庶族，宗族势力薄弱，"儒雅有筹略，进无逼上之嫌，退为众望所依"的人，是辅政大臣的最佳人选，而对张华"依以朝纲，访以政事"。从而使张华在政争中处于进退维谷的地位，以至于愈陷越深，难以自拔。为了拢络和控制张华，贾后不顾张华十余次推让，进封他为壮武郡公。元康六年（公元296年），又晋升他为司空，领著作。

元康年间，皇权衰落，纲纪大坏，贿赂公行，谗邪得志。在这种政治形势下，张华的亲朋好友都为他的处境忧心忡忡。他的少子张韪曾以灾兆劝张华逊位。"志不在功名"的张华，身处政治斗争的波峰浪谷之间，亦曾有过告老还乡的想法。但是，由于时代和阶级的局限，尽管张华对"吏道何其迫，窘然坐自拘"的处境极为反

感,但在上有帝后相制,左右政敌瞩目的形势下,他却无法解决自己的矛盾苦闷,脱离骚乱动荡的政界,实现他憧憬的超脱世俗的田园生活,只能继续自己的从政生涯。既然他找不到一条更有意义的出路,遂不得不安于现状。

但是,张华在辅政期间,并没有仅仅局限于自我修德和无为而治。为了封建王朝的根本利益,他亦以"修德"作为辅政的主要方针,希望通过封建礼教来改变时弊,实现比较清明稳定的政治局面。贾后为人凶险,擅权专政,是造成朝纲不振的主要根源。张华并不为一己之私利去逢迎贾后,以承风望旨、仰人鼻息的方式苟且偷安。他担心太后一族日盛,作《女史箴》以讽,规谏贾后不要因君宠而得意忘形,利欲熏心。贾后看了《女史箴》之后,虽未有什么痛改前非的变化,但碍于张华的正言规谏,在元康九年(公元299年)以前,一直未敢有太严重的僭越之举。

尽管"贾后虽凶妒,而知敬重华",但她执政的本身却使得乱政隐患越来越表面化。为此,当时辅政的侍中裴頠深感不安,遂与侍中贾模和张华共议废贾后而立愍怀太子的生母谢淑妃为皇后。张华对此表示异议,谋废贾后遂未能进行。

张华辅政期间,统治阶级内部蕴藏着深刻的矛盾和危机。朝野百官大臣,非司马氏宗室,即贾后亲族,或豪门望族。他们不仅各有朋党,相互倾轧,而且亦各有短长,良莠不齐。面对如此错综复杂的政治局势,张华亦能坚持修德的方式去息事宁人,维持了数年相对稳定的局面,确实是很不容易的。司马氏宗室诸王,或于中央任职,或出镇方面。他们仗雍容贵戚,多成事不足,败事有余。张华虽无力改变自武帝以来形成的诸王强盛的局面,但他尽可能做到对诸王敬而远之,虚授职官,不委重任。

张华在辅政期间的最突出的政绩就在于选官任人方面。当时门阀世族极力垄断和控制选官权,拒寒素于政权之外。

张华出身庶族,对没有门阀背景的人进仕之路的坎坷不平,颇有切身感受,他之所以能侪身政界,主要是凭借自己"世无与比"的博物强闻和卓越的政治才能。正由于此,张华亦重视人材,敢于打破"户调门选"的用人标准。他"性好人物,诱进不倦,至于穷贱候门之士有一介之善者,便咨嗟称咏,为之延誉"。许多两晋之际著名的政治家、文学家和史学家,都或是经他延誉称咏,或是由他荐举征辟而成名的。张华举人荐士公允,不囿于门第出身,唯以吏干文义为准。

但是,张华的种种主观努力,只能暂时地缓和社会各种矛盾的激化,却没有也不可能消除造成这些矛盾的根源:即宗室王势力强盛,后族外戚擅权乱政,门阀世族奢侈纵欲、恣意聚敛。就在所谓"海内晏然"时,关中地区少数民族就频繁起义,极大地动摇了西晋王朝在这一地区的统治。而且统治阶级内部亦危机四伏,大有一触即发之势。张华对此是深有感触的。他之所以反对废黜贾后,就是担心因此而造成危机的总爆发。但贾后权欲无穷,她时时欲废非己所生的愍怀太子,打算长期操执朝政。幸赖张华等人极力反对,这一阴谋才迟迟未能实现。而诸王因不满

贾后擅政,也时刻虎视眈眈,觊觎皇位,寻找时机,以求一逞。元康五年(公元295年),武库发生火灾,张华就因怀疑是诸王叛乱,而"先命固守,然后救火",致使累代异宝及二百万人器械一时荡尽。事后张华说:"武库火而氐羌反,太子见废,则四海可知。"预见到太子废黜将会成为统治阶级内乱的总导火索。事实证明他的预见是正确的。

权臣迫害　张华冤死

元康末年,辅政大臣之一贾模失宠于贾后,忧愤而卒,制约贾后的力量遂大为减弱。随着贾模的失势,一向与贾后沆瀣一气的贾谧(贾充的外孙)操持权柄,迁侍中,专掌禁内,遂与太后成谋,诬陷太子。在这种情况下,张华原来"勤为左右陈祸福之戒,冀无大悖"的方针已难以奏效。所以,愍怀太子的亲信,太子左卫率刘卞去找张华,打算与张华合作,发动武装政变以制止这一阴谋。但张华却推说不知贾后欲废太子事。刘卞说:"我原是寒悴之人,受到您的赏识,才由须昌小吏到今天的地位。我因感恩戴德,才向你谈论此事,您为什么却对我有所怀疑呢?"张华说:"假如有这件事,你打算怎么办?"刘卞答道:"太子东宫内人才济济,有精兵万余人。您身为宰辅,又是太子少傅,如果您下令召太子入朝,让他录尚书事,废黜贾后于金墉城,这不过是两个黄门侍郎即可完成的事情,肯定会万无一失。"张华拒绝了刘卞的建议,他回答说:"现在惠帝仍在位,太子是他的儿子。我又没有受命辅助太子执政,忽然立太子而废贾后,这是无君无父,以不孝示天下。即使能够成事,我也难免要身负不忠不孝的罪名。况且权巨贵戚当朝,威柄不一,我以此举授人以口实,怎么可能安然无恙呢?"废黜贾后之事再度成为泡影。

元康九年(公元299年)十二月,贾后设计,将太子灌醉,因使太子书写犯上谋乱之书,然后当惠帝于式乾殿会群臣时,拿出太子手书对群臣展示,群臣看后,未敢有异议,均附合贾后赐太子死的建议。时只有张华坚决反对,他说:"废黜太子并赐死,这是国家的大祸。自汉武帝以来,每次废黜太子,往往导致丧乱。在大晋据有天下不长时间的今天,废太子事更应慎重考虑。"尚书左仆射裴頠也认为应核对笔迹,以防诈妄。贾后遂将手书与太子过去奏事笔迹相对照,果然是太子所书。张华等人无言相对,但却仍坚持自己的意见。贾后知道难以让张华等人改变主意,遂上表把赐太子死改为废为庶人,惠帝下诏同意。

太子被废后,引起东宫将士和诸王的强烈不满。东宫左卫督司马雅,常从督许超等人,谋废贾后,复太子。他们以张华、裴頠安常保位,难与行权,而赵王伦执掌军机,性情贪功冒失,可借以济事,遂与赵王伦密谋此事。赵王伦与其佞幸谋臣孙秀,一向朋比为奸,皆是野心勃勃之徒,当然不会放弃这一良机。他们先劝贾后在永康元年(公元 300 年)三月杀了太子,借贾后之手除掉了夺权的障碍,接着又策划政变,以废贾后。在起兵之前的四月二日夜晚,赵王伦和孙秀为了使叛乱得到更广泛的支持,派司马雅去张华处,说:"现在国家处于危难之机,赵王想与您共匡朝政,成霸王大业。"张华知道赵王伦、孙秀等人得手后一定会有僭越篡权的逆行,义正辞严地予以拒绝。司马雅恼羞成怒,说:"刀都架在脖子上了,还敢如此说话。"遂看也不看张华就扬长而去。四月三日整整一天,张华亦未发赵王伦之谋。可见他还是赞成废黜贾后,只是不愿与赵王伦共事并直接卷入这种不忠的活动中而已。

当天夜晚,赵王伦发动兵变,矫诏废贾后为庶人。他亦因对张华的宿怨新恨,以党附贾后的罪名,将张华和裴頠等人收执于殿前马道南。张华责问主事的(中书)通事令史张林说:"你想要害忠臣吗?"张林称诏诘责张华说:"你身为宰相,太子被废,为什么不能守节廷争!"张华说:"式乾殿朝议废太子事,我是力谏的,这有文字记载为证。"张林问:"既然劝谏未被采纳,为什么不辞职去位!"张华无言以对。过了一会儿,使者至,下达了斩张华、裴頠并夷三族的命令。张华临刑前慨叹道:"我是武帝时的老臣,一片丹心。我并不惜命,只是担心今后国家将有不测之祸难。"遂被杀害,时年 69 岁。

张华被害,"朝野莫不悲痛之"。刘颂哭之甚恸,他得知张华子孙有逃脱免难者的消息后,又转悲为喜,说:"茂先,卿尚有种也!"陆机、陆云兄弟,为张华作诔,又写《咏德赋》以悼之。

永宁元年(公元 301 年)五月,齐王冏、成都王颖、长沙王乂等三王起兵,诛杀赵王伦、孙秀,齐王冏执掌朝政。齐王冏上奏惠帝,请求给张华昭雪。太安二年(公元 303 年)、朝廷正式下诏,恢复张华的官职和爵位以及所没财产,为张华洗刷了冤案。

运筹扶魏室 "务从"遭灭族
——崔浩之冤

公元420年,中国历史进入了南北朝时期,北魏作为南北对抗两大力量中的强者出现,与南朝宋相抗争。

明元帝拓跋嗣和太武帝拓跋焘时期,北魏朝步入了鼎盛阶段,其向外发展的强大势头难以扼止。正是在这样的情势下,南北两种势力在疆场相遇了。在这期间,北魏和宋一方面在战争中决胜负,一方面也在后方进行自我调整,宋大力消灭权臣,拓跋氏则努力进行统一北方的工作。

北魏朝在拓拔嗣和拓跋焘时期之所以日益强大,是和他们拥有一位治世能臣分不开的,这位能臣就是崔浩。

勇于谏言 深谋远虑

崔浩,字伯渊,北魏清河东武城(今山东武城西)人,东晋太元五年(公元380年)出生于一个世家名门。他是三国时魏司空崔林的七世孙。历代都有人官至显位,使崔氏成为北方的士族之首。

崔浩从少年时就喜好文学,博览经史,对诸子百家学说无不精通。他性情敏达,长于计谋,常把自己比做张良。拓跋珪时曾任命他为给事秘书、著作郎。拓跋嗣即位后,得知崔浩精通天文历数,对阴阳五行很有研究,常命崔浩占卜吉凶,参照天象,考定疑虑。崔浩根据星象,从人事实际出发,诸多疑虑,皆能解决,多有应验。拓跋嗣就让他参与军国大计。崔浩为之出谋划策,深受拓跋嗣的信任。

拓跋嗣神瑞二年(公元415年),京师平城(今山西大同市)连年大旱,五谷不收,饥荒并至,民多饿死。太史令王亮、苏垣等人对拓跋嗣说:"按谶书所言,大旱凶兆,应迁都于邺(今河北临漳县),以避其灾,可得丰乐五十年。"拓跋嗣立即命群臣讨论王亮的意见。

博士祭酒崔浩和特进周澹听到王亮等人的言论,感到非常吃惊,认为国家刚刚草创,迁都平城还不到20年,现在又要迁都,这样只会扰乱人心,而不能妥善解决饥荒问题。为了安定人心,从长治久安考虑,二人便向拓跋嗣献策说:"国家迁都邺

城,可能会暂时解救今年的灾荒,但不是长久之计。河北(指邺城一带)人民认为国家久居大漠之地,人畜多如牛毛,无法加以统计;今率众南迁,恐河北诸州无法加以安置。如果让他们杂居于郡县之中,放牧于荒林之间,他们又不服水土,疾疫死伤者必接踵而来,民众见此情景,必然心灰意冷。周围各国得知这一消息,也必然轻蔑我国。旧都守兵既少,赫连勃勃、柔然必然乘机进犯我国。这样,云中(今内蒙古托克托县东北)、平城必危。我军远隔千里,又不能及时救援,必然有损我国国力和声誉。如今我国军民居住北方,如若河北有变,我军轻骑南下,陈兵于山林之中,谁能知道我军虚实?百姓也会望尘归服,这才是我国威震华夏的长治久安之策呀!到明年春草长出,乳酪自然就多了,兼有蔬菜水果,定能吃到明年秋天。如果明年秋季丰收,饥荒的问题不就解决了吗?"

拓跋嗣认为崔浩、周澹的意见很有道理,但他仍有疑虑,于是又问崔浩、周澹:"现在仓库粮食已经空虚,勉强可以暂时糊口,无法等到来年秋天。万一明秋仍然饥荒,又将怎么办呢?"崔浩等献计说:"现在可以把饥贫民户迁到丰收地区就食,若来年仍然饥荒,可再想办法,但不能迁都。"拓跋嗣认为这个计策很好,就高兴地对大臣说:"在是否迁都的问题上,唯有崔浩与周澹和朕的意见相同。"于是就把国中饥贫民户,迁往河北定州、相州、冀州等地就食。到了第二年,果然是个大丰收的年成。拓跋嗣认为崔浩、周澹言事准确,给了他们许多奖赏。

东晋的刘裕志在篡晋,急于立功,于是在义熙十二年(公元416年)八月,趁后秦主姚兴新死,其子姚泓初继父位之机,出师讨伐后秦。当刘裕大军欲假道北魏时,拓跋嗣忙召集群臣,商议是否阻止刘裕西进之事。公卿大臣异口同声,一致建议加以阻止。他们说:"潼关号称天险,一夫当关,万夫莫开。刘裕水军,怎能越过潼关而西进呢?如弃舟登岸北侵,则是很容易的事情。刘裕虽外表扬言北伐后秦,其真实用心很难预料。况且姚兴之女西平公主嫁于陛下,怎能不救!应先派遣军队在上游加以阻击,不让刘裕西进。"

拓跋嗣认为很有道理,将依计而行。但崔浩认为这种策略弊多利少,于是对拓跋嗣说:"这样做并非上策。神瑞年间(公元414—416年),东晋荆州刺史司马休之讨伐刘裕,被刘裕所逐,投降姚兴,刘裕对他痛恨切齿。况且刘裕早有灭秦野心,如今姚兴已死,其子姚泓暗弱无能,国内多难,刘裕乘机伐秦,臣观其意图,势在必取。今若阻其西进之路,刘裕愤怒之下,必然登岸北侵。这样一来,后秦安然无事,而我国就要首当其冲了。现在柔然已经入寇北境,百姓又缺乏粮食。如与刘裕为敌,发兵南下,则柔然必乘机深入我国腹地;如北击柔然,则南境又发生危机,致使首尾不能相顾,这不是什么良策妙计呀!不如将水道借给刘裕,听其沿河西上,然后再屯兵阻塞其归路,这样就像卞庄刺虎那样,可以两得其利。如果后秦得胜,我们也不会失去援救邻邦之名;即使刘裕占领关中,那里与东晋相隔遥远,很难守住它,到那时关中终究为我所占有。现在不用兴师动众,就可坐观成败。两虎相争,

必有一伤,我们坐收长远之利,这才是上策!"

大臣们反驳说:"如果刘裕西入潼关,进退之路都被堵死,就会腹背受敌,恐怕刘裕之意是声东击西,名义上是北伐后秦,实际上是渡河北上,进攻我国,这不是很自然的道理吗?"因此拓跋嗣没有采纳崔浩的计策,而派长孙嵩率军十万,屯兵黄河北岸,阻击刘裕西进。结果长孙嵩被刘裕打败,北魏冀州刺史阿薄干被杀,军队遭到重大伤亡。拓跋嗣得知这一消息,悔恨当初没用崔浩之计。

义熙十三年四月,刘裕攻克洛阳,前锋已至潼关。拓跋嗣问崔浩说:"刘裕西伐,前军已至潼关。依你看,刘裕能否成功?"崔浩答道:"过去姚兴好务虚名,而不图实用。其子姚泓懦弱多病,兄弟纷争,众叛亲离。刘裕乘其内部危机,仗其兵精将勇,以臣观之,必能战胜姚泓。"

拓跋嗣又问道:"刘裕的才能比慕容垂如何?"崔浩说:"当然刘裕胜过慕容垂。慕容垂凭借父兄的资本,生来尊贵,后来又复兴燕国基业,燕人都归附于他,是很容易立功的。刘裕则不然,他奋起自寒微,没有资本可以凭借,靠着自己的力量灭掉桓玄,北擒慕容超,灭掉南燕,平定卢循起义,又趁晋室衰微,遂执掌东晋大权。若灭掉后秦,就将篡晋自立为帝,势所必然。刘裕有过人之才,慕容垂岂能和他相比?但秦地戎夷混杂,刘裕却守不住它,最终必为我国所有,陛下可坐而待之。"

拓跋嗣又问:"刘裕入关之后,又不能进退,朕派精骑南袭东晋彭城(今江苏徐州市)、寿春(今安徽寿县),刘裕岂能自立为帝?"崔浩答道:"如今西有赫连勃勃,北有柔然,时常乘机窥伺我国,陛下不可亲率六军南征。陛下虽有精兵,但未有良将。长孙嵩擅长治国,不擅长用兵进取,不是刘裕的对手。兴兵远攻,未必有利,不如坐观其变。刘裕灭秦而归,必篡夺帝位。关中华夷杂错,风俗剽悍。刘裕若用东晋风化去统治后秦,犹如解衣包火,张网捕虎,徒劳无益。"拓跋嗣笑道:"您料事如此详尽周密!"崔浩又说:"臣曾私下评论近代将相,如王猛之治秦,就像管仲治齐一样;慕容恪辅佐幼主慕容熙,就像霍光辅佐汉昭帝一样;刘裕平定桓玄之乱,就像曹操平定汉末动乱一样。"

拓跋嗣又问:"赫连勃勃又是一个什么样的人物呢?"崔浩答道:"赫连勃勃,国破家亡,孑然一身,寄食于姚秦,受其封赏,不思报恩,而乘机据有一方,结怨于四邻,是一个目光短浅的小人。虽能称雄一时,最终当被人吞并。"拓跋嗣越听越高兴,二人一直谈到深夜。最后拓跋嗣赏赐给崔浩御酒十觚,水精盐一两,并对崔浩说:"朕品味你的话,犹如这盐酒的滋味一样醇美,所以与你共同享受它。"

崔浩深谋远虑,远见卓识,事情的发展与他的献策完全吻合。刘裕率军进入潼关后,于东晋义熙十三年七月攻下长安,姚泓出降,后秦灭亡。刘裕在长安只停留两个多月,就返回江南,让他12岁的次子刘义真率军一万,镇守长安。第二年十月,赫连勃勃便占领了整个关中,刘义真全军覆没,他仅只身单骑逃走。刘裕回到江南,受封为宋王,东晋恭帝元熙二年(公元420年),果然像崔浩所料,刘裕废掉恭

帝司马德文，自立为帝，建国号为宋。北魏始光二年（公元425年），赫连勃勃死后，其子赫连昌继位，拓跋焘于始光五年率军十万亲征赫连昌，攻下统万（今陕西靖边县东北白城子）。赫连昌逃往上邦（今甘肃天水）。第二年，魏军进攻上邦，生俘赫连昌，关中之地尽归北魏所有。这为北魏统一北方奠定了良好的基础。

拥立新君　开拓疆土

到泰常七年（公元422年）五月，拓跋嗣已经病了一年多。他因常服寒食散，每当药性发作，便精神恍惚，神志不清，加上屡见灾异，因此忧心忡忡。于是拓跋嗣遣宦官秘密问计于崔浩说："近来日食出现在赵、代之间（今河北中南部），朕疾已有一年之久，久治不愈，恐一旦不测，诸子都年少，将如何处理国家大事？请你为朕谋划身后军国大计。"崔浩说："陛下年富力盛，帝业兴隆，若以德消灾，即可病愈。愿陛下消除忧虑，安心养病，不要相信愚昧之说，以免损伤陛下神思。必不得已时，再请教于掌管天象的官员。我国自太祖以来，不重视立储君，所以永兴之始，社稷发生危机，后来陛下即位，才转危为安。现在应早立太子，选拔忠于陛下的贤德之人，委任为太子师傅，把左右信任大臣作为太子宾客，总理政事，统帅军队，让太子监国抚军，大权在握。这样，陛下就能悠闲自得，颐养天年了。一旦陛下万岁之后，国有君主，民有所归，乱臣贼子便无机可乘，祸乱就无法产生了。现在皇子（拓跋焘）年将12岁，聪明温顺，如能立为太子，这是国家的大幸。如果废长立少，必然招致祸乱。自古以来，兴衰存亡，莫不由此。"

拓跋嗣采纳了崔浩的建议，命崔浩策告宗庙，立拓跋焘为储君，临朝称制。以司徒长孙嵩和祭酒崔浩等大臣为辅弼。拓跋嗣退居西宫，时常注意观察，听其决断，国家大事处理得有条不紊。拓跋嗣感到非常高兴，于是对左右大臣说："长孙嵩是四朝老臣，功德无量；崔浩博闻强识，精通天文地理。由他们相辅，朕与你们游观四境，伐叛抚降，可以得志于天下了。"以后大臣每有奏章，拓跋嗣都让拓跋焘等人去处理。这样，就使北魏政权保持了相对的稳定。

当刘裕占领长安并灭掉后秦之后，拓跋嗣见刘宋强大，便派使请和。从此两国聘使往来不断。永初三年（公元422年）五月，宋武帝刘裕病死。拓跋嗣便把刘宋的使节沈范扣留在魏，和群臣商议，想趁机夺取刘宋所占领的洛阳、虎牢和滑台等地。

崔浩建议说："陛下不因刘裕突起于江南，而接纳其聘使，使两国和平相处，刘裕也敬重陛下。但不幸刘裕今死，陛下乘其国丧而伐之，虽然得到这些地方，也不值得庆幸。我们又不能一举而平定江南，徒有伐丧之名，陛下必不可采取这种手段。臣认为应派遣使臣前去吊丧，慰问其孤寡老弱，抚恤其灾难，施德布恩于天下。

这样,江南不攻而自然就臣服了。况且现在刘裕新死,其党羽并未离散。如果我军大兵压境,刘宋势必奋力抵抗,我军不可能马到成功。不如延缓进军,等待刘宋强臣争权,内部祸乱发生之时,再命将出师,不用疲劳士卒,就可坐收淮北之地。”

拓跋嗣锐意南伐,反问崔浩说:“刘裕因姚兴之死而灭后秦,今刘裕死而朕伐之,为什么就不行呢?”崔浩坚持己见,说:“姚兴死,其子互相残杀,所以刘裕乘机伐秦。现在刘裕虽死,但江南没有发生动乱,所以不能和后秦相比。”拓跋嗣听后大怒,不听崔浩的建议,坚持派司空奚斤等率军南伐刘宋。

北魏军临出发前,太子拓跋焘又召集群臣说:“先攻城,还是先掠地?”奚斤说:“请先攻城。”崔浩又献计说:“南人长于守城,东晋孝武帝太元三年(公元378年)二月,前秦苻坚遣苻丕率众七万攻打襄阳,将近一年未能攻克。现在我们用大军去攻打刘宋小城,若不能及时攻克,就要陈兵于坚城之下,暴师于原野之上,必然挫伤我军锐气,敌人则可以从容支援。这样,敌军锐气方盛,我军就会懈怠疲劳,敌人就会以逸待劳,向我军发动进攻,军事上很忌讳这样做。不如分军掠地,至淮而止。然后再设置官员,收取赋税。这样,滑台、虎牢就成了孤城。敌人困守孤城,时间一长,必然绝望,就会沿河东逃。即使不逃,也必然成为园中之兽,何愁不能获得这些城池呢?”

公孙表反对崔浩的见解,坚持攻城。拓跋嗣没有采纳崔浩的策略,派奚斤为晋兵将军、行扬州刺史,以周几为宋兵将军、交州刺史,公孙表为吴兵将军、广州刺史,率步骑兵两万,渡过黄河,首先围攻滑台(今河南滑县)。滑台被围月余,仍不能攻克,奚斤于是请求大军支援。拓跋嗣闻知大怒,遂改变攻城的策略,拜崔浩为相州刺史、加左光禄大夫,为随军参谋,亲率五万大军,浩浩荡荡,南下攻宋。

拓跋嗣接受教训,采纳崔浩以掠地为主的策略。十二月,叔孙建与长孙道生率众自平原渡河,很快占领青州(今山东益都)、兖州大片土地。刘宋兖州刺史徐琰逃往彭城(今江苏徐州),占据济东一带的司马受之、司马秀之也闻风归降,刘宋东牟(今山东黄县)太守张幸率众两千归降叔孙建。叔孙建因功受爵寿光侯。奚斤自滑台长驱虎牢,驻军汜水东岸,让公孙表守住辎重,他率轻骑南下,很快占领了洛阳、颍川(今河南禹州)、陈郡(今河南淮阳),百姓无不归附,刘宋陈留太守严棱也率部投降。在掠地为主的思想指导下,滑台、虎牢、洛阳先后被攻克。从此黄河以南的大片土地就被拓跋嗣所占有,这使北魏在统一北方的道路上又前进了一大步。

臣服四方　壮志满怀

大夏主赫连勃勃是匈奴族人,刘卫辰的第三子。拓跋珪灭掉刘卫辰部后,赫连勃勃逃往后秦。东晋义熙三年(公元407年),赫连勃勃自称大夏天王,大单于,年

号龙升。刘裕灭掉后秦,不久退回江南,赫连勃勃又乘机占有长安,关中之地尽被其占有。

拓跋嗣于泰常八年十一月病死,由长子拓跋焘继位,是为太武帝。年轻有为的拓跋焘雄心勃勃,想发动对外战争,便于始光三年(公元426年)六月,征求大臣意见:"当今用兵,是先伐大夏还是先伐柔然?"长孙嵩、长孙翰、奚斤等大臣都主张先伐柔然,崔浩则建议先伐大夏。他说:"柔然的长处是鸟集兽散,如用大军追击,则很难追上,如用轻骑追击,又不足以克敌制胜。大夏土地不过千里,赫连勃勃为政暴虐,刑罚残忍,视民如草芥,引起朝野共愤。先伐大夏才是上策。"究竟应先伐谁,拓跋焘一时下不了决心。

九月,拓跋焘听说夏主赫连勃勃于始光二年病死,其子赫连昌继位,赫连聪、赫连伦兄弟互相攻杀。他想趁大夏国内局势不稳之机,讨伐大夏,于是再让群臣献计献策。许多大臣听说要讨伐赫连昌,都面带难色。崔浩从天时、地利、人和三个条件进行分析,劝拓跋焘西伐,说:"神瑞二年(公元415年),火星出于银河之东,天象主后秦灭亡,第二年刘裕果然灭亡后秦。现在天象又是如此。大夏内部分崩离析,天怒人怨,利于我军西伐,机不可失啊!"长孙嵩仍然坚持不能出兵讨伐大夏的观点。拓跋焘听后怒斥长孙嵩,而认为崔浩的建议和自己的想法完全一致。于是派奚斤率军四万袭击蒲坂(今山西永济),让宋兵将军周几率军一万袭击陕城(今河南陕县)。又以河东(治今山西夏县)太守薛谨为向导,拓跋焘亲率精骑两万,于十月从平城出发,十一月渡过黄河,袭击统万(今陕西靖边县东北白城子)。夏主赫连昌正宴饮群臣,听说魏军突至,十分惊恐。赫连昌仓促出城迎战,一战即溃,狼狈逃回城内,城门尚未及关闭,魏军随之攻入,焚毁统万西门后退出城外,杀死和俘虏敌人数万,得其牛马十余万头,将其居民十多万户迁往魏地而回。这次胜利使拓跋焘感到,还是崔浩见解高明,因而对他更加倚重。

第二年元月,夏主赫连昌听说长安失守,便派赫连定率军两万进攻长安,两军在长安相持数月。拓跋焘听说统万城空虚,就乘机再伐统万,于五月从平城出发,大举伐夏。六月,拓跋焘率轻骑三万到达统万,把大部人马埋伏在深谷之中,以少数部队向赫连昌挑战。赫连昌率军三万出城,魏军假装逃跑,赫连昌率军从两翼追击,刚追出五六里,突然风雨骤起,刮得天昏地暗。宦官赵倪对拓跋焘说:"现在风雨从敌军方向向我军袭来,天不助我,况我军将士饥渴难忍,请陛下收军以避其锋,等待来日再战未晚。"崔浩大声叱责他说:"这是什么话!我军决胜于千里之外,岂可因风雨而改变策略?敌军贪进不止,已和后军隔绝,应出其不意,用伏兵从敌背后加以袭击,风雨不就为我军所利用了吗?"拓跋焘听后大喜,随即将魏军分为两队,左右夹击敌人。赫连昌大败,死伤万余人,还未来得及入城,便逃奔上邽(今甘肃天水市)去了。魏军攻克统万城,俘获其公卿将校数万人。

北魏以前虽然曾将柔然族击败,统一了大漠诸部,但后来柔然族在其首领社伦

领导下,很快又强大起来,经常袭击北魏,给北魏造成很大威胁。后来拓跋嗣为了防止柔然族南下,于泰常八年在长川(今内蒙古乌兰察布盟东南)之南,东起赤城(今属河北),西至五原(今内蒙古包头市西北),修筑了二千余里的长城。拓跋焘即位后,柔然族仍不时南下,杀掠边民。

拓跋焘在讨伐大夏后,与大臣商议讨伐柔然。朝臣都不想出兵柔然,保太后(拓跋焘的保姆窦氏)也出来阻挠,只有崔浩赞成讨伐柔然。尚书令刘洁等人共推太史令张渊、徐辩上言拓跋焘:"今年恰逢己巳,是三阴之年,忌讳出兵。如果出师北伐,必败无疑。"群臣也附和他们二人说:"张渊少时,曾谏阻苻坚南伐,苻坚不听,结果兵败淝水。他二人所言,无不中的,不可违背。今天时人事皆不调和,不可举兵。"拓跋焘听后,很不高兴,便诏崔浩与张渊、徐辩等人在他面前一起商讨此事。

崔浩向张渊、徐辩诘难说:"阳为德,阴为刑,所以日食要修德,月食要修刑。大约帝王用刑,小者用于杀戮犯人,大则用兵于野。现在用兵以讨伐柔然,正是修刑的时机。臣观天象,连年以来,月行覆盖昴宿星团(俗称七姊妹星团),至今仍然如此。《星占》说:'三年,天子大破旄头(胡星)之国,'柔然、高车皆旄头之国。望陛下不用怀疑。"

崔浩精通天文星象,张渊、徐辩见用星象辩论驳不倒崔浩,于是话题一转,又辩解说:"柔然地处荒漠,乃无用之物,得其地不能耕种,得其民不可役使。他们飘忽无常,很难制服,何必急于兴师动众以讨柔然呢?"

崔浩毫不客气地反驳说:"张渊、徐辩讲天象,这是其太史令的职责;至于所说柔然形势,则纯属无稽之谈,不合时宜。为什么这样说呢?柔然是我国北部叛臣,今出兵诛其元凶首恶,收其善良人民,以充役使,并非无用。况且漠北凉爽,不生蚊蚋,水草肥美,是夏天北迁的好地方。今夏若不破灭其国,到秋天他们将再来进犯,使我国家人民不得安宁。自太宗(拓跋嗣)以来,柔然经常南下,杀掠边民,无岁不侵扰,这岂不使我国岌岌可危吗?大家都说张渊、徐辩通解天文星象,善于决断胜败,臣请问:大夏未灭之前有何灭亡征兆?知而不言,是其不忠;如果确实不知,还谈得上什么通解天象、善决胜负呢?"

当崔浩和张渊、徐辩辩论时,大夏亡国之君赫连昌也在坐。崔浩义正辞严,有理有据,驳得亡国之臣张渊、徐辩面红耳赤,羞愧难言。拓跋焘听后哈哈大笑,十分高兴,便对公卿大臣说:"朕伐柔然的决心已定,怎能与亡国之臣谋划大事呢?

四月,拓跋焘亲率大军从东路向黑山(今内蒙古包头市西北)进发,另一路由长孙翰率领,由西路向大娥山进军,然后再会师于柔然。五月,拓跋焘至漠南,舍去辎重,率轻骑袭击柔然,深入到栗水(今蒙古人民共和国境内)。柔然首领大檀可汗,事先毫无防备,民畜遍野,见魏军突至,惊恐四散。大檀烧毁庐舍,向西远遁而去。其弟匹黎,统领东部部落,听说魏军袭击西部,欲与其兄汇合,也被长孙翰击败,杀其部落首领数百人。拓跋焘见柔然部落四散,牲畜布野,无人收牧,于是沿栗水西

行,至菟园水(今蒙古人民共和国境内图音河),分兵搜讨,东至翰海(今苏联贝加尔湖),西接张掖水,北度燕然山(今蒙古人民共和国境内杭爱山脉),东西五千里,南北三千余里。柔然族诸部落先后归降北魏三十余万人,获马百余万匹,牲畜庐舍至少以数百万计。大军得胜而回。正如崔浩所预料的那样,南方的刘宋亦未敢兴师北侵。至此,北魏基本上完成了统一北方的大业。

统一大业　治国功高

讨伐柔然的胜利,使拓跋焘十分兴奋,于是奖赏有功大臣。因崔浩出谋划策有功,加侍中、特进抚军大将军、左光禄大夫。

崔浩精通天文,拓跋焘每次到崔浩家中,都首先问以灾异。拓跋焘还常让崔浩出入禁中,并对崔浩说:"你才学渊博,事朕祖考,已历三世,所以朕把你视为近臣。你应尽忠规谏,不要有所隐私。朕虽当时听不进去,或有时发怒,但终会深思你的话的。"拓跋焘还让歌工歌颂崔浩说:"智如崔浩,廉如道生。"拓跋焘在一次赏赐高车降帅酒食时,指着崔浩对他们说:"你们看看此人,虽然纤细柔弱,手不能弯弓持矛,但他胸中所怀智谋,胜过百万雄兵。朕虽有征战大志,而往往不能自己决定,历次作战的胜利,都是此人教给朕的呀!"并令诸尚书说:"今后凡是军国大计,你们不能决定的,应先征求崔浩的意见,经他同意后再下达施行。"由此可以看出,拓跋焘对崔浩是何等宠爱和倚重。但是,这也使朝中许多大臣对崔浩产生了强烈的妒嫉之心。

在北魏征服柔然后不久,南方的刘宋政权就发兵五万北上,想夺回黄河以南丢失之地。刘义隆事先派遣殿中将军田奇出使北魏,对拓跋焘说:"黄河以南本是大宋旧土,后被你们侵占。今当收复旧土,不关黄河以北之事。"拓跋焘听后大怒,说:"我生下来头发未干,就听说黄河以南是我大魏土地,你们怎能得到它? 如果你们进军河南,我们可以暂时收敛军队,等到冬寒地净,河水结冰之后,再夺回它!"

不久,魏国南部将领上表拓跋焘,说刘义隆准备进犯河南,要求增兵三万,趁其发兵未到之时加以迎击,以挫其锐气,使其不敢深入我境。拓跋焘于是召集公卿大臣商议此事,许多大臣都赞成南部将领的意见。崔浩猜透南部诸将求战心切的心理,他们希望像北部将领征伐大夏和柔然那样,从战争中捞取资财,于是建议拓跋焘说:"不能这样做。南方土地潮湿,入夏之后,正是降雨季节,草木茂密,易生疾病,不是兴师讨伐的时机。况且刘宋闻知我国兴师,事先必然严加防备,固守坚城。如果我军屯兵围城,则军粮供应不继;如果分军四掠,则兵力单薄,无法处处应敌。所以现在兴师动众,对我军不利。即使敌人兴师北上,待其疲惫,等秋凉马肥之后,再往击之,以取食于敌人,这才是万全之策。在朝群臣和西北诸将,往年跟随陛下

征讨,西灭大夏,北破柔然,多获美女珍宝,牛马成群。因此南镇诸将十分羡慕,也想南掠,夺取资财。所以他们故意夸大敌情,以营私利,为国家惹是生非。望陛下不要听从南部诸将的建议。"拓跋焘认为崔浩的建议很有道理,决定暂不发兵。

不久,南部诸将又上表拓跋焘,说南寇已至,南部诸将兵少,要求朝廷发幽州(今北京市西)以南之兵,调往南部,协助他们加强防守;在漳河沿岸大造舟船,以严加防备。大臣们又表示赞同这一意见,并建议朝廷先派遣五千骑兵,让东晋降臣司马楚之等为统帅,前去引诱刘宋边民。崔浩献计说:"这也不是上策。当刘义隆听说幽州以南的精兵都发往南方,又在漳水大造船只,随之精骑在后,想借司马楚之之手来翦除刘宋政权,刘义隆惧怕灭亡,必然尽发精兵,以防备北境。当他得知我军有名无实,必恃其精锐之师,深入我境,任意加以掳掠,而我南部守将就无法抵御敌人了。现在公卿大臣想以武力退敌,实际上只能加速敌人北上。以虚张声势为名,招致实际灾祸,陛下不可不思,否则将后悔莫及!现在我国使节尚在刘宋,待使节回国后,探明南人虚实,再发兵未晚。如果让司马楚之去招诱刘宋边民,南寇必然北上;如果司马楚之不去,则刘宋大军就可能不来,形势就是这样。况且司马楚之没有什么才能,只能招引一些轻薄无赖之徒,而不能成就大业,徒使国家兵连祸结。"崔浩又从天时、地利、人和等方面进行分析,认为刘义隆举兵北伐,必然遭到失败,劝拓跋焘不要兴师动众。

但拓跋焘终因不好违背多数大臣的建议,于是调集幽州以南的兵力集结于黄河岸边,以加强防御。刘义隆见此情形,迅速派军北上。魏军沿清水入黄河,逆流西上,直至潼关,分兵据守黄河南岸。拓跋焘听说宋军北上,便将黄河南岸诸军尽数撤往河北,洛阳、虎牢、滑台等城市,又被刘义隆占领。

不久,赫连定见恢复夏国的时机已到,便遣使刘宋,与宋约定:互相配合,共同灭魏,然后瓜分河北,恒山以东属宋,恒山以西属大夏。拓跋焘得知这一消息,决定派兵先讨赫连定。这时大臣又阻止说:"刘义隆尚屯兵黄河中游,舍此而西攻大夏,赫连定未必能消灭,而刘义隆则乘虚渡过黄河,河北之地就要失守了。"

拓跋焘犹豫不决,就问计于崔浩。崔浩向拓跋焘献策说:"刘义隆与赫连定同恶相求,遥相呼应,虚张声势,其实他们互相推诿,谁都不肯首先发动进攻。以臣观之,他们如同二鸡相连,谁都飞不起来,谁都不能为害于我国。臣开始认为刘义隆北伐,当屯黄河中游,从东西两条路线向我发动进攻,东道向冀州,西道向邺城。如果这样的话,陛下当亲自率军讨之。现在形势发生变化,刘义隆沿黄河东西陈兵二千余里,一处不过数千人,兵马势弱,只能固守,无法进攻。赫连定不过是大夏的残根余孽,容易摧毁。等摧毁赫连定之后,再杀出潼关,席卷前进,这样就威震江南,刘义隆在江淮以北就无立锥之地了。望陛下不要犹豫。"于是拓跋焘率军至统万,接着便将赫连定所盘踞的平凉城攻克。在当日举行的宴会上,拓跋焘拉着崔浩的手,对沮渠蒙逊的使者说:"你所说的崔公,就是此人!他深谋远虑的策略,当今无人能与之相比。朕每次行军打仗，必先问计于他。他所作出的决策，与作战的结果恰相符合，从无失算。"

十月，北魏冠军将军安颉渡过黄河，攻克洛阳、虎牢。刘宋虎牢守将尹冲及荥阳太守崔模都先后投降北魏。十一月，北魏寿光侯叔孙建、汝阴公长孙道生也先后渡过黄河。刘宋的将领听说洛阳、虎牢等地相继失守，诸军不降即逃，遂焚舟弃甲，从陆路逃奔彭城（今江苏徐州市）。他们因为损兵折将、丢弃军资甲仗等罪名，数人被下狱，有的则因弃军逃而被杀。至此，黄河以南之地又被北魏收复。

第二年二月，将军安颉回到平城，将俘获的刘宋俘虏献给拓跋焘。其中一个俘虏所吐露的刘宋军机，和当初崔浩所预料的完全一样。于是拓跋焘对公卿大臣说："当初卿等告诉朕，不要采用崔浩的计策，以免耽误军机大事。后又恐慌万状，力谏南伐。自以为常胜的人，开始时认识不到事物发展的内在因素，往往认为自己的意见超人一等，但最终证明自己并不比别人高明。"于是晋升崔浩为司徒、征西大将军，算是对他的奖赏。但是，随着崔浩的威权越来越重，他遭到的或明或暗的攻击也越来越多，拓跋焘对他也渐有提防之心。

当时，在今甘肃一带还存在着一个北凉政权。北凉王沮渠牧犍将其妹兴平公主嫁与拓跋焘为妻，拓跋焘遣安西将军李顺拜沮渠牧犍为凉州刺史、河西王。太延三年（公元437年），拓跋焘又将其妹武威公主嫁与沮渠牧犍为妻。在这期间，两国尚能保持友好关系。沮渠牧犍统治后期，生活逐渐荒淫腐化，竟想毒死魏公主，即拓跋焘之妹。他的几个弟弟都骄横跋扈，争权夺利。沮渠牧犍听从柔然流言，谎称太延四年北魏讨伐柔然，兵马死伤甚众，大败而还，现在北魏已经削弱了，开始对北魏怀有二心。

太延五年，拓跋焘将讨北凉，问计于崔浩。崔浩说："沮渠牧犍叛逆之心已经暴露，不可不诛。去年我军北伐柔然，虽然没有俘获人马牲畜，但也没有什么损失。我军战马三十万，在途中死伤的不过八千，就是在常年情况下，也会病死万匹。而柔然和北凉却认为我们受到很大损失，从此一蹶不振。现在我们趁敌人麻痹大意，毫无防备之机，出其不意，突然发动对北凉的袭击，沮渠牧犍必然惊恐万状，必能将其擒获。况且沮渠牧犍昏庸暗弱，兄弟互相争权夺利，大失民心。再加上北凉连年以来不断发生天灾人祸，已呈现亡国征兆。"

拓跋焘对崔浩的策略深表赞同，于是大集群臣于太极殿西堂，商议出兵事宜。以弘农王奚斤为首的三十多位文武大臣都说："北凉不过是边陲小国，沮渠牧犍虽未诚心顺服，然而他承继父位以来，岁岁进贡称臣，朝廷以蕃臣待之，并妻以公主，其罪恶并不昭彰，对他应加以笼络。现在国家刚征过柔然，兵马疲惫，应少加休整，不可大举出征。况且北凉土地碱卤，不长水草，大军既至，沮渠牧犍必坚城固守。攻城不拔，又野无所掠，这岂不危险吗？"这类意见在当时占了上风。

当初沮渠蒙逊统治时期，北魏尚书李顺数次出使北凉，深受拓跋焘的赏识。李

中国历代冤案

顺出使北凉时,沮渠蒙逊对北魏来使傲慢无礼,怕李顺将此事泄露给北魏,就以重金贿赂李顺,所以李顺就把这件事情隐瞒起来,没有向拓跋焘汇报。崔浩知道后,秘密汇报给拓跋焘,但拓跋焘当时并未相信。这次商议讨伐北凉时,李顺和尚书古弼又乘机阻止拓跋焘说:"自温圉河(今大沙河)以西,至姑臧一带,地皆沙石,绝无水草。姑臧城南天梯山(今甘肃天祝藏族自治县西北)上,冬有积雪,深丈余,至春则融化,下流成河,北凉人民引以为灌溉。当北凉闻知我军到达,必然决开渠口,水必散流乏绝。况且环城百里以内,寸草不生。我军人马饥渴,无法久留。奚斤所言极是。"

拓跋焘让崔浩和奚斤等大臣辩论。奚斤等辩论不过崔浩,只是重复地说:"那里没有水草!"崔浩说:"《汉书·地理志》称:'凉州多产牲畜,是天下最富饶的地方。'如果没有水草,怎么会放牧那么多牲畜呢?汉人选择居住的地方,绝不会在没有水草的地方建筑城廓,设立郡县。再者,冰雪融化之后,只能除去尘土,怎么会通渠引水,灌溉数百万顷土地呢?此言不太荒谬了吗!"李顺等又狡辩说:"耳闻不如所见,我曾亲眼看到,你怎么辩驳!"崔浩也毫不留情面地说:"你身为北魏官员,接受沮渠蒙逊的贿赂,来为北凉游说,你以为我没有亲眼看见,便可瞒天过海吗!"拓跋焘在屏风内听到崔浩有理有据的反驳,突然走出屏风,对奚斤、李顺等严加训斥,他们才不敢继续争辩。

拓跋焘听从崔浩的建议,于当年六月发兵,亲率大军远征北凉。七月,大军到达上郡(今陕西榆林),留下辎重,分军两路,向北凉进发。八月,前锋部队拓跋健已掠获北凉牲畜二十万头。沮渠牧犍听说北魏大军突至,惊惶失措,临时调遣其弟董来出城迎战。董来战败后望风溃逃,魏军便将姑臧包围,遣使令沮渠牧犍出降。沮渠牧犍坚城固守。其侄沮渠祖出城降魏,因此拓跋焘尽知城中虚实。拓跋焘见姑臧城外水草丰饶,由此怨恨李顺,并对崔浩说:"您昔日所言,今果然如此!"九月,沮渠牧犍的侄子沮渠万年率众降魏后,姑臧城很快被攻克,沮渠牧犍率领文武百官五千余人投降北魏。拓跋焘收其城内户口二十余万,仓库珍宝不可胜计。北凉宣告灭亡。至此,北魏统一了黄河流域,结束了历时近一个半世纪之久的十六国分裂割据状态。

"务从实录" 灭族之冤

崔浩才华出众,见识过人,在道武、明元、太武三朝都竭尽心力,为拓跋氏政权的巩固和发展立下大功。在残忍暴戾的北魏皇帝面前,他处处谨慎小心。他工于书法,经常为别人书见《急就章》,书写时故意把文中的"冯汉强"的"汉"字改换成拓跋国号的"代"字,"以示不敢犯国,其谨也如此"。所以,明元、太武帝越来越宠

爱和信任他。但是,当时鲜卑贵族的势力还非常强大,他们不能容忍汉人大族来分享权力,同自己平起平坐。对于皇帝宠信的汉人,他们偏偏要加以排挤打击。崔浩是当时最受皇帝宠信、地位最高的汉人,自然成了鲜卑贵族排挤打击的主要目标。而崔浩对鲜卑贵族也不客气,在讨论军国大计时,与他们分庭抗礼,有时说话还很尖刻;他还企图恢复汉人门阀士族的社会地位。表弟卢玄劝阻,崔浩不从,便得罪了众多的鲜卑贵族。崔浩之弟崔恬嫁女儿给王慧龙,王氏是太原大族,世代遗传"齄鼻",即大酒糟鼻子,在江东被称为"齄王"。崔浩见王慧龙时,一看到他的齄鼻,就说:"的确是王家男儿,真是贵种!"又多次对朝中的鲜卑诸公称赞他长得俊美。司徒长孙嵩听了大不高兴,就向太武帝告状,说王慧龙是从南方归降的,崔浩叹服南人,是"有讪鄙国化之意"。太武帝大怒,把崔浩传来训斥,崔浩脱帽叩头,自责了一番才得到宽恕。太子拓跋晃监国时,崔浩曾经一次就推荐冀、定、相、幽、并五州人士数十人,起家为郡守。太子对崔浩说:"先前征召的人士,也都是州郡上乘之选,任职已久,他们的勤劳尚未得到应有的酬答,应该先补为郡守县令,而刚刚征召的人士则应该先代替他们担任郎吏。况且郡守县令治理民众,必须任用有经验的人。"崔浩固执己见,最终把他推荐的人士派出去任职。当时,中书侍郎高允知道后说:"崔公恐怕不能幸免了!"

事情的结局竟然被高允不幸言中。太延五年(公元439年)十二月,太武帝命崔浩以司徒监秘书事,中书侍郎高允、散骑侍郎张伟参著作事,续修国史并且要求"务从实录"。

在续修国史中,《太祖纪》仍用早年邓渊旧作,《先帝纪》和《今上纪》主要是高允手笔,崔浩作为主编,亲自动笔不多,但还是对全书做了损益褒贬、折中润色的工作,这部续修的国史命名为《国记》。

《国记》修毕后,参与其事的著作令史闵湛、郗标建议把《国记》刊刻在石上,以彰直笔,同时刊刻崔浩所注的《五经》。闵湛、郗标巧言令色,平时以谄事崔浩而获得崔浩的欢心。他们的建议很快被崔浩采纳,太子也表示赞赏。于是,在天坛东三里处,营造了一个《国书》和《五经注》的碑林,方圆一百三十步,用工三百万才告完成。由于《国记》秉笔直书,尽述拓跋氏的历史,详备而不加避讳;而石碑树立在通衢大路旁,引起往来行人议论纷纷。鲜卑贵族看到后,非常气愤,争相到太武帝前告状,指控崔浩有意"暴扬国恶"。太武帝大怒,命令收捕崔浩及秘书郎吏,审查罪状。崔浩被捕后,承认自己曾经接受过贿赂。其实他对自己所犯何罪,也不明白。太武帝亲自审讯他时,他惶惑不能应对。

太平真君十一年(公元450年)六月,崔浩被杀。同时,秘书郎吏以下也都被杀,而清河崔氏同族无论远近,姻亲范阳卢氏、太原郭氏、河东柳氏都被连坐灭族。鲜卑贵族与赵魏大族的矛盾,让本深受太武帝宠信的崔浩作了牺牲品。

重臣声威震　主子心何安
——独孤信之冤

北魏正光五年（公元524年）初，沃野镇（今内蒙古乌梁素海之北）戍镇民不堪压迫揭竿而起，拉开了魏末各族人民大起义的序幕。义军很快攻下沃野，遣将攻围怀朔（今内蒙古固原县西北）、武川二镇。当时升任怀朔统军的武川豪强贺拔度拔与同镇豪强宇文肱合谋，纠合"乡中豪勇"，拉起一支宗乡武装抗击义军，袭杀了义军大将卫可孤。这支武川豪强武装中的头面人物之一独孤信，因在袭杀卫可孤的战斗中十分卖力而受到重视。声名初震的独孤信究竟是何来历呢？

独孤信（公元502—557年）是北魏的一个名将，善骑射，多奇谋，所至皆有政声，为百姓所喜。他先后在北魏、西魏、北周为官，都卓有政绩。北周时他为宇文护所逼，含恨自杀。

出身低下　乱世拜将

独孤信原名如愿，后因政绩突出，"信著遐迩"，西魏执政宇文泰"赐名为信"，遂名独孤信。

他于北魏宣武帝景明三年（公元502年）出生在武川镇（今内蒙古武川西南），祖籍虽可说在云中，但真正追溯起来，独孤氏的根尚远在浩瀚的大漠之北。

十六国和北朝时期，许多久迁内地高度汉化的北族大姓，特别是那些在中原地区建立过割据政权的王族，往往讳言其少数民族血统，甚至不惜杜撰世系改换姓氏，将自己的先祖与华夏名门联系起来，使后人莫知其所出。独孤信原来是匈奴后代，而且还是南单于嫡裔。

独孤信的青少年时代是在武川镇度过的。父亲独孤库者是拥有部众的领民酋长，性格豪放，注重节义，深得北镇人敬服。母亲费连氏亦为魏初内入七十五姓之一，也算贵族出身。独孤信长得一表人才，风度不凡。至于他从小能骑善射，武艺高强，则为北镇地区尚武之风薰陶使然。他这个部落地位低下，久戍边朔，使他沉沦于社会下层，同时也使他了解了一般人民的疾苦和愿望。这对于他以后的发迹有相当大的帮助。

北魏正光五年(公元524年),义军将领卫可孤的牺牲使义军一度受到挫折,但这时"六镇并反",东西敕勒俱起,当地豪强自然回天无力,怀朔、武川不久即被义军攻下,贺拔度拔战死,这支武川豪强武装集团亦作鸟兽散,其中一部分,包括独孤信及宇文肱两家,则和大量饥民一起流徙定州(今河北定县),居住在中山城内。不久,鲜于修礼率六镇饥民在定州起义,激起定州驻军和本籍豪绅对北镇流民的忌恨,遂一概加以杀戮。独孤信无以藏身,只好投奔起义军中,后为葛荣部下。当时独孤信正是英俊少年,又特别注重仪表,服装打扮总是别出心裁,与众不同,因而以风流倜傥著称,军中号为"独孤郎"。

葛荣被尔朱荣镇压以后,独孤信被尔朱荣提升为别将。孝庄帝武泰二年(公元529年),在出征义军余部韩楼时,他以单枪匹马出阵挑战,临阵俘获韩楼的干将袁肆周。后受命镇守战略要地滏口(今河北磁县西北石鼓山),以先锋击破元颢,深得尔朱荣信重,累功拜安南将军,赐爵爰德县侯。

尔朱荣被杀以后,他相继出任魏荆州新野镇将带新野郡守(今河南新野)、荆州防城大都督带南乡郡守(今河南邓县西北)。独孤信知道怎样恩抚和威压普通百姓,因而境内安定,颇有治声。高欢拥立的孝武帝上台之初,为了摆脱傀儡地位,先命所亲贺拔岳拥众关西,又命岳兄贺拔胜出镇荆州。贺拔兄弟是独孤信的武川老乡,魏末曾一同起兵,故贺拔胜一到荆州,马上提升独孤信为大都督,不久升至武卫将军,这已是位居从三品的高级将领了。

自正光末独孤信参与武川乡豪起兵以来,数易其主。频繁的战乱锻炼和显示了他的军事才干。风度翩翩的独孤郎随着人到中年,已从一个北镇破落贵族子弟成长为北镇武装集团中的一员大将。

南征北讨　战功卓著

北魏统一北部中国后,政治日渐腐败,大权渐为权臣高欢把持,在位的孝武帝虽有至尊之号,手中并无实权。高欢施反间计,唆使关西将领侯莫陈悦杀害了贺拔岳。消息传出,贺拔胜即令独孤信星夜入关,去接受他亡弟的部众。与此同时,高欢也派遣部将侯景入关,孝武帝则遣宗室元毗为大使,慰劳岳军,企图将这支部队带回洛阳。贺拔岳旧部为各方势力垂涎,乃因这支部队是贺拔岳当年镇压关陇起义时率入关内的,主要由鲜卑化北镇人组成,具有很强的战斗力。但各方代表都来迟了一步,贺拔岳旧将赵贵、寇洛已拥戴宇文泰代统其众,后得到孝武帝的扶植和认可。

宇文泰、寇洛、赵贵与已故的贺拔岳都是武川镇人,与独孤信是老乡,从小生活在一起,相处很好。独孤信奉贺拔胜之命来到关中后,颇受宇文泰礼遇,并派他到

洛阳向孝武帝报告情况。因在雍州(今陕西西安)见到孝武帝大使元毗,遂中途返回荆州贺拔胜处,接着被孝武帝征召入朝,倍受信重。这时孝武帝与高欢之间的矛盾逐渐公开化,双方正在紧张部署准备作最后摊牌。孝武帝毕竟不是高欢的对手,他见大势已去,遂率轻骑入关,投奔宇文泰。当时事起仓促,随从百官将士亡散过半,独孤信闻讯后即以单骑追随,直到洛阳西北才赶上。独孤信的父母妻子均在高欢辖地,但孝武帝在他心中毕竟是本朝君主。宇文泰是他同乡,"少相友善",所率部众也多是武川乡里,因此他从自己的政治前途出发,毅然决然西入关中。对于他的只身前来,孝武帝真是感慨系之,连声说:"疾风知劲草,世乱识忠臣,可真不是假话啊!"当即赐御马一匹,进爵浮阳郡公,食邑一千户。

孝武帝来到关中不足半年便被毒死,原因是他不甘为傀儡。宇文泰另立元宝炬,是为西魏文帝;高欢在孝武西奔不久则另立元善见,是为东魏静帝。从此,北魏分为东魏和西魏,分别为宇文泰和高欢所控制。独孤信毅然西奔,效命宇文泰,成为武川系集团中的核心人物之一。

孝武入关以后,贺拔胜率部西去,荆州被东魏大将侯景乘虚攻下。由于高欢已屯重兵扼守潼关,贺拔胜西去不得,返回荆州时遭侯景迎击,兵败后南奔梁朝。荆州失守后,宇文泰立即任命独孤信为都督三荆诸军事、东南道行台、荆州刺史,率军前往收复。独孤信曾在荆州多年,很得民心。他的军队刚出武关,淅阳郡蛮酋樊五能即率众攻破郡城,牵制了东魏的兵力。东魏另遣弘农太守田八能阻击独孤信,又遣都督张齐民率步骑包抄。

独孤信所率兵卒不满千人,既众寡悬殊,又首尾受敌,情况很是不妙。他冷静地告知部下,如果回军攻张齐民,田八能以为本军败退,必转守为攻,前后夹击,则局面不可收拾,不如集中兵力先进击田八能。独孤信不愧名将,田八能、张齐民果然相继被击溃。独孤信遂乘胜南攻穰城,东魏守将辛纂勒兵出战,但独孤信先不接战,却在阵前喊话,招谕他当年的属民。辛纂军一时斗志涣散,纷纷后退,独孤信纵兵追击,先锋杨忠趁城门未及关上率众突入城内,斩杀辛纂,传首长安,三荆遂定。当时东、西魏主力对峙于潼关一线,独孤信以寡敌众,收复荆州,有力声援了主战场,他被提升为车骑大将军。但东魏不甘心荆州的得而复失,半年以后,突然遣猛将高昂、侯景率大军来攻,一时兵临城下,属郡皆陷。独孤信悬军孤城,破在旦夕,且后援不接,撤无归路,只好效尤贺拔胜,率部下杨忠等奔往南梁。

作为武川系集团的核心人物,独孤信流寓梁朝乃属权宜之计。建康(今南京市)城虽然繁盛富庶,终非久留之地,他几次上书梁武帝请求北还。西魏左光禄大夫赵刚也曾数次使梁,磋商有关独孤信等北归事宜。梁武帝大同三年(公元537年),亦即西魏文帝大统三年初秋,终于允许独孤信一行北还。独孤信父母妻子尚在山东,梁武帝问他是回西魏还是到父母之邦的东魏,他回答说"事君不二",绝不敢因私背公。梁武帝没想到被他视为夷狄的北族人尚如此注重礼法,不禁为之动容,故礼送甚厚。

独孤信回到长安,自以败军之余,亏损国威,上书谢罪。宇文泰以此事付诸尚书省公议。尚书王玄等认为,独孤信丧师败绩,理当"国刑无舍",但他先有斩辛纂定三荆之功,"实合嘉赏"。后虽"旋即沦没",尽弃前功,但孤军独守,后援未接,权宜奔梁,实亦有情可原。最后处分结果下来,独孤信非但没受贬黜,还迁转骠骑大将军,加侍中、开府、寻拜领军。

同年八月,独孤信与李弼等十二将跟随宇文泰东出潼关,攻下弘农,接着在沙苑(在今陕西大荔南)大败高欢十万之众,独孤信以副从之功改封河内郡公,增封户二千。不久,他被任命为大都督,率步骑二万与冯翊王元季海进攻洛阳。承沙苑新败,东魏守军闻风败退,独孤信几乎未遇顽强抵抗就占领了金墉城(在今河南洛阳市东北)。

独孤信进据洛阳后十分注意笼络、利用伊洛一带的地方豪强武装。洛阳赵肃曾率宗人为独孤信作向导,后又"监督粮储,军用不匮",被宇文泰誉为"洛阳主人"。荥阳郑伟"纠合州里"在陈留起兵,归附西魏。当地土豪陈忻、韩雄、魏玄等亦曾各率"义徒"加入独孤信麾下。一时东魏颍、豫、襄、广、陈留诸地相继归附西魏。独孤信还大量起用本地人士,这些人后来均为宇文泰所重用。柳庆、裴宽也在此时因独孤信推荐入关。两魏分立时期,伊洛地处兵争要冲,当地豪强的向背对该地的争夺作用至大。独孤信驻镇洛阳期间着意吸收土豪武装,起用本地人士,为以后西魏有效笼络地方豪强提供了成功的范例。

大统四年七月,东魏侯景、高昂率大军围攻洛阳,高欢亲提精骑继进。独孤信固守金墉城,"随方拒守,旬有余日",洛阳内外"官寺民居"几乎化为焦土。宇文泰与魏文帝本来要到洛阳去祭扫园陵,听到洛阳告急,遂率大军救援。侯景夜解金墉之围,稍稍北退,其阵南接邙山,北据河桥(今河南孟县西南),马步兼用,逶迤二十余里。次日清晨,宇文泰率轻骑赶到,旋即合战。西魏军先败后胜,重创东魏军。独孤信、李远居右,赵贵、怡峰居左,合战时"氛雾四塞,莫能相知"。后来左、右军不利败退,后军见势掉头后撤,一时兵败如山倒,宇文泰也只好烧营西还。率大军赶到的高欢攻下洛阳金墉城后,捣毁城防东归。

大统六年,侯景攻荆州,独孤信出武关迎击,侯景败退后又以大使抚慰三荆。稍后,独孤信受任为陇右十一州大都督、秦州刺史。陇右为西魏后方,也是宇文泰发迹之所,但当地民族关系复杂,地方豪强势力盘根错节,向来官方政令不行,民事诉讼难决。独孤信上任以后精心治理,"示以礼教,劝以耕桑,数年之中,公私富贵,流民愿附者数万家。"这使他获得宇文泰赐名为"信"的殊荣。他优雅的风度也有助于提高他在当地的威望。传说有一次打猎归来,因时已薄暮,独孤信驰马入城,所戴帽子为风稍吹斜,显得别有风采,观者无不倾慕。次日早晨,全上邦城(秦州治所,今甘肃天水市)有帽子的皆侧戴其帽,以为时髦。

独孤信坐镇陇右前后近十年,其间曾多次率部出征,屡建功勋,官爵累加。大统七年,岷州(今甘肃岷县)刺史梁仙定反,独孤信率军讨灭,加授太子太保。大统九年,邙山之战,西魏失利后撤,东魏骑兵乘胜追击,独孤信和于谨"收散卒自后击之,诸军因此得全。"大统十二年,又率军征讨反叛的凉州刺史宇文仲和,智破武威城,生擒仲和,俘其民六千户送于长安。大统十三年,东魏大将侯景来降,西魏主力东进策应。时柔然南侵高平(今宁夏固原)等地,独孤信奉命移镇河阳(今甘肃静宁西南)以作防备。大统十六年九月,宇文泰因东魏高洋建元称帝,亲统大军东讨,无功而返,独孤信亦率陇右数万人从行,这是独孤信戎马生涯中的最后一次远征。

"请终礼制" 含冤自杀

独孤信自追随宇文泰以后,几乎参与了西魏所有重大的军事行动,可以说有事必出,无役不从。定三荆,守金墉,破岷州,平武威,或悬师远征,或独挡一面,每每以寡敌众,以奇制胜。他出镇陇右,治绩斐然,"既为百姓所怀,声震邻国。"

对于以宇文泰为核心的西魏政权,独孤信堪称竭诚尽忠,在忠孝难以两全的情况下不惜捐家为国。当然宇文泰对他总是委以重任,论功行赏不吝官爵。独孤信于大统十四年进位柱国大将军,是西魏府兵初立时的军团司令,"当时荣盛,莫与为比",延至隋唐间犹推为门阀之冠。八柱国中,除宇文泰在大统三年由文帝最先授任,其次便是李弼、独孤信,于大统十四年授任,余如赵贵、于谨等,皆在大统十五年授予。

独孤信进位柱国同时,又录前后功勋增加封爵,听其回授诸子,一时五子并封,一公二侯二伯,累计加封四千户。又追赠其父母,荣极一时。大统十六年迁尚书令,魏恭帝三年(公元556年)拜大司马。北周受禅,闵帝登基,他迁太保、大宗伯,进封卫国公,邑万户。独孤信不枉跟随宇文泰出生入死大半辈子,也算混得"绩著元勋,位居上衮",集荣华富贵于一身。非但福荫诸子,连九泉之下的父母也享尽哀荣。但令旧史家扼腕叹息的是,这位一代名将缺乏保身之术,"竟以凶终"。这事虽然发生在宇文泰死后的第二年,准确地说是宇文泰死后五个月,但早在数年之前就已显示出不祥之兆,独孤信自己也不是绝无察觉。

在西魏八柱国中,备位充数的魏宗室元欣姑置不论,其余各位与宇文泰年资相当,地位相当,同为武川系集团核心层。当年贺拔岳死后,宇文泰能代岳统众,即有赖于这一批人的拥戴。在这个核心层中,独孤信位次居前,资格最老,才能最全面,有"奇谋大略",又有过人胆勇,而且风度弘雅,长于绥抚。出征入镇均有建树,威望震于邻国。

宇文泰虽以推诚待人善于团结核心层著称,但对独孤信也不免心存戒备。魏收称，独孤信"据陇右不从"，梁武帝是否相信勿论，但在宇文泰、独孤信之间还是起到了一定的离间作用。在西魏大军东进援接来降的侯景时，宇文泰命令独孤信移镇河阳，防备柔然，同时任命自己的侄子宇文导代为秦州刺史、陇右大都督，接着又亲自视察陇右。河阳就在秦州境内，此前独孤信常率陇右之师远征，未尝使人替代。独孤信是聪明人，他从移镇河阳另任陇右长官的人事变动中已觉察出异常，加之又出现魏收一事，遂主动提出"在陇右岁久，启求还朝"，以为自解。正好这时从东魏方面得知母亲亡故的消息，便"发丧行服"，上书宇文泰"请终礼制"，也就是自动辞职，因为按照礼制，他既居丧则应该卸官。

宇文泰不愧是"能驾驭英豪"的高手，他虽然巧妙地解了独孤信的陇右职，却于明年连续地给他升官晋爵，同封五子，既不许他离镇河阳，也不许他离职服丧，以示无隙。在巡察陇右时，还专程到河阳给他吊丧，追赠其父母。然而此后独孤信虽官爵屡加，荣秩益重，却于大统十六年以后不再统兵临阵。独孤信闲居高位而已。

但嫌隙还在进一步加深和公开化。恭帝三年四月，宇文泰召聚公卿，讨论建立嫡嗣问题。当时西魏王朝虽然名存，实际上早已是宇文氏的天下，宇文泰有生之年似乎不想篡魏自立，但禅代之事终究是个时间问题，所以确定他的嫡嗣也就等于确定明天的皇帝，这当然是西魏政治生活中朝野关注的一件大事。宇文泰的正配夫人是魏孝武帝妹妹冯翊公主，已生有一个儿子即宇文觉，按理宇文觉就是当然的嫡子。虽说另有一个庶长子宇文毓，按照嫡长制原则这也不应该构成问题。问题是宇文毓业已娶妻，所娶不是别人，乃是大司马独孤信的长女。

鉴于独孤信在武川系集团的地位，性格刚果的宇文泰在立嫡的问题上久拖不决，以至于有必要专门召开这样一个公卿大会。看来他在大会前已作过精心部署。会议一开始，宇文泰就面作难色地提出问题："我本想立嫡子觉为后嗣，又怕大司马独孤公有疑虑，真不知如何是好？"面对这样一个要么得罪最高执政要么得罪元老重臣的两难选择，在座百官全都默不作声，面面相觑。这时十二大将军之一的李远霍地站起，声色俱厉地说："立子以嫡不以长，这是礼经明义，宇文公您实在不应该有什么怀疑。假若因为独孤信的缘故，那么请先将他处斩！"边说边拔出佩剑，向独孤信走来。

局面出乎意料的发展几乎使全场惊呆，大家莫知所措，只见宇文泰出面拦住李远，劝阻说："有话好讲，什么事一定要弄到这样一个地步呢？"独孤信也连忙陈说自己对此事毫无意见，李远方才敛剑入座。于是大家都表示赞同李远的提议，实际上也就是宇文泰的意见，因为在座公卿谁都知道宇文泰与李远、李贤兄弟非同一般的亲密关系，这从宇文泰的第五子齐王宪、第四子亦即尔后的北周武帝邕，均曾托养于李贤家达六年之久，第十一子代王达则送给李远作儿子，即可见一斑。这显然是一出先有预谋的双簧戏。散会出来，李远连忙向独孤信揖拜致歉，说只因事关重大，才不得已有刚才的冒犯行为。独孤信却也姿态极高，语含双关地回答说，"今天

多亏有您老兄啊,才将这样一件大事决定下来。"独孤信口里虽如是说,胸中却忧愤交加。

此事发生后不久,也就是这一年的秋末,宇文泰北巡途中染疾,自知病笃,以诸子年幼,急召侄子宇文护托以后事。十月,宇文泰卒云阳宫。宇文护接权以后即奉宇文觉代魏称周天王,自己以大司马辅政。宇文护虽受顾命辅政,但名位素卑,与宇文泰行辈相若的元老重臣多怏怏不服,其中尤以柱国赵贵为甚。他是当年推立宇文泰代统贺拔岳部的首倡者,身为佐命元勋,在北周开国后竟被排斥在权力核心之外,这使他大为光火。赵贵知道独孤信早就遭到冷遇排斥,于是去找他密谋,准备干掉宇文护。独孤信却觉得时机不成熟,而且这样做对国家不利,就制止住了他。不料此事被人告发,赵贵一家当即被诛,其他同谋亦满门抄斩,唯独独孤信"名望素重",虽加以劝阻,但未告发,故先免官爵。一个月后,宇文护以皇帝宇文觉的名义将独孤信"赐死"。虽然这次赐的是"死",不是以前的美名官爵,却也是一种政治待遇,因为"逼令自尽于家",还是比刑诸市朝来得体面。一代名将、北周开国元勋独孤信就这样含恨自杀了。从根本上来说,独孤信被"赐死"是功高震主的结果,他本人又没有自保之术,这种下场就难以避免了。

朝廷的结案虽说是罪止一身,不像赵贵那样阖门杀尽,但心狠手毒的宇文护能恪守诺言么?独孤信一定没有想到,在他身后竟然获得蝉联周、隋、唐三朝帝戚的空前哀荣。

独孤信先后娶过三位妻子,至少育有七男七女,其中有三位千金后来成为皇后,另有一个外孙女是北周的末代皇后。

大女儿嫁给宇文泰的庶长子宇文毓。公元557年,也就是独孤信死后的这一年的九月,皇帝宇文觉企图"当家作主",被执政的宇文护废杀,宇文毓遂被推上了帝座,是为周明帝。明年正月,他的妻子独孤氏被册为皇后,但这位年轻的皇后一百余天后就突然驾崩,是死于疾病还是死于非命,今已不得而知,后人猜测,很可能是被毒死的,因为她对执政的宇文护有着杀父之仇,宇文护肯定对她不放心。她的皇帝丈夫也在两年以后被宇文护"潜加鸩毒"。这从一个侧面反映出,她这位皇后被毒死的可能性比较大。

独孤信的第七个女儿嫁给杨忠的儿子杨坚。杨忠为西魏十二大将军之一,曾是独孤信的老部下,杨坚则是开建隋朝的隋文帝。这位隋文帝的皇后就比她的大姐姐周明帝皇后幸运得多。她与隋文帝夫妻关系极好,贵为帝王的隋文帝自然嫔妃成群,但俩人相约"誓无异生之子",竟然如约实行。她"雅好读书,识达古今",隋文帝对她的意见言听计从,宫中号为"二圣"。其长女为周宣帝皇后,次男即隋炀帝杨广。她有力地维护了独孤家族在周、隋两朝的地位,而且隋文帝登基以后还专门为她的父母、祖父母重新追谥官号,旨在为其父平反。

独孤信的第四个女儿嫁给李虎的儿子李昞。李虎是西魏八柱国之一,李昞则

是唐朝开国皇帝李渊的父亲,李渊登基之后追赠其父为唐世祖,其母独孤氏为元贞皇后。

　　如果说独孤信对他的后代有什么遗惠的话,那就是他生前在武川系军阀集团中结成的社会关系。他与宇文泰、李虎、杨忠等八柱国、十二大将军多为武川镇乡里,在魏末动乱中同起于北镇下层,政治、军事上的共同利益,文化、民族上的认同,使他们紧密联系在一起,构成北周乃至隋、唐立国的核心,他们互相之间错综复杂的联姻即是出于政治军事上的共同利益。独孤信虽然被"赐死",但他与武川系集团千丝万缕的联系依然存在,他的姻戚和朋友仍位处权力核心。先前宇文泰不敢贸然立嫡,其后宇文护不敢诛及他的子女戚属。他身后诸子代有高官,诸女在三朝皆为皇后,原因即在于此。

第三篇
隋唐虽有兴盛世　也有沉冤待雪昭

　　隋朝是一个短命的王朝，仅仅经历了两朝皇帝就宣告灭亡了，但是，它的灭亡却换来了一个真正强大和繁荣的大唐王朝。唐朝在中国乃至世界历史上都能称得上是强盛的人类文明发展阶段，在当时，中国的影响波及到了整个世界，天子之仪威慑八方。综观唐朝社会的各个方面，我们可以看出，这是一个稳定的治世阶段。

　　远离了硝烟弥漫的战场、回到公案台面上来的君臣们，战争策略已经不再是他们所要考虑的重点，对于权力的斗争却又成为他们不得不面对的问题。这是一场没有硝烟的战争，但却胜过刀光剑影，处于权力漩涡中心，谁也没有把握更不敢保证不被吞噬，不管是王侯或是将相。这个时期的冤案大多倾向于权力政治斗争方面的失意者。

忠言逆耳罪　铮铮铁骨冤

——高颖之冤

宣政元年(公元578年)，北周宣帝继位，以杨坚为上柱国、大司马，不久又迁升为大前疑。宣帝每次出巡，常命外戚杨坚留守京城，杨坚因此位望日隆。

北周宣帝是一个荒淫无耻的暴君。他恣情声乐，多聚美女，以实后宫。立了五个皇后。颁布《刑经圣制》，用法苛刻，外自群臣，内至宫女，被杖打、诛杀的人很多，以致内外恐惧，人不自安，皆求苟免，这种情况对杨坚夺取政权自然极为有利。

本来鲜卑宇文氏建立的北周政权，在很大程度上就依靠汉族士人的力量。杨坚系出弘农杨氏，是士族中的高门，拥有宗兵(杨氏私兵)多至三千人。他在政治上是有一番打算的，曾经对密友郭荣说过代君而立的话。他做定州总管的时候，庞晃就曾向他建议策反。杨坚觉得这样的时机虽然还没有到，但所结纳的人自然是越来越多，形成一个有力的政治集团，高颖便是其中的重要人物。隋开国后，高颖成为第一任宰相，尽心辅佐文帝和后来的炀帝，却想不到最后竟因遭毁谤和猜忌而冤死。

武功赫赫　助隋开国

高颖(？—607年)，一名敏，字昭玄，渤海蓓(今河北景县)人。高颖年少聪明敏慧，有大器之才，略涉书史，尤其善擅长词令。17岁时，高颖被北周齐王宇文宪招纳做记室。北周武帝时，高颖袭家爵做武阳县伯，拜为内史上士，不久又升做下大夫。后来，高颖因在北周与北齐的战争中立有战功，拜开府。不久，高颖又跟随越王宇文盛在平息隰州(治所在今山西隰县，辖境相当今山西石楼、隰县、永和、蒲县、大宁和孝义西南部地区)叛乱中立了功。

公元580年，周静帝宇文衍即位。静帝是个只有六七岁的孩子，不能亲理政事，外戚杨坚遂乘机总理朝政，都督内外诸军事。

杨坚早就耳闻高颖精明强干，且通晓军事，足智多谋，于是派遣心腹杨惠去劝说高颖投靠自己。高颖欣然受之，因此，杨坚对高颖极为信任。

杨坚独揽朝政后，为夺取北周政权，对北周宗室进行排挤乃至杀戮，并在各州

安插自己的亲信,从而引起北周宗室的不满。静帝大象二年(公元580年)六月,北周相州(今河北临漳县西南)总管尉迟迥首先起兵,随之关东各地纷纷响应,除幽、并二州外,关东诸州几乎全部反叛,尉迟迥的军队迅速发展到数十万人。与此同时,郧州(今湖北安陆县)总管司马消难,益州(今四川成都市)总管王谦相继在南面、西面起兵反叛。

在三方叛军中,以东方尉迟迥最强。杨坚决定先解决东路的尉迟迥,遂征发精兵,任命老将韦孝宽为元帅。当韦孝宽来到武陟(今河南武陟)时,尉迟迥也派其子尉迟惇率十万大军南下到沁水东的武陟,两军隔沁水对峙。这时,有人密告杨坚,说尉迟迥已用金钱收买了前线将领。杨坚担心前线将领倒戈兵变,想派他的心腹老臣崔仲方去前线监军,崔仲方借口父亲在山东不肯去。杨坚又欲派心腹刘昉、郑译前往,二人也均无去意。在朝廷诸将畏惧不敢受命平叛的情况下,高颎主动请缨。杨坚便命高颎为监军,统一指挥各部队。

高颎到前线后,决定先发制人,在沁水上架桥对尉迟惇展开了攻势。尉迟惇觉察出高颎的用意,在沁水上游建造了火筏顺流而下焚桥。高颎料到此计,便在架桥的同时,在桥的上游处修筑了大量"土狗"(在水中积土,做成前尖后宽、前高后低、形状像坐着的狗的防御工事)。结果,尉迟惇放下的火筏全部被"土狗"挡住。

尉迟惇见一计不成,便布阵二十里,指挥军队假装后撤,企图在高颎的军队渡河时,出其不意地发动突然袭击。高颎将计就计,乘其后撤之机,挥军抢占河滩阵地,在军队全部渡过河后,高颎命令把桥烧掉,以绝士卒反顾之心。这样,高颎军的士卒奋勇向前,大败尉迟惇,使其十万大军非死即降。高颎乘胜进军,粉碎了尉迟迥的反扑,共歼敌军十四万人,逼得尉迟迥自杀,并擒获尉迟惇等,取得了平叛的胜利,稳定了局势,为隋王朝的建立奠定了坚实的基础。高颎班师,得封义宁县公,迁丞相府司马。

杨坚篡权后,高颎任尚书左仆射、纳言,被封渤海郡公,朝廷诸命官的权势及被信任程度没有能与之相比的。高颎不是图功好利的人,执意传位于苏威,杨坚批准了高颎的请求。不久,由于突厥屡屡入侵,骚扰边民,杨坚又恢复了高颎原来的官职,并任命高颎为左卫大将军,镇守边关。高颎在抗击突厥过程中战功显赫,杨坚对高颎大加赏赐,任命高颎为新都大监。同时,当时的一些规章制度也皆出自高颎之手。杨坚信任高颎,进而又提擢高颎为左领军大将军。

杨坚于公元581年废掉周静帝自立后,积极准备,酝酿统一。高颎在隋统一过程中竭尽全力,为隋朝统一中国立下了卓越功勋。

文治斐然　居功不骄

杨坚建隋后,高颎被任命为隋朝的第一任宰相。针对当时户口隐漏、人口依附私家的现象,高颎创制了有名的"输籍法"。隋建立之初,曾在全国大规模检括户口,使一百六十多万人重新被编入户籍。但高颎认为,单单检括户口是不够的,政府虽然每年按定额征收租调,但军事的调发、徭役、差役的征用,都与户籍有关。因此,地方官吏随意划定户籍,成为检括户口的一大障碍。为了使农民比较愿意离开豪强,做国家的编民,高颎建议由中央确定划分户籍的标准,叫做"输籍定样",颁布至各州县,每年元月五日,由县令派人到乡村,以三百家到五百家组成一团,依定样确定户籍,写成定簿。这就是著名的"输籍法"。"输籍法"实行后,大量隐漏、逃亡的农民重新成为国家的编户民,五六年间,户口数由五百万户激增至七百万户。国家税收随之增加,很快使天下粮仓无不盈积。高颎创制的"输籍法",在发展社会经济、增强国力、巩固新王朝的统治等方面发挥了重大作用。

由于高颎的才干出众,功勋卓著,杨坚对高颎颇为尊重和信任,这反倒引起一些人的恼恨和妒忌。如右卫将军庞晃及将军卢贲等在隋文帝杨坚面前进高颎的谗言。他们弄巧成拙,都被隋文帝罢了官。再如尚书都事姜晔、楚州行参军李君子同奏高颎,把水旱不调归罪于高颎,两个人也被隋文帝削职为民。

高颎的夫人得了病,隋文帝亲临探望,这在一般大臣是可望而不可及的。虽然这样,高颎仍是小心谦逊,不敢居功自傲。隋文帝杨坚曾与高颎和贺若弼谈论平灭陈国之事,高颎说:"贺若弼先献十策,后又在蒋山苦战破敌。臣乃是一名文吏,又怎么敢与大将军论功呢!"

高颎在隋文帝杨坚篡位过程中立下卓越功勋,为隋王朝的统一做出了重大贡献。同时,也为巩固这一新王朝出力献策。然而,就是这样一位文武全才之人,也避免不了一连串的贬谪。

忠直敢言　冤死帝手

隋文帝杨坚在中国历史上是个有名的性多猜忌、不敢信任大臣的帝王。所以,他对高颎也不能始终如一地给予信任。隋文帝与高颎的关系,是封建制度下君与臣的关系,也即统治与被统治、利用与被利用的关系。这种家天下的统治机构是丝毫不容许外姓人即其他大臣所参与染指的,而高颎恰恰冒犯了隋文帝的"圈里人"。首先是他不同意废皇太子杨勇而立杨广,由此触怒了隋文帝及杨广的生母独孤皇

后,进而又得罪了幼太子杨谅。之后,一再与篡位的淫暴之君杨广的思想相忤并逐步被疏远、贬迁。随之而来的是一些小人的落井下石,谗言、构陷相加,一步步地将高颍送上了断头台。即便是对于因篡位而当上皇帝的隋文帝杨坚来说,更加深忌自己的大臣拥有重权,用自己的手段来对付自己,这也是隋文帝时刻提防的。

在隋灭陈时,晋王杨广领兵,高颍为元帅长史。在占领陈都建康后,俘虏了陈后主及其众嫔妃。淫乱的杨广欲收纳陈后主的宠姬张丽华,高颍劝说:"武王灭殷,戮妲己。今平陈国,不宜取丽华。"并下令杀了张丽华。杨广因此十分恼恨高颍。

杨广是隋文帝杨坚的次子,因善使伎俩,博得了杨坚的喜欢。杨坚有意废长子杨勇而立杨广为皇太子,为此事问于高颍。高颍说:"长幼有序,怎么可以废呢?"独孤皇后因此怀恨在心,想暗中除去高颍。当高颍夫人死后,独孤皇后劝说隋文帝杨坚给高颍再娶,而高颍未听隋文帝之言。在高颍的一个妾生了孩子后,独孤皇后又进谗言说高颍的不是,于是文帝开始疏远高颍。

杨坚想讨伐辽东,高颍上谏认为不可。杨坚不但没有听从,却反让高颍做元帅长史,跟随汉王杨谅征伐辽东。因遇大雨,很多士兵染上疾病死去,出师不利还朝。独孤皇后又在杨坚面前搬弄是非,又因汉王杨谅年少,杨坚把军中一切事物交给高颍。高颍秉公办事,对于杨谅所言不当者多不采用。杨谅对此怀恨在心,归朝后哭着对独孤皇后说:"儿幸免被高颍所杀。"杨坚闻听后,偏听偏信,更加对高颍不满。不久,上柱国王世积因罪被处死,而高颍因此也受到牵连。杨坚此时已有除掉高颍之意,便想利用此事定高颍的罪。后因大臣保举,高颍才免遭杀身之祸,只被罢去了宰相职务。然而,杨坚的宽容态度只不过是一时的而已。

高颍免相,由是门前冷落鞍马稀,势利小人趁机落井下石。高颍身边的人检举高颍:"其子表仁对高颍说:'司马仲达称病不上朝,所以得天下。您今天遇到这种情况,又岂知不是一件好事呢?'"杨坚闻听大怒,下令将高颍囚禁在内史省并审问高颍。更有人添油加醋,请斩高颍。只是因为杨坚怕连杀大臣引起朝臣不满才未杀高颍,但又进一步把高颍削职为民。

当年高颍做仆射时,高颍母亲曾告诫过他为官要慎重,因此,高颍经常怕发生祸变,并曾几次辞官不做。此时,高颍被削职为民,反而觉得心慰,认为这样就可以免除祸患了。

杨坚死后,杨广继承了皇位,又起用高颍为太常卿。杨广与高颍在平灭陈朝时,就因陈后主宠姬张丽华一事已结下怨恨。杨广即位后,更加荒淫无度,致使朝政日非,民不聊生。高颍险死于杨坚之手,杨广就更是荒淫无度、贪暴无常之君。高颍真是伴君如伴虎,在劫难逃了。

杨广即位不久,就下诏搜集已被灭的周、齐等国乐伎以供自己娱乐。高颍上奏:"此乐已经废除很久了,现在如果复用,恐怕一些无识之徒弃本逐末,互相教习"。对如此忠谏之言,炀帝反倒很不高兴。

大业三年(公元607年)隋炀帝巡视北部边塞。隋炀帝一行到达榆林(今内蒙古托克托县南的黄河对岸)时,为了向突厥显示自己的威风,隋炀帝令宇文恺修建了一座规模宏大且十分豪华的行宫,大宴突厥启民可汗及北部各族酋长贵族且恩礼过厚。对此,高颎认为过于奢华,没有这样做的必要。高颎屡屡直言,毫不避讳,一宗宗、一事事,本为隋王朝的时事着想,实为炀帝昏庸、国势江河日下担忧。然而,炀帝忠言逆耳。所以,高颎的忠谏反为自己的死出具了罪名。公元607年,隋炀帝以"谤讪朝政"的罪名,诏杀了高颎,高颎诸子也被迁徙戍边。一代功臣,隋朝著名的军事家和政治家,就这样死于非命。

高颎死后不久,短命的隋王朝也很快被农民起义的汹涌巨浪所吞没了。

高颎是隋朝的第一任宰相,在隋王朝开国创业、统一南北、安定天下的过程中立下了不世之功。唐太宗在和他的大臣房玄龄等人议政时曾说:"高颎为隋相,公平识治体,隋之兴亡系颎之存没。朕既慕前世之明君,卿等不可不法前世之贤相也。"唐太宗把高颎和中国历史上三国鼎立时期的蜀汉贤能宰相诸葛亮并列,并且认为隋朝的兴亡与高颎的在位、去职和被杀紧密相连,并要他的大臣向高颎这样的"贤相"学习,足见高颎其人在号称中国历史上少有的英明君主李世民心目中的地位了。

开国老功臣 晚年丧妇手
——长孙无忌之冤

隋大业十三年(公元617年),太原留守李渊起兵反隋,攻陷长安后,立炀帝之孙代王杨侑为傀儡皇帝,遥尊不敢北还的隋炀帝为太上皇,自任大丞相,掌握大权。次年三月,隋相宇文化及杀隋炀帝,李渊亦废杨侑,自立为帝,国号唐,建元武德,仍以长安为国都。

武德九年六月四日,李世民发动"玄武门之变",杀死了建成、元吉,唐高祖被迫立世民为皇太子,不久就传位于世民,改元贞观,是为唐太宗。

唐太宗李世民是我国历史上少有的明君贤主,在他的治理下,唐朝出现了"贞观盛世"的局面,这与他善用贤能是分不开的,长孙无忌就是太宗时期任用贤能的典型。

然而,长孙无忌在唐朝担任了三十余年的宰相,同时还是当朝显赫的外戚,曾为唐王朝的建立、巩固和发展立下了汗马功劳。他无论如何都没有想到,自己的生命竟以一个不着边际"谋反"罪名而结束。

尽忠事君 劳苦功高

长孙无忌,字辅机,洛阳人。他的祖先姓拓跋,是北魏王朝的宗室,因其家族人"功最居多",又为宗室之长,改姓为长孙。长孙无忌的祖父是北周的高官,父亲是隋朝的将军。出生于这样一个贵族家庭,长孙无忌自幼受过良好的教育,加上他聪明过人,所以学识非常渊博。

长孙无忌是唐太宗李世民少年时期的好朋友。太原起兵不久,长孙无忌就参加了李渊父子的军队,并以其杰出的政治才干,渐任重要职务。高祖武德年间(公元618—629年),他是李世民秦王府的重要谋士。当李氏兄弟争夺皇位的斗争进入白热化阶段,太子李建成和齐王李元吉要害死秦王李世民的紧要关头,是长孙无忌建议李世民先发制人,发动了"玄武门之变",一举灭掉建成和元吉两股势力,使李世民当上了太子并"监国"。两个月后,即公元626年8月,高祖李渊退位,世民登上皇位,他就是历史上著名的唐太宗。

李世民当上皇帝后,封长孙无忌为左武侯大将军,吏部尚书、齐国公。不久,又晋升他为宰相。太宗因长孙无忌为"佐命元勋",又是至亲(长孙无忌的胞妹是太宗的长孙皇后),所以对他格外信任和器重,可以随时出入太宗的寝宫议事。享此殊荣者,大臣中只有长孙无忌一人。一次长孙无忌偶尔疏忽,身戴佩剑进入太宗寝宫,如果是别人,论罪当斩,可对他也不加罪,只是轻罚了一些金银了事。

太宗在位共23年,长孙无忌始终是太宗依靠的重臣。长孙无忌辅佐太宗,也始终尽心竭力。太宗命他参考隋《开皇律》和唐初的《武德律》,编成《唐律疏议》,成为我国封建社会第一部对后世有重大影响的完整法典。他的一系列重大建树,深受太宗赞誉,称之为"无忌尽忠于我,我有天下,多是此人力",他对"贞观之治"的形成,起到了与房玄龄、杜如晦、魏征不相上下的作用。

有的官僚见长孙无忌权势过大,就给唐太宗秘密上奏章,请皇帝对之严加防范。唐太宗接到这份秘本后,立即交给了长孙无忌,并说:"我们君臣之间应无话不谈,不能互相猜疑,否则就会产生隔阂。"就罢,把众臣召集前来,当着长孙无忌的面对众臣说:"我的儿子们年岁都还小,无忌给我立过大功。你们今后不许干那些新间旧,疏间亲的事情。"尽管唐太宗一再表示同长孙无忌亲密无间,但长孙无忌总觉得自己权力过大,担心难免招致怨尤,于是三番五次要辞去宰相一职。他的妹妹文德皇后也极力表示支持,不止一次地请求唐太宗不要再让其兄参与机密大事。唐太宗无奈只好答应长孙无忌不当宰相。

可是,过了不久,唐太宗又任命长孙无忌为宰相,并对大臣们说:"我封官是按才能。如果没有才能,就是我叔叔也不能封他官,如果有才能,就是我的仇人也要封他官。长孙无忌才能出众,所以我让他当宰相,帮助我治理国家。"同时,还亲自为长孙无忌作了一篇《威凤赋》,赐给他,在赋中把无忌比喻为"殄乱世而降","训群鸟"的"垂鹏",因"垂鹏"腾飞而"日月腾光"。并勉励他像凤凰一样给百鸟造福,不为自身谋利。对其信任、器重可谓无以复加,也是寄厚望于无忌。贞观十七年(公元643年),太宗给长孙无忌等二十四开国功臣画像,悬挂在凌烟阁,藉以表彰他们的丰功伟绩。

长孙无忌没有辜负唐太宗的厚望,

长孙无忌

凡是朝廷遇有疑难之事,他无不直言,全力支持唐太宗推行种种政策。太子承乾担心自己被废,于贞观十七年,暗中联络一批大臣要推翻唐太宗,事情泄露,承乾被囚禁。唐太宗决心废黜承乾,另立九儿子李治为太子。唐太宗担心大臣们反对,事先找长孙无忌、司空房玄龄、兵部尚书李勣三个人商量。长孙无忌首先表态:"我完全拥护,如果有人反对,我就把他杀了。"这样,李治才得以被立为太子。

长孙无忌对唐太宗的某些不当的措施,并不盲从,而是大力谏净,直到唐太宗改弦更张,方始罢手。唐太宗将九儿子李治立为太子不久,又想立三儿子李恪为太子。长孙无忌认为太子无过错,不能轻易变动。唐太宗这才打消了再废太子的想法。

贞观二十三年,唐太宗病危之时,把太子托付给了长孙无忌和中书令褚遂良,命他二人辅佐太子治理天下,并把他俩比作霍光和诸葛亮。这样,长孙无忌成为太宗托付辅佐太子新君李治的第一顾命大臣。

唐高宗李治继位后,改元永徽,长孙无忌和褚遂良尽心辅佐。治国之策主要出自长孙无忌,李治"无不优纳之"。史家誉为"永徽之治",仍有贞观之遗风。君臣间和谐无隙,长孙无忌的地位和所得殊荣与贞观年间相比更是有过之而无不及。高宗曾多次"亲幸"长孙无忌家中,封其爱妾所生三个幼子为朝散大夫,命人独画长孙无忌之像并加赞语……。这些都是永徽五年(公元 654 年)以前的事。长孙无忌一生的仕途和显赫的地位在此达到顶峰。此后,围绕高宗立武则天为皇后一事,长孙无忌开始交了恶运。

废后事件　招致祸端

武则天,因颇有姿色,14 岁入宫为才人,后为昭仪,很得太宗喜欢。太宗死后,武则天入感业寺为尼。李治即位后,又把她接回宫中。

永徽六年,高宗要废掉王皇后册立武则天为皇后。长孙无忌认为不可,坚决反对,其他大臣韩瑗、来济等人也持同样态度。理由是武则天曾服侍过先帝太宗,如立为新帝皇后,不合封建人伦道德标准,再者高宗的王皇后是先帝太宗为他所娶,又是名门望族,且无过错,不可废掉。然而,颇富权术的武则天竟将亲生女儿掐死,诬为王皇后所为。从此,高宗对王皇后更为不满。

高宗为达到废王皇后的目的,秘密派人给长孙无忌送去金银宝器各一车,绫锦十车,希望以此令长孙无忌改变态度。与此同时,武则天的母亲杨氏还亲自到长孙无忌家中,请求无忌答应并分析利害关系,但长孙无忌始终不答应。

一天,高宗为废立皇后之事召集褚遂良、于志宁和李勣等文武大臣计议,李勣托病没有出席。高宗说:"王皇后没有生过一男半女,作为皇后,其罪大,难道不该

废掉吗？"褚遂良第一个挺身而出，明确表示反对。高宗很不高兴。第二天，复议此事，褚遂良又说："陛下如果一定要改立皇后，请选择其他世家女子，武昭仪侍候过先帝，并受恩宠，现在如果立她为皇后，怎掩天下人的耳目啊！"褚遂良说完就把大臣上朝奏事时用的笏板放在殿阶上，叩头流血，以示抗争，并说："将此笏板还给陛下，我请求回老家去了。"

高宗恼羞成怒，令人将褚遂良赶走。武则天听后恨得咬牙切齿，从幄帐后大喊："为何不杀此老贼！"这时，长孙无忌抗议道："褚遂良为顾命大臣，即使有罪，按规定也不能加刑，何况无罪！"于志宁也反对立武则天为皇后，但他为人谨慎，始终不敢讲一句真话。高宗感到很为难，就秘密私访当时手握兵权的李勣，试探性地问他："我想立武昭仪为皇后，长孙无忌、褚遂良这两个顾命大臣都说不可，你认为如何？"李勣当即答道："废立皇后，这本是陛下家里的事，没必要问外人！"表示支持立武则天为皇后。另外，支持高宗立武则天为皇后的，还有两个人。一个是礼部尚书许敬宗，一个是中书舍人李义府。

经过一番激烈的斗争，武则天终于当上了皇后，王皇后被废，其母家官爵被夺，原来的太子也被废。武则天当上皇后，渐渐参政揽权。高宗本来就庸懦，加上患了中风，渐渐放权怠政，时人都知朝中有皇帝皇后"二圣"。当武则天和支持她的许敬宗、李义府等一伙人羽毛丰满，权势已成时，被武后恨之入骨的长孙无忌等元老重臣便必然要受害了。

主暗臣奸　死非其罪

显庆四年（公元659年），礼部尚书许敬宗按武则天的旨意，向唐高宗递上一份诬告监察御史李巢与长孙无忌相互勾结"谋反"的密封奏折，高宗下令让许敬宗和侍中辛茂将拘捕了李巢，昏庸的高宗不加认真分辨，对长孙无忌也怀疑起来，他感慨地说："我家真是不幸，亲戚中屡有坏人坏事发生。高阳公主与朕关系很好，前些年却与其夫房遗爱（房玄龄之子）谋反，现在我舅父又起恶心，近亲竟都是这样，真使我惭见天下百姓。"许敬宗乘机煞有介事地说："房遗爱是个乳臭未干的小儿，与妻谋反，怎能成气候？可长孙无忌就不同，他与太宗皇帝一道打天下，人们都佩服他有智谋；他当了30年的宰相，百姓都怕他。长孙无忌有智谋又有威信，他的一举一动可关乎大局。臣怕长孙无忌知其事暴露就要跳出来，他抖动袍袖一呼，很多人就会跟着他一起干，必定会成为宗庙社稷的深忧大患，愿陛下明断。我看近日将他收捕起来，绳之以法，破除其家，方能免除后患。"

听到这里，高宗竟然边哭边说："我不忍心处分长孙无忌，给他加罪，后代史官会说我不能和亲戚好相处的。"言语之间，主要是为自己开脱。许敬宗这时却紧追不放，他引证历史故事，说："汉文帝是西汉的明君，薄昭，也是他的舅舅，跟随文帝从代郡(今山西雁门)来到长安，也有大功，与长孙无忌比毫不逊色。只因薄昭杀人，文帝以国法重于甥舅之私情，下令让朝中大臣们穿着孝服到薄昭的院子里哭他，随后让他自杀。史官不仅不认为文帝做得不对，反而还加以赞扬。现在是长孙无忌忘掉了先帝和陛下对他的大恩大德，背叛了陛下，他意在推翻社稷，比起薄昭的罪恶要大得多，按其罪恶应该诛灭五族。臣听古人说，当断不断，反受其乱。谋反大案，处理要刻不容缓，如果稍有延迟，即生变故，请陛下赶快决断。"

被许敬宗的谎言说得团团转的高宗，越听越觉得问题严重，竟然不亲自问一问长孙无忌是否真有此事，也不与李巢对证，就完全听信了许敬宗的诬陷之辞。既无人证，也无物证，就定长孙无忌为"谋反"大罪，下令罢除长孙无忌的一切官爵，把他流放到黔州(今四川彭水县)。

这位做官三十多年，年已花甲的宰相，一路上过秦岭，走巴蜀，受尽千辛万苦，足足走了两个多月，总算到了荒僻的黔州。但他还未来得及洗净身上的尘土，更未能恢复一下极其疲倦的身体，大理正袁公瑜、御史宋之顺就已经在许敬宗、李义府的指使下赶到了黔州，他们对长孙无忌进行严刑逼供，重治长孙无忌的"谋反"罪，最后长孙无忌被迫自缢而死。

长孙无忌被害后，其家产被抄，其家人、亲属也受到了株连。其子驸马都尉长孙冲等人被撤职查办，发配岭南安置。时任刑部尚书的堂弟长孙祥，不但未能救其兄，相反自己也因"坐与无忌通书"而被害。那些参与陷害长孙无忌的许敬宗、李义府、辛茂将、崔义玄和袁公瑜等人，则加官进爵。

三朝元老长孙无忌，以忠直、功高而有名于唐初，在晚年竟然以"谋反"的罪名被杀，实在是一桩特大的政治冤案，造成这一冤案的原因虽是多方面的，但"主暗臣奸，死非其罪"似乎更能说明其真谛。

伴君如伴虎　忠魂遭枉屈
——魏元忠之冤

　　在中国两千多年的封建社会中,曾经出现过 300 多个皇帝,但几乎都是男人,只有一个皇帝是女人,这就是武则天。公元 690 年农历九月初九重阳节,武则天登上了皇帝的宝座,称为"圣神皇帝",建国号为"大周",历史上管这一天叫做"武周革命"。

　　女人当上皇帝,这在中国历史上是开天辟地的第一次,可以说是一件震天动地的大事件。武则天是中国历史上一个特殊的人物,作为一个女人,在封建时代能够当上皇帝,她必须要付出比男人更高的代价,她走的必定是一条特别坎坷的道路。她只有表现得比男人更残忍、更狡诈才能够成功,不然的话只能是失败。这个冤案发生在武则天当皇帝的时候,说的是宰相魏元忠险些被诬陷谋反、张说宁死不作伪证的故事,虽说后来魏元忠只是被贬谪而没有生命之虞,但于此我们对武则天对于权力的无度可窥知一二。

一代女皇　临朝听政

　　公元 624 年正月,武则天出生于利州,就是今天四川省广元县。她的祖籍在山西省文水县。父亲叫武士彠,曾经做过木材生意。隋朝末期,武士彠在李渊手下当过行军司铠参军的官职。到了唐朝李世民当皇帝的时候,武士彠曾经被任命为工部尚书,封为应国公。

　　武则天叫什么名字,历史上没有一点儿记载,只知道她 14 岁进入皇宫,唐太宗亲自赐给了她一个名字叫"媚娘"。不久,武媚娘又被封为才人。

　　唐太宗死了以后,他的儿子李治当了皇帝,这就是唐高宗。按照那时候的规矩,武媚娘和唐太宗的嫔妃们一块儿被送进了感业寺,当了尼姑。过了三年,武媚娘被唐高宗接出感业寺,回到了皇宫,封她做了昭仪。

　　那时候,昭仪在皇宫里的地位,只比皇后低一个等级。当时,唐高宗的皇后姓王,叫王皇后。武昭仪表面上对王皇后非常尊敬,暗地里却在想各种办法让唐高宗废掉王皇后,由自己当皇后。

过了些日子,武昭仪怀孕了。她心里特别高兴,天天盼望着能生下一个男孩儿。皇宫里的规矩是"母以子为贵",谁要是生了男孩儿,谁的地位就会提高,男孩儿还很有可能继承皇位。没想到,武昭仪偏偏生下一个女孩儿。她一下失望了,心想:生了个女孩儿有什么用?怎么办呢?对,不如用她来陷害王皇后!武昭仪打定主意,想出了一个非常毒辣的计策。

王皇后自己一直没有生育,非常喜爱武昭仪的这个女孩儿,只要一有空儿就来看望她。有一天,王皇后又来看望女孩儿,武昭仪连忙躲了起来。过了一会儿,王皇后走了,武昭仪偷偷地溜出来,一咬牙把自己的亲生女儿活活地掐死了。然后,她给孩子盖好被子,溜走了。

工夫不大,唐高宗办完公事,前来看望这个女孩儿,因为他也十分喜爱这个女孩儿。他掀开被子一看,吓了一大跳,孩子已经死了。他又伤心又愤怒,立刻派人追查谁是凶手。有宫女说只有王皇后刚来看过孩儿,武昭仪趁机诬陷是王皇后干的,还编造出一些流言蜚语来诬蔑王皇后。唐高宗不由地心中大怒,决心要废掉王皇后。

公元655年农历十月,唐高宗传下圣旨:废掉王皇后,立武昭仪为皇后。就这样,武则天爬到了皇后的宝座。不久,唐高宗得了病,整天头昏眼花,有时候连眼睛都睁不开,就让武则天帮助他处理大臣们写来的奏折。武则天就利用这个机会,掌握朝廷大权,开始参与和处理国家大事了。她还利用这个机会,把反对自己的一些大臣降职的降职,赶走的赶走,杀害的杀害。接着,武则天又想办法杀害了王皇后和唐高宗喜爱的萧淑妃。这样,武则天在朝廷里的地位越来越巩固了。

武则天在参与和处理国家大事上,显示出了卓越的政治才能,把各种事情处理得井井有条,威信也就越来越高。这时候,她根本不把唐高宗放在眼里了。唐高宗看到这些,特别生气,悄悄地把宰相上官仪叫进了皇宫,商量着怎么废掉武则天的皇后地位。没想到,皇宫里到处都是武则天的耳目,她听到这个消息,怒气冲冲找到唐高宗,张口说道:"听说你想废掉我这个皇后?"唐高宗吓得连忙说:"我,我根本就没有这个意思,都是上官仪鼓动的。"武则天立刻大吼一声:"别说了!来人呀,把上官仪抓起来杀了!"上官仪就这样被武则天杀死了。

唐高宗一共有八个儿子,武则天生了四个,别的妃子生了四个。别的妃子生的四个儿子是李忠、李孝、李上金和李素节。武则天当上皇后以后,把这四个儿子用各种办法害死了。到了这个时候,唐高宗看到武则天的势力越来越大,担心唐朝的天下落在姓武的手里,就决定让太子李弘继承皇位。

李弘是武则天的亲生儿子。武则天看出了唐高宗的打算,竟然用毒酒害死了李弘。接着,她又害死了自己的亲生儿子李贤。最后,唐高宗只好立李显为太子。

公元683年冬天,唐高宗得病死了,李显登上了皇位,这就是唐中宗。不久,武则天废掉了唐中宗李显,把他降为庐陵王。然后,武则天让自己的四儿子李旦当上了皇帝,这就是唐睿宗。但是,武则天根本不让唐睿宗处理国家大事,一切全都由她作主。武则天已经扫除了自己登上皇帝宝座的所有障碍,还让自己的亲侄子武承嗣、武三思和一些亲戚全都得到了很高的官职。她准备当皇帝了。

公元688年农历五月,武则天在洛阳举行了盛大的朝会。唐朝的都城是长安,她为什么跑到了洛阳呢?原来,唐朝时期从唐高祖李渊到唐太宗李世民,一直都是把长安定为都城。武则天当上皇后以后,却在长安的皇宫里整夜整夜地睡不着觉。她只要一闭上眼睛,王皇后和萧淑妃就会披头散发、鲜血淋淋地出现在她的眼前,吓得她只能把脑袋缩在被子里,哆哆嗦嗦地等着天亮。还有,长安城当时是一座拥有100万人口的大城市,是亚洲当时最大的一座城市,可长安城附近的农田打出来的粮食已经满足不了人们的需要了。所以,武则天就一个劲儿地催促唐高宗把都城搬到洛阳,从那儿以后,武则天就一直住在洛阳皇宫。

再说武则天在洛阳举行的这次朝会,为的是庆贺"宝图出世",实际上是为自己登上皇帝的宝座做准备。原来,所谓的"宝图",只不过是一块石头,那上面刻着"圣母临人,永昌帝业"八个字,暗示武则天就是当今的"圣母"。其实,这是武则天的侄子武承嗣事先叫人在石头上刻好字,然后指使一个叫唐同泰的人说是在洛水河里得到的,献给了武则天。

洛阳皇宫在隋朝时期有一座乾阳殿,李世民消灭隋朝、打进洛阳城的时候,叫手下的大将屈突通放火烧毁了乾阳殿。唐高宗在武则天催促下迁都洛阳时,在乾阳殿的旧址上,用了20年的时间重新修建了乾阳殿,并且改名叫做"乾元殿"。到了公元688年,武则天为了自己登上皇帝宝座的大典显得特别气派,下令拆毁了乾元殿,修建了一座明堂。

明堂是中国古代封建帝王祭祀天地的地方。按照周朝沿袭下来的规矩,明堂应该修建在离宫城三里以外、七里之内偏僻幽静的山沟里边,而且只能是一间茅草屋。武则天却不管这些,硬是下令在皇宫里修建明堂,修建得豪华壮丽。这座明堂从拆毁乾元殿到建成,只用了九个月的时间。这座明堂的屋顶是圆形的,在九条玄龙的围绕当中,屋顶站立着一只一丈多高的金凤凰。只见它昂首独立,雄姿勃勃。这座明堂分成上中下三层,下层是正方形,东南西北四个方向分别用的是青、白、红、黑四种颜色,象征着春、夏、秋、冬四个季节;中层是正十二边形,供奉着十二生肖像,象征着十二时辰;上层是二十四根菱形大柱,象征着二十四个节气。这座明堂真是富丽堂皇,光彩夺目,气象万千,所以武则天给它起了个名字叫做"万象神宫"。

万象神宫的前边是皇宫的正门,叫做则天门。李世民打进洛阳的时候,把这座门楼也拆毁了。后来,唐高宗又重新进行了修建。这座门楼特别豪华气派,雄伟壮观。接着,武则天把它改成了"应天门"。

现在,武则天登上皇帝宝座的一切工作,全都准备好了。

公元 690 年农历九月九日重阳节这天，整个洛阳城风和日丽，秋高气爽。武则天在应天门前举行了即皇帝位的登基大典。只见她头戴朱红花冠，身穿黄色龙纹衮袍，身佩十三环金玉革带，神采奕奕，在金鼓齐鸣、百官朝贺当中，走向了万象神宫，终于登上了皇帝的宝座。她把唐朝改成"大周"，自称"圣神皇帝"，把洛阳改成"神都"。那年，武则天 67 岁。

武则天当上皇帝以后，想了很多办法发掘人才。她鼓励地方官员向朝廷推荐人才，还允许人们自己推荐自己。凡是被推荐的人只要经过试用的确很有才干，很快就能得到重用。武则天还改进了科举制度，并且亲自进行考试。从那儿以后，中国封建社会的科举制度开创了"殿试"。由于武则天不拘一格地任用人才，在她当皇帝的期间，涌现出一大批非常有才干的大臣，如李昭德、苏良嗣、狄仁杰和姚崇。这些大臣忠心耿耿，非常正直，帮助武则天处理国家大事，使得社会逐渐安定了下来，经济也逐渐地繁荣了起来。

但是，这时候武则天想，自己去世以后应该让谁来继承皇位呢？就是说，应该立谁为太子呢？她的侄子武承嗣和武三思都想得到这个位置。狄仁杰看到这种苗头，立刻出面劝阻，建议武则天不能立他们为太子，而且态度特别坚决，根本不怕冒犯武则天。接着，狄仁杰劝武则天应该把庐陵王李显召回来，立为太子。武则天想了又想，觉得狄仁杰的建议非常有道理，这才把李显接回了洛阳，立他为太子。

武则天到了晚年越来越昏庸，生活也越来越糜烂，身边有两个叫张易之和张昌宗的兄弟特别受宠爱。武则天封张易之当了司卫少卿，封张昌宗当了云麾将军、银青光禄大夫这样的高官。武则天自从得到张易之和张昌宗以后，非常高兴，整天在后宫里和这两个家伙鬼混，整天寻欢作乐。武承嗣、武三思这些人为了得到武则天的欢心，想尽各种办法对这两个家伙溜须拍马。他们甚至不敢叫这两个家伙的名字，管张易之叫"五郎"，管张昌宗叫做"六郎"。张易之和张昌宗仗着武则天的宠爱，到处横行霸道，胡作非为。谁要是冒犯了这两个家伙，他们就在武则天面前胡说八道。结果，大臣们被这两个家伙整得死的死，流放的流放。

捏造罪名　被诬"谋反"

公元 703 年农历八月，有一天，洛阳上空忽然出现一片乌云，紧接着就"噼哩啪啦"下起了冰雹。冰雹下得又急又密，个儿还特别大，最大的如拳头，小的也有鸡蛋大小，城外田地里的庄稼转眼之间就全部被砸倒了，老百姓的房屋也被砸得漏的漏、塌的塌，还有好多人被砸得死的死、伤的伤，好不凄惨。没想到，这场特别大的冰雹好不容易停住了，天上又下起了倾盆大雨，刮起了狂风。整个洛阳城内外天昏地暗，好不吓人。

那个时候，人们特别迷信，封建统治者更是相信鬼神。风调雨顺的时候，他们就大吹特吹什么政通人和，天公作美。只要一碰上灾祸，他们就觉得这是天公对那些帝王不太满意了，是对帝王的一种惩罚。这时候，武则天正坐在万象神宫里批阅大臣们的奏折，冰雹砸得万象神宫的屋顶"噼噼啪啪"一个劲儿乱响，狂风暴雨将宫中的树木抽打得东倒西歪，"呜呜"怪叫。这一年，武则天已经快80岁了，身体十分虚弱。她连忙放下手中的奏折，走到宫门口，一看外边的冰雹和狂风暴雨，心里不由地一阵害怕："哎呀！我为了登上皇帝的宝座，做出来的事情是不是让天帝生气了？我是不是活不长了？"武则天看了看宫外的风雨，又想：这场冰雹肯定会给人们带来特别大的灾难，那些对我不满的大臣们肯定会借着这场灾难说三道四，逼着我让出皇位！武则天越想越感到害怕和悲伤，一下就病倒了。

　　皇宫里的太医们赶紧为武则天进行医治。多亏太医们精心治疗，武则天养了将近半个多月，病情总算好了起来。她刚刚能够勉强撑着身体处理国家大事，就得到张易之和张昌宗兄弟俩的一份密报，那上边说：宰相魏元忠暗地里勾结了一些大臣，想要谋反。他在武则天生病的时候，整天和这些大臣们秘密来往，商量着怎么谋反，甚至对一个叫高戬的大臣说："如今皇上年老体弱，活不了多长时间了。我们得赶紧想一条出路，应该拥立太子李显号令天下。到了那时，太子李显重新当上皇帝，咱们这些人可就是元勋了。"那时候，狄仁杰已经去世，魏元忠当了宰相。

　　魏元忠也是一个非常正直的人。在唐高宗活着的时候，他曾经写过一道奏折，说的是安定边境、治理国家的策略，受到了唐高宗的赞赏。武则天当上皇帝以后，魏元忠在平定徐敬业叛乱的时候，又立下了特别大的功劳，受到了武则天的器重。魏元忠根本看不上张易之和张昌宗这样来路不正的奸臣，几次得罪他们。

　　公元702年，魏元忠还在兼任并州副帅的时候，张易之家里有一个家丁仗着主人的势力欺压百姓，抢男霸女，无恶不作，干尽坏事，张易之却不管不问。老百姓们恨透了他们，就到魏元忠那里告状。魏元忠立刻命令手下的士兵把张易之的那个家丁抓了起来。

　　魏元忠心想：我如果经过审问定了这个家伙的罪，张易之肯定会前来说情，那样事情肯定会没有个结果。不行，我绝对不能轻饶了这个家伙！想到这儿，魏元忠叫人把那个家丁推上大堂，然后一声令下："来人呀，打他四十大棍！"两个士兵马上把那个家丁按倒在地，另外两个士兵举起大棍就狠狠地打了下去。结果，这个家丁只挨了二十几棍，就断了气。张易之听说自己的家丁被魏元忠活活打死，气得又是咬牙又是跺脚，恨不得一口吃了魏元忠。不过，张易之知道要想整治魏元忠，并不是一件容易的事情，只好暂时忍了下来。

　　事隔不久，魏元忠又写了一道奏折，交给武则天。他在奏折上对武则天说："陛下！为臣我受到先帝高宗的器重，又受到陛下的厚恩。所以，不敢有半点私心杂念，不应该为了自己的安危而有话不说出来，使得一些小人在陛下的身边欺上瞒

中国历代冤案

下。张易之和张昌宗这样的人，只知道对陛下阿谀奉承。他们唯一的本事就是弹琴唱歌，对安邦治国却一窍不通。希望陛下能够像古代贤明的君主那样，亲近有真才实学的正直人，远离张易之和张昌宗这样的小人。"武则天看完这道奏折，心里非常不高兴。

张易之和张昌宗知道这件事情以后，更加仇视魏元忠，俩人商量来商量去，决定找一个合适的机会，把魏元忠置于死地。现在机会终于来了。张易之和张昌宗看到武则天生病以后，不了解外边的情况，就给魏元忠捏造了这样一个谋反的罪名。

武则天本来就对魏元忠有些不满，再加上她一直对魏元忠这种掌握实权的大臣一百个不放心，又一直担心魏元忠想拥立太子李显登上皇帝的宝座。所以，武则天看完张易之和张昌宗的密报，立刻传下一道圣旨，派军队突然包围了魏元忠和高戬的家，来了一个大搜查，想找到一些他们谋反的新的罪证。可是什么也没有搜查到。接着，武则天又传下一道圣旨："把魏元忠、高戬关进大牢！"

大臣们看到魏元忠和高戬被抓进了监牢，不知道到底发生了什么重大变故，吓得一句话也不敢说，生怕把自己牵连进去。

魏元忠被抓进监狱以后，感到特别纳闷，不清楚自己究竟犯了什么罪，只能静静地等着审问。

冒死直言　终获流放

这一天，武则天终于要审问魏元忠了。她叫来几个重要的大臣，然后派人把魏元忠押上了万象神宫的大殿。魏元忠跪在地上，连头都不敢抬，只是偷偷地看了一眼武则天，只见武则天端坐在皇帝的宝座上，两只眼睛放射出凶恶的光。整个大殿上鸦雀无声，肃静得连根绣花针掉到地上都能听见。

过了半天，武则天说话了："魏元忠，你可知罪吗？"魏元忠又赶紧磕了个头，回答："罪臣该死，罪臣该死。可是，我实在不知道自己犯了什么罪呀！"武则天生气地说："好！现在证人就在这里，你还敢狡辩？魏元忠，我问你，我一直很相信你，可是你为什么还要谋反？"魏元忠一听，吓得差一点儿没瘫倒：哎呀，这可不是一般的罪过呀。如果确认下来，那是要杀死全家的。不过，他很快镇静下来，歪着头一看，站在旁边的张易之和张昌宗的脸上露出得意的冷笑。魏元忠的心里全都明白了：一定是这两个家伙在陷害我。他气得咬了咬牙，猛地站起来，高声说道："陛下！臣忠心耿耿，这是众人和上天都可以作证的。我根本就没有谋反之心，更没有谋反的罪证。陛下，您一定是听了无耻小人的胡言乱语。谁说我要谋反，我要和他当场对质。"武则天大吼一声："住嘴！魏元忠，你说谁是小人？我看你才是忘恩负义的小

人!"说到这儿,她转过身来对张易之和张昌宗说:"魏元忠要和你们当场对质,你们有什么话就大胆地说吧。"

张易之往前走了两步,冲着魏元忠说道:"魏元忠,你在某月某日那天,和高戬议论朝廷大事的时候说过要拥立太子登上皇位。你睁开眼睛好好地看一看,陛下的身体这么健康,你作为一个大臣说这样的话,难道不是居心不良、企图谋反吗?"魏元忠立刻一字一句地说道:"我从来就没有跟高戬议论过这样的话。好,退一万步说,就算我说过这样的话,那么你是怎么听到的呢?我说这种罪该万死的话,总不会当着你们兄弟二人的面儿说吧?"然后,魏元忠转过身,对武则天说:"陛下!为臣对朝廷的忠心没有半点虚假。您知道,高戬只是一个小小的司礼丞。就算我要谋反,去和高戬联络有什么用。高戬没有多大权力,又没有多大势力,他能起什么作用?所以,这就可以证明,张易之是在诬陷我。他的这种谎言编造得太不高明了。"

武则天听了魏元忠的话,心里也产生了怀疑,像魏元忠这样文武全才的大臣,是很难得的呀,怎么能随便就处置了呢?想到这儿,她又问张易之和张昌宗:"你们说魏元忠谋反,有没有什么旁证呀?"

张易之本来以为诬告魏元忠谋反,武则天会不问青红皂白就定了他的罪。没想到,魏元忠刚才的这一番话倒占了上风。武则天这么一问,一下把张易之给问住了。张易之的脑门顿时冒出一层冷汗。这时候,张昌宗急中生智地说道:"陛下!魏元忠谋反的事情,当然有旁证,这就是凤阁舍人张说。"武则天立刻传令:"来人呀!去召张说进宫。"张昌宗一听,连忙说:"陛下!您的身体刚刚康复,还是应该多多注意保养,不能过分劳神。依臣之见,今天就到这里,明天再继续审问吧。"武则天听了这话,心里非常高兴:"好呀,还是六郎能够体贴人。好,明天再审。"

魏元忠被押回监牢,大臣们退下了大殿。张易之擦了擦脑门的冷汗,冲着张昌宗微微一笑。他真是佩服张昌宗的机灵,刚才如果不是张昌宗的那些话,他今天可就太狼狈了。

这两个家伙回到张易之的家,张易之纳闷地问:"我说兄弟,你说那个张说是旁证,你跟他通过气吗?"张昌宗说:"没有,我刚才在大殿上只是急中生智想起了他。你别担心,一来咱们和他都姓张,以前我曾经有意拉拢过他。二来,他很有才干,是个聪明人,不会不懂得这当中的利害。今天晚上,我就派人找他去。"

当天晚上,张昌宗派了一个特别可靠的亲信来到张说的家,把事情的经过告诉了他。张说一听,为难地说:"哎哟,哪里有这件事情呀,我可不愿意牵连到这个案子里边去。"张昌宗的那个亲信又是威胁又是诱惑,没完没了地纠缠。张说心想:事情到了这种地步,我要是再不答应,他们还会去找别人,而且还会用各种办法暗害我。我不如暂时答应了,等到了皇帝面前再说。这样,张说就答应了下来。

第二天,张说来到皇宫,一边等着传唤,一边想着见到武则天应该怎么说话,心

中国历代冤案

里七上八下的。可是，武则天觉得身体还是有些不太舒服，就没有审问魏元忠。有个叫宋璟的大臣看到张说这副心神不定的样子，就问："张兄！你好像有什么心事儿吧。"张说跟宋璟是一对知心朋友，相互之间什么话都说，他就把昨天晚上的事情一五一十地说了一遍。宋璟一听，非常气愤："这两个家伙简直无耻到了极点。"可是，他又一想：自己和张说这样的年轻官员，官职不高，根本不可能扳倒张易之和张昌宗这样的人。现在最好的办法就是要保存正直大臣们的实力，准备将来和他们斗。可是，宋璟再一想：现在魏元忠这样的大臣，连生命都快保不住了，还说什么以后呢？自己这样的小人物也只能豁出性命来救魏元忠了。想到这儿，宋璟问道："张兄，你打算怎么办？"

"我想，如果不答应下来，自己倒是没有什么事儿了，却很有可能遭到暗害。所以，我已经答应了他们。可到了皇帝面前怎么说才好，我就不知道了。"

"张兄呀！咱们俩是知心的朋友，在这种至关紧要的时候，我有几句话要告诉你。""宋兄，你说吧。""我觉得，人生在世，生命和财富都没有什么，只有名声和正义是永恒的。这个案子牵连到了你，那么你的大名将来一定会被写在史册上。我要是碰到这种事情，宁可死了，也要留下一个清白的名声。就算咱们不在乎这种虚名，但也不能昧了自己的良心呀！万一你因为坚持正义遭到不幸，我会为你鸣冤，一定全力相救。我如果救不了你，就和你一块儿去死！"

张说听了宋璟的这番话，非常受感动，一把握住了他的手，坚定地点了点头。两个人的手紧紧地握着，久久没有放开。

再说，魏元忠关在监牢里，心里一直在想：但愿那个张说能够说实话。可是，张昌宗当着皇帝的面儿说张说可以作证，他们是不是早就串通好了？那个张说也是姓张，保不住和他们沾亲带故呀！

过了两天，武则天的身体好了，又开始审问魏元忠。魏元忠走上万象神宫的大殿，跪倒在地，张说已经站在旁边了。武则天张口就问张说："张说！有人说，你曾经听见过魏元忠和高戬说要谋反，有这么回事儿吗？"

张说一听，装作诚惶诚恐的样子，浑身哆哆嗦嗦，一句话也说不出来。实际上，他早就想好了，要用这个办法逼着武则天让他说出实话。魏元忠不知道张说的心里是怎么想的，就有些沉不住气了，高声叫道："陛下！张说和张易之串通一气，共同来诬陷我，请陛下明察才是呀！"张说一看，脸上装出非常气愤的样子，对魏元忠说道："住嘴！魏元忠，你身为宰相，怎么能像大街上的小孩子一样？诬陷罪名的话，是可以随便说的吗？现在当着陛下的面儿，我怎么敢说半句假话？你要知道，那可是要犯欺君之罪的。"张易之一听，说："张说，你在陛下面前，如实地说吧，跟他费什么口舌！"武则天也说："对！张说，你就快快地把实情说出来吧。"

张说这才不慌不忙地说道："既然陛下让我说出实情，我只好遵旨如实地说了。陛下！我根本就不知道魏元忠说过什么谋反的话，也从来没有听见他和高戬说过

什么对您不尊敬的话。这就是实情,我敢用自己的性命来担保!"

张说的话一下使武则天愣住了,张易之和张昌宗也愣住了,魏元忠更是愣住了,整个大殿上显得一片寂静。过了好半天,张易之清醒了过来,对武则天说:"陛下!张说和魏元忠共同谋反。"这时候,武则天的心里早就明白是怎么回事儿了,不过她什么话也没说,想看看他们往下怎么说。

只见张说不慌不忙地冲着张易之说道:"刚才,陛下让我如实说来,你也是让我作证如实说来。我说出了实情,你反倒诬陷我谋反?请问,你有什么证据说我谋反?"张易之的眼珠转了几转,想起了一件事情:"陛下!就在魏元忠刚刚当上宰相的时候,张说曾经称魏元忠'居伊周之地'。伊尹作为商汤手下的一个宰相,在商汤死了以后,曾经放逐了商朝王位继承人太甲。周公是周朝大臣,曾经代替周成王管理国家大事。所以,张说的这句话明明是暗示魏元忠要把朝廷大权弄到手里。这就是他和魏元忠合谋反叛的罪证。"张说听了,微微一笑,还是不慌不忙地说:"陛下!事情是这样的。魏元忠刚刚当上宰相的时候,我去向他表示祝贺。他说,身无一点功劳却当上这么重要的职务,心里很不踏实,怕对不起您对他的厚恩。当时我对他说:'您身居伊周之任,当之无愧。'伊尹和周公都是历史上有名的忠臣,陛下不促使臣子们学习忠臣,那让臣子们学习什么呢?"

张说的这些话,句句在理,张易之和张昌宗被问得干张着大嘴一句话也说不出来。张说接着说:"张易之和我同姓同宗,所以让我作证。我只不过是个小小的凤阁舍人,要是投靠了张易之,也许能升官;要是说出实话,也许连性命都保不住。可是,我觉得作为一个臣子,就应该忠心耿耿为陛下效力,怎么能当着陛下的面儿说谎话呢。再说,我也怕魏元忠的冤魂找我算账呀。如果陛下不信,我可以现在就摆下香案,对天明誓,如有半点谎言,立遭天报!"

张易之还想狡辩,武则天把手一抬,他不敢再说什么了。

这时候,武则天心想:这件案子已经非常明白了,魏元忠是被张易之和张昌宗诬陷了。不过,这也是他自找的。如果魏元忠不攻击他们,怎么会有今天这种事情。你魏元忠攻击他们,不就是攻击我吗?于是,武则天开始说话了:"魏元忠,虽然不能证明你有谋逆的罪状,可是也不能证明你没有。好了,贬你为岭南高要县尉。"接着,武则天又下令把高戬和张说流放到钦州。

一场惊心动魄的"谋逆"大案,就这样收场了。

魏元忠在临到高要县以前,武则天想最后看他一眼。魏元忠来到万象神宫,武则天默默地看着他,想说话却不知道说些什么才好。还是魏元忠静静地说了一句:"臣走了以后,陛下必定会想起臣的。"武则天问道:"这是为什么?"魏元忠用手一指她身边的张易之和张昌宗,说:"这两个小人,以后必将要惹起灾祸。"说完,魏元忠给武则天深深地行了一个大礼,转过身走了。

魏元忠被贬到了高要县,武则天手下没有了得力的宰相,只好任命张柬之当了宰相。

公元705年初,武则天已经81岁了,得了重病。张柬之就利用这个机会,在正月二十二日这天,带领五百多个士兵,闯进长乐宫,杀死了张易之和张昌宗,逼迫武则天把皇位让给了太子李显。李显登上了皇帝的宝座,还叫唐中宗。四月二十二日,大唐王朝正式恢复,武则天的大周王朝终于结束了。

公元705年农历十一月二十六日,武则天在孤独寂寞和悲愤之中,在洛阳万象神宫的上阳宫里永远地合上了眼睛。

颜筋为人品　灭身因大忠
——颜真卿之冤

　　唐中叶，自玄宗天宝元年(公元742年)到宪宗元和十五年(公元820年)的79年里，是唐朝从政治上由盛到衰的转变时期。这时，爆发了安史之乱，削弱了朝廷集权，形成了藩镇割据。在朝廷与地方的矛盾中，宦官势力乘机滋长，致使宦官专政成为唐中后期的重要问题之一。

　　本文这则冤案的主角颜真卿就是生逢当时。提起颜真卿，一个先入为主的印象恐怕还是以他的书法成就较为深刻。的确是这样的，颜真卿在书法上取得了无可比拟的成就，他与柳公权并称"颜筋柳骨"，颜真卿以善写正书而闻名。正是文如其人，颜真卿为官之时也正是以正直敢言著称。生逢乱世的颜真卿有着强烈的爱国之心，这使他即使是落入敌手也毫不畏惧，正气凛然。然而他的这种性格却和时势格格不入，颜真卿最后的含冤而死，也就不可避免了，但死得其所的他，永远浩气长存！

出身名门　为官刚正

　　颜真卿(公元708—785年)，字清臣，琅邪临沂(今属山东)人。是北朝著名学者颜之推的后代，唐初学者颜师古的五世从孙。颜真卿少年勤学，知识广博，善写文章，尤擅长书法。颜真卿以造诣超群的书法艺术名高天下，他善写正书、行书。颜真卿的书法艺术吸取了前代和同时著名书家的长处，陆羽称他的字体得王羲之之筋骨心肺，他的笔法还师承了唐代书法家张旭，并请教过僧人怀素。他对笔法很有研究，"其过人处正在法度备存而端劲庄特"，曾作笔法十二意。他以善写正书而名垂后世，其书法"如忠臣烈士，道德君子，端严尊重，使人畏而爱之。"

　　颜真卿在开元年间考中进士，曾为礼泉尉，又曾任临川内史，在政期间使"文政大行"，颇受赞誉。后提升为监察御史。一次，颜真卿出使到河陇地区，当时五原有一件冤狱，很长时间都没能作出判决，颜真卿到河陇后，明察秋毫，案情终于大白天下，当时正适逢天旱，颜真卿作出裁决后，天下了雨，五原郡的人称之为"御史雨"。以后，颜真卿又相继担任殿中侍御史、东都畿采访判官、武部员外郎等职。由于杨

中国历代冤案

颜真卿

国忠怨恨他不归附自己,把他调出京城,担任平原太守。当安禄山谋反的迹象越来越明显的时候,颜真卿以预防连绵大雨为由,修缮城防,召集壮丁,贮备粮食,而对外却仍会集宾客文士,泛舟饮酒、赋诗,以免安禄山疑心。安禄山发动叛乱后,河朔一带全部沦陷,唯独平原城防守完备。在唐玄宗刚刚听说爆发叛乱时,曾感叹地说:"河北二十四郡,岂无一忠臣乎?"等听到平原派来的使者奏报后,极为高兴,对左右的人说"朕不知颜真卿形状如何,所为得如此!"

安禄山攻陷了洛阳后,杀死洛阳留守李澄、御史中丞卢亦、判官蒋清,派使者段子光将三人的首级向河北宣示,颜真卿恐怕人心动摇,就哄骗各位将领说:"我一向认得李澄等人,这些首级都不是他们的。"就腰斩了段子光,秘密收藏了三个人的首级。几天后,用草结成他们的身体安葬,并设立灵位,大声痛哭,他的部下更加拥护他。

颜真卿招募勇士,十天内共得一万人,向他们宣布举兵讨伐安禄山。颜真卿为国家遭逢祸难失声痛哭,勇士们都为之感动。安禄山派遣他的部将李钦凑、高邈、何千年等人把守土门。颜真卿的堂兄常山太守颜杲卿与长史袁履谦用计谋杀死了李钦凑、高邈,活捉了何千年,送往京师。攻破土门之后,河北十七郡归顺了朝廷,共同推举颜真卿为主帅,聚集了兵马二十多万,横向贯穿在燕赵之间,阻绝安禄山的叛军。朝廷任命颜真卿为户部尚书,仍为平原太守,不久又加任为河北招讨采访使。

当时清河太守派使者李萼来向颜真卿请求援兵,颜真卿为他发兵六千,并征求他抵抗叛军的意见。李萼出谋划策说:"今闻朝廷使程千里统众十万自太行东下,将出坼口,为贼所扼,兵不得前。今若先伐魏郡,斩袁志泰,太守司马垂使为西南主;分兵开坼口之路,出千里之兵使讨邺、幽陵;平原清河合同十万之众徇洛阳,分兵而制其冲。计王师亦不下十万,公当坚壁,无与挑战,不数十日,贼必溃而相图矣。"颜真卿表示赞同。于是传令清河等郡,派遣大将李择交、副将范东馥、和琳、徐浩等人进兵,与清河、博平五千人联兵驻扎在堂邑。叛军袁志泰派其部将率二万人前来交战,被打得大败,斩首一万多人。

肃宗在灵武即位后,颜真卿多次派使者奏报情况。肃宗任命他为工部尚书,兼御史大夫、河北采访招讨使。当时军费枯竭,李萼建议他收景城盐利,让各郡分别

上缴，才解决了军费问题。

安禄山乘虚派史思明、尹子奇急攻河北，各郡再次被叛军攻陷，唯独平原、博平、清河三郡依然固守，但人心动摇不安，形势危急，局面难以挽回。至德元年（公元756年）十月，颜真卿只得弃城率众渡过黄河，经过江、淮、荆襄辗转来到凤翔，朝见肃宗。肃宗下诏任命他为宪部（刑部）尚书，不久，又加任御史大夫。在任官期间，颜真卿对于一些不守礼法的官吏加以弹劾。"军国之事，知无不言"，因而受到宰相的忌恨，被从朝廷排挤出去，任冯翊太守，后改任为蒲州刺史，又被御史唐旻所诬陷，贬为饶州刺史。

乾元二年（公元759年）颜真卿任浙西节度使。当时淮南节度使刘展将要谋反，颜真卿事先做好了防备。都统李峘认为这是制造事端，进行非议。朝廷就征召颜真卿为刑部尚书。后来，刘展果然谋反，而李峘则逃奔到江西。颜真卿到朝廷后，宦官李辅国假传诏令将玄宗迁到西宫，颜真卿率领百官上表请问起居，为李辅国所痛恨，被贬为蓬州刺史。

代宗即位后，任命颜真卿为利州刺史，还没来得及上任，随即又改任为吏部侍郎。后又任命他为荆南节度使，没有上任，改任为尚书右丞。代宗从陕州回到长安，颜真卿请先拜谒陵庙而后还宫，宰相元载对此有所非议。没多久颜真卿改任检校刑部尚书知省事，封为鲁郡公。当时元载援引私党，害怕朝臣论奏他的过失。就让百官凡是要论事先告诉长官，长官再告知宰相，然后上奏皇帝。颜真卿就此上书给代宗，指出："今陛下欲自屏其耳，使不聪明，则天下何望焉？"认为："今天下疮痍未平，干戈日滋，陛下岂能不博闻谠言，以广视听，而塞绝了忠谏呢？……如今奏言到宰相那里就不往上奏了，御史台作条目，不得直接进言，从此人们就不再奏事了。天下之士，钳口结舌，陛下便以为无事可论了，岂知他们是畏惧而不敢进言。臣以为如今的时事，旷古未有，陛下不早觉悟，渐成孤立，后悔就来不及了。"言词非常激切，于是中人抄写内本，传播于朝廷内外。后来颜真卿掌管太庙时，指出祭器不整齐，元载认为是诽谤。大历元年（公元766年）被贬为峡州别驾，继而改任吉州司马，后又提升为抚、湖二州刺史。

元载被处死后，在杨绾的推荐下，代宗召回颜真卿，任他为刑部尚书。代宗去世时，颜真卿被任命为礼仪使。德宗即位后，杨炎为宰相，因颜真卿耿直而厌恨他，改任颜真卿为太子少傅，

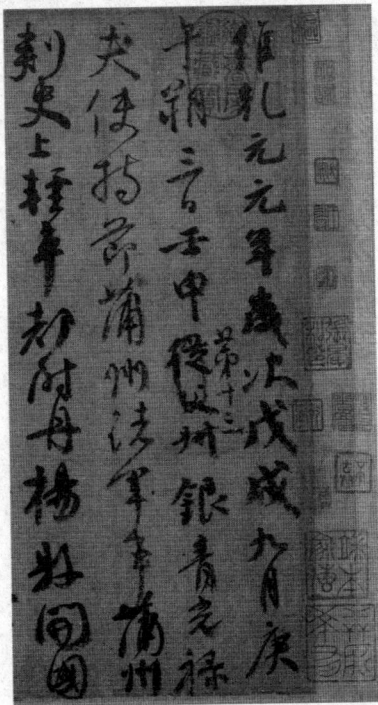

颜真卿书法2

仍为礼仪使,表面上给予尊宠,实际上是夺取了他的实权。

忠至灭身　三军痛哭

　　卢杞专权时,忌恨颜真卿的耿直,改任他为太子太师,免去了礼仪使之职,并想把他排挤出朝廷,安排到方镇。

　　建中四年(公元783年),淮西节度使李希烈反叛后,攻占了汝州。德宗向卢杞问计,卢杞回答说:"希烈为年轻的骁将,恃功骄慢,将佐都不敢靠近他,所以就得派一名儒雅的重臣,带着皇上的圣泽,为其直陈逆顺祸福,希烈必革心悔过,这样就可以不必劳费军旅了。颜真卿乃三朝旧臣,忠直刚决,名重海内,人所信服,这事非他莫属。"德宗表示赞同,于是命令颜真卿到许州安抚李希烈,诏令下达后,整个朝廷都大为震惊。李勉听说后,认为失去一位元老会给朝廷带来耻辱,秘密上表,请求留下颜真卿,又派人拦路截留他,但没有来得及赶上。颜真卿乘驿车来到东都洛阳,河南尹郑叔则认为此去难免一死,劝他稍作停留,等待朝廷后发的命令,颜真卿认为君命不能回避,毅然前往。

　　刚到许州时,颜真卿要宣布诏旨,李希烈指使养子一千人环绕着他谩骂并拔出刀剑对着他,作出要分割他、吞食他的恣态。颜真卿纹丝不动,面色不变。李希烈急忙上前用自己的身体遮挡住颜真卿,喝令众人退下。把颜真卿安排在馆舍中以礼相待,但逼迫他上表朝廷,洗刷自己的罪过,颜真卿没有听从。

　　当时朱滔、王武俊、田悦、李纳等河北藩领主帅各自称王,他们派遣使者向李希烈称臣,劝他称帝。李希烈就召颜真卿来,说:"今四王遣使共举事,不谋而同,太师观此事势,岂吾独为朝廷所忌无所自容邪!"颜真卿反驳道:"此乃四凶,何谓四王,相公不自保功业,为唐忠臣,乃与乱臣贼子相从,难道想与他们一同覆灭吗!"李希烈听了很不高兴。过了几天,李希烈又让他与四镇的使者一同参加宴会,四位使者说:"久闻太师重望,今都统

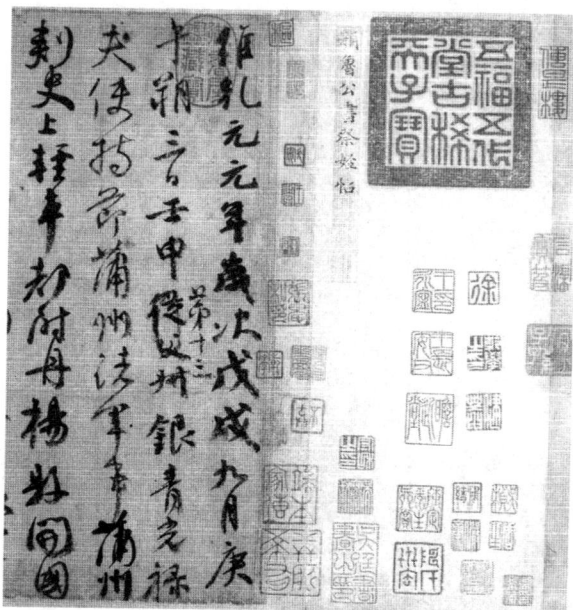

颜真卿书法

(李希烈)将称大号而太师适至,是天以宰相赐都统也。"颜真卿斥责他们说:"是什么宰相! 你们知道颜杲卿吗? 他是我的堂兄。安禄山谋反后,他首举义兵而被害,诟骂不绝于口。我今年已经快八十了,官至太师,守吾兄之节,死而后已,岂能受你们诱胁呢!"四镇使者便不敢再说话。李希烈于是将颜真卿拘禁起来,命令十名士兵看守馆舍,在庭院中挖了一个坑,扬言要活埋他。颜真卿泰然自若,见到李希烈说:"死生已定,何必多端,只需要一把剑就够了,那样岂不是也让李公省事了吗!"李希烈只得向颜真卿谢罪。

建中四年(公元783年)三月,荆南节度使张伯仪在安州被李希烈击败,失去旌节。李希烈派人把旌节和俘虏带给颜真卿看。颜真卿见后号啕大哭,跌倒在地,气绝而复苏,从此不与人说话。后来李希烈的大将周曾等人谋划袭击汝州杀死李希烈,尊奉颜真卿为节度使。事情泄露,李希烈将颜真卿拘送到蔡州,颜真卿考虑必死无疑,于是写好了遗书、墓志、祭文。李希烈僭越称帝时,派人问他称帝的仪式。颜真卿回答说:"老夫已经老了,曾掌国礼,所记的只有诸侯朝觐皇帝的礼仪。"

兴元元年(公元784年),唐军重振,李希烈担心蔡州发生变故,就派他的部将辛景臻、安华来到颜真卿所住之处,在院庭中堆满了柴草,浇上油,对颜真卿说:"既然你不能归降,就自己焚身吧!"颜真卿起身投向火中,辛景臻等人急忙制止了他。七月,德宗车驾回到了长安,李希烈的弟弟李希倩由于参与了朱泚的叛乱,被处死。李希烈听说后极为愤怒,就在八月三日,派中使与辛景臻等人将颜真卿缢死,时年77岁。

颜真卿被害,在朝野引起了很大反响,三军为之痛哭,德宗停止朝见五日,谥号为文忠,下诏称他:"才优匡国,忠至灭身……器质天资,公忠杰出,出入四朝,坚贞一志……拘胁累岁,死而不挠。"

同归善理财 殊途遭冤狱
——刘晏、杨炎之冤

唐中期以来,各种社会矛盾迅速发展,吏治腐败,苛捐杂税名目繁多,或赋敛不一,或征发过多,造成"士民皆衣纸"的凄惨景象。而贵族则横征暴敛,挥霍无度。玄宗视金帛如粪壤,赏赐贵宠之家没有限极。唐玄宗后期,唐朝边镇的军事力量不断扩大,各节度使既有其土地,又有其人民,有其甲兵,更有其财赋,形成强大的地方割据势力,并最终导致了"安史之乱"。

"安史之乱"历时七年多,使社会经济遭到严重破坏,特别是河南一带"人烟断绝,千里萧条"。自此,唐王朝由盛转衰。在这种"天下户口,什亡八九。州县多为藩镇所据,贡赋不入,朝廷府库耗竭"的情况下,刘晏临危受命,担当起了唐朝财政要职。

杨炎与刘晏同一时期,二者都是唐朝中期著名的理财家,也都死于冤狱。不同的是,杨炎害死了刘晏,后又被卢杞所害。因此,刘晏与杨炎之死当是中国古代冤狱中的典型。

刘晏理财 挽救时局

刘晏(公元 715—780 年),字士安,曹州南华(今山东东明)人。刘晏少有才华,开元十三年(公元 725 年),唐玄宗到泰山举行祭祀天地大典,年仅 11 岁的刘晏到玄宗驻地献上自己作的赋。玄宗见其年幼,十分惊奇,命丞相张说当面考试刘晏。试后,张说回禀玄宗,认为刘晏很有才华,"是国家的祥瑞"。这样,刘晏被授官秘书省正字。此后,刘晏名重一时,被称为"神童",公卿们争相与之结交。刘晏于玄宗天宝七年(公元 748 年)任夏县(今山西夏县)县令,后任温县(今河南温县南)县令,因政绩显著,迁升侍御史。

唐肃宗至德元年(公元 756 年),刘晏奉诏出任度支郎中兼侍御史,领江淮租庸事。此后,刘晏长期担任唐朝理财要职,直到唐德宗建中元年(公元 780 年)以左仆射兼判度支的身份独立总领唐朝财政。在刘晏参与或主持唐王朝财政工作的二十余年中,唐王朝濒临崩溃的社会经济得以复苏,使唐王朝暂时度过了由"安史之乱"

造成的社会危机。唐代宗曾把刘晏比作萧何,后人也给予刘晏以高度评价:"故论中国的理财家,管子而后,晏一人而已。"

刘晏理财思想的精髓在于"以养民为先"。他认为,"户口滋多,则赋税自广",并在这一符合客观经济发展规律的思想下,采取了一系列理财措施。

首先,发展漕运。"安史之乱"使交通运输遭到严重破坏,南粮北运几至中断,当时曾有"一斗钱一斗米"之说。严重的粮荒也威胁到京师,长安的米价由斗米二百钱飞涨到一千五百钱,即便皇宫的御膳房也是有上顿而无下顿。造成这种状况的主要原因,是江淮的粮食运不进来。

当时,关中一带所产粮食不能满足京师所需,大量的粮食需从东南地区调入。南粮北运的主要通道是隋朝开凿的运河,但由于河道年久失修,东南地区所产的粮食和财物均无法运入长安。因此,快速、有效地解决粮食问题就成为平灭叛乱、解决唐王朝危机的关键。

刘晏为解决粮食和物品的运输问题,进行了行程达千余里的实地考察。在比较了多个方案的利弊之后,认为疏通漕运是当时的最佳选择。因为漕运疏通后,可以减轻京师及其周边百姓的赋税、徭役,恢复漕运河道沿岸周边的社会经济秩序。同时,京师解决了粮荒,还可以对各地藩镇及周边少数民族起到震慑作用。为此,刘晏有针对性地进行了漕运的恢复工作:

一是疏通运河,多建船场。刘晏指派大量兵丁疏通河道,"分黄河水入通济渠",从而使运河河道得以疏通。同时,在江苏仪征县修建了 10 个船场,在较短时间内建造了两千艘每船可运粮上千石的大型船只。此外,刘晏改变了船工的征召办法,将以往无偿强征民夫的办法改为雇佣法,以此调动船工加入漕运的积极性。

二是因地制宜,分段运输。以往的漕运是直达运输法,即在每年早春将船只集中到扬州,装粮后于四月渡淮河入汴水,在浅水中行驶一个多月后抵黄河口。由于此时正值汛期,须等到八、九月才能由汴水入黄河,并在进入黄河后换船换人。这种运输方式既耗时又费力,且粮食损耗较多,每石粮在运抵京师时只剩八斗左右。针对这一弊端,刘晏改用分段运输法,即江南船不进入汴水,汴水船不进入黄河,黄河船不进入渭水,各段运输船只完成本段运输后即可返回。各河段衔接处设立粮仓,专管起运贮存粮食。同时,加强对船运的组织领导,"十船为纲,每纲三百人,篙工五十"。为保障漕运安全,在漕运沿途派兵护送。

三是麻袋装运,减少损耗。以往漕运的粮食是散装,既不便于装也不便于卸。刘晏则令改散装为麻袋装运,从而既加快了装运速度也减少了损耗。

四是改私运为官运。以此降低成本,也便于对漕运的管理。

在漕运疏通后,"自是关中虽水旱,物不翔贵矣"。

其次,振兴盐业。"安史之乱"前,每斗盐价不超过十钱,而到乾元二年(公元759 年)则上涨到一百一十钱。盐价飞涨虽然一方面增加了政府的收入,但另一方

也加重了百姓的负担,使社会矛盾加剧。

刘晏于广德元年(公元763年)任吏部尚书、同平章事,领度支盐钱转运使。之后,刘晏对盐法进行了改革。

一是废除食盐产销由官府垄断的政策,实行民产、官运、商运商销。刘晏在盐场设盐官监督盐民产盐,由政府收购并加入盐税后就地卖给盐商,再由盐商另行销售。这样,由于政府控制了食盐的货源和批发环节,从而堵塞了盐商投机倒把的渠道。同时,仅在食盐产地设置盐官,以往各州县所设盐官被取消,既减少了开支,也避免了官多扰民的状况,还使唐初因开放盐铁而不予征税的情形得以改观。

二是设立"常平盐仓"和实行"以绢代钱"法。为防止盐商在缺盐地区哄抬盐价,刘晏把官盐运到各地贮存。在发生盐荒时,由官府将贮存的食盐"减价"出售,此称"常平盐"。刘晏设立的"常平盐仓"有几十个,分布在交通要道上,贮备食盐二万余石。这一做法既可保证政府的税收,又有利于社会的稳定。

三是精简盐务管理机构。刘晏针对以往全国各州县均设置盐官的做法进行盐务管理机构的裁撤,只在少数盐区保留盐官。同时,撤销非重点产盐区的盐院。全国只保留十个盐监和四个盐场,负责管理和收购食盐以及食盐的中转和推销。此外,在主要城市设立十三个专门办理盐务的巡院,负责管理食盐的销售市场,打击盐商的不法行为,并向盐户传授制盐技术、提供制盐工具。

刘晏的盐务改革使税收日增,国库充裕。"晏之始至也,盐利岁才四十万缗,至大历末六百余万缗,天下之赋,盐利居半"。

再次,平抑物价。刘晏在各交通要地设立驿站,负责掌握本辖区内粮食丰歉、物价升降等经济情况以及雨雪、旱涝等自然情况,逐月将这些情况上报,借此掌握生产情况和市场信息。在某地区因为灾害而粮食歉收导致物价上涨时,刘晏便减免税赋,同时指令当地官府以较低的价格出售粮食。在丰年,政府则用高于市价的价格收购粮食。刘晏平抑物价的做法既稳定了物价,又防止了商人囤积居奇,因而收到了良好的效果,"使天下无甚贵贱而物常平"。

杨炎理财　改革税制

杨炎(公元727—781年),字公南,号小杨山人,凤翔(今陕西凤翔)人。代宗大历九年(公元774年)十二月,由宰相元载推荐为吏部侍郎。德宗时,由宰相崔祐甫召为门下侍郎、同平章事。不久,崔祐甫因病不能参议政事,杨炎遂"独当国政"。

杨炎与刘晏所处同一时代,有着共同的历史背景。只是杨炎当政时,藩镇势力更加强大,租庸调制破坏严重。

唐朝建立以后一直实行租庸调制征收赋税,而这一制度的基础是均田制。唐

朝前期实行均田,一些无地或少地的农民借此分得一块土地,由政府向受田课丁征收田租、力庸、户调(合称租庸调)。均田制提高了农民的生产积极性,促进了农业生产的恢复与发展。因此,唐初的"贞观之治"乃至后来的"开元之治"均与均田制和租庸调制有着直接关系。

然而,"安史之乱"使北方农民流离失所,导致均田制有名无实,使与之相伴的租庸调制也无以为继。据天宝十四年(公元755年)统计,全国当时的总人口为五千三百万人,但不负担租庸调的人数则为四千四百七十余万人,占总人口的百分之八十以上。政府为了弥补财政亏空,在加重按户征收的户税和按亩征收的地税、青苗钱之外,另行增加了名目繁多的新税目。农民不堪重负,逃亡现象日益严重,从而使政府收入越加匮乏。

鉴于此,杨炎也进行了一系列财政方面的改革。

杨炎认为,赋税乃是国之大计,天下的治乱重轻均系于此,既然如此,就必须把财政措施制定得当。杨炎总结了历代理财经验,提出了自己的独到见解,建立起国家财政与宫廷经费之间的钱物分配计划,打击了干政的宦官势力,对唐后期的财政管理制度产生了积极影响。

在杨炎的改革措施中,最有影响的是"两税法"的施行。"两税法"于大历十五年(公元780年)实行,即"凡百役之费,一钱之敛,先度其数而赋于人,量出以制人。户无主客,以见居为簿;人无丁中,以贫富为差。不居处而行商者,在所郡县税三十之一,度所与居者均,使无侥利。居人之税,秋夏两征之,俗有不便者正之。其租庸杂徭悉省,而丁额不废,申报出入如旧式。其田亩之税,率以大历十四年(公元779年)垦田之数为准而均征之。夏税无过六月,秋税无过十一月。逾岁之后,有户增而税减轻,及人散而失均者,进退长吏,而以尚书度支总统焉"。其宗旨在于"唯以资产为宗,不以丁身为本,资产少者则其税少,资产多者则其税多"。

"两税法"的颁行是赋税制度的一大变革,标志着中国自战国以来以搜刮人丁力役为主的赋税形态向以搜刮实物为主的新的赋税形态的转变。这一新的赋税制度推行后收效明显。"两税法"使唐政府收入大增,"赋入一千三百五万六千七十贯(缗),盐利不在此限"。同时,"两税法"严重打击了贵族豪绅势力,加强了唐中央的经济力量。

被诬致死　天下为冤

刘晏与杨炎的财政改革均取得了巨大的成就。特别是杨炎的"两税法",一直延续被用做后来封建统治阶级赋税制度的基础。就是这样两位理财家,虽同朝共事,却成了互不相容的冤家对头,以致造成令人痛心的冤案。

大历十二年(公元777年)三月,"诛宰臣元载,晏奉诏讯鞫"。刘晏对审理此案心存顾忌,而这种顾忌不是没有道理的。

刘晏与杨炎早有隔阂,"杨炎为吏部侍郎,晏为尚书,各恃权使气,两不相得"。同时,杨炎与元载关系密切,宰相元载与杨炎出身于同一郡县,杨炎又是元载一手提拔上来的,所以杨炎被擢升吏部侍郎、史馆修撰。元载当国时期,私下里物色可接替自己位置的人,开始时,初得礼部侍郎刘单,但不久他就死了;后又选中吏部侍郎薛邕,而薛邕也因故被贬谪;后来才选中杨炎,所以元载对他倚重无比。刘晏"以载居任树党,布于天下,不敢专断,请他官共事。敕御史大夫李涵、右散骑常侍萧昕……同推,载皆款伏"。虽然如此,元载一案还是加剧了刘晏与杨炎的矛盾。

元载被诛,杨炎受到牵连而被贬官,对此,杨炎耿耿于怀,一直暗中伺机报复。大历十四年(公元779年),代宗死,德宗继位。当时曾传说,刘晏在德宗还是太子的时候,曾参与宫中阴谋另立太子的活动。杨炎见有机可乘,借题发挥,奏曰:"刘晏、黎干之辈,摇动社稷,凶谋果矣。今干以伏罪,晏犹领权,臣为宰相,不能正持此事,罪当万死"。虽有崔祐甫等众多朝臣劝奏德宗"不当究寻虚语",但仍不能平抚杨炎的报复心理,最终还是罢了刘晏转运使而贬为忠州刺史。这标志着刘晏冤案的开始。

刘晏虽已外贬,杨炎仍不肯善罢甘休,他得知庾准往日与刘晏有私怨,把他擢任荆南节度使。庾准按照杨炎的意图,诬奏刘晏曾致书朱泚,语言怨望,并召集士卒,擅取官物,胁迫诏使,阴谋作乱,杨炎还出庭作证。德宗并未详察,遂于其年七月遣使者就忠州缢杀刘晏,时年66岁。过了十九天,德宗才颁下赐死诏书,公布其所谓罪恶。家属发配岭南,受株连者数十人,"天下以为冤"。

同归诬陷　殊途被杀

杨炎理财功绩不可磨灭,但从迫害刘晏至死的冤案中,却透出杨炎不光彩的一面。杨炎刻意置刘晏于死地,纯系个人恩怨。

距刘晏自尽仅一年零三个月,杨炎也被迫害含冤而死。这个结局不是杨炎所能料想到的,却是杨炎最可悲的。历史嘲笑了杨炎。

杨炎非寻常之人,陷刘晏于死地自知问心有愧,而此事恰恰是杨炎招致杀身之祸的一个原因。刘晏冤死,群臣对杨炎"为之侧目",怨声四起。杨炎曾对别人说:"晏往尝傅会奸邪,谋立独孤妃为后,帝自恶之,非它过也"。此言被人密奏德宗:"(炎)恐天下以杀刘晏之罪归己,推过于上耳"。而此时的德宗对诛刘晏已有悔意,闻言后,"自此德宗有意诛炎矣,待事而发"。

杨炎的悲剧还在于他独揽大权,恃才傲物,凌驾于群臣乃至德宗之上。杨炎下

属梁崇义反叛,德宗欲以淮西节度使李希烈统军讨伐。杨炎认为李希烈"异日平贼后,恃功邀上",将来不好收拾,因此固谏不可。德宗又想假李希烈之兵平叛,杨炎又谏不可。德宗非常恼怒,对杨炎说:"朕业许之矣,不能食言"。建中二年(公元781年),杨炎奏请德宗派泾原节度使段秀实建城于原州。段秀实以春天耕作刚开始请求缓行建城,引起杨炎不满并借此降其官职。不久,又令泾州官兵去建原州城,因调治失误,险生边患,这些皆因杨炎以自己的好恶更易主帅的缘故。杨炎死后,宰相李泌曾对德宗说:"杨炎罪不至死,杞挤陷之。"德宗却说:"卿言固然有理,但是杨炎视朕如三尺童子,有所论奏,可则退,不许则辞官,这就不单单只是卢杞陷害他这么简单了"。

杨炎的冤狱,最直接的原因是宰相卢杞的陷害。

德宗欲除杨炎,便提拔卢杞为门下侍郎、平章事,把杨炎转为中书侍郎,仍平章事。卢杞是个"忌能妒贤,迎吠阴害,小不附者,必置之于死"的小人。同时,卢杞才学平平,仪貌丑陋,杨炎对他甚为厌恶,所以卢杞对杨炎一直怀恨在心。

开元初年废除了中书舍人分管尚书六曹之职,卢杞奏请皇帝给予恢复。杨炎则强烈反对,两人互不相让。加之卢杞侵权,密奏主书过错并逐之,杨炎忿忿不平地说:"中书舍人只不过是我手下的小吏,越过我的权力而自治,这不是和我公然的对着干吗?"两个人的矛盾日趋尖锐化。

此后不久,德宗问及宰相大臣中可委以重任之士,卢杞举荐张镒、严郢,杨炎举荐崔昭、赵惠伯。德宗认为杨炎举荐不当,罢杨炎宰相之职降为左仆射。这样,卢杞在权势上占了上风,并提拔严郢为御史大夫。

杨炎与严郢早就不睦,便让御史张著弹劾严郢,严郢因此被降职为御史中丞。同时,杨炎耳闻源休与严郢不和,便提拔源休为京兆尹,让源休监视严郢,而源休升职后反与严郢关系暧昧,杨炎弄巧成拙。

卢杞则用杨炎陷害刘晏的方法对付杨炎,唆使严郢以杨炎曾把私宅卖为官廨为借口,弹劾杨炎"抑吏货市私第,贵估其宅",还胁迫法官枉法判杨炎"监主自盗,罪绞"。两人勾心斗角,愈演愈烈。卢杞极尽迫害之能事,并最终占据上风。他利用杨炎不得势之机,对群臣极力拉拢,排挤、孤立杨炎。

开元中,有人想在曲江南面建家庙,因皇帝巡幸路过这里便打消了念头,而杨炎却在那里建起了家庙。有流言传说:"此地有王气,炎故取之,必有异图"。德宗听后更加恼怒,下诏毁了杨炎的家庙,并历数杨炎过错。自称"于将相,义切始终,顾全大体,特有弘贷"的德宗,在把杨炎罢职贬往崖州(治所在今广东崖县崖城镇,辖境相当今广东崖县、保亭、乐东等县地)的路上,派人缢杀了年仅55岁的杨炎。很久以后才给杨炎平反,"诏复其官,谥肃愍"。在左丞相孔戣建议下,改谥号为"平厉"。

刘晏与杨炎的死是一种悲剧,而这种悲剧只是中国几千年封建社会中诸多冤案的重演或再现。最为可悲的是，杨炎在以个人恩怨害死刘晏后的仅一年零三个月也被迫害致死。杨炎自己导演了一出悲剧，而后又成了另一出悲剧中的主角。是历史跟杨炎开了个玩笑，还是古语所说的"善有善报，恶有恶报"？恐怕都不是。刘晏与杨炎的悲剧是有着深刻的历史原因的。

在中国几千年的封建社会里，皇帝专制或大臣当权，多是以自己的好恶定曲直。德宗"保奸伤善，听断不令"。杨炎本人也是如此，"睚眦必仇，险害之性附于心，唯其爱憎，不顾公道"。所以，出现刘晏与杨炎这样的悲剧也就不足为奇了。

唐朝中后期，"朋党"呈越来越严重趋势。各党派之间互相倾轧，各不相让。"宰相朋党，上负朝廷。杨炎为元载复仇，卢杞为刘晏报怨"。虽然这样评价刘晏与杨炎的死不够公允，但从中可以看出一点两人所遭迫害的端倪。

刘晏与杨炎同为理财家，又都懂得"因民所急而税之，则国用足"的道理。刘晏提出"以养民为先"的理财思想。特别是杨炎的"两税法"，确立了"户无主客，以见居为簿，人无丁中，以贫富为差"的征税原则，从而实现了中国封建社会的税收结构由以人头税为主向以资产税为主的历史性转变，并为以后朝代所沿袭。虽然两个人的根本目的是为了维护封建统治阶级的利益，但两个人的理财措施又势必在不同程度上触动封建地主阶级的利益。所以，必然遭到封建势力的围攻和迫害。

在封建社会里，一些人之间或出于派别，或出于个人恩怨，或出于争权夺利，往往互相利用，勾心斗角，尔虞我诈。特别是奸臣当道，以置人于死地而后快，制造冤狱成了一些人的升官手段，受害者相应地成了历史的牺牲品。不管是刘晏抑或杨炎，其悲剧皆在于此。

杨炎曾谓家人说："且有非常之福，必有非常之祸"。从中可以看出，杨炎对当时所处的历史环境是有明智的和足够的认识的。然而，杨炎与卢杞不能相提并论，一个是有才能的理财家，一个是奸佞小人。但是，卢杞陷害杨炎与杨炎害死刘晏相比，就使杨炎自身的悲剧更加可悲了。

兴利兼除弊　陷宦祸终身
——"二王八司马"之冤

永贞元年（公元 805 年）八月，在宦官俱文珍等的谋划下，唐顺宗李诵被迫退位，由太子李纯即皇位，史称唐宪宗。宪宗即位后，下旨惩办顺宗身边的几位改革大臣，贬王叔文为渝州司户，后又赐死。贬王伾为开州司马，不久王伾死于贬所。又贬韦执谊为崖州司马、柳宗元为永州司马、刘禹锡为朗州司马、韩泰为虔州司马、韩晔为饶州司马、陈谏为台州司马、凌准为连州司马、程异为郴州司马，史称"二王八司马"事件。在这里着重讲一下二王之冤。

宦祸乱政　世道黑暗

安史之乱使唐朝从繁荣的顶峰上跌落下来。唐王朝的政局出现了两个特点，一是宦官专权于中央，二是藩镇割据于地方。

唐制，宦官属于内侍省。唐太宗曾规定宦官不得干预朝政。到安史之乱后，宦官不仅参与朝政，而且掌握了军权，开始操纵皇帝。唐肃宗是个平庸的皇帝，他任用鱼朝恩为观军容宣慰处置使，成为唐代宦官掌握军权的开始。唐代宗时政权进一步落到宦官手里。宦官李辅国曾公开对代宗说："大家但内里坐，外事听老奴处置"。"大家"是唐宫中对皇帝的惯称。鱼朝恩也经常训斥宰相，凡朝廷裁决的事，没有他参加意见的便不算数，说"天下事有不由我乎！"这种宦官专权的局面到德宗李适时期就更加严重了。

德宗猜忌心强，性情急躁，刚愎自用。当皇帝不久，就免去了一代名将郭子仪的职务。对于朝中敢于犯颜直谏的正直大臣，总是不能容纳，如政治家陆贽，刚正不阿，敢于直言净谏，却最终被免职。他最为信任的就是宦官，认为他们是自己的家奴，忠实可靠，把军政大权都委于他们。他任命大宦官窦文扬、霍仙鸣为左右神策军的中尉，让他们掌握十五万中央禁军的指挥权。因此，宦官势力十分嚣张。德宗爱财如命，一些节度使和地方官为讨其欢心，不断进贡财物，名目很多。有的每月进奉，叫"月进"，有的每天进奉，叫"日进"。德宗每年收到的进奉的钱，多时竟达五十万之巨。但他仍不满足，还别出心裁地搞什么"宫市"，让宦官担任宫市使，

为宫廷购买日用货物。宫市使下置有数百小宦官,他们常常假称皇命,去市场和民间强行贱买,以一百钱买数千钱的物品,有时甚至根本不付钱,以至于市民和百姓一见到宫市使到来,就像看到强盗一样。

由于政治黑暗,地方节镇独霸一方。他们时而为争夺地盘互相厮杀,时而串通一气发动叛乱,气势越来越嚣张。中央与地方、藩镇与藩镇之间的战争,连年不断。国家一再向老百姓额外加税,横征百出。因此民不聊生,阶级矛盾日益尖锐,唐王朝陷入了风雨飘摇之中。

永贞革新　兴利除弊

为了挽救唐王朝的危亡,以王叔文、王伾为首的一批有识之士,怀着强烈的忧患意识,希望革新政治,挽狂澜于既倒。他们在一起议论国事,逐渐形成了一个开明的官僚集团。除二王外,还有韦执谊、韩晔、韩泰、陈谏、柳宗元、刘禹锡、凌准、程异等。

王叔文,因下一手好棋,被德宗选到东宫侍候太子李诵。王伾,擅长书法,为太子侍书。二王都是太子的老师,与太子朝夕相处。尤其是王叔文,有韬略,明治国之道,深得太子信任。一次,李诵在东宫与诸太子侍读讲论政道,谈到了宫市的弊害,大家议论纷纷,太子也一时激愤,表示说:"我若见到了皇上,一定极力劝谏。"侍读们众口称赞,只有王叔文一人沉默无语。太子对此感到很奇怪,等到众人都退走后,叫王叔文留下,问他:"刚才讨论宫市,你一言不发,是为什么?"王叔文答道:"叔文蒙太子信任,有所见解,哪敢不说出来。但本朝制度,太子的职任,只应当关心皇上的寝食安否,不准干预宫外的事。皇上在位已久,如果有人乘机挑拨离间,说殿下收揽人心,那怎么解释得清楚?"太子听后恍然大悟,感泣道:"如果没有先生,我怎么会知道其中的利害呢!"自此,太子李诵对王叔文极为尊重,极为信任,东宫中的一切事情,都依靠王叔文裁量决定。

永贞元年(公元805年)正月,德宗死,太子李诵即位,是为顺宗。顺宗宽仁却有决断,他上台后,立即启用革新派,他礼重老师,对二王深信不疑,诸事仍委请王叔文决断。顺宗因患中风不语症,常居宫中,不能接触外廷,只有嫔妃牛昭容和宦官李忠言在左右服侍。他让王叔文坐守翰林决策,命王伾在牛、李与王叔文之间往来传递旨意、信息。百官奏事,通过牛、李转达给顺宗,顺宗阅后,经牛、李转王伾下翰林,由王叔文裁决可否;王叔文奏意也由王伾入,经牛、李转相交给顺宗,再由同样途径下翰林,称诏,宣行中书。不久,王叔文又荐引韦执谊为宰相。

二月二十二日,顺宗正式任命王叔文为翰林学士,王伾为翰林待诏。至三月,王伾也为翰林学士,韦执谊为宰相。让他们主持改革朝政。

王叔文等人的改革，主要包括以下几个方面。

"黜聚敛之小人"。李实是皇族，袭封道王，是个贪残无比的大坏蛋。李实在做节度使判官时，克扣军饷，引起军士怨叛，要杀死他，吓得他用绳子从城墙上吊下，才狼狈逃命。贞元末年，他当上京兆尹，继续穷凶极恶盘剥百姓，百姓对他恨之入骨。有一年，关中大旱，颗粒无收，可他却谎报谷田长得很好，违诏强征，逼得百姓拆屋卖苗，苦不堪言。顺宗即位之初，李实仍恃贵不知收敛，在府中，活活打死了十多人。王叔文执政后，果断地撤掉了他的京兆尹职务，贬他为通州长史。消息传开，人心大快，欢呼相贺。

"废除宫市和五坊小儿。"五坊小儿与宫市一样性质，都是暴虐之政。五坊是指宣徽院的雕坊、鹘坊、鹞坊、鹰坊和狗坊。"小儿"是在五坊服务的差役，也叫"小使"，都是由宦官充任。五坊小儿在长安城内外各处纵犬飞禽，为皇帝张网捕雀，所到之处，无恶不作。稍不如意，就把罗网罩在百姓家门及水井上，不让人出入打水，一直要闹到拿着钱才罢休。他们常群聚在酒食店里乱吃乱喝，临走时，非但不付钱，还要留下一筐蛇，说这蛇是用来捉鸟雀供奉皇帝的，叫店家好好饲养。店家无奈，只得赔钱赔礼，千求万求，这些宦官才能罢休。奉使出外的宦官，还常在路上抢马，搞得不分穷富，都惊惧怨恨，畏之如盗，远近喧腾，商旅将绝。王叔文革除了宫市和五坊小儿这两项虐政，人情大悦。

"禁征乳母，释放宫女和教坊女乐"。贞元时，宫中征乳母，都令寺观选婢女充当，但是总不能中选。因此寺观轮到出婢女，就经常出卖产业在民间购选有姿色的民女送入宫里。永贞革新，禁征乳母，为百姓除了一害。宫女是供皇帝享乐的女奴，教坊女乐是从事歌舞活动的女奴，她们都没有人身自由，一辈子关在宫中守活寡。王叔文当政时，释放宫女三百人、教坊女乐六百余人，还允许家人在九仙门迎接，使其与家人团聚。

免"月进"、"日进"钱和盐铁使月进钱。盐铁专卖是唐代中后期政府的重要收入，由盐铁使经管。所谓盐铁使月进钱，是后来巧立名目，在正课之外，每月向皇帝进的自以为"羡余"钱，专供皇帝私用。这项弊政，不仅苛敛百姓，还影响国库的正常收入。它被废除，于国于民都有利。

在实际不到二个月的时间里，就革除了这么多的弊政，可见永贞革新办事之快、效率之高，由此也可以看出王叔文改革之坚决，胆魄之大。这些改革内容都使人情大悦，也就使永贞革新取得了民心和民间舆论的支持。在此基础上，王叔文继续与革新团成员共同谋议，部署从以下三个方面将革新推向深入。

第一，集中财权。把盐铁利权直接归中央掌握，以此制约地方割据势力，加强中央集权，统一全国政治，使百姓安富，平均赋税，助成富庶。

第二，裁抑藩镇。剑南西川节度使韦皋曾派他的部属刘辟见王叔文，要求兼领三川，还威胁说，如果不答应，就要给王叔文颜色瞧。王叔文怒不可遏，予以坚决拒绝,还准备杀掉刘辟,吓得刘辟狼狈而逃。

第三,谋夺宦官兵权。这是打击和铲除宦官集团的重要部署。宦官专权集团是永贞革新的主要目标,也是永贞革新的最大阻力。宦官集团之所以权势显赫,就当时来说,主要在于直接掌握了十五万神策军,又在地方军中担任禁军,也就是手中有兵权。因此能否战胜宦官集团是永贞革新的成败关键,而能否剥夺宦官的兵权又是关键中的关键。

五月,任命右吾金大将军范希朝为右神策统军,充左右神策、京西诸城镇得营兵马节度使,接管宦官手中的兵权。两天后,又任命度支郎中韩泰为左右神策军行军司马,以专兵柄,也就是要由革新派来掌握兵权。但是这一举措引起了宦官的注意,他们密令诸将抵制,于是王叔文谋夺宦官兵权的计划失败。这个失败给永贞革新留下了祸患。

本来,如果这三大部署都能破除阻力,进行下去,那么永贞革新完全可以取得成功,也能为唐王朝开创新的局面。但唐王朝的弊端已积重难返,以宦官和藩镇为代表的腐朽势力根深蒂固,盘根错节。宫廷内外,宦官爪牙遍地,皇帝只不过是他们手中的傀儡而已。由于王叔文的改革触及了宦官和藩镇的利益,他们知道革新派的后台是顺宗,决策人物是王叔文,因此把这两个人物选定为主要目标,伺机开刀。

革新失利　或逐或杀

宦官集团以俱文珍、刘光琦为首领,他们首先把矛头指向了唐顺宗。早在德宗驾崩时,他们就妄图取消顺宗的皇位继承权。他们秘密召翰林学士郑因、卫次公进宫,商量所谓的皇位继承问题。后因害怕发生变乱,才不得不让顺宗当上了皇帝。现在顺宗任用王叔文、王伾进行改革,侵害他们的利益,他们便公开起来颠覆唐顺宗的统治了。

顺宗身染重病,不能亲自视朝。宦官们便以此为借口,要求速立太子。顺宗有二十七个儿子,按规定只有太子才有皇位继承权。顺宗长子广陵王李纯与宦官较为亲近,所以俱文珍、刘光琦等人都极力要求速立李纯为太子。王叔文明白这是醉翁之意不在酒,坚决反对。但朝廷内外对顺宗的病都很担忧,怕顺宗会突然死去,国家陷入混乱,想早立太子,于是这股情势很快被宦官集团利用了去。在内外压力下,顺宗只好让步,下诏立李纯为太子。对此,王叔文深为忧虑,但苦于一言难尽,无法揭露,只是吟诵杜甫的《题诸葛亮祠堂诗》:"出师未捷身先死,常使英雄泪满襟。"发泄自己心中的忧愤。

果然不出王叔文所料,正式册立太子的当天,反对派太常卿杜黄裳仗着是韦执

谊的岳父，就迫不及待地劝韦执谊，要他率领文武百官奏请太子监国，就是要逼迫顺宗退位交权。这事关系重大，韦执谊没有答应，但是反对派的行动却没有停止。这时，他们又把目光转向了王叔文。他们利用控制朝廷包括顺宗的特殊权力，在制书上削去了王叔文翰林学士的职务。调任户部侍郎，把他一脚踢出了决策机关。后来经王伾再三上疏请求，才争取到每隔三五日可进入翰林院议事，不过翰林学士一职却永远失去了。

祸不单行，正在这危难之际，王叔文母亲病故，按礼必须离职回家守制。至此，王叔文可谓心力交瘁。一天，他在翰林院设下盛宴，请诸学士及李忠言、俱文珍、刘光琦共饮。席上，他起座对众人说："我近年尽心戮力，不避危难，兴利除害，都是为了国家。一旦离去职位，各种诽谤一定会随之而至，到那时谁肯说一句公道话？"众人都默然不言。只有俱文珍冷笑道："你不违背礼仪，何必害怕人言呢？未免太多心了吧。"弄得王叔文十分尴尬，结果不欢而散。第二天，王叔文因遭母丧而去职。

王叔文一旦去职，革新派就失去了核心，永贞革新的指挥中心和控制系统事实上已经瓦解，停止了运转。紧接着，革新派领导层内部矛盾加剧，韦执谊愈加不执行王叔文所定的谋略。王伾一个人还在翰林院中，每天找宦官，上疏，作了些努力，都没有结果。不久，王伾中风，失去了活动能力。宦官集团随即开始全面反扑，俱文珍等人不断逼迫顺宗交权，让太子监国。在这些势力的攻击下，顺宗失去了招架之力，七月二十九日，不得不把军国政事交由太子治理。八月四日，顺宗又被迫下诏禅让，自称太上皇。第二天，徙居兴庆宫，改元永贞，并令九日立太子为皇帝。

太子李纯当上皇帝后，立即惩处了王叔文等革新派官员，并于第二年正月，毒死了革新派的总后台——唐顺宗。

二王的政治生命就如同凋落的树叶一样随风而去。他们领导的"永贞革新"运动只进行了短短一百四十六天就夭折了。

永贞革新失败以后，宦官势力更加甚嚣尘上，他们"威慑朝廷，势倾海内"，把皇帝的生死废立也操纵在自己手中。继唐顺宗之后，唐宪宗和唐敬宗也分别死于宦官之手，宪宗以后至唐亡的九个皇帝，就有七个为宦官所立。作为皇室奴仆的宦官，却成了至高无上皇权的实际代表，实为历史上一大怪现象。

永贞革新最后落得如此下场，是因为当时唐王朝已十分腐朽，保守、反动势力十分强大；也因为改革派所依靠的是一个重病在身又没有实权的皇帝，力量非常弱小，因而他们的悲剧就不可避免了。

重臣功北阙　蒙冤葬南溟
——李德裕之冤

朋党之争就是官僚集团内部为争权夺利而进行的派系斗争。唐朝晚期的这种斗争，集中表现在牛僧孺、李宗闵和李德裕两派之间的对立。元和三年（公元808年），宪宗策试贤良方正直言极谏举人，牛僧孺、李宗闵在对策中极力指责时政之失。主持考试的吏部员外郎韦贯之对牛僧孺、李宗闵大加称赞。但由于宰相李吉甫的反对，韦贯之等人都被贬官，这可以说是朋党之争的开端。元和九年（公元814年）十月李吉甫死，其子李德裕继续与牛僧孺、李宗闵持对立态度，朋党之争也就愈演愈烈了。朋党之争，从宪宗到宣宗，历经穆宗、敬宗、文宗、武宗六帝，达40年之久，最终以李德裕含冤而死告终。

高门弟子　门荫入仕

李德裕（公元787—850年）字文饶，赵郡（治今河北赵县）人。出身于山东世家大族，其宗族冠内廷者两代，袭侯伯者六朝。祖父李栖筠，德宗朝官至御史大夫。父吉甫，宪宗朝两任宰相，极力赞助宪宗削藩，封赵国公，赠官司空，谥曰忠懿。

李德裕从小就胸怀大志，苦心攻读经史，尤其精通《汉书》和《左氏春秋》。他聪敏过人，很受宪宗喜爱。一次宰相武元衡问他在家喜欢读什么书他却缄默不言。李吉甫知道此事后，责问他为何不回答，他却振振有词地说："武公身为宰相，不问理国家调阴阳，而问所嗜书，其言不当，所以不应。"大家听到此事后，无不称奇。

李德裕写得一手好文章，但却不乐意参加科举考试。父亲劝勉他应试，他却说："好骡马不入行。"似不屑与士子同流。后来遂以门荫入仕，补官校书郎。当时因父任宰辅，为了避嫌，他不在台省任职，几次被辟为诸府幕僚。元和十一年（公元816年），张弘靖罢相

李德裕

出镇太原，辟李德裕为掌书记。三年之后，李德裕又随张弘靖入朝，任监察御史。元和十五年(公元820年)，穆宗即位后，李德裕被召入翰林院充学士，朝廷的诏制典册，大多出自他的手笔。在思政殿召对时，被赐以金紫之服，不久改任屯田员外郎。

唐穆宗不持政道，亲戚多所请托，干涉朝政。长庆元年(公元821年)正月，李德裕上疏说：过去规定，驸马不与朝廷要官相来往，玄宗开元年间禁止尤严，近日驸马常至宰相与要官私第，有时泄露机密，交结内外，这是很大的弊病"伏乞宣示宰臣，其驸马诸亲，今后公事即于中书见宰相，请不令诣私第。"李德裕的上疏切中时弊，得到了穆宗的赞同。不久，李德裕转任考功郎中、知制诰。翌年二月，转中书舍人，依然兼任学士。

当时，钱徽知贡举，中书舍人李宗闵私自以女婿苏巢相请托，西川节度使段文昌告发选举不公。穆宗向诸学士询问有关情况，李德裕等人回答说："诚如文昌言。"于是穆宗下令复试，贬钱徽为江州刺史，李宗闵也由此被贬为剑州刺史。早在元和初年对策时，牛僧孺与李宗闵抨击时政，已与李德裕父子结下私怨，至此，结怨愈深。这时李德裕已很有名气，与牛僧孺都有入相的希望。但宰相李逢吉不喜李德裕，长庆二年(公元822年)九月，将李德裕出为浙西观察使，并引荐牛僧孺做了宰相。

历任牧守　政绩卓著

浙西观察使驻润州(今江苏镇江)。李德裕赴任时，正值润州镇将王国清兵乱之后。前任观察使窦易直竭尽府库，把财物分赏给将士，致使军士渐渐骄横，府库财用拮据，境遇十分困难。在这种情况下，李德裕躬身俭约，尽量减少开支，把节余的财物用以军需，虽施与不丰，但将卒无怨。他竭力求治，尽心革除对人民有害的陈规陋习。当时，江南崇尚巫祝，迷信鬼神若有父母、兄弟一人得了疫病，全家都弃而不顾。李德裕选择一些德望高的长老，用儒家的伦理道德加以教化，然后再让他们回去说服民众，并对不接受教育的绳之以法。数年之间，弊风顿革。李德裕还针对当地祠堂多而滥的情况，下令将方志记载的前代"名臣贤后"祠堂加以保存，其余四郡淫祠一千零一十所全部拆毁。同时又拆毁私邑山房一千四百六十处。结果人乐其政，优诏嘉之。

长庆四年(公元824年)正月，穆宗病故，子李湛即位，是为敬宗。敬宗年少，却奢侈无度，虽曾敕令各地不准贡献，但时过不久，派往各地征收贡品的使者却络绎不绝。这年七月，诏令浙西造银盝子妆具二十件，上进皇宫，共需用银二万三千两，金一百三十两。上进贡品，对地方官来说是博取得皇帝欢心、飞黄腾达的好机会，但李德裕考虑到所用金银数量很大，当时财政困难，向下面摊派，又会加重老百姓的负担，人情不安。为此，他上奏朝廷说："浙西数年已来，灾旱相继，……物力之

间,尚未完复"。为了不困疲人,不敛物怨,请求朝廷罢造银蒜子妆具。不久,朝廷又诏令浙西上进可幅盘绦缭绫一千匹。李德裕以其"文彩珍奇,费用至多"为由,再次上疏朝廷,以太宗命李大亮停献名鹰、玄宗禁止在江南捕鹐诸鸟的故事为鉴戒,极力劝谏敬宗要以太宗、玄宗为榜样,学汉文帝简朴的风尚,请求停进缭绫。

李德裕两次上疏,不谄媚朝廷以求进身,唯以减轻百姓负担为虑,为官正直清廉。敬宗看了上疏后,回心转意,罢免了进贡。

敬宗游幸无常,朝政荒废,贤能大臣遭逐贬,奸佞之臣却被进用。李德裕虽身在浙西,却十分关心朝政,遂于宝历元年(公元825年)二月,献《丹扆六箴》。箴在古代是一种文体名,专以规戒为主题。他以《丹扆六箴》讽谏敬宗,一是《宵衣箴》,说古代帝王勤于听政,无未亮即等待上朝,以讽谏敬宗上朝晚而少。二是《正服箴》,说圣人作服装,足以效法,虽是游宴,也服装严整,以讽喻敬宗服御不合常法。三是《罢献箴》,借用汉文帝拒收千里马的故事,以讽谏敬宗征求珍玩,奢侈无度。四是《纳诲箴》,以古代帝王"从善如流,乃能成功"为例,劝敬宗要嘉纳忠言。五是《辨邪箴》,劝敬宗不要被谄奸蒙蔽聪明,要善于辨别忠奸。六是《防微箴》,劝敬宗要防微杜渐。

李德裕的《丹扆六箴》使敬宗深受感动,他亲笔作诏书,对李德裕的两次上疏及《丹扆六箴》作了高度的评价。

太和三年(公元829年)八月,李德裕被召至京城,任兵部尚书。四朝元老裴度很欣赏他的才干,举荐他做宰相,但吏部侍郎李宗闵因得宦官的内助,却抢先做了宰相,他感到李德裕在朝做官,威胁着自己的政治地位,又引荐牛僧孺为相,共同排斥李德裕,将他出为义成节度使。翌年十月,又转任西川节度使。

西川节度使驻成都(今属四川)。在李德裕来此之前,这里刚刚遭到一次战争的洗礼。杜元颖任剑南西川节度使时,他不懂军事,又不抚恤士卒,只知敲榨财物。后南诏贵族很快攻占了戎、邛二州,并攻破了成都,掠去了大批人口和财物,西川人民遭受了一场大灾难。李德裕到任后,便立即着手收拾残局,医治战争创伤。

首先是整顿边防。李德裕从调查研究入手,只用一个月的时间,便对当地的山川、城邑、道路、关隘都了如指掌。在此基础上绘制了与南诏、吐蕃有关的军事地图,然后大力整顿军备,加强边防。他认为边防军不在多,而在于精。他精减了老弱病残,选用善战而适应当地环境的士卒;同时又从当地每二百户中抽调一人作为民兵,免除其人的赋役,在农闲时习武,有事打仗,无事务农,称为"雄边子弟"。他又感到蜀地工匠造的兵器注重装饰,华丽而不适用,因而改用安定人造的盔甲,河中人造的弓,浙西人造的弩,很快地组织了一支装备精良、能攻善守的边防军。又在与南诏、吐蕃交界的险要之处分别修筑了杖义城和御侮城等城防,以西拒吐蕃,南拒南诏。为了改善供应,他改变了运粮的时间。过去,从内地运粮供应黎、巂州,常在炎热的夏季送到,瘴毒之盛,輦夫多死。李德裕改为十月出发,盛夏之前粮食即可运到，这样既保证了车夫的安全，又能保证粮食的供应。

李德裕还采取了有利于发展农业生产的措施。他明令蠲免苛役重赋，鼓励树艺畜牧。他下令把僧尼的私人庐舍全部拆掉，把占用的土地归还给农民耕种。当时蜀地河中小洲渚田有千余顷，都是肥沃的良田，原来由农民零星垦种，后被豪强兼并。李德裕上任后均其耕垦，首先照顾贫弱，视其年收入而征税。李德裕同时还着手改革弊风，当时蜀地很多人私卖女儿，使做富人妾，受人奴役。李德裕下令，凡买的妾，年龄在 13 岁以上的，在夫家可役使 3 年；13 岁以下的役使五年。期满以后，要归还本人父母，严令限制买卖人口。

经过李德裕几年的惨淡经营，西川增强了边防，发展了生产，社会也渐渐安定下来，西川的形势有了显著的好转，吐蕃、南诏再也不敢轻举妄动。而且在太和五年(公元 831 年)五月，南诏还主动放还了以前所掳掠的四千人；九月，吐蕃维州守将悉怛谋还率部下到成都投降，李德裕一面上奏朝廷，一面派兵迅速入据其城，使沦丧 40 年之久的维州城，不费一兵一卒，又重新归还了唐朝。但当政宰相牛僧孺对李德裕怀有私怨，嫉妒他的功高，以"中国御戎，守信为上"作为借口，居然命令李德裕拒绝受降，将维州归还吐蕃，并将悉怛谋及其随从执送与吐蕃。把三面环水、一面靠山的战略要地维州又拱手送给吐蕃，吐蕃将悉怛谋及其从者"尽诛之于境上，极其惨酷"。

李德裕在西川政绩卓著，因此于太和六年(公元 832 年)十月，再次入为兵部尚书。李宗闵见唐文宗亲信李德裕，唯恐他做了宰相，竭力阻止。但在翌年二月，李德裕仍以本官同平章事，进封赞皇县伯，食封七百户。这时，朝中党争激烈，李宗闵、杨虞卿等结为朋党，干扰朝政，文宗甚是厌恶，曾和李德裕议论朋党一事，他回答说："方今朝士三分之一为朋党。"不久，文宗将给事中杨虞卿、中书舍人张元夫分别贬为州刺史，再次与大臣议论朋党事。李宗闵却做贼心虚地说："臣一向谨守此事，所以像虞卿这样的大臣都没有给予他们美差。"李德裕立即反唇相讥，说："给(事中)、舍(中书舍人)难道不是美差吗!"李宗闵无言以对，十分窘迫。不久，李宗闵被出为山南西道节度使，由李德裕代为中书侍郎、集贤殿大学士。

旧制，郎官非因公事不得私自谒见宰相。李宗闵为相时，往往交通宾客。李听为太子太傅，招所友善载酒到宗闵阁，喝得大醉方离去。李德裕任相后，告诉御史，无事不得随便去宰相所在阁。又罢去京兆筑沙堤、两街上朝卫兵，并向文宗建言："朝廷惟邪正二途，正必去邪，邪必害正。然其辞皆若可听，愿审所取舍。不然，二者并进，虽圣贤经营，无由成功。"

太和八年(公元 834 年)，文宗患病，郑注通过宦官王守澄向文宗献药，受到亲重；郑注又引荐李训给文宗讲《周易》，颇中文宗心意。八月，文宗要授任李训为谏官，置于翰林院。李德裕认为李训是奸邪小人，表示坚决反对；当文宗要宰相王涯改授他官时，李德裕又摇手制止，文宗很不满意。王守澄、郑注也怨恨李德裕，于是

中国历代冤案

召回李宗闵辅政。同年十一月，李德裕被罢为镇海节度使，后又转任浙西观察使。开成二年(公元 837 年)，授扬州大都督府长史，淮南节度副大使知节度使事。

北破回鹘　安定边陲

开成五年(公元 840 年)初，唐武宗即位。九月，淮南节度使李德裕入为门下侍郎、同平章事。文宗去世时，宰相杨嗣复、李珏根据文宗的旨意，要立敬宗子陈王为太子，但宦官仇士良矫诏拥立了武宗，又在武宗面前说了前宰相的坏话，于是武宗将杨嗣复、李珏贬出朝外。会昌元年(公元 841 年)三月，又遣使者要将二人处死。李德裕认为武宗刚即位，诛杀大臣会导致人情不安，尽管杨、李二人一向是牛党骨干，他仍以大局为重，不计较个人恩怨，连上三状，极力论救。他在状中申明，杨、李二人和自己并无私人情谊，所考虑的是社稷安宁，并说："臣若苟务于偷安，不敢冒死陈奏。"并一再请求武宗开延英，"当面论奏"。当武宗开延英时，德裕又"泣涕极言"，说明利害关系。武宗曾三次命李德裕就坐，他却固执地说："臣等愿陛下免二人于死，勿使既死而众以为冤。今未奉圣旨，臣等不敢坐。"在李德裕等人的苦苦相劝下，武宗终于同意赦免杨嗣复、李珏二人之死，并下令追还使者。

武宗即位之初，屡次出猎游幸，至深夜方还宫，不理朝政。李德裕为此极力上疏规谏。不久，武宗册拜李德裕为司空。

同年四月，李德裕奏请改撰《宪宗实录》。在修改过程中，史官郑亚根据李德裕的意思，删除了李吉甫在元和年间不善的事迹，招致了人们的非议。

早在开成年间，回鹘曾被黠戛斯打败，此后，他们分散在各地。八月，回鹘中的一支嗢没斯部脱离了乌介可汗，前来天德军塞下请求内附。天德军使田牟贪求边功，想乘势出击，朝臣也多赞成，李德裕则竭力反对。他认为回鹘在平定安史之乱中有功，这次嗢没斯率部下来降，秋毫无犯，应予以安抚。即使需要出击的话，天德军兵力不足，一旦交战失利，城池必然陷落。如果他们骚扰边境，即可调动各道兵马讨伐。朝廷最终采纳了李德裕的建议赐给嗢没斯部粮食二万斛。

会昌二年(公元 842 年)五月，回鹘乌介可汗公然向唐王朝提出了索取粮食、牛羊，并要执送嗢没斯等无理要求，遭到拒绝。此后，又不听唐朝的警告，一再到边境剽掠。八月，又越过杷头峰(今内蒙古包头附近)，进犯大同、云州等地。牛僧孺等主张"固守关防，伺其可击则用兵"。李德裕详细地分析了回鹘的情况，说："以回鹘所恃者嗢没、赤心耳，今已离散，其强弱之势可见。戎人犷悍，不顾成败，以失二将，乘忿入侵，出师急击，破之必矣。守险示弱，虏无由退。击之为便。"武宗赞同李德裕的主张。于是分别调集许蔡、汴、滑等六镇兵马增援；以刘沔为回鹘南面招讨使，张仲武为东面招讨使，李思忠为西面招讨使，诸路军马在太原会师。

会昌三年(公元843年)正月,乌介可汗率兵进犯振武,李德裕亲自为刘沔制定了奇袭乌介可汗、夺回唐公主的策略。刘沔按照李德裕的战略部署进兵,他先以麟州刺史石雄、都知兵马使王逢率三千骑兵为先锋,自己率大军继后。石雄率军到了振武,晚上开地道出城,出其不意地袭击了乌介可汗牙帐。乌介可汗措手不及,身受重伤,只率百余骑仓皇出逃。回鹘兵因失去主帅,乱成一窝蜂。刘沔又率大军赶到,在杀胡山大破回鹘军,降其部落二万余人,并向朝廷奏捷。这次对回鹘的反击战,取得了重大的胜利。它维护了唐朝北方边境的安全,基本上解除了威胁。

指挥若定　平定叛乱

会昌元年(公元841年)九月,李德裕采取正确的策略,平定了卢龙军乱。在平定了卢龙军乱不久,又发生了昭义镇对抗朝廷的事件。会昌三年(公元843年)四月,昭义节度使刘从谏病死,其侄刘稹欲仿效河朔三镇惯例,要求袭任节度使职务。当时反击回鹘侵扰的战事刚刚结束,在武宗与宰相讨论此事时,宰相多认为回鹘余烬未尽,边境还要加强警备,再讨伐泽、潞,恐怕国力难以支持,主张同意刘稹的请求。谏官和群臣也都表示赞成,李德裕则力排众议,坚决主张讨伐。李德裕还向武宗分析了当时的军事形势。武宗听了,高兴地说:"吾与德裕同之,保无后悔。"于是决定对昭义镇用兵。

李德裕奉命起草诏书,谕令成德节度使王元逵、魏博节度使何弘敬要为朝廷立功,为后代造福,二镇表示奉诏。接着便命王元逵为泽潞北面招讨使,何弘敬为南面招讨使,与河阳节度使王茂元、河东节度使刘沔、河中节度使陈夷行合力讨伐,并决定于七月中旬,各道兵马一齐进发。

李德裕总结了贞元、太和年间朝廷伐叛的经验教训,一是各藩镇出兵才离开边境,军饷便由国家负担,则藩帅迁延不再进军;或是取得一县或一栅寨,都以为胜捷,也逗留不前,因此多是出兵无功。这次刚一进兵,李德裕即奏请武宗,命王元逵径取邢州,何弘敬直取洺州,王茂元取泽州,李彦佐刘沔取潞州,不攻取县邑。因此,各路兵马似尖刀一样,直插入叛镇的心脏地区。二是监军干预军政,束缚了将帅的手脚,指挥不力。李德裕又和枢密使杨钦义、刘行深商定,监军不得干预军事,只取少数兵自卫,赏罚与将帅一视同仁,这样号令既简,将帅得以施其谋略。

李德裕运筹帷幄,指挥若定。他随时注意前线作战的进展情况,善于抓住薄弱环节,及时正确地处理一些军务。当他发现晋绛行营节度使李彦佐从徐州出发以后,行动迟缓,尚未交战,便立即上奏武宗,认为李彦佐顾望不前,没有讨叛的意思,及时改派骁将石雄取代他。石雄代替李彦佐后第二天即进击乌岭,连破五寨,俘杀叛军数千计。王元逵进击尧山,又击败了刘稹的救兵,立了战功,李德裕则立即

奏请武宗,加授元逵同平章事,大力表彰他的功劳,以激励他将。八月,昭义大将李丕前来投降官军,当时有人怀疑他是诈降,李德裕对武宗说:"自用兵半年,未有降者,现在不必问其是否投诚,且须厚赏以劝将来,但不要把他们安置于要地就是了。"这一做法,有利于分化瓦解叛军。九月,叛将薛茂卿攻破科斗寨,俘虏官军河阳大将马继等,劫掠并焚烧了十七个小寨。当时,人情汹汹,还有人扬言刘从谏在世时,蓄养了精兵十万,粮草足用十年,难以攻取,武宗也有些动摇。李德裕则坚定不移地说:"小小进退,兵家之常。愿陛下勿听外议,则成功必矣!"。李德裕感到河阳兵力较弱,一旦被叛军击溃,将影响整个战局。他奏请武宗,马上从忠武军调拨五千人,增援河阳军,并请求武宗赐甲一千副,弓三千张,弦箭三万支,陌刀二千口,绢三万匹,及时补足了军事装备,很快稳住了阵脚。

正当官军大举讨伐昭义镇时,十二月,在调动太原横水戍卒时,因赏赐不足,军士哗变,他们推都将杨弁为首,攻占了太原。这时,朝廷中又掀起了一场轩然大波,有人建议两地都要停止进兵。会昌四年(公元844年)正月,被武宗派往太原以观察虚实的中使马元实,接受了杨弁的贿赂,回朝危言耸听,大肆为杨弁虚张声势,说杨弁兵多将广,列队长达十五里,盔甲刀戈,耀眼夺目,且物资充足,扬言不可讨伐。李德裕明察善断,当场诘问得马元实张口结舌,无言以对。李德裕上奏武宗说:"杨弁微贱,决不可恕。如国力不及,宁舍刘稹。"即时请下诏,调兵进击杨弁,河东监军吕义忠召榆社本道兵,"诛杨弁以闻"。杨弁的兵变失败了,从而也坚定了百官对讨伐昭义镇的信心。

在讨伐昭义镇的过程中,李德裕还善于听从部下的正确建议。其年闰七月,李德裕听取了镇州奏事官高迪的意见,曾有效地对付了叛军的"偷兵术",并令镇、魏兵"进营据其要害";他还听取了刘稹心腹、降将高文端的合围泽州、断绝固镇寨水道和招降洺州守将王钊的建议,都取得了成功。

李德裕排除了一个又一个的障碍,加快了讨叛战争的进度。八月,邢、洺、磁三州先后投降。刘稹的部将郭谊、王协见势不妙,遂谋杀了刘稹,投降唐军以赎罪。李德裕识破了郭谊等人的策略,认为刘稹年幼无知,昭义镇之所以敢对抗朝廷,郭谊等人是罪魁祸首,如果不加治罪,怎能惩治恶人?武宗赞同他的意见,命石雄进入潞州,将正在等待朝廷授予节钺的郭谊、王协等祸首,解送京城。

李德裕深谋远虑,发纵指示,历时一年零四个月的讨伐昭义镇的战争胜利结束了。武宗因李德裕劳苦功高,进封太尉、卫国公,加食邑一千户。

李德裕赞助唐武宗反击回鹘和讨伐叛镇都取得了成功,但他又担心武宗会由此穷兵黩武,不能戢止。因此他上奏武宗,援引了曹操于官渡,不追奔,"自谓所获已多,恐伤威重";养由基善射,"不如少息,若弓拨矢钩,前功皆弃"的典故,劝武宗征伐无不得所欲,愿以兵为戒,乃可保成功。武宗听了,嘉纳其言。

十二月,武宗曾与宰相议论选举,武宗认为抑制公卿子弟不宜过分,李德裕也主张朝廷显官,须是公卿子弟,因为他们从小熟悉朝廷仪范、班行准则,而寒士本不熟悉。李德裕看到进士和考官关系密切,恐怕由此会导致进士只考虑考官的私惠,忘记了国家教化的恩德,又可能"树党背公",朋比勾结。因此他奏请武宗,进士及第后只允许一次参见有司,以后不得聚集参谒,不许去私第设宴,并请求罢去耗费很大的曲江大会。

君臣协力 禁断佛教

唐武宗崇道反佛,道士赵归真很受武宗亲信。谏官担心他干扰朝政,纷纷上疏规谏。在延英殿议事时,李德裕也劝谏武宗禁止赵归真出入禁中,武宗不以为然。李德裕进一步指出说:"小人见势利所在,则竞相奔投真门,如夜蛾之投烛。听说近日以来,投入真门的人,车马辐凑。愿陛下深戒之!"在对待道士的问题上,君臣意见不合,但在对待佛教的问题上,君臣的态度却是一致的。

李德裕一贯反对佛教的蠹政害民。早在长庆四年(公元824年)十二月,就极力反对滥度人口为僧尼。徐泗观察使王智兴借口给敬宗祝贺诞辰,获敬宗恩准,于泗州置戒坛,度僧求福。自宪宗元和以来,已敕禁度人为僧尼,此禁一开,人们从四面八方纷至沓来,江、淮地区来的人最多,只要交二千钱,即可落发为僧尼。其实王智兴以为天子求福为名,自己从中牟取厚利是实。李德裕知道后,立即奏状以论其奸:"泗州有坛,户有三丁,必令一人落发,意欲规避王徭,影庇资产,自正月以来,落发者无虑数万。……给牒即回,别无法事。"他进一步指出,"若不特行禁止,比至诞节,计江、淮以南失六十万丁"。状奏朝廷,敬宗下诏禁止。此后不久,僧人又谣传亳州出现了"圣水",说病人喝了即病愈。江南一带去求取"圣水"的人络绎不绝,甚至壅塞了道路。平均每二三十家都雇一人去取,一斗水卖钱三千,坑害了不少人。李德裕一面在关津设卡,劝阻制止去取"圣水"的人群,一面奏状朝廷,并向朝廷建议下令填塞所谓的圣水。时裴度任辅相,闻状后下令填塞所谓圣水,从而打击了"妖僧"的不法行为。到了会昌年间,李德裕位居宰辅,倍受武宗亲重,因此,君臣协力,大力禁断佛教。

李德裕辅政不久,就逐渐开始了禁佛。从会昌元年,因李德裕等人的奏请,先后沙汰了部分僧尼,拆毁了天下小寺山房、兰若等,对僧尼的一些活动也进行种种限制。会昌二年,曾下令发遣"保外无名僧",不许置"童子沙弥",并令原是"杂工巧"和不修戒行的僧尼还俗;同时,还下令不许僧尼无限制地占有奴婢,规定僧限留奴一人,尼留婢二人。会昌三年,废除了摩尼寺,杀摩尼师,财产没入官府。会昌四年,下令各寺院禁供奉佛牙,并拆毁天下山房、兰若、普通佛堂和村邑斋堂,凡所拆毁寺院的僧尼一律勒令还俗,送归原籍等等。

大张旗鼓地禁断佛教则是在会昌五年。

会昌五年三月,敕令不许天下寺院私置庄田,并下令调查天下寺院奴婢和财产的占有情况。从四月起,下令凡50岁以下的僧尼不论有无官照,都勒令还俗,并遣送原籍。

七月,下令并省天下佛寺,大力沙汰僧尼。在全国范围内展开了大刀阔斧的毁佛运动。李德裕先是奏请武宗大力拆除过多的寺庙,又奏请将所废佛寺铜佛像、钟磬交付盐铁使铸钱,铁佛像则交付本州用以制造农具,另将金、银、玉石佛像销毁后交付度支。另外还下令,衣冠士庶之家所有金、银、铜、铁佛像,自敕令颁布之日起,限一月之内交付官府,如违抗不交,将依禁铜法处分。武宗一一准奏。毁佛的诏令下达之后,李德裕奉制力行,并派出御史乘驿去各地督促检查。

在会昌禁佛中,李德裕的态度坚定而严厉。有的官员认为毁佛太过火,指责非难。主客郎中韦博指责政令太暴,李德裕把他出为灵州道节度副使,打击了反对派,从而保证了禁佛运动的顺利进行。

八月,武宗颁发诏书,陈述了佛教的弊病,并高度评价了李德裕及中书门下的奏议。

会昌禁佛是继北魏太武帝、北周武帝之后对佛教的又一次沉重打击。它沉重地打击了日益盛行的寺院经济,解放了劳动力,也符合人民的愿望。

功成北阙　骨葬南溟

为了储备物资,加强边防,会昌五年(公元845年)九月,经李德裕建议而设置了"备边库",要户部每年从赋税中储入钱帛十二万缗匹,度支从盐铁税中储入钱帛十二万缗匹,第二年减少三分之一;凡是各道进奉的助军财货也一概储入,并以度支郎中主管此事。

武宗曾与李德裕论及朋党一事,李德裕列举了太宗与房玄龄、杜如晦合计国家大事等事指出:"如今所谓的党,诬善蔽忠,附下罔上,以趋权势,昼夜合谋,争当美差,同流的则给予支持,道不同的则给予压抑。"李德裕性情孤峭,不肯与势门相来往,一向厌恶朋党,在他执政期间断绝附会,门无宾客。

李德裕在执政期间,中书省的职能作用发挥较好,因而宦官的势力被削弱了。早在会昌二年四月,大宦官头子仇士良见武宗日益亲重李德裕,害怕宦官失去权势,便散布流言蜚语,称宰相与度支商定,要削减禁军衣粮和马草料等费用,欲以此激怒禁军闹事。李德裕闻讯后立即向武宗面奏此事。武宗很愤慨,马上召左、右神策军说明并无此事。仇士良的阴谋被揭穿以后,只好惶恐地向武宗谢罪,不久仇士良谢病去职。在他死的第二年,便被追夺官爵、籍没财产。宦官们对此大为不满,在武宗面前

一再诋毁李德裕，诬蔑他专权。牛党之中的白敏中之徒也乘机唆使韦弘质上疏，说中书权重，三司钱谷不应由相府兼领。宰相论奏说，大臣是国家的股肱，钱谷是国家的根本，应由宰相兼领，并说韦弘质上疏，与朋党有关。韦弘质遂被贬官。

会昌六年（公元 846 年）三月，唐武宗病故，由李德裕摄冢宰。宦官拥立皇太叔光王李忱，是为宣宗。宣宗也以李德裕勋业素高，权重而专。在即位之日，李德裕在太极殿奉册。事后，宣宗对左右说："刚才在我身边的难道不是太尉吗？当他每次看我时，都使我毛发洒淅。"四月，在宣宗听政的第二天，李德裕被贬出朝，以门下侍郎、同平章事，充荆南节度使。李德裕执政多年，位重功高，众官见他被罢斥如此之快，莫不惊骇。五月，翰林学士白敏中为宰相，他做了宰相之后，牛僧孺、李宗闵等五人同日升迁。九月，李德裕又被解除平章事，贬做东都留守。接着白敏中党徒李咸又检举李德裕辅政时的过失，不久，又贬李德裕为太子少保，分司东都。

大中元年（公元 847 年）九月，吴汝纳到京城诉讼李德裕，称李绅诬奏其弟吴湘赃罪，李德裕枉法附会李绅。原来在会昌五年正月，淮南节度使李绅奏说江都令吴湘盗用程粮钱，又强取颜悦女为妻，据此奏为死罪。有人认为冤枉，朝廷派监察御史崔元藻等人复审，结果是盗程粮钱属实，娶妇一事与前案不同。李德裕以为不当，贬崔元藻为端州司户，依李绅议处死吴湘。李德裕失势了，吴汝纳乘机诉冤。宣宗令复审此案，白敏中以李德裕谬断刑狱，翌年冬，把他贬为潮州司户。

大中三年（公元 849 年），李德裕自洛阳由水路南行，赶赴潮州。当船行至汨水时，想到屈原对楚怀王赤胆忠心，却因谗言被流放，怀恨投汨水而死，他吊古怀今，无限伤感，当即赋诗一首，其诗云："远谪南荒一病身，停舟暂吊汨罗人……"以寄情怀。当年九月，到达潮州不久，又贬为崖州司户。

李德裕执政时，疾恶朝中朋党，奖拔孤立无援的寒素之士，士人对他颇有好感。李德裕谪贬崖州的消息传开后，不少士人吟诗作赋，致有"八百孤寒齐下泪，一时南望李崖州"的诗句，表现了士人对他的怀念之情。

大中四年（公元 850 年）正月，李德裕抵达崖州（今海南海口东南）。他心情忧郁，独自一人登上崖州城楼，举目四望，只见青山环绕，一片荒凉，不由得触目神伤。又想到自己远离朝廷，心情怆然。于是感而有作："独上高楼望帝京，鸟飞犹是半年程；青山所欲留人在，百匝千遭绕郡城。"同年十二月，李德裕郁郁而死，时年 64 岁。

咸通元年（公元 860 年），唐懿宗从延资库（即备边库）路过，见锦帛堆积如山，问左右，有人回答说："宰相李德裕以天下每年的度支备用之余，尽实于此。所以从那以后，边廷有急，开支就没有缺乏了。"当知道李德裕以吴湘狱贬死崖州时，懿宗说："像这样大的功劳，一点小罪怎么够得上杀头呢！"右拾遗刘邺又上表盛赞李德裕的功绩，于是懿宗下诏恢复李德裕原太子少保、卫国公的官爵，并赠官左仆射。

李德裕历仕宪、穆、敬、文、武、宣宗六朝，他兴利除弊，锐意进取，多所建树。可惜一代名相却因朋党倾轧而"功成北阙，骨葬南溟"。

第四篇
宋辽金元多更替　上天总把英才嫉

　　宋、辽、金、元分别是同一历史时期的四个不同的政权形式,在这一历史阶段的前期,宋朝对辽、金、元的对抗是一个持续的过程,宋朝皇帝不止一位,各代皇帝也不都是立场坚定地抱着一致的主战思想,每个皇帝的能力又有不同,所以宋朝基于边患没有也不可能真正地强大起来,最终反而葬送国运于敌手。

　　面对着时势多艰的局面,自然会有有见识的忠贞之士勇敢地站出来,挽大厦于即倾,但沆瀣诡变的朝廷局势却是他们左右不了的,浩然正气往往被邪恶的气焰所压制。

鞠躬尽瘁臣　含冤被贬命
——寇准之冤

北宋太宗皇帝是自五代以来第一位非武人坐天下的君主。即位之初也重武，一是因为当时形势需要他继承太祖的统一大业。二要在众将面前树立形象，巩固帝位。无奈武运不昌，高梁河一战，太宗匹马单骑逃回后，对外政策愈发保守，重新调整了内外政策，以守内虚外为核心，以文致治。为了加强和巩固统治的基础，宋太宗广为网罗人才，认为科举才是国家选取真才的唯一途径。为此，宋太宗完善了科举取仕制度，并把殿试定为制度，以选拔真才实学者，为朝廷服务。非常之世出非常之才，寇准就在这个时候脱颖而出了。

在中国，寇准可称得上是家喻户晓的人物。他聪明机智，临事果断，勇于任事，数次使北宋王朝转危为安。但是，他后来被佞臣所诬，一月被贬谪三次，忧病交加，凄凉地死在雷州贬所。

以文入仕　勇于谏言

寇准（公元961—1023年），字平仲，华州下邽（今陕西渭南东北）人。先世曾居太原太谷（今山西太谷）昌平乡，后移居冯翊（今陕西大荔），最后迁至下邽。

寇准出身于名门望族。曾祖父寇宾、祖父寇延良皆学识渊博，因逢乱世，均未出仕。父亲寇湘，博古通今，擅长书法、绘画，尤其在词章方面小有名气，曾于后晋开运年间（公元944—946年）考中进士甲科，应召担任魏王赵延寿记室参军（王室秘书）。宋初，因寇准显贵，其父被追封为三国公（燕国公、陈国公、晋国公），追赠官职至太师尚书令（即宰相）。

显赫的门第，书香的熏陶，寇准自幼便受到了良好的教育。加之他天份极高，又十分刻苦用功，少年的寇准就脱颖而出。14岁时，已能写出不少优秀诗篇，15岁时，就能精心研读《春秋》三传（《左传》、《公羊传》、《谷梁传》），指评时弊。

封建时代的文人，大多走的是一条科举取仕之路。胸怀大志的寇准正欲施展抱负，有为于宋朝，科举是必经之路。太平兴国五年（公元980年），19岁的寇准怀着经纶天下之志，踌躇满志地踏上了科举出仕之路，来到京都汴梁（今河南开封）应

试，考中进士甲科，并取得了参加宋太宗殿试的资格。当时，因宋太宗非常喜欢录用中年人，觉得年轻人缺乏经验，有人就劝寇准多报几岁年龄。寇准非常郑重地说："我正思进取，岂可欺蒙国君？"足见寇准诚实、忠直的一面。

寇准素怀济世之略，有经纶天下之心，在殿试上，凭着满腹经纶，博得了宋太宗的赏识，一试得中，受任为大理寺评事（此为虚衔），担任了大名府成安县（今河北成安）知县。

寇准虽出身名门显贵，却也颇通民情、民心，中国历代的"民本"思想对他也有较深刻的影响。在他任知县期间，极力使百姓摆脱巧立名目的摊派，严格按照国家规定征收赋税和徭役，大大减轻了人民的负担。每当收税和征役时，在县衙门前张贴布告，上写清应征对象的姓名、地址及缴税数目。这样一来，百姓心中明明白白，主动前来缴税、服役，使恶霸、衙役不至于横行乡里、鱼肉百姓。

寇准在任期间，为了充实国库，丰裕一方百姓，还出台了奖励耕织、鼓励垦荒的一系列政策。所辖县境内人民踊跃垦荒，致使荒地大片开垦出来，百姓安居乐业。由于寇准政绩显著，数年间数次升迁。先后担任过殿中丞、郓州（今山东东平）通判、学士院召试（为皇帝起草诏令）、右正言（谏官）及三司度支推官等。在寇准担任言官时，根据自己的观察，坦言直陈，深得正直之士的嘉许。就是在太宗面前，寇准也丝毫不改直爽的性格。

宋太宗即位之初，为表示自己下通言论，经常召集群臣议论朝政，并希望群臣直言相谏。一次，朝中君臣对与契丹议和问题进行讨论，众臣皆迎合宋太宗之意，主张对契丹议和。宋太宗经过几次伐辽战役失败的打击后，对北伐契丹失去了信心和决心。虽然北方警报频传，宋太宗却对出师一点把握也没有，朝廷上下弥漫着一股恐辽情绪。寇准听到议和的议论后，当即提出异议：契丹屡屡侵犯我边疆，只能加派劲兵驻守，加强力量，不可与之议和。然后他分析了备战与议和的利害，建议加强边地武将的兵权，任贤修政，选励将士，再次北上伐辽，是能够收复失地的。屈辱求和，这是太宗在感情上接受不了的，因为毕竟恢复旧疆也是他的志向，所以寇准一番话，使太宗听来非常顺耳，在一定程度上消除了他一些恐辽心理，对大臣们也是一种鞭策，起到了凝聚人心的作用。因此，太宗更加赏识寇准，旋即提升寇准为枢密院直学士（掌最高军事机关中的机密文书）。

寇准为人刚直不阿，每次他都从朝廷利益出发陈述自己的主张，即使与皇帝意见相背、惹怒太宗也毫不退缩。一次，寇准上朝奏事，因其豪爽之性，不会揣摩皇帝的心思，言辞有些激烈，惹得太宗发怒，起身就要退朝。寇准却上前扯住衣角，让太宗坐下，继续劝谏，直至事决之后才罢。太宗息怒后，细思寇准的忠直，反而对他更加信任。太宗高兴地说道："朕得寇准，犹如唐太宗得魏征。"既赞扬了寇准，又抬高了自己。

淳化二年（公元991年）春，天气大旱，农业歉收。之后又雪上加霜，闹起了蝗

灾,人们对异常的自然现象议论纷纷。宋太宗急忙召集大臣,议论施政得失,大臣们多推说"天意",而不愿与朝政联系在一起,故而虚辞搪塞。寇准感到有必要借此促进一下政治,并借此平反几个冤案。他站出来,引经据典,进行了朝廷施政的剖析。太宗一听有指责他治国不当的嫌疑,一时龙颜发威,起身退朝,把满朝文武晾在一边,谁人还敢言?过了一会儿,宋太宗稍微心平了,气也和了,又传命召见寇准。虽有刚才一番急风骤雨,但寇准依然故我,非但没有后退,反而更容易直截了当地指出问题所在。宋太宗问他:"你说治国刑罚有不当之处,究竟有何根据?"寇准说:"愿把中书省枢密院二府长官召来,我当面评议得失。"

宋太宗立刻宣唤二府长官王沔等人。寇准面对权要大臣,严辞指斥道:"前不久,祖吉、王淮二人循私枉法,私自受贿。祖吉所受贿赂数目极少,却被判处死刑;王淮监守自盗,侵吞国家资财多至千万,却因为是参知政事(副宰相)王沔之弟,只受杖刑。事后照样为官,这不是执法不平吗?"太宗当即质问王沔有无此事,王沔连连点头,叩头谢罪。太宗深感不快,怒斥王沔,大煞了二府的邪气,并对这种错判给予改正。宋太宗为奖赏寇准的忠正廉直,把用通天犀制作的两条玉带赐给了寇准一条。

淳化二年,寇准升任同知枢密院事。在此期间,发生了一件影响他政治前途的大事,卷入了官场斗争的漩涡。

淳化三年的一个夏日,寇准与同僚温仲舒一起骑马来到郊外,突然一个疯子来到马前,倒头便拜,口中狂呼"万岁"。寇准一向粗疏,未把此事放在心上。不料,此事被知院(枢密院最高长官)张逊得知,因张逊与寇准关系不睦,数次争吵,张逊早有意把寇准排挤出枢密院。此时就唆使心腹王宾向宋太宗告发,添油加醋一发挥,寇准的非份之念似乎已经成立。宋太宗看到奏章后,立即传讯寇准,斥责他居心不良。

面对如此险恶的局面,寇准十分冷静地为自己辩解。他说:"这是有人故意陷害。试想,狂徒跪在臣与温大人两者面前,为什么张逊却指令王宾独奏寇准有罪?"张逊让王宾详析其罪,寇准便让温仲舒作证洗冤。双方在朝上唇枪舌剑争吵起来,互不相让。太宗感到二人的做法有失大臣之体,双双贬斥。张逊贬为右领军卫将军,寇准被贬为青州知府。这使寇准对官场的险恶有了深刻的体会。

少年天子 起落政治

宋太宗虽贬斥了寇准,但却时常想起他的忠正清直,有意将他召回。一次,太宗语带双关地问:"寇准在青州过得快乐吗?"君侧小人害怕寇准回朝,伺机诬陷寇准,打消了太宗的念头。他们说:"青州是个富庶的地方,寇准为一州之长,生活怎

能不快乐呢？""听说寇准天天喝得大醉。陛下如此想念寇准，不知寇准是否想念陛下。"一番话，太宗的心凉了，寇准的路也被堵住了。

淳化五年九月寇准才从青州应召返京。此时的宋太宗已近晚年，被立太子一事搅得心绪不宁，先后有冯拯等人因请立太子之事被贬，因此宫中之事，无人敢言。及太宗闻寇准入见，顿时放下心来。寇准入见时，正值太宗腿病复发，掀衣让寇准看，说道："朕年老多病，现在又犯腿疾，你为何现在才来？"寇准说："臣不奉诏，不敢来京师。"太宗说："卿试言朕诸子中，谁可以继承大业？"寇准回答："陛下是为天下拣选君主，不可与妇人或宦官商量，也不可与近臣议论，如此大事只有陛下宸衷独断，挑选能够不负天下之望者。"太宗低头细思许久，让左右退下，对寇准说："立元侃可以吗？"寇准早已心许，答道："知子莫如父，圣意既然认为可以，请马上决定。"太宗于是以元侃为开封府尹，并晋封为寿王，正式立为皇太子，寇准因其所奏甚合太宗心意，官拜参知政事（副宰相）。

诏命颁下，太子行告庙礼，还宫路上，京师士民争相观看，齐声欢呼"少年天子"。太宗听说，心里很不高兴，召寇准入见，对他说："人心都归太子了，把我放在什么地位上？"寇准非常明白太宗隐怒的原因，应付得十分巧妙。他拜贺道："陛下选定可以托付神器者，今太子果然得民心拥戴，这正是社稷之福啊！"太宗这才转忧为喜。入宫，后嫔六宫都来庆贺，太宗颇觉兴奋，破例召寇准一起饮酒，直喝得酩酊大醉。至此，皇位继承问题才算最终得到解决。寇准的机智化解了一场纷争，或者也可能是一场宫廷斗争。几句话，使元侃化险为夷，元侃即后来的宋真宗。

至道二年（公元 996 年），宋太宗在京师南郊举行祭祀天地的大礼。事毕，中外官员皆得加官进秩。寇准身为副宰相，所引荐之人多居清要官位，难免招致嫉妒，尤其是奸佞小人从中推波助澜。比如，彭惟节位次一向在冯拯之下，此后却晋升至冯拯之上。冯拯不服，仍列衔在彭惟节之上。寇准指斥冯拯扰乱朝制，事关重大，冯拯也不甘示弱，搜罗了寇准的罪状，弹劾寇准擅权，且列举出一些任官不平的事例。

宋太宗看后，对寇准的做法十分不满。久居朝中，一些大臣很会察颜观色，本与寇准十分要好的参知政事张洎这时见风使舵，不惜出卖朋友，落井下石，检举寇准诽谤朝政，以表明自己的清白。恰在这时，广东转运使康戬又上言：宰相吕端、参知政事张洎、李昌令皆由寇准引荐升官，吕端与寇准结为至交，张洎一向曲意逢迎寇准，而李昌令软弱不堪，因而寇准得以随心所欲，变乱朝制。

如此一奏，寇准的罪名就大了。太宗回头责察吕端。吕端见情势紧迫，自身难保，便顺水推舟把罪名给了寇准，对太宗说："寇准刚烈任性，臣等不欲反复争辩，只怕有伤国体。"事已至此，寇准有口难辩真假。对于无端的指责，依寇准的性格是绝对不会相让的。因此，寇准在朝上奋力辩解，并抱来中书省授官的卷宗，大有不分出是非曲直不罢休的架式。这使太宗十分反感，当年七月，就贬寇准为邓州知州。

宋辽金元多更替　上天总把英才嫉

后又迁官工部侍郎,历任河阳、同州、风翔、开封等知州、知府。寇准正道直行,疾恶如仇,品格高尚,但这却不是将相谋臣至关重要的东西,善善而能用,恶恶而能去,必须兼备智谋、涵养和当机立断的特长。寇准虽有治国之谋略,但缺乏对付奸臣小人的计谋和手段,致使他在官场争斗中成为牺牲品。

护驾北征　蒙冤澶渊

　　寇准虽被贬到外地,但其忠正清直的性格却被京师人所传颂。宋太宗病死后,宋真宗赵恒即位。他锐意兴革,励精图治,广开言路,遂召回了寇准。宋真宗对寇准深怀好感,早就想拜他为相,但又担心他性格刚直,难以独当全局。直到景德元年(公元1004年)七月,寇准才由毕士安举荐,荣登相位。这年,宰相李沆病逝,宋真宗任命毕士安为参知政事。

　　毕士安进朝谢恩,宋真宗说:"切勿早谢,还将拜你为相。现正是多事之秋,国家一日不可无相,急需栋梁之材。你以为谁可以与你同为相者?"毕士安答道:"为相者,必须具备雄才大略的器度,方能胜任。我已老矣,难以胜此重任。我向皇上荐举一人,他必能辅佐皇上,大有作为。此人就是寇准。寇准忠义两全、果断、有才干,是个宰相人才。"真宗说:"人们都说寇准好意气用事,比较冲动。"毕士安非常了解寇准,他对真宗说:"寇准做人做事方正有加,为人慷慨有节,忠心为国死而后已。疾恶如仇,素来如一,在朝臣中还找不出第二个这样的人。由于他愤世嫉俗,刚正不为邪恶屈,所以遭到别人的指责。现在天下安宁,人民修养生息,秩序安然,还感觉不到人才的重要。但是在西北仍存在忧患,它时刻威胁大宋的江山。所以寇准这样的栋梁之才,实在是朝廷急需的。"

　　一番话,打消了真宗的疑虑,就拜寇准与毕士安同居相位,二人志同道合,十分融洽。寇准守正嫉恶,屡受小人诬陷,而毕士安忠厚和善,有长者风范,且能化解各种矛盾,使寇准免遭打击。

　　寇准任相之时,宋朝北邻的契丹政权正处在上升时期,扩展疆土的欲望十分强烈。咸平年间(公元998—1003年)宋辽之间的战争各有胜负,但辽军的侵略势头未被遏制,之后秣马厉兵,伺机再次南侵。景德元年(公元1004年)契丹正在涿州(今河北涿县)一带集结军队,时常与宋军发生遭遇战,但作战稍有不利,就引兵退走,还故意装出漫不经心无斗志的样子,借以麻痹宋军。寇准得知这一情报后,立即上奏,提出简练士卒,分扼要害以御敌的建议。他说:"这是敌兵大举入侵前的惯用伎俩。请加紧练兵点将,简选骁勇,增派精锐部队把守关隘要地,防备辽兵入侵。"宋真宗采纳了寇准的建议,派遣杨延昭、杨嗣等将,分别把守边关要塞,严密监视敌军。

果不出寇准所料,十一月,辽军大举南侵。辽国萧太后、辽圣宗耶律隆绪亲率大军 20 万先攻威虏、安顺两军,继攻遂城、保州,然后会兵望都,直指定州。宋军统帅王超拥兵依唐河为阵,按兵不动。契丹军仍采取历次所用避实击虚、实行深入的策略,自定州以东宋军防守的薄弱之处,突破王超自以为是铜墙铁壁的唐河防线,兵至望都以东的阳城淀,分师三路,深入祁州、深州(今河北沧县、深县)境,沿葫芦河东进,攻瀛州,乘虚抵沧州、冀州、贝州、天雄军、(今河北沧县、冀县、清河、大名),攻下得清军(今河南清丰西北),直驱澶州(今河南濮阳)北城,准备渡河南进,直接威胁宋朝都城开封,并有分兵攻掠京东诸州之势。

契丹军疾风暴雨般的进攻,使宋朝内部惊慌失措。边关告急文书一日来五次。在群臣惶恐无主时,寇准却显示出杰出政治家难能可贵的镇定风度。他将告急军报搁在一边,照旧饮酒谈笑,安定了人心。但一些胆小怕事的臣僚十分惊慌,忙把军情转奏给宋真宗。赵恒对契丹的入侵本来就缺少足够的思想准备,这时更不知如何措置为好,急召寇准。

寇准坦然自若,漫不经心地说:"陛下欲了此患,只需五日便可。"真宗急问有何妙计,寇准便请御驾亲赴澶州。赵恒害怕赴河北,推说回宫后商议。寇准向前阻住,劝谏道:"倘若陛下入宫,则群臣不得见君,必然惶然无主,那就要贻误军国大事。恳请陛下立即起驾,以安人心。"毕士安从旁附议,力劝真宗领兵亲征。迫不得已,真宗只好同意亲征,召集群臣商讨进兵事宜。一些贪生怕死的大臣出来反对皇帝亲征。参知政事王钦若是江南人,主张皇帝迁都金陵,以避辽军;签书枢密院事陈尧叟是川蜀人,他请求御驾西幸成都。真宗本来就顾虑重重,听此二人一讲,不免动摇起来。

寇准为了坚定真宗亲征的决心,在朝堂之上,义正辞严地驳斥了南逃之议,为真宗分析其中的利害。他说:"谁为陛下出此南迁之策,就有可杀之罪。当今皇上神武非凡,武将与文臣能同心协力,若大驾亲征,敌人必定不战自溃。如其不然,还可纵奇计挫败辽兵,坚守城池使敌劳师费财。彼劳我逸,利弊迥别,我可稳操胜算。为何要抛弃宗庙社稷,流亡到偏远的楚、蜀二地呢? 如果那样,所在人心动摇,辽兵必乘虚直入,大宋江山岂能复保?"真宗听罢,甚觉在理,本来真宗觉得南逃之议也不可取,就同意了寇准的建议,决定领兵亲征。这时辽兵攻势更加猛烈,河北大名急需一名大员进行全面统辖。寇准深知王钦若智谋多端,擅于权术,唯恐他留在朝中扰乱视听,再次阻挠北上成议,便举荐他出任此职。王钦若有口难言,只好勉强就任,这就为主战势力搬开了一块绊脚石。

景德元年十二月,宋真宗从京城出发,北上澶州。行至韦城(今河南滑县东南)时,复因有人劝他南退金陵,避敌锐气,产生动摇,召寇准商议进退。寇准正色劝谏道:"今敌已迫近,四方危机,陛下只可进尺,不可退寸。"并指出退却的后果,必是"万众瓦解,敌乘其后,金陵也回不得了。"但真宗仍是惴惴不安,难以启驾。

寇准见此,心生一计。他急忙走出,找到殿前都指挥使高琼,问道:"太尉深受国恩,今且何以报效国家?"高琼大声道:"高琼为一武夫,但愿以死殉国。"寇准听了十分高兴,对高琼面授机宜,然后去见真宗。高琼随后而入,立于廷下。寇准对真宗说:"陛下对我的话不以为然,何不听听武官高琼的意见?"高琼赶忙奏道:"寇宰相之言确是良谋。目前敌师锋芒受挫,我军士气旺盛。陛下正应亲征督战,以期促成大功。"

宋真宗见将帅也如此坚持,只好继续前进,行至卫南(今河南滑县),得知攻打澶州的契丹军受挫败退,悬着的心这才放下,继续进至澶州南城(澶州因黄河从此经过,故南北岸分建两城)。初欲到此为止,寇准力排众议,执意真宗渡河北上,他说:"陛下不过河,则人心越发不安。若不前进威慑敌军,煞煞辽寇气焰,我军绝难取胜。况且,杨延昭、杨嗣、王超诸将已经率领劲兵分屯中山等地,李继隆、石保吉诸将排开大阵迎击辽军,左右牵制;四方征镇赴援的将领也纷纷赶来勤王;陛下此行万无一失,为何迟疑而不进呢?"宋真宗听罢军情,才继续渡河北进。

宋真宗在澶州北门楼,接见了众将帅。城下诸军见皇上亲征,欢声雷动,倍受鼓舞。这时先后集结到澶州周围的宋军达几十万人,将士们只等朝廷发布号令,便驱逐强敌,复仇雪恨。河北前线各地的军民闻听皇帝亲征,也纷纷发动攻势,出击敌人。莫州团练使杨延昭还上书,主张乘敌军人困马乏、我方士气高涨之际,由朝廷饬令各军,扼敌归路,围而歼之。且收复幽蓟故地,也指日可取。但是真宗没有这样的勇气和信心,只想尽快结束战争,无论采取何种办法。他把军事大权悉数交与寇准,由寇准指挥对辽作战。但辽军近在咫尺,宋真宗的心始终放不下来,夜不成眠,暗地里派侍从察看寇准的动静。却看见寇准依旧饮酒、下棋,还不时谈笑、歌吟。宋真宗听说寇准一如既往,立刻放心了,心想:寇准如此坦然,我又有何忧!其实,寇准未必不是焦思如焚,夜不成寐。但作为前线的主帅,只有镇定自如,才可安定军心、民心。寇准所作所为正起了这样的镇定作用。

宋、辽在澶州相持多日。辽兵孤军深入,急于求成,但却数次受挫,其统帅萧达揽被宋军射死,辽军士气受到很大影响,加之给养困难,久陷中原战场对其十分不利。耶律隆绪和萧太后采纳宋朝前降将王继忠的建议,派人传信给赵恒,提出罢战议和,条件是辽国长期占有山海关以南的土地。这正合宋真宗的意愿,他当即回书表示,宋朝也并非喜欢穷兵黩武,愿双方息战安民,派殿直曹利用为使议和。契丹复派使韩杞面见真宗,提出以索还后周世宗时收复的关南故地为罢战条件。真宗深怕割地议和,为后人唾骂,只要不割地,可不惜重金与之言和。真宗之意,是想快快结束战争,早日回到京师。寇准坚决反对这样做,且欲令辽国称臣,使之献出幽燕十六州土地。为此,他献计真宗:"若依计而行,则可保百年平安;不然,数十年后敌人仍将生事。"可宋真宗无心久战,推脱说:"数十年后,自有御敌的人物。我不忍生灵涂炭,姑且和议吧。"

寇准依然坚持自己的主张，无奈朝中大臣多是贪生怕死之辈，纷纷在真宗面前诋毁寇准。有人甚至说：寇准主战，是为了借机抬高自己。寇准在受到四面围攻的险境下，只能忍痛放弃有利的战机，同意议和。曹利用出使辽营前，问真宗到底可允许给契丹多少，真宗不假思索地说道："若迫不得已，虽百万亦可。"寇准闻知，激愤不已，把曹利用召至帐下，命令他"所许银两不得超过三十万，否则，回来后就砍头。"宋辽最后以宋每年给契丹银绢三十万两达成协议，罢战言和。这就是历史上有名的"澶渊之盟"。

澶渊之盟是一个妥协的产物，辽国得到实惠，乃引兵北归。订盟之后，宋派何成矩、李允则、杨延昭等一批强干的官员和将领，分驻北边要地，使河北地区稳定下来。同时，宋为了向辽表示友好，"改威虏军曰广信、静戎曰安肃、破虏曰信安、平戎曰保定、宁边曰永定、定远曰永静、定羌曰保德、平虏城曰肃宁。"这些沿边地名的改变，对当时民族关系的改善是有积极意义的。宋辽边境渐渐平静下来，真宗不免得意，也日益器重寇准。寇准在朝中大权在握，选贤任能，惩治邪恶，大刀阔斧地实施他的治国良策，却对日益逼近的官场暗流毫无察觉。

澶渊之盟后不久，宋真宗就把善于奉迎的王钦若召回京城，给以资政殿学士的宠遇。王钦若在战前遭寇准痛斥后，一直怀恨在心，伺机报复。景德三年（公元1006年）的一天，宋真宗会见文武百官。朝散之后，寇准先自退班，宋真宗敬慕寇准，注目远送。王钦若看在眼里，心中已盘算好了如何使真宗疏远寇准的办法。他说："陛下如此敬重寇准，想必是因为他立下捍卫国家的功劳？"真宗点头称是。王钦若出其不意地说："澶渊之役，陛下不以为耻，反以为寇准有功于国，究竟是何道理！"宋真宗不解其意，王钦若就分析道："城下订盟，为《春秋》所耻。澶渊之盟正是在大敌逼近城下而签署的盟约。陛下以大国皇帝的尊严，竟然订立城下之盟，世上还有比这更大的耻辱吗？"

看到宋真宗脸色大变，王钦若继续火上浇油，欲置寇准于死地。他说："陛下听说过赌博的事吧。赌徒快要输光的时候，便尽其所有来做赌注，这叫做'孤注'。寇准让皇上亲征，是拿皇上作'孤注'，孤注一掷岂不是危道吗？"这些话，给真宗的心蒙上了一层阴影，竟使他接连几天闷闷不乐、寝食不安，也渐渐疏远了寇准。当时起用寇准，真宗是让他帮自己渡过难关。寇准为相后，不仅在几次关键时刻争理不让，使真宗有些狼狈不堪，而且敢于打破惯例，提拔任用寒俊敢言之士，论列朝政，也让真宗不自在。经王钦若的挑拨，往昔的尴尬一并袭来，宋真宗对寇准已生弃意。

不久，宰相毕士安病逝，寇准失去了保护伞，景德三年二月，真宗以寇准"过求虚誉，无大臣礼"为借口，罢其相，出知陕州（今河南三门峡市）。后来，寇准又改任户部尚书，兼知天雄军，镇守河北大名。天雄军地处边疆，与辽相望，寇准在其任上，加紧备战，以抗击来犯之敌。辽国得知寇准到此，对寇准人品极为赞赏，曾派使

者劝降寇准,遭到严厉的拒绝。一计不成,又使出挑拨一招说:"相公德高望重,为何不在中书省做官,却到天雄军来呢?"寇准机智、巧妙地对答道:"如今朝廷无事,无需我居中任职。皇上以为天雄军系北疆锁钥,非我执掌不可。"辽的这次阴谋又告破产。

三次入相　遭遇小人

　　寇准被罢相后,宋真宗任命王旦为宰相,王钦若、陈尧叟为参加枢密院事。一班朝臣中,只有王旦较有德望,奉公守法,但缺乏向邪恶势力斗争的气魄和勇气。其他如王钦若、陈尧叟之辈,老奸巨猾,制国无方,惑主有术,煽动真宗封泰山,西祀汾阴,闹得乌烟瘴气。

　　王、陈二人的倒行逆施,引起朝野的不满,遭谏官连章弹劾。复有人上书揭露其卖官鬻爵、家藏禁书,真宗罢免了二人。及宰相王旦病逝后,朝中无人,真宗又想起寇准。这时寇准正在前往永兴军的途中。他没有想到,一个关乎他名誉的难题摆在了面前。

　　宋真宗崇奉祥瑞,沉湎于奉祀,朝内一班大臣也极意屈奉迎合,希求加官进爵,以固权位。每次奉祀前,都有人奏报得到"天书",而真宗也就奉"天书"为先导,进行大规模的封禅活动,以致于"天书"频频出现。天禧三年(公元1019年)三月,巡检朱能与内侍周怀政通谋,伪作"天书",置于长安西南的乾佑山。当时寇准已调往此地,任永兴军长官。宋真宗得到"天书"的消息,欲得"天书",但朝臣中有人坚决反对,认为天书纯属无稽之谈。有人就献计说:"最不信天书的是寇准,如让寇准进献天书,官民准会信服。"于是,真宗命周怀政晓谕寇准进献天书。

　　这确实给寇准出了一个大大的难题。寇准是不信天书的,认为是荒诞不存在的;但作为政治家的寇准是不甘寂寞的,他的治国谋略还待施展,况官场厮杀、拼搏,也是其乐无穷。在权力欲的支配下,寇准听从了其婿王曙的怂恿,携带"天书"入朝进献。宋真宗一见,非常高兴,亲自将寇准迎入禁中。不久即拜寇准为相,兼任吏部尚书,寇准重又卷入政治的名利场。

　　进献"天书"是寇准一生最大的失策。但寇准毕竟还保持着自己正直的性格,对别人的讥讽进行了深刻的反省,认为自己是"名利"思想在作怪,足见其坦荡的胸怀。

　　真宗在拜寇准为相时,寇准举荐丁谓为参知政事,做为自己的副职。在对待丁谓的问题上,寇准犯了一个严重的错误。

　　丁谓多才多艺,机敏过人。但为人奸诈,善于揣摩人意,曲意逢迎,趋炎附势。寇准只看到了丁谓的才学,却未能及时察觉丁谓的无德。其间,有许多人向寇准提

中国历代冤案

醒,要提防丁谓。寇准的同年好友张咏曾以死极谏,仍未引起寇准的警惕。寇准重用丁谓,结果却被丁谓所害。

丁谓由寇准举荐升任副宰相,对寇准十分谦恭,乃至低头哈腰,曲意逢迎。寇准对其做法开始反感起来。有一次朝廷会宴,寇准在豪饮之后,胡须上沾上了羹汤,丁谓马上站起来亲手为寇准拂拭。寇准先前虽被他一时蒙蔽,但终究不失清廉正直本性,难与此辈同气相求。今见他如此奴颜卑膝,心生厌恶,讥讽他说:"丁参政是国家大臣,怎么能屈尊为人擦胡须呢?"丁谓十分难堪,下不了台,对寇准便忌恨在心。枢密使曹利用也曾受过寇准的当面挖苦,曹利用为一介武夫,因平定宜州(今广西宜山)陈进起义之功,青云直上。每当二人议事有分歧时,寇准就讥讽他说:"君一介武夫,岂知此大政!"他也对寇准怀恨在心。丁谓、曹利用由此串连一气,伺机排挤寇准。

天禧三年十二月,宋真宗任命曹利用、丁谓为枢密使,执掌军机。手握重权的丁、曹二人开始向寇准发起进攻。而寇准却未能组织起正义之师,向邪恶势力反击,只是单枪匹马,孤军奋战,终于又被拉下马来。

天禧四年,宋真宗得了风瘫病,患病后的真宗日益迷信,对军国大政敷衍应付,经常避居深宫,沉溺丹鼎,刘皇后渐渐专权朝政。此前,刘氏宗人横行不法,强夺蜀地百姓盐井。真宗碍于皇后情面,本想原宥其罪,无奈寇准铁面无私,依法惩治。为此,早已惹恼刘皇后。及真宗卧病,刘皇后执掌政柄,曹利用、丁谓趁机依附刘皇后,并结纳内亲、翰林学士钱惟演,联党固权,沆瀣一气,引起朝野纷纭。寇准深以为忧,于是奏请赵恒:"皇太子渐已成人,人望所属,愿陛下思社稷之重,付以神器,以固万世根本。丁谓为人奸佞,不可以辅佐少主,请择方正大臣以为羽翼。"真宗点头答应。

寇准既得允准,立刻密令翰林学士杨亿起草诏书,拟用太子监理国事,且欲用杨亿辅政,取代丁谓。杨亿深知事关重大,候至深夜,方才逐退左右,亲自撰写书稿,事情机密,无人知晓。这年六月,事至关键时刻,寇准却在狂饮之后,醉酒走漏了风声。丁谓急找钱惟演等,通谋刘皇后,谗言赵恒,说寇准专权,欲挟太子,架空皇上,图谋不轨。真宗患病后,事多健忘,这时竟记不起与寇准商定过传位之事,轻信了丁谓等所言,将寇准罢相,降为太子太傅,担当有名无实的角色,擢参知政事李迪为相。

继之,丁谓又与赵恒的亲信宦官、入内副都知周怀政发生矛盾。周怀政与客省使杨崇勋等人合谋,欲杀掉丁谓,复相寇准,奉赵恒为太上皇,传位太子,废刘皇后。并商定于天禧四年七月二十五日起事。就在政变发生的前一天晚上,杨崇勋临阵畏惧,向丁谓作了告发。丁谓闻变,身穿便服,乘坐妇人轿车急找枢密使曹利用商量对策。次日天亮,曹利用即进宫入奏赵恒。周怀政正欲布置起事,突然闯进一队卫士,将他逮捕,与此同时,周怀政的同谋者也一一被抓。丁谓借此大兴冤狱,排除异己，寇准幸得李迪从中保护，仅诛杀周怀政一人了事。但丁、曹并未放手，欲置寇准死地，便把伪造天书之事揭发出来，寇准因献"天书"遭贬，初贬为相州知州。丁谓之流仍不甘心，擅改旨意，将寇准远徙为道州（今湖南道县）司马。寇准终于被这场漩涡所吞没，竟成了政治的殉道者。

心忧朝堂　客死南疆

　　从荣登相位到罢相，寇准的政治生涯坎坷多变，屡遭奸佞小人排挤、打击，几起几落，始终处于政治漩涡的中心。寇准虽胸有治国良策，但也无奈官场的斗争，可以说，大部分时间是与奸臣小人进行较量，难以实现他匡扶大宋的雄心大志。何况，封建主义的大臣是皇帝的附属物和奴仆，他们所起的作用大小，在很大程度上取决于皇帝的是否"英明"。不管皇帝是好是坏，是"明主"还是"昏君"，都要求大臣对皇帝"愚忠"。虽贵为宰相，如果得不到皇帝的支持，也会一无所为。真宗非"明主"，寇准在这样一位皇帝的手下做事，结局就可想而知了。

　　官场险恶多变，曾经改变了多少人的正直之性。但在这个官场的大染缸里，寇准始终如一，能够秉公执法，洁身自好，其品格德行受到了广大人民的称赞。正因如此，在寇准启程赴道州所的途中，虽然风险重重，杀机四伏，终能遇难呈祥，逢凶化吉，平安到达了荒远的道州。

　　虽是偏僻贬斥之地，寇准并不因此懈怠，每天清晨早起，身着朝服升堂理政。公务之余，还专门造了一座藏书楼，置放经、史、佛、道等书，每遇闲暇，便手不释卷，仔细研读，十分投入。观其所为，似是远离官场争斗中心、心境自然淡泊的文人政客。其实不然，寇准的心潮无时无刻不汹涌激荡。他的一腔热血始终在沸腾着，正是"居庙堂之高，则忧其民；处江湖之远，则忧其君"。此时的寇准，依然怀着忧国忧民的政治情怀，经常独自翘首北望，向往日后再次秉政，施展自己的才学与抱负。有诗为证：

> 萧萧疏叶下长亭，云淡秋空一雁轻。
> 惟有北人偏怅望，孤城独上倚楼听。

　　这是寇准在道州所写的《春陵闻雁》七言诗。在云淡秋高的时节，萧萧疏叶只有轻轻坠落一途，北归宏愿充其量只能成为憧憬和梦想，挥斥朝堂也只能是对往事的回味而已。

　　乾兴元年（公元1022年）二月，宋真宗病危。这时丁谓更加专权，凡不阿附自己的人，即一概指斥为"寇党"，轻者贬官，重者流放。引用私党钱惟演为枢密副使，

又欲对冯拯等人加官进爵,专横跋扈。宰相李迪看不过,与其争执于朝堂,官司打到赵恒面前,赵恒周围都是钱惟演、曹利用的人。结果,李迪被罢相,出知郓州(今山东东平),再贬寇准为雷州(今广东海康)司户参军。朝政为丁谓、曹利用等人把持,朝中正人为之一空。这时赵恒的病也日渐危重,不仅喜怒无常,且更健忘,语言错乱,不知寇准月内三黜,还问左右:"为什么我久不见寇准?"左右慑于丁谓权势,都不敢应答。

丁谓等人不择手段陷害、打击忠良,就连他们的同党也颇觉不忍。但丁谓等人并未就此罢手,而要将寇准置之死地而后快,想出一条毒计,在传刘皇后懿旨时,故意在中使(太监)马前悬一锦囊,内插一把宝剑,并有意将剑穗飘洒在外,以示将行诛戮。中使来到道州,寇准正与郡中僚属在府内聚饮,众人一见杀气腾腾的来者,十分惶恐,惟有寇准神态自若,不慌不忙地对中使说:"朝廷若赐寇准死,我当亲眼看圣旨。"中使见计谋不成,只得如实宣旨:敕贬寇准为雷州司户参军。寇准异常镇定叩拜完毕,然后继续宴饮,直至日暮才罢。

次日,寇准打点行装,再赴雷州贬所。年逾花甲的寇准在一月之内三次被黜,真是感慨万分。身处偏僻荒远的异乡,远离喧嚣的政治中心,加重了他对往昔的深深回忆,一首《感兴》诗道出了他的心声:

> 惜昔金门初射策,一日声华喧九陌。
> 少年得志出风尘,自为青云无所隔。
> 主上抡才登桂堂,神京进秩奔殊方。
> 墨绶铜章竟何用,巴云瘴雨徒荒凉。
> 有时扼腕生忧端,儒书读尽犹饥寒。
> 丈夫意气到如此,搔首空歌行路难。

回想昔日金榜题名,踌躇满志,更加重了如今举目苍凉的气氛,他的激愤越来越高昂,禁不住要大声控诉宦途的艰难及险恶。

朝堂之上忠奸不辨古已有之,但人民却能公正评说是非曲直。丁谓等人排挤走一班清正大臣后,又将寇准远流于绝地,之后便横行不法,为所欲为,把朝政搞得乌烟瘴气。京师官民十分痛恨这帮奸邪小人,怀念寇准,编了几句顺口溜:"欲得天下宁,当拔眼中钉;欲得天下好,莫如召寇老"。"钉"为丁(谓)之谐音,寇老,即对寇准的尊称。

寇准再贬雷州不到半年,丁谓也获罪被贬至崖

寇准

州(今海南岛)。丁谓到崖州贬所,必经雷州。寇准家僮闻讯,欲杀此贼。寇准不愿以私仇坏国法,竭力劝阻。丁谓察知这般情况,仓皇而逃。

宋仁宗天圣元年(公元 1023 年),寇准忧病交加,病在雷州贬所。此时的寇准虽然品格、情操依旧,心却彻底冷了,对宋廷彻底绝望了。当年九月,寇准最终走完了荆棘丛生、坎坷多变的人生之路,享年 63 岁。寇准病逝后,其妻宋氏请求归葬西京洛阳,仁宗准奏。

寇准的灵车北归,取道公安(今湖北公安)等县。沿途官民设祭哭拜,路旁插满了竹枝,其上悬挂祭品。一月之后,枯竹竟然发芽。人们纷纷议论,这是寇公的高风亮节感化所至。因此,人们争相修嗣立庙,年年岁岁祭奠英灵。这充分反映了老百姓对他的怀念之情。

为政忧天下　冤沉岳阳楼
——范仲淹之冤

　　宋朝经历太祖、太宗、真宗三朝及仁宗初年章献太后执政时期,已有70余年,积弊日深,明道二年(公元1033年)三月章献太后死后,仁宗始亲政,群臣希望革新政局,这时,范仲淹义无反顾地站了出来,走在改革的风口浪尖上。

　　范仲淹(公元989—1052年)字希文,江苏吴县人。他出身贫寒,小时勤奋好学,出仕后直言敢谏,政绩卓著,成为北宋时著名的政治家和文学家。庆历年间任参知政事,大力推行新政,然而却遭到保守派的激烈反对,先后被贬谪到陕西、山东等地,后病死在由青州赴颖州的路上。他提出的"先天下之忧而忧,后天下之乐而乐",成为后世传颂的千古名句。

家境贫寒　发奋求学

　　范仲淹的祖先本是邠州(今陕西彬县)人,后迁到苏州吴县。他家祖上几代都在南方的吴越王钱氏手下做官。他的父亲范墉,博学能文,是一个靠微薄官俸为生的官吏。宋太宗端拱二年(公元989年)八月二日范仲淹出生在徐州。两岁时,父亲就病故了,母亲谢氏贫无所依,只好带着他改嫁到山东淄州长山县一户姓朱的人家。从此,范仲淹改姓名叫朱说,在朱家长大成人。

　　青年时期的范仲淹刻苦好学。宋真宗大中祥符二年(公元1009年),他在醴泉寺读书时,经常一个人伴灯苦读。每到东方欲晓,僧人们都起床了,他才和衣而卧。那时,他的生活很贫困,每天只煮一锅稠粥,凉了以后划成四块,早晚各取两块,拌上一点儿韭菜末就算是一顿饭。但是他对这种清苦的生活却毫不

范仲淹

介意,而是用全副精力在书中寻找自己的乐趣。寒来暑往,范仲淹已经在醴泉寺苦读了三个春秋,学业上有很大进步,可他并不满足于此,总感到这里孤陋寡闻,既得不到有学问的老师指教,也缺乏共同切磋讨论的同学。

范仲淹渴望着到更广阔的天地里去访师问友,增广见闻,以便将来为国家干出一番事业来。正在这时,有一件事成全了他。原来,范仲淹在朱家虽然受歧视,却并不了解自己的身世。朱家是长山的富户,子弟惯于挥霍,范仲淹看不惯他们那种奢侈浪费的作风,曾多次劝止,因此引起朱家兄弟的不满,嘲讽地说:"我们花的是朱家的钱,关你什么事?"范仲淹听了一惊,觉出话中有话,马上追究盘问,方知自己的家世。这使他受到很大刺激和震动,下决心脱离朱家独立生活。于是,他匆匆收拾了几样简单的衣物,佩上琴剑,毅然离家往南京(今河南商丘)求学去了。

大中祥符四年,23 岁的范仲淹风尘仆仆地来到南京,进入了他思慕已久的应天府书院。

当时的南京本叫宋州,因为是宋朝开国皇帝赵匡胤的发祥地,所以在宋真宗景德三年(公元 1006 年)被升为应天府,不久又被定为南京。随着政治地位的提高,这里逐渐发展成一个人烟稠密的大都会,教育事业也得到相应的发展。应天府书院正是在这期间由睢阳学舍扩建而成的,睢阳学舍是前代著名学者戚同文聚徒讲学的地方。

后来,当地人曹诚在戚同文故居旁盖房百余间,置书数千卷,扩大了睢阳学舍的规模。这一举动得到了皇帝的支持,将这所学校改为由应天府直接领导的府学。应天府书院名气越来越大,后来成为宋代著名的四大书院之一。因此,当范仲淹入学时,这里既有名师可以请教,又有许多同学互相切磋,还有大量的书籍可供阅览。范仲淹顿觉眼界大开,过去缺师少友的苦闷心情一扫而光,他更加如饥似渴地学习起来。有一次,宋真宗去朝拜亳州(今安徽亳县)的太清宫,路过南京时,整个南京城都轰动了。人们争先恐后跑去看皇帝,唯独范仲淹闭门不出,仍然埋头读书。有个要好的同学特地跑去叫他:"快去看! 这是千载难逢的好机会,千万不要错过!"但是范仲淹只说了一句:"将来再见也不晚。"便又继续读他的书了。

自从离家后,范仲淹的生活更困苦了,常常连吃饭的钱都不够,有时甚至一天只能吃上一顿饭。这种情况被他的一个同学、南京留守(南京的最高行政长官)的儿子看到了,回家告诉父亲,留守就叫人给范仲淹送来许多酒菜。可是几天过去了,食物都放坏了,仍不见范仲淹尝一口。留守的儿子就问他为什么不吃,范仲淹说:"我不是不感激你的厚意,只是我已习惯于粗茶淡饭了,如果现在就享受这种丰盛的饭菜,以后还能吃得下粥吗?"就这样,范仲淹在南都学舍"昼夜苦学",有时夜间实在太困了,就用冷水洗把脸,再坚持学习。功夫不负有心人,经过五年寒窗苦读,他终于成为一个博学多才的人。

踏上仕途　兴利除弊

　　大中祥符八年(公元 1015 年)，范仲淹考中了进士，不久就出任广德军司理参军，掌管当地刑法。他把母亲接来供养，并恢复了原来的姓名。当时范仲淹只有27 岁，正当年富力强，很想施展自己的一番抱负，他满怀豪情地踏上了仕途。

　　范仲淹入仕后，最初十余年一直担任地方上的小官吏。他上任期间十分注意体察民间疾苦，一心想为国家兴利除弊，干一番事业，不同于当时官场中那些碌碌无为之辈。宋真宗天禧五年(公元 1021 年)，范仲淹到泰州(今江苏泰州市)任西溪镇盐仓监官，掌管盐税。泰州和附近的楚州(今淮安)、通州(今南通市)，位于淮水以南，东临黄海，经常受到海潮威胁。唐朝时曾在这三州修过一条捍海堤，但是年久失修，早已颓坏，因此每年秋季海潮泛滥时，沿海各州往往庐舍漂没，人畜丧亡，盐灶也多被冲毁，灾情十分严重。退潮以后，过去的良田都变成了不宜耕种的盐碱地，老百姓无以为生，只好携家外逃。这件事本来不属于范仲淹的职权范围之内，但他积极上书给江淮制置发运副使张纶，建议修复捍海堤。

　　张纶也是个实干家，十分赞同范仲淹的意见，立即奏请朝廷，任命范仲淹为灾区中心的兴化县县令，主持整个修复工程。可是还未动工，就有许多人反对说："修堤能挡住堤外的海潮，但不利于排除堤内的积水，不是划不来吗？"张纶坚持道："海涛造成的灾害有九分，而堤内积水造成的灾害只有一分，利多弊少，为什么不值得干？"

　　在张纶的大力支持下，宋仁宗天圣二年(公元 1024 年)秋，范仲淹率领通、楚、泰、海(今连云港西南)四州民夫四万余人，开始动工修堤。不料刚开工不久就碰上大雨雪，海潮骤然上涨，汹涌的浪涛冲垮了堤岸，顿时吞没了一百多个民夫。这样一来，那些反对者可抓住了把柄，他们到处散布谣言说："淹死了几千人，海堤不能修了。"消息传到中央，朝廷派人下来检查，工程大有停罢之势。范仲淹、张纶一再力陈修堤的好处，才又获得批准，使工程没有半途而废。

　　在范仲淹和张纶的先后督促下，经过将近 4 年的努力，天圣六年(公元 1028年)春，长达 150 里的捍海堤终于修好，解除了这一带的潮水灾害，保护了农田和盐场。2600 户外逃居民也纷纷返回家园恢复生产，原来葭苇苍茫的荒地，又长满了绿油油的庄稼，政府的田赋、盐课也大为增加。为了纪念范仲淹和张纶的功绩，当地人民为他俩修建了祠堂，并将捍海堤取名叫做"范公堤"。

　　过了 6 年，范仲淹又在苏州主持了另一项大的水利工程。景祐元年(公元1034 年)苏州暴雨成灾，伏天的大水，过了秋天仍未退下，农田被淹，秋收无望，数万家农户面临饥饿死亡的威胁。当时范仲淹刚调任苏州知州(一州的行政长官)，

看到这种情况十分焦虑。通过调查他了解到,苏州地势低下,常发生涝灾,过去积水靠排入太湖,再通过周围的河渠将水排入西北的扬子江或通过东南的松江导入大海。但是由于这些河道长期没有疏浚,多被淤泥堵塞,不能分解水势。太湖要承纳数郡之水,却只有松江一处能排流,所以一到多雨之时就出现大水泛滥成灾的局面。摸清情况后,范仲淹立即上书朝廷,提出疏五河,导太湖之水入海的计划。得到批准后他亲临现场,督修这项工程。在他的领导下,苏州人民一致努力,终于疏通了淤塞的河道,把积水导入了江海。太湖周围的苏、常、湖、秀四州,都是全国著名的水稻产地,仅苏州一郡,年产稻米就有七百万石之多,素有国家粮仓的称号。这次太湖水道的疏通,对保障东南的农业生产起了重要的作用。

范仲淹每到一地都踏踏实实地做一些有利于国计民生的事,并且很有成绩,这在当时的官僚集团中是不多见的。因此他的名声渐渐传扬开。早在天圣六年(公元1028年)他的才干就受到宰相王曾、副丞相晏殊的赞赏,晏殊荐举他进京任密阁校理。到了中央,范仲淹更关心朝政得失和民间利病,又与朝廷中的腐朽势力展开了反复的斗争。

当初宋真宗死时,继位的仁宗年纪还小,由他母亲刘太后垂帘听政。天圣七年,仁宗可以亲政了,但刘太后仍独揽大权,把皇帝当成傀儡,满朝文武畏于权势,谁也不敢说话。范仲淹却挺身而出,上书批评这种现象。晏殊知道后大惊,忙把范仲淹找来,斥责道:"你这般狂妄好出风头,自己倒霉不说,连我这个荐举人也要受连累了。"

看到晏殊怒容满面,范仲淹严肃地说:"我是您推荐的,常常怕自己不称职而使您为我羞愧,万没想到会因忠直得罪您。"接着,范仲淹又给晏殊写了一封信,坦率地谈了自己冒死直谏的理由。信中说:"我的官职很小,俸禄也不多,但每年也有三百贯铜钱,相当于二千亩地一年的收成。如果我坐食禄米,不去为国为民立功,那和专门糟踏粮食的螟虫又有什么两样?人都说犯颜直谏会给自己惹祸,不是明哲保身之计。其实说这种话的人才是最没眼光的。他们不懂得,只有朝廷内外的官员都敢于直言,君主才不会犯错误,百姓才能没有怨言。政治上清明,才能祸患不生,天下无忧,这不正是远离祸乱、保全自身的根本之计吗?"一番话,正气凛然,说得晏殊无言对答,只好谢罪。不久,范仲淹因奏请太后还政,触怒了太后,被贬往河中府(今山西永济县)。

刘太后死后,范仲淹才被召回朝廷,任右司谏。有了言官的身份,他上书言事更无所畏惧了。明道二年(公元1033年),京东和江淮一带大旱,又闹蝗灾,为了安定民心,范仲淹奏请仁宗马上派人前去救灾,仁宗不予理会,依旧在宫中过着奢华的生活。范仲淹十分气愤,冒着触犯龙威的危险质问道:"如果宫中半日不食会怎么样?现在许多地方百姓没有饭吃,怎能置之不理?"说得仁宗无话可答,只好派他去江淮一带安抚灾民。范仲淹每到一地就开仓赈济,并且免除了灾区的一部分赋

税。为了劝戒挥霍人民血汗的皇室,他还把饥民吃的野草带回来献给仁宗,并请他转给妃嫔贵戚们看,让他们知道老百姓过的是什么日子,不要过分奢侈。

范仲淹这样大胆地谏诤,震动了整个朝廷。当时北宋政权把持在以宰相为首的大官僚手中。他们玩弄权术,排斥异己,千方百计地维护自己的既得禄位,只想保持现状,反对任何改革,更害怕别人批评,对范仲淹的耿直十分恼火。就在这年冬天,吕夷简利用后妃争宠的矛盾,怂恿仁宗废掉了对他不满的郭皇后。范仲淹上书坚决反对,反被吕夷简借皇帝之手贬出了中央。直到两年后,由于他在苏州治水有功,才又被召回朝廷。范仲淹刚一回来,吕夷简就派人暗中警告他:"你现在的职务是侍从官,不是言官,用不着你多费口舌去议论国政。"范仲淹听出话中的深意,理直气壮地答道:"议论国事正是侍臣的职责,我怎敢不尽力呢!"

吕夷简知道范仲淹不好对付,又想将他挤走。当时京城开封府是最复杂难治的地方,吕夷简故意派范仲淹去做开封知府,想用纷繁的事务缠住他,使他无暇上书言事,并打算趁他稍有差错时立即罢免。没想到范仲淹一到任就大力整顿官僚机构,剔除弊政,把工作安排得井井有条,仅仅几个月,号称繁剧的开封府就"肃然称治"。城中流传着一首歌谣道:"朝廷无忧有范君,京师无事有希文。"吕夷简煞费苦心安排的诡计未能得逞,反而大大提高了范仲淹的声望。

范仲淹看到吕夷简等大官僚互相勾结,朋比为奸,将自己的亲信、党羽安插在要职上,对这种陈腐污浊的空气十分痛恨。景祐三年(公元1036年)范仲淹把京官晋升情况绘制成一幅百官图交给仁宗看,指明哪些人是按规定升迁的,哪些人是宰相以私人关系提拔的,对吕夷简任人唯亲培植私党的行为进行了毫不留情的揭露。吕夷简知道后,恼羞成怒,忿恨地对仁宗说:"范仲淹不是谏官,不该越职行事,他中伤我正是要挑拨我与陛下的关系,以便他交接朋党,蒙蔽陛下。"仁宗一向没有多大主见,听信了谗言,将范仲淹贬至饶州(今江西鄱阳)。

范仲淹这次遭贬,在朝廷上掀起一场轩然大波。许多正直的官吏早就不满吕夷简堵塞言路,排斥异己的做法,一听说范仲淹又被罢黜,都非常愤慨,集贤院校理余靖立即上书说:"范仲淹指责宰相的过错,有什么错?朝廷三次罢免这样敢于直言的人,今后谁还敢再说话?望陛下收回成命。"馆阁校勘尹洙、欧阳修也相继为范仲淹鸣不平,并激烈地抨击吕夷简一伙。一时间朝廷上形成了阵线分明的两派。吕夷简看到这些下级官吏也敢公开责骂自己,更加火冒三丈,便怂恿仁宗把余靖、尹洙、欧阳修等指为朋党,一起贬出了朝廷。这还不算,又在朝堂上贴出榜文,禁止百官越职言事,公开压制舆论。这就是北宋历史上的"范吕党争",宋朝的党争就是从这时开始的。这种党争是北宋统治阶级内部的冲突,但是以范仲淹为首的一批官吏反对大官僚集团因循守旧的腐败统治,主张选贤任能、安抚人民、革新政治,这在客观上是有进步意义的。因此得到人民的同情和部分封建大夫的拥护。

范仲淹虽然三次被贬,名望却越来越高。第一次外贬时,亲朋们一直把他送到都门外,称赞他说:"此行非常光荣。"第二次外贬时,同僚们又来为他送行,鼓励他说:"此行更加光荣。"第三次被贬仍有人不顾吕夷简的威胁恫吓去送别,并安慰他说:"此行尤其光荣。"范仲淹听罢大笑道:"仲淹前后已是三光了。"

景祐三年深秋,范仲淹乘船去饶州上任。他如今虽已年过半百,但仍壮心不已,决心要成就一番事业。

龙图老子　抗击西夏

对于北宋的边防来说,来自北边的威胁主要是辽,来自西边的威胁主要是西夏。宋仁宗宝元元年(公元1038年)冬天,宋朝西北边境局势突然紧张起来,党项族首领李元昊建国称帝的消息震撼了宋朝朝廷。元昊自称皇帝,建国号大夏,意味着宣告中止对宋的臣属关系。宋朝闻讯后于次年下诏削除元昊官爵,断绝贸易。一时间,西北地区战云密布,一场战争即将爆发。

西夏的突然挑衅,使宋朝措手不及,朝廷上有的主攻,有的主守,吵成一团,宋仁宗也举棋不定。边境上由于三十多年无战事,宋朝边防不修,士卒多未经战阵,平常又缺乏训练。步兵携带武器和口粮,走几十里就气喘嘘嘘,骑兵中有的不会披甲上马,射出的箭在马前一二十步就落了地。带兵的将帅也多是皇帝的亲戚故旧,根本不懂军事,再加上将领更换频繁,军纪松弛,所以当时人评论:"以屡易之将,驭不练之士,故战则必败。"

公元1039年,夏军已进犯宋之边境,到了康定元年(公元1040年)正月,元昊又率大军进逼延州(今陕北延安)。延州一带地阔寨疏,兵力薄弱,又是夏军出入的必经之地,元昊早就想拔掉这颗钉子。当时延州的知州范雍是一个志短才疏的胆小鬼,他一听说夏军来犯,吓得紧闭城门不敢出战,忙遣人去调援军。谁知元昊早已在延州附近的三川口设下埋伏,援军刚到就陷入重围,死伤甚重。眼看延州就要失守,范雍束手无策,只会躲在城中祷告神佛保佑。幸亏这时纷纷扬扬下起鹅毛大雪来,元昊怕被风雪困住,匆匆撤兵而去,延州城才未陷落。但是延州以北的三十六个寨堡却都被夏军荡平了,东西四百里屏障一扫而光,延州完全变成了一座孤城。

三川口的惨败使仁宗大为恼怒,他一气之下贬了范雍的官,并一再更换陕西方面的统帅,但都不得力。这年五月,任命夏竦为陕西经略安抚招讨使。为了加强军事指挥的力量,韩琦负责泾原路;范仲淹负责延路。这时的范仲淹已经52岁了,仕途上的艰辛蹉跎使他早已霜染鬓发,但是忠贞报国的热情却不减当年。他一接到调令,就立即从越州奔赴前线。秋天,当范仲淹风尘仆仆赶到处境最险恶的延州时,呈现在他眼前的是一派非常荒凉的景象。到处是断壁残垣,茅庐草舍被焚烧成

了废墟,百姓死的死,逃的逃,少数留下的也是无衣无食,苟延时日。范仲淹凝视着秋风中瑟瑟摇曳的野蒿荒草,想到战争给宋朝和边民带来的灾难,心头十分沉重,当即写下一首《渔家傲》:

> 塞下秋来风景异,衡阳雁去无留意。四面边声连角起,千嶂里,长烟落日孤城闭。浊酒一杯家万里,燕然未勒归无计。羌管悠悠霜满地,人不寐,将军白发征夫泪。

当时摆在范仲淹面前的就是这样一副残局。但是最令他忧虑的倒不是环境艰险,而是宋朝到这种时候还没有制定出一个切实可行的抵御方略。一连数日,他马不停蹄地视察鄜延一带地形和边防守备,听取守边将士的意见。视察归来,便废寝忘食地谋虑对付西夏的战略方针。

范仲淹反复权衡着宋夏双方的实力对比:宋军人数虽多,但缺乏强将精兵,战斗力差;夏军人数较少,但人擅骑射,兵精马劲,加上西夏境内山川险恶,又多沙漠,其都城远在黄河以北,远而险,不易攻取。宋若兴兵深入,粮草辎重的运输,绵延百里,很容易遭到敌骑的截击,一旦粮饷接济不上,就有被歼的危险。在这种敌强我弱的形势下,采取深入敌境大举进攻的方针是十分冒险的。但是,夏国经济力量薄弱,粮食不足,绢帛、瓷器、茶叶等都需从宋朝输入,这又是它的致命弱点。只要宋军对内修固边城,精练士卒;对外坚壁清野,不与大战,夏军大攻,就闭垒以待隙,小攻,则扼险以制胜;同时实行经济封锁,两三年后西夏自会困弱下去,那时就可迫其讲和了。想到这里,一个完整的战略方案在范仲淹头脑中酝酿成熟了,他忙提笔写好奏章,向朝廷提出了一整套以防守为主的御夏方针。这是一个符合客观情况的战略方针,但是当时却被不少人认为是怯懦的表现,就连与范仲淹私交很深的韩琦也不能理解。

在战略上,韩琦主张进攻,他上表说:“宋军拥有二十万重兵,只守界濠,这么怯弱,自古未有,长此以往,士气都要丧失光了。况且兴师以来耗资太大,再拖延下去,国家经费更加困难。”他要求集中各路兵力入讨,速战速决。两种主张报到中央后,急于求成的仁宗采用了韩琦的主张,命令韩琦和范仲淹同时出兵。范仲淹感到这样做太冒险,连上三表反对,但都无效。他只好请求留下鄜延一路作为将来招纳西夏之用,仁宗勉强答应了。

庆历元年(公元1041年)正月,陕西主帅夏竦又派尹洙去延州说服范仲淹出兵,范仲淹执意不肯。尹洙见他坚持己见,不禁叹息道:“范公这就不如韩公了,韩公曾说过:‘大凡用兵,当置胜败于度外’。”范仲淹一听,立即反驳说:“大军一动,关系万人性命,竟可置胜负于度外吗? 我不敢苟同。”韩琦得知劝不动范仲淹,便贸然决定泾原一路自行出讨。他调集了镇戎军的全部人马,又临时招募了一万八千

壮士，全交给副将任福率领。出兵后，任福及诸将轻敌贪功，被一小股佯装败退的夏兵引诱，脱离了原定的行军路线深入追击，当人困马乏的大军行至六盘山南麓的好水川口时，突然鼓声大作，伏兵四起，宋军陷入了元昊的埋伏圈。经过一场血战，任福等诸将战死，阵亡的士卒达六千余人。

韩琦率领残兵败将撤退回来，刚走到半路，只见数千名阵亡士兵的父兄妻子，手里捧着死者的旧衣，提着纸钱，拥到韩琦马前大哭道："昨天你跟着招讨使（指韩琦）出师，现在招讨使回来了，你却死了，你的魂魄能跟招讨使回来吗？"哀哭声震动了山野。见此情景，韩琦满面惭色地勒住马，也不禁潸然泪下。范仲淹听到败讯，叹息道："这时就难以置胜败于度外了。"

好水川的惨败教训了韩琦和朝廷上主张速战速决的人，仁宗也放弃了进攻的方针，改而采取守策。战略确定以后，还必须有相应的措施来保证它的实行。于是范仲淹推行修固边城、精练士卒、招抚属羌等相应的措施。

修固边城就是在宋夏交界的前沿阵地修筑寨堡，建立军事据点。范仲淹的部下种世衡建议，在延州东北二百里古宽州的故垒上筑城。这里地处要冲，右可屏障延州，左可得到山西的粮食，北可以进图银、夏二州。范仲淹采纳了这个意见，派种世衡率兵前去修筑。夏兵来争，种世衡就一边作战一边抢修。城内缺乏水源，他出重金奖励凿井，终于从地下150尺处冒出了清泉，于是取名为清涧城。种世衡又大兴营田，一年收获粮食近万石，补充了军粮；又募商贾通贸易，经济上逐渐充实起来。同时鼓励军民练武习射，把银钱当靶心，谁射中就赏谁，自此人人能射，终于使清涧城成为延州北面一个坚固的军事要塞。在范仲淹及其后任的努力下，不仅修筑了新的军事据点，而且还先后修复了永平、承平等旧寨十二处；招回附近逃亡的蕃汉人户，开辟营田数千顷，恢复了农业生产。这些寨堡有力地屏障了延州，使延州的防务稳固下来。夏军私下告诫说："别想打延州的主意了，现在的小范老子（指范仲淹）胸中有数万甲兵，不像大范老子（指范雍）好欺负。"

庆历元年十月，宋朝调整了兵力部署，罢免了主帅夏竦等，将西北前线划分为秦凤、泾原、环庆、鄜延四路，分别置帅，范仲淹负责环庆路的军事。一年以后，韩琦、范仲淹被提升为陕西沿边的总帅，统一指挥四路军事，范仲淹的主张得以全面推行，延州筑寨的经验被推广到各路。当时宋夏交界处，被夏军占据的地段有的伸入宋境百余里，隔断了州与州之间的联系，不便互相接应。范仲淹主张选择这些地区作为进攻的重点，攻取一地，即建一城，派兵驻守。稳扎稳打地逐步向前推进。没过几年，宋在延州与庆州之间修筑了大顺城，在环州和镇戎军之间修筑了细腰城和葫芦泉诸寨，打通了各州之间的道路，一方有警，各方应援，便于调集兵力抵御夏的进攻。沿边寨堡的修建，在各路的北面竖起一排排屏障，有效地加强了宋军的防守能力。

精练士卒，就是采取各种办法提高军队的战斗力。一是大力整顿现有军队，淘

中国历代冤案

汰老弱,选择强悍武勇的士卒,重新编制,指定专人负责统率和训练,改变过去兵将不相识的状况。特别是淘汰了一批怯懦无能的将校,选拔了一批经过战火考验的有才干的人代替他们,这对士兵的鼓舞很大。再则是招募士兵,提高军队的素质。原来守边的大都是从内地调来的已经腐化的禁军,这批人既不耐劳苦,又因久成思乡,斗志不高。而从本地人民中招募的士兵,熟悉山川道路,强悍敢战,又因保卫家乡,斗志较强,从而提高了军队的战斗力。此外,范仲淹能以身作则,将士没喝上水他从不说渴,将士没吃上饭他从不叫饿,朝廷赏赐给他的金帛都分发给将士。

范仲淹、韩琦都赏罚分明,奖励勇猛杀敌的士兵,提拔重用立功的将领,对克扣军饷的贪污分子则当众斩首,毫不留情。在范仲淹的率领下,西北军中涌现出许多像狄青、种世衡那样有勇有谋的将领,又训练出一批强悍勇战的士兵。直到北宋末年,这支军队仍是宋朝的一支劲旅。

与此同时,范仲淹还大力争取宋夏交界处的少数民族。在沿边横山一带散居着不少羌族部落,他们在宋、夏间持观望态度,有的曾投靠夏,为元昊作过向导。范仲淹一方面筑堡立寨,切断他们与西夏的联系,并用兵保护他们的安全;另一方面极意招抚他们,羌族酋长来见,范仲淹屏退卫兵,亲自接入卧内,推心置腹相谈。对受到战争损害的羌族人民则拨给空地,发放粮食、农具等,帮助他们恢复生产。这一政策受到羌族人民的拥护,他们亲热地把范仲淹叫做"龙图老子"(当时范仲淹的职衔是龙图阁直学士),羌族部落纷纷归附宋朝,担任向导,并出兵助战,使西夏日益陷入孤立无援的境地。元昊几次进攻,非但得不到什么好处,反而损兵折将,夏军锐气大减,不敢再轻举妄动了。

范仲淹居边不过三年,在西北人民的支持下,由于推行了一套切合实际的战略方针和防守措施,迅速扭转了宋朝被动挨打的局面,使已经破坏的边防重新又巩固起来。边境上流传着一首歌谣说:"军中有一韩(指韩琦),西'贼'闻之心胆寒;军中有一范,西'贼'闻之惊破胆。"

长期的战争和经济封锁大大损耗了西夏的力量,使其境内物资奇缺,物价飞涨,一匹绢价竟高达八九千钱。加上国内又发生了鼠食庄稼和旱灾,粮食更为紧张,老百姓怨声载道。元昊已经无力再打下去,北宋由于财政困难也难以长期支持,双方都想及早结束战争。于是从庆历三年(公元 1043 年)开始议和,到庆历四年正式达成和议。元昊继续对宋称臣;宋朝则恢复互市贸易,每年还"赐"给夏国岁币银、绮、绢、茶共二十五万五千。至此,宋夏重新恢复了和平,西北局势得以转危为安。

奉命回京　推行新政

　　宋夏局势缓和后,范仲淹和韩琦便匆匆告别西北前线,奉调回京。对于这次调动,宋仁宗是有用意的。

　　仁宗是北宋的第四代皇帝,传到他手上的这份"祖业"已经经营了八十年,不但没有富强起来,反倒出现了危险的征兆,这不能不令他忧心。

　　原来,北宋政权是在长期混战割据后创建的。为了防止分裂的悲剧重演,开国皇帝赵匡胤一上台就大力加强中央集权的统治,一方面竭力削弱武将兵权,另一方面尽量扶植文官势力,优待文士。这种政策给官僚机构带来很大影响。

　　在宋朝,科举考试是选拔官吏的主要途径。最初,每次开科取士至多不过30人。到宋太宗时,为了笼络文士,换取地主阶级对皇权的支持,录取名额不断放宽,进士与诸科录取多达一千人。这就为大批中小地主阶级知识分子参政敞开了大门。他们源源不断地进入政府,使官员越来越多。

　　另一做官途径就是通过"恩荫",也叫"任子"。这种制度虽然汉唐以来就有,但是宋朝恩荫之滥却是前所未有的。皇帝登基、过生日有荫;三年一次的祭天典礼有荫;甚至皇帝结婚、生孩子也有荫。官僚级别越高,能恩荫的人就越多。一个二品宰相,不但子孙亲戚,连他的门客、私人医生都能沾光捞到官职。除了这些法定的恩荫外,对退休的、上遗表(官吏在临死前写给皇帝的表章)的官吏或前朝元老还有五花八门的"加荫"。因此在大官僚的家里,无论是玩竹马的孩童还是襁褓中的婴儿,都早已准备好了官服,以致官僚机构中充满了坐食禄米的权势子弟。

　　这样一来,北宋的官僚机构越来越臃肿,而行政效率却越来越低。真宗景德年间,内外官员有一万多人,到了仁宗时,官员人数增加了一倍,共两万多人,所有这些官员都享受优厚的俸禄。与此同时,军队数量也不断增加。宋朝为了防止农民造反,每逢荒年就在成千上万的饥民中招募强壮者为兵,使吃军粮的人越来越多。再加上承平日久,军队流于骄惰,战斗力极差,为了镇压农民的反抗和应付边境上辽、夏的侵扰,不得不一再扩充兵员。宋初,靠二十二万军队就削平割据势力统一了全国;这时,军队扩充到一百二十五万,前线却不断吃败仗,结果军队也和官僚机构一样膨胀起来。当时养一名士兵,一年要一百贯钱,全国一年的养兵费就多达一万万贯以上,成为最沉重的一笔财政负担。

　　官多、兵多,财政支出已经很大,皇室还大兴土木,建宫殿,筑寺观,任意挥霍浪费,因此到仁宗时,财政支出开始入不敷出了。史书上把北宋的这种弊病称之为"冗官、冗兵、冗费"。"三冗"的负担都以沉重的赋税摊派到劳动人民头上。官僚不但享有免役权,而且隐田漏税,肆意兼并土地,霸占农田,逼得广大农民典妻卖

子,倾家荡产,社会矛盾迅速激化起来。不少有远见的地主士大夫担心封建国家的命运,连连上疏要求仁宗进行改革。宋仁宗也害怕江山坐不稳,急忙下诏把一贯主张改革的范仲淹从西北召回来进行商议。

范仲淹回到朝廷不久就被提升为参知政事(副宰相),与枢密副使富弼、韩琦等人一道主持朝政。此时的仁宗急于扭转危机,三番五次地召见范仲淹等人,催促说:"你们为国尽心,不必有什么顾虑。凡是急需改革的事,赶快提出来。"并且叫人打开宫中的天章阁,在条案上摆好纸笔,督促他们立即写出改革方案。这时已重返朝廷担任谏官的欧阳修、余靖和名士石介等人也大力支持范仲淹。这一切更增加了范仲淹改革的信念,他对富弼说:"皇上求治如此心切,我们不能再耽搁时间了。"他随即投入这场更加艰巨的革新运动。

盛夏的开封闷热异常,政事堂像蒸笼一般,范仲淹却伏案疾书,从政28年来酝酿已久的改革想法一齐涌到笔端,他很快就写成了著名的新政纲领《答手诏条陈十事》,提出了十项改革主张。它的主要内容是:

明黜陟。那时,升降官吏不问劳逸如何,不看政绩好坏,只以资历为准。结果那些敢于兴利除害的人反被指为惹事生非,受到嫉妒、嘲讽、排挤,而饱食俸禄、无所作为的人,却可以坐至公卿。像这样贤愚不分,是非不明,只能鼓励因循苟且的作风,导致百事废毁,政治腐败。因此必须严格考核现任官吏,破格提拔政绩卓著的,撤换有罪的和不称职的官员。

抑侥幸。范仲淹说:"现在的大官,每年都要自荐其子弟充京官,一个学士以上的官员,经过20年,一家兄弟子孙出任京官的就有20人。这样一个接一个地进入朝廷,不仅增加了国家的开支,这些纨绔子弟又不干正事,只知欺压百姓,更使生民受弊。"应该限制大官僚的恩荫特权,防止他们的子弟窃据馆阁要职。

精贡举。为了培养有真才实学的人,首先应该改革科举考试内容,把原来进士科只注重诗赋改为重策论,把明经科只要求死背儒家经书的词句改为要求阐述经书的意义和道理。

择长官。当时分布在州县两级的官吏,不称职者十居八九。有的懦弱无能,放纵猾吏豪民压榨百姓;有的年老有病,升官无望,就接受贿赂,专为子孙打算;有的少壮强干,又不愿留在州县,对政事马马虎虎,专门干些沽名钓誉、逢迎上司的事,以求升迁。应该派出得力的人往各路(北宋州以上的一级监察和财政区划)检查地方政绩,奖励能吏,罢免不才;选派地方官要通过认真地推荐和审查,以防止冗滥。

均公田。公田指职田,是北宋地方官吏的定额收入之一,但分配往往高低不均。应改变这种不均的状况,确保低级官吏的合法收入,以免这些人因生活困窘而贪赃枉法。

除了上述五条外,范仲淹还提出了"厚农桑"、"修武备"、"减徭役"、"推恩信"和"重命令"等主张。

《条陈十事》写成后,立即呈送给仁宗。仁宗表示赞同并用诏令颁发全国。于是,北宋历史上轰动一时的庆历新政就在范仲淹的领导下开始了。

庆历三年(公元1043年)底,范仲淹选派了一批精明干练的按察使去各路检查官吏善恶。他坐镇中央,每当得到按察使的报告,就翻开各路官员的花名册把不称职的名字勾掉。富弼平时对范仲淹十分尊敬,这时见他毫不留情地罢免一个又一个官吏,不免有点担心,从旁劝止说:"您一笔勾掉很容易,但是这一笔之下可要使他一家人痛哭呀!"范仲淹听了,用笔点着贪官的名字愤慨地说:"一家人哭总比一路人哭要好吧!"

在范仲淹的严格考核下,一大批只领俸钱不务公事的寄生虫被除了名,一批有才干的中小官吏被提拔到要职上。官府办事效能提高了,财政、漕运等有所改善,暮气沉沉的北宋政权开始有了起色。朝廷上许多正直的官吏纷纷赋诗,赞扬新政,人们围观着改革诏令,交口称赞。但是,好景不长,在新政的热烈场面背后,一股潜伏的黑暗势力正集结力量向革新派扑来。由于这次改革直接触犯了封建腐朽势力,限制了大官僚地主的特权,他们对此恨之入骨,群起攻击新政,诬蔑范仲淹、富弼、欧阳修等结交朋党,并串通了宦官,在仁宗面前不断散布范仲淹私树党羽的谗言。

昏庸的仁宗知道范仲淹在封建士大夫中享有很高名望,又掌过西北兵权,渐渐对他猜忌起来。守旧派利用仁宗对改革派的疑心,更加紧了政治陷害活动。曾做过西北统帅的夏竦,是个诡计多端的家伙,当宰相吕夷简告病退休时,他满以为凭自己的资历可以接替宰相职位,没料想在石介、欧阳修的抨击下,非但没有当上宰相,连枢密使的官职也丢了。他恼羞成怒,怀恨在心,蓄意要加以报复。于是他让家里的一个使女天天临摹石介的手迹,等到写得与石介亲笔字一模一样时,便伪造出一封石介写给富弼的密信,里面说要废掉仁宗。夏竦到处张扬,诬陷改革派阴谋另立皇帝。一时间,朝廷上下,流言四起,人心惶惶。对这件事,仁宗虽然没有全信,但是看到反对革新的势力这么强大,也开始动摇了。

到庆历四年六月,范仲淹见大势已去,改革很难再推行,正好这时西北又传来警报,他便请求前往巡视,以河东陕西宣抚使的名义重返西北前线。枢密院副使富弼也以河北宣抚使的名义离开了京城。这时朝廷上的守旧势力更加嚣张起来,他们造谣中伤,扬言要把革新派一网打尽。在这股强大的反动势力挟持下,一年前还慷慨激昂的宋仁宗完全退缩了。庆历五年初,他下诏废弃一切改革措施,解除了范仲淹参知政事和宣抚使的职务,将他贬至邓州(今河南邓县),富弼则被贬至郓州(今山东东平),欧阳修、余靖、蔡襄、韩琦等革新派人士都相继被逐出朝廷。坚持了一年零四个月的庆历新政最终失败了。

庆历新政是范仲淹为了挽救北宋统治危机所领导的一次革新运动。他企图通过改革官吏选拔和考核制度,限制权势子弟占据要职,淘汰一批贪污腐化官僚,从

192

一般地主知识分子中选拔有能力的人才来充实政府,以达到刷新政治缓和阶级矛盾的目的。这在一定程度上反映了人民的要求,是具有进步意义的。但是,这次改革对于冗兵、冗费以及土地兼并、赋役不均这类严重的问题,都没提出有效的解决办法。它和后来的王安石变法相比,无论在广度上还是在深度上都要差得多。而且这一改革在守旧势力的打击下,为时甚短,也没有取得显著成效,它就像往一潭死水里投入的一块大石头,激起一层浪花,翻腾一阵后又复归平静。但是,范仲淹主持的这次新政却开创了北宋士大夫议政的风气,传播了改革思想,为北宋后期的王安石变法揭开了序幕。

忧国忧民　客死异乡

范仲淹自幼喜欢研读儒家经典,儒学中宣扬的忠孝、仁义、崇尚名节等政治伦理思想对他的熏陶很深。他十分向往古代志士仁人忠君爱民、为国捐躯的精神。从小时起,他就立志要以他们为榜样,做一个有益于天下的人。这种思想时常在他的诗词文章中流露出来。

范仲淹不仅是军事家、政治家,也是北宋的文学家。他的诗词散文都写得很出色,虽然流传下来的篇数不多,但思想性强,感情深厚,富于感染力。那篇文笔优美、哲理深刻的散文《岳阳楼记》,更是脍炙人口,流传至今。这篇文章原是为劝勉滕宗谅而做的,它也像一面明镜,反映出范仲淹的远大抱负和高尚情操。滕宗谅是范仲淹的好朋友,为人一向豪爽刚直,办事也很有能力。他在陕西和范仲淹一起抵御西夏时,因为朝廷一些小人的妒嫉,诬告他贪污浪费军款,结果被贬往岳州(今湖南岳阳)。

滕宗谅受黜后,心情很郁闷,范仲淹总想找个机会劝劝他。庆历六年(公元1046年)春,滕宗谅重修的岳阳楼竣工了。他写信给范仲淹,请求为岳阳楼写篇文字。当时庆历改革刚失败不久,范仲淹在政治上遭到很大的打击,被贬在邓州,身体也不好。但是为了激励遭到贬黜的朋友们,他一口答应了滕宗谅的请求,就在邓州的书院里挥毫撰写了著名的《岳阳楼记》。

范仲淹用洗练优美的文字描述了洞庭湖波澜壮阔的景色,并且借景抒情,劝勉失意之士不要因自己的不幸遭遇而忧伤,要"不以物喜,不以己悲",摆脱个人得失,以国家前途为重;要"居庙堂之高则忧其民,处江湖之远则忧其君",时时为国家大事忧虑,这样"进亦忧,退亦忧",究竟什么时候才能快乐呢? 范仲淹豪迈地提出了"先天下之忧而忧,后天下之乐而乐"的远大理想。这两句话,概括了范仲淹一生所追求的为人准则,表达了他那宽阔的胸襟和强烈的责任感。千百年来使读者从中受到鞭策和鼓舞,因而成为历代仁人志士用以自励的著名格言,至今仍然闪烁着奋

发向上的光辉。

范仲淹不但在文学上有成就，还是一位有远见的教育家。他常说："国家之忧患，莫大于缺乏人才。学校是培养人才的地方，只有办好了学校，才能使天下得到治理。"他多次建议朝廷要"劝天下之学，育天下之才"。他做地方官时，每到一地，除政事之外，全部心血都倾注在办学上。早在天圣五年（公元1027年），他为母亲守丧住在应天府时，晏殊请他去掌管府学，范仲淹便欣然前往。他常常住在府学中，勤劳恭谨，以身做则，对学生管教很严格，也很得法。每次出题作文，自己先要做一遍，以便掌握题目的难易程度，并使学生有所取法。

府学办得很有成绩，慕名来求学的人越来越多。景祐二年（公元1035年），他在苏州任地方宫，苏州是他的故乡，他在南园买了一块地，准备盖一所住宅。一天，他请阴阳先生看风水，这位先生巡视一遭后，向范仲淹贺喜道："这是块贵地，今后您家中一定有公卿相继出世。"范仲淹听了笑道："我家独占贵地，倒不如让出建学，使士人都在此受教育，公卿将相不是更多吗？"不久，范仲淹就在这里建起郡学，亲自聘请学识渊博的人任教，使学堂越办越好，名冠东南。

范仲淹在地方上从政三十多年，无论是在交通发达的润州、饶州，还是地处边陲的邠州（今陕西彬县），他都尽力提倡教育事业，兴办学校。这些教育活动有力地推动了邠州郡办学的风气。庆历四年，在范仲淹建议下，仁宗曾下诏在全国州郡建立学校。当时地方兴学适应了一般中小地主送子弟读书应举的需要，所以在范仲淹的倡导和努力下，庆历年间，北宋的地方学校像雨后春笋一样出现了。

由于范仲淹把"育天下之才"做为自己义不容辞的责任，他对一些有为青年非常爱惜和关心。他在应天府讲学时，学生中有一个叫孙复的青年，聪敏好学，很有培养前途，但因家中贫寒，老母无人供养，不得不中途退学，为生计奔走。范仲淹知道后，马上拿出自己的钱资助他，又设法帮助孙复在府学中找了一个差事，每月可以得到三千文养家费。从此，孙复白天供职，晚上听范仲淹讲解《春秋》经义。他常常通宵苦读，不忍释卷，十年后终于成为北宋有名的专门研究《春秋》的儒学大师。

范仲淹在西北任统帅时，手下有一位将领叫狄青，作战很勇猛，为人也十分豁达开朗。范仲淹很喜爱这员虎将，他把《左氏春秋》这部书送给狄青，对他说："熟读史书可以增长智谋、推断大事，武将如果不通今博古，就只有匹夫之勇。"狄青在

中国历代冤案

范仲淹

范仲淹帮助下,读了许多秦汉以来的兵书、史书,对古代兵法很有研究,成为有勇有谋的良将。

此外,如名臣富弼、学者胡瑗、张载、李觏等也都受过他的指教和有益的帮助。这些人后来都成为宋代的名人,在政治文化方面多做出过贡献,其余因他的推荐而得以发挥作用的人就更多了。范仲淹对自己要求很严格,他有一句名言:"公罪不可无,私罪不可有。"就是说,一个官吏在政治上要敢于犯颜直谏,不怕因此获罪;但对于个人操守,就应务求无过。他做官以来,十分廉洁,从不置办家产,看到周围人生活困难,常常解囊相助。即使做到了副宰相,家庭生活依然很俭朴,没有宾客登门,平日都不吃两样荤菜,妻子儿女的衣食也只求温饱。二儿子结婚时,他听说未过门的儿媳用罗绮缝制帐子,心里十分不高兴,对妻子李氏说:"做帐子怎么用这么贵重的东西?我家一向勤俭,不能败坏我的家风。她如果敢带这样的东西过门,我就把它当众烧掉。"范仲淹始终保持着这种朴素的作风,一直到他的晚年,都没建造过一所像样的宅第;在他死后入殓的时候,连件新衣都没有。

皇祐四年(公元 1052 年)五月,范仲淹自青州(今山东益都)调往颍州(今安徽阜阳),赴任途中在徐州病逝,终年 64 岁。临死,在给朝廷的遗表中仍然丝毫未提个人的要求,再次显示了一心为公的胸襟气度。范仲淹的这种精神和政绩受到人们的普遍尊敬和爱戴。在他死的那天,"四方闻者,皆为叹息"。凡是他从政过的地方,老百姓纷纷为他建祠画像。西北庆州羌民听到他的死讯,数百人来到祠堂痛哭哀悼,斋戒三天才离开。

范仲淹从青年时代起,就立志做一个有益于天下的人,做了不少有益于人民、有益于社会发展的事,并为实现这个宏愿孜孜不倦地奋斗了一生。在他同反动腐朽力量的斗争中,不畏权贵,始终抱有坚强的信念,这种精神是十分难能可贵的。特别是他那"先天下之忧而忧,后天下之乐而乐"的名言,已成为我国传统精神文明的一部分。

勤政终为民　诗案吟乌台
——苏东坡之冤

乌台，是过去对御史台的别称。因"御史府中列柏树，常有野乌数千栖息其上，晨去暮来"，号曰朝夕乌，所以后来就把御史台称为柏台、乌府、乌署或乌台。"乌台诗案"是北宋时期一个有名的文字冤案，其主角是大名鼎鼎的苏东坡。

从别人的诗文中找毛病，拈过拿错，罗织成罪，锻炼成狱，这本来就是荒唐的，因此，所有的文字狱都是冤案。从古到今，一切文字狱的受害者，绝大多数都是文人，都是知识分子；其中包括大量有才华的文人，正直的知识分子。苏东坡既是一位才华绝代的文人，又是性情梗直的知识分子，他成为文字狱的受害者，也就不奇怪了。

聪明绝顶　天下奇才

苏东坡从小聪明绝顶，他 10 岁时，母亲程氏亲授以书，讲古今成败之事，他都能明白其中的要义。20 岁时就冠通经史。他 22 岁应考时，主考官是北宋一代文豪欧阳修。欧阳修看了苏轼的《刑赏忠厚之至论》，十分惊喜，曾经告诉别人说："此人必定会出人头地"。仁宗初读苏轼及其弟苏辙两人的卷子也不禁大喜说：朕今日为子孙得了两个宰相。苏轼如此高才，名声又如此之大，惊动皇帝，为什么一生不受重用，而且屡受打击？有人认为苏轼的说话做事如果能够谨慎一点，收敛一点，不要那么锋芒毕露，以后即使没有得到重用，也不至于惹祸。不过，苏轼如果真能做到这一点，说话小心谨慎，做事畏首畏尾，变成一副唯唯诺诺的样子，那还能算是苏轼吗！

苏轼年轻的时候，一直处在顺境之中，所以说话做事，毫无顾忌，想说就说，当做就做，心胸坦荡，以诚待人。他认为"作文当如行云流水，初无定质，但行于所当行，止于所不可不止。虽嬉笑怒骂之词，皆可

苏东坡

书而诵之"。他作文是这样,做人也是这样,嬉笑怒骂,出乎真情。对人说真话,诉真情,情真意切,毫无保留,完全不知道人情险恶。

他在抒怀言志的时候,说自己"有笔头千字,胸中万卷,致君尧舜,此事何难",认为帮助皇帝把国家治好是一件不在话下的事情,既不害怕别人说他吹牛,也不担心别人对他忌恨。他认为天下无坏人,对人从不设防,因此遇到飞来横祸的时候,毫无思想准备,束手无策。以至他在逆境中泰然处之,从文学创作中自寻乐趣,写出许多发自真情、横绝千古的诗文。他到死都是一个十分天真的人。

有意诬陷　乌台诗案

照理说,苏轼从小就崭露头角,金榜题名,皇帝重视,前辈关爱,名士推崇,在人生的道路上本不应该遇到什么麻烦,为什么竟会受到一连串的打击? 按照俗人的说法,就是他自找的。北宋时期,虽有推行新法与维持旧法的党争,但双方都并不以他为对象。他如果世故一点,利用两者之间的矛盾,对双方讨好,那就不仅不会倒霉,还能做到位极人臣,终生富贵,因为他本来就具备这样的条件。可是他不此之图,偏用全部精力去探讨变法的得失。不管新法旧法,凡于国于民不利的他就不客气地进行指责。新党上台的时候,他指出某些新法过犹不及,于民不利;旧党上台的时候,他又反对全废新法,主张择善而从。这样,两边的人都对他不满,都要打击他。他成了耗子钻风箱,两头受气的"大傻瓜"。

他成天所想的,是如何有利于国,有利于民,想到了就要说,如鲠在喉,不吐不快,说了得罪人也在所不惜。他就是没有想到如何有利于自己,更没有想到这样做下去自己早晚会倒霉。他的聪明在于能够看出变法的种种利弊,如果他没有这个聪明,看不出问题来,就是想说也没有什么可说的。他看出来了,说出来了,问题也来了;来自双方的打击接踵而至,打得他晕头转向。"乌台诗案"就是一次比较集中的大打击。

这次冤案发生于公元 1079 年,也就是宋神宗元丰二年。案情很简单,就是一次单纯的文字狱。因为苏轼的《湖州谢上表》中指出新党不少时弊,所以新党中的一些小人进行报复,就对苏轼的诗句在鸡蛋里找骨头,然后策动御史台上表弹劾,说是苏轼"讪谤朝政"。

苏轼有诗"赢得儿童语音好,一年强半在城中",他们就说,这是指责"青苗法"的有名无实,不利于民。

苏轼有诗"东海若知明主意,应教斥卤变桑田",他们就说,这是反对"农田水利法",讥刺兴修水利之难以成功。

苏轼有诗"岂是闻韶解忘味,尔来三月食无盐",他们就说,这是讥刺"盐法"行之太急,过犹不及。

总之,他们把苏轼的诗揣摩过来,揣摩过去,不在其中找出些毛病来,绝不罢休。最后,苏轼的诗几乎都成了"讽刺新法"、"攻击朝廷"、"怨谤君父"的大毒草。还有更厉害的一手,是一口咬定苏轼《王复秀才所居双桧》一诗中的两句话"根到九泉无曲处,世间唯有蛰龙知"是在攻击"当今皇上"宋神宗。他们上书给神宗说:"陛下飞龙在天,轼以为不知己,而求地下之蛰龙,非不臣而何?"曾经称赞过苏轼为"天下奇才"的宋神宗对于这样的诬陷也觉得不耐烦了,就反驳说:"诗人之词,安可如此论? 彼自吟桧,何预朕事!"足见神宗并非暴君,也不糊涂。他这样的反驳,实际上已经是申斥。诬陷者如果脸皮嫩一点,觉得诬陷不成,反而露了马脚,也就从此收手,不再兴风作浪了。但是小人毕竟是小人,还是一股劲儿进行弹劾,不把苏轼告倒绝不丢手。神宗耳根不得清净,于是下令御史台进行查问,看看到底是怎么回事。

小人们拿了鸡毛当令箭,就把苏轼从湖州太守的任上拘捕进京,银铛入狱,大肆拷问。这个案子极为简单,不就是苏轼写了几首诗么,不就是无事找事在几句诗上做文章么! 审问的结果,只能是以下这两种情况:

首先,苏轼并没有攻击别人,正如神宗所说:"彼自吟桧,何预朕事?"(他吟桧树,与我有什么相干)那些吓死人的分析,都是故作惊人,有意诬陷。

其次,有些诗句,就算是苏轼有意为之,也不过是在讽刺新法、批评新法中的某些不当之处。这也定不了罪,因为神宗在推行新法之时,也允许意见不同的双方展开辩论,只不过最后拍板权牢牢掌握在他自己手里而已。

乌台诗案发生以后,因为主角的名气太大,朝廷内外都十分关注。除了新党中的一些小人还在呶呶不休继续诬陷,一心要把苏轼往死里整之外,旧党人士与新党中的一些君子都站出来为苏轼说话了。新党领袖王安石的弟弟王安礼向神宗说:"自古大度之主,不以言语罪人。"这时已经罢相退居金陵的王安石本人也向神宗上书,希望对苏轼从宽处理。曹氏皇太后听说此事,要求神宗亲自过问。杭州、湖州一带的老百姓虽然无法上书朝廷,却家家求神拜佛,在苏轼入狱期间不停地做道场,祈求上天保佑,让苏轼早日脱离苦难。在朝野上下一片呼吁声中,神宗只好亲自处理,淡化此事,以贬官结案,并未判罪。苏轼被关了100多天之后,从湖州太守贬为黄州(湖北黄岗)团练副使,成为一个谪臣。

这次乌台诗案对苏轼的打击,说起来也并不十分严重,只不过是拘留(不是逮捕)了100多天,降级降职而已。但是这次冤案却让他在人生的道路上来了个急转弯。他当时不过40岁,正在壮年,时时都想说动皇帝,被召进京,大展宏图,"致君尧舜",做个治国的能臣。这场牢狱之灾,却使他大开眼界,使他看穿了小人的险恶,看透了官场的黑暗。他不屑于与那些小人较量,更不愿意与他们为伍,就萌生了退出官场改行做个文人的想法。这一转变,就使得现实社会里少了一个救时宰

中国历代冤案

相,天下后世却多了一个千古不朽的大诗人。

《洗儿戏作》 直言招祸

苏轼在经过乌台诗案的打击之后,头脑是清醒的。他明知这是自己直言招祸,但是绝不随波逐流,改弦易辙,而是我行我素,不改初衷。在认清那些小人的丑恶嘴脸之后,他更加愤世嫉俗,这种心情很自然地就从一些诗文中表现出来。他的那首名为《洗儿戏作》的自嘲诗就是个最好的例子。公元1083年秋,苏轼的第四子在黄州出世。按照当时习俗,生儿满月要行洗儿礼,他就写了这样一首自嘲诗:

> 人皆养子望聪明,我被聪明误一生。
> 惟愿孩儿愚且鲁,无灾无难到公卿。

既称戏作,当然不是真话,而是用来自嘲的反话、戏言。他说"惟愿孩儿愚且鲁"的想法未必真实,但是他所揭示出来的这种社会现象——聪明人每每会受打击,"愚且鲁"者却能"无灾无难到公卿"——倒是千真万确,其原因也很容易理解。在君主专制制度之下,头脑清楚的"圣君贤相"实在太少,有权在手就想作威作福的人又实在太多。许多"在上者"嘴里也说欢迎人才,重视聪明人,但是对于那些敢说真话甚至直言犯上的聪明人总是难免心怀忌恨,至于"愚且鲁"者则多磕头少说话,即使开口,说的也是些阿谀逢迎之词,听来既悦耳又舒心,不妨提拔,使任公卿。这么简单的道理,"愚且鲁"者都能很快地领会,难道聪明人反而不能领会? 不是。聪明人是不忍心这么做,因为这会坏事;也不甘心这么做,因为有损人格。

坎坷人生 知己红颜

人的性格与他所从事的职业大有关系。当"官人"必须世故,否则你就对付不了那些人事纠葛;当诗人必须天真,否则你就写不出真情实意、激动人心的伟大诗篇。苏轼是一个从小到老都极为天真的人。他一生所遇到的三位夫人都是他的红颜知己,能够先后为他承担起家庭的重担,长期保护了他的天真,使他能够安心地创作出雄视百代、光照千秋的诗文来。

苏轼一生坎坷,贬官之后生活贫困。他在生活困难之时能够不为家事操心、潜心创作,完全得力于前后三位夫人的支持。可以说,苏轼流传千古的名篇巨制,无不包含这三位夫人的心血。

他的第一位夫人王弗是他的四川同乡，比他小 3 岁，16 岁出嫁，27 岁病故，只和他相处了 11 年。王弗虽然年轻，却能博闻强记，是位才女。更难得的，是她比苏轼懂得人情世故，在很多事情上，能提出意见供苏轼参考。这位年轻的夫人对观察人的心理变化很有一套本领，比苏轼老练，对苏轼的帮助不小。她在临终之时对苏轼的谆谆告诫，极有见识，让苏轼铭心刻骨，永志不忘。她的英年早逝，使苏轼极为悲痛。在她逝世十年之后，有一夜，苏轼梦见了她，醒来写下了一首《江城子》：

> 十年生死两茫茫，不思量，自难忘。千里孤坟，无处话凄凉。纵使相逢应不识，尘满面，鬓如霜。夜来幽梦忽还乡，小轩窗，正梳妆。相顾无言，惟有泪千行。料得年年断肠处，明月夜，短松岗。

苏轼的第二位夫人名叫王闰之，是王弗的堂妹，因为兄弟姊妹很多，按排行称为二十七娘。她和王弗不是一种类型，王弗是才女型，她却是贤妻良母型，为人贤淑，善于理家。她和苏轼相伴的 25 年中，不仅遭到乌台诗案的横祸，而且经历了不少颠沛流离的流放生活。在苏轼处于极为失意的时期，她全力支撑起这个贫困的家。据苏轼自己记述："仆居东坡，作陂种稻，有田五十亩，身耕妻蚕，聊以卒岁。"这样就使得苏轼得以一心从事创作。苏轼一生中最伟大的最有生命力的作品，例如前后《赤壁赋》、《念奴娇》（赤壁怀古）等等，都完成于这段时期。公元 1086 年，宋神宗死，子哲宗继位，反对新法的司马光为相，苏轼受到重用，调汴京担任知制诰兼侍读、龙图阁学士、礼部尚书等职。这第二位夫人只过了几年舒心日子，就在 46 岁的中年辞世，苏轼极为伤感。

苏轼的第三位夫人王朝云，是杭州人。她 12 岁到苏家当侍女，18 岁时被收房成为如夫人。她比苏轼小 27 岁，但很聪明、早熟，很理解苏轼怀才不遇、愤世嫉俗的心情。后来，苏轼因为反对司马光尽废新法又被旧党中的小人排挤出京出任杭州太守，心中闷闷不乐。有一天，苏轼坦腹歇凉，露出一个大肚皮，他带着开玩笑的态度问家里的人："你们看我这大肚皮里装的是些什么东西？"有人说是满腹文章，有人说是满腹经纶，他都认为没有说准。只有朝云笑着说："我看你是一肚皮的不合时宜！"苏轼捧腹大笑，觉得朝云才是深深理解自己的知己。

王弗为苏轼生了长子苏迈，王闰之为苏轼生了次子苏迨与三子苏过。这三个儿子都由王闰之一手抚养成人。公元 1083 年秋，朝云生下了第四子苏遁，可惜不久就夭折了。公元 1094 年，苏轼已经年近花甲，仍被新上台的新党贬到当时的蛮荒之地——广东惠州。这时王闰之已经去世，家里的下人都不敢跟去，只有朝云坚决追随他南下，和他同甘共苦，生死相依。只可惜她不服水土，一年多以后，病逝惠州，亡年只有 34 岁。苏轼无限伤感，在悼亡诗中把她比为散花天女。朝云逝后，苏轼又被流放到海南的儋州。等到朝廷下了大赦令，准许流放者回来，他已 65 岁。

次年，他在江苏常州去世。

夫子之道　平生功业

在苏轼的一生中有个最明显的转折点，那就是乌台诗案。在此之前，这位被皇帝称为"天下奇才"的苏学士曾经满怀信心，一再向朝廷上书，出谋划策；希望得到重用，以便使出浑身解数，做下一番惊人的大事业。在此之后，他大彻大悟，知道仕途艰险，立功不易；而且认识到自己过于天真，过于单纯，对付不了官场上极其复杂的人事斗争。他宁肯不做"官人"，只做诗人，从此只以文学创作作为终身事业。这并不是一种消极的想法，而是一种明智的抉择。后来的事实证明：那些始终在官场上全力拼搏的人们，无论是新党、旧党，还是是君子、小人，一个个纷纷落马；倒是他这位埋头从事文学创作的谪臣，却捧出了一篇篇惊天动地的诗文，万古流传，他的人生取得了更大的成就。对于苏轼的一生功业，与其叫后人妄加评论，倒不如让他"夫子自道"，看他自己是怎么说的？

在他的晚年，从海南遇赦回到朝廷之时，他对自己的一生功业作了一个最简洁的总结：

> 心似已灰之木，身如不系之舟；
> 问汝平生功业，黄州惠州儋州。

既然说自己的功业是从乌台诗案以后贬到黄州之时算起，所指的当然是文学创作而不是做官。东坡这个地名在黄州，东坡先生这个外号也是他自己叫出来的。东坡这块地方真是一块神奇的地方。在来到此地之前，他是"官人"苏轼；来到此地之后，他却摇身一变，成了旷代文人苏东坡。那些陷害他的小人原想逼他走进死胡同，置他于死地；想不到这一逼，竟然是山穷水尽疑无路，柳暗花明又一村，他钻出来的时候，豁然开朗，居然走进了文学创作这一片无限广阔的新天地。他建功立业的地方，不再局限于险象环生的小小官场，而是进入千家万户，广大民间；他从此不再介意一时的是非得失，因为他的名篇杰作必将跨越时空，流传千古。他来自大自然，现在又回到大自然，与鱼虾麋鹿为友；他来自民间，现在又回到民间，与村夫野老为邻。快哉！快哉！

湖北黄州，是他"平生功业"的第一站。以后东坡在其所作的文章中说："黄州山水清远，土风厚善，其民寡求而不争，其士静而文，朴而不陋。虽陋巷小民，知尊爱贤者。"他谪居此地时，既对取之不尽、用之不竭的江上清风、山间明月流连忘返，又"杜门深居，驰骋翰墨"，如他弟弟苏辙所说的：他创作的激情，如波涛汹涌而至，

真是挡也挡不住。日后流传千古的名篇,大都完成于黄州。试想:海内外的中华儿女,有谁没有读过前后《赤壁赋》与"大江东去"等等壮丽诗篇!

广东惠州,是他"平生功业"的第二站。当时远贬岭南者,大都生还无望,本是令人十分伤感的事。但是惠州父老的热情欢迎、岭南气候的四时皆春,使他十分高兴。他为惠州地方上做了不少好事,还天真地写诗说:

> 罗浮山下四时春,卢橘黄梅次芽新;
> 日啖荔枝三百颗,不辞长作岭南人。

海南儋州,是他"平生功业"的第三站。他到海南,已经垂垂老矣。当时海南的环境是"此间食无肉,病无药,居无屋,出无友,冬无炭,夏无寒泉,然亦未易悉数,大率皆无尔"。朝云已在惠州病逝,他孤苦伶仃地来到蛮荒之地,其心情可想而知。但他并不气馁,在海南努力从事两件事情,一是著书,二是办学。他的大部分学术著作,都在儋州完成;大量诗词,也已辑录成册。这样一位天下奇才能到海南来收徒讲学,远近轰动。许多学子都前来追随,照顾他的生活,亲如子弟。在海南生活三年,遇赦北还,他觉得依依不舍,作《别海南黎民》诗曰:

> 我本海南人,寄生西蜀州。
> 忽然跨海去,譬如事远游。
> 平生生死梦,三者无劣优;
> 知君不再见,欲去且少留。

他虽然被贬到天涯海角,历尽艰辛,但是在所到之处,都尽力为地方上做好事,受到老百姓的热情欢迎与无比尊重。他也把黄州、惠州、儋州看做自己的故乡,视老百姓为亲人。海南的老百姓对历史上的帝王将相全无兴趣,却以能够拥有"我们的苏东坡"而自豪。他在当时能够得到老百姓的如此爱戴,身后永享盛名,这恐怕是陷害他的小人们做梦也想不到的事。

乌台诗案 突显党争

毋庸讳言,北宋一代新旧两党的党争延续数十年,造成的损失十分严重。从乌台诗案这个冤案、这次文字狱来看,"天下奇才"苏东坡竟然成了党争的牺牲品。但是我们能不能由于同情苏东坡,就把这一代的党争看得一无是处、把北宋一代的朝政看得一塌糊涂呢?也许不能。

从秦始皇开始，中国实行君主专制制度长达两千年。在这种制度统治之下，皇帝公开宣布，天下的土地都是皇帝个人的私产，天下的老百姓都是皇帝个人的奴仆，朝政都由皇帝一人决定，别人无权过问。不要说一字不识的芸芸众生，就是读书人、文武官员也没有论政之权。官员在办事的时候，说错了一句话，杀！写错了几个字，杀！在一片喊杀声中，有谁敢去论政？既然无人论政，当然不会出现什么党争。北宋一代对读书人（包括文武官员）的政策，既有严密控制的一面，又有宽容笼络的一面，与那些极端专制的封建王朝相比，如元王朝、明王朝，北宋王朝的政策还算是比较宽松的。大臣在朝廷中论政，并不只是做做样子，还可以认真探讨，在这种基础上，才有新党旧党之间产生党争的可能。北宋的党争距今已有八九百年之久，我们不妨回想一下，在距今百余年前，清王朝的慈禧太后对于主张变法维新的新党一概斩尽杀绝，连光绪帝也被软禁。这样一比较，清王朝不就更显得十分顽固与落后了么！

北宋的党争，参与的官员中既有一心为国的君子，也有浑水摸鱼的小人。党争最激烈的是神宗一朝。神宗并不是暴君，他处理问题还颇有人情味。新党的领袖王安石、旧党的领袖司马光也都是君子，不是小人。王安石是古文八大家之一，司马光则是著名的史学家，皆非不学无术之徒，他们虽然政见不同，经常论战，但那都是对事不对人，是在探讨出一套最佳的治国方案。大家的目标一致，是好朋友，争论起来颇有君子风度，并不影响彼此之间的深厚友谊。流传至今的王安石与司马光之间的一些书信，就是最好的证明。

苏轼也反对过王安石的某些新法（不是全部反对），当时的人也把他看成旧党，两人之间好像已是"政敌"。但是他们一面争论，一面还是互相赞赏，长保友谊。他们是多么互相尊重，又是多么亲切！哪有后世的一些无聊政客在政治斗争中那么卑鄙无耻、残酷无情。

当时的新旧两党之中既各有君子，也各有小人。可惜君子虽多，不一定就能把国事办好；小人有那么几个，也就足以坏事，把党争搅得一塌糊涂。苏轼的乌台诗案，就是由一些小人蓄意制造出来的。幸亏皇帝并不糊涂，新旧两党的领袖也都能够很理性地处理问题，所以没有酿成大乱。朝廷并未杀人，苏轼只是遭受了一百多天的牢狱之灾，度过几段被流放的日子。苏轼因祸得福，小人们的陷害倒是成全了他，让他有幸完成了横绝千古的许多壮丽诗篇。

苏东坡

悲歌绕后宫　红颜何时终

——孟皇后之冤

在我国的王朝史中，历来皇宫后院都是一个极其不平静的地方。之所以说后宫不平静，并非指的是那里的人员多且嘈杂，而指的是那里无时无刻不存在着阴谋和诡斗：得宠、失宠、争风吃醋不绝于时。那里是一种另类的战场，目的依然是权力——行后宫之主的权力。所以，在这种特定的环境中，悲剧冤案在一幕幕不停地轮回着，一张张红颜在阴风中憔悴、凋零！

在这则冤案中，我们把同情的目光定格在宋哲宗的后宫，来为不幸的孟皇后鸣冤！

红颜大婚　入主后宫

公元 1085 年，宋神宗赵顼去世，他的第六个儿子赵煦继承皇位，成了北宋王朝的第七位皇帝，这就是宋哲宗。他的祖母高氏成了太皇太后，母亲向氏成了皇太后。那时候，宋哲宗才 10 岁，还不懂事，由他的祖母太皇太后高氏掌握国家大权。

公元 1091 年，宋哲宗到了应该结婚的年龄。皇帝结婚叫做"大婚"。皇帝举行大婚的年龄没有什么法定的限制，一般都是在 16 岁左右。可是，皇帝是不是应该举行大婚，由不得皇帝自己，这事儿得由太皇太后和皇太后来决定，她们觉得什么时候合适，就什么时候给皇帝举行大婚。现在，高太后决定给宋哲宗举行大婚了。于是，高太后传下诏书，挑选天下的美女进宫，为宋哲宗挑选一个皇后。她还有一个条件，就是皇后不能从皇亲国戚家的姑娘中挑选。

就这样，好几千个美女来到皇宫。皇宫里的太监们挑来挑去，挑选出了一百多个美女当做皇后的候选人，然后再由高太后和向太后亲自从这一百多个美女里边选出一个人当皇后。

这一天，高太后和向太后叫诏令官把那一百多个美女带到面前。一百多个美女排成一队，静静地站立着。高太后仔细地一看，这些美女长得的确都很漂亮，却没有一个满意的。忽然，高太后发现排在最后的一个美女跟别人不怎么一样。只见她穿着一身紫红色的衣裙，低着脑袋，用手捏着衣裙。她仪态端庄，面如桃花。

这时候,诏令官发现高太后一个劲儿打量这个美女,赶紧走过来,小声地说道:"启禀太皇太后,她叫孟娘,是马军虞候孟元的孙女。"高太后一听,把手一招,笑着说:"过来,让我好好地看看。"那个叫孟娘的美女听了,稍微一愣,然后平静地走到高太后跟前,跪在了地上,甜甜地说道:"贱女孟娘叩拜太皇太后、皇太后。"高太后看到她走路的样子和说话的声音,心里非常高兴:"好啦,好啦,孩儿站起来吧。"

没想到,孟娘跪在地上不肯起来,特别诚恳地说:"太皇太后,年高德劭,人所共仰,贱女应该跪拜听训。"这几句说得高太后更加满意,心想:这个姑娘性格温顺,又这么知书达礼,适合当皇后,适合当皇后! 想到这儿,她叫宫女们把孟娘扶起来,送进后宫去了。然后,高太后叫人去好好地调查一下孟娘家里的和孟娘自己的详细情况。

孟娘出生在公元1073年,她的爷爷叫孟元,是北宋王朝的一个马军虞候。孟娘的模样长得漂亮,从小就非常懂事,爷爷孟元从心里喜爱自己的这个孙女,曾经请了一些有名的老师,来教她学习诗词歌赋和经文。所以,孟娘很有知识,知书达礼;而且,她的性格也特别温顺。

高太后把孟娘的情况全都搞清楚以后,就和向太后商量,准备挑选一个吉祥的日子,册封孟娘为皇后。这天,高太后和向太后把宋哲宗叫到跟前,把准备册封孟娘为皇后的这件事情告诉了他,还嘱咐他说:"能够从那么多的美女里边挑选出来一个贤惠的皇后,实在是不容易呀! 所以,你一定要珍惜!"宋哲宗已经听说了孟娘长得特别美丽,却一直没有亲眼见过她。现在,他看到太皇太后和太后这么喜爱孟娘,立刻说道:"孩儿记住了,一切听从太皇太后的安排。"接着,高太后就开始叫人教给孟娘皇宫里的一些礼仪,还有皇帝大婚和册封皇后大典时候的一些规矩。

公元1092年农历五月,高太后传下命令,五月初八那天举行册封孟娘为皇后的大典,接着为宋哲宗举行大婚。于是,高太后叫人先把孟娘送回了家里,到时候再来迎娶她。

五月初八这天天还没亮,孟娘就起来梳洗,高太后专门派来好多宫女为她进行打扮。天刚亮,奉迎使、尚书左仆射吕大防就带着奉迎卫队来到孟娘的家。这时候,礼炮齐鸣,鼓乐喧天,一派喜庆。孟娘怀着依依不舍的心情,告别了爷爷,告别了父母,坐上乘舆,在奉迎卫队的护送下,朝着皇宫走去了。

在中国古代的宫廷礼仪里边,皇帝的大婚和册立皇后是一件特别隆重庄严的事情。按照中国的正统思想,皇帝和皇后的大婚,是"将合二姓之好,上以事宗庙,下以继后世",要为天下臣民树立人伦夫妇的典范。所以,大婚的礼仪特别复杂。大婚以前,先得册宝。册宝,就是宋朝迎立皇后的"诰命"。它是用珉玉50简做成的,宝是用纯金制成的,方有1寸5分,高有1寸,上边刻着"皇后之宝"4个字。皇后郑重地接过册宝以后,就表明她接受了皇后的地位,愿意入主后宫。皇后转身郑重地把册宝交给身边的司言、司宝收管,然后在尚仪的引导下坐上皇后的宝座。皇

后坐北面南,接受内官们的叩拜。这样,册后的礼仪才算结束。接下来,就应该进行大婚了。大婚这一天,礼仪更加复杂。孟娘在册后的时候就已经被折腾得快要受不了,又经过这复杂的大婚礼仪差一点儿昏了过去。这些礼仪全都进行完了,她这才住进了属于皇后居住的坤宁宫。

北宋王朝时期,皇宫里的宫殿并不太多,后宫的规模也不是很大,后宫称作内廷,是皇帝和后妃们生活的地方。后宫的正殿叫做福宁殿,皇帝就住在这里。后宫还有一座宫殿叫坤宁殿,是皇后住的地方。孟娘住进了坤宁宫以后,这才看见了宋哲宗。宋哲宗一看孟娘,长得真是美丽极了,心里边别提多高兴了。从那儿以后,俩人就恩恩爱爱地生活在一起了。

第二天早上,孟娘跟随着宋哲宗来朝见高太后和向太后。高太后的心里更是高兴,立刻下令提拔孟娘的父亲为崇仪使、荣州(今四川省荣县)刺史,赐孟娘的母亲王氏为华原(今陕西省耀县)郡主。

嫔妃宫女　皇后争宠

孟娘当上皇后的时候是19岁,比宋哲宗大4岁。她知书达理,非常懂事,又很会待人接物。她侍奉高太后和向太后特别周到,对待别的嫔妃从来也不显露出高贵,对待宫女也非常关心和照顾。所以,孟娘当上皇后以后,不管是两个太后,还是嫔妃宫女,全都十分尊敬她。

过了几年,高太后得病死了,宋哲宗开始亲自管理国家大事。不知道从什么时候开始,孟娘发现宋哲宗对自己显得有些爱搭不理了,往后对她就越来越冷淡了,一连好几天都不到她的坤宁宫里来。这是怎么回事儿呢? 原来,宋哲宗又喜欢上了一个姓刘的婕妤。

刘婕妤不仅人长得妖艳,而且还特别会讨好宋哲宗。宋哲宗对刘婕妤越来越宠爱,有一天,宋哲宗竟然对她说:"以后,我一定立你为皇后。"刘婕妤听了,心想:这皇宫里的嫔妃可以说是成千上万,皇后却只能有一个呀! 皇帝说要立我为皇后,那只不过是一时高兴,随便说说罢了。不过,宋哲宗这么一说,还真的勾起了刘婕妤想当皇后的念头。她暗暗地想:是呀,还是当皇后好呀! 可我要想当上皇后,就必须想办法先让皇帝废掉孟皇后才行呀! 想到这儿,刘婕妤就开始悄悄地行动起来了。

日子过得真快,一转眼就到了绍圣三年,也就是公元1096年。有一天,孟皇后带着嫔妃们去朝谒景灵宫。礼仪结束以后,宫女们搬来椅子请孟皇后坐下来休息一会儿,嫔妃们恭恭敬敬地站在周围。按照皇宫里的规矩,刘婕妤应该和嫔妃们一样站在孟皇后的身边。可是,刘婕妤的心里非常嫉妒,竟敢一个人站在了门帘的下

边,而且用后背对着孟皇后。这是公然地蔑视皇后,不顾礼法呀！有一个叫陈迎儿的宫女看到这种情景,心里非常气愤,大声地说道:"刘婕妤,你简直是太无理了吧！"所有的嫔妃和宫女都觉得刘婕妤这么做,有些太过分了,一个个全都不满地看着她。孟皇后完全可以按照宫中的规矩,治刘婕妤的罪。可是,她想了想,什么也没说,站起身来平静地说:"好,咱们回去吧。"这件事情就这么过去了。

冬至节很快就到了。这天早上,孟皇后带领着嫔妃们去隆佑宫朝见向太后。孟皇后她们走到隆佑宫的时候,时间还早,向太后还没有换好衣服,大家就坐下来等候。按照皇宫里的规矩,这种情况孟皇后要坐朱髹金饰的椅子,刘婕妤只能坐木椅子。可是,刘婕妤看了一眼那把木椅子,又看了看孟皇后,就是不愿意坐下。有一个很俏皮的宫女看到刘婕妤的样子,心里顿时明白了,就搬来一把朱髹金椅,放在了刘婕妤的面前。刘婕妤一看,嘴角流露出一丝微笑,用眼角瞟了孟皇后一眼,脑袋一仰,心安理得地坐在了朱髹金椅上。嫔妃们看了,全都气坏了,有的摇头,有的撇嘴。

忽然,有个宫女说道:"太后到！"刘婕妤一听,急忙站起身来,想第一个去给向太后问安,她这是怕失去一个讨好向太后的机会。孟皇后和嫔妃们也站了起来。可是,她们等了一会儿,也没有看见向太后的影子。孟皇后就说:"大家还是先坐下吧。"

就在这时,那个俏皮的宫女顺手把刘婕妤的椅子轻轻地搬到了一边。刘婕妤听孟皇后说先坐下来,她还是像刚才似的大模大样坐了下去。结果,只听"咕咚"一声,刘婕妤一屁股坐空,一下子摔倒在地上。嫔妃们一看,顿时前仰后合地笑了起来,有的还一个劲儿地拍巴掌。刘婕妤被摔得本来就已经很疼了,再一看大家对自己这么解气地大笑,那心里边真是又生气又羞愧。她忍着疼爬起来,连向太后也不见了,一边哭一边跑走了。

刘婕妤跑出隆佑宫以后,就找到了宋哲宗。宋哲宗一看她这副模样,连忙问道:"你这是怎么了？"刘婕妤一听,心里更加委屈,一把鼻涕一把眼泪地说了起来,还说:"皇上,她们这么做,全都是皇后指使的,她是故意让我当众出丑,您可一定要为我做主呀！"宋哲宗的心里半信半疑,嘴上却说:"不会吧。皇后一直十分贤惠,而且特别宽宏大度,从不害人。她不会指使别人故意出你的丑呀。算啦,算啦,你不用胡思乱想了。至于那些宫女,我一定严加惩治。你好好地休息吧,我还有别的事情要干呢。"说完,他转身走了。

这时候,有一个叫郝随的内侍悄悄地溜进来,对刘婕妤说:"婕妤呀,您别这么伤心,也别为了这件小事儿伤了身体。"刘婕妤一听,不高兴地说:"什么,这是一件小事儿？她皇后总是看着我不顺眼,是故意害我,我这口气怎么忍得下去？"郝随知道刘婕妤的心思,笑着说:"婕妤呀,那皇后可是一直没有为皇上生下一个儿子,只是生了一个女儿。您想过没有,谁要是能为皇上早一点儿生下个儿子来,这皇后的

位置不就是谁的了吗！皇上一直没有儿子，那心里是非常苦恼的。说到这儿，您应该明白了吧？"郝随走了以后，刘婕好擦了擦眼泪，心想：嗯，这个郝随的话是很有道理呀。

这天晚上，宋哲宗来到孟皇后的坤宁宫。孟皇后一看他的脸上阴沉沉的，立刻明白了是怎么回事儿，就跪在地上把今天发生的事情一五一十地说了一遍，然后说："陛下，都怪我平时对宫女们的管教不严，才发生今天这种事情。您要是惩治，就惩治我吧。"宋哲宗听了，只是说了一句："你起来吧。"就什么也不说了。

"符水"之祸　含冤而死

孟皇后自从当了皇后，的确没有生下一个儿子，只生了一个女儿叫福庆公主。有一天，福庆公主忽然生了病，孟皇后急忙叫皇宫里的御医来为她医治。可是，御医医治了好几天也没能把福庆公主的病治好，福庆公主的病情反倒越来越严重。这下可急坏了孟皇后，这该怎么办呢？忽然，孟皇后想起来：我的姐姐非常懂得医术，去年我生了病，御医们也是怎么也治不好。最后还是她开了一个药方，把我的病治好的。对，请姐姐来给孩子看看病吧。

孟皇后刚要派人去请姐姐，姐姐就来了。原来，姐姐听说福庆公主生了病，心里非常惦念，就急忙来了。孟皇后连忙对姐姐说了福庆公主的病情，姐姐走到福庆公主的身边，仔细地看了看她的舌苔，就开了一个药方："先按照这个药方，给公主治一治再说吧。"可是，孟皇后按照姐姐开的这个药方，连着让福庆公主吃了几剂药，她的病也不见好转。

姐姐一看这个药方不管用，心里非常着急，就把道家的符水带进了皇宫。她对孟皇后说："那个药方不起作用，只能用这符水试一试了。"孟皇后一看，大吃一惊："哎呀！姐姐，难道你不知道这宫中的规矩吗？这是触犯了宫中的禁律，要治罪的呀！"说完，她急忙把符水藏了起来，让姐姐走了。

过了不久，宋哲宗也来看福庆公主的病情。孟皇后立刻跪在地上，说："陛下，前几天我的姐姐为了给公主治病，心里特别着急，就把符水带进了宫里。我知道这触犯了宫中的禁律，就没有让她使用符水，把符水藏起来了。请陛下重重地惩治我吧。"宋哲宗一听，连忙扶起孟皇后，笑着说："咳，这有什么可大惊小怪的，这是人之常情嘛！公主的病医治不好，谁的心里不着急呀。没什么罪过，没什么罪过。"孟皇后赶紧谢过宋哲宗，当着他的面儿，倒掉了那符水。

事情本来就这么过去了。没想到，那个郝随不知道怎么听说了这件事情，他赶紧告诉了刘婕好。刘婕好一听，高兴地哈哈直笑："好哇，这回我可有惩治你孟皇后的办法啦！"原来，自从那次刘婕好受到嫔妃的要弄，在宋哲宗那里告孟皇后的状又

中国历代冤案

不管用，一直在千方百计地寻找着孟皇后的过失，让宋哲宗废掉孟皇后。现在，刘婕妤终于找到机会了。于是，她悄悄地向郝随交待了一番，然后咬牙切齿地说道："好，你就去办吧，这回我一定要孟皇后知道知道我的厉害！"

于是，皇宫里出现了一种谣言，说什么最近皇宫里经常半夜闹鬼，还说这闹鬼全都是因为孟皇后引起来的。如果那孟皇后不是触犯了皇宫里的禁律，大搞邪术，这皇宫里边怎么会半夜闹鬼呢？一时间，吓得那些宫女、太监到了晚上哪儿都不敢去。

过了些日子，福庆公主的病终于好了。不久，又出了这样一件事情。孟皇后有个养母宣夫人燕氏，看到孟皇后一直没有生下一个男孩子，心里也很替她着急。有一天，宣夫人燕氏根本没有告诉孟皇后，私下里就约了一个叫法瑞的尼姑和一个叫王坚的人凑在一起，设立了一个祭坛，祈求观音菩萨赐福给孟皇后，让她早生龙子。没想到，这件事情被郝随听说了。他立刻告诉了刘婕妤。刘婕妤高兴得直拍巴掌："哈哈！孟皇后呀，孟皇后，这回你可要彻底完蛋了！"于是，她立刻让郝随写了一道奏折，就说孟皇后指使人在暗地里诅咒皇帝。郝随写好奏折，当时就交给了宋哲宗。

宋哲宗看完郝随的这道奏折，心里感到一阵疑惑，还是下了一道圣旨，命令皇宫的梁从政和几个大臣立刻调查处理这个案件。

刘婕妤听说以后，那心里别提多高兴了，赶紧把郝随叫到身边，又如此这般地交待了一番。接着，她又把梁从政几个人叫来，让他们一定要拿到口供，说这是孟皇后指使干的。

梁从政几个人立刻抓来30多个太监和宫女，对他们说："你们用不着害怕，只要你们说出来谁是主谋，立刻就放了你们。"太监和宫女们一听，全都明白，这是让他们说出是孟皇后指使的。可是，太监和宫女心想：孟皇后根本就不知道这件事儿，怎么能睁着眼睛说瞎话呢？再说啦，人家孟皇后平时对我们多关心、多照顾，怎么能昧着良心诬陷她呢？所以，太监和宫女们什么也不说，只是一声不吭地站着。

梁从政一看来软的不行，就大喊一声："好哇，你们不说！来人呀，给我狠狠地打！"只听得一阵棍棒乱，打得太监和宫女们一片惨叫，有一个太监的肋骨被打断了三根，一个宫女的手指被夹断了。有一个叫绿珠的宫女实在忍不住了，张口大骂："你们这帮狗官，丧尽天良，不得好死！"梁从政气得暴跳如雷，恶狠狠地吼道："来呀，把这贱人的舌头割下来，看她还骂不骂！"就这样，绿珠被他们割去了舌头。可是，不管梁从政怎么毒刑拷打，那些太监和宫女们还是没有一个人诬告孟皇后。最后，梁从政看看实在是没有办法了，只好硬是按着太监和宫女们的手，在早就写好的供词上按了手印。然后，梁从政把这些供词送给了宋哲宗。

宋哲宗一看，那供词上说，是孟皇后指使人来诅咒他的。不过，宋哲宗还是有点儿不太相信，心想：孟皇后的贤惠，是皇宫里人人知道的呀，她怎么可能干出这种事情来呢？想到这儿，他传下圣旨，让御史董敦逸重新审理这个案件，一定要查出事情的真相。

董敦逸接到圣旨，立刻叫人把那30多个太监和宫女带到大堂。董敦逸一看他们的模样，大吃一惊，只见他们一个个浑身是血，气息奄奄，简直没有了人样。特别是那个绿珠张了张嘴想要说些什么，却说不出来一个字。董敦逸觉得非常奇怪，就走下座位，来到绿珠跟前，托起她的下巴。绿珠赶紧张开了嘴巴。董敦逸仔细一看，吓得差一点儿没惊叫起来，原来绿珠的舌头没有了。

这时候，已经是秋天的季节了，可董敦逸的脑门上却冒出了绿豆一样大的汗珠。他好不容易才回到座位上，心里还在不停地颤抖着，拿起判笔刚想往下写。这时，那个郝随不知道什么时候凑了过来，阴阳怪气地说："御史大人是不是想做青天大老爷呀？明天，婕妤肯定会在陛下面前夸奖您明察秋毫，秉公办案的。那么一来，您可就……"说到这儿，郝随不说了，对着董敦逸发出了一阵冷笑。

董敦逸听郝随这么一说，又这么一阵冷笑，心里顿时明白是怎么回事儿了。他不由地想道：这个案件已经奏明了皇上，我要是写上一些疑问，恐怕把我自己也卷进去呀！咳，算了吧，我还是想办法保住自己再说吧。于是，他把案卷原封不动地交了上去。

宋哲宗看到案卷又原封不动地交上来，心里顿时觉得这个案件里一定有问题。不过，他又一想：这件事情还是宁可信其有，不可信其无呀！再说，孟皇后为什么一直没能生下男孩子呢？这里边不是没有疑问呀！宋哲宗越想越生气，立刻写了一道圣旨，废掉孟皇后，收回皇后册宝；孟皇后立刻搬出坤宁宫，贬送到瑶华宫，赐号华阳教主、玉清妙静仙师，法号冲真。

宋哲宗的这道圣旨一下达，文武百官们议论纷纷，都觉得宋哲宗这件事情做得不妥。那个董敦逸听说以后，心里顿时不安起来，简直是吃不好饭、睡不好觉，总觉得对不起孟皇后。过了半个月，他实在过意不去了，就写了一道奏折，上面说：自从废掉了孟皇后，天空一直是阴沉沉的，这是老天爷不想把她废掉呀！自从废掉孟皇后，人们全都痛哭流涕，这是人们不想把她废掉呀！我在重新审理这个案件的时候，一时疏忽，恐怕就因为这样得罪了天下的百姓，我愿意受到处罚。

宋哲宗看完董敦逸的奏折，非常生气，想罢掉他的官职。有一个叫曾布的大臣急忙劝说："陛下！您为了这个案件，已经亲自下了圣旨，作出了处理。现在，您如果罢掉董敦逸的官职，您怎么让天下的人信任您呢？"宋哲宗一听，这才饶了董敦逸。

再说，孟皇后根本不知道自己犯了什么罪，就被废掉了皇后。一直等到她进了瑶华宫，慢慢地才知道了是因为宣夫人燕氏为她祈求早生龙子使自己受到了这样的灾难。孟娘的心里非常难过，她不怨恨宋哲宗，只恨自己没有为他生下儿子。想到这些，孟娘的眼泪唰唰地流下来，真诚地希望别的妃子们，尤其是刘婕妤早一天

中国历代冤案

为宋哲宗生下一个儿子,好传宗接代。

后来,刘婕好真的生下了一个儿子。宋哲宗高兴极了,就封她为皇后。可是不久,刘婕好的这个儿子就得病死了。宋哲宗一下就病倒了,怎么医治也治不好。公元1100年正月初八,宋哲宗去世了,那年他只有25岁。接着,宋哲宗的弟弟赵佶当了皇帝,这就是宋徽宗。

这时候,北宋王朝已经走上了穷途末路,宋徽宗在生活和政治上的荒淫腐败、昏庸无能,最终酿成了农民起义和外族入侵,最后和儿子宋钦宗一块儿被金兵俘虏,囚死在了异邦他乡。

尽忠心为国　屡遭屈贬迁
——李纲之冤

北宋以宋徽宗为首的中央政府，不但不做抗金的准备，反而撤除了边境的防御，在灭辽后，陶醉在所谓"复燕云"的"胜利"之中。宋、金相约攻辽时，双方约定出兵各以长城为界，但在宋灭辽后，金却占领了燕京（今北京），经反复交涉，金才让出燕京及其附近四州土地。但是，北宋除了要把给辽的"岁币"五十万两匹照数给金外，还需另纳"燕京代税钱"一百万贯。这无疑成了北宋政府的沉重负担。然而，北宋统治者却不思振作，一味奢侈享乐，歌舞升平。为满足无休止的贪婪欲望，不断加重人民的负担，"生辰纲"、"花石纲"名目繁多，致使百姓"不时之需，无名之敛，殆无虚日"，甚至"无屋而责屋税，无丁而责丁税"。加之连年战争，长江中下游屡遭女真蹂躏，"极目灰烬，所至残破，十室九空"。广大农民无法生存，起义纷起。在此种情况下，为抗击金朝的侵扰，涌现了一批抗金名将、民族英雄，李纲便是其中的一位。

面对内忧外患，李纲以一身正气，投入到为国家兴衰、民族存亡的斗争中。这种斗争，既有来自内部的与投降派的斗争，又有来自外部的抗金斗争。两种斗争交织在一起，特别是来自投降派的排挤、迫害和冤谤，使得李纲的宏才大略不得施展，最后在抑郁中死去。

官卑位微　敢于谏言

李纲（公元1083—1140年），字伯纪，邵武（今福建邵武）人，出身于书香门第。受家庭的熏陶，李纲从小就心怀大志，一举一动都合乎规矩法度。北宋著名谏臣陈瓘曾说，李纲将来必成国家的栋梁之材。政和二年（公元1112年），李纲中进士，后被授官承务郎。从此，李纲走入仕途。

李纲在任监察御史兼殿中侍御史时，就因上疏言事触犯了掌权上司，被贬任起居郎。当时的朝廷大权被奸臣蔡京、王黼等人把持，多数大臣对此敢怒不敢言。李纲则不然，他不顾个人的荣辱得失，多次上书徽宗要求改革朝政。

宋徽宗宣和元年（公元1119年），京师大水，而当权者不体恤民情，视百姓生命

如草芥。李纲上书《论水灾事乞对奏状》，认为此时本应群臣竭智效力，捐躯报国，可是多日未果。不久，李纲又上书《论水便宜六事奏状》，指出在北宋正值阶级矛盾和民族矛盾极端尖锐的时候，当权者不应一味地奢侈享乐，而应采取安民措施，同时严惩玩忽职守的大臣，提拔有才之士。

然而，李纲的上书击中了朝政的要害，特别是触痛了把持朝政而无所作为的权臣，不久便遭到了报复。掌权的蔡京指责李纲"所论不当"，贬李纲到南剑州的沙县（今福建沙县），去当一个管理税务的小官。虽然如此，李纲的正直、勇气和胆量仍在朝臣中引起极大反响，得到了朝臣中一些有识之士的赞赏。陈瓘写信给李纲的父亲李夔，内中除夸奖李纲外，认为李纲勇气可嘉，上书所言代表了百姓的心声。同时，陈瓘亲自为李纲书写了唐朝名相狄仁杰等人的语录，以此作为对李纲的鼓励。直到宣和七年（公元 1125 年），徽宗在诸大臣的压力下，才不得不恢复李纲太常少卿的官职。

然而，与李纲恢复官职的同年，即公元 1125 年冬，金兵大举进攻北宋。入侵的金军兵分两路：西路由完颜宗弼率领，进攻太原；东路由完颜宗望率领，进攻燕京。西路金军在十二月中旬到达太原城下，东路金军则在十二月初攻占燕京。燕京守将郭药师不战而降，并在降后甘当金兵的向导，使金军得以长驱南下。

在这种形势下，宋徽宗软弱无能，面对金兵越逼越近，慌慌张张地下了一道"罪己诏"。同时，"召天下勤王之师，命皇太子为开封牧"，准备逃跑，而朝中百官这时竟茫然无策。官卑位低的李纲这挺身而出，连续向宋徽宗上了几道奏章，指出当务之急是收人心，收士信，足军储，平民怨，采取相应的措施减轻百姓负担，任用忧国忧民之士，共同对敌。同时，李纲在《捍敌十策》中提出了具体的抗金建议。针对宋徽宗的逃跑倾向，李纲联络宰相吴敏等人劝说徽宗，认为皇帝既然想把权力交给太子，就应让太子名正言顺。而要让太子名正言顺，就须传位于太子。宋徽宗急于从危急的形势中脱身，于宣和七年（公元 1125 年）十二月二十四日正式让位给太子赵桓，即宋钦宗。

勇却金兵　无奈和议

钦宗对李纲十分器重，任命李纲为兵部侍郎。第二年，即靖康元年（公元 1126年），又提升李纲为行营司参谋官，使李纲得以施展抗金才干。

钦宗始即位，李纲就上书提出抗金方略，对于投降派割地苟安之举，李纲则给予了严词的斥责。李纲的谏言深得钦宗嘉许。然而，此时的宋都开封已处于逼近的金军的威胁之中，一些胆小如鼠的大臣又极力怂恿钦宗出逃。徽宗得知金兵已渡过黄河，连夜带着诸多侍从大臣，包括蔡京、童贯、朱动等奸臣以及两万多宋军南逃。

钦宗自己对于能否打败金军也没有把握,去留举棋不定,在宰相白时中等人的影响下,准备弃京师而西奔襄(今襄阳)、邓(今河南邓县)。当此危急时刻,李纲直闯朝门。门卫对李纲说:"按规矩,在宰相们议事时,其他人是不能进朝廷的。"李纲回答说:"现在已到了非常时期,还讲什么规矩不规矩的!"进入内廷后,李纲与钦宗及主张逃跑的大臣展开了激烈的辩论。李纲问钦宗说:"道君皇帝(徽宗)将天下社稷传授给陛下,是可以轻而易举地给别人的吗?"钦宗无言以对。宰相白时中对李纲说:"金兵来势汹汹,京师是守不住的。"李纲说:"天下城池,哪座能如都城一样是宗庙社稷、百官万民的所在地,丢弃都城又何处能去?"钦宗问:"你有什么好办法?"李纲说:"为今之计,应当整饬军马,振举民心,上下一心,固守待援。"

皇上又问谁可以作为将领抗敌,李纲说:"朝廷以高官厚禄崇养大臣,是为了将他们用在国家的危亡时候。白时中、李邦彦等虽然不知带兵打仗,但凭借他们的官位抚慰将士以抗敌锋是他们份内的事情。"怕死的白时中听了李纲的话,反将了李纲一"军"来推卸责任。他对李纲说:"难道你不能带兵出击迎敌吗?"李纲说:"皇上如果不认为臣庸碌无为,而让我统领军队,我愿以死报皇上的知遇之恩。"钦宗于是任李纲为尚书右丞。之后,反复无常的钦宗传旨南逃。李纲啼泣跪拜,以死阻拦,对钦宗说:"陛下已许臣抗金,又为什么要南逃呢? 如今六军的父母妻子都在都城,愿以死守,万一中道散归,陛下怎么来保护他们呢? 敌兵已经逼近,如果他们知道你的乘舆还没有走出多远,用健马疾追,你又用什么抵抗呢?"钦宗这才下了最后决心,命令停止南行。李纲传令说:"有谁再敢谈论离京的定斩不赦。"禁卫军听说皇上留了下来,全都跪拜,口呼万岁。全体宋兵听到这个消息,无不感动得流下了眼泪。

钦宗留下后,任命李纲为亲征行营使,全权负责防御京城诸项事宜。李纲受命,立即着手加强东京开封的城防,仅仅三天时间便初步准备就绪。李纲在开封的每面城墙上布置守军一万两千人,准备了火炮、弩、砖石、滚木、火油等战斗用具。同时,将步兵四万人分为前后左右中五军,每军八千人,前军保护东水门外的延丰仓,后军守卫朝阳门外的樊家冈,其余三军留在城中作为预备队。李纲刚准备完毕,金兵即抵达开封城下。当金兵于正月初7攻城时,李纲身先士卒,亲自督战,杀敌兵数千,将领数百。第二天清晨,金兵再次发动进攻。李纲站立城头,激励将士,使宋军士气大振。对金兵的进攻,宋军"近者以手抱木击之,远者以神臂弓弩射之,又远者以床子弩座炮击之"。金军将领完颜宗望见防守坚固而停止了进攻,并派使者要求与宋言和。

李纲请求钦宗派自己去与金人谈判,皇上却选择了李梲。李纲对钦宗说:"安危在此一举,恐怕李梲胆小怕事会耽误了国家的大事。"钦宗没有听从。李梲不但贪生怕死,而且丧失了作人的尊严。李梲到金兵大营后,"北面再拜,膝行而前"。

对于金人提出的议和条件,李棁唯唯诺诺,以至于连金人都瞧不起他。李棁的谈判结果被李纲言中,金竟向北宋索要金五百万两、银五千万两和绢采一百万匹。另外,要求宋朝皇帝称金主为伯父;割让太原、中山(今河北定县)、河间(今河北河间)三镇,并送亲王和宰相到金作人质等,条件苛刻之极。

李纲坚决不同意接受这些倾尽国力又卑躬屈膝的条件,然而最后却是投降派占了上风,钦宗也动摇了,最终还是接受了金国的条件。李纲心灰意冷,请求辞职,钦宗没有答应。

虽然答应了金人的条件,但结果正如李纲所说,北宋朝廷倾其所有,只能凑足金三十万两、银八百万两。之后,在京师富有之家大肆搜刮,也只弄到金二十万两、银四百万两。上述两项合为金五十万两、银一千两百万两,与金所要求的金五百万两、银五千万两相距甚远。从中可见,朝廷软弱,其生存是何等的艰难!

奸人构陷　被贬出京

事隔不久,各地勤王之师二十余万集结在开封城下。为了发挥勤王之师的作用,李纲认为应将勤王军队统一节制和指挥。但是,投降派怕李纲的权力过分集中,建议钦宗分兵统制。钦宗听信了投降派的主张,下令设立宣抚司统制各地到来的勤王军队,从而削弱了李纲对勤王军队的领导权。针对如何抗金,李纲向钦宗分析当时的宋、金形势:金兵共有六万多人,其中的一些少数民族如契丹与女真贵族有矛盾,而这部分少数民族士兵占整个来犯金兵的一半以上。加之金兵孤军深入,尚有诸多不利条件。为此,李纲言于钦宗自己的对策。

钦宗赞成李纲的计策,决定照办,并定下了出击的时间。然而,宋将姚平仲邀功心切,率先出击,致使计划被破坏。这一失败使投降派有了可乘之机,他们扩大事态,造谣中伤,无中生有。投降派张邦昌对金朝使者说:“用兵乃李纲、姚平仲,不是朝廷的意思。”钦宗为讨好金朝,将李纲撤职,代之以投降派蔡懋。这一倒行逆施的行径引起宋朝军民的极大愤慨,他们自动组织起来向朝廷请愿。太学生们在陈东组织下也行动起来,上书言明李纲是无罪的,致使请愿的人潮会集达数十万,“呼声动地”。钦宗迫于形势,不得已召回李纲,复为尚书右丞,担任京城四壁守御使。李纲复职后,立即恢复城防,出兵抗敌,军民协力。在这种形势下,金兵不得不后退。金兵此次进犯,从宣和七年(公元1125年)十二月中旬至靖康元年(公元1126年)二月上旬,历时两个月,以北宋的失败而告终。

金兵刚退,朝廷中的主和派和投降派又冒了出来,对李纲进行无中生有的陷害。大臣唐恪、耿南仲密奏军民请愿乃李纲指使。昏庸的钦宗将李纲调离京师,充任河北河东路宣抚使。李纲并没有因此停止抗金的斗争,但由于粮草奇缺,军队不

听调动,结果兵败。借此,投降派更是"谗者益肆"。靖康元年八月中旬,李纲最终被以"专主战议,丧师费财"的罪名被放逐,充军至建昌军(今江西南城)。在抗金中立下不朽功勋的主将李纲,就这样被排挤出京,满腔悲愤地离京南下了。

壮志未酬　士已身死

宋钦宗靖康元年(公元1126年)十一月,金兵大举南下,再次包围了开封,危急中的钦宗这才又想到李纲。然而,圣旨未送到李纲的处所,金兵就攻破了开封,并于第二年春掳北宋徽、钦二帝北上,北宋灭亡。这一事件,史称"靖康之难"。不久,康王赵构在南京(今河南商丘)宣布即位,是为高宗。

高宗即位后,任命李纲为尚书右仆射兼中书侍郎。这一任命一开始就遭到了主和派的反对。中丞颜岐认为,此官职的人选以张邦昌为最合适,因其"为金人所喜",李纲则"为金人所恶"。此时的高宗尚欲有所作为,对李纲说:"朕知卿忠义智略久矣,欲使敌国畏服,四方安宁,非相卿不可。"李纲任相后,向高宗上书十事,劝谏高宗欲强大国家,抵御金寇,必须锐意革新,努力进取。同时,任人唯贤,严惩卖国求荣分子,整顿边防,唤醒民心。高宗同意了李纲的大部分建议,李纲开始着手实行一系列的积极措施。

在对待张邦昌等投降派的态度上,李纲主张严惩。李纲对高宗说:"邦昌潜逆,岂可使之在朝廷","臣不可与邦昌同列,当以笏击之"。高宗采纳了这一建议,下诏将张邦昌放逐潭州(治所在今湖南长沙),从而打击了投降派的气焰。

李纲提出"修军政,变士风,裕邦财,宽民力,改弊法,省冗官"的主张,从多方面增强国力。

同时,李纲组织民间武装,发掘抗金潜力,修缮城池,加强防务。李纲认为,两河(河北、河东)作为"国之屏蔽",战略地位极为重要,其防务必须加强。两河的大部分州县尚掌握在南宋和义军手中,特别是义军大有抗金潜力。这些义军多者数万人,少则也不下万人,加起来有数十万人,是一支不可忽视的抗金力量。为此,在李纲推荐下,朝廷任命义军首领张所为河北招抚使,傅亮为河东经制副使。张所、傅亮在两河设立招抚司后,在极短时间内就招募了十余万人。

此外,李纲在南宋政府控制的州县施行了加固城池、置造战船、筹办器械、扩编军队等一系列战备措施。

经过李纲的艰辛努力,边防军政开始有了起色。

然而,时间未久,以黄潜善、汪伯彦为首的投降派又开始大肆排挤李纲的活动,高宗在这不断的、众口铄金的谗言中也逐渐开始疏远李纲。黄潜善之流以卑劣的手段,恶意诋毁李纲的若干抗金措施,并归纳了十几条罪状谗陷李纲,说李纲是"国

贼"。

与李纲坚决抗金形成鲜明对照的是,汪伯彦、黄潜善等投降派时常派遣"大金通问使",到金国谈判投降条件。同时,积极游说高宗逃跑。

在皇帝出行的路线上,李纲与黄潜善、汪伯彦有争议。黄潜善、汪伯彦议东南,这其实是变相的畏敌逃跑;李纲则主张皇帝巡幸西北的抗金前线以鼓舞士气。

李纲与投降派斗争的结果,是投降派又占了上风。李纲被降职为尚书左仆射兼门下侍郎,而黄潜善的官职反倒得到升迁。

李纲自建元元年(公元1127年)六月二日被任为宰相,至八月十八日被罢相降为尚书左仆射兼门下侍郎,其间推行了一系列抗金措施,并取得了一定成效,而这些成效是在自始至终与投降派的斗争中取得的。李纲被罢相后,消息迅速传遍南京,引起各界的强烈反应。以陈东、欧阳彻为首的太学生们掀起了请愿运动,上书高宗,要求李纲留任,出兵北伐。高宗此时已彻底倒向了投降派一边,竟下令将陈东、欧阳彻斩首示众。与此同时,黄潜善等对被贬职的李纲的陷害进一步加剧了。对这一切,李纲十分明了,但因权力所限,只有请高宗裁决。然而,此时的高宗已经完全被投降派迷惑并左右了,李纲反被再贬为经制司。

忍无可忍的李纲决心辞职,当了七十五天宰相的李纲就这样被罢免了,可叹其空有报国之心。

李纲被罢相后,两河形势不久便发生了逆转,大部分郡县皆陷于金兵之手,高宗和大臣乘船逃往扬州。此时的投降派仍不忘整治李纲,御史张浚弹劾李纲以私意杀侍从,而且又要求惩处李纲的买马招军之罪。高宗下诏贬李纲为观文殿大学士,谪往杭州,不久再次降职,贬往鄂州(今湖北武昌),最后竟将李纲放逐到海南岛。

从高宗建炎元年(公元1127年)八月至绍兴十年(公元1140年)正月,李纲度过了13年的流放和贬谪生活。皇帝的昏庸无能,加之奸臣当道,使得李纲即使在流放中也居无定所。在从南京贬往杭州途中,因诬告而令李纲到鄂州居住。建炎二年至绍兴元年(公元1128—1130年),又先后被贬至澧州(今湖南澧县)、万安(今海南万安县)。这一连串的排挤贬迁,使李纲的身心受到严重伤害,精神抑郁。即使这样,李纲仍然"却收老眼来观国,尚冀中原早戢戈"。空有一

李纲

片忠心却报国无门,这种凄惨悲凉的心情不是常人可以想像的。

李纲离开朝廷后,高宗在金兵步步进逼的情况下节节败退。建炎三年(公元1129年)春,从扬州匆匆逃亡临安(今浙江杭州),年底又逃向明州(今浙江宁波),最后竟致无路可逃,乘船在海上漂泊,直到绍兴二年(公元1132年)金兵退后方才又从海上回到临安,并召回李纲任湖广宣抚使兼知潭州。同年底,李纲又再次被猜忌罢官。绍兴五年(公元1135年),李纲重又被任命为江西安抚制置大使。由于投降叛国的秦桧当权,更是不容李纲有所作为。李纲在这时期写的一首《病牛》诗中道:

> 耕犁千亩实千箱,力得筋疲谁复伤?
> 但愿众生皆得饱,不辞羸病卧残阳。

从这首诗中,不难看出李纲在政治生活中因为连续的排挤和迫害而心力衰竭的抑郁心情。

绍兴十年(公元1140年),58岁的杰出政治家、宋朝著名抗金将领李纲在忧郁中死去。

青山埋忠骨　白铁铸佞臣
——岳飞之冤

北宋徽宗是一个腐朽荒淫的皇帝,正当宋朝统治者纵情享乐的时候,长期生活在我国东北的女真族勃然兴起,政和五年,在松花江边建立起女真奴隶主的金政权。以后,金国势力大张,宣和七年(公元1125年),金兵灭辽。几个月后,金兵继续南侵,逼近宋的都城汴京(河南开封)。宋徽宗闻讯,惊恐万状,急忙宣布退位,将皇位传给皇太子赵桓,这就是宋钦宗。

宋钦宗也是一个十分昏庸的皇帝,既贪生怕死,又妒贤忌才。靖康元年(公元1126年)正月,金军兵临城下。闰十一月,金军攻入汴京,把城里的财物抢劫一空,又驱赶着徽宗、钦宗和后妃、宫女等几千人撤出汴京,北宋王朝灭亡。

岳飞就生活在这样一个国破家亡的时代。一提起岳飞,人们都会肃然起敬,既为他"精忠报国"的精神所感动,也为他被以"莫须有"的罪名害死而扼腕。

南北转战　屡立奇功

岳飞(公元1103—1142年)生于宋徽宗崇宁二年(公元1103年)二月十五日。身逢乱世的他,从小就培养了一颗爱国之心。

靖康元年十二月初,康王赵构在河北相州建立大元帅府,自己担任"天下兵马大元帅",下令招募义勇民兵。相州许多穷苦百姓为了保卫乡土,纷纷从军。岳飞也经人介绍,参加了赵构统率的军队。从此,他一直活跃在抗金战争的最前线,为挽救民族危亡而英勇战斗,并因军功升为秉义郎(从八品的武官)。

靖康二年初,赵构在河北、京东一带转悠了几个月,眼睁睁看着汴京沦陷,徽宗、钦宗被俘北去,然后在五月初一于南京(河南商丘

岳飞

南)登基,重建赵宋王朝,将靖康二年改为建炎元年,是为南宋。

为了标榜"中兴",赵构起用在军民中威望很高的李纲为右相,副元帅宗泽知开封府兼东京留守;同时,任命宠臣黄潜善为中书侍郎,汪伯彦为同知枢密院事。在朝廷上,李纲尽心竭力为抗金斗争进行部署,然而独木难支,终究阻挡不住赵构等人一心想避地东南的逃跑企图。岳飞不顾自己位卑言轻,大胆上书规劝,不料触怒了赵构和投降派,被削夺了官职。

闲居三个月后,岳飞难以压抑心中报效国家的强烈意愿,于是投奔河北路招抚使张所。张所很赏识岳飞的胆略,任命他当中军统领,不久升为统制,编置在都统制王彦的统辖之下。

这一年秋天,张所被投降派捏造罪名罢官,朝廷改派王彦接替张所任河北招抚使。王彦集合了岳飞等十一名将官,率领部众七千人,渡过黄河,攻击金军,连战连捷,收复了几座城池。

经过几次失利,金朝派出几万人,把王彦、岳飞的营寨团团围住。王彦、岳飞奋力突围后一边战斗,一边向南撤退。这年冬天,岳飞转战到汴京,再次投奔汴京留守宗泽,宗泽委任他做留守司的统制。

建炎二年七月,宗泽死后,朝廷派杜充接替宗泽在汴京的官职。他一到汴京,就尽反宗泽所为。由宗泽辛苦集结的武装力量,见杜充无意抗金,便各各引去,很快就走散了一大半。岳飞本来不愿受杜充的节制,但他认识到汴京这个据点在抗金斗争中的重要性,便决心坚守汴京。

这时,不断传来金军大举南侵、赵构已逃到江南的消息,杜充如坐针毡,再也没有胆量留在汴京,决定弃城逃跑。岳飞闻讯,立刻向杜充进谏。杜充主意已定,拒绝岳飞的忠告,径自带领部下退到建康(江苏南京),岳飞也只好随军南下。赵构听说杜充已经放弃汴京,到达建康,就命令他驻守建康,把防守两淮和长江的责任交给了他。

这一年的冬天,金军在阿骨打第四子兀术率领下,再次大举南侵,建康最终失陷,杜充叛变降敌。岳飞率所部转移至广德军(安徽广德),金军也取道广德向浙东进发。广德军经过金军的蹂躏,百姓的粮食、财物早被洗劫一空。岳飞设法夺取敌人的给养来供给军食,他自己跟普通士兵一样过着艰苦的生活。当时,全军将士经常挨饿,但岳飞约束部下,不准骚扰民户,因此这里的商市还照常营业。

建炎四年正月,岳飞率军向北开到常州宜兴(江苏宜兴)驻守,归张俊统辖。

金军追赶赵构到海上,被宋舟师击败。兀术这时担心孤军深入,被宋军切断后路,决定放弃南进计划,由杭州班师北撤,一路大肆掳掠。金军撤退到常州宜兴。岳飞以逸待劳,给予金军迎头痛击,连续四次打败敌人。接着,岳飞率部紧跟金军,一直追击到镇江。金军撤退到镇江,被浙西制置使韩世忠部打败,后侥幸逃到建康,岳飞随后而至,胜利地收复了建康。岳飞在建康驻扎不久,因给养发生困难,便

领兵回到了宜兴休整。

孤军挺进　志在灭金

当岳飞在建康前线连传捷报时,赵构小朝廷正在越州(浙江绍兴)。岳飞派人将战俘和战利品押送到那里,顺便递上自己的奏章。在奏章中,他极力陈说建康在军事上的重要性,主张应派出重兵防守。他还报告说,最近张俊要派他驻守鄱阳(江西波阳),但江东、江西并不是敌人渡江南侵的必经之路,因此他自告奋勇,表示愿意过江去淮南防守。

淮南主要包括今天的江苏北部和安徽北部等地,牢牢控制这一地区是保障江南安全的必要条件。但赵构没有理会岳飞的这一要求。建炎四年七月,岳飞无奈出职为镇抚使,兼知泰州,负责防守扬州以东的地区,直接受浙西安抚使刘光世的统辖。

当时,金兵已攻下承州,正在围攻楚州(江苏淮安)。楚州位于淮河、运河的交汇口,是由淮北到淮南的交通要道,也是宋朝在淮南的一个军事重镇。赵构小朝廷得到楚州被围的消息,先后拟派神武右军都统制张俊和浙西安抚大使刘光世去楚州援救。但是他们都不敢亲自过江。

在这种情况下,朝廷只得命令岳飞领兵救援楚州。岳飞接到命令后,便差统制官张宪守泰州,自己率主力到三墩安营扎寨,声援楚州,随后就进军承州。在承州境内近一个月的时间里,岳军与金军重兵大战三次,每次都取得胜利。

岳飞这次挺进淮南,实际上处于孤军作战的局面,岳飞曾几次请求刘光世增派一两千名士兵,调拨十几天的军粮,以便激励士卒,解楚州之围。但刘光世始终未允,这样,岳飞也难以把军队直接开到楚州去跟敌人作战。

在粮尽援绝的情况下,九月底,楚州城被金兵攻破。知州赵立英勇牺牲。楚州沦陷后,岳飞只得退回泰州,加紧措置防御工作。浙西安抚大使刘光世为了推卸不救楚州的罪责,竟然向朝廷一再声称,承、楚两州的失陷完全是因为岳飞拖延时间,否则一定能打败承州的敌军和解救楚州之围。但朝廷并未加罪岳飞。

金挞懒攻下楚州城后不久,带领二十万人,沿着大运河转向泰州。挞懒首先进攻泰州的水寨。张荣一直坚持到十一月,只好放弃水寨,率领水军向南转移。泰州地处平原,无山险可恃,唯一的地

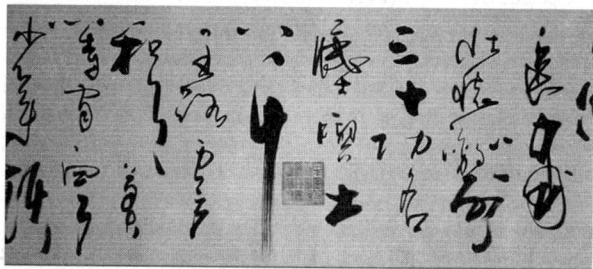

岳飞书法

利是湖泊和河道。水寨的失陷，使泰州城完全暴露在金军面前，岳飞军已经无险可恃。这时，往湖州催督军粮的使臣空着手回来报告说，湖州知州赵子璘借口尚未接到朝廷命令，拒绝调拨。在这种困难情况下，岳飞估计敌我力量过于悬殊，决定放弃泰州城，向南撤退。岳飞军由柴墟渡过长江，移屯江阴，随即把失守的消息报告朝廷，听候治罪。朝廷下诏答应他领军在江阴就粮，尽力防御金军过江。

艰苦转战　　收复失地

后来，金军改变战略，集中东、西两路兵力征服陕西和四川地区。兀术引主力进入川、陕作战。在中原，则扶植汉奸刘豫建立齐国，作为金、宋中间的缓冲，使宋不能直接威胁金朝，而金朝可以随时通过齐国攻打宋朝。

金朝统治者还施展了一条更为毒辣的诡计，把已经投降的秦桧放回宋朝去充当奸细。目的就是让秦桧劝谕南宋皇帝自动归顺，世代臣属，年年纳贡，这样就可以"不烦汗马之劳，而坐享厚利"。

秦桧突然归来，引起许多官员的怀疑。只有宰相范宗尹跟秦桧是老相识，在赵构面前极力推荐秦桧"忠心"，因而得以见到赵构。秦桧一见赵构，就兜售"议和"妙策。赵构显然对秦桧表示出了好感，任命秦桧为礼部尚书。三个月后，即绍兴元年（公元1131年）二月，升为参知政事。七月，范宗尹罢宰相职，秦桧乘机做了右相兼知枢密院事。秦桧在朝网罗主和官员作为自己的党羽。

次年七月，左相吕颐浩出师回到朝中，与秦桧意见不和。八月，殿中侍御史黄龟年弹劾秦桧"专门主张和议，阻碍国家恢复中原故土的长远计划"，"培植党羽，独专大权"等罪。吕颐浩也向赵构极力揭露秦桧。赵构向兵部侍郎说："秦桧说'南人归南，北人归北'，朕是北人，该归哪里？"又说："秦桧做宰相已经几个月了，说要耸动天下，可是到现在还没有听说什么。"于是将秦桧罢免相位，并且在朝堂出榜宣告，朝廷"永不复用"。秦桧的党羽也被驱逐一空。

从绍兴元年到绍兴三年，岳飞前后三年驰骋在江西、湖南等地，既平定了叛乱武装，也镇压了农民起义。他从这些武装力量中收编了一部分精明强干的士兵，用来补充队伍，绳以纪律，使自己的部队逐渐发展成一支拥有近三万人的劲旅。岳飞逐渐成为与刘光世、韩世忠、张俊相提并论的大将。绍兴三年九月。岳飞带着长子岳云，到临安府（浙江杭州）朝见赵构。岳飞被提升为镇南军承宣使、神武后军都统制、江南西路舒蕲州制置使，在江州（江西九江）、兴国军（湖北阳新）、南康军（江西星子）一带驻军防守。

同年十月，刘豫军队切断了朝廷通向川、陕的交通，也直接威胁湖南、湖北的安全。岳飞接连不断地向朝廷写奏章，建议及早进兵中原，收复襄阳等六州。在朱胜

非和赵鼎的劝说和鼓励下,赵构勉强同意岳飞的计划,任命岳飞为制置使,把收复襄、邓等州的重任完全托付给了他,并把熟悉襄汉一带地利的勇将牛皋调到他军中。

五月初一,岳飞领兵出征,在初五到达郢州(湖北钟祥)城外,次日一举攻下郢州。稍事休整,即派张宪、徐庆分兵攻取随州(湖北随县),岳飞亲自领兵直趋襄阳府。

当岳飞顺利地收复了襄阳府时,张宪、徐庆带兵往东攻打随州,连攻一个多月,还是没有得手。岳飞得报,派牛皋前去支援。此后,岳飞按照预定的计划,在不到三个月的时间内,迅速收复了襄、邓等六州,有力地保卫了长江中游,打开了川陕通向朝廷的道路。与此同时,击溃了伪齐的主力李成大军,伪齐从此一蹶不振。

岳家军本来可以乘胜长驱直入,收复中原更多失土。但是,赵构并非真想收复中原,他只是迫于形势,不得不派岳飞出兵。他害怕过于刺激金朝统治者会招惹对方更大的报复。所以,在岳飞领兵出发之前,就用"三省、枢密院同奉圣旨"的名义,告诫岳飞:这次出兵,只准收复襄阳等六个州郡的土地,不得越出这一界限;敌军逃遁出境,不须远追;不得提出"提兵北伐"、"收复汴京"之类的口号;此仗打完,大军回江上屯驻。遵照这些规定,岳飞在收复六州后,很快就任命新的地方官,分拨人马镇守,安顿流亡百姓,然后下令班师,带领大军回到鄂州。

襄、邓大捷,岳飞被提升为清远军节度使、湖北路荆襄潭州制置使,兼管新成立的襄阳府路(包括襄、邓六州)。不久,进封武昌郡开国侯。

主张北伐　反对议和

绍兴六年二月,坚决主张抗金的张浚以宰相兼都督诸路军马事的身份,召集各路将领集议北伐,岳飞进驻襄阳府,准备收复中原。

从七月到十一月间,岳飞率部屡屡痛击刘豫的伪齐军。绍兴七年(公元1137年)十一月,金下令废黜刘豫为蜀王,取消齐国政权。挞懒等人主张将河南、陕西地区归还给宋朝,要求赵构向金称臣,贡纳岁币。金熙宗与群臣议定后,就将宋朝在金的使臣王伦放回,让他回去报告金朝准许和议的消息。

十二月,王伦向赵构转达了挞懒的口信,还把金朝允许归还"梓宫"(徽宗的灵柩)和皇太后,以及退还河南各州等事告诉赵构。赵构得报大喜,立即厚赏王伦,决意加紧与金议和。为了准备议和,赵构重新想起了秦桧,认为秦桧是乞和的最合适人选,于是不顾几年前发布的"永不复用"秦桧的命令,第二次任命他为右相兼枢密使。

秦桧再次任相,完全摸透了赵构急于求和的心理,便尽力迎合;同时,打击和排挤所有反对议和的官员,扶植党羽。许多大臣都因反对议和而相继被罢官。

秦桧与赵构沆瀣一气,十分露骨地向金朝统治者乞降,引起宋朝文武官员和广大人民的激烈反对。福建安抚大使张俊连续五次上书,驳斥秦桧等人的谬论。韩世忠连上十多道奏章,要求拒绝议和,发兵决战。吏部尚书张焘等联名上书反对。临安城内外连续喧腾了好几天,街头巷尾出现了"秦相公是细作"的匿名揭贴,甚至有些人准备要刺杀秦桧。

在全国上下反对与金议和的热潮中,岳飞一直在准备对金用兵,策划如何北伐。他要求朝廷乘金人废刘豫之机,发兵出征,以雪积年的耻辱,无奈大势不由己。

绍兴八年十二月,秦桧以宰相的身份,到临安金朝使臣的宾馆,跪拜在金使的脚下,诚惶诚恐地接受了金朝的诏书。金朝答应把陕西、河南"赐还"给宋朝,并归还徽宗及其皇后的灵柩;宋朝向金称臣,每年进贡银25万两、绢25万匹。赵构、秦桧一伙就这样使宋朝变成了金的属国。绍兴九年正月,赵构以和议达成布告全国,大赦天下,以示庆祝。满朝文武百官也因之加官进爵。

岳飞在接到朝廷颁发的议和赦令后,必须上表致谢。在谢表中,岳飞再次申述他一贯反对"和议",坚持抗敌的主张。他列举一些历史事实来证明"夷虏"背信弃义,但盟约的墨迹未干,他们便又兴师侵犯中原。为了暂时解除国家的危难而议和,决不是长远之计。为了国家的前途,他坚决表示愿意制定方略,收复河东、河北,直捣燕云,为国复仇。岳飞这篇充满爱国激情的谢表,道出了广大爱国人民的心声,士大夫们争相传诵,以致很快就家喻户晓。这篇谢表实际上变成一道讨伐投降派的檄文,因此,秦桧对岳飞恨得咬牙切齿。

为了粉饰太平,取得武臣对"和议"的支持,赵构授予刘光世、张俊、韩世忠三大将新的封号和官爵,也提升岳飞为开府仪同三司。岳飞连上四奏,提出了辞免新头衔的要求。在奏章中,他指出"虏情奸诈","现今的形势是只能引以为危而不能引以为安,只足以使人忧虑而不足以使人祝贺,应该加紧训练士兵,以备不测,而不应该论功行赏,被敌人耻笑。"要求朝廷追回成命,以便"保全臣节"。

岳飞坚决反对"议和",引起赵构的不满,更引起秦桧的仇视。但他们自己心虚,对岳飞一时也无可奈何。

北伐捷报　诏书班师

绍兴九年秋,金熙宗以谋反的罪名处死了挞懒等大臣,提升兀术为都元帅。兀术认为,把陕西、河南疆土归还给宋朝是最大的失策,决意发兵夺回,并进一步灭掉南宋。绍兴十年五月,金熙宗采纳兀术等人的建议,撕毁和约,下令元帅府伐宋。金兀术决定一改秋季出战的常规,在盛夏用兵。金军分成四路,向宋发动大规模的

进攻。在短短一个多月的时间里，金朝归还的土地重新全部陷落。

赵构和秦桧一伙慌了手脚，急令各军分头进行抵抗。

岳飞接到赵构命令他"乘机战胜"金军的亲笔诏书，立刻调兵遣将，准备出击。这时，顺昌被围，情势危急，岳飞派遣张宪、姚政带领一支兵马，日夜兼程赶去应援。岳飞自己则统率大军，从驻地鄂州出发，大举北伐，一举取得了郾城大战、朱仙镇大战等战役的胜利，重创金兀术。

正当宋朝军民精神振奋，迎接即将到来的胜利时，突然从临安传出了一个惊人的消息。原来赵构既怕岳家军打败，又怕岳家军全胜。打败了，南宋小朝廷难保，他自己可能沦为阶下囚；全胜则又担心岳飞功勋太大，有震主之威，难以驾驭。尤其令他担心的是，如岳飞完全恢复失地，金将钦宗送回，自己就要将皇位让与钦宗。这是他的一块大心病。秦桧更怕岳飞打胜，因为他是为金朝主子效劳，以主和起家的。岳飞得胜之日，便是他性命难保之时。他摸透了赵构的心理，指使一名官员上书赵构说："现今兵弱将少，民困国乏，岳飞如果深入敌境，岂不危险！希望陛下命令岳飞暂且班师，待将来兵强将众，粮食充足，再兴师北伐，当可一举而定，这才是万全之计。"赵构本来心怀鬼胎，一见奏书，正中下怀，立即下令各路大军停止进击，一律撤回原来的驻地。

岳飞接到朝廷的命令，一面让将士整装待发，一面在七月十八日上奏力争。他在奏章中说："金贼屡次败衄，锐气丧尽，内外震骇，打算弃掉辎重，迅速渡河。况且现今豪杰闻风响应，将士奋不顾身，天时人事，谁强谁弱，已一目了然。大功即将告成，时机不可轻失。"他坚决要求乘胜北进，扩大战果。但是，岳飞的这一奏章还没有送到临安，赵构已在一天之内用金字牌（朱漆的木牌，长一尺多，上面刻着金字，是用来传递皇帝发下的特急件的一种标志，按规定不分昼夜，鸣铃走递，一天行四百到五百里）发出十二道诏书，催促岳飞班师，理由是"孤军不可久留"。

一道道诏书使岳飞悲愤不已。岳飞泪流满面，悲伤地说："十年的努力，一日付之东流！收复的各州，一朝全部丢弃。社稷江山，难以中兴；乾坤世界，无由再复！"诸将也痛哭流涕。就这样，岳飞被迫下令撤军。在撤军前，为防备兀术闻讯派兵偷袭，故意放出风声，说明天将要渡河。金兀术害怕汴京城内百姓作岳家军的内应，连夜弃城，北逃一百多里。

岳家军班师的消息不胫而走，百姓们纷纷赶来挽留。他们挡住岳飞的坐骑，痛哭失声地诉说："我们顶香盆、运粮草，迎接王师，金贼知道得一清二楚。现今相公一走，我们就没法活命了。"岳飞勒住马头，流着泪，拿出赵构的诏书，让百姓们观

岳飞书法

看，说：“朝廷有诏书，我不能不走呵！”他只好再三安慰百姓，劝他们南撤到襄、汉一带。为此，他命令留兵几天，掩护百姓撤退。

岳飞率军从郾城班师。

金兀术听说岳家军已经撤走，不禁额手称庆，紧接着便派兵重新夺占了中原地区的许多州县。

欲加之罪　何患无辞

金兀术曾秘密写信给秦桧说：“你一天到晚请求讲和，而岳飞却正想进攻河北，还杀死我女婿，此仇非报不可。必须杀了岳飞，才可以讲和。”他向秦桧明确提出以害死岳飞为议和的条件。

绍兴八年，岳飞多次要求增添兵力，赵构加以拒绝，说“宁可缩小防区，也不能添兵”。要防止“尾大不掉”。岳飞曾当面建议赵构早建皇储，赵构更大为不满，说：“武将不应干预朝政。”岳飞重创金军主力，声威大震，这在赵构看来是武将挟震主之威，更难于容忍。加上岳飞始终不渝地反对苟安投降，坚持抗战，以“直捣黄龙”为目标，这就更难为赵构所容忍。

绍兴十一年正月，金兀术再次征兵十多万，侵犯淮西，赵构命令韩世忠、张俊等大将合兵淮西。二月初，金军已占领庐州。岳飞二月九日接到前往江州应援的诏令，稍作准备，十一日便领兵上道。三月四日，金兀术采用郦琼的计策，发兵急攻濠州，八天后破城。张俊会合杨沂中、刘锜所部，回兵救援，为金兵所败。接着，韩世忠在濠州附近也被金军打败。十三日，岳飞率部赶到濠州定远县（安徽定远）。这时，张俊、杨沂中、韩世忠等部宋军已经败退，而金兀术听说岳家军开到，立即引兵退回淮北。

赵构和秦桧经过密议，以酬赏柘皋之捷的名义，把韩世忠、张俊、岳飞召到临安。赵构任命韩世忠、张俊为枢密使，岳飞为副使。几天后，宣布撤消三大将的宣抚司机构，将所辖人马直属皇帝“御前”。

赵构和秦桧一举剥夺了三大将的兵权，这是他们蓄谋已久的阴谋的第一步。紧接着是解散三大将的军队，防止他们的部属因怀念旧帅而违抗朝廷命令。同时，利用三大将的矛盾，逐个翦除。五月，赵构命令张俊和岳飞出使淮东，检阅韩世忠的兵马，筹措战守之策。实际上，赵构和秦桧布置给张、岳的任务是拆散韩家军、罗织韩世忠的“罪状”。临行前，秦桧向岳飞透露赵构的真实意图，要他到韩家军驻地去搜罗韩世忠的“罪状”。秦桧还假示关怀，要岳飞防备韩家军叛变。生性耿直的岳飞立即回答秦桧说：“韩世忠已经升任枢府，楚州的军队就是朝廷的军队。相公（指秦桧）命我带兵自卫，有什么用处呢？至于叫我去收罗同列的阴私，只会使相公

失望。"

　　岳飞和张俊到楚州后,张俊一伙按照秦桧的预谋,诬告韩世忠的心腹将领耿著,说:"耿著企图动摇军心,图谋叛逆,而且还要韩世忠萤掌兵权。"岳飞事先已经知道秦桧的阴谋,对韩世忠的遭遇极为感叹,他说:"我和韩世忠一起为朝廷做事,岂能使他无辜获罪! 否则,我就对不起他了。"于是立即写信急报韩世忠。韩世忠得报,紧急求见赵构,哭诉了一场。赵构假装不知道这件事,让秦桧审理耿著一案,因而耿著得以免死,以刺配流放了事。

　　岳飞在韩世忠的问题上秉公尽义,因此更得罪了秦桧,也得罪了赵构。七月间,岳飞从楚州回到临安。十六日,秦桧唆使右谏议大夫万俟卨首先发难,上书指责岳飞"爵高禄厚,志满意得,日渐颓惰"。具体"罪状"有二:一是柘皋之战,违反诏旨,不及时发兵,很久才到蕲、舒;二是扬言楚州不可守,沮丧士气,动摇民心。万俟卨请求罢免岳飞的枢密副使。赵构亲自出场配合,首肯万俟卨的话,说:"岳飞公然声称楚州不可守,修城有什么用,这是因为将士久戍楚州而感到厌烦,想弃城而到别处去,岳飞的用意是附和下级以钓声誉,所以说出这种话来,叫朕去依靠谁!"

　　秦桧乘机推波助澜,说:"岳飞的话说到这个地步,而朝廷内外有的人还不知道。"接着,御史中丞何铸、殿中侍御史罗汝楫也交章弹劾岳飞,大意跟万俟卨所说相同,请求赵构"速赐处分"。岳飞立即连上三奏,要求辞职。八月九日,赵构罢免岳飞枢密副使之职,改任万寿观使的闲职。

　　岳飞居闲后,既无兵,又无权,但是,赵构和秦桧对岳飞的迫害并不到此止步。他们觉得岳飞虽已罢官,但他的爱将王贵和张宪仍分别担任岳家军的都统制和副都统制;同时,英勇善战的岳家军依旧存在。这些都使他们不能放心。因此,他们又施展一系列阴谋诡计,以达到杀害岳飞和解散岳家军的目的。

　　还在六月间,赵构和秦桧就已派林大声为湖、广总领官,不仅总管岳家军粮饷,还有权统率各军。林大声到鄂州后,想方设法收集岳飞的材料,网罗败类,企图使岳飞的部将们互相攻击,然后牵连岳飞父子。岳飞手下有一个叫王俊的前军副统制,屡次因奸贪而受到张宪的处罚,对张宪怀恨在心。林大声觅到王俊,如获至宝,便向王俊暗示了秦桧的意图。王俊受宠若惊,觉得这是难得的升官发财的好机会,还可乘机报复张宪。

　　林大声和王俊经过精心策划,由王俊出面诬告,说张宪曾对王俊谈及,为岳飞罢官,准备裹胁大军由鄂州移屯襄阳,逼迫朝廷释放岳飞,并把兵权交还给岳飞。如朝廷派兵来剿,则请番兵帮助。王俊的状词破绽很多,最明显的是张宪和王俊原来关系并不融洽,王俊又是尽人皆知、专事告密的无耻之徒,张宪决不会跟他推心置腹地商议这种大事。

　　张宪原准备去临安朝见赵构。等张宪经过镇江时,王俊的诬告状已送到了张俊手中。张俊立即在镇江将张宪拘押起来。根据宋朝的法制,枢密院无权审讯犯

人，但张俊求功心切，不等将张宪解往临安，就在行府私设刑堂。张俊使用种种毒刑，把张宪打得体无完肤，企图逼迫张宪承认收到过岳飞的亲笔信，信上命令张宪设法使朝廷将兵权归还岳飞。并把王俊叫来当堂对证，但张宪宁死不屈，不肯诬认。张俊见动刑和对证都不能使张宪屈服，便假造供词，上奏说：张宪已供认"在收到岳飞文字后谋反"。

按照事先的策划，不论指使王俊诬告，或者胁迫王贵，拷打张宪，无非是为了顺藤摸瓜，以牵连岳飞父子。十月十三日，赵构传下"圣旨"，命令在刑部大理寺设立制勘院，以审理此案，然后"闻奏"。于是岳飞和岳云都被逮捕，押送到大理寺狱中。与此同时，朝廷还出榜公布，说张宪一案"其谋牵连岳飞，遂逮捕归案，设诏狱审问"。此案由赵构亲自审理，可见关系重大。

岳飞被投入牢狱后，由御史中丞何铸、大理卿周三畏共同审讯。何铸原来附和秦桧，曾参与弹劾岳飞。审讯时，何铸传岳飞到庭，要岳飞交待"谋反"的罪行。岳飞撕开衣服，袒露背部，叫何铸看他背上刺着的"精忠报国"四个大字。这几个字深深透入肌肤，是他老母姚氏早年亲手刺上的，何铸不禁深受感动。在继续审讯时，何铸逐步发现王俊的状词、张俊的奏章等都是无实据的诬陷之词，说明岳飞蒙受了不白之冤，他把这一看法禀告秦桧。秦桧听罢，大为不满，便向何铸透露，这次逮捕和审讯岳飞不是他秦桧的主意，而是"圣上的意思"。何铸不听，仍然据理力争，说："我何铸岂止是为了一个岳飞！强敌未灭，无故杀一名大将，会失去士卒的信心，不是社稷长久之计！"秦桧无言以对，愤愤而去。

何铸为岳飞鸣冤，审讯工作自然毫无进展。赵构和秦桧就用别的名义，将何铸调离御史台，不久后又将他贬官。十一月二十一日，改由万俟卨、罗汝楫、周三畏等人重新审理岳飞这一案子。

万俟卨以前任湖北提点刑狱时，岳飞宣抚荆湖，曾对万俟卨很不客气，万俟卨一直耿耿于怀。这次，万俟卨主动要求负责审讯岳飞，显然不怀好意。岳飞和张宪第一次受审，被带到堂上，蓬头赤脚，浑身血染，戴着沉重的枷锁镣铐。万俟卨等人向岳飞大声呵斥道："国家哪里亏待你们，你们二人却要谋反？"岳飞理直气壮地说："对天起誓！我绝对不辜负国家。你们既然主持国法，就不该损陷忠臣。否则，我到冥府也要与你们对质到底！"万俟卨又追问岳飞说："你既然不想谋反，你记不记得游天竺寺时，在壁上题有'寒门富贵在何时'一句，这是什么用意？"罗汝楫等陪审官员一齐随声附和说："你既然写这些东西，岂不表明想造反吗？"岳飞看到这些审讯官员无一不是秦桧的党羽，跟他们讲道理还有什么用处呢？不禁长叹一声说："我现在才知道已落入国贼秦桧手里，使我为国尽忠之心都白费了！"说罢，闭上眼睛，再也不说一句话，任凭狱卒去拷打。

在以后的许多次审讯中，岳飞屡经酷刑的折磨，但始终以坚强的意志、非凡的毅力，忍受肉体上的极大痛苦，拒绝回答万俟卨们提出的任何问题，拒绝承认王俊、

张俊等人捏造的"罪状"。为了表示抗议,岳飞开始绝食。连续好几天,岳飞一口粥也不吃。最终病倒了。

秦桧、万俟卨还继续派他们的党羽搜检岳飞的文书档案,又派党羽分头到各地去罗织别的"罪证"。他们说,在当年淮西战役中,岳飞故意藐视同朝大将,而且想残害友军。又说,岳飞有一次召集诸将开会,他忽然扬言:"国家今天的景况不得了啊,官家(指赵构)又不修德!"这是"指斥乘舆",即攻击皇帝。他们还说,几年前,岳飞第一次作节度使时,曾经高兴地向别人夸耀说:"我三十二岁建节,自古少有。"而在这个年纪做节度使的,只有开国皇帝宋太祖。这是与太祖皇帝相提并论,显然怀有不测的野心。此外还编造说:岳飞罢兵权后,曾经命幕僚孙革写信给张宪,叫张宪"采取措施,另行筹画",又指使张宪谎报金兀术大军侵犯襄、汉一带,以便占据襄阳作乱。万俟卨等人还捏造了岳云的一些罪名,说他写信给张宪,要张宪想法把岳飞弄回军中来,并说这封信已经焚毁。

在这样的"罪状明白"以后,万俟卨决定立即结案定罪。按照宋律,应该召集此案审讯官和刑部、大理寺官员一起集议。大理寺丞李若朴、何彦由提出,岳飞的罪依法只可判处两年徒刑,不应判死刑。万俟卨等人置之不理,仍然决定岳飞、岳云、张宪三人犯下了"死罪",应该判处岳飞斩刑、张宪绞刑、岳云徒刑,并将所定罪名奏报朝廷,请赵构最后"裁断"。

正当秦桧、万俟卨等人迫害岳飞的时候,朝廷内外许多主持正义的官员展开了营救岳飞的活动。一个宗室首领力辩岳飞无罪,他说:"中原未宁,祸及忠义,这是忘记二圣,不想恢复中原了。臣愿意以全家百口,担保岳飞没有罪。"福建布衣范澄之上书指出,全国百姓不知道岳飞因犯何罪而被逮系诏狱,但又怕指责为造谣惑众,所以都不敢说话。宰辅大臣献媚房人,急于求和。陛下正下定决心恢复祖宗大业,岂可叫将帅们互相屠杀!希望陛下特予赦宥,释放岳飞。抗金名将韩世忠不顾个人的安危,亲自责问秦桧,秦桧含糊其词地回答说:"岳飞子岳云写给张宪书虽然不清楚,但是这件事莫须有(也许有)……"韩世忠听了,义愤填膺,说道:"相公,'莫须有'三字,何以服天下?"从此,"莫须有"成为冤狱的代名词,后代还称冤狱为"三字狱"。在赵构和秦桧一伙操纵下,爱国的官员和士大夫的营救活动都成为徒劳。

岳飞被捕入狱后,赵构、秦桧一伙加紧向金朝投降。十月,赵构派吏部侍郎魏良臣等出使金朝,在兀术面前再三叩头,哀求甚切,兀术才准议和。十一月,宋、金和谈成功,金朝规定宋朝投降的条款为:划定两国的国界,东从淮水、西到陕西大

岳飞

散关以北的土地全部归金朝所有,宋在京西割唐、邓二州,陕西割商、秦二州之半给金;仍向金称臣,每年奉送金朝银子二十五万两和绢帛二十五万匹。

赵构和秦桧一伙屈膝投降后,又按照金朝统治者的意旨,决定对岳飞下毒手,置岳飞于死地。

绍兴十一年冬,岳飞经过许多天绝食,身体已经极度衰弱。赵构审批尚书省转呈的刑部大理寺奏状,当即下旨:"岳飞特赐死。张宪、岳云并依军法施行,命杨沂中监斩,仍多差将兵防护。"刑部大理寺原来议定不杀岳云,但赵构和秦桧一伙连岳云也不肯放过。

当天,大理寺执法官遵旨进入狱中,作最后的处决。他们再次提审岳飞,逼他在供状上画押。岳飞知道已经到了生命的最后时刻,他仍然坚持自己抗金爱国无罪,决不乞求开恩赦免。不过,他觉得如果老天有眼,一定会证明自己一生光明磊落,无辜被害,于是他镇定自若地取过笔来,在供状上写了八个大字:"天日昭昭,天日昭昭!"狱吏拿来毒药,放入酒中,岳飞一饮而尽。张宪、岳云同时也被押赴刑场。三位民族英雄就这样没有战死在抗敌的疆场上,却惨死在妥协投降派的毒刑下。这时,岳飞仅39岁,岳云22岁。

岳飞等三人被害的同时,岳飞和张宪的家属也受到株连,按照赵构的"圣旨",被分别押解到广东、福建拘管,家产被查抄,没收入官。岳飞的许多部将都卓有战功,这时都被作为岳飞的同案犯,根据赵构的"圣旨",被判处流放、监管、杖脊等刑罚。一些曾为岳飞鸣冤的官员也都受到牵连,被贬官或罢官,不一而足。岳家军由张俊的心腹田师中接管,牛皋被毒死,很多将领被田师中用各种名义驱逐。至此,岳家军实际上已被瓦解。

岳飞被害后,不断有人为岳飞喊冤。20年后,赵构才下诏释放岳飞和张宪的家属,准许他们随意定居。直到宋孝宗继位后,为了平息民愤、鼓励将士抗敌,才正式昭雪岳飞的冤狱,追复他原有的官职,并将他的遗体依礼改葬。后来,在鄂州替岳飞盖造"忠烈庙",表示纪念,追封鄂王。宋理宗对岳飞改谥"忠武"。至此,岳飞终于恢复了他抗金名将的名誉,受到后世的景仰。

红颜奇才消　"十香淫词"陨
——萧观音之冤

辽代第八代皇帝是辽道宗耶律洪基。这时的大辽已基本上汉化,帝王们尊重儒术,仰慕和接受中原文化。道宗 24 岁即位,雅好儒学,喜爱诗文,能自己制文作诗。辽道宗是辽代一位能文能武的皇帝,因此史书称他性情沉静,为人严毅,以致每次上朝时,他的父皇辽兴宗都为之敛容。道宗是兴宗耶律宗真的长子。道宗的皇后是宣懿皇后萧氏。这场《十香词》淫词冤案的主要受害者就是道宗的萧皇后。

入主后宫　母仪天下

萧氏小字观音,是兴宗生母钦哀皇后弟枢密使萧惠的女儿。史称她姿容冠绝,工于诗词,善长谈论,能自制歌词并吟唱,还擅长弹奏琵琶。重熙年间,耶律洪基为燕赵王,纳为王妃,年仅 16 岁。据说,她的母亲怀她时,梦见明月入怀,接着明月上升,月华四射,最终被一片乌云遮掩以至消逝。萧氏就是在这神秘的梦境中来到人世的,虽然命运迷离,但样子却十分可爱,她的母亲满心欢喜。她的父亲知道了梦境,心情却十分沉重。经过反复考虑,她的父亲严肃地说:乌云盖月,是大不吉,犯天狗小人;小女五月降生,正是古来大忌;女儿看来虽然命贵,但恐怕不会善终。刚刚生育的母亲大惊,尽管心情沉痛,但决不同意将女儿送入佛寺出家为尼。萧氏于是在锦衣玉食和至善至美的良好教育中抚育长大,14 岁时即出落成了一位倾国倾城、才艺双绝的美人,以至见者无不感叹地称她为观音。观音的美名因之遐迩传播。

萧观音以 16 岁的芳龄进入燕赵王王宫,占尽美色、才艺、名望门第,因而很快册为王妃。入王宫的第二年,兴宗去世,耶律洪基入主大位,为辽道宗。丧事完毕,道宗便立美丽风雅的王妃萧氏为母仪天下的皇后,行隆重的册立仪。册立仪在巍峨的清风殿举行。芳龄 17 岁的美丽皇后,头戴装饰着珠玉翠羽的金冠,身穿典雅高贵的白绫袍,系着红带佩玉,脚登光泽照人的皮靴,在十六名命妇的护卫下,参加这隆重的册立仪。萧皇后的典雅高贵,惊呆了年轻的道宗,更使宫中上下钦佩、敬仰无比,人们由衷地赞美她:孤稳压迫,女古华革,菩萨来做特里蹇。意思是说:玉

饰头,金饰足,观音来做辽皇后。

辽是由契丹建立的一个强盛的帝国。契丹是个游牧民族,逐水草而居。辽在不断的征战和游牧中建有四京:临潢府为上京、辽阳为东京、大定为中京、幽州为南京。辽帝王们有个传统的习俗就是所谓捺钵,《营卫志》说,四时各有行在之所,叫做捺钵。春捺钵在鸭子河滦,夏捺钵没有常所,一般在吐儿山,秋捺钵在伏虎林,冬捺钵在广平锭。《通鉴补编》说,契丹制度,居有宫卫,叫斡鲁朵;出有行营,叫捺钵。契丹中书舍人王师儒入宋祭奠时,宋庞元英任接伴使。庞氏问王师儒,捺钵是指什么? 王氏回答,是契丹家语,意即行在。所以有诗云:马上貂珰压锦鞯,四时捺钵恣游畋。

辽皇帝离京游猎时,一般由皇后或宰相居京留守。游猎时使用的是牛皮帐,御林军不离左右,所以辽皇帝御林军称为大帐皮室军。会宁二年秋天,道宗率臣僚、近侍到黑山秋捺钵,命年轻美丽的萧皇后侍驾。他们先行祭山礼,杀死白马、红牛、黑羊各一,由皇帝率领皇后、命妇,一身戎装,向山神致祭,然后,奏乐饮酒。次日大猎开始,先射空中飞雁,射中第一只雁者将雁献给皇帝。皇帝皇后设宴,大会群臣,称为头鹅宴。宴上,皇帝将头雁的羽毛赐给射中者,成为一种特殊的荣耀。然后,皇帝参与射猎。

黑山秋猎中,道宗猎获了一只虎,皇太后猎获了一只熊。道宗猎虎后群臣欢呼,奏请将此地赐名伏虎林,道宗允准。从此,伏虎林成为辽帝秋天游猎常去的场所。道宗大宴群臣,共同庆贺。欢乐的宴席上,另有歌舞、角力等助兴。道宗宠爱萧皇后,知道皇后多才,便命皇后即兴赋诗。萧皇后略一沉思,挥笔而就:

> 威风万里震南邦,东去能翻鸭绿江。
> 灵快大千都破胆,那教猛虎不投降。

赋诗气吞山河,胸襟万里,睥睨天下,道宗和群臣无不叹服。道宗赞赏不已,传谕近侍立即誊写传抄,令万民同乐。群臣奉觞恭贺,欢天喜地。一场大宴由此推向了欢愉的高峰。道宗对皇后更加爱幸不已,道宗和皇后纵情恩爱,可惜连着三年,竟没有子嗣。太后决定为道宗举行隆重而庄严的再生仪。请先帝神灵显灵。再生仪举行的第二年,萧皇后便怀孕生子,道宗赐名耶律浚。

耶律浚小字伊罗斡,相貌像道宗,小时即好学能文,道宗疼爱无比,感叹说:这儿子聪慧,简直是天授! 道宗清宁九年,耶律浚6岁,封为梁王。第二年梁王随道宗出猎,三发三中,道宗大喜,赞叹说:我们祖宗以来,骑射过人,威震天下。这孩儿虽小,却不失其风! 后来遇上了十只鹿,梁王射获九只。道宗喜得大宴庆贺。一年后,梁王被册为太子。

道宗爱萧皇后,也极爱皇后所生的皇太子。可惜奸臣作梗,无端地制造了一场淫词冤案,结果葬送了萧皇后,也葬送了太子,辽也因此江河日下,走上了穷途末路,仅传一帝历 15 年而最后灭亡。这场淫词冤案之奇之绝,在古今帝后史上可谓绝无仅有。

乙辛得宠　祸机初生

祸机是从皇太子赤山秋猎时十箭获九鹿的庆宴上发生的。太子如此天赋,道宗当然喜不自胜,吩咐大宴三日。赤山林荫中三日欢声笑语不绝。三日的欢宴,皇族自然参加。皇族中地位最高的是皇太叔耶律重元,重元是道宗父亲辽兴宗的同母弟,当年兴宗得以继承大位,重元有扶立大功,兴宗对他极为敬爱。道宗即位后,礼敬太叔重元,委他为天下兵马元帅。三日野宴尽欢,重元和其妃子萧氏也参加。萧妃徐娘半老,却浓妆艳抹,举止轻佻,史称其以艳冶自矜。庄重的萧皇后看在眼里,当然很不舒服。萧皇后便单独将萧妃召入自己的座帐,略带责备的告诫她:你是贵家妇女,何必如此!

萧妃是皇后的叔母,年纪又大那么多,萧后的戒斥虽然轻描淡写,可她哪里受得了?何况她心胸狭窄,又极爱算计。祸事便从这里产生了。萧妃先缠着重元,要他想法夺回皇位,重元犹豫不决。萧妃生有一个儿子,名叫烈鲁古,生性阴狠毒辣,并狂妄自大,谁都不放在眼里。道宗封烈鲁古为楚王,拜官南院枢密使,二十余岁便手握重权,高贵显爵,楚王更加目空一切。萧妃鼓动重元不成,便将希望转向这个手握重权、目空一切的儿子。烈鲁古当然乐意,并明智地提出,要取得帝位,必先侦知皇帝的行动;而要熟悉皇帝的行动,就得结交皇帝的近侍。

当时,道宗身边最得宠的近侍是耶律乙辛。乙辛本是一名牧民的儿子,其父终日牧羊为生,想不到憨厚的牧羊民竟生出了一个聪明绝顶又诡计多端的儿子。乙辛聪明伶俐,为人机敏,又风仪俊伟,长于察言观色,体贴入微,因而极得道宗的欢喜。乙辛便由一名御前专管笔砚的近侍,很快提升为护卫太保。

楚王烈鲁古联络舅舅北院知事萧胡睹和萧迭里得、陈六等人,引为心腹,决议拉拢耶律乙辛为内应,并许诺事成以后,均委高官。烈鲁古计划诈称父亲耶律重元重病,道宗得讯后必定会亲自探望,等道宗一到,立即杀死,然后调集重兵直扑皇宫,拥父亲重元登基。

耶律乙辛与楚王周旋,知道了楚王的谋位意图,乙辛则从另一面盘算:这套计划肯定会成功,然而成功以后,楚王难逃叛逆之罪。全国也会群起而反对,楚王能入主天下?恐怕很难。这样,不论成功与失败,自己的身家性命都难以自保。假如借机向道宗告密,那必定会得道宗的终生信任,至富至贵至尊至显在皇帝一人之下便唾手可得,如此何乐而不为呢?乙辛于是决计倒戈。

楚王烈鲁古费尽心机，终于说动了父亲重元，并按计划严密部署，选亲信军士二百人，埋伏在重元府邸。道宗行猎中京，宗人府派人到行宫奏报，皇太叔兵马元帅重元病重。乙辛见时机成熟，便自京师直奔行宫，报告道宗。结果不言而喻，楚王烈鲁古被杀，重元拔剑自尽。道宗回京，大捕重元党羽，萧妃自尽。

这场变故耶律乙辛获得了道宗的信任，青云直上。道宗委他为北院枢密使，权重位尊，并将重元的豪华府第赏赐给他。乙辛随侍道宗多年，深知宗的性格。道宗生性多疑，自重元谋逆平复以后，他更是敏感，对什么都不相信。乙辛便充当心腹，时常刺探内外隐私，奏报道宗，并广选美女，不惜逼自己的弟媳离婚，献给道宗。乙辛在朝中的地位稳固了。

乙辛势力膨胀，引进士张孝杰和萧十三为私党和心腹。张孝杰能文、多谋，乙辛任他为枢密院参事；萧十三能武、果断，乙辛委他为殿前副检点，主掌宿卫事宜。道宗对乙辛信任有加，以至封他为赵王，委诸军旅重事，乙辛权倾朝野，淫词案便是乙辛一手操纵和炮制的。

道宗爱好游猎。乙辛为道宗广选良驹，终于得一匹全身雪白、神姿勃勃、奔竞如电闪追风的骏马，献给道宗。道宗兴奋不已，赐骏马名电飞。道宗终日骑电飞驰聘射猎，快乐无比。道宗的电飞极快，动辄驰奔数十里，侍卫远远抛在身后。这种情形，萧皇后十分担心，恐怕终有不测。萧皇后知道了乙辛的所为，觉得乙辛身为宰相，不匡辅政务，却引导道宗终日游乐，这不是良相，也肯定为人卑劣，心术不正。于是，萧皇后找了个机会婉转进奏道宗，希望道宗不要沉溺游猎，更不要把政事尽委乙辛，要防止重元之乱重演。

深宫孤影　诗词自娱

萧后的进言引起了道宗的注意。道宗醒悟，觉得太子已经16岁，应该历练政事，取代乙辛。道宗下旨封太子为燕赵国王，参预朝政，各部奏事先送太子过目。太子仁爱天下，正直无私。太子目睹乙辛的所作所为，自然不能引为同道，因而对乙辛多怀戒心。太子参与国政，便开始对乙辛加强控制。乙辛知道太子一旦即位，他便死无葬身之地，于是设下毒计。

道宗在位46年，死时68岁。中年以后，萧皇后色衰，道宗就常常带着别的爱妃巡行各地，到好去处狩猎，太子留守中京。萧皇后中年好静，也很识趣，便也留守中京。道宗对皇后爱弛，又嫌她动辄进谏，反对出外游猎，因此，道宗即便回到京师，也不到皇后宫中，而去别的宫室去宠幸更加年轻美丽的美人。盛年的皇后爱意久旷，哪里受得了长夜寂寞，盼望能挽回昔日的爱情。她彻夜难眠，写出了一首情意绵绵的《回心院》词：

扫深殿,闭久,金铺暗,游丝络网尘作堆,积岁青苔厚阶面。扫深殿,待君宴。拂象床,凭梦借高唐。敲坏半边知妄卧,恰当无处少辉光。拂象床,待君寝。换香枕,一半无云锦。为是秋来展转多,更有双双泪痕渗。换香枕,待君睡。铺翠被,羞杀鸳鸯对。犹忆当时叫合欢,而今独覆相思块。铺翠被,待君眠。装绣帐,金钩未敢上。解却四角夜光珠,不教照见愁模样。装绣帐,待君临。叠锦茵,重重空自陈。只愿身当白玉体,不愿伊当薄命人。叠锦茵,待君息。展瑶席,花笑三韩碧。笑妄新铺玉一床,从来妇欢不终夕。展瑶席,待君行。热熏炉,能将孤闷苏。若道妄身多秽贱,自沾御香香彻肤。热熏炉,待君娱。张鸣筝,恰恰语娇莺。一从弹作房中曲,常和窗前风雨声。张鸣筝,待君听。

显然,多情寂寞的皇后如一堆干柴,有点熬持不住。皇后写好这首词后,让诸伶弹唱。当时,诸伶中只有伶官赵惟一谱成乐曲,能熟练地演奏弹唱,因此,赵惟一便常常见召,出入禁宫,和萧皇后在一起。

耶律乙辛面对太子的挑战,知道凶多吉少,就召心腹党羽张孝杰、萧十三商量对策。经过密议,决定从久守空房的皇后下手,进而将皇后和太子一举倾覆。密计的第一步,是在皇后身边安插心腹,掌握皇后的日常起居,伺机行动。乙辛受到道宗的信任,接受了道宗赐赏的重元府第,同时接受了府第中的舞妓歌女。歌女中,有一位名叫单登的女子,善于吹笙和弹奏琵琶。单登已经出嫁,丈夫是教坊艺人朱顶鹤。乙辛重利收买了朱顶鹤和单登,经过一番精心布置,就把单登送到了皇后宫中,伺候喜欢音乐的萧后。萧后很赏识单登,让她随侍左右。单登取得了萧后的信任,便常常将萧后的一切告知乙辛。

乙辛得知萧后的《回心院》词和伶官赵惟一出入宫禁的一切,又得知萧后有时与赵惟一对弹琴曲,并时有赏赐。萧后寂寞时,常常填词作诗,或抄写佛经。乙辛的一条毒计就有了眉目。乙辛召张孝杰、萧十三共商大计。随后,张孝杰奉命写了一首淫词《十香词》。淫词写好以后,第二天就交给了单登。

单登口齿伶俐,人极乖巧。有一天,萧皇后闷极无聊,又坐在桌前,弄笔作诗。单登知道萧后寂寞,久旷之下极为饥渴。于是,单登拿出了《十香词》,递给萧后,对萧后说,这是从外面抄下的,据说是宋国的皇后所作。萧后举目细看,不禁心惊肉跳:

青丝七尺长,挽作内家妆;不知眠枕上,倍觉绿云香。

红绡一幅强,轻阑白玉光;试开胸探取,尤比颤酥香。

芙蓉失新艳,莲花落故妆;两般总堪比,可似粉腮香。

蝤蛴那足并，长须学凤凰；昨宵欢臂上，应惹领边香。

和羹好滋味，送语出宫商；定知郎口内，含有煖甘香。

非关兼酒气，不是口脂芳；却疑花解语，风送过来香。

既摘上林蕊，还视御苑桑；归来便携手，纤纤春笋香。

凤靴抛合缝，罗袜卸轻霜；谁将煖白玉，雕出软钩香。

解带色已颤，触手心愈忙；那识罗裙内，消魂别有香。

咳唾千花酿，肌肤百和装；无非瞰沉水，生得满身香。

萧后如久旱逢甘霖，读得津津有味，心里也舒服了很多。萧后发现单登还站在一边，喜滋滋地望着她，问写得如何？便从容地说，写得好是好，只是太浪了点，想不到宋国的皇后这样大胆，敢写出这样的诗。单登于是笑着请求说，这首好诗奴才想要一份，要是皇后能手写一份赐给奴才，那可真是双绝。萧皇后淡然一笑，连想都不想，就拿起笔，抄写了起来，抄得心旷神怡，极其舒畅。抄完以后，兴之所至，萧后又在后面写了一首诗：

宫中只数赵家妆，败雨残云误汉王。

惟有知情一片月，曾窥飞鸟入昭阳。

祸生"淫词" 终遭冤害

这是太康元年十月，道宗游猎归来。乙辛命单登、朱顶鹤到北院告发，称萧皇后和伶官赵惟一通奸，并附上物证《十香词》和萧后的诗。道宗大惊，气得脸色铁青，万万想不到平日一本正经、端庄有礼的皇后竟干出这等好事！道宗气过以后，有些疑惑，问这样的淫词淫诗如何被单登拿到？乙辛回答，赵惟一和朱顶鹤是至交好友，一天，赵惟一醉了，拿出了这些淫词，在朱顶鹤前炫耀。朱顶鹤不相信，就问妻子单登。单登是皇后的侍女，不离左右，证实确有其事。朱顶鹤害怕，便灌醉赵惟一，拿到诗词，和单登一同到北院告发。道宗气得浑身发颤，乙辛乘机进奏，说这样的大事，微臣不敢隐瞒，立即禀报，但这等事不宜张扬，皇上可以传单登单独询问。

乙辛的说辞道宗不得不信。道宗传问单登，供词和乙辛的一样。只是更细致、更精彩些，简直绘声绘色。说到最后，还说她有一次在窗外窥听，只听室内传出笑声，接着听皇后说：可封你为有用郎君。赵惟一说：奴才哪里比得上真龙天子。皇后回答：什么真龙天子，一条懒龙而已！

道宗只觉得五雷轰顶，气得头晕眼花，一句话都说不出来。道宗立召萧后对

质。萧后什么都不知道,奇怪皇上为何如此急召?萧后来到建昌宫,只见坐在宝座上的道宗脸色阴沉,眼中满含杀机,样子十分可怖。萧后惊问出了什么事?道宗怒冲冲地将《十香词》朝萧后扔去,冷冷地说:你自己看。萧后捡起《十香词》,心中冷了半截,但还是如实而从容地说:这是自己抄录的,但并不是自己所作。

道宗步步质问,问得萧后目瞪口呆。萧后定定神,方知自己已被单登出卖和暗算。萧后大骂单登,说她血口喷人,希望道宗不要听一面之辞。可是道宗冷冷地说,这诗是你的亲笔,写得如此淫秽,该如何解释?萧后再次陈述了事情的经过,并说词中有亲桑之说,这显然是宋朝的,本朝没有采桑养蚕。道宗已经认定了此事是真的,有人证又有物证,皇后不过是在狡辩而已。道宗便冷不防地质问:本朝没亲桑之说,那词中的凤靴抛合缝如何解释?萧后被问得哑口无言。

道宗见萧后无言以对,认为是理屈词穷,那么奸情一定是真的!道宗大怒,顺手操起御座旁的铁骨朵,怒冲冲地朝萧后击去。萧后躲闪,骨朵击在肩上,顿时血流如注,萧后失声痛哭。道宗大骂贱妇,吩咐将她送往别院囚禁,待拘拿拷问过赵惟一后再一同正罪。萧后临走时还哭诉辩解,指斥道宗听信奸人之言,诬蔑栽赃,日后肯定会后悔。道宗根本不听。

道宗基本上认定了奸情属实,将萧后别宫囚禁以后,便把此案交给乙辛审理。乙辛派心腹张孝杰主审此案。张施赵惟一以五毒之刑,赵不胜痛苦,写下了供状。乙辛又据实上奏,朝臣中大多震惊,但也有一些明识睿智的怀疑此案的真实,尤其是枢密使萧维信。萧氏和几位大臣面见乙辛,慷慨陈词:皇后素称贤德,已经生育太子,母仪天下,且已添了孙子,如何能听奴婢之言,使皇后蒙冤?枢相身为辅弼,不思化解,反而促成大狱,天下如何信服!大臣们哪里知道,这一大冤案,正是乙辛炮制的。

乙辛、张孝杰奏上赵惟一供词,面见道宗。道宗看着皇后在淫词后附的《怀古诗》有些犹豫。道宗说,这首《怀古诗》,是骂汉皇后赵飞燕的,皇后怎会写这个?张孝杰早已研究透了确实是出自皇后的这首《怀古诗》。这时,张氏便从容地说道,这是首皇后思念赵惟一的诗。道宗再次大惊,问其所据?张氏说,诗中一句和三句,嵌有赵惟一三字。道宗再也忍耐不住了,立即吩咐,族诛赵惟一,皇后赐其自尽。

处决的命令下达以后,太子顾不得什么了,马上到道宗跟前求情。道宗拂袖而去。内官捧一匹白练,来到萧后跟前。萧后泪如雨下,临终前百感交集,挥笔写了一首《绝命词》,然后闭户自缢身亡。时年36岁。道宗余恨未消,吩咐剥光萧后,用草席将裸尸送往萧后家。这真是莫大的耻辱。《绝命词》云:

嗟薄祐兮多幸,羌作俪兮皇家;
承昊穹兮下覆,近日月兮分华。

托后钧兮凝位，忽前星兮启曜；
虽蚰累兮黄床，庶无罪兮宗庙。
欲贯鱼兮上进，垂阳德兮天飞；
岂祸生兮无朕，蒙秽恶兮宫闱。
将剖心兮自陈，冀回照兮白日；
宁庶女兮多渐，遏飞霜兮下击。
顾子女兮哀顿，对左右兮摧伤；
共西曜兮将坠，忽吾去兮椒房。
呼天地兮惨悴，恨今古兮安极；
知吾生兮必死，又焉爱兮旦夕。

　　太子得知母亲自尽，大骂枢相耶律乙辛。驸马都尉萧霞抹是乙辛的私党，乙辛在萧后死后，说动了道宗，选萧霞抹的妹妹萧坦思入宫，第二年，册萧坦思为皇后。乙辛希望坦思早生皇子，从而取太子而代之。然而，坦思受宠几年，竟没有一点动静。乙辛更得宠信，道宗封他为魏王，官拜太师。张孝杰出任丞相，并赐国姓耶律。道宗赞叹说：狄仁杰是唐朝名相，张孝杰是我的能相，可改名为仁杰。

　　乙辛布置妥当，就诬告太子心怀怨恨，私结党羽，想废道宗自立。乙辛的党羽护卫太保耶律查剌告发都宫使耶律速撒，护卫萧忽古，准备联络宫卫，废去道宗，拥太子自立。道宗得报，为慎重起见，命北院大王和鲁斡、南院大王耶律吴哥一同查问。乙辛又命心腹牌印郎萧讹都斡此时自首，说他曾参与了太子逆谋，准备杀死乙辛，拥立太子。道宗相信了，立即幽禁太子，命左夷离毕耶律燕哥审问。

　　耶律燕哥是太子的堂兄，但却党附乙辛。太子最后陈述说，皇上只有我一个儿子，我位居储嗣，绝不会干谋逆之事，伏望兄弟念我无辜，禀告父皇谋逆纯是乙辛的陷害。萧十三强迫燕哥更改供词，说太子伏罪。燕哥考虑，一旦太子被废，道宗又无他子，自己有乙辛一帮人的支持，还能不取太子而代之？燕哥就接受了乙辛、萧十三的安排。于是，道宗废太子为庶人，吩咐囚押上京，由萧十三押送。太子便在密闭的囚车中押解上京，囚在一处破败的土室。上京留守萧挞得是乙辛私党。乙辛命心腹萧达鲁到上京，将太子食物中放毒。太子中毒身亡，时年20岁。

心怀报国志　终死小人手
——脱脱之冤

元至顺四年(公元1333年),妥欢贴睦尔即帝位。从此,元朝进入元顺帝统治的最后36年衰败时期。年仅13岁的妥欢贴睦尔,面临着年复一年造成的积重难返的政治局面:权臣擅权、吏治腐败、财政空虚、社会动荡。随着年龄的增长,他深感社会危机的严重,因而力图推行新政,实现中兴,以摆脱危机。元丞相脱脱就是在这种历史背景下走上了从政治世之道。

然而,可叹古往今来,多少英雄豪杰,一腔热血未洒疆场,却在奸佞小人的暗箭下倒下。元末贤相脱脱乃一代英杰,可惜壮志未酬,便冤死在奸臣的阴谋之下。

年轻有为　正直不阿

脱脱(公元1314—1355年),字大用,蒙古人,公元1314年出生于一个封建贵族家庭,其父和伯父都曾是元朝丞相。

脱脱自幼便有超群之能,志向非凡。他曾师从浦江名儒吴直方,对汉文和儒家典籍造诣颇深。有一次他向老师请求说:"如果让我整天端坐读书,不如每天记古人嘉言善行,可终身受用。"吴先生看着这位入学不久的学生,觉得小小年纪便有如此志向,将来必可大用。从此便勤加教导,将自己所学倾囊而授。

随着年龄的增长,脱脱不仅聪明过人,而且长成了体貌俊伟的男子汉。天历元年(公元1328年)袭授成制提举达鲁花赤。元文宗非常器重这位初出茅庐的小伙子,说:"此子将来必可担当大任。"因此对他格外提携,到元顺帝元统二年(公元1334年)他已由中政使迁为同知枢密院事。

脱脱为人正直,具有远见卓识,其他人无法与其相比。他痛恨朝中的腐败恶习,从不与飞扬跋扈、恃强骄横的大臣同流合污。

脱脱的伯父伯颜,此时任中书右丞相。此人专横而暴戾,尤其在平定了权臣唐其势的叛乱之后,更加目空一切,在朝中为所欲为。他可以擅自做主赦免已定死罪的犯人,任意对人封官加爵。任用奸人,网罗死党,独柄朝政,祸国殃民。他可以随便把诸卫的精兵据为己有,国家府库的钱财他也可以任意挥霍。元顺帝虽然一肚

子不满意,但看到他权势熏天,也只好强压心中不平,朝中诸臣则更是敢怒而不敢言了。

伯父的行为既令脱脱非常气愤,又令他痛苦不安。从国家大局来看,伯父的行为已足以坏政乱朝;从感情上说,自己曾寄养在伯父家,养育之恩终生难忘。怎么办?他怎么也想不出一个两全的办法,他知道欺君妄上是犯灭族之罪的。他去找父亲说:"伯父骄纵已极,万一天子震怒,我们就要族诛了。不如在他未败之时先想办法。"他父亲也觉得有道理,但那毕竟是自己的哥哥,心里犹豫不决。

如果让伯父继续下去,即使不被抄家灭族,大元的江山也会败于其手,脱脱只好向老师吴直方请教。吴直方知道脱脱的心思,他对学生的个性十分了解,沉思了片刻说:"《左传》上就有大义灭亲的例子,大夫只知忠于国家,还有什么可以顾虑的呢?"老师的话坚定了脱脱为民除害的决心。但是要除伯颜并非那么简单。当时在元顺帝的周围,伯颜早已安插下心腹党羽,皇帝和大臣们的一举一动都在其监视之下,朝中可以信赖的大臣只有世杰班、阿鲁图和奎章阁广成局副使杨璃,脱脱便在私下里与他们结纳,准备伺机而动。

至元五年(公元1339年)秋天,顺帝到上都巡幸,伯颜正好也出门在外,脱脱和世杰班、阿鲁图计划在伯颜回来时将其拒于东门外,以夺其相权。但由于双方力量相差悬殊,只好作罢。恰在此时,发生了范孟矫诏杀省臣一案,经过追查,廉访使段辅也被牵连进去。伯颜于是大耍淫威,对三台大臣说,以后不准汉人当廉访使。奸臣别儿怯不花此时任御史大夫,他最善见风使舵,虽然伯颜在朝中横行无忌,权倾朝野,但很多大臣对他义愤填膺。别儿怯不花怕人们说他阿附伯颜,便装病不上朝,因此伯颜给皇上的奏章便被压了下来。伯颜急三火四地催,监察御史忙去找脱脱,脱脱说:"别儿怯不花的职位比我高,而且是掌印官,我怎么敢越权?"

别儿怯不花畏于伯颜的权力,听脱脱这样说,心里很害怕,马上要出来办公。脱脱觉得不好阻止,便去找吴直方商量对策。吴直方指点说:"这是祖宗制定的法度,决不可废,为什么不先对皇上说清楚。"脱脱便把情况报告了顺帝。等奏章上来时,顺帝根据脱脱的意见,说汉人任廉访使是祖宗定的,不能废除。伯颜已经知道这是脱脱的意见,便在顺帝面前发起火来,根本不顾及君臣礼仪。他愤愤地说:"脱脱虽然是我侄子,但他在心里袒护汉人,必须严加惩治。"顺帝只好解释说:"这都是我的意见,与脱脱无关。"伯颜虽然嚣张,但对皇帝还不敢太放肆。事后顺帝气得向脱脱哭诉,并流露出坚决斥逐伯颜的意思。脱脱随即找世杰班和阿鲁图商议,准备在伯颜入朝时将他抓获。但此计划让伯颜看破,产生了怀疑,于是增加了兵卫,计划也只好告吹。

多行不义必自毙,这是历史的规律。至元六年(公元1340年)二月,伯颜请太子到柳林打猎,就在他们纵马追赶猎物之时,怎么也不会想到垮台的日子到了。朝中,脱脱、阿鲁图等人正在策划,用所掌握的部队和皇宫卫队抗拒伯颜。晚间,顺帝

亲临玉德殿,召集近臣汪家奴等出午门听命,又让杨璃等人草拟诏书,列数伯颜罪状。一切都布置妥当时,顺帝命中书平章政事只儿瓦歹赍到柳林送诏书。当伯颜急忙骑马回到京城时,天色已蒙蒙亮了。伯颜见脱脱坐在城门上,不禁大怒,准备下令卫兵攻城。脱脱对城下喊道:"皇上有旨,只驱逐丞相一个人。"那些卫兵平时惧怕伯颜,那是因为他手中有权,此时皇帝下诏逐他,大权尽失,卫兵们纷纷散去。伯颜喝止不住,见大势已去只好向南逃走。伯颜集团从此瓦解。

脱脱不畏强权,即使是皇帝的所作所为,如果有误他也敢于犯颜直谏。至元四年(公元1338年),顺帝从上都回来,到鸡鸣山的浑河时,准备在保安州狩猎。脱脱认为不妥,便劝谏顺帝说:"古代帝王端居九重之上,每天和大臣、积学之士讲求为政之道,至于飞鹰走狗,不是帝王的事。"脱脱的话虽然很让顺帝扫兴,但他却欣然接受了这一劝告,并授脱脱金紫光禄大夫,兼绍熙抚使。

清除伯颜集团后,脱脱于至正元年(公元1341年)出任中书右丞相。这位年仅二十几岁的青年丞相,开始施展自己的抱负。此时他热血沸腾,恨不得一下子把朝中腐败的恶习改变过来,重振朝纲。上任伊始就更改伯颜时的旧政,重新恢复了科举取士法,恢复了太庙四季的祭祀活动,还昭雪了伯颜所制造的一些冤案。同时还开马禁,减少盐额,蠲除拖欠的赋税。广开经筵,挑选德才兼备的儒臣为皇帝讲经。还亲任都总裁官,监修辽、宋、金三史。他采取的一系列新政,受到了朝野内外的普遍赞同,人们都称他为贤相。正当他大展宏图、励精图治的时候,意想不到的事情发生了。

"树大招风",脱脱年仅二十几岁,便位居右丞相,处理国家大事,握有重权,难免招惹忌贤妒能之人的忌恨,在实施政治革新措施时,又难免得罪一些秽官污吏。而脱脱偏又生不逢时,他所处的时代正是元朝日益走向腐朽没落的时代,自世祖忽必烈以后,政治就一直处于动荡不安之中,皇室为争夺帝位进行无休止的混斗残杀,朝中大臣彼此倾轧,各政治集团不断争斗,腐败恶习比比皆是,皇帝滥用亲信,朝中奸佞当权、坏人得势。脱脱的命运也随之发生了变化。

小人陷害　矢志不移

元末皇帝元顺帝是一个庸柔之主,不善朝政,偏听谗言。左丞相别儿怯不花,虽系无能之辈,但却野心勃勃,很不安分。按元朝制度,丞相分左右二职,右丞相职位高,左丞相辅助右丞相处理政务。别儿怯不花在一个比自己小很多的年轻人手下工作,心里很不是滋味。尤其脱脱才高识卓,称誉朝野,令他心生忌恨,于是想方设法诬陷脱脱。

别儿怯不花多次在顺帝面前进谗言,对脱脱进行诬陷诽谤。顺帝也不辨是非,偏听偏信。在别儿怯不花的挑唆下，顺帝开始怀疑脱脱，有些事情不找脱脱，而直接让别儿怯不花办理。

脱脱年轻气盛，他痛恨奸佞小人暗箭伤人，更痛心元顺帝遇事不察，偏听谗言。他一气之下，便上书顺帝，以自己身体不好为由，请求辞去官职，并推荐阿鲁图继任右丞相。顺帝起初不同意，还下旨封他为郑王，食邑安丰，赏赐巨万，但脱脱都坚辞不受，最后顺帝同意了。

别儿怯不花排挤脱脱的阴谋终于得逞了，他本该高兴得跳起来，但望着脱脱远去的背影，却怎么也乐不起来。他似乎有种预感，此人还会重返朝廷。唯一阻止他重返朝廷的办法是置之于死地，于是别儿怯不花又筹划下一步陷害脱脱的诡计。

他打算先拉拢阿鲁图，利用他去加害脱脱，害死脱脱后，再想办法把他从相位上赶走。哪知君子和小人不足与谋，阿鲁图对别儿怯不花陷害脱脱早已痛恨不已，现在竟想让自己助纣为虐，不由心头火起，痛斥别儿怯不花。恼羞成怒的别儿怯不花便开始向顺帝进谗言，又唆使心腹党羽排挤阿鲁图。在四面夹击下，阿鲁图只好辞去相位。

阿鲁图辞位之后，昏庸的顺帝便任命别儿怯不花为右丞相。别儿怯不花终于实现了自己的野心，但他同时又坐立不安起来，因为脱脱这块心病未除，他怎能睡得安稳。但脱脱的威望太高了，的确又抓不到他什么把柄，立即害死他根本不可能。于是别儿怯不花便把目光投向了脱脱的父亲。

脱脱的父亲马扎尔台，在清除伯颜集团后被任命为右丞相，不久因病辞去相位。别儿怯不花便在顺帝面前大进谗言，诬陷马扎尔台企图谋反。偏听偏信的顺帝便下诏将马扎尔台流放到甘肃。当时被流放的人很多未到达目的地便死于途中，马扎尔台已是60岁的老人了，又体弱多病，为了照顾父亲，脱脱上书力请与父亲同行，这一年是至正七年（公元1347年）。

西行路上，人迹稀少，大漠孤烟，让这一老一少怎能不感慨万千。父子都曾为朝中丞相，为朝廷也立下了汗马功劳，如今小人构陷，皇帝昏庸，竟不分青红皂白，把他们向死亡线驱赶。不知经受了多少风雨，走过了多少险滩崎岖，父子俩饱受劳苦之后，终于活着到达了甘肃。可是刚到那里不久，便接到顺帝的诏令，命令马扎尔台移到西域的撒思（今新疆境内），分明是让他们死于路途。这又是别儿怯不花的阴谋，当他知道马扎尔台父子活着到甘肃时，心里总觉得不舒服，因为只有让他们父子死在途中，才能去掉自己的心病，他才会有安全感。于是便请顺帝将他们移到撒思，企图使脱脱父子死在流放途中。撒思是一个让人生畏的地方，不仅路途险恶遥远，而且要穿过沙漠、越过冰山、踏过杳无人烟的荒原才能到达，被流放到那里的人，很少有人能活着回来。当时脱脱替父亲接过诏书，远眺西方，悲愤与哀怨涌上心头。他又一次痛楚地与父亲踏上存亡难卜的路程。

人算不如天算，别儿怯不花挤走了右相阿鲁图，又将脱脱的父亲发配到撒思，

按照他的想法,脱脱父子不死在路上,也会死在流放地,绝无生还之理。于是在朝中弄权,大搞阴谋,无所顾忌。他的行为受到了朝中很多正直大臣的反对,不少大臣纷纷上书为脱脱父子鸣冤,请求顺帝立即下诏让他们返回。

诏书下达时,脱脱父子刚好来到黄河边,望着滚滚翻腾的黄河之水,脱脱心潮起伏难平。他很想在政治上有所作为,但是朝中就像这黄河之水,浑浊而又险恶。自己空有报国之志,却难以实现。

回到甘肃后,马扎尔台由于年老多病,加上流放路上的折磨,不久便去世了。顺帝顾念脱脱为朝廷立下的丰功伟绩,便将他召还京师。

至正九年(公元 1349 年),顺帝重新起用脱脱,任命其为中书右丞相。此时的元朝,不仅国库空虚,而且自然灾害不断。加上各地纷纷发生农民起义,整个大元王朝如同一座快要倒塌的大厦,千疮百孔。脱脱受命于危难之时,他要努力支撑,不让大厦倒下。

当时黄河在白茅堤决口,又在金堤决口,连续五年的决口不能堵住,中原地区方圆数千里被淹,给百姓带来了巨大灾难。作为丞相,脱脱觉得有责任为百姓解除痛苦,他下定决心治理黄河。他采纳了贾鲁的计划,决定施工堵塞决口,并亲自挂帅,担任治河总指挥。很多大臣出于各种动机劝他慎重,有的大臣顾及财政上困难,也来阻止他这样做。但脱脱看着那些流离失所的百姓,对大臣们说:"皇帝忧虑百姓,为大臣的职责所在,应当为皇上分担国忧,大家都明白黄河决口若不解决,将来危害更大,这就好像人得了病一样,如果拖延不治,最终会病死。自古以来河患就是难治的疾病,现在我一定要除去这个疾病。"说服众人之后,脱脱奏请起用贾鲁为工部尚书,具体负责治理黄河的工程。仅用了八个月的时间,便疏通了黄河故道。元顺帝令人制河平碑,以记载脱脱的功劳。

元朝末年又出现了红巾军起义,脱脱亲自领兵征讨,将徐州的红巾军起义镇压下去。班师回朝时,顺帝派使者到郊外迎接,并赏赐他上尊珠衣。一时,脱脱成了元末乱世中声誉日著、叱咤风云的人物。脱脱也希望能以自己右丞相的力量,以一颗报效朝廷的忠心,挽救将要崩溃的元朝,然而新的危险已经悄悄向他袭来。

再遭诬陷　枉死"御赐"

当时朝中有位大臣叫哈麻,他的母亲曾是元宁宗的奶妈。父亲名秃鲁,曾受封冀国公。哈麻与其弟弟雪雪依靠父辈的庇荫,都得到顺帝的宠信。尤其是哈麻,专会谄媚奉承、溜须拍马。因此成了顺帝的心腹近臣,深得顺帝宠爱,官至侍御史。

脱脱随被流放的父亲在甘肃时,顺帝曾在言语中时常提及脱脱,流露出重新起用他的意思。哈麻最懂得怎样逢迎顺帝,便多次在顺帝面前大谈特谈脱脱的经世

之才及在朝之功。在别儿怯不花下台、脱脱重新出任右丞相后,哈麻更不放弃任何机会,在脱脱面前极力夸耀自己的举荐之功,以取得脱脱的信任和好感。脱脱见哈麻言语恳切,认为哈麻是个举荐贤良的忠臣。当脱脱亲自率军镇压红巾军时,便向顺帝推荐哈麻可以重用,并再三告诫哈麻:"如今国事繁重,乱贼四起,侍御史辅佐皇上应尽职效忠,这样我才能安心出师。"脱脱离京以后,顺帝令哈麻任中书右丞。

脱脱离开京城之后,哈麻为了进一步讨得顺帝欢心,得到皇帝的宠信,利用作为皇帝近臣的条件,偷偷为顺帝引进了一位西蕃僧,专门向顺帝传授寻欢作乐的方法。昏愦至极的顺帝,便不思政事,把朝廷的安危置于脑后,广采民女,日夜在后宫行乐宣淫,丑声秽行,著闻于外,而哈麻却博得了顺帝的赏识。经过一番活动之后,哈麻得以进入中书省升为平章政事,并任宣政院使,进阶光禄大夫。

不久,忙于战事的脱脱听说顺帝整天忙于淫乐,不思朝政,心里十分着急。他非常气愤地说:"国家本来就不太平,哈麻又如此作恶,我上对不起皇帝,下对不起天下百姓。"他心里十分不安,哈麻是自己向皇上推荐的,所荐非人,以致误国,自己也是有责任的。

为了维护元朝的基业,他决定回到京城,规劝顺帝以国事为重。他简单收拾了一下,带着随从,星夜赶奔京城。

回到京城,听到人们的议论,尤其听了治书侍御史汝中柏和弟弟御史大夫也先帖木儿的报告,更增强了他入宫进谏顺帝的决心。

这一天脱脱来到后宫,请守门的太监禀报求见顺帝。那太监说皇上正忙,请稍等,脱脱等了好半天也不见顺帝的人影。有些急了,便催促太监说:我军务在身,不能久等,我有要事求见皇上,请速通报。那太监这才进去通报。

此时顺帝正在后宫与宫女们玩得兴致勃勃,见脱脱来了,心里老大不高兴。问他所来何事? 脱脱为了社稷着想,也顾不上自己的话是否让顺帝听了满意,直言规劝说:"古时的暴君,莫过于夏桀、商纣。夏桀宠爱妹喜,商纣宠爱妲己,都是由于受不良之臣引诱,导致亡国。现在哈麻引诱皇上,做出这种事,应该将其革职流放,将西蕃僧驱逐出宫,以杜绝淫乱。"

此时后宫里丝竹琴声隐隐传到顺帝耳中,使他更感到心不在焉,不耐烦地说:"哈麻不是你推荐的吗?"

顺帝的反问让脱脱很难接口,但他马上回禀说:"臣确实为国家江山社稷着想,不料臣一时糊涂,错荐了哈麻,臣知罪。现在哈麻祸乱朝廷,脱脱不能包庇纵容他。如果皇上仍信任哈麻,那后人岂不是将皇上比作夏桀、商纣了吗?"此时的元顺帝尚还信任脱脱,便将哈麻降为宣政院使,但仍留在朝中。

脱脱在京呆了几天,此时,红巾军起义的声势更大,各地警报如雪片似地飞向京城,脱脱为了稳固元朝的统治,仍向皇帝请命出征,但是朝中的奸佞未除,这使他感到十分担心。就这样,脱脱带着奸臣未除的遗憾,一路南下江苏高邮,去攻打张

中国历代冤案

士诚的红巾军。

但此时,朝中又展开了另一场斗争。

在朝中,治书侍御史汝中柏,对哈麻的罪行十分痛恨,脱脱离开京城后,哈麻的活动更加猖獗。汝中柏感到哈麻要等脱脱回来后再动手。但他们没有料到隔墙有耳,他们的谈话被哈麻的暗探听到,并立即报告了哈麻。哈麻听到这一消息,惊得目瞪口呆,他感到一场生死搏斗就要开始,不是你死就是我亡,于是决定在脱脱回来之前先下手搞掉也先帖木儿和汝中柏,哈麻伙同其弟雪雪暗中搞起了阴谋活动。他们在朝中大造舆论,首先找到曾在立皇太子问题上不满的奇皇后挑唆说:"皇太子的确立和册宝及不行郊庙之礼,都是脱脱兄弟干的。"一下子激起了奇皇后对脱脱兄弟的憎恨。

哈麻计划首先搞掉脱脱的弟弟也先帖木儿,便先把皇太子拉到自己一边,接着又纠集了桑哥实理、明理明古等人在皇太子面前诬陷脱脱。此时,也先帖木儿有病在家休息,离开了御史台。哈麻觉得有机可乘,便指使自己的亲信、监察御史袁赛因不花,反复上书,编造了也先帖木儿的罪状。顺帝此时兴趣主要在后宫,根本没有心思去分辨忠奸,更没有精力去调查是否属实,加上哈麻的谗言,顺帝便下诏收缴了也先帖木儿的御史台印,将其撤职并赐死,籍没全部家产。为了表彰哈麻的忠心,竟将抄没也先帖木儿的家产赏给了他。

整倒了也先帖木儿,使哈麻大为振奋,此时他更凶相毕露,向脱脱伸出了魔爪。其实,他整也先帖木儿只是小试锋芒,试探一下顺帝对自己究竟信任与否。如果顺帝支持的话,说明他对脱脱有戒心。如果顺帝不同意整垮也先帖木儿,那么对脱脱的行动就要小心。现在他终于敢于站出来与脱脱决一雌雄了,因为顺帝站在他这边。

哈麻经过精心策划之后,立即指使死党袁塞因不花上奏弹劾脱脱,奏书中诬陷说:"脱脱出师三月,劳师费财,寸功未立,倾国家之财以为己用,领朝廷一半官员以为自随。"

接到皇帝诏书时,脱脱正在与张士诚的军队浴血奋战。他一心为了元朝的江山社稷,哪里想到背后会有人捅刀子。正当脱脱准备对张士诚发起强攻时,皇上的诏书到了,脱脱的部下似乎预感到此诏书凶多吉少,有人私下里对脱脱说:"将在外,君命有所不受,请丞相不要打开诏书,一旦打开,大事将去矣。"但脱脱却认真地说:"天子之命,如果不从,就是违命,身为人臣,应以君臣大义为重,我不计较生死利害。"说着,就毅然将诏书打开,果如人们所料到的那样,皇上在诏书中命河南行省左丞相太不花、中书平章政事月阔察儿、知枢密院事雪雪(哈麻的弟弟)三人代替脱脱统率大军,削夺脱脱的官爵和兵权,安置淮安。此时军中将士都为脱脱鸣不平,但脱脱十分镇静,他知道自己进京弹劾,哈麻一定会怀恨在心,迟早是要受其害的,只是没料到会如此之快,脱脱知道此诏是顺帝听信了哈麻的谗言才发出的,因

而叩首谢旨道："臣至愚笨，蒙天子宠爱，委以军国重事，早晚兢惧，弗能胜，一旦释此重负，上恩所及者深矣。"随即交出了兵权，赴淮安，这时是至正十四年（公元1354年）十二月。

脱脱又一次踏上了流放之路。发配途中，脱脱不禁想起了自己上一次随父亲流放甘肃的情景。两度惨遭奸臣陷害，使脱脱的心犹如寒冬遇凛风。他不仅为自己的不幸悲哀，也为世祖忽必烈南征北战创下的大元江山悲哀。除夕那天，脱脱看到往年喜庆之日，今时百姓却背井离乡，他仿佛看到了大元气数已尽，自己却无回天之力，不禁痛心疾首。

哈麻终于用奸计扳倒了脱脱，升任为中书右丞，其弟弟雪雪为御史大夫。但他们并没有停止对脱脱的迫害，因为他们非常清楚，但凭脱脱的文才武略，只要他不死，还会东山再起的。因此当脱脱抵达淮安不久，他便请旨将脱脱改徙到云南大理镇西路。脱脱的两个弟弟也分别被流放，并将其家产抄没入官。

虽然哈麻怂恿顺帝屡次下诏，将脱脱流放到一次远于一次的边远之地，妄图使脱脱死在发配路上，但脱脱经过半年的时间，闯过无数的艰难，安然到达了滇边。

哈麻得知脱脱未死的消息后，害怕日后脱脱像前一次再度复出，心里总是不安。他想再请皇帝下诏将其处死，但又恐怕顺帝不会这么做，因为顺帝毕竟还是十分欣赏脱脱的才能。随后便他干脆一不做二不休，矫诏赐脱脱鸩酒，随后便出现了这样一幕：

> 元朝至正十五年（公元1355年）十二月，在距都城大都（北京）数千里以外的西南边疆，云南边境小镇一座四处透风、杂乱阴暗的小木屋里，一个身材魁伟但面容憔悴的中年男子在军卒的监视下，两眼满含泪水，用颤抖的双手捧住一杯鸩酒。他怔怔地望着这杯被军卒称为"御赐"的好酒，想到了自己20年仕途的沉浮，自己忠心耿耿报效朝廷却被奸佞陷害，被解除兵权，沦落到如此地步，不知不觉，两行热泪滚落下来。他面向北方，双膝慢慢地跪下，呜咽着说道："皇上，臣不能辅佐朝廷了，皇上可要明辨，臣实无罪呵！"接着举起酒杯，一饮而尽，顷刻便倒地身亡。

就这样，脱脱终于死在奸臣哈麻的手上，死时仅42岁。

脱脱两度出仕为官，正是元朝日趋走向腐朽、没落，直至灭亡的时候，在政治泥潭中，权相奸多忠少，脱脱能"出污泥而不染"，在宗法制度严格的封建社会里，脱脱能以国家社稷为重，大义灭亲，在元朝危机四伏、摇摇欲坠的情况下，脱脱能甘冒被奸佞陷害的危险革除弊政，图救元朝危亡，扶将倾之大厦，这在中国的历史上，实属罕见。脱脱"功施社稷而不伐，位极人臣而不骄，轻财货，远声色，好贤礼士"，单就人品而言，脱脱就是一个在封建社会中难得的士大夫，而他在"事君之际，始终不失臣节"，这在蒙元一代，更是凤毛鳞角，称之为贤相，实不过分。

至正二十三年(公元1363年)，监察御史张冲等大臣上书，为脱脱鸣冤。顺帝下诏恢复了脱脱的官职，把他的儿子召回朝中，家产奉还，一代贤相脱脱的冤案总算得到了昭雪。

第五篇
惊天动地明清案　英灵之冤泣鬼神

　　明朝是中国朝代史上宦官势力危害最为严重的朝代。明成祖朱棣首开宦官干政之端，之后，宦官插手司法、行政各要害部门，并统领禁军。至神宗万历年间，宦官专权已到登峰造极的地步。宦官势力的猖獗，残酷地压制了朝廷中的正气，宦官集团为了维护自己的利益，机心巧诈，滥施阴谋，甚至不顾朝廷社稷之安危，排斥异己，陷害忠良。这是明朝时期冤案发生的第三波大浪。

　　清朝是中国帝制史上最后一个朝代，它是由满洲女真人入主中原、灭亡明政权而建立起来的。在没有入主中原之前，满洲女真人的生活状态还处于奴隶制阶段，这种与中原高度文明突然的对接，并且要统治整个中国，实非易事，于是在开国之时，清廷完全承袭了明朝的制度，实行"以汉制汉"的治国方式。

辅佐君开国　冤死暴君下
——李善长之冤

明太祖朱元璋在完成统一大业后,便对政治、经济、军事、法律等方面进行了一系列改革,这无疑对巩固明王朝的统治有着重要的作用。然而,朱元璋在改革中旨在加强皇权、加强专制统治的做法,也给明王朝的统治埋伏了危机。朱元璋为了子孙能坐稳皇帝的宝座,处心积虑,不惜大肆屠戮为他南征北战、出生入死的功臣大将,从而塑造了许多冤案。

洪武十三年(公元 1380 年),朱元璋以"擅权植党"的罪名处死胡惟庸,事隔 10 年,又以胡案株连李善长、陆仲亨、唐胜宗、费聚、赵庸、郑遇春、黄彬、陆聚、金朝兴、叶昇、毛麒、李伯昇等一大批大臣,并宣布他们为奸党,此案连坐受诛者达三万余人。三年以后,又发生了蓝党大狱。身经百战、屡立战功的功臣蓝玉,被锦衣卫指挥告发谋反,不仅蓝玉一族被诛,还牵连到武臣曹震、张翼、朱寿,吏部尚书詹徽等,被诛者达一万五千余人。

朱元璋利用胡、蓝之狱,杀了四万五千人之多,"元功宿将相继尽矣!"此外,屡建大功的朱元璋的亲侄朱之正,亲外甥李文忠,开国功臣徐达,大将冯胜、傅友德等都无一幸免于难。朱元璋大肆杀戮功臣,原本是为子孙计,以防止功臣宿将居功自傲,不利于子孙的统治,不料在他去世的第二年,其孙建文帝朱允炆却因他杀戮过甚,而找不到可领兵御敌的大将,最后为燕王朱棣所打败。

明初的冤案之多在我国古代是非常罕见的。洪武的胡惟庸党案,是明初第一件大案,它前后持续了十年之久,祸及三万余人,致使明初的功臣宿将受戮殆尽。胡惟庸党案既是明初不同利益的政治集团间明争暗斗的结果,更是明太祖朱元璋精心制造的政治大案。尽管"胡案"镇压了一些图谋不轨的权臣,但也牵连了不少无辜的忠臣良将,被称为"勋臣第一"的开国元勋李善长也惨遭冤杀。

择主而侍　夺取天下

李善长,字百室,安徽定远人。他幼年时博览群书,聪明过人。他就史论道,见解精辟;测卜时事,多有所中。一时间,李善长闻名乡里,多有美誉。

李善长生活的年代正处于元末黑暗的时期。当时，广大劳动人民不堪统治者的残酷压榨，纷纷揭竿而起，不久便汇集成几股声势浩大的农民起义大军。其中，郭子兴率领的红巾军便是一支较为重要的武装队伍。当时，朱元璋还是郭子兴的部下。有一天，朱元璋正统率一支农民军经略滁阳，声势威震四乡。李善长闻讯前来拜谒朱元璋，朱元璋大喜，对他以礼相待。朱元璋知道他才识过人，在当地有一定的声望，就任他为掌书记（相当于现在的秘书）。

有一次，朱元璋询问李善长："现在天下大乱，到处战争不断，世间什么时候才会安宁呢？"李善长回答道："秦末大乱，汉高祖刘邦身为普通百姓，率领人民在沛县揭竿而起，反抗暴秦的统治。他为人胸怀豁达，知人善任，不滥杀人，终于成就了帝业。您的先祖是沛县人，您也算是汉高祖刘邦的老乡。现在元朝纪纲紊乱，到处战乱纷争，元朝气数将尽。您现在率众反元，应该趁着这有利的形势，多向您那位皇帝老乡学习，早日平定天下。"朱元璋连声叫好，并对李善长托以重任："如今群雄四起，天下麋乱，仗要打好，最要紧的就是要有出色的谋士。我看群雄中管文书和当谋士的幕僚，总爱说左右将士的坏话，文武官吏不团结，将士施展不了才能，自然非打败仗不可。将士垮了，好比鸟儿失去了羽翼，主帅势孤力单，也非灭亡不行。你要替我做一个桥梁，调解和帮助将士，不要学那些幕僚的坏样子。"从这时候起，朱元璋时时以那位同乡皇帝作榜样，说话、办事、打仗，都刻意向他学习。李善长也一心一意为朱元璋效劳，从而更受朱元璋的信任。

到了滁州后，李善长任参谋，参预军政机要，负责军粮运输分发，他做得很称朱元璋的心意。随着战争形势的发展，朱元璋威名远扬，来投奔的将士络绎不绝。李善长便根据来人的实际才能，恰当地任用，使得人适其位、人尽其责。若将士间有矛盾，李善长便以大局为重，在他们中间尽力协调，使他们都能为朱元璋尽忠。郭子兴是这支红巾军的统帅，他企图将李善长拉拢过去，辅佐自己，却被李善长婉言谢绝了。因此，朱元璋更加倚重李善长了。有一次，朱元璋行军到和阳（今安徽和县），自己要带兵袭击鸡笼山寨，便留下少数兵士由李善长率领留守。元军探知后，便想趁虚而入，结果被李善长的伏兵打得落花流水。朱元璋得知后，认为李善长很善于用兵。

后来，李善长极力劝朱元璋渡江。朱元璋率军攻取了采石，直逼太平城下。李

李善长

善长张出榜文，禁止士兵骚扰百姓，结果大军入城后对百姓秋毫无犯。朱元璋自任太平兴国翼大元帅，任命善长为帅府都事。后来，朱元璋做江南行中书省平章事时，任李善长为参议。此时，军队的进退，军中的赏罚，多取决于李善长一人。朱元璋将枢密院改为大都督府，命李善长兼领任府司马，升职为行省参知政事。

朱元璋做吴王时，李善长被拜为右相国。李善长非常熟悉典章故事，处理事务也很果断，又娴于辞令。朱元璋要发布政令，都命他书写文告，而且都很称意。朱元璋每次出外征伐打仗，都让李善长留守集庆，结果李善长都能做到勤于职守，诸将士都很佩服他，老百姓也能够安居乐业。朱元璋有一次要求制定茶法，李善长就根据元朝的有关律法，剔除其弊政，颁定了新茶法，深得民心。后来又制定了钱法，鼓励冶铁；确定鱼税，使得国富民丰。吴元年（公元1367年）九月，朱元璋论平定吴地之功时，封李善长为宣国公。又改革了官制，改尚右为尚左，李善长便被拜为左相国。

元末农民起义军的名义领袖韩林儿溺水死亡后，李善长率领诸大臣劝朱元璋登皇位，朱元璋不肯。李善长等人竭力劝说道："您从濠梁（即濠州，今安徽凤阳县东北）起兵，原来无一寸土地，现终于完成了大业。四方群雄，几乎全部被铲除，远近之人，没有不诚心归顺的，可见是上天的安排。希望您早日即皇帝位，以顺应大臣和百姓的意愿。"朱元璋说道："我考虑功业未能使天下臣服，德行也未能服众人的心。而且，天下归一的形势还未成就，四面八方凶恶的势力尚在作梗，如果此时称帝，难使天下认可。自古帝王得天下，明知自己能顺应天命，合乎人心，尚且谦让帝位，以等待更有德行的人。陈友谅开始时刚占据一小块地盘，就妄自尊大，志骄气盛，结果导致灭亡，我怎么能再蹈其旧辙呢？如果上天之命属于我，自然会有这个际遇的，不需要着急。"这样，登基一事就暂时搁了下来。

公元1368年，朱元璋即皇位，年号洪武，后世尊称他为明太祖。太祖命李善长充当大礼使，负责追封皇帝先祖和册立后妃及太子诸王之事。设置东宫官属后，李善长又兼领太子少师，还被委以上柱国之职。太祖驾幸汴梁（今河南开封），李善长留守南京，京中之事多由李善长裁决。李善长不久上奏，确定六部官制，并制定了官民丧服及东宫朝贺的仪式。太祖还钦命他监修《元史》，编纂了《祖训录》、《大明集礼》诸书。李善长带领众儒臣负责议定了山川河流的神氏封号，并且确定了各受封亲王的领地范围及权限。可以说，李善长是明初第一位拥有实权的丞相。

洪武三年（公元1370年），太祖大封功臣。他对群臣说："在战场上，李善长的功劳并不大，可是他跟随我已很久了。他勤于职守，供给军饷及时，也出力不少，应该进封为国公。"于是，就授李善长为开国辅运推诚守正文臣、特进光禄大夫、左柱国、太师、中书左丞相，并封他为韩国公，岁禄四千石，子孙世袭其爵。太祖赐他铁券一块，可两次免死，他儿子免死一次。当时受封国公的开国功臣，另外还有徐达、常遇春之子常茂、李文忠、冯胜和邓愈五人，其中李善长在众国公中最尊。明太祖

对他大加褒扬,并将他与西汉时的名相萧何相媲美。这足见李善长受太祖的恩宠之深。

李善长年近花甲,因重病缠身,只好辞职回家休养。太祖赐赏丰厚,有临濠良田数顷,守坟冢的门户一百五十家,又赠佃户一千五百家,仪仗户二十家。后来,又迁江南富民十五万人到濠州垦田,由李善长负责管理。就这样,李善长又留在濠州几年。两年后,朝廷擢升李善长之弟李存义为太仆丞,李存义两儿子李绅、李佑都任郡牧所官。又过了两年,皇帝将临安公主嫁给李善长之子李祺,李祺官拜驸马都尉。这样,李善长不仅是开国功臣,还是皇上的亲家,该是何等的荣耀!许多官员一时争相登门拜访,企图靠他升官发财。可以说,李善长是第一重臣。

李善长权重一时,这自然引起了政敌的不安和仇视,就连皇上,也渐渐对李善长有些不放心了。不久,胡惟庸党案发生了,李善长的厄运也就随之开始了。

祸起胡案　蒙冤而终

胡惟庸与李善长同是淮西派官僚地主集团的重要人物。胡惟庸是从当宁国令起家的,当时,当太师的李善长总管政务。他就馈赠给李善长二百多两黄金,于是便得到李善长的极力保荐。胡惟庸先被召入宫任太常卿,又多次升迁,官至中书省参知政事,洪武六年(公元 1373 年),又升任右丞相、左丞相。他起初也是勤于职守,兢兢业业,深得皇上信任。因而他的权势日盛。又因他与李善长同为淮西旧人,受到李善长等元老重臣的支持,便露出骄纵不羁的端倪。

胡惟庸和李善长相互来往,情谊日深。他们还联姻结亲,胡惟庸将兄长的女儿许配给李善长堂弟的儿子李佑做妻子。这样,胡惟庸依仗着与李善长的这层关系,越发地肆无忌惮。朝廷上的一些大事,他径自处理,不向皇上呈报。若内外诸衙司上奏皇上的奏本对自己不利,他就将奏本扣压下来。各地想升官发财的大臣,及失意的功臣、军人都奔走在他的门下,送的金帛、名马、古玩不计其数。做了七年丞相,门下故旧臣僚便结成了一个牢固的小集团。

胡惟庸对官员采取笼络、压制等办法,组建并巩固了以自己为首的死党,并产生了谋取政权的邪念。胡惟庸与御史大夫陈宁坐镇中书省,可以看到天下全部兵马的籍册,这为发动叛乱提供了便利。胡惟庸努力争取军队的支持,与许多军事将领暗地勾结,并与亲信们秘密制定起兵反叛的计划。

胡惟庸认为,若能说服李善长一道反叛,就能笼络更多的人归从自己,壮大反叛的实力。胡惟庸首先选中了李存义这位说客,李存义是李善长的堂弟,也是胡惟庸侄女婿的父亲,依仗这种亲戚情份,说服李善长还是很有希望的。李善长闻听李存义的说辞后,十分惊惧:"你这是说的什么话,你难道不知道犯谋逆罪是要被灭门诛九族的吗？"

　　李存义见说服不了，就悻悻回去向胡惟庸汇报去了。胡惟庸又派了李善长的老朋友杨文裕前去劝说，并许下诺言：若谋叛成功，必封李善长为淮西王，李善长仍不为所动。胡惟庸见杨文裕仍然无功而返，就亲自登门拜访，结果也是白费口舌。其中主要原因就是，李善长已年愈花甲，不愿拿全家老少的命去冒险反叛，他只求安度余生。可胡惟庸仍不死心，过了一段时间，他又派李存义去劝说李善长。李善长仍未理会，只是长吁一口气，叹道："我已经不中用了。我死后，你们好自为之吧。"李存义清楚堂兄的脾气，知道已无法说服他了，就回去向胡惟庸复命去了。胡惟庸只好打消说服李善长的念头。

　　正在胡惟庸精心筹划发动叛乱时，他又出了一桩案子。他的儿子骑马猛然闯入马车队，正撞在车辕上的横木上，马当场被撞死。胡惟庸闻知，不分青红皂白，斩杀了车夫。明太祖知道后，很是生气，下令要追查此案，并谕示杀人者必须偿命。这桩人命案震动了胡惟庸，他意识到事情的严重性，不仅相位岌岌可危，就连性命也难保。这样，他便被逼上梁山，决定尽快举兵叛乱。这时，日本国的朝贡使者偷偷来拜见胡惟庸。胡惟庸就与日本国君约定，在贡船上载着数千名精锐武士，扮装成朝贡人员，在约定时间，连同自己府中的兵士直逼皇宫，生擒皇上；如果抓不到皇上，也可以抢掠皇宫中的珍宝，然后从海路逃往日本。

　　洪武十三年（公元1380年）正月的一天，胡惟庸谎报自己院子里井水涌出甘甜的泉水，邀请明太祖亲临观赏，明太祖应允。当明太祖的车队出了西华门，宫内使臣云奇横冲了太祖的车队，勒住坐骑，想要说什么，却因呼吸急促未说明来意。明太祖大怒，命左右将云奇拽下马来，结果几乎将他的右臂摔折，云奇痛得差点昏死过去，但手指始终指向胡惟庸的府宅。明太祖终于醒悟，便登上城楼向胡惟庸的府宅眺望，看见夹墙间有埋伏的士兵，刀枪林立。明太祖立刻令御林军包围胡惟庸的府宅，逮捕了他，拷问出全部罪状，在街市上将他以磔刑处死。同时处死的还有他的党羽御史大夫陈宁、中丞徐节等人，以及他的属下共一万五千人，株连被捕杀的人就更多了。这就是明初历史上著名的政治大案——胡惟庸党案。

　　胡惟庸党案发生后，有的大臣说李善长和胡惟庸是同党，建议杀掉李善长。明太祖未答应，他对群臣说："我刚起兵的时候，李善长来到军营前拜见说：'可算盼得圣明的君主出世了。'那时我年方27岁，李善长41岁。他说的许多话都正合我意，便命他掌管书记，协助出谋划策。后来天下平定，封他为国公，将自己的女儿许配给他的儿子。他是我患难时期的心腹之交，我实在不忍心加罪于他，你们不必多说了。"因而李善长未遭到任何惩治。当御史台缺少中丞职位的人选时，又任用李善长代理，他也非常称职。就这样，李善长又安安稳稳地做了近十年的朝官。

　　洪武十八年（公元1385年），有人控告李存义父子实际是胡党分子，应该处死。由于李善长的关系，太祖下诏免李存义父子的死罪，只是将他们安置到崇明一带。

李善长却没到太祖那里谢恩,明太祖很不高兴。洪武二十三年(公元1390年),李善长已是一位77岁高龄的老翁了,他想要建造豪华府第,就从信国公汤和那儿借来三百名士兵。汤和暗中告诉了太祖,太祖有疑虑,不知李善长要那么多士兵搞什么名堂。四月,丁斌犯罪要发配边疆,他与李善长有亲戚关系,李善长就多次向太祖为丁斌求情。太祖执法如山,对李善长看重私情的做法也很反感。

后来,又有人向太祖告李善长的状,说:"大将军蓝玉有一次到边塞戍守,来到捕鱼儿海那个地方,偶然间截获了一份情报,原来胡惟庸私通元朝残余势力,企图合兵谋叛。蓝玉迅速将详情呈报给李善长。李善长和胡惟庸有密切的交情,又有亲戚关系,所以李善长就把胡惟庸私通谋叛一事匿而不报。连万岁您都不知道,他的确犯有欺君之罪啊!"御史台的官员也趁机纷纷上奏,揭发李善长的罪状。就连李善长的家奴卢仲谦等,也状告李善长和胡惟庸相互贿赂,并常在一起暗中议事,有图谋不轨的迹象。太祖对李善长的不满转变为嫉恨,便萌发了杀他的念头。太祖认为,李善长既是开国功臣,又是皇帝国戚,却对胡惟庸的谋反企图遮遮掩掩,真是对自己不忠不义。

不久,有大臣面奏太祖,说近期星相大变,经占卜知道,将有大灾降临,须杀掉一些大臣来消灾,不然,国家会有大难。太祖会意,知道这是在请求杀掉李善长。于是,太祖以李善长同胡党一道,暗地勾结北元企图谋叛的罪名,逮捕了李善长。洪武二十三年(公元1390年)五月的一天,李善长被赐自缢而死。犯谋逆罪当连坐,因而李善长的妻女弟侄家口七十余人也被株连斩杀。李善长死时,已是一位白发苍苍、行走不便的老翁了,他怎能有精力谋叛?而且家口七十余人也因此惨遭杀戮,岂不太冤了?值得庆幸的是,李善长还算是后继有人。他的儿子李祺是皇上的驸马,因而未被株连进去。李祺夫妻迁居江浦一带,不久也死去了。而他们的两个儿子李芳、李茂,因母亲贵为公主,保全了性命,而且还做了官。李芳任留守中卫指挥,李茂任旗手卫镇抚。这也算是李善长一家不幸之中的万幸了。

时人奏谏　冤案渐明

明太祖朱元璋是一位马上皇帝,他的许多文武官员都曾随他长期征战沙场,立下赫赫战功。这些开国功勋自然会萌生居功自傲的情绪,有不少公侯将相还曾是太祖早年时的故旧,也常做出违法的事情来。这都对太祖的皇权造成了威胁,这是太祖所无法容忍的。朱元璋是一位权力欲极强的皇帝,从建立明王朝以来,他就注意加强皇权,巩固自己的朱氏王朝。当他感到宰相胡惟庸有谋逆企图时,就坚决地镇压了这次未遂叛乱,并将与胡惟庸稍有关联的人都一律划为"胡党",加以无情的诛灭。

明太祖是在艰苦的战争环境中成长的，养成了他嗜杀的习性。他主张以猛治国，运用特务机构和酷刑来威慑臣民。他的皇太子朱标生活在太平环境中，长期受儒家教育的影响，为人忠厚，主张仁恕之道。太祖深知，凭朱标的性格能力，难以应付文武功臣骄横不法的局面。所以他要在有生之年，杀尽所有对朱标的统治可能构成威胁的朝臣。

据载，有一次，皇太子朱标劝谏太祖："父皇您杀人太多了，弄得人人自危，恐怕不合适吧？"太祖只是瞪了他两眼，未作声就拂袖离去。到了第二天，太祖把朱标喊到身边，故意将一条棘杖放在地上，叫朱标拿起来。朱标面有难色，不知如何是好。太祖于是严肃地教训他："怎么样？你怕有刺扎手，是吧？我现在要把这些刺都给去掉，然后再交给你，不就很容易地拾起来了吗？我所杀掉的都是天下有刺的坏人，只有除掉他们，你才能顺利地当这个家。"皇太子朱标却反驳道："上有像尧舜一样贤明的国君，下才有像尧舜一样有德行的臣民啊！"太祖听后十分恼火，认为儿子在讽刺他无尧舜之德，就拿起身边的椅子，要砸朱标，朱标只好逃走。此事尽管未必真实，但从侧面反映了太祖为了太子将来能坐稳皇帝宝座，企图将这些功臣都斩尽杀绝，不给太子留一点"刺"。李善长等人就是这些可能会危及太子皇位的"刺"，因此，他们的死就并非偶然了。

明初洪武时期的文武大臣，多依附于某一派系集团，各派系斗争十分激烈。其中淮西派占据优势，太祖朱元璋和徐达、李善长、胡惟庸、汤和等都是淮西人。浙东派官僚则以刘基为代表，在各政治派系中属于少数派。淮西派与浙东派官僚间结怨甚深，而淮西派内部也有一些矛盾。同时，还有其他官僚集团与淮西派间的矛盾。在各派政治派系之上，皇帝牢牢控制着国家的大权，他便利用各派系间的矛盾，重用淮人，又用非淮人来监视淮人，加强和巩固皇权。

李善长就生活在这种复杂的派系纷争之中。可他却未能恰当地处理好各种矛盾，以至于树敌太多，引起皇帝怀疑，造成了个人悲剧。有一次，太祖到汴梁（今河南开封）大会诸将，李善长和御史中丞刘基在南京留守，李善长的亲信李彬犯法，李善长向刘基求情，刘基置之不理，请示太祖恩准后，就杀掉了李彬。浙东地主集团本来是淮西集团的眼中钉，再加上这件事，结怨就更深了。

李善长与淮西派同僚也未能团结一致。早在太祖还做吴王时，李善长和徐达分别任右相国和左相国，他们因争议出兵吴地一事而争执不下，结果太祖听从了徐达的策略，出师大捷。自此，两人便不能和睦相处。汤和同李善长关系也不融洽。李善长有次借了汤和的士卒营建府邸，被汤和告了密状，使太祖对李善长更加不放心了。当有人状告李善长对胡惟庸私通北元一事匿而不报时，不少大臣纷纷上书，弹劾李善长，这更加快了李善长被杀的进程。可以说，李善长的冤死，也是明初各官僚集团间斗争的结果。

由此可见，李善长之死并不是偶然的。但是，李善长的死毕竟是冤枉的。因

为,尽管他被以勾结胡党谋逆之罪受诛,但却无足够的证据来证实这一罪名。距胡惟庸党案发生已十年了,早已白发苍苍的李善长,怎么有精力再去谋叛朝廷?他难道不愿和家人一起过太平生活吗?可最终太祖却以杀大臣弭灾为借口处死了他,真是荒唐透顶!况且,李善长家口七十余人都随着被杀,岂不是太冤枉了吗?从李善长冤死一案,就可以很清楚地看到,明初的政治斗争是何等的残酷!

许多正直的大臣深知李善长之冤。其中一位名叫王国用的人,为人刚正不阿,直言敢谏。当时他官任虞部郎中,他分条陈述了李善长冤死的理由,并由明初名臣解缙代笔誊写了一份奏折,呈给了太祖,诉说了李善长一案的冤情。

奏折的大意是说:"人们喜爱自己的儿子,一定比喜爱其兄弟的孩子更深,这是人之常情。李善长与胡惟庸的关系,不过是侄子那辈的亲戚。假使李善长辅佐胡惟庸谋成大业,也不过是开国第一大功臣而已,能当上太师或国公。他家的男人不过能娶公主为妻,女人也不过被封为妃子罢了。况且李善长又怎么不知道不可以侥幸心理谋求成功的道理?当年元朝鼎盛之时,想要谋求大业的人多得无法计算,可结果呢,没有一个不被斩尽杀绝的。这些事情都是李善长经常看到的。人要是年纪大了,精力自然赶不上从前了,谁不想生活得安逸一些呢?苟且偷生,得过且过的想法,李善长是有的。他怎么会被那些亡命之徒诱惑呢?况且,他的儿子还在侍奉陛下您,陛下您想,凡是做这种反叛朝廷事情的人,必定与您有深仇大恨,或是因形势突变所致,都是迫不得已而为之。假若李善长父子去谋叛您,以求脱逃灾祸,那么他们必定不会像往常一样起居自若。谁都没有发觉他们有丝毫的行为不轨的迹象,若说他们有意背叛陛下您,是很难让臣民信服的。如果说天象显示出发生变乱,朝中大臣须应灾,这种以杀人应验天象的说法,怎么能认为是上天的意思呢!如今李善长已不幸被杀身亡,臣在这里恳求陛下您能明察此事,愿您能在将来再处置这种事情时,以李善长的事作为借鉴。李善长被冤杀了,天下谁不这样说:'为国家立下汗马功劳的李善长,他最后的下场又怎样呢?'我担心天下会大乱,中国将陷入四分五裂的境地。愿陛下您能多为大明的江山社稷想想啊!"

这份奏折呈上后,一直未有回音。其实,太祖心里清楚,李善长不会谋反的,杀他的确没有充足的理由。太祖杀李善长只是出于当时政治上的考虑,说李善长私通胡党谋叛只是借口罢了。可是,太祖对王国用也找不出充足的理由指责他,再说人家讲得句句在理,也是为了大明的江山社稷着想。因而,太祖就装着什么都不知道,没再给王国用任何答复。这份奏折也就被一直扣压在宫中了。从此以后,这桩震惊朝野的大冤案就再也无人提起了。

成名欲隐退　诬陷去官俸
——刘基之冤

在明朝的开国功臣当中，有所谓"明初四先生"之称，其中最著名的是刘基和宋濂。宋濂以文章博知著称于世，刘基则以谋略出众为历代所传颂。明朝的开国皇帝朱元璋将刘基称之为自己的张子房（张良）。仅此一点即可看出，刘基在朱元璋众谋士中的地位是何等之高。刘基功成身退，欲求自保。但是，他却受到诬陷，被削去官俸，忧郁而死，其子也被逼跳井身亡。

生逢元末　孤臣忠心

刘基（公元 1311—1375 年）浙江青田人，字伯温。刘基家是当地望族，他的曾祖父名刘濠，在宋朝末年任翰林掌书。宋朝被元灭亡后，青田人林融起兵反元，浙江的许多士大夫参与其事。这次起义被元军镇压下去以后，元廷遣官穷查余党，当地许多士大夫受到株连。元朝使者带着被株连者的名单，准备大肆诛杀。这个使者在刘濠家借宿，刘濠对使者盛宴款待，令其喝得酩酊大醉。半夜时，刘濠放火烧了房子，使者所携带的名单也随之被大火烧掉。于是，名单上被株连的人都因此而幸免于难。

刘基自幼聪明过人，他的塾师曾对他父亲说："你祖上积德深厚，所以神灵让你家生了这么个聪明的孩子。这个孩子日后的前程不可限量，一定会为你家光耀门庭。"刘基的父亲自然十分高兴，更加留意对刘基的培养，总是聘请最有学识的人充任刘基的塾师。

元末至顺年间，刘基举进士，授官高安县丞。他为官清正廉洁，颇有政声，不久就被提升为江浙儒学副提举。一个御史失职，刘基上疏弹劾。由于这个御史的同党暗中阻挠，刘基

刘基

的奏疏如石沉大海。刘基极为气愤，便又上一疏，再次对那个御史进行弹劾，但仍和上次一样，未产生任何作用。不仅如此，这个御史的同党还对刘基进行威胁利诱。这件事对刘基的刺激很大，使他认识到了官场的黑暗。他本来打算尽心为元朝效力，但此事对他无异于当头一棒，使他感到事不可为，没必要再为腐朽的元王朝卖命。于是，他毅然辞去官职，回到青田老家。他利用家居的这段闲暇，博览群书，不仅精读儒家经典，而且对天文术数之学无不精通。

元末天下动荡，农民起义此起彼伏，元王朝处于风雨飘摇之中。刘基一面在家读书，一面时刻关心着天下大事，与友人谈话时，总是侃侃而论，见解精辟，令人倾倒。西蜀大名士赵天泽在说起江左人才时，首推刘基，认为刘基是一个可以和诸葛亮并列的人物。

元顺帝至正八年(公元 1348 年)，浙东人方国珍趁天下大乱，亦起兵反元，在濒海各州县大加劫掠。元军对方国珍屡加征讨，而方国珍的势力却越来越大。元朝官府鉴于刘基的声望，遂征聘刘基为浙东行省都事，要他协助剿除方国珍。刘基建议，加固庆元等城池，然后派出精锐伺机攻杀。浙东行省按照刘基的建议重新布署，使方国珍很快陷于被动，屡次被官军打败，损失惨重。迫不得已，方国珍遂上书请降。那些当政的官员大都暗中接受了方国珍的贿赂，所以都主张接受方国珍的投降。

刘基虽然是方国珍的同乡，但却力主拒降，认为方国珍投降是假，日后仍旧会危及地方。刘基一再力请，惹得当局大怒，认为刘基越权言事，竟将刘基羁押于绍兴。当时，方国珍得知刘基反对受降后，也曾派人以重金向刘基行贿，但被刘基严辞拒绝。方国珍最后终于如愿以偿，使元廷接受了他的投降，他名义上虽投降了元廷，但实际上仍拥兵自雄，并不服从元廷调遣。后来果不出刘基所料，方国珍不久又叛乱。

方国珍投降不久，其他小股农民起义不断出现。在屡剿不效的情况下，浙东行省便又重新起用刘基，与另一个官员协力防守处州。在刘基的精心谋划下，处州的防务大为加强，起义军数次进攻都被击退。为此，经略使向元廷上报刘基守城功高，请予升赏。但因刘基曾反对招降方国珍一事，当局并未按功行赏，而只是授给刘基一个总管府判的小官，且不能参与兵事。刘基感到这是对自己的污辱，遂辞官还籍。他在这段家居期间，写成了《郁离子》一书，在书中表达了他的豪迈志向。这表明，他并不安于这种家居生活，而是在等待时机，以求一展宏图。

出谋划策　翦灭群雄

刘基生活的元末明初是个急剧动荡的时代,天下纷纷扰扰,战乱不止。至正十一年(公元1351年),刘福通等人以"重开大宋之天"相号召,在河南发动了大规模起义,各地的白莲教徒纷纷起兵响应。明太祖朱元璋原是个游方僧,他看到天下大乱,便丢弃了僧人的衣钵,投身到郭子兴的起义军中。郭子兴看他才略出众,就把自己的养女马氏嫁给他,这就是以贤惠著称的马皇后。至正十五年(公元1355年),郭子兴病死,朱元璋就成了这支队伍的统帅。他率军渡过长江,并于第二年攻占集庆(今南京),改名应天府,作为自己的根据地。朱元璋的力量一天天壮大起来,成了逐鹿中原的一支劲旅。

这时,除了北边的元政权以外,对朱元璋威胁最大的是陈友谅和张士诚。

陈友谅原是徐寿辉的部下。徐寿辉是长江中上游的红巾军首领,国号"天完",年号"治平"。后来,陈友谅把徐寿辉杀掉,自称皇帝,国号"汉",年号"大义"。他拥众数十万,与朱元璋展开激烈的争战。

张士诚以平江(今苏州)为都城,自称诚王,国号"周",年号"天佑"。他不属红巾军系统,对元政权时降时叛。另外,浙东还有一个方国珍割据政权,也有相当势力。在四川,明玉珍还建立了一个大夏政权,年号"天统",定都重庆。这些割据势力你争我夺,都想取元政权而代之。朱元璋被夹在陈友谅和张士诚两大集团中间,时刻面临着来自两边的攻击。陈友谅和张士诚还不断暗中联系,企图联合灭掉朱元璋。

朱元璋一边招兵买马,兴屯田,巩固根据地,一边广加搜罗人才。他听说刘基和宋濂的大名,就派人带着丰厚的礼品去聘请。第一次聘请刘基时,刘基坚辞不出。朱元璋得知总制官孙炎是刘基的朋友,便命孙炎致书刘基,诚意相邀,力请出山。刘基这才来到应天,为朱元璋出谋划策,成为朱元璋夺天下、安天下的第一谋士。

刘基见到朱元璋,马上"陈时务十八策",亦即十八条建议。朱元璋看了后十分高兴,感到刘基的确是个难得之才。于是,朱元璋特命修建"礼贤馆",专门用作刘基的住处,优礼有加。刘基有什么想法和建议,随时可报告朱元璋。由于朱元璋也属于红巾军系统,所以一直尊奉韩林儿。元旦时,朱元璋为韩林儿设御座,上挂韩林儿的画像,上下人等都向韩林儿行跪拜礼,只有刘基不肯下拜。他还对朱元璋说:"他只不过是个放羊的孩子,尊奉他有什么用呢!"刘基认为当今天下大乱,元朝不可复兴,应趁机成大事,以顺天命,不必再尊奉这么一个小孩子,这对朱元璋是个很大的启发。朱元璋小时候没上过学,后来只是在马背上学了点文化,只是看到天

中国历代冤案

下大乱，自己便也投身到起义军中，起初并没有要当皇帝的念头。经刘基这么一开导，朱元璋大为醒悟，初步树立了要夺天下、当皇帝的信心。后来，朱元璋以接韩林儿来应天为名，将他沉杀于江中。

当时，陈友谅兵力最强，控制的地盘最广，野心也最大。他听身边的谋士说，应天府有钟山王气，风水好，占领了应天就可以成就王业。于是，陈友谅和张士诚相约，联合进攻朱元璋。不久，陈友谅就率领一百余艘大战舰，数百艘小战船，浩浩荡荡向应天杀来。面对强敌，朱元璋部下的文臣武将都吓破了胆，有的主张投降，有的主张弃城外逃，七嘴八舌，乱作一团。胆子小的官员甚至在背地里收拾细软，准备私下逃跑。

当朱元璋与部下商议应对之策时，独刘基两眼圆睁，闭口不言。朱元璋看刘基的表情与众不同，就把他引入密室。刘基激动地说："先杀掉那些主降和打算逃跑的人，才能击破强敌。"朱元璋问破敌之计，刘基分析道："张士诚龌龊无大志，只想保住他那块地盘，不会有什么作为，可以暂时不去管他。主要的危险来自陈友谅，他兵马多，又有许多大军舰，且居我上游，野心勃勃。面对这种形势，军事上应争取主动，针对主要敌人，集中力量先除掉陈友谅。上游无事，张士诚势孤，一举可定。然后再北取中原，可成王业。"朱元璋听了后十分赞赏，于是下决心首先消灭陈友谅。

刘基进一步分析道，陈友谅虽然人马众多，但持骄而来。"天道后举者胜"，我军以逸待劳，何愁不能破敌！他建议朱元璋以至诚待下，开府库，以固将士之心，然后齐心协力，伺机破敌。听了刘基的一番话，更加坚定了朱元璋必胜的信心，对刘基的建议，都一一照办。城中原来惶恐的气氛顿时全消，上下坚定了必胜的信念。

朱元璋在刘基的谋划下，命胡大海攻取广信（今江西上饶），直捣陈友谅的后路，另一面按陈友谅的进军路线埋设伏兵，只等陈友谅来自投罗网。当陈友谅进入埋伏圈后，山上红旗招展，四周伏兵呐喊着奋勇出击，陆上、水上一齐打，很快将陈友谅这支精锐部队击溃，杀死、淹死不计其数，俘虏两万余人。陈友谅的水军因退潮搁浅，船只都动弹不得，结果全部被俘。朱元璋乘胜收复了太平，并进而攻占了原属于陈友谅的安庆、信州、袁州等地。

张士诚得知陈友谅被朱元璋打败，根本就没敢出兵，这也正应了刘基的预料。朱元璋为这次大胜十分高兴，认为刘基是第一功臣，拿出缴获来的大批金银珠宝赏赐刘基。但刘基并不居功自傲，而是把胜利归之于朱元璋指挥有方，自己对这些金银珠宝坚辞不受，而要朱元璋将这些东西赏给在前线作战的将士。这样一来，朱元璋对刘基愈加器重。

陈友谅自恃兵马比朱元璋多，自然对这次失败不服气，不久便又率大军重新夺回了安庆，并继续向应天方向进攻。朱元璋决定溯江西伐，在战船上树起旗，上面写着"吊民伐罪，纳顺招降"八个大字。陈友谅部下有员骁将，名叫赵普胜，人称

"双刀赵"，经常攻陷朱元璋西边的军事重镇，是支劲敌。刘基探明，"双刀赵"原是徐寿辉的部下，在徐寿辉被陈友谅杀掉后，他原来的部将有不少人投降了朱元璋，陈友谅疑心重，为人忌能护短，刘基便抓住他的弱点，使用反间计，陈友谅果然将赵普胜杀掉，赵普胜手下的将领心怀怨恨，也就不再肯出力死战，趁陈友谅将帅不和，士气低落，朱元璋督军大举进攻，一鼓作气攻占了安庆和江州等地，陈友谅仓皇逃回武昌。这一战基本上扭转了双方的力量对比，使朱元璋可以与陈友谅一决雌雄了。

刘基看到局势初安，便提出要回家为母亲守制。朱元璋这才知道，刘基的母亲已死去多日，只是因军情紧急，刘基才没向他提起此事。朱元璋为此颇受感动，马上准刘基回乡。这时，浙东几乎到处都有割据武装，朱元璋的大将胡大海居然也被杀掉了，整个浙东一片混乱。刘基一边为母亲治丧守制，一边帮助守将夏毅安抚诸地，使浙东逐渐安定下来。在浙东的方国珍一向敬畏刘基，这时向刘基致书吊唁。刘基在答书中极力称赞朱元璋的威德，劝方国珍不要再犹豫不决。于是，不费一刀一枪，方国珍就归附了朱元璋。刘基虽然在家为母亲守制，但朱元璋每逢军国大计，自己难以决定，就派人来问刘基。刘基的回答都极合朱元璋的心意，朱元璋一些大的军事行动大都是按照刘基的建议来部署的。

当刘基守制期满回到应天后，正赶上北边的形势发生了大变化。在北边的红巾军因孤军深入，两路大军全军覆没，只有山东的一支还勉强坚持了下来。韩林儿退居安丰，孤立无援。形势十分危急，刘福通不得已，只好派人向朱元璋求援。

在朱元璋出兵援安丰之前，刘基极力阻止，认为大军不可轻出。尤其是陈友谅虎视眈眈，如大军北去援安丰，陈友谅若乘机来攻，就会进退无路，形势就极为危险了。另外，把小明王韩林儿救出来，把他摆在什么位置呢？如奉他当皇帝，那岂不是平白给自己加个顶头上司吗？如果要把他关起来或者杀掉，那救他又干什么呢？但朱元璋却不采纳，认为安丰是应天的屏障，救安丰就是保应天。朱元璋便亲自率领大军出救安丰，不料，朱元璋大军还未赶到，刘福通就已战败被杀。朱元璋督军力战，将小明王救出，安置在滁州，将他身边都换上自己的人，名为尊崇，实际上是将小明王控制了起来。

不出刘基所料，在朱元璋率军援救安丰的时候，陈友谅果然乘虚来攻，并很快占领了吉安、临江等地。陈友谅的这次来攻的汉军规模比上次更大。陈友谅自以为必胜，带着百官和家小，倾国而来，号称大军六十万，意在一举消灭朱元璋。

刘基一直劝朱元璋要避免两线作战，这时可真要两线作战了。对朱元璋来说形势的确很危急，幸亏朱元璋的侄子朱文正固守洪都（今江西南昌），使汉军一直未能得手。七月，朱元璋从北边回师后，便亲统二十万大军来解洪都之围。陈友谅得知朱元璋来攻，不得不撤围，掉过头来到鄱阳湖迎战朱元璋。于是，双方展开了一场历史上有名的鄱阳湖大战。

中国历代冤案

鄱阳湖大战是一场决定生死存亡的大会战。在这场大会战中,无论从兵力上还是从装备上,汉军都占有明显的优势。但是朱元璋的军队上下齐心,士气较高。刘基和朱元璋一直同乘一船,部署指挥大都按刘基的建议办。一天,朱元璋亲自督战,刘基就在朱元璋旁边。刘基忽然发现,汉军的大炮已对准朱元璋的指挥舰,他立即拉朱元璋跳到另一艘船上。他们二人刚离开,那艘指挥舰就被汉军的大炮击沉。双方混战三天,不分胜负。

刘基仔细分析了双方的形势,便建议朱元璋派一支人马扼守湖口,然后主要用火攻消灭敌人。汉军的船大,几十条大军舰用铁索联在一起,虽有不怕风浪的优点,但转动不灵活。朱元璋的船虽小,但操纵灵活,进退自如。汉军发现后路被切断,军心更加动摇。朱元璋调集来大量的火炮、火铳、火蒺藜等火器,还有一种叫"没奈何"的火器,长约 7 尺,外裹以芦苇,中间装上火药捻子。在与敌船靠近时,就点燃火线,使"没奈何"落到敌船上,敌船顿时被烧毁。这种火器接连烧毁了汉军的数艘大战船,使汉军防不胜防。用火器进攻后,接下来的就是白刃战,短兵相接,喊杀声震天动地,箭如雨点,炮如雷轰,波浪掀天,杀得湖水都被染红了。在激战中,陈友谅被飞箭射中,立即死去。汉军全军皆败,陈友谅的儿子陈理急忙逃回武昌。

朱元璋虽然取得了这次大会战的胜利,但也付出了沉重的代价,将士伤亡惨重。朱元璋回来后对刘基说:"上次未听先生的话,差点误了大事,我实在不应该到安丰去。假如陈友谅乘应天空虚,直捣应天,我就没有退路了,幸而陈友谅不直攻应天,而是去攻打洪都,在洪都相持了三个月,为我争取了时间。陈友谅出此下策,怎么能不失败呢? 可是,这一仗虽然打胜,也是够危险的啊!"从此以后,朱元璋对刘基更加倚重。

按照刘基最初的战略分析,朱元璋在消灭了西边的陈友谅之后,下一步就要对付张士诚了。张士诚死守平江(今苏州),拒不投降。朱元璋的大军经过 10 个月的围攻,终将平江攻克。张士诚见大势已去,上吊自杀,被部下救起。他在被押赴应天的途中,闭目不语,也不进饮食。到应天后,朱元璋问他话,他闭口不答。朱元璋命李善长耐心问话,意在劝其投降,不料反挨了一顿臭骂。朱元璋气极了,下令用乱棍将张士诚打死。至此,张士诚原来控制的大片区域遂尽为朱元璋所有。

在攻灭张士诚之后,朱元璋就开始着手征讨浙东的方国珍了。方国珍称雄浙东 20 年,对元朝时降时叛。他后来看到朱元璋的势力越来越大,便假意归附,但并不奉朱元璋所奉的龙凤正朔,也不听从朱元璋调遣。朱元璋有时极为生气,想断绝与方国珍的关系。刘基劝道:"在张士诚未被消灭之前,无力征讨方国珍,不如先将他放在那里,只要不帮着张士诚进攻应天就行。"朱元璋深以为是,就说:"到时他再想奉我的正朔也晚了。"果然在朱元璋与张士诚进行的近二年的拉锯战期间,方国珍一直采取坐视的态度。等张士诚被攻灭后,厄运也就降到了他的头上。

按照刘基的建议,在分兵攻打台州和宁波的同时,另派一支水军从海路进攻,

惊天动地明清案　英灵之冤泣鬼神

与进攻宁波的一支相会后,以切断方国珍逃入海中的退路。

当时,方国珍一面每年向朱元璋进献一些金银绸缎,一面又为元朝运粮,脚踏两家船,左右摇摆。当朱元璋的军队夺取杭州以后,他才真正惊慌起来,便派人北边联系王保保,南边连络盘踞福建一带的陈友定,打算结成犄角之势,以抗击朱元璋。另外,他还盘算着万一两头都靠不住,就凭自己的一千余艘海船,满载金银财宝逃入海中,也足够一辈子享用。但他没有料到,朱元璋的几路大军进军神速,王保保和陈友定还未来得及采取任何行动,他已连遭败绩,无存身之地。好歹总算逃到了海上,结果又被朱元璋的水军击溃。方国珍走投无路,只好向朱元璋投降。这次对方国珍用兵,前后不过三个多月。

朱元璋虽然没上过学,但悟性极好。刘基经常向他讲一些治国安邦平天下的道理,并以历史上的经验说明,凡是要成就一番大事业,一定要军纪严明。朱元璋对此十分赞赏,制定了十分严明的纪律。因此,朱元璋的大军无论到什么地方,都从未发生过抢劫老百姓的事。据《国初事迹》一书记载,朱元璋的大军到某地后,"兵不离伍,市不易肆,开仓以济贫民",因而获得了老百姓的拥护和支持。这是朱元璋的势力越来越强大的重要原因。

按照刘基的建议,至正二十四年(公元1364年)正月,朱元璋即吴王位,设置百官,建中书省,建立了一整套统治结构。这实际上就是明王朝的雏形。四年后,经过东征西讨,南征北战,在大体削平群雄之后,朱元璋正式登基称帝,建立了明王朝,应天府也随之改名为南京。

开国定制　宽猛相济

明初的典章制度多出自刘基、宋濂之手。朱元璋称吴王后,刘基献上了"戊申大统历"。有一年大旱,刘基请求赶快审结狱中的犯人。朱元璋便命刘基前往,许多冤案被平反,果然大雨如注。刘基在人们的心目中颇有神秘色彩,认为他通晓阴阳,料事如神。朱元璋性情刚猛,动不动就杀人。当时天下未定,刘基极力劝朱元璋,应依法定人之罪,不可滥杀。朱元璋就命刘基立法定制,刘基参酌前代的一些法律,结合当时的实际,制定了一整套律令,从而在治人以罪的时候有了依据。

有一天朱元璋面有怒色,似想杀人。刘基问他是什么原因,朱元璋就说自己夜里做了一个梦,不吉利,想借杀人来破解。刘基却说,这个梦不是不吉之兆,而是吉兆,是得众之象,应停止用刑,以等待喜报传来。三天以后,前线果然传来了胜利的捷报。朱元璋十分高兴,就把决囚的事全托付给了刘基,并拜刘基为御史中丞兼太史令。

明初定处州(今浙江丽水)府税粮,每亩地比宋代加征税粮五合,只有刘基的老

家青田不加征。很显然,这是朱元璋对刘基的一种特别的奖励。朱元璋也为这条特殊的法令感到很得意,所以在朝廷上公开对大臣们说:"让刘基家乡的老百姓世世传为美谈吧!"

朱元璋在南京即帝位,但对是否建都南京却长期犹豫不决。论地理条件和经济条件,南京都很适宜。只是从军事的角度看,主要威胁来自北边的蒙元残余势力,而南京距前线太远,不宜调度。另外历史上在南京建都的六朝都是短命王朝,这无疑也给朱元璋心里投下了不吉利的阴影。于是洪武元年(公元1368年)三月,朱元璋亲自赴汴梁(今河南开封)考察。他觉得汴梁地处中原,位置适中,遂决定在此建都。但他又感到这里无险可守,又决心把南京也作为都城,实行古已有之的两京制。在他赴汴梁考察期间,特命刘基和左丞相李善长居守,协力处理朝中大事。

在刘基看来,元朝之所以灭亡,就是因"宽纵失天下"。因此,新朝刚立,应整顿纲纪,严明法纪。于是,他命御史对那些有违法行为的官员随时弹劾,不必隐晦。即使经常在皇帝身边的宦官,只要有过错,也马上禀告皇太子后置之以法。朱元璋外出,南京由皇太子监国,但对朝政大事的处理基本上都由刘基和李善长决定。由于刘基用法严厉,朝中大小官僚对刘基都颇为敬畏。

在此期间,中书省都事李彬因受人贿赂被劾。李彬是左丞相李善长的部下,且平时二人的关系十分亲密。明代尚左,左丞相是中书省最高官员,其地位在刘基之上。李善长请求缓一缓再对李彬治罪,但刘基坚执不许,并立即派人将李彬的罪过报告朱元璋,朱元璋同意刘基对李彬的定罪。当时正赶上天气大旱,刘基在祈雨时将李彬斩于祭坛下。因为这件事,刘基与李善长之间便产生了隔阂。等到朱元璋从汴梁回来后,不少人在朱元璋面前攻击刘基。尤其令朱元璋生气的是刘基居然在祭坛下杀人,认为是大不敬,为此对刘基责备一通。刘基深知朱元璋的为人,动不动就杀人,自己受到许多人的攻击,又受到朱元璋的斥责,说不定哪一天自己就会人头落地,因而就想及早隐退。不久,他的妻子死去,刘基遂告假回乡。

刘基本来想远离政治旋涡中心,在家乡优游晚年。但是。在刘基回乡后,朝廷中连连出事,北边的蒙元残余势力不断内犯,给新建立的明王朝造成很大的威胁。朱元璋对身边的其他谋士也不满意,于是就想到了刘基。朱元璋遂亲自写了一封手书,召刘基赴京。在明初,如果叫某人出来做官,这个人却不出来,也会被杀头。贵溪儒士夏伯启叔侄二人为了不当官,故意截去两个手指。此事被朱元璋知道后,立刻将二人处死。他为此还制定了一条法律:"士不为君用者,诛。"因此,刘基如果坚辞不出,也会大祸临头。

无可奈何,刘基只得入京。朱元璋见到刘基后十分高兴,对他"赐赉甚厚",并追赠刘基的祖父、父亲都为永嘉郡公。对刘基本人,朱元璋数次要为他提高爵位,但刘基皆坚辞不受。许多人以官职越高越感到荣耀,刘基则不然,他认为在那种时候官职越高越危险。后来的实践证明,那些贪图禄位的人大都被朱元璋一批又一批地杀掉。在这一点上，刘基表现出了超人的高明。

有一次，朱元璋因为某一件事训斥李善长，想对他严加治罪。刘基却劝道："李善长是勋旧老臣，能协调各个将领之间的关系，不可因小过而废大才。"朱元璋感到很吃惊，便对刘基说："李善长多次说你的坏话，想加害于你，你怎么还为他辩解呢？我准备罢免他，由你继为丞相。"刘基赶快叩头说道："这就像换梁柱一样，必须要用大木。如果要用细木去当梁柱，大厦马上就会倾倒。"这件事后来传到李善长耳中，令李善长对刘基十分感激，二人的关系也重归于好。这件事也为刘基赢得了好名声，认为刘基能顾全大局，不计个人私怨，宽宏大度。

后来朱元璋罢免了李善长的丞相之职，打算用杨宪来接替李善长，问刘基是否可行。杨宪平时和刘基的私人关系十分密切，按照人之常情，刘基一定会支持这样做。另外，有杨宪这么一个朋友做丞相，刘基的日子也会好过得多。但出人意外的是，刘基不支持这样做。他对朱元璋说："杨宪这个人有丞相之才，无丞相之器。当丞相的人应当持心如水，以义理为处理一切事情的准则，自己不应有任何私心，而杨宪却做不到这一点。"朱元璋听刘基这么说，也大感意外。这件事使朱元璋对刘基有了更深一层的认识，更加感到刘基忠心无二，一切都出于公心。

朱元璋又问刘基："让汪广洋当丞相如何？"刘基回答说："此人的偏狭浅薄比杨宪更有过之。"朱元璋又问胡惟庸如何，刘基说："这就像找一匹驾车的马，你总不希望他把车给你掀翻！"朱元璋沉吟了片刻，很诚恳地对刘基说："给我当丞相，实在没有人能超过先生。"刘基急忙推辞："臣嫉恶太甚，易得罪人，而且臣喜欢清静，受不了繁琐事务的打扰。我要当丞相，一定会辜负皇上的厚爱。天下何患找不到有才之士，望皇上细心去找罢。"

后来，果不出刘基所料，这三个人有两人当了丞相，但都未得善终。杨宪身材高大，相貌出众，通经史，有辩才，但心胸狭小，凡是不利于自己的人，就千方百计地予以排挤，许多投机钻营的人以他为靠山。洪武三年，他只当了几个月的左丞，便被人揭发出许多奸贪之事，被朱元璋下令处死。汪广洋先后两次出任右丞相，但只是禄禄守位，遇事不置可否。他和胡惟庸有许多奸邪之事，但也不予揭发。洪武十二年，汪广洋被贬谪海南，半道上又接到朱元璋训斥他的敕书，遂自缢而死。第二年，丞相胡惟庸即以谋反被诛。这正如刘基所说的那样，胡惟庸这匹驾车的马差点把朱元璋的大车给掀翻。

朱元璋于洪武三年大封功臣，授刘基为"开国翊运守正文臣、资善大夫、上护军、封诚意伯"。在明初诸臣中，刘基的爵位算是较高的了。

明朝初年，为了纠正元朝的宽纵，朱元璋以猛治国，许多大臣只是因为些许小过错即被杀头。朱元璋还查兴大狱，成批成批地诛杀臣僚。刘基认为，治国应宽猛相济，开国之初应该用严刑；经过数年整治，天下已安定，应该改变一下做法了。于是，他便借朱元璋问天象之机，向朱元璋进言道："从大体上来说，霜雪之后，必有阳

春。今国威已立,应该稍示一下宽大了,不宜再用严刑。"朱元璋深以为是,遂命令将锦衣卫的刑具全部烧掉。锦衣卫既负责侍卫皇上,又掌管诏狱,许多大臣就是在诏狱中被施以严刑而致死的。朱元璋下令烧掉锦衣卫的刑具,显然是昭示天下,从今以后不再用严刑来惩治大臣了。尽管朱元璋后来没有完全做到这一点,但刘基的奏议毕竟对他产生了某些影响,酷刑有所减少。

功成身退　难保其身

刘基亲眼看到,开国功臣一个接一个地被杀掉,他深知"功高震主者身危"的道理,特别是朱元璋为人刚愎,自己更应该及早抽身。洪武四年,也就是刘基被封为诚意伯的第二年,他便以年老多病为由,请求辞官回乡。朱元璋看他没什么野心,即命其带爵回乡养老。

刘基回到青田老家后,隐居山中,只是和几个朋友下棋饮酒,闭口不谈自己的功劳,也不谈朝廷中的事。他平时穿着普通人的衣服,即使在集市上,人们也认不出他就是赫赫有名的刘伯温。青田县的知县很想见一见刘基,几次登门拜访,皆不得见。于是这个知县打扮成乡间老农,终于在一条小河边见到了刘基。当时刘基正坐在河边洗脚,便叫儿子领知县到一所茅舍中,用普通农家的饭菜招待这个知县。饭后,这个知县才告诉刘基,自己是青田知县,并表示希望为刘基做点事,态度颇为诚恳。刘基闻知他是知县后,露出很吃惊的样子,自称属民,婉谢而去。从此以后,知县再也没有见过刘基。

在明初,朱元璋用特务刺事,无论官员在朝还是在野,都逃不掉这些特务的监视。许多大臣就是因为私下不谨慎而受到严惩。刘基深明此中利害,担心言多有失,所以闭口不谈政事,也不与地方官来往。尽管刘基如此谨慎,但还是受到了丞相胡惟庸的中伤和陷害。

事情的起因是刘基的一道奏疏。原来,在浙东有一片叫谈洋的空闲地,南接福建,历来是盐盗的聚集之地。方国珍就是在这个地方起事造反的。因此,刘基便上奏朱元璋,请求在谈洋没立巡检司,以防盗贼在那里聚众起事。刘基派长子刘琏进京上奏,但刘琏未先告诉中书省,而是由通政司直接上达朱元璋。当时胡惟庸以左丞掌中书省事,对此十分不满。再加上刘基过去对他的评价不好,对刘基素有积怨,便借此事对刘基大加攻击。他对朱元璋说,谈洋那地方有王气,风水好,刘基想以谈洋做自己的墓地。当地的老百姓不让给他,他就想以设巡检司为名,将当地老百姓赶走,借以实现他日后让子孙称王的目的。

刘基素以通晓阴阳著称,朱元璋虽然没有因此而马上治刘基的罪,但心里还是有几分相信,不久便借故削去刘基的俸禄。刘基得知后,颇为害怕,便亲自赴京谢罪。事后留住在京师，不敢再说回乡的事，终日战战兢兢地度日。

后来，胡惟庸果然当了丞相，刘基十分忧虑。他私下对友人说："假如我对胡惟庸的评说不应验的话，那就是天下老百姓的福气！"胡惟庸表面上装出对刘基很尊重的样子，但暗地里却密切地监视着他的一举一动。胡惟庸清楚刘基的份量，因为在廷臣中能不时与朱元璋密语的没有几个人，许多大事也就是那种密语时决定的，外人难得其详。也正因如此，胡惟庸才对刘基特别留心提防。刘基也清楚，自己时刻处于危险的境地，故不久就忧虑成疾，一病不起，随后便一再请求回乡养老。

洪武八年三月，朱元璋准刘基回乡。他回到青田老家后，病情日益加重，自知将不久于人世，便把儿子刘璟叫到床前说："为政之道，有时要宽大一些，有时要严猛一些，应交替使用。数年来，皇上以严猛治国，当今的要务在于修德省刑，实行宽大之政，以收揽民心，使国家长治久安。"刘基还说了一些对政治军事的建议，最后说："现今胡惟庸为相，我说出来没什么用处。胡惟庸被除掉后，皇上一定会想到我。如果皇上问我死前说了什么话，你就将我的这些话密奏皇上。"刘基在家呆了一个多月就死去了，终年65岁。

洪武十三年胡惟庸以谋反伏诛后，朱元璋自然想到了刘基当初对胡惟庸的评价，因而十分怀念刘基，并特地派人到刘基家中探问。刘璟遂将刘基死前的话密奏朱元璋，朱元璋看到后大受感动，也更加佩服刘基的先见之明。这时，刘基的长子刘琏因胡惟庸陷害，已坠井而死。朱元璋便命刘琏的儿子承袭伯爵，食禄五百石。其他大臣的爵位都只能承袭一代，朱元璋念刘基父子皆为胡惟庸所排挤陷害，特许刘基后人代代袭爵，一直延续到明朝灭亡。

据《明史·刘基传》载，当刘基在京病倒时，胡惟庸特地领一个医生来为刘基看病。刘基服了这个人的药后，就一直感到肚子里有一块像拳头般大小的石头。当胡惟庸被治罪时，有的人就把这件事说成胡惟庸的一条罪状，说他有意谋害刘基。此事是否确凿，不得而知，但刘基受胡惟庸的排挤则是毫无疑问的。

刘基是明初著名谋臣，朱元璋一直对他十分器重，平时不直呼基名，而是称他为"老先生"。朱元璋还经常不无自豪地对别人说："他是我的张子房（张良）。"因为刘基通晓阴阳术数，所以在后人心目中总蒙有一层神秘色彩。刘基除著有《郁离子》一书外，还著有《覆瓿集》、《梨眉公集》传于世。后世民间流传的有关占卜、风水之类的书中有不少托名为刘伯温所著。

征战几十年　冤死一流言
——冯胜之冤

明朝第三大开国功臣冯胜，从征几十年，南征北战，纵横战场，立下不可磨灭的功绩。然而，在全国统治稳定下来后，已做皇帝的朱元璋却猜忌功臣，对他们大加屠戮。名列第三的功臣冯胜也在劫难逃，因一席流言冤死在自己追随多年的开国皇帝朱元璋手下。

乱世投主　纵横天下

元朝末年，政治腐败，社会黑暗。统治阶级昏庸腐朽，横征暴敛，民不聊生。人祸再加上天灾，终于将处于水深火热之中的老百姓逼上梁山，爆发了元末以汉族为主的各族人民大起义。在这次大规模的农民起义中，中原、江淮和江南各地有韩林儿、刘福通、朱元璋、徐寿辉、陈友谅、张士诚等领导的农民军，其中力量较为突出的是朱元璋领导的红巾军。

在朱元璋向滁阳进军、途经妙山时，定远人冯国用、冯国胜兄弟带着队伍前来投顺。冯国胜又名宗异，后改名胜。史书上说他出生时满屋黑气，数日不散。冯氏两兄弟都喜欢读书，精通兵法，哥哥国用深沉稳重，有计谋；弟弟国胜则剽悍勇猛多智略。他们家里有几百亩田地，几十家佃户，是个中小地主。红巾军兵起，他们团结地方上的地主和乡民，结寨自保。只是力量单薄，怕被别的地主武装吃掉。他们听说朱元璋吃掉了附近的两支地主武装，越发自危，经多方打听，知道朱元璋军队纪律好，便带领部队来投奔。

朱元璋见他们兄弟二人身着儒服，知道是读书人，就向他们请教夺取天下的大计。冯国用回答说："金陵（今南京）的地理形势正如古人所说的龙蟠虎踞，是帝王建都的地方。您可以先攻下此地作为根据地，然后四出征伐，倡仁义，收人心，不贪取财宝女色。这样，天下是不难平定的。"朱元璋听了非常高兴，便把他们兄弟两人留在军中参预机务。从那以后，冯胜与其哥哥冯国用便一心跟从朱元璋，冲锋陷阵，出生入死为他打天下了。

在攻打滁州（今安徽滁县）、和州、三叉河、板门寨、鸡笼山等一系列战役中，冯

氏兄弟俩立下了赫赫战功。冯国用跟随着朱元璋渡过长江、攻取太平之后，深受朱元璋重用和信任，命他典领亲军，伴随在朱元璋左右，策划军国大计，成为朱元璋的心腹。

朱元璋在开始的几年，地狭人少，力量单薄。因此，他用优待降人的办法，瓦解敌人，壮大自己。在一次战役中朱元璋擒获了元将陈野先，又放了他，让他招领他的部下。冯国用估计陈野先必定会反叛，认为不如不放。不久，陈野先果然反叛，被他的部下所杀。陈野先的侄子陈兆先又拥众屯于方山。这时元将蛮子海牙扼采石之口，冯国用与将领们攻破海牙的水寨，又擒获陈兆先，其部下三万余人都归降。这些降兵们不清楚朱元璋将如何处置他们，内心很是疑惧不安。朱元璋便挑了五百人为亲军，宿卫在他的帐子附近，把自己平时所用的卫士全部挥退，只留冯国用在床塌旁服侍，这五百人才安下心来。第二天，朱元璋立即命令冯国用带领他们攻打集庆(今南京)，他们都争先效死。冯国用又与诸将攻下镇江、丹阳、宁国、泰兴、宜兴，跟从朱元璋征金华，攻绍兴，所战皆胜。冯国用因功而升至帐前亲兵都指挥使。但不久冯国用得病死于军中，年仅36岁。朱元璋亲自祭奠痛哭，后来追封他为郢国公。

自从投奔了朱元璋以后，冯胜便跟随着他驰骋疆场，屡立战功，不久成为元帅。在他的哥哥冯国用死后，朱元璋便任命冯胜袭哥哥冯国用之职，统领亲军。

随着朱元璋势力的日益强大，朱元璋和其他割据政权的矛盾也越来越尖锐，尤其是西面的陈友谅和东面的张士诚。

至正二十年(公元1360年)五月，陈友谅以采石五通庙为行殿，在风雨中匆忙即了皇帝位，改国号为汉。称帝后，陈友谅就约张士诚攻打朱元璋。

陈友谅的军队攻陷太平之后，进逼龙湾，朱元璋与他大战于石灰山。两军对垒，一时未决胜负。冯胜分析形势，率领宿卫军猛攻其中坚，从而大败陈友谅的军队，溺死其士兵数万人，俘获七千多人，立下大功。之后，冯胜跟随朱元璋乘胜追击，攻破安庆水寨，长驱直入江州。一路上冯胜经常与朱元璋谋划战事，机智勇敢，深受朱元璋的信任。不久，冯胜被提升为亲军都护。正当朱、陈两军在江南血战方酣之时，张士诚却于至正二十三年(公元1363年)派大将攻打安丰(今安徽寿县)，因为小明王在这里，形势非常危急。冯胜跟随朱元璋北上，解了安丰之围，将小明王迎至滁州。冯胜出力不小，又被提升为同知枢密院事。

当朱元璋、冯胜救援安丰时，陈友谅却率领着六十万水军，乘数百艘巨舰，浩浩荡荡开向洪都(今江西南昌)，朱元璋、冯胜率兵回救，双方遇于鄱阳湖，在此展开了一场决定胜负的恶战。陈友谅战舰高大无比，有"混江龙"、"塞断江"、"撞倒山"等大战舰，并且每几十艘战舰用铁索联结起来，形成旌旗墙橹，望之如山，其势甚为吓人。但冯胜毫不畏惧，在这场战斗中，他英勇杀敌，奋不顾身，立下了汗马功劳，陈友谅中箭而亡。第二年，冯胜又随从朱元璋攻打武昌，冯胜又一马当先，冲锋陷阵，

攻克了武昌,帮助朱元璋消灭了实力最强的陈友谅,朱元璋自立为吴王。在接下来的攻克庐州,转而攻取江西诸路,以及与诸将收取淮东等地的战役中,冯胜都奋勇冲杀,立下不朽战功。

消灭了陈友谅,下一个目标就指向张士诚。朱元璋分析了形势,决定先攻取泰州、徐州等苏北和淮河下游地区。冯胜在攻打海安霸、夺取泰州的战役中,表现出色,取得了成功,他的声望日盛。至正二十六年(公元 1366 年)十一月,大军进攻高邮。朱元璋先是派大将徐达围攻高邮,久攻未下,于是改用冯胜率军督战,派徐达回师解宜兴之围困。冯胜发起猛攻,高邮守将抵挡不住猛烈的攻势,张士诚的将领俞同金派遣人前来诈降,相约以推倒女儿墙为内应。

冯胜不知其诈,相信了俞同金,晚上派康泰率领一百多人跃墙进城,结果被敌人关闭城门全部杀掉。朱元璋知道后大怒,认为冯胜对敌人估计不足,误中敌人奸计,责打他十杖,并命令他步行到高邮继续督战。冯胜又惭愧又悔恨,更加努力地攻打敌人。后来徐达从宜兴回师高邮,两下合兵一处,力量大增,终于攻下高邮,随后又攻取了淮安。在攻下安丰城中,冯胜擒获张士诚将吕珍。之后下湖州,克平江,冯胜屡立战功,使敌人闻风丧胆,望风而逃。论战功,冯胜仅次于徐达、常遇春,居第三,故晋升为银青荣禄大夫、都督府右都督,跟随大将军徐达北伐,攻下山东诸州郡,荡平中原,为朱元璋登上皇帝宝座打下了基础。

开国之功　统一大业

至正二十八年(公元 1368 年)正月,朱元璋登上帝位,做了明朝的开国皇帝。同年,皇太子立,太祖朱元璋任命冯胜兼太子右詹事。

明朝建国之初,虽然中原、江南和闽广等地已归属明朝政府管辖,但周边地区尚未完全统一。面对这种割据形势,继续完成全国统一事业,是统治者的首要任务。

为平定山西、陕西等地,太祖朱元璋派冯胜率兵渡过黄河,攻汴州、洛阳,下陕州,向潼关开进。潼关守将闻讯,弃关而逃。冯胜遂占领潼关,接着攻取了毕州。在返回汴州时,冯胜谒见巡行至此的太祖朱元璋。太祖对冯胜所取得的战绩甚为赞赏,为表彰他,授予征虏右副将军,留守汴梁。不久,冯胜又跟从大将军出征山西,由武陟取怀庆,跨过太行山,攻克碗子城,直取泽州、潞州,在猗氏这个地方擒获元右丞贾成,在攻克平阳、绛州后又擒元左丞田保保等,并获将士五百余人。因冯胜四出征讨,屡战屡胜,太祖朱元璋非常高兴,又诏定他为右副将军,位居常遇春之下。

洪武二年(公元 1369 年)二月,冯胜又一次率军渡过黄河,开向陕西。冯胜率师自西安进取凤翔，李思济率所部十余万人西奔临洮，冯胜跟踪追击，攻取巩昌（今甘肃陇西），直逼临洮，降服了李思济。在回师途中，冯胜跟着大将军徐达围攻庆阳。这时，元将扩郭帖木儿遣将攻打原州，以声援庆阳。冯胜扼住驿马关口，打败了扩郭帖木儿的部将，遂攻克庆阳，擒住了守将张良臣。至此山西、陕西才平定下来。

九月，太祖朱元璋召大将军徐达还朝，留冯胜驻守庆阳，以节制诸军。不久，冯胜以为关陕既已平定，也引兵回朝。太祖朱元璋为此大怒，说："你不奉诏令就回来了，我让你外制敌人，内镇抚关内，对你寄予厚望，而你却放弃重任，这是为什么？"对冯胜大加切责。冯胜也觉得自己把事情闹大了，忙叩头请罪。朱元璋念他军功卓著，功劳甚高，才没有给他处罚，但赏赐给他的金银财物，远不及大将军徐达的一半。从此以后，冯胜小心为事，唯恐再出错。

元朝被推翻后，元顺帝败逃到应昌（今内蒙古克什克腾旗西达来诺尔附近）。元顺帝和蒙古贵族强烈希望恢复他们统治全国的旧业，不断地向明朝统治地区发动军事进攻，导致明朝初年边疆地区战事不断，边疆人民不得安宁。尤其是尚未撤走的元将扩郭帖木儿在和平一带为患甚重。为平定边疆，统一蒙古地区，让人民过上安稳的生活，朱元璋决定对西北扩郭帖木儿用兵，彻底铲除他。

洪武三年正月，太祖朱元璋分两路出兵，命徐达为征虏大将军，李文忠、邓愈为左副将军，冯胜、汤和为右副将军，向北出征沙漠。冯胜跟从徐达率领的西路军，一路出潼关、捣定西，打败了扩郭帖木儿，缴获数万匹战马。冯胜又分兵从徽州向南出一百八渡，徇洛阳擒元平章蔡琳，进沔州。又派别将从连云栈攻取兴元，移兵吐蕃，征哨极于西北，凯旋而归。根据冯胜的战功，朱元璋授予他开国辅运推诚宣力武臣，特进荣禄大夫、右柱国、同参军国事，封宋国公，年禄三千石。朱元璋还颁给他世券，极尽褒扬。

洪武五年正月，太祖朱元璋又命徐达为征虏大将军，李文忠为左副将军，冯胜为右副将军，兵分三路出漠北。冯胜率领副将军陈德、傅友德五万大军出西道，取甘肃。到达兰州，傅友德为前锋，两次打败元兵，冯胜又在扫林山大败元兵。五月，冯胜率军到达甘肃，元将上都驴迎降。开进亦集乃路（今内蒙古额济纳旗），守将卜颜帖木儿以全城投降。冯胜又率军到达别笃山，岐王朵儿只班逃跑，冯胜追获其平章长加奴等二十七人以及马驼牛羊十余万头，收获颇丰。这次战役中，大将军徐达、左副将军李文忠却连连失利，损兵折将，唯有冯胜大获全胜而还。但就在此时，有人说冯胜私藏骆驼马匹，朱元璋因此没有对他进行赏赐。

西北和北部的形势稳定下来后，东北地区的元残余势力又嚣张起来。元太尉纳哈出拥兵数十万蟠踞金山（今辽宁开原东北，辽河北岸）养精蓄锐，伺机南下。朱元璋多次派使诏谕，纳哈出都不听，并多次骚扰辽东人民。

洪武二十年，朱元璋命冯胜为征虏大将军，颍国公傅友德、永昌侯蓝玉为左右

中国历代冤案

副将军,发步骑兵二十万前往征讨纳哈出。郑国公常茂、曹国公李景隆、申国公郑镇等都随从出发。朱元璋又派遣以前俘获的原纳哈出部将乃剌吾奉玺书劝降。冯胜至通州,派蓝玉乘大雾出击,趁敌人不备出奇制胜。冯胜精心筹划,谨慎用兵,并亲自观察地形、掌握敌我双方的情况以做出正确的分析,派兵出长城松亭关(今喜峰口北),分筑大宁(今河北平泉)、宽河(今河北宽城)、会州(今河北平泉)、富裕(今河北平泉之北)四城,储粮供应前线,并在大宁住了两个多月,留五万兵马守城,其余兵马全部出击金山。乃剌吾奉命劝降,日夜兼程赶赴金山。纳哈出见到乃剌吾后,非常惊讶,他原以为乃剌吾被俘后必死无疑,没想到还能活着回来,于是他向乃剌吾询问明朝的情况。乃剌吾就陈述了朱元璋的恩德和朱明王朝的政策,并说明了回来的意图,纳哈出听后很高兴,认为很有道理,当即派左丞探马赤等到冯胜军中贡献马匹,并表示愿意与明朝修好。这时冯胜已经率军深入元军地区,越过金山,到达女直苦屯。冯胜大军将至,纳哈出估计自己胜不了,就派乃剌吾请降。这样就避免了一次血战。

为庆贺这次和解,冯胜设宴招待双方将士。席间,蓝玉与纳哈出举杯共饮。酒罢,蓝玉脱下衣服让纳哈出穿。纳哈出不肯穿,回顾左右,私语几句,企图逃走。此时,冯胜的女婿郑国公常茂在座,他的部将赵指挥通晓胡语,告诉常茂纳哈出要逃走。常茂马上跳起来,挥刀砍其手臂。都督耿忠拥着纳哈出去见冯胜。纳哈出的将士妻子等十多万人屯住在松花河,听到纳哈出受伤的消息,吓得四处逃散。为了安抚纳哈出的军队,冯胜派降将观童前去安抚,获军队二十余万人,牛羊马驼不计其数。冯胜以礼款待纳哈出,又派耿忠与纳哈出一起吃住,以示安全。

军队还师回朝后,冯胜把捷报报告给太祖朱元璋,说明常茂激变的情况,以及自己将全部降将二十万人带入关内。朱元璋听后非常高兴,很佩服冯胜的处理方法,尤其是对纳哈出的归服更为高兴。朱元璋马上派使者迎接慰劳冯胜,赏赐纳哈出玉带龙衣及金币无数,并押解郑国公常茂回京。由于这件事情全由冯胜办理,而且一直很顺利,这就不免遭到一些人的妒忌和猜疑,生出许多闲言碎语,说什么冯胜收复纳哈出的军队后,私自藏匿了许多好马,又派看门的人与纳哈出的妻子喝酒,乘机骗取大珠异宝;王子死后,冯胜又强娶他的女儿,以致于失去降附人心,等等。而冯胜的女婿、郑国公常茂也因为几次战事失利,十分嫉妒冯胜的才能,也趁机诬蔑陷害冯胜。

朱元璋开始并不相信,但经不住谗言众多,便下令收回冯胜的大将军印,让冯胜仍住在凤阳,并封他为奉朝请,对众将士也没有赏赐。郑国公常茂也被削爵安置在岭右。冯胜被诬告之后,情绪十分低落,想到自己一片忠心,却招来莫名之祸,感到十分凄凉。冯胜从此不再领兵打仗。

当时,诏列勋臣望重的有八人,冯胜居第三名。此时太祖朱元璋年事已高,对功臣的猜忌心越来越重。冯胜战功最多,又多次因小的缘故拂朱元璋之意,于是,冯胜的命运便逆转直下。

太祖嫉才　兔死狗烹

　　朱元璋自公元1368年建立明王朝后，又经过十多年时间的统一战争，稳定了北方的局势，南方的割据势力也次第得以平定，明王朝的统治巩固了。这些胜利的取得，除了朱元璋的自身才能和广大人民群众的力量，还因为在朱元璋身边，有一大批运筹帷幄、有勇有谋、能征善战的文臣武将。他们为朱元璋建立大明王朝、稳定朱明王朝的统治立下了汗马功劳。现在新王朝已经比较巩固，外部敌人已经没有力量能与明王朝相抗衡，而新王朝内部这些开国功臣的权势，却使太祖朱元璋放心不下，总是担心他们有朝一日抢夺他的皇帝宝座。

　　太祖朱元璋本人虽具有雄才大略，果断刚毅，有着杰出的军事和政治才能，但也有一个致命的弱点：生性多疑。早在战争时期，朱元璋就对部下将领进行了严密的防范，怕他们叛变，凡是出征的将领，都要把妻子留在京城作人质。这样还不放心，再派他的心腹去监军，所攻克下的城池，都要用自己的亲信心腹与将官同守，以就近监视他们。尤其是与朱元璋一同起事的战友邵荣、与朱元璋是"亲家"的旧将谢再兴，因不堪忍受朱元璋的猜疑不信任而先后叛变之后，太祖朱元璋对诸将越发地不放心，倚靠检校侦察将士私事，以致于使将领们人人自危。

　　明王朝建立之后，为了稳定朱家王朝，使公侯将相尽忠于自己，朱元璋确实用尽心机，想了不少办法。洪武五年作了申诫公侯的《铁榜文》。洪武八年，朱元璋又编了《资世通训》，反复强调要他的臣僚对他效忠："不要欺骗，不要蒙蔽"。洪武十三年，他又编了《臣戒录》，纂录了历代诸侯王、宗戚宦臣之类悖逆不道者共二百二十人的事情，来教育他的臣僚。洪武十九年又颁发了《志戒录》。这本书采录汉唐以来悖逆的大臣一百多人的事情，赐予群臣及教官诸生讲授，使他们知道，以之为鉴。

　　朱元璋虽然采取了上述种种措施来预防臣僚的反叛，但生性好猜疑的他却还是不放心。他不断观察这些功臣的细微之处，时时小心，处处防范，唯恐会危害自己的统治。加上一些功臣的骄纵，使统治阶级内部矛盾显得突出了。朱元璋最终还是向昔日曾经同甘苦共患难的兄弟们、朝夕相处的战友们开刀了。

　　而此时的官僚们也形成了各派集团。有文武之间的矛盾，有淮西集团和浙东集团之间的矛盾。他们互相倾轧排挤，不断在太祖朱元璋面前攻击对方。官僚集团之间的互相攻击，正好为太祖朱元璋所利用，便于一个个地来收拾他们。

　　洪武十三年，朱元璋以"擅权植党"的罪名杀了大将胡惟庸，又加胡惟庸以"通倭"、"通虏"和"谋反"的罪名，并不断牵连扩大。十年后，到洪武二十三年又兴大

中
国
历
代
冤
案

狱,开国功臣李善长等都以与胡惟庸交通谋反被杀,牵连的人达三万多。洪武二十六年,朱元璋又兴起蓝党大狱。蓝玉是开国第二功臣常遇春的内弟,临敌勇敢,多次统领大军立下战功,还跟随冯胜北征过元将纳哈出,功绩不小。有人告他谋反,太祖朱元璋借机杀了他,因此牵连而遭诛杀的达一万五千余人。胡惟庸和蓝玉两案,史称"胡蓝之狱",前后达十四年之久,诛杀四万五千余人。但朱元璋并未就此罢手,他又将屠刀伸向了仅存的元功宿将头上,大将军冯胜也在劫难逃了。

冯胜自从与哥哥冯国用起兵以来,一直跟随在朱元璋身边,驰骋战场,身先士卒,屡立战功,全身心地为朱元璋打天下,受到世人称赞。由于他战功卓著,也遭到某些人的妒忌。一些无能鼠辈趁朱元璋大杀功臣之机,对冯胜肆意诋毁,把一些莫须有的罪名加到他的头上。太祖朱元璋开始对这些谣言恶语还不是很留意,但听得多了,心里也渐起怀疑,冯胜又多次以小事忤逆朱元璋,朱元璋深怕自己死后,冯胜对大明王朝构成威胁,因此,冯胜被杀也就在所难免了。正所谓"狡兔死,走狗烹,高鸟尽,良弓藏",朱元璋也是这样做的。

洪武二十六年,就在蓝玉被诛的当月,冯胜被太祖朱元璋召还回京住,便于就近监视。此时朱元璋就有杀他之心,但一直没找到借口,冯胜倒也苟活了两年。

洪武二十八年,冯胜在他的大门外修筑了一个稻场,把瓶子埋在地下,又架起木板做走廊,上面加上碌碡,走马为乐。不想此事被冤家告于朱元璋,诬陷冯胜家里的稻场下藏有武器,图谋不轨。朱元璋便将冯胜召进宫里,摆了酒席,和他对饮。朱元璋一边饮酒,还一边安慰他说:"你是开国功臣,外面对你有一些议论是不可避免的。但请你放心,我对你是信任的,不会轻易相信这些流言。"冯胜听了信以为真,很受感动,十分感激朱元璋的圣明,遂放下心来,与太祖朱元璋开怀畅饮起来,但冯胜回家后,即于当夜暴病,七孔流血,数刻即死。可怜的开国功臣冯胜,没有战死在疆场上,就这样蒙受不白之冤,毁于一席流言,冤死在明太祖朱元璋手中,一生的功劳战绩化为灰烬。

冯胜死后,他的儿子不得承袭他的官职,不得录用。一代功臣竟然落得这般下场,令人惋惜。

粉身何所惧 青白在人间

——于谦之冤

从宣德十年(公元1435年)明英宗即位开始,明朝经历了景帝、宪宗、孝宗、武宗、世宗、穆宗、神宗的统治,约140年。这一时期,明王朝由盛而衰,皇帝信任宦官,政局经常出现动荡;土地兼并日益加剧,财政危机不断加深,农民起义此起彼伏,规模不断扩大;蒙古族的瓦剌、鞑靼部不断骚扰对西北边防构成极大威胁;东南沿海倭寇不断侵扰,由于政治腐朽,使倭患日益严重。

明英宗即位时只有9岁,他信任宦官王振,使之成为左右朝政的重要人物,以致在正统十四年(公元1449年),在怀来城外的土木堡被蒙古瓦剌部也先所俘,由于兵部侍郎于谦等坚决承担了保卫北京的责任,打败也先,迫使其退出紫荆关,保卫了京师的安全,并使也先送回英宗。但英宗仍不悔悟,他复位后继续宠信宦官,并冤杀了于谦。

"粉身碎骨浑不怕,要留清白在人间。"这两句脍炙人口、流传千古的诗句,正是出自这位明代民族英雄于谦之口。他一生刚正不阿,不事权贵,一身正气。

廉政爱民 刚正不阿

于谦(公元1398—1457年),字廷益,号节庵,浙江钱塘县(今杭州市)人。青少年时代的于谦就满怀救国救民的远大抱负,曾写下了《石灰吟》和《咏煤炭》等诗,用隐喻的手法来寄托他的雄心壮志。他在《石灰吟》中写道:

千锤百炼出深山,烈火焚烧若等闲。

粉身碎骨浑不怕,要留清白在人间。

在《咏煤炭》里写道:

于谦

凿开混沌得乌金，藏蓄阳和意最深。

焰火燃回春浩浩，洪炉照破夜沉沉。

鼎彝元赖生成力，铁石犹存死后心。

但愿苍生俱饱暖，不辞辛苦出山林。

24 岁时，于谦得中进士，被任命做山西道监察御史，后又调到四川、贵州等处。他常着便服，深入少数民族地区访问疾苦，改革弊政。

宣德初，于谦升为御史，奏对时声音洪亮，对答如流，宣宗非常欣赏。宣德三年（公元 1427 年）于谦巡按江西，昭雪冤囚数百人。

宣德五年（公元 1430 年），于谦被提拔为兵部右侍郎兼都御史，巡抚山西、河南。于谦在山西、河南作了 19 年（公元 1430—1448 年）巡抚，他勤政爱民，始终如一，年年奔波于太行山区和黄河南北岸，游巡境内各州县，晓行夜宿，不辞劳累。由于于谦具有这样的品德和作风，为人民办了许多好事，所以民间称赞他为"于龙图"，有些地方还建立了于谦生祠。

正统七年（公元 1442 年）以后，随着太皇太后张氏和三杨的谢世，宦官王振开始擅权专政。他广植私党，骄横日甚，朝中一部分无耻官僚望风承旨，如蝇趋臭，争相以搜刮来的民脂贿赂王振，以取得王振的欢心。而于谦生性刚直，不事权贵，不趋炎赴势。每次进京奏事，从不私下谒见王振。

于谦坚决反对阉党，不顾生死，只是为了爱国爱民申张正义，非关私人的恩怨从忤。于谦对阉党斗争的主要原因是长城边防问题。因为 15 世纪三四十年代里，蒙古瓦剌部兴起，不断南扰，明朝北边形势紧急，于谦经常关心边务。王振阉党却大肆侵夺大同、宣府一带的军屯耕地，占役军丁，挖空了军事实力，转饱私囊。于谦曾多次奏弹边镇监守贪污的罪状，他和宣大巡抚罗亨信等意见一致，要求实行检察军屯田粮，整顿边防。正统十三年于谦被削夺了巡抚、御史等职，调到京城做兵部左侍郎，但他仍对国防提出了积极建议，但同样由于阉党的压抑，不得实施。

临危受命　力挽狂澜

正统十四年（公元 1449 年），明朝发生了震惊朝野的"土木之变"，国家处于倾危之际。在此危急时刻，于谦挺身而出，力挽狂澜，稳定了大局。

14 世纪末，蒙古西部的瓦剌日渐强盛。15 世纪初瓦剌统治集团以也先为首用武力统一了蒙古各部。正统十四年，也先借口明朝减去马价、答诏没有许婚之意，大举侵明。

当时明朝一切军政大事，全由宦官王振代理。当也先大举入侵时，王振想利用

皇帝亲征,幸取战功,提高个人威势。七月十四日下令出兵,群臣惊愕不解,纷纷劝止。兵部尚书邝野和侍郎于谦力言六师不宜轻出,但英宗不听,偏信王振,执意亲征。命太监金英辅佐弟弟郕王朱祁钰留守北京,兵部侍郎于谦代理部务,其余的高级文武大臣扈驾从征。

十六日,英宗率领五十万大军仓促出发,行军部署毫无成算。他们冒着狂风暴雨,出居庸关,向大同进发。八月初一到达大同,瓦剌兵暂退塞外,诱明军深入北上。但王振看到边兵败亡的惨状,却惶惧失措,挥军急退。八月十三日退到土木堡(今怀来县西)狼山一带,瓦剌追兵从后面两路逼来,王振派兵迎敌,均败。十五日瓦剌军诈退,并派使者讲和,王振轻信,轻易下令移营就水,军士争先跳越壕乱而行,队伍大乱。瓦剌军趁机从四面围攻,呼啸蹂阵而入,挥长刀砍杀明军。明军弃甲曳兵,裸袒蹈藉,尸遍山野。混战中英宗被俘,大批高级文武大臣除大理寺右寺丞萧维桢、礼部左侍郎杨善等小数人侥幸逃出,余者五六十人皆战死。太监喜宁投降,把明内部虚实情况完全告诉给也先。护卫将军从旁一锤锤死王振,痛骂道:“我替天下诛此奸贼!”其实当时瓦剌兵追来的仅两万余,而明军五十万人几乎全为王振断送,死亡过半。骡马二十余万以及衣甲、器械、辎重全被也先军斩夺。这次战役,史称“土木之变”。

“土木之变”后,明朝首都北京立即卷入战场的前哨,政局空前混乱,危机四伏。英宗被俘于八月十六日就反馈到北京,皇太后和皇后本想封锁消息,用金银珠宝赎回,但失败了,只得在十八日召集百官于阙下,宣布败报,下诏立英宗长子朱见深为太子。但是在这国难深重的时刻,怎能让这个年仅2岁的小孩登帝位呢?因此又命郕王朱祁钰监国,总理国政。

郕王召集群臣讨论战守之策,群臣聚哭于朝,一筹莫展。翰林院侍讲徐埕急忙出班,鼓吹天命惑乱人心说:“臣夜观天象,稽算历数,天命已去,惟有南迁可以纾难。”主张逃跑,南迁金陵可避灾难。这种意见,很典型地代表了达官、富户、巨贾的利益,当时许多大官富户为了保全自己的身家性命,纷纷南逃。

徐埕的话刚说完,立刻遭到兵部侍郎于谦的坚决反对。于谦从文班里站出来,厉声斥责道:“主张南迁的,罪当斩首!京师是天下的根本,一动则大势去矣。你难道不懂得宋朝南渡的教训吗?”于谦一语中的,谈到了要害。如若南迁都城,必然助长也先的气焰,在刚刚战败、兵损将折、群情危急的情况下,九边、北京都将不守,华北、西北将沦于蒙古铁骑蹂躏之下,最好的局面只不过划淮或划江分治而已;如若放弃抵抗,实行南逃,英宗就没有回归的希望,北宋徽、钦二帝的下场就是英宗的结局。于谦的正确意见得到了吏部尚书王直、内阁学士陈循的支持。徐埕不敢再说什么,低头退回。太监金英对徐埕大声叱喝,轰出大殿。

在于谦、陈循、王直、商辂、王竑等爱国官员坚决主战的激励下,郕王朱祁钰和皇太后孙氏才下定抗战的决心,决心保卫京城,并把战守的重任托付给于谦。在国

中国历代冤案

难当头之际,于谦奋然而出,从受命膺负战守重任,到十月初瓦剌骑兵再次大举进犯,在短短的四十天里,他打击阉党势力,伸张主战派正义,拥立景帝以断绝也先要挟明朝的企图,并且日日夜夜与主战派官员一起,雷厉风行地刷新内政,整顿军队,识拔文武官员,加强关隘防守,把官军中惊慌失措的局面改变成为同仇敌忾、共赴危难的激昂形势。当也先带领瓦剌骑兵在十月初兵临北京城时,所面对的已不是君昏臣暗、武备废驰、毫无战斗力的大明帝国,而是一座众志成城的钢铁堡垒。

当时,明王朝的京师劲甲精骑都陷没于土木之役,所剩的兵卒不及十万,人心震恐,上上下下乱作一团。于谦在受命主持军务的第二天,便立即奏请郕王朱祁钰,调南北两京、河南备操军,山东及南京沿海备倭军,江北及北京诸府运粮军队以及宁阳侯陈懋率往浙江、福建剿捕起义军的明朝官军急赴北京回防。同时又下令移通州仓粮储入北京。由于决策果断,措施得力,通州仓粮储很快便运入北京。各地勤王军队陆续开往北京,城内又有较为充足的粮食储备,人心渐趋安定。八月二十一日,于谦被任命为兵部尚书。

皇帝是封建君主政治体制中的国家元首、中枢决策的核心。英宗被俘,明朝的君主政体便失去了灵魂。虽然郕王朱祁钰以监国身份总理朝政,但终究没有皇帝的名分,不是正式的君主,对内对外都是不利的因素。对明王朝内部来说,毕竟还缺少皇帝的权威,推行政令总感到有些阻碍,尤其在非常时期,于战时的紧急动员布置十分不利;对外部来说,明朝不另立皇帝,英宗就仍是当朝皇帝,而他正被控制在瓦剌的手中,被也先居为奇货,成为双方政治、军事、外交较量中的筹码,被利用来进行多方要挟。

立谁为君?从血统名分上看,英宗长子、新立的东宫太子朱见深应为第一人选,然而当时见深仅是一个2岁的孩子,无法执理政事。第二位人选,是英宗异母弟、现在身任监国的郕王朱祁钰。朱祁钰年方22岁,正值春秋鼎盛,是英宗伯仲之中惟一之人。于谦经过深思熟虑,决定立郕王朱祁钰为帝。九月一日,他联合诸位大臣启奏皇太后孙氏:"国有长君,社稷之福,请以祁钰即皇帝位以安人心。"皇太后也早已认识到此举的必要性,便同意群臣的请求。可是当群臣把太后旨意转告祁钰时,他却惊恐万状,再三推让,并退归他的郕王第宅。群臣苦心婆心劝勉,他仍摇头。于谦正色道:"臣等诚忧国家,非为私计。"祁钰这才接受下来。在于谦等人的拥护下,九月六日祁钰登上帝位,遥尊英宗祁镇为太上皇,以明年为景泰元年。明王朝失君得君,至此,保卫北京的信心更加坚定。

于谦升任兵部尚书后,便开始大力整顿军队,提拔人才,改革内政。他面临的首要任务,就是如何粉碎瓦剌骑兵对北京的冲击。北京地处要塞,位置重要。宣府、大同乃京师的屏障,居庸关、紫荆关、倒马关、白羊口乃燕都之咽喉。欲保卫京师,则必须强化这些雄关重镇的防务。有识于此,于谦以朝夕必争的效率调整了这些险关巨障的防务安排。

八月二十四日，于谦推荐右都御史陈镒安抚畿内军民。同日奏请景帝，封镇守宣府总兵官杨洪为昌平伯，仍镇宣府。杨洪为人机变敏捷，善于出其不意，直捣其虚部，并善于骑射，遇敌辄身先突入其阵，以勇敢善战著名，是位后起的将材。英宗土木被围，朝中以此攻击杨洪坐视乘舆陷敌而不救，因此诋毁他。于谦不畏人言，为其请封伯爵，将宣府防务交其全权布置，并且奖谕宣府大同巡抚右副都御史罗亨信。土木之败后宣府成为一座孤城，危在旦夕，人情汹惧，有议弃宣府城者，官吏军民纷纷争着逃出。罗亨信仗剑坐在城下，下令出城者斩。又发誓将领们为朝廷死守，人心始定。也先曾挟持英宗三次进攻宣府，令杨洪、罗亨信开启城门，亨信回答得十分坚决："奉命守城，不敢擅自开城门。"予以拒绝。杨洪、罗亨信表率军民誓守孤城，外御强寇，内屏京师，为保卫京师立下了战功。

在此非常时期，于谦提拔人才不拘一格。他曾破格提升广东东莞县河泊所闸官罗通任兵部郎中，镇守居庸关。派遣四川按察使曹泰守紫荆关，会同军职，守备关隘，抚恤军民。其余大小关隘，只要可以通人马之处，或塞或守，塞则积木石，守则锋利器械。

由于京城军队兵器十分短缺，有盔甲的士兵仅占十分之一，于谦又取来南京内库所贮军器三分之二以备急用。

史称"京师以宣、大为障，而宣府又以大同为障。"可见大同的地位的重要性胜于宣府，是也先犯边必经之地，战略地位十分重要。于谦对大同的镇守十分重视，他推荐大同副总兵都督同知郭登，佩征西将军印为总兵官，镇守大同。郭登是开国功臣武定侯郭英之孙，郭登被任命为总兵官后，更加奋勉自励。他不断扩充军队，以固守大同。他刚上任时，士卒能作战的才数百，马百余匹，经他数年整顿以后，马有一万五千匹，精壮的士卒数万，大同的兵力成为天下第一。保卫大同孤城，对挫败瓦剌军起着重要作用。

对北京的防务，于谦更加着意。明初地方设立卫所，中央有五军都督府分别统辖卫所军。京军则分三大营：五军营、三千营、神机营，是全国军队的精锐。土木之役使京军精锐亡佚殆尽，新调集的备倭军、运粮军、备操军以及各地卫所的勤王军虽补充了三大营缺员，但各营不相统一，每次调遣时，号令不断更换，兵将不相识。如此，京营统帅非将才出任不能统驭。于谦经过周密的思考，选中了身陷废籍的大同参将石亨统帅京营。

石亨，陕西渭南（今陕西今县）人，方面伟躯，美髯及膝，袭世职任宽河卫指挥金事。他善于骑射，能用大刀，每次作战非常英勇。正统三年充任左参将，辅佐武进伯朱冕守大同，升为都督金事。正统十四年以败兀良哈功，进都督同知。史称正统年间，"边将智勇者推杨洪，其次则亨。亨虽偏将，中朝倚之如大帅。"正统十四年八月也先入寇攻大同，石亨与西宁侯宋瑛、武进伯朱冕与敌战于阳和北口，瑛、冕兵败战死，石亨单骑逃归大同，亲征的英宗予以降职处分，令募兵自效。因其有军事才

能,国家又值多事之秋,于谦向祁钰力荐,晋升都督,任总理京要职。接着于谦又推举辽东都指范广为副总兵,协助石亨佐理京营。

九月二十二日,于谦弹劾三千营忻城伯赵荣,不赴营操练,以致军容不整,纪律全无,士卒喧哗,行伍错乱,请求治他的罪。景帝朱祁钰命法司禁锢赵荣,并以都督金事孙镗代领军务。

二十七日,于谦向朱祁钰建议,命监察御史白圭、李宾等十五人,到直隶、山东、山西、河南各府县招募民壮,在这些地方的卫所量选官旗兼同操练,听候调动。同日于谦命户部主事陈汝言等往宣府、东昌、德州、河间等卫,对达官达军每人赏银二两,布二匹,各令安分守己,不要生事扰人。

于谦在这一个多月里尽心竭虑,从各方面整顿内政,加强战备。当时,上下皆倚重于谦,于谦也毅然以社稷的安危为己任。经过于谦的这番整顿,人心稳定,军事力量增强。朱祁钰也完全信任于谦,有人因此而攻击说皇帝过分信任于谦了。太监兴安为之辩白说:"为国分忧,像于谦这样的人哪里还会有第二个人!"

抗战固守　保卫京师

就在于谦竭诚殚智整饬内政、加强战略之际,瓦剌骑兵在也先的率领下果然卷土重来了。也先的设想是,凭手中的"奇货"英宗对明朝进行要挟,轻取北京,逼明南迁。

十月,也先挟带英宗攻破紫荆关,明朝守将战死。也先麾军入关,直指北京城。面对强大的敌人,京师即行戒严。初五日诏诸王遣兵入卫。初八日,朱祁钰命于谦提督各营军马,将士皆受节制,并赦刘安、王通出狱,协守京师。召集文武大臣商议具体战守方略时,又出现了分歧。成山侯王通建议挑筑北京外城濠应对敌军,总理京营的总兵官石亨则主张尽闭九门,坚壁以避敌锋。于谦坚决反对,他说:"敌人气势嚣张,而我为何又先示弱,使其更加轻视于我?"力主到城外列阵迎战敌军。太监金英与于谦意见相合,主张死守北京,甚至对群臣说:"死则君臣同死。"于谦的意见得到景帝的支持,固守之议在于谦的主张下才确定下来。

于谦分遣诸将率兵二十二万列于京师九门之外,皆受石亨节制。于谦把兵部日常事务交侍郎吴宁处理,自己亲自至德胜门石亨军营,以抵御瓦剌的主攻部队。初九日下令"有盔甲军士但今日不出城者斩。"等到各部军队皆出至城外部署完毕后,把所有的城门都关上,以示背城死战的决心。下令"临阵,将不顾军先退者,斩其将;军不顾将先退者,后队斩前队。"于谦自己则身先士卒,躬擐甲胄,"以示必死,泣以忠义谕三军,人人感奋,勇气百倍",准备迎击瓦剌军。

十月十一日,瓦剌军骑兵直扑北京城下,列阵西直门外,置英宗于德胜门外空房中看守。当天明都督高礼、毛福寿在彰义门北袭击瓦剌军，杀敌数百人，夺回被掠民众千余人。也先看到明军阵容严整，不敢贸然进攻。叛阉喜宁就唆使也先要明朝派大臣迎接英宗，借议和试探明王朝的虚实。明朝知其诈，不派大臣迎驾，以通政使参议王复为右通政，中书舍人赵荣为太常少卿带着羊酒出城到也先营去见英宗朱祁镇。也先让英宗带刀坐帐中，自己和伯颜帖木儿等皆全副武装，披甲胄张弓矢，引王复、赵荣进见。也先不受羊酒，取看番字公文，朱祁镇看汉字公文。也先对王复等说："你们这些小官，可令胡濙、于谦、王直、石亨、杨善等来，"并索取大量金帛财物。景帝和一些廷臣有些动摇，想议和，派人去问于谦。于谦回答："今日止知有军旅，它非所敢闻。"于谦的坚定态度，使景帝放弃了幻想，君臣协调一致挫败了也先的讹诈阴谋。

十三日，也先率兵发起总攻。于谦、石亨率明军与敌激战于德胜门外，瓦剌军进抵北京城下后，曾派游骑到德胜门窥探明军军情，于谦判断瓦剌军可能要从这里进攻，指示石亨预设伏兵于路旁空房之内，而派少量骑兵诱战，旋佯装败退，瓦剌军以万骑尾追，待瓦剌军逼近时，神机营火铳、火炮一齐向敌射发，同时石亨伏兵骤起，前后夹攻，也先军惊扰，明军副总兵范广骁勇绝伦，跃马当先，冲入敌阵，部下将兵齐力杀进。瓦军大败于城下，死伤无数，也先弟弟平章孛罗卯那孩，素有"铁元帅"之称，也在搏战中被范广所部的大炮击毙。瓦剌军转攻西直门，都督孙镗率军迎击，瓦军稍向北退，孙镗追击，瓦剌军增援反扑，孙镗军拼力血战。明军高礼、毛福寿等率兵从南面助战，激战更急。战阵渐逼近城门时，城上守将程信急发箭炮助战，会石亨领兵又从北面赶到，瓦剌军三面被围攻，才向西南退去。

这次战斗后，于谦根据战斗中暴露出来的一些问题，重新作了部署，加强了西直门和彰义门之间的军事力量。命都督毛福寿等在京城外西南街巷要路，堵塞路口，埋伏神铳短枪，以待策应。派金都御史王竑往毛福寿、高礼处提督军务，与孙镗一处屯兵。并要他们与彰义门方面加强联系，遇有紧急情况，互相应援，不许自分彼此，贻误军机。瓦剌军在德胜门和西直门遭到挫折后，就在彰义门组织进攻。于谦命副总兵武兴、都督王敬、都指挥王勇率军往彰义门迎战瓦剌军。明军俱以神铳列于前，弓矢短兵次之，挫败了瓦剌军的前锋。但这时明方面有数百骑想要争功，自后跃马冲出，冲乱了阵营，瓦剌军乘机反击，明军败退，武兴中流矢死。瓦军追到土城，土城一带的居民纷纷爬上屋顶，以砖石为武器，铺天盖地般的投击敌人，喊杀声震天动地，瓦剌军受到阻遏。王竑、毛福寿也闻讯赶来支援，瓦剌军看到援军的旗帜，不敢恋战，仓皇退去。

这次也先率瓦剌军深入京畿，原以为明军不堪一击，北京旦夕可下。但经过五天的战斗，皆被击败，议和"迎驾"的诡计又未得逞，也先感到沮丧，瓦剌军的士气低落。明军自接战以来，屡获胜利，士气大盛。而攻居庸关的五万瓦剌军，因天大寒，明朝守将罗通，汲水灌城，冰坚不得近，经过七天的战斗，瓦剌军的进攻都被击退，

罗通三次出关追击,斩获无数。也先又听得明朝的援军将集,恐断其归路,遂于十五日夜拔营北遁。也先拥挟着英宗先退,于谦侦察朱祁镇已走远,就命石亨等举火发大炮轰其营,瓦剌军死者万余人。于谦派石亨率军追击到良乡以西,十月十七日也先拥英宗出紫荆关退去。十一月八日瓦剌军退回塞外,京师宣布解严。

在于谦的指挥组织下,北京保卫战取得了胜利,挫败了瓦剌军想夺取北京的野心,明王朝转危为安。也先手中的英宗,由奇货变成了空质。然而土木之败给明军造成的巨大创伤也不是短期内能恢复的。这样,在北京保卫战后的短暂和平时期里继续整饬武备,团结内部的任务,仍沉重地压在于谦的肩上。但是那时,明内部不团结,这个任务的完成极为不易。

北京保卫战后,一些大臣妒忌于谦,有意贬低保卫京城的战绩,有的人甚至罗织罪名,弹劾于谦。侍讲学士刘定之直言不讳,弹劾于谦、石亨无功拜爵。而罗通则含沙射影,攻击于谦等不懂军事,忌贤妒能,持禄保位。罗通是于谦从寒微中识拔的人才,他的这番话怎不叫于谦心寒。国难当头,重任在肩,于谦以身许国,团结好内部要紧,于谦计较不了这许多。在北京保卫战结束后,景帝论功行赏,加于谦少保总督军务时,于谦讲了句掷地有声的铿锵壮语:"四郊多垒,卿大夫之耻也,敢邀功赏哉!"于谦已把全心交给了国家,还何恤人言。

北京保卫战后,对下一步的战守方略,廷臣中存在着严重分歧。户部尚书兼翰林学士陈循力主把能征惯战的将领和精锐部队皆留京师。于是镇守宣府的杨洪及其子杨俊,以及镇守居庸关的罗通都被调到北京。而当时的一些将领,也以为打了胜仗,有了功绩,就想晋官升职,在京师享受。有的虽派遣去镇守边关,却赖着不走,如都督顾兴祖等,虽承差遣,但尚未启行。这些情况使得宣府、居庸关兵将全无,所有的不过是疲兵羸卒。紫荆关、倒马关、白羊等关,在瓦剌军撤退后的一个月内都还没有设守。于谦面对当时防务废驰的情况,忧心忡忡,于十一月十五日上奏道:"宣府者,京师之藩篱;居庸者,京师之门户。未有藩篱门户之不固,而能免盗贼之侵损者也。"因此他要求朱祁钰集合文武大臣六科十三道,对如何处置边务从公会议。兵科都给事中叶盛也支持于谦的观点。

在于谦等人吁请下,景帝祁钰对北京及其外围防务引起了重视,派遣左都督朱谦、都督同知纪广、都督金事杨俊往镇宣府,右金都御史王竑等往镇居庸关。又派遣金都御史萧启、都指挥金事董宸赴河间府,金都御史祝暹、都指挥金事赵瑄赴保定府,右金都御史陈矩、都指挥金事葛旺赴真定府,一文一武加强京西、京南府县防务,敕谕各官加强军事防备工作,警惕也先卷土重来。

为了整饬武备,于谦很重视提高士兵的素质和战斗力,强调平时对士兵的操练,他认为操练军马是国家重要的事务。而当时京军的各营总兵、把总官,每次在朝参后才到教场操练,使得军士在教场上久等,耽误了操练。于谦对此奏请道:"自今乞令总兵把总等,凡直操之日,免其朝参,就令至教场操练。"于谦自己则不时地

往来监督,查到懈怠偷懒的立即上奏皇帝,将其罢黜降罪。经过于谦等人的大力整饬,明朝的军备力量逐渐加强。

也先在京城战败后,仍野心不死,在景泰元年(公元1450年)的春夏间又对明朝发动了几次进攻,由于明朝的军备力量增强,也先的进攻均以失败告终。当时明朝内部不少将领还抱着与瓦剌议和的态度,大同参将皇亲许贵的意见就很有代表性。他上疏说:瓦剌派了三个人来大同,邀朝廷派使者去讲和,我方应该派遣使臣,带着礼物款待瓦剌军,以后再慢慢地制定讨伐的计策。对此于谦坚定地答复道:"我与彼不共戴天,理固不可和。万一和而彼肆无厌之求,从之则坐敝,不从则生变,势亦不得和。贵为介胄臣,而惬怯如此,何以敌忾,法当诛。"景帝根据于谦的提议,下令切责许贵。从此,边将人人主战守,没有人再讲议和了。

<h2 style="text-align:center">力迎英宗　改革兵制</h2>

也先自从俘虏了英宗朱祁镇,原以为奇货可居,欲扣作人质,使明朝关隘不攻自下,并可向明朝索要大量金银财物。谁料想,在于谦主持朝政后新君已立,边备大修,部署得力,着意战守,传谕各边镇"瓦剌奏驾(英宗朱祁镇)至,不得轻出"。每当也先以送驾为名进行讹诈时,都被于谦以"社稷为重,君为轻"回绝。原来也先手中的奇货此刻变成了空质,留着也就不起什么作用了。杀掉他,无疑宣告双方关系彻底破裂;送还他,便可作个顺水人情。因此,也先有了送归英宗朱祁镇之意。

景泰元年夏开始,也先多次派使者来,请明朝派使臣迎回太上皇英宗,表示愿意和明朝讲和。但景帝却怕英宗回来夺他的皇位,因此迟迟不肯回复。当时大臣们都主张速派使臣去迎回朱祁镇,景帝就召群臣于文华殿,商议此事,这时于谦明确地表示赞成迎回朱祁镇。

英宗祁镇回京以后,于谦向朝廷提出"和议难恃"和"上皇虽还,国耻未雪"的警告。他条谏各项安边的策略,坚持执行,专力于国防的充实。一面加强真定、保定、涿州、易州以及永平、宣府、大同、居庸关、山海关等处的防务,增加守军人数,按时修缮城堡,并于景泰二年遣都督佥事孙安率轻骑出龙门关收复独石、马营等八城,募民屯田,且耕且守,这样就使宣府、怀来的防务更趋巩固;一面对军官的贪污怠职等弊端,严加纠察,整肃了军纪;另外还推荐平江侯陈豫镇守临清,增筑新城,保护漕船运输的要道——运河;又对马政、阵法、战车、军器、军功制度多所改进。对于火器,也提倡创造,如采纳巡关侍郎江潮的建议,制造"火伞",燃放出去,可以惊溃敌军马队。又采纳应州人师翱的建议,制造有机关的火铳。

于谦不懈地加强军事力量。他在执掌兵部的实践中,深感明朝兵制中的一些弊病,为了从基本上提高军队的战斗力,积极从事对京营兵制的改革。

景泰二年(公元1451年),于谦开始改革京营军制。他于三大营中挑选精勇军士十万人,编为五营操练,叫做团营。第二年,又将团营军士增加到十五万人,分十营操练,于景泰三年团营制度完全确立。没有选人团营的军士,仍旧归于三大营,称做"老家"。

十五万精锐京军,分编十团营。每团营一万五千人,置都督一人,统率本营,叫做"坐营都督"。每一坐营都督下,设都指挥三人,各统领军士五千人。每一都指挥下又设把总五人,各统领军士一千人。每一把总下又设指挥二人,各统领军士五百人。每一指挥下,设领队官五人,各领军士一百人。每一领队官下设管队二人,各领军士五十人。以上十团营,共设总兵官一人,由石亨充任,受兵部尚书于谦节制。

于谦对京营的改革,改变了京军各营互不统一,每遇调遣,号令纷更,兵将不识的偷怠紊乱情况。于谦更积极招募兵民,充实军队的作战力量,遣使分募直隶、山东、山西、河南民壮,拔山西义勇守大同,并用民兵防守紫荆关、倒马关两关。这些措施,特别是新军(十营团)的建立以及战守部署等,使明朝的国防渐趋巩固。

尽心社稷　小人忌恨

就在于谦日以继夜、鞠躬尽瘁地为国事操劳之时,明王朝内部的一些小人却在妒忌于谦的功绩,怨恨于谦,处处牵制他,与他作对。

正统景泰之际的形势和环境,使于谦这样的忠正卓越之士脱颖而出。景泰初元,于谦实际上是以兵部尚书和总督军务的身份,成了支撑明廷政治运转的核心人物。

于谦出任兵部尚书之时,也先势力扩张,而福建有邓茂七、浙江有叶宗留余部,广东有黄肃养的起义,湖广、贵州、广西苗、瑶、壮等少数民族人民也纷纷起来反抗贪官污吏,明王朝的统治正经受严峻考验。为了维护明王朝的统治,于谦调兵遣将,匠心独运。当戎马倥偬,变在俄顷,他目视指屈,口具章奏,无不妥当切宜。僚吏受成,相顾惊服。他治军号令明审,勋臣宿将只要小有违纪之处,他即请旨切责,片纸行万里外,靡不慑息。为了培养一支训练有素、战斗力强大的中央直属部队,他又将残损的三大营改组为团营。他才略开敏,精神周至,一时无有与其相匹者。他至性过人,忧国忘身,全身心投入中兴明朝的事业。

于谦的杰出才干和忧国忘身的崇高品格,深深为景帝所知。他支持于谦,对于于谦的论奏,绝大多数是完全允准的。如景帝曾派内使到真定、河间等府采野菜,到直沽造干鱼,他以为扰民,景帝即作罢。每用一人,景帝必秘密征求于谦的意见,他具实以对,无所隐瞒,不避嫌怨。由此,那些在职而不任事的人无不怨恨于谦,而那些未能得到如于谦那样重用的人则对他妒嫉横生。副都御史罗通,本因于谦的识荐,自一闸官破格拔升而起,但也先刚刚被逐至边外,他即上疏弹劾于谦上功簿不实,景帝不问。

于谦以兵部尚书掌部事,又总督军务,在明朝历史上是一个新例。于谦的前任邝野曾向恭顺侯吴克忠索要军士名册稽考,吴克忠按例上闻,邝野便不得不惶惧上疏谢罪。可见在于谦之前,兵部尚书都无权过问军士的总数。可是,他不但稽考兵数,而且通过对军士数目的点阅监督武臣是否私役、卖放军士;他不但掌管武臣的考选、推举,而且还是京营事实上的最高统帅。在一些人的眼里,他的权力太大太专了。于是便有御史上言,说于谦任事太专,六部大臣同内阁奏行的事,于谦据祖制驳之。户部尚书金濂上疏斥责其非,景帝最后维护了现行的制度。

于谦性情刚直,对于当时的勋戚贵幸的怯懦贪鄙,多所轻视,因而对于阉党邪派的阴谋活动,也就警惕不够。于谦遇到阉党破坏和捣乱的时候,常愤慨地扪胸叹息,曾说:"此一腔热血,竟洒何地?"表示决不向他们让步。

于谦不树党,不阿君,尽管景帝比较重用信任他,于谦也不是对景帝无原则地顺从。景泰三年五月,景帝废掉英宗的儿子朱见深的皇太子名义,另立自己的儿子朱见济为皇太子。景帝这种自私行为,于谦是不赞同的,景帝心中不快,对于谦日渐疏远,不肯授予于谦全面行政的实权,仅仅因为边防多事,才使之长期专任兵部。对此于谦也不是没有察觉,但他不以为意,仍旧忠心耿耿干好本职工作。

于谦在其任兵部尚书期间,号令明审,即使是勋臣宿将,只要稍稍违犯律例,他即请旨切责,毫不留情。因此得罪了一批官僚,使他们站在于谦的对立面,成为于谦的敌视者。

徐埕,后改名有贞。在土木英宗被俘后,曾主张迁都南方,遭到于谦等主战派的驳斥和内廷的讪笑。此后他久不得志,便攀附要人以求升官。他送给大学士陈循一条玉带,并用术士的口气预言道:"公带马上就要换成玉的了。"不久,陈循果然加官为少保,非常高兴,于是便多次保荐他。当时用人多取决于于谦的意见,徐埕便托于谦的门下士游说,求升国子监祭酒。于谦觉得他颇有才气,便托内使转达景帝,保荐他。

一日退朝后,景帝召于谦独自到文华殿,对他说:"这个徐埕就是偈言南迁的那个徐埕吧?徐埕虽然有文才,但其人心术不正,为人倾危,哪堪作得祭酒为人师表。若是以卿之言用他为祭酒,后生秀才恐怕全要被他教坏了。"此事遂作罢论。但是徐埕不知道于谦曾举荐过自己,反而认为于谦在景帝面前说了自己的坏话,使自己不能升迁,于是对于谦切齿痛恨,结下了怨仇。

石亨在正统时期是与杨洪前后相列、有智有勇的名将,阳和之败后被降官,还是于谦出面请求宽宥其罪并荐举为五军大营总兵官的。景泰元年北京保卫战中,于谦与石亨同守德胜门,重挫也先。事后论功行赏,石亨功不高于于谦而被封世袭武清侯,而于谦仅加衔少保。石亨觉得于谦在当时为总指挥,又身先士卒,功不在

自己之下，而自己赏封太高，心里颇感惭愧，便上疏荐举于谦的儿子于冕做都督府前卫副千户。于谦当即上疏恳辞，并指责石亨位居大将，不选拔军伍中人材报效国家，单独荐举于冕是不合公论的。同时又指出："臣于军功，决不冒滥，纵欲为子求官，自当乞恩君父，何必假手于石亨！"石亨听到了这些话语，恼羞成怒，自此开始敌视于谦。

于谦以兵部尚书总督军务，各营号令，进退赏罚皆出于己，而总兵官石亨等人不能赞一辞。石亨骄纵枉法，勾结营私，于谦屡次对他加以奏劾，石亨更加恼恨不已。景泰三年十一月七日，石亨上疏朝廷，以退职相要挟，景帝未允。十七日，于谦亦上疏指出自己权势太重，有妨诸总兵官，请求解职，让石亨总督团营。景帝也不允。石亨与于谦处处作对，他开始千方百计地排挤于谦亲信之人，结纳私党。

总兵官范广，精于骑射，骁勇绝伦。英宗北狩，在于谦的荐举下，被提升为都督金事，充任左副总兵，做石亨的副手。京师保卫战中他一马当先，所向披靡。也先撤退，他又率部追击至紫荆关，得胜而归。他性格刚直，为人廉正，在诸将帅中不多见，最为于谦所信。石亨所为多不法，部下仗势横行贪纵，范广屡次上言纠正，石亨对其恨之入骨，于是在景帝面前将他谮毁一通，范广遂被降为坐营都督。而对和自己臭味相投的人，石亨则广泛地交结同僚，结为党羽。

张辄，河间王张玉的小儿子。张玉乃朱棣手下的一员大将，为朱棣夺取帝位立下了汗马功劳。在靖难之役的东昌之战中，为救其主被创而死。永乐时赠荣国公，洪熙元年追赠河间王。张辄的长兄张辅，以功至封英国公，是正统时的首席勋臣。凭着这种皇亲贵族的地位，张辄得以食禄至都督。张辄以纨绔子弟出身，贪淫黩货，无所不为，景泰二年曾因骄淫不道下狱。他与石亨的秉性相近，做人的态度也很一致，因此两人相得甚欢，沆瀣一气。他也先后因违反军律，被于谦弹劾，也深恨于谦。还有太监曹吉祥，也因监守军务时，被于谦制裁，平素也甚介于心。前任兵部尚书王骥，正统时党附王振，景泰时曾受裁抑，但他屡思跋扈，由于谦不肯推举他，他也对于谦深怀不满。这些人勾结在一起，共同与于谦作对。

对于这些潜在的政敌，于谦不仅缺乏必要的防备，甚至全然不顾及。他从没有想过为巩固自己的地位而笼络一批忠于自己的部下以此设法消除政敌。他把全部的身心都投入到国家大事上，而对于自己的身家性命、个人得失已是无暇念及了。对他来说，只要能报效国家，有益于百姓，死又有什么可怕的呢？

身遭构陷　性命不保

景泰四年，皇太子朱见济忽然病死。一部分较为正派的官员主张恢复见深做皇太子，遭到景帝的反对。另一方面，复辟的阴谋却在暗暗地酝酿着，终于爆发了

"夺门"的主角是太上皇朱祁镇。他在土木堡丧师辱国被也先俘虏后，之所以能够重返明朝，主要是由于于谦的力主抗战，挫败了瓦剌军，使也先的要挟不能得逞；另外也由于于谦对景帝的劝说，才使景帝遣使迎回。但在朱祁镇回归之前的时期里，于谦不主和议，常说"社稷为重，君为轻"，朱祁镇因此而怪罪于谦。祁镇回到北京后，他的弟弟祁钰已经代替了他的皇位并且把他禁锢在南宫里，因此他们兄弟之间势同水火。"夺门"事件的主要推动者是石亨、徐有贞、曹吉祥等人。这一群贪残阴险、结党营私的官僚们凑到一起，想利用祁钰和祁镇兄弟二人的尖锐矛盾，为祁镇夺回皇位，乘机浑水摸鱼，做自己升官的打算。

景泰八年正月，景帝祁钰病重，而皇太子尚未定，群臣十分忧虑。于谦会同大臣上疏请求复立沂王朱见深为太子，东阁大学士王文等不同意。王文说："今只请立东宫，安知上意谁属？"只上疏"早择元良"。但景帝不同意立皇太子一事。

谁也没有想到，此时石亨、徐有贞、曹吉祥这帮人在密谋策划发动复辟。在十三日这天，石亨摄行大祀天地礼，见景帝病势沉重，没有康复的希望，认为发动复辟时机已到，便紧锣密鼓地谋划英宗复辟，而于谦等却对此全然不知，蒙在鼓里。十六日夜，石亨、曹吉祥、徐有贞、张辄、王骥等潜纳京军进皇城，率众急奔南宫，毁墙裂门，拥祁镇登辇，闯入皇宫，强登奉天殿，宣告复辟。

英宗登上帝位后，立命有贞以原官兼翰林院学士入阁参与机务。第二天即传命就朝班中逮捕兵部尚书于谦、大学士王文，并令逮捕司礼监太监王诚、舒良、张永、王勤等人于禁中，全都关入锦衣卫狱中，升有贞为兵部尚书。

大受宠任的徐有贞等趁机大肆诬陷于谦。十九日，徐有贞、石亨唆使其同党诬劾于谦、王文等谋立外藩襄王朱瞻墭的儿子做皇帝，并说此事虽有传闻，但很明显，请英宗严惩。

第二天，六科、十三道言官再次弹劾于谦、王文等人。英宗命廷审。言官诬于谦、王文等人邪议，更立东营，又与太监王诚、舒良、张永、王勤等密谋迎立襄世子。王文不胜激愤，抗辩道："召亲王必须有金牌信符，遣人必须有脚力马牌，事关内府、兵部车驾司，可以查验！"于谦冷笑道："辩也死，不辩也死。朝廷赦得我，石亨诸人同意么？辩有何益！"

经过查对，金牌信符都在内府，但徐有贞却说："虽无显迹，意之有。"于是便给于谦加了个"意欲迎立外藩"的罪名，判处谋逆罪，处死刑。

开始，英宗还犹豫不定，说："于谦确实有功。"徐有贞说："不杀于谦，则今日之事（夺门）无名。"这才促使英宗下定决心。

天顺元年（公元1457年）正月二十二日这天，英宗下令斩于谦、王文于市。临刑之时，于谦面无惧色，从容不迫。围观的老百姓则默默为他洒下同情的热泪。天空立时阴云四合，阴惨惨，大地呜咽，似乎为人间冤情悲不平。

于谦被害的消息传出后，路人嗟叹，无不认为是天下一大冤案。有一个指挥朵儿，原是曹吉祥的部下，用酒哭祭于谦被杀的地方，曹吉祥得知，十分恼怒，将他痛打一顿。第二天，他照样像昨日奠祭。都督同知陈逵为于谦的忠义所感动，冒着危险收殓了他的遗骸。后来于谦的女婿朱骥把于谦的灵柩运回故乡，葬于西湖边三台山麓。后来北京还出现了怀念于谦的童谣："鹭鸶水上走，何处觅鱼嗛（于谦）。"皇太后起初不知道于谦死，等到知道了也叹息了好些日子，英宗也很后悔。

当英宗派人抄没于谦的家财时，家无余赀，仅几箱书籍。唯正室门锁牢固，打开一看，尽是皇帝所赐的蟒衣、剑器和玺书。

于谦被害，家属被发配到边地充军。徐有贞、石亨又大搜所谓于谦党人，榜示天下，把于谦平时举荐、重用的一些官员、将领加以杀害、谪戍、罢官。一些希图上爬取宠的卑鄙小人无不以攻击于谦为进身之阶。

于谦死后，由石亨的同党陈汝言代为兵部尚书，不到一年败落。抄其家时，但见家财达以数万计。英宗难过地说："景泰朝于谦死时，家无余赀，陈汝言却这么多。"石亨俯首不能回答。不久边警迭起，英宗忧形于色。恭顺侯吴瑾在一边说："假如于谦在的话，该不会让敌寇猖獗到这种地步。"英宗听了默然无语。

于谦在景泰时的故宅，在北京崇文门的西裱褙胡同，于谦被杀后籍没充公。成化初，于谦之子于冕被赦，上书讼父冤。明廷恢复于谦生前原有官爵，并将故宅改为"忠节祠"，祠内阁上有清人孙诒经的题词："热血千秋"和"帝念有功，群小谗谋冤太惨；公真不朽，故居歆祀地犹灵"。弘治二年，赠特进光禄大夫、柱国、太傅，谥"肃愍"；赐祠于其墓曰"旌功"，有司每年按时致祭。万历中，改谥"忠肃"。杭州、河南、山西皆奉祀不绝。

刚正死无惧　备棺骂皇帝

——海瑞之冤

　　明王朝从正统(公元1436—1449年)以后,由盛转衰,社会矛盾逐步尖锐化。明宣德以来,吏治已渐趋腐败,"宣德初,臣僚宴乐,以奢相尚"。贪污成为官场积习,即使负有监察职责的"御史亦贪纵无忌",而作为统治权力核心的内阁,更是互相倾轧。1522年,武宗崩,因无子嗣,由其堂弟朱厚熜继位,是为明世宗。世宗即位不久,即欲尊自己的生父为帝,由此引起朝中立与不立的两派之争,史称"大礼仪之争"。为此,两派之间互相排挤,争宠弄权。

　　当时的明王朝,宦官专权呈愈演愈烈之势。自明成祖始,委宦官以出使、专征、监军、分镇等军政大权,首开宦官干政之端。此后,宦官又插手司法,总领京军。其结果,明代的政治更加黑暗,阶级矛盾更加激化。

　　明中叶后,土地越来越高度集中,皇帝带头掠夺地产,上行下效,致使皇庄林立,王田遍野。

　　百姓的赋税日益沉重,时有民谣唱道:"一亩官田七斗收,先将六斗送皇州,止留一斗完婚嫁,愁得人来好白头。"充分反映了佃户的苦难生活。赋税不均更使百姓没有生存的余地,"富者田连阡陌,坐享兼并之利,无公家丝粒之需。贫者虽无立锥之地,而税额如故,未免缧绁追并之苦"。

　　官僚缙绅盘剥无度,而明中央政府却财政日窘。世宗嘉靖年间,由于战乱频仍,军费大增,加之皇室奢侈,冗官冗食,致使财政亏空多者每年近四百万两,少者也有百余万两。至隆庆元年(公元1567年),即世宗死后第二年,太仓银仅存一百三十五万两,仅够政府三个月的开支。可见,明政府财政拮据已到了惊人的地步。

　　明中叶,随着封建土地所有制的高度发展,阶级矛盾日趋激化,全国各地农民反抗地主阶级统治的斗争形式多种多样,规模也越来越大。明正统十二年(公元1447年),福建爆发了叶宗留、邓茂七领导的起义;明天顺八年(公元1464年),荆襄山区爆发了刘通、李原领导的起义;明武宗四年(公元1509年),河北爆发了杨虎、刘六领导的起义,等等。为缓和尖锐的社会矛盾,维护明王朝的统治,封建地主阶级中的有识之士意识到再也不能因循苟且下去了。万历初年,出现了名噪一时的张居正改革,因改革触动了大官僚地主阶级的利益而遭到强烈反对。神宗十年(公元1582年),在张居正死后,其改革措施逐渐被破坏,明王朝的社会危机也随之

越来越严重。

就是在这种历史背景下，海瑞出现在明王朝的历史舞台上。自号"刚峰"的海瑞，没有同流合污，而是誓与官僚豪强进行坚决斗争，无奈仕途险恶，海瑞对于大明、对于天下苍生的忠心和一腔热情并没有使他大展宏图，反而是屡遭贬迁，令人扼腕叹息、为之叫冤！

不事奉承　刚正廉洁

海瑞(1515—1587年)，字汝贤，号刚峰，琼山(今海南海口市)人。

海瑞的祖父海宽曾任福建松溪县知县。然而，海瑞的父亲海瀚却无所作为。在海瑞出生四年之后，海翰便去世了。海瑞在母亲谢氏的精心培养下，靠母亲耕种十余亩田地和替人做些针线活得以长大成人。在这样的生活环境里，海瑞养成了实事求是、刚毅坚强的性格。

嘉靖二十八年(公元1549年)，35岁的海瑞赶赴乡试，因写《治黎策》而中举，并在嘉靖三十三年(公元1554年)一月被派到福建延平府南平县任教谕。初入仕途的海瑞就显示出了刚直不阿、不畏权贵的高贵品质。海瑞平生刚直，因自号刚峰，所以天下就称其为"刚峰先生"。在南平县教谕任上，有一次，御史"下基层"巡察，海瑞的同事全都伏地跪拜迎接，惟独海瑞以揖为礼，并说："下属拜见御史大人，应当用上下级的礼仪常规，而不应跪拜。"海瑞的刚劲抗颜自然得罪了上司，海瑞自己对此也有所察觉，便要求辞去教谕一职。延平府的一些官员对海瑞也不满，早就想把他赶走，就批准了他的辞呈。然而，当地的知府比较明达，认为海瑞并没有过错，挽留住了海瑞。后来在朱衡任福建提学副使时，喜欢海瑞的刚直，就把他调到正阳书院修书。

嘉靖三十七年(公元1558年)六月，海瑞被任命为浙江淳安县知县。海瑞认为：知县，知一县之事也。不能只顾自己，不讲认真，以为认真生怨取祸，浮沉取名，窃取官爵，那样就不叫知县了。因此，海瑞虽然提升了，但刚直的秉性却丝毫未改。一次，浙江总督胡宗宪的儿子路过淳安县时与驿吏发生争执，一怒之下，令人将驿吏倒着吊了起来，并进行拷打。海瑞见此极为愤慨，亲自没收了胡宗宪儿子的数十两银子以示惩罚，然后告诉胡宗宪说，胡总督在以前为御史时，曾下令往来官吏所到之处不许铺张浪费，今天竟有人大肆索取贡献，欺压百姓，且冒充是您的公子，我真不敢相信。总督胡宗宪哭笑不得，只好不了了知。

海瑞所辖的淳安境内，山多地少，百姓十分穷困，税役负担很重。更为不合理的是，无地和少地的农民却要负担虚数的土地的税役。而大地主依仗权势，虽有土地几百上千亩，却无分厘之税。海瑞鉴于此，重新丈量了土地，按土地的实际占有

情况征税、征役，以避免豪强地主"有田无粮"，平民百姓"产去税存"，从而减轻了百姓的一部分负担。

海瑞在淳安任内，在制定兴革条例、整顿社会治安、兴修水利、发展生产等方面的政绩受到时人的赞许，但最值得称道的还是他在搏击权贵和精确断案方面所显示出的杰出才能。

严嵩的党羽鄢懋卿奉命以都御史身份巡视盐政，以此借机敲诈勒索，所过之处，百姓就惨遭一次搜刮。海瑞以毒攻毒，将鄢懋卿牌告中的"素性俭朴，不喜承迎"的语句摘录出来，写信给他："你所到之处，并不像牌告中规定的这样俭朴，而是铺张供应，恐怕是地方官员瞎张罗。我如按牌告办事，又恐有怠慢之罪，如铺张招待，又怕违背你体恤民力的指示。"并在信中问鄢懋卿如何办才好。鄢懋卿只好告诉海瑞"照宪牌行"，又因素闻海瑞不好对付，便绕道他往了。淳安县因有海瑞挡驾，才免遭了一场浩劫。

海瑞办案一向注重调查研究。由于他断判了许多冤案，在严州府属县颇负"青天"之名，因而严州府各县遇有疑难案件也移到淳安县处理。

海瑞"苦节自厉，诚为人所难能"。海瑞即使是任淳安知县时，仍然"布袍脱粟，令老仆艺蔬自给"。浙江总督曾讥讽海瑞，对人说："昨天听说海瑞为母作寿，买了二斤肉。"海瑞这种洁身自爱的品质，在当时吏治腐败，"以奢相尚"的情况下，更显示出他的高雅和卓尔不群。

任职一方　造福一方

海瑞的政绩和刚直抗颜使他受到百姓的拥戴，却得罪了浙江总督胡宗宪、权贵鄢懋卿之流。原已调升嘉兴通判的海瑞，还未上任，就被鄢懋卿的同党袁淳捏造罪名而削去职务。后来经原任福建提学副使、时任吏部尚书朱衡的力荐，才被重新委派任兴国知县。在兴国一年半，海瑞仍像在淳安任上一样，通过了解百姓疾苦，提出了改革弊端的《兴国八议》，上报南赣都御史吴尧山。其中提出的主要措施是清丈田亩、裁减冗官、招抚逃民等。这些措施减轻了百姓的负担，受到百姓的拥戴。

在嘉兴任上，海瑞对于豪强欺凌、鱼肉百姓的做法仍是毫不手软。当地乡官张鳌曾做过兵部尚书，因年岁已高回乡养老。他的两个侄儿张豹、张魁仗势欺人，当海瑞传讯两个人时，张豹、张魁竟然抗拒不上公堂，并大闹县衙门。海瑞怒火中烧，捉拿张豹押送到府里。张鳌四处游说，以至于张豹无罪获释。海瑞闻听后，屡次"上诉"，直至给张豹、张鳌定罪。所以说，海瑞有"青天"之说，并非徒有虚名。

海瑞崇尚节俭，反对请客送礼，对上司也决不卑躬屈膝、阿谀奉承。在淳安任上时，按以往惯例，上司或朝廷要员到来，地方官均要送礼。同时，对于地方官来说，要想入朝进京，更是必须搞好关系。海瑞对此则不屑一顾，他认为："所有的官员都不向上司送礼，难道就一个也不提升？所有的官员都贿赂上司，难道就一个也不降职？为什么要做这种既违心又犯罪的事呢！"

相对于海瑞"舍得一身剐，要把皇帝拉下马"的胸襟气概来说，海瑞与官僚豪强作斗争就无需大惊小怪了。

嘉靖四十三年（公元1564年），海瑞被调到京城任职，在户部担任云南司主事，从而使他可以在更大的范围内考虑国家大事。经过两年的调查研究，他掌握了许多关于朝廷腐败的材料。世宗皇帝朱厚熜自嘉靖二十年（公元1541年）以来就不上朝理事，拜"仙士"陶仲文为师，求长生不老之术，全然不顾国家的兴衰得失。而对于世宗的此种做法，督抚大吏争上符瑞。而对此提出异议的有杨最、杨爵，杨最被当场打死，杨爵则被打得血肉模糊，昏迷一夜才苏醒过来，并为此在监狱中被关押了五年。廷臣自杨最、杨爵得罪后，就没有敢言论时政的人了。在这种情况下，对于世宗的做法是放纵还是规谏，海瑞勇敢地选择了后者。

为使明王朝能长治久安，海瑞上了《直言天下第一事疏》，也称《治安疏》，目的在于"为直言天下第一事，以正君道，明臣职，求万世治安事"。为此，海瑞披肝沥胆，为世宗陈说利害。

海瑞的言辞，其理甚切，其意至明。同时，海瑞真是把生死置之度外了。在奏疏中，海瑞大胆地引用民谣，说："嘉靖（家净）是什么意思呢？嘉靖就是家家干干净净，什么钱财都没有。"

明世宗看完奏疏后大怒，将奏疏扔到地上，并命人去抓海瑞。宦官黄锦在一旁说道："海瑞一向以痴志闻名，听说他在上此奏疏时就知道触犯皇上是死罪，并已经备好了棺材，还与妻子儿女诀别，吩咐家仆在他被定罪后也各奔东西，看样子海瑞是下了必死的决心了。"世宗闻听，沉默良久，又拿起奏疏读了几遍，对其中的道理有所感悟，说道："此人可与比干相比，但是朕也并非商纣啊！"虽然没有立即把海瑞抓起来，但过了几天，还是命将海瑞交锦衣卫审讯，定海瑞死罪。嘉靖四十五年（公元1566年），世宗崩，穆宗即位，海瑞才被释放。

海瑞

海瑞获释后,复任户部云南司主事,不久又改任兵部武库司主事。隆庆元年(公元1567年),调任专管皇帝玺印的尚宝司司丞,之后又调任大理寺寺丞,专管平反冤狱。同年冬,调任南京右通政。

隆庆三年(公元1569年)五月,海瑞升任右佥都御史,以钦差大臣身份总督粮道巡抚应天。由于连年受灾,加之贪官污吏的盘剥,百姓负担日重。"盖华亭乡官田宅之多,奴仆之众,小民嗡怒而恨,两京十二省无有也"。为改变这一局面,海瑞决心革黜贪官污吏,搏击豪强,矫革浮淫,厘正宿弊。

海瑞到任不久的一番措施,使风物顿易。有一权贵曾把自己的门第漆成红色,以示招摇,听说海瑞将至,一夜之间急忙将门第改漆成了黑色。一太监任江南织造,出入乘八人肩舆,见海瑞到任,心中畏惧,遂将八人肩舆改成四人肩舆。然而,最关键的还是怎样改变"富者田连阡陌,贫者无立锥之地"的现状,以利于民。在海瑞看来,吴淞江是国计所需,民生所赖,修之举之,不能有一日的迟缓。吴淞江是引太湖水经黄浦江入海的,年久失修,致使通道填淤。同时,地处常熟境内的白茆河也流泄不通。为此,海瑞主持疏浚吴淞、白茆,通流入海,使百姓得到了极大的好处。同时,海瑞在兴建水利工程之中,还通过兼行赈济的方法,使千万饥民的生活得到了妥善的安置。

海瑞向来不满于高官大户对于农民田地的兼并,于是采取措施逼迫乡官退田,实行均田均税。退田措施是与推行"一条鞭法"同时进行的。

"一条鞭法"最先是由大学士桂萼在嘉靖九年(公元1530年)提出的针对赋税制度的改革措施,是对宣德以来各地役法改革的概括和总结。其内容是把过去田赋的各项各款,如均徭、力差、银差、里甲等等统统编在一起,通计一省丁、粮,通派一省差役,官收官解,除秋粮外,一律改折银两交纳,从而把复杂的赋役简单化了。由于当时交通不便,运输费用往往超过赋税本身。而改实物为货币,避免了官吏对农民的层层盘剥,也使农民对封建国家的人力依附关系有所松弛。海瑞"意主于利民",曾说"欲天下治安,必行丈田。"可见,海瑞对当时土地兼并的忧虑之深。同时也反映出,一项新的措施,一点改革,在当时皇帝昏庸、大官僚地主作祟的情况下该是何等的困难。

搏击权贵　抑郁而终

正当海瑞施展他的才华时,却遭到朝、野官员的围攻。海瑞"搏击权贵"的措施触动了地主阶级及官僚士绅的利益,因此招致许多人的怨恨。首先发难的是都给事中舒化,他"论海瑞迂滞不达政体,宜以南京清秩处之"。另一给事中戴凤翔弹劾海瑞"庇奸民,鱼肉缙绅,沽名乱政"。对此,海瑞十分愤慨,在《被论自陈不职疏》

中国历代冤案

中对戴凤翔的诬蔑进行反驳。

海瑞的反驳严词义正,句句在理。但是,海瑞还是被罢免了应天巡抚之职,降为督南京粮储。而这一切,是在海瑞到浙江任上不到半年的时间里发生的。虽然如此,海瑞打击兼并及其采取的各项利民措施却使他受到了百姓的拥护和爱戴。

后来,朝中官员多次荐举海瑞,却遭到一些人的阻拦。海瑞将要出职新任时,遭到当权的高拱和张居正的排挤。高拱素来积怨于海瑞,就派他到南京户部任职。张居正也不喜欢海瑞,并令巡按御史查证海瑞是否廉洁。御史到海瑞住所查访,见海瑞正一边喂鸡一边端着饭碗吃饭,屋内四壁萧然。御史不得不惊叹海瑞的清贫,悄然离去。然而,张居正忌惮海瑞的"峭直"性格,虽百官举荐海瑞,张居正仍然不用海瑞。直到万历十三年(公元1585年),神宗才恢复了被排挤、革职闲居达16年之久的海瑞的官职,并擢升海瑞为南京右佥都御史、南京吏部右侍郎。此时的海瑞已是年逾古稀、72岁高龄的老翁了。

海瑞年老却雄心未泯,虽然"衰老垂死",但依然"愿比古人尸谏之义",上疏神宗,力主严惩贪官污吏。此外,海瑞其他劝谏时政的建议措施,语言也极为恳切,切中时弊。然而,海瑞的建议却遭到一些人的反对,御史梅鹍祚竟因此弹劾海瑞。神宗认为,海瑞的言辞虽然有些过火,但精神可嘉,因而诏贬了梅鹍祚的官职。但是,事情并未因此了结,提学御史房寰也弹劾海瑞本"一介寒生",却"以圣人自许",并责问海瑞要把圣上置于何位,极力挑拨神宗和海瑞的关系。海瑞正不怕邪,上书力驳房寰。对此,神宗却不表态,认为"是非自有公论"。就这样,此事不了了之。心灰意冷的海瑞有苦说不出,要求告老还乡,神宗又不准。抑郁中的海瑞于万历十五年(公元1587年)十一月去世。

海瑞死后,佥都御史王用汲到海瑞家中探慰,见海瑞家境清贫,大受感动,聚钱为海瑞下葬。市民敬慕海瑞,都自动停止营业。在为海瑞送葬的沿江两岸,均是穿白戴皂的送葬人流,祭奠的人潮百里不绝。

海瑞死后,被追赠太子太保,谥号"忠介"。纵观海瑞的一生,是反对贪官、清正廉洁、不畏权贵、搏击豪富的不屈斗争的一生。海瑞为官期间,曾经平反了一桩又一桩冤狱,而他自己却屡遭谗陷和排挤。真不希望历史开这样的玩笑,而这又岂止是玩笑?

因别于世俗　遭诬陷刿身

——李贽之冤

明代时期是我国哲学史上又一个集中发展的时期。明朝前期,程朱理学很流行,在思想领域处于统治的地位。至明朝中期以后,王守仁的心学兴起,一时影响极大。

明代后期的进步思想家李贽,他虽是王学传人,但他的思想含有唯物主义成分,是王学左派的代表人物。他反对"以孔子之是非为是非",反对把儒家经典看作是真理的标准,对理学进行了激烈的批判。

这是由于当时明朝正处于由强盛到衰败的激烈变化中,个性解放与个体自由的人文心态正在逐渐形成。李贽在学术界所倡导的人性解放论,无疑给当时中国的社会进步注入了一剂强心剂,因此有人称他为反对封建专制主义的启蒙运动的先驱。然而,但凡是历史的进步,必须要付出很大的代价,李贽"洪水猛兽"般的言论思想,最终使他遭到诬陷而冤死狱中。

胸怀大才　家门不幸

李贽(公元 1527—1602 年),号卓吾,又号宏甫,别号温陵居士,泉州晋江(今福建泉州)人。李贽家境"至贫",7 岁时由其父对他进行启蒙教育。李贽 12 岁时,由其父命题,作《老农老圃论》,被同学称羡,人谓其父"胡子",意即李贽将来可博取人间富贵,而李贽却说:"这怎么能以世俗的眼光来窥测,而事先就表示祝贺呢?"可见,李贽聪慧好学并非以贪图富贵利禄为目的。

嘉靖三十一年(公元 1552 年),李贽乡试及第,于嘉靖三十四年(公元 1555 年)被授共城(今河南辉县)教谕,嘉靖三十九年(公元

李贽

1560 年)迁南京国子监博士而迁至南京,嘉靖四十五年(公元 1566 年)补礼部司务,潜心研究明朝理学家王守仁(阳明)的学说。隆庆四年(公元 1570 年)后历任南京刑部主事、员外郎、郎中等职,万历五年(公元 1577 年),出任云南姚安知府。李贽于万历八年(公元 1580 年)春弃官,移居湖北朋友黄安家中,后又徙居麻城龙潭湖芝佛院,从事读书著述 20 年。李贽潜心研究明朝理学家王守仁(阳明)的学说,是我国明朝著名的思想家。

李贽的家庭生活是不幸的,充满艰辛磨难。李贽与其妻黄宜人生有四男三女。李贽在嘉靖三十四年(公元 1555 年)于共城教谕时,其长子去世。嘉靖四十三年(公元 1564 年),李贽刚被任命为北京国子监博士官职不长时间,其次子丧。同年,由于共城遭遇旱灾,当地官吏横行霸道,不许用河水灌溉农田,致使李贽的二儿三女因饥饿又相继夭折。幸亏有朋友相助,才使李贽的家属得以勉强维持生计。

白发人送黑发人,这种痛楚非亲历是难以想像的,失去亲人的悲伤与打击对于李贽来说是极为沉重的,然而又出于无奈。在此前的嘉靖三十九年(公元 1560 年),李贽做国子监博士而迁至南京,之所以如此,是由于李贽与上司和同僚的关系不睦,故由共城教谕改任南京国子监。

天有不测风云,李贽到南京国子监不久,其父白斋公病逝,李贽为父奔丧。服丧后的李贽被贫困的家境所迫,举家入京以谋生计,谋官无着而不得不开馆授徒以维持全家人的生计。虽然如此,其家境仍未得到改观。然而,李贽的家庭悲剧并未就此完结,最让李贽痛彻心扉的是,其妻黄宜人也于万历二十三年(公元 1595 年)去世。

68 岁的李贽,既受朝廷与假道学者迫害之苦,又受家庭长期分离之痛,更受家人相继早他而去之伤。在李贽的子女中,既有溺死者,又有饿死者,并最终与夫人"临老各天,不及永诀",这真让李贽欲哭无泪了。凄凉中的李贽以诗《哭黄宜人》来悼念爱妻。

惊天动地明清案 英灵之冤泣鬼神

(一)

结发为夫妻,恩情两不牵。
今朝闻汝死,不觉情凄然!

(二)

不为恩情牵,含凄为妆贤。
反目未曾有,齐眉四十年。

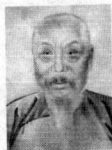

政治黑暗　遁入空门

李贽为官期间,曾经历了嘉靖、隆庆至万历三朝。而这一时期正值明朝末期,政治腐败,宦官专权,土地兼并,赋税繁重,农民起义不断。在这种历史背景下,李贽十分怀念明太祖朱元璋时期的治国之道和繁荣景象。

李贽称誉明太祖的目的在于:他竭诚拥护处于上升时期又推行开明政策的封建政权;劝谏统治者心存社稷,顾念臣民,无时或忘小民的疾苦;更应思贤若渴,务得贤能以为辅。所以,李贽对当时社会潜伏的危机十分忧虑。李贽痛时政之浊乱,哀百姓之困苦,慨自身之力微,这种心情是常人所不能想像的。

在怀念圣明之君的同时,李贽对于历史上有过德政的清廉刚直之吏则满怀激情地倍加揄扬。李贽对当时的"存天理,去人欲"的虚伪说教,对作为明代后期腐朽的官僚地主阶级辩护工具的"道学家"尤为愤恨。他自称:"不信道,不信仙释,所以见道人就厌恶,见僧人就厌恶,见道学先生则尤其厌恶。"这些人满嘴仁义道德,实则男盗女娼。李贽痛斥他们为"鄙儒"、"俗儒"、"迂儒"、"腐儒",指斥他们"言不顾行,行不顾言","阳为道学,阴为富贵,被服儒雅,行为和猪狗没什么区别"。

李贽借批判孔子而将锋芒直指那些打着孔子的旗号,而其实是反其道而行之的伪儒们,这些假道学家们所言所行是与真正的儒家所倡导的"仁政德治"、"爱民利国"的精髓大相径庭的。这充分说明李贽的政治思想在于追求儒家思想的精华,借以维护封建统治。而其言行切中时弊,击中了那些貌似儒家,实则欺世盗名的假道学家们的要害。

李贽不仅是一位进步的思想家,也是一位很有成就的史学家。他撰著的《藏书》六十八卷,《续藏书》二十七卷,是他在史学方面的代表作。虽然两书的史实取材于历代正史、人物传记和文集,但却依照作者自己的观点对其中人物加以分类,细立名目,并撰写了叙论、专论或短评,从中反映了李贽的史学观和政治观。

李贽在某些领域里还作了大胆的突破。例如,李贽在评论武则天时,一方面对其残杀唐朝宗室、夺取王位、伤害无数公卿等进行了无情的鞭挞;一方面又按史实记载并赞扬了武则天的政绩。李贽的这一评论基本符合史实,也是具有独到见解的。

李贽为官期间,以其才能和体恤下情、政绩卓著,受到百姓的拥戴。万历五年(公元 1577 年),李贽为云南姚安知府,有别于以前所任各种官职而能以自己的政见施治,仅三年时间,就把一个百事俱废、死气沉沉的姚安改变成百废俱兴、充满生机的礼义之郡。李贽为官,同情民间疾苦,务以德治为宗旨。李贽虽为官并曾官至四品,然而却是"两袖清风"。李贽为官国子监时,其家属仍留在共城,受尽贪官污

吏的欺凌。生活的磨难，官场的腐败，子女的相继离世，使李贽心灰意懒，没有为官的心气了。

李贽晚年事佛，年届 62 岁时来到麻城龙湖芝佛院落发，并在此后自称卓吾和尚。事实上，李贽的事佛其实也是迫不得已的，是社会、人事将他逼到这种地步的。

落发为僧，反映了李贽在与当时的假道学家、贪官污吏的抗争中身单力孤，表现了李贽面对围攻、迫害，决不屈服的凛然正气。

李贽把落发事佛作为逃祸避害的方式。然而，出家后，李贽并没有放弃斗争，那些满嘴仁义道德的假学者们也并没有放过对李贽的迫害。

三界之外　犹有冤魂

李贽在麻城芝佛院的生活持续了二十余年之久，虽有"旦暮且死"之患，但仍置身于册籍之中，"笔墨常润，砚时时湿"。这一时期，李贽著作了许多针对时弊的文章。

李贽的言论被统治阶级及假道学家、假儒学者视为"洪水猛兽"、"邪端异说"，他们千方百计排挤、迫害李贽。

李贽为官时即处处遇"触"。嘉靖三十四年（公元 1555 年），29 岁的李贽为共城教谕，与上司、同僚之间的关系是"道不同，不相为谋"，时时发生抵触。嘉靖三十九年（公元 1560 年），李贽做国子监博士而迁至南京，因父死服丧三年。嘉靖四十五年（公元 1566 年），李贽补礼部司务。由于李贽为官清廉，生活几近无着，他的妻子儿女只有靠朋友资助才得以生存。然而李贽认为，物质生活的贫困算不了什么，精神上的贫困才是真正的贫困。李贽深研王守仁（阳明）理学，其结果是，使李贽进一步看清了那些假儒学者、假道学家们的真面目。

万历十六年（公元 1588 年），李贽第一部著作《初潭集》完成。所以称"初潭"，是因为他是在龙潭落发而得名。万历十八年（公元 1590 年），李贽诗文集《焚书》在湖北麻城问世，更加引起反对派的仇视。

户部尚书耿定向发动门徒，并雇用流氓，以"左道惑众"的罪名，发动对李贽的驱逐和迫害。其结果是，李贽不得不离开龙潭到武昌。

万历二十四年（公元 1596 年），年届七十的李贽斗志愈老弥坚。而此时，又有人欲以"大伤风化"的罪名，想递解李贽回福建。对于如此威吓，李贽丝毫不放在心上。饱经风霜的李贽对各种磨难已经达到忘我之境界，对来自各方面的压力也泰然处之。

统治阶级及假学者见恐吓不成，便要诉诸武力。他们以冯应京为楚金事，毁了龙湖寺。这样，李贽就失去了寄身之地。最后，李贽投奔到知交马诚所处。

李贽已然考虑到自己最坏的结局,并做好了充分的思想准备。"盖人生总只有一个死,无两个死也"。但怎样死?是庸庸碌碌,还是有所作为?李贽用自己不屈的行动、一生的抗争,做了明确地回答:"有名而死,还是无名而死?是智者自然明白"。正因为如此,李贽显得那样超然,那样与众不同。李贽大胆揭露、针砭时弊、锋芒毕现的做法,连他自己的朋友也不能理解。

万历三十年(公元1602年),76岁的李贽遭到礼部给事中张问达的弹劾。无中生有的诬陷,使李贽因此被投之于狱。"不受管束"的李贽无法忍受这种卑鄙的陷害,这个一往无前的斗士战斗到了最后一刻,用独特的方式——自杀作为抗争,以此殉自己的学说,并表明自己的坚强不屈。

李贽下狱后,其友马经伦为其辩冤,在他的陈述中,可见统治阶级和假学者们对李贽简直害怕、痛恨至极,以致诬陷、迫害不择手段,竟言76岁高龄且落发的"老丑病夫"去"勾引妇女",真是"欲加之罪,何患无辞"了。

李贽死后,马经伦将李贽尸体葬于通州北门外马氏庄迎福寺侧,"冢高一丈,周列白杨百余株"。那傲然挺立的白杨,不正象征着李贽勇斗不羁、坚强不屈的品格吗?

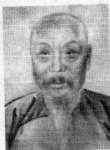

忠心感天地　捐躯成大义
——史可法之冤

明神宗万历四十六年（公元1618年），后金努尔哈赤以"七大恨"名义进攻明朝，明军节节败退。崇祯三年（公元1630年），辽东抗金主将袁崇焕被崇祯冤杀后，明朝边防日下，朝不保夕。之后，后金军队在皇太极带领下，多次挥兵入关，连克明城，逐渐危及明王朝的统治心脏北京。崇祯九年（公元1636年），皇太极在沈阳称帝，改元崇德，改国号为"大清"，时时觊觎、威胁着明王朝的统治。

明王朝此时却政治黑暗，党争激烈，宦官专权，土地兼并，赋税日重，起义不断。史可法在风雨飘摇的明朝末期，伴随着明王朝的衰亡，走上了坎坷的政治生涯。

承恩之志　勤政为民

史可法（公元1602—1645年），字宪之，号道邻，明末河南祥符（今开封）人。

史可法走入仕途，不能不提到对其有知遇之恩的良师左光斗。左光斗是明末东林党的重要人物，官至左佥都御史。天启元年（公元1621年），左光斗奉命视学京畿。一日，左光斗微服出游，遇一古庙，偶见庑下小屋内一书生伏案酣睡，身旁放着一篇草就的文章。左光斗欣赏之余，极为高兴，竟将自己所穿的貂服脱下披在书生身上，悄然退出。经向寺僧询问，才知此书生名叫史可法。至左光斗主持府试时，亲点史可法，对之审视良久，定为第一。

此后，左光斗将史可法安顿在自己家中食宿，并月支薪米给史可法奉养父母。天长日久，两人遂成忘年交，时常抵掌而谈，通辩古今，意趣相投，左光斗为能有史可法这样的学生而高兴。

天启年间，阉党魏忠贤专权，陷害忠良。左光斗曾参与杨涟弹劾魏忠贤有三十二斩罪。天启五年（公元1625年）左光斗残遭迫害。左光斗遇害，更加坚定了史可法为国效命的决心，从而不负师托，不孚国望。然而，史可法左思右想，报国无门。

史可法

惊天动地明清案　英灵之冤泣鬼神

冥冥世界中,史可法仅存一线希望,最终不得不把希望寄托在自己深恶的仕途上,寄托于恩师罹难的腐败官场中。

天启七年(公元1627年),史可法乡试中举。崇祯元年(公元1628年),史可法殿试中进士,被授西安府推官,不久升迁为户部主事,历任员外郎、郎中。崇祯即位后,为收揽人心,铲除了祸国殃民的魏忠贤阉党,魏忠贤畏罪自杀。同时,崇祯给左光斗平反昭雪。加之史可法科场得意,使史可法在内心中对崇祯帝充满感激之情。他要做一番事业,以报答崇祯的知遇之恩。

明末,特别是至崇祯时,政治更加腐败,统治阶层的盘剥使百姓走投无路,各地起义不断。

史可法一入仕途,就在平灭农民起义中以"平剧盗"而名声大震。

天启七年(公元1627年),陕北遭受旱灾,一年无雨,草木枯焦。民不聊生的饥民发动首义并得到广泛响应,队伍迅速壮大。第二年,起义扩展到甘肃、山西。崇祯六年(公元1633年),起义军进入河南,危及北京。明政府调集各地官军,对起义军实行大规模围剿,企图扑灭起义烽火。

史可法奋然自请,官升至右参议,分守池州(今属安徽)、太平(今属安徽)。同年秋,史可法协助侍郎卢象升大举讨贼,改任副使,分巡安庆、池州,监江北诸军。

崇祯十年(公元1637年),由于各地"剿匪"不利,史可法被提升为右佥都御史,巡抚安庆、庐州、太平、池府四府及河南光州、光山、固始、罗田,湖广蕲州、广济、黄梅,江西德化、湖口诸县,提督军务。在"剿匪"过程中,史可法廉洁自律,与部下同甘共苦,受到将士们的拥戴。史可法之所以竭心尽力的原因,上惟恐有负朝廷,下惟恐愧对恩师。

史可法在"剿匪"的同时,还实行安民措施。史可法免收灾地的田租,并筹集粮米,赈济灾民。对疏于职守的官吏则严惩不贷。史可法还整治漕运,大浚南河。史可法秉承了其恩师左光斗正直廉洁的德行,且勤于政事,凡事皆躬亲处置,从不怠慢。为此,百姓十分尊敬和拥护史可法,甚至为他修建生祠,足见对史可法拥戴情意之深切。

满腔热血　奔赴前线

然而,此时的明王朝已是穷途末路。虽然崇祯皇帝一即位便铲除魏忠贤阉党,任用贤能,励精图治。可是,明王朝已积重难返,历史的发展也并非崇祯皇帝一人所能改变的。明末农民大起义以摧枯拉朽之势,席卷、震撼着明王朝腐朽的封建统治。崇祯七年(公元1634年),农民起义军以闯王李自成及张献忠等为首聚会荥阳,提出"分兵定所向"的战略方针,制订了协调作战的计划,加强了各路起义军的团结。尤其是李自成领导的起义军提出了"均田免粮"的口号,得到广大农民的热烈拥护。崇祯十四年(公元1641年),起义军攻陷洛阳,擒杀福王朱常洵。之后,起

义军一路过关斩将，势不可挡，直指明王朝的统治心脏——北京。

内忧的同时，外患也是崇祯的一大心病。自万历四十六年(公元1618年)后金努尔哈赤以"七大恨"誓师攻明以来，屡败明军，野心日明。

崇祯十一年(公元1638年)冬，清军由墙子岭、青山关分两路入关，大举攻明。同年腊月，正在"剿匪"前线的史可法率两千余人北上赴援。途中，史可法在给被清军围困的父母及夫人的信中说："今欲提兵到京，如途中得一相见便是万幸。万一天津不守，夫人惟有一死，万万不可贪生受辱也。"为"尽忠报国"，史可法严格要求自己，不但自己要"尽忠"，而且要求家人"守节"。

史可法在率军渡过黄河后，由于清军退回了关外，史可法奉旨回师。因父亲亡故，崇祯十二年(公元1639年)夏至崇祯十四年(公元1641年)夏，史可法按封建礼制，在家居丧三年。崇祯十四年(公元1641年)九月，史可法居丧期满后被任命为漕运总督。崇祯十六年(公元1643年)七月，史可法被授南京兵部尚书，参与军机，自此走上了抗清的第一线。

为平伏内忧外患，崇祯于万历年间在每年加派五百二十万两"辽饷"的基础上，加派"剿饷"、"练饷"。"三饷"总数达一千六百七十万两，超出正赋二百多万两，以致旧征未完，新饷已催；额内难缓，额外复急。地主又千方百计将赋税转嫁到农民身上，从而加剧了地主政权与农民的矛盾。

崇祯刚愎自用，多疑善忌，不纳忠臣而近阉宦，在位17年共撤换了50多个阁臣。在对待内忧外患的态度上，其重点在于镇压农民起义，而抗清策略则摇摆不定，朝令夕改，频繁调换将吏，乃至中反间计而误杀边关支柱袁崇焕。之后，边事大坏。

阶级矛盾和民族矛盾的加剧，使明王朝捉襟见肘，左支右绌，危机四伏。

崇祯十七年(公元1644年)四月十四日，李自成起义军攻陷北京。崇祯皇帝朱由检走投无路，自缢煤山(今北京景山)寿皇亭。此时身为南京兵部尚书的史可法正忙于"誓师勤王"，渡江抵浦口，闻听崇祯吊死的消息，北向恸哭三昼夜，以头触柱，血流及踵，为不值得同情的崇祯帝"缟衣发丧"。

史可法这种"愚忠"是有着深刻的时代渊源的。他受其恩师、心中偶像左光斗影响甚深。左光斗虽含冤屈死，临刑前嘱命史可法报效国家，这对史可法来说是不可抗拒的。对于起步仕途、临危受命且步步高升的一介书生来说，惟以忠君报国、扶稷安民为己任，这种历史的局限性也是史可法摆脱不了的。史可法称农民起义军为"匪"、"贼"，让他加入反对腐朽的明王朝的行列更是不现实的。让史可法痛心疾首的只是皇帝的昏庸，地主阶级的贪婪，宦官的专权，内忧外患的不断加剧，等等。史可法要挽救这腐朽的王朝，虽"不自量力"，但史可法这样做了，并最终导演了历史上一幕悲壮的惨剧。

愚主继位　奸臣当道

崇祯十七年(公元1644年)四月，镇守辽东主将吴三桂降清并引清兵入关，在击败农民军后占领北京。面对明王朝覆灭的命运，地主阶级不甘心，当中一些开明之士、报国之臣如史可法等对此也是不能坐视忍受的。崇祯皇帝已死，由谁来主持朝纲？对这一问题，遗存的统治阶级上层中发生了分歧。大臣张慎言、吕大器、姜日广等人主张立潞王朱常淓，虽然其为神宗侄儿，但因其"贤明当立"。福王朱由崧，虽然其为神宗嫡孙，伦序当立，但"品行不端"。

史可法同意并支持立潞王朱常淓。以凤阳总督马士英等为首主张立福王以窃取权柄。福王在李自成起义军攻克洛阳后逃到淮安，被马士英接住凤阳。马士英见福王昏庸可恃，有利可图，决意立之。当马士英询问史可法欲尊谁为帝时，史可法则认为福王昏庸而不可立。在两派观点不合的情况下，马士英先发制人，率黔军抢先将福王护送至南京，并勾结拥有兵权的高杰、刘泽清，勋戚内侍刘孔昭、韩赞国等迎立福王，强迫史可法等接受既成事实。崇祯十七年(公元1644年)五月三日，福王朱由崧在南京监国。史可法等为顾全大局，最终被迫认可。这种妥协的态度是导致史可法悲剧的重要原因。

福王于五月十五日即位，年号弘光，是为弘光帝，从而建立了南明第一个政权。福王既立，召众臣举荐阁臣，众人推荐史可法、高弘图、姜日广。而勋戚内侍刘孔昭自荐入阁，被众臣以明朝没有勋戚入阁惯例制止。刘孔昭勃然大怒，说："既然我不行，马士英为什么也不可以入阁？"这样，马士英被任命为东阁大学士、都察院右副都御史，与史可法及户部尚书高弘图同时入阁。史可法仍旧掌管兵部事，马士英仍总督凤阳军队。

马士英为人贪鄙无远略，入掌中枢后，结党营私，排挤忠良，独揽大权，内用宦官，外结勋戚，以致朝政浊乱，贿赂公行。

马士英入掌中枢后，首先密以"品行不端"书呈上。结果，五月十五日福王即位，第二天马士英入阁，十九日史可法即被排挤出南京，督师扬州。然而，福王昏庸，不思振作，马士英等奸臣愈发猖獗。随后，在不到两个月的时间里，一些正派的大臣如吕大器、姜日广、高弘图等被一一排挤出朝廷，而阉党余孽如阮大铖、张捷、杨维垣等却被重用。

这个腐败的政府一成立，不但不发兵抗清，反派使臣携金带银酬谢清军"助剿"，还将吴三桂封为侯。史可法面对残酷的现实，仍抱有幻想，上书劝谏弘光帝励精图治，这真有些"对牛弹琴"的意味了。当此时，不知史可法对自身被排挤作何感想，对奸臣当权、公行无道有何感触。史可法对这些全然不顾，仍竭尽全力，去做自己力所能及的事以"忠君报国"。

史可法督师扬州，所辖晚明史上的"江北四镇"的藩镇首领各有其特点。

中国历代冤案

被封为兴平伯的高杰绰号"翻山鹞"，原是李自成手下的将领，因与李自成之妻邢氏私通事发而携本部人马投降了明朝。李自成由河南攻陕西，高杰抵挡不住，率部下四万多人马由陕西、山西、河南直奔富庶的扬州。在"江北四镇"中，高杰所部实力最强。

被封为靖南侯的黄得功绰号"黄闯子"，是明军的一员宿将，但粗猛不通文义，因在江淮之间与张献忠等农民军的作战中立有战功，所部虽不及高杰部强大，但眼中却瞧不起高杰这个"降贼"，也想领兵抢占扬州。

被封为东平伯的刘泽清狡诈凶残，其人在将略方面没用所长，惟独喜爱声色货利。

被封为广昌伯的刘良佐绰号"花马刘"，其人贪财好色，目不识丁。

刘泽清与刘良佐二人虽然实力不济，但仰仗有马士英做后盾，也在打扬州的主意。

史可法到扬州后，根据"江北四镇"军纪败坏、火拼仇杀、将士失和的状况，往来谈和，晓以大义，调节矛盾，暂时安定了军心，缓和了百姓与官军的矛盾。同时开礼贤馆，招纳四方才智之士。

宁死不屈　舍身成仁

随着清军的逐渐南下，史可法感到北方战事已告急，讨伐闯王失利。崇祯十七年（公元 1644 年）八月，史可法接到清摄政王多尔衮的劝降书。在劝降书中，多尔衮把清军占领北京说成是得之于闯贼，非取之于明国，且是给明朝"代为雪耻"。如果南明拥号称尊，便是天有二日，俨为敌国，若不归附，清军便与李自成联手消灭南明。同时，多尔衮以吴三桂为例子，用高爵厚禄诱降史可法。可以说，多尔衮的劝降书极尽纵横捭阖之能事。对此，史可法表现了鲜明的爱国立场和不卑不亢的民族气节，指出明朝才是正统相承的。

史可法既驳斥了多尔衮的说教，又于情于理，义正词严地拒绝了多尔衮的诱降阴谋，表明了自己"鞠躬尽瘁，光复神州"的坚定决心。然而，史可法最忧虑的还是南明政权的腐败。他认为，当前形势即使尝胆卧薪，聚才智之精神，集合各州之物力破釜沉舟，还恐怕无济于事，更何况防备不力，人心不一，威令不行，而且军政废弛呢！他一再劝谏弘光帝"念祖宗之鸿业，怀先帝之深仇，振举朝之精神，萃四方之物力"，选将练兵，灭"贼"御敌。然而，由于马士英等奸臣从中作梗，史可法的奏疏多被押而不奏。

继多尔衮诱降史可法后不久，南明派去与清廷议和的正使左懋第被清廷扣留，议和副使陈洪范只身狼狈回到南京。同时，清军步步紧逼，南明军队与清军在黄河南北对峙。

清世宗顺治元年（公元 1644 年）十月一日，清定都北京，同时大举发兵南下。

为抗击清军,史可法率军北征,收复了如宿迁(在今江苏淮阴西北)等失地,在邳州(今江苏邳县西北旧邳县)与清军相持半月,迫使清军后退。而马士英看了史可法送来的战报却"大笑不止",坐客杨士聪问故,马士英说:"你以为真有此事吗?那只不过是史可法使用的伎俩而已。一年快到头了,防河将史应该表表功,耗费的军资也该清算了,这是在叙功、清算哪!"一边是在条件极其艰苦的情况下出生入死,一边是在尽情享乐又百般掣肘,多么鲜明而又淋漓尽致的对照!马士英一向忌妒史可法的威望,为牵制、监视史可法,马士英将阿谀自己的卫胤文安插在史可法部下做兵部右侍郎,这样既夺了史可法的权力,又使史可法无法施展能力。

马士英等奸臣的倒行逆施引起朝中有正义感的大臣们的极大愤慨,于是纷纷上奏参劾马士英,然而这时的弘光帝仍然安慰并挽留马士英。其昏聩至此,南明不灭亡岂不是怪事了。

在大敌当前的形势下,弘光元年(公元1645年)正月,南明军队内讧又起。史可法督管的扬州"江北四镇"中惟一抗清的将领高杰为叛将所杀,部下为争夺领导权,混乱不堪。史可法流涕顿足叹曰:"中原不可为矣。"

史可法刚刚将此安抚妥当,南明朝内又闹起了"大悲案"、"崇祯太子案"和"弘光童妃案"。一时间乌烟瘴气,人心惶惶。

弘光元年(公元1645年)四月二十日,清军兵临扬州城下。明降将李遇春到城下劝降史可法,对史可法喊道:"先生忠义名扬华夏,却不见信于朝,这样死了,不是太不值得了吗?"史可法愤怒至极,弯弓射之。对清军所下劝降书,史可法连封都不启,接到后即付之一炬。二十四日,清军开炮攻城,明军虽拼死抵抗,无奈寡不敌众。史可法见大势已去,拔刀自刎,血染衣袂却未绝,被清军抓获。

清豫亲王多铎对史可法肃然起敬,待之以礼,劝降说:"今忠义既成,先生为我收拾江南,当不惜重报。"史可法答词掷地有声:"吾为天朝重臣,岂可苟且偷生做万世罪人。吾头可断,身不可屈,愿速死,从先帝于地下。"多铎说:"君不见洪承畴吗?降则富贵。"史可法更是斩钉截铁:"我怎肯效其所为!"多铎拔刀欲砍,史可法迎刃而上。多铎连退数步,口称"好男子!"终知史可法志不可夺,乃说:"既为忠臣,当全其名。"史可法厉声说道:"城亡与亡,我意已决,即碎尸万段,甘之如饴,但扬州城百万生灵不可屠戮。"随后慨然授命,年仅43岁。史可法死后被肢解。

为纪念这位民族英雄,扬州人民在扬州城外梅花岭上为史可法筑起衣冠冢。史可法的历史悲剧,悲得惨烈,悲得壮丽。

忠心辅幼主　死后难安生
——多尔衮之冤

　　多尔衮是清太祖努尔哈赤的第十四子,清太宗皇太极的弟弟。崇德八年(公元1644年)八月初九,正当进取中原的准备工作顺利进行时,皇太极病逝。经过五天的激烈争斗,睿亲王多尔衮提议立皇九子福临继位,自己与郑亲王济尔哈朗辅政,礼亲王代善等王公赞同,六龄幼童福临便于八月二十六日登上笃恭殿宝座,成为大清国新皇上。

　　多尔衮既是顺治帝的叔父,又是摄政王,是清入关前后实际上的最高统治者,为清王朝的建立和巩固立下了汗马功劳。但是,他的权势遭到顺治帝的不满和许多大臣的嫉妒,所以多尔衮死后仅两个月,就以谋逆罪被剥夺爵位,毁墓鞭尸,其亲属也大多被杀被贬。

辅佐太极　巩固后方

　　多尔衮(公元1612—1651年)在努尔哈赤诸子中较有才能,深受努尔哈赤喜爱。他的生母是乌拉纳喇氏,阿济格和多铎是他的同母兄弟。

　　后金天命十一年(公元1626年),努尔哈赤死去,多尔衮的生母被逼殉葬。接着,努尔哈赤的第八子皇太极即位,即清太宗。当时多尔衮年仅15岁,被封为贝勒(贵族封爵)。因按年龄序列第九,故称九贝勒。天聪二年(公元1628年)二月,17岁的多尔衮随同皇太极进军蒙古察哈尔多罗特部。因其作战英勇有功,深得皇太极赏识,被赐以美号"聪明王"。从此,谋略过人的多尔衮逐渐成为后金军的主要统帅之一。

　　多尔衮几乎是每战必出征,而且每次都

多尔衮

表现得非常英勇。天聪三年，他随皇太极自龙井关趋通州，直逼北京城下，败袁崇焕、祖大寿的援兵于广渠门外，又破山海关援兵于蓟州，次年始还。也就是在这次战役中，他和皇太极使用反间计，使崇祯帝处死了名将袁崇焕，从而使明王朝在辽东的防务更加败坏。天聪五年，他随皇太极攻明于辽西。大凌河之战中，他亲自冲锋陷阵。攻锦州时，他又一马当先。祖大寿从锦州城头向南发炮，洪承畴军由南向北发炮，多尔衮被夹在中间，几乎被击毙。以后祖大寿投降，多尔衮曾向他谈到当时的危险情形。祖大寿惶恐不安地说："果有此事！如彼时炮中王马，为之奈何！"多尔衮则坦然说："彼时两仇相敌，唯恐不中。大寿言不由衷，诚为可笑！"此事表明，多尔衮不仅作战英勇，而且颇有胸怀。

由于多尔衮在军事、政治上已经成熟和可以信赖，在天聪五年皇太极设立六部时，命他掌吏部事，更全面地参与军政大事。

多尔衮不负皇太极的厚望。天聪七年六月，皇太极与诸贝勒、大臣探讨进一步兴国的大计。多尔衮以敏锐的目光，直抒了他的战略思想。他从夺取全国的目标出发，力主以征明为先。他说："宜整兵马，乘谷熟时，入边围燕京，截其援兵，毁其屯堡，为久驻计，可坐待其敝。"这种深入内地，蹂躏明朝土地人民，消耗明朝国力，然后再与之决战的战略，深得皇太极的赞同，以后几次征明，基本上都是照着这个方针行事的。天聪八年五月多尔衮从皇太极征明，克保安，略朔州。次年，在招抚蒙古察哈尔的归途中，多尔衮自山西侵入明边，在山西、宣大一带，又捣毁了明朝的宁武关，骚扰和攻略了代州、忻州、崞县、黑峰口及应州等地，俘获人畜七万余。

崇德三年（公元1638年），多尔衮为奉命大将军，将左翼，岳托将右翼，自董家口等地毁明边墙而入，越过明都至涿州，分兵八路，西掠至山西，南至保定，击破明总督卢象升。又南下临清，渡运河，破济南。北还时复掠天津、迁安等地，出青山关而还。此役，纵横豕突数千里，蹂躏城池四十余座，掳掠人口二十五万有余，夺取财物更是不计其数，给明朝以沉重的打击，给山西、河北、山东人民带来了巨大的灾难。多尔衮因为此役功大，被皇太极赐马五匹，银二万两。

对察哈尔和朝鲜，多尔衮全力贯彻皇太极"慑之以兵，怀之以德"的方针，使统一全国的后顾之忧得以早日解决。在顺利地解决了蒙古和朝鲜的问题之后，多尔衮便集中力量协助皇太极，和明朝在辽西地区进行了激烈而持久的较量。

崇德三年，为进军明朝作准备，多尔衮又监督修治了盛京至辽河的大道。随后，清兵自董家口侵入明境，先后到达山西、河北、山东大片地方，崇德四年方回。为夺取明朝在山海关外的地方，崇德五年，多尔衮屯田义州，并不断向锦州、松山、杏山等城进攻。由于进展迟缓，受到皇太极的责备，被降为郡王，罚银万两，夺二年禄。受处分后，多尔衮更加兢兢业业，并在松锦之战中，俘获明朝统帅洪承畴，迫使明朝大将祖大寿最后投降。松锦战役使明朝受到巨大的打击，多尔衮威望大著，被恢复亲王。这时，皇太极已抱病在身，军国大事便经常委托济尔哈朗和多尔衮这两

个亲王共同处理。

在清军入关前，多尔衮追随皇太极转战南北，为清朝统一东北及蒙古各部做出了重大贡献，使清廷有了一个巩固的后方，这使他成为清廷的核心人物。

拥立新君　率兵入关

崇德八年八月初九日，皇太极突发暴疾死去。由于他生前未立储君，所以皇位继承问题就引发了满洲贵族尖锐的矛盾。

清入关以前，继嗣不是由皇帝生前在皇子中指定，而是由诸王议立。皇太极死前，诸王已渐渐分成两派：一派以多尔衮为核心；另一派以皇太极的长子肃亲王豪格为首，早已露出了争立的苗头。皇太极刚死，双方的拥立者立即展开了活动。皇太极自领的正黄、镶黄两旗及豪格主管的正蓝旗，誓立豪格。图尔格、索尼、图赖、巩阿岱、鳌拜、谭泰、塔瞻等大臣齐往豪格家，策划立豪格为君。索尼等六人更"共相盟誓，愿死生一处"。豪格又派人去探寻郑亲王济尔哈朗的意向。济尔哈朗是努尔哈赤的侄子，当时颇有影响，他也倾向于立豪格为君。但是又主张要与多尔衮商议。

另一方面，多尔衮和多铎所统率的正白、镶白两旗，则主张立多尔衮为君。多尔衮的两个同母兄弟武英郡王阿济格、豫郡王多铎和一些贝勒大臣，都坚决支持多尔衮。双方各不相让，形势极为紧张，清政权处于严重危机之中，随时有发生混战的可能。

皇太极死后第五日，多尔衮采取主动，他召集诸王大臣会议，议立嗣君。这一天，气氛紧张到了顶点。天刚亮，两黄旗大臣就盟誓于大清门，并令两旗的巴牙喇兵（精锐亲兵）张弓箭，环立宫殿，摆出兵戎相见之势。正式开会之前，多尔衮还在试探黄旗大臣索尼的态度，索尼冷冷地说："先帝有儿子在，必须立其中的一个，我就是这个意见，没有别的可说。"会议开始，索尼等人就抢先发言，力主立皇子。阿济格、多铎则针锋相对，劝多尔衮即帝位。这时，两黄旗的将领们都佩剑上前说："吾属食于帝（皇太极），衣于帝，养育之恩与天同大，若不立帝子，则宁死从帝于地下而已。"多尔衮看到，自己与豪格相比并不占优势，在这种情势下，如果多尔衮强自为帝，必将引火烧身。于是，多尔衮提出一个折衷方案：立皇太极第九子6岁的福临为帝，由济尔哈朗和他辅政，等福临年长之后，当即归政。这一方案打破了僵局，为双方所接受。这样，既排除了他的政敌豪格，又可使他实际上享有帝王之权。

在达成协议两天之后，又有两人图谋推翻成议，劝多尔衮自立。多尔衮从大局出发，揭发了这一乱国阴谋，并忍痛将他们诛杀。至此，清廷的政局才算稳定下来。

崇德八年八月二十五日，6岁的福临即位，改明年为顺治元年。睿亲王多尔衮

和郑亲王济尔哈朗同辅政,继而称摄政王。但济尔哈朗仅管"出兵等事",实际大权控制在多尔衮手中。

不论多尔衮主观上如何打算,他拥立福临这一行动,在客观上避免了满洲贵族的公开分裂和混战,并且争取了两黄旗一部分大臣。这对夺取全国政权是很重要的。

多尔衮辅政以后,采取了一系列限制旗主、加强集权的措施。

崇德八年十二月,他以"盈庭聚讼,纷纷不决,反误国家政务"为由,与济尔哈朗定议"罢诸王贝勒管六部事",削弱了诸王贝勒的权力,只让贝子、公等管理部务。而贝子、公要向摄政王负责。同时,又向各部尚书、侍郎和都察院分别发布谕令,要他们"克矢公忠",听命于摄政王,否则决不宽容;又传谕都察院各官,要密切注意诸王贝勒的行动,有事应纠参者,必须据实奏闻,不许瞻循隐匿。顺治元年(公元1644年)正月又定:"嗣后凡外国馈送诸王贝勒礼物,永行禁止。"进一步限制了诸王贝勒同外界的联系,从而把更多的权力集中在摄政王手中。不久,济尔哈朗宣布:"嗣后凡各衙门办理事务,或有应白于我二王者,或有记档者,皆先启知睿亲王,档子书名亦宜先书睿亲王名。"济尔哈朗由首位退居第二,这当然不是他慷慨让贤,而是多尔衮巧妙地运用计谋取得的。这样,诸王预政的权力既被削弱,济尔哈朗也已在多尔衮之下。这时,礼部也议定,摄政王居内及出猎行军的仪礼,诸王不得平起平坐,这使多尔衮几乎享有了帝王的尊荣。

多尔衮在争得摄政王首位之后,即着手打击政敌豪格。顺治元年四月初一日,原来支持豪格的固山额真何洛会,告发豪格有怨言,语侵多尔衮,图谋不轨。借此,多尔衮以"言词悖妄"、"罪过多端"为由,要置豪格于死地。只是由于福临涕泣不食,豪格才免去一死,但被罚银五千两,废为庶人。同时,以"附王为乱"的罪名,处死了豪格的心腹大臣俄莫克图、扬善、伊成格、罗硕等。

至此,多尔衮便集大权于一身。这在客观上对清政权的进一步发展具有重要的意义,它使得清的军政大权得以集中,指挥得以统一,为清兵入关奠定了必要的基础。

崇祯十七年(公元1644年)三月,李自成领导的大顺军攻占北京,崇祯皇帝自缢,明朝灭亡,全国处于混乱之中。

在这之前,正月二十六日,多尔衮曾以"大清国皇帝"的名义致书大顺军诸帅,要和李自成联合反明,"并取中原",但信并未送到李自成手中。四月初,多尔衮在沈阳作了伐明的紧急军事动员,征调满洲、蒙古军的三分之二,以及汉军的全部。四月九日,他被任命为"奉命大将军",以"便宜行事"的大权,率领阿济格、多铎以及归降的明将孔有德、耿仲明、尚可喜等,向山海关进击。

四月十三日,清军抵达辽河。明山海关总兵吴三桂遣人至清军,报告农民军攻陷北京的消息,并向清军乞援,当此形势突变之时,多尔衮显示了惊人的应变能力。

他没有丝毫迟疑,而是立刻改变策略,接受了临行前大学士范文程的建议,把农民军当成主要敌人。他又征询洪承畴的意见,洪承畴除同意范文程的建议之外,还着重指出,应派先遣官宣布,这次进军的目的,就是为了扫除逆乱、消灭农民军,有作内应及立大功者,将破格封赏。为了争取时间,应计算里程,精兵在前,辎重在后,限以时日,直趋北京。

十九日,清军到达翁后,吴三桂再次派遣副将杨坤致书多尔衮。多尔衮正式复信吴三桂,表示对"崇祯帝惨亡,不胜发指",声称这次出兵的目的是:"率仁义之师,沉舟破釜,誓必灭贼,出民水火。"并且一定要做到"唯底定中原,与民休息而已",明确表示要统一中国才肯罢休。同时又拉拢吴三桂说:"伯(吴的爵位)思报主恩,与流贼不共戴天,诚忠臣之义,勿因向守辽东与我为敌,尚复怀疑。……伯若率众来归,必封以故土,晋为藩王。国仇可报,身家可保,世世子孙,长享富贵。"俨然以全国最高统治者自居。以这封信为标志,清政权彻底改变了打击目标,由反明改为进攻李自成农民军。

四月二十一日,清军一昼夜行军二百里,至昏黑时在距山海关15里处安营。当天,李自成亲率二十余万大军到达山海关,将吴三桂部包围于关城之内,并开始了夺关激战。吴三桂自知不敌,屡屡遣使向清军告急。多尔衮与多铎、阿济格计议后,仍不敢轻信吴三桂,故当夜清军"披甲戒严,夜半移阵"。李自成与吴三桂激战的隆隆炮声彻夜不止。

二十二日凌晨,清军进迫吴门五里许,吴三桂见清军至,遂炮轰大顺军,率诸将十余员直驰清营,拜见多尔衮。多尔衮在军前将吴三桂晋爵为平西王,树立了一个给明朝降将加官晋爵的样板。多尔衮令吴三桂先行,开关迎降,多铎与阿济格分率劲兵驰入关门,多尔衮自统大军继入。复以吴三桂作右翼先发,出关敌李自成。李自成自知边兵强劲,成败在此一举,挥军与吴三桂死战,但清军却蓄锐不发。及午,多尔衮见吴三桂不支,乃命三吹角,三呐喊,派多铎、阿济格率铁骑数万从三桂阵右出,直冲敌阵,发矢数巡后,但见刀光闪烁。是时狂风大作,一阵黄埃自近而远,直扑大顺军阵,农民军败溃。仅一食之顷,战场空虚,积尸相枕,弥满大野。是役,刘宗敏负重伤,李自成收败兵急忙退回北京。

在李自成大军被击溃之后,多尔衮下令关内军民皆剃发。并谕令全军,"今入关西征,勿杀无辜,勿掠财物,勿焚庐舍,不如约者罪之。"又在进军途中四处张贴安民文告:"义兵之来为尔等复君父仇,非杀尔百姓,今所诛者唯闯贼。官来归者,复其官;民来归者,复其业。"这就完全改变了以往清军数度入关到处烧杀抢掠的野蛮做法,使得关内的官兵百姓纷纷归顺。这样,清兵每日奔行一百二三十里,未遇任何抵抗,五月初一日便到了通州。在这前一天,李自成已满载辎重,放弃北京,向西撤去。

五月二日,明朝的旧官出北京朝阳门外五里,以帝王之礼迎接多尔衮。多尔衮

升座武英殿，正式接受明朝降官降将的拜谒。

　　进入北京之后，多尔衮的同母兄阿济格提出，"初得辽东，不行杀戮，故清人多被辽民所杀。今宜乘此兵威，大肆屠戮。"这个建议遭到了多尔衮的断然拒绝。多尔衮继续采纳汉官范文程、洪承畴等人的建议，不失时机地采取了一系列笼络明朝士人的措施，为崇祯帝发丧，以帝礼葬之。同时将周后、袁贵妃、熹宗张后、神宗刘贵妃等，"丧葬如制"。改变对明王室的态度，规定"故明诸王来归者，不夺其爵"。有一个明廷宗室来投诚，受到欢迎，后来还让他作了保定知府。表彰明朝"殉难"诸臣，照旧录用故明各衙门官员，对一些有影响的人还加以重用，如冯铨、陈名夏等明朝降官，都任命为大学士或尚书，对降官穿戴明朝衣冠也暂不加限制。七月，山东巡抚朱朗嵘向他请示，新补官吏能不能仍以纱帽圆领的明朝官服"临民莅事"，多尔衮说，目前军事方殷，衣冠礼乐未遑制定，近简各官，姑依明式，对明陵采取保护措施。八月，派大学士冯铨"祭故明太祖及诸帝"，又"以故明太祖牌入历代帝王庙"，还规定"明国诸陵，春秋致祭，仍用守陵员户"。申严军纪，取悦百姓。

　　当时，多尔衮把多数清军留在城外，"凡军兵出入城门者，有九王标旗方得出入"。规定"军兵出入民家者，论以斩律"。对于清军中一些违反禁令者，则"悉置重典"。所有这些做法，都是为了收买人心，即范文程说的："治天下在得民心。士为秀民，士心得，则民心得矣。"事实证明，这些办法确实起到了笼络明朝士大夫和安定民心的作用。当时随清军入关的朝鲜人就指出，"九王入关之初，严禁杀掠，故中原人士无不悦服"。这对清朝统一中国有着很大的影响。

　　清军入关后，对于清朝应否建都北京，要不要统一中国等问题，在满洲贵族内部有着激烈的争论。当时，由于到处是战火，漕运不通，北京一带"公私储积，荡然无余，刍粮俱乏，人马饥馁"。而这时的关外则是"禾稼颇登"。因此，八旗官兵"皆安土重迁"，对于立即移居北京多有怨苦者。在这内外交困的时候，五六月间又谣言四起，"有讹传七八月间清兵东迁者"，"将纵东兵肆掠，尽杀老壮，止存孩赤"。在这种形势下，多尔衮的同母兄八王阿济格就主张，将诸王留下来镇守北京，而大兵或者还守沈阳，或者退保山海关，这样才无后患。对于这样一个直接关系到清朝命运的战略问题，多尔衮非常坚定，他驳斥说：既得北京，"当即徙都，以图进取"中原，统一中国。特别是在目前人心未定的情况下，更不可弃而东还，动摇人心。他坚定表示："燕京乃定鼎之地，何故不建都于此而又欲东移？"

　　为了安定民心，六月间多尔衮明确宣布建都北京，并派遣辅国公屯齐喀、和托、固山额真何洛会等，去迎接幼主福临。他还反复宣谕说："民乃国之本，尔曹既诚心归服，复以何罪而戮之？尔曹试思，今上（福临）携将士家属不下亿万，与之俱来者何故？为安燕京军民也。昨将东来各官内，命十余员为督、抚、司、道等官者何故？为统一天下也。已将盛京帑银取至百余万，后又转运不绝者何故？为供尔京城内外兵民之用也。"这既是对京师人民而发，也是对八旗内部的军民而发。他以破釜

中国历代冤案

沉舟的决心,决计建都北京,以统一中国。这对中国以后的发展进程产生了极为深远的影响。

九月,福临入山海关,多尔衮率诸王群臣迎于通州。福临到北京后,马上封多尔衮为"叔父摄政王",并为他"建碑纪绩"。多尔衮的同母兄阿济格、弟多铎也都升为亲王,济尔哈朗则仅被封为"信义辅政叔王"。至此,摄政王只有多尔衮一人。

十月一日,福临在北京"定鼎登基",宣告"以绥中国","表正万邦"。从此,清王朝把统治中心从关外转移到关内,在统一全国的道路上又前进了一步。在这个历史大转折的关头,多尔衮是实际上的最高统治者和决策人。

兴利除弊　统一全国

清朝定鼎北京后,多尔衮在政治、经济等各方面,又采取了一系列措施,以缓和民族矛盾和阶级矛盾,巩固清王朝的统治。

明末"三饷"(辽饷、剿饷、练饷)数目之多,已为明朝政府正常赋税的数倍,实是明末最大的苛政。这种无休止的加派,使得明末人民处于贫困交迫之中,人民对加派恨之入骨。清军入关后,有人建议清朝也按明末的数字进行加派,遭到多尔衮的反对。他在顺治元年十月下令,革除三饷及正税之外的一切加派。于是,每年赋税减少了数百万两,穷困已极的人民得以缓一口气。这是清入关后最得民心的一条措施。

多尔衮另一个重要举措就是反对贿赂。多尔衮对明末广行贿赂的恶劣作风严加斥责。顺治元年六月,他在《谕众官民》中说,"明国之所以倾覆者,皆由内外部院官吏贿赂公行,功过不明,是非不辨。凡用官员,有财之人虽不肖亦得进;无财之人虽贤亦不得见用","乱政坏国,皆始于此,罪亦莫大于此"。因此,他责令:"今内外官吏,如尽洗从前婪肺肠,殚尽效力,则俸禄充给,永享富贵;如或仍前不悛,行贿营私,国法俱在,必不轻处,定行枭首。"因此,当时的一些汉官都认为,"王上(多尔衮)新政比明季多善,如蠲钱粮,严禁贿赂,皆是服人心处"。这使得清初的吏治比较清明。

明末太监势力极为猖獗,除操纵朝政外,对一般百姓迫害亦甚。当时宫廷中的宫女多达九千人,内监更多至十万人。清入关后,太监的势力仍然很大。当年七月,太监照旧例到京郊各皇庄去催征钱粮。多尔衮认为这样"必致扰民",没同意这样做。八月正式下令,不准太监下去征收,而改为地方官征收,这是对太监势力的第一次打击。对太监的第二次打击是,禁止太监朝参。本来,明熹宗以后,每值上朝,太监也要着朝服参加。清政府迁北京后,这种制度并无改变,每遇朝参,太监总行礼在文武诸臣之前。顺治二年(公元1645年),多尔衮批准礼部的奏请,规定上朝时"内监人员概不许朝参,亦不必排列伺候"。经过这两次打击,太监在宫廷政治和经济上的势力大为收敛。

剃发问题也是清入关后的一个大问题,它是清朝统治者执行的民族政策之一。早在努尔哈赤时,汉族及其他各族人民凡是投降满洲的,都要以剃发作为标志。清兵入京后,多尔衮仍以剃发与否"以别顺逆"。但他很快发现,"剃头之举,民皆愤怒"。于是,在进京的当月,多尔衮就改变前令,宣布"自兹以后,天下臣民照旧束发,悉从其便"。在剃发问题上作了暂时让步,这使清朝在攻下江南重颁剃发令以前,在一定程度上缓和了同北方汉族人民的矛盾。

另外,多尔衮对当时北方农民军和各地人民的反抗,采取大力招抚的政策,下令各地方官,按能否招抚农民军将士定各官之功劳。对投降的农民军将士,则委以不同的官职。顺治元年六月,顺天巡抚柳东寅见"流贼伪官一概录用",认为很不妥当,主张"慎加选择"一番。多尔衮则说,"经纶之始,治理需人,归顺官员既经推用,不可苛求"。多尔衮这个政策对于瓦解农民军起到了一定的作用,河北、山东、山西等地,很快被招抚平定,使刚入关的清政权有了一个较为稳定的后方。

以武力统一全国是多尔衮既定的方针。然而,当时李自成的大顺军和张献忠的大西军都很强大。明福王朱由崧刚刚在南京建立的南明弘光政权,集合江淮以南各镇的兵力,仍有五十万之众,并且雄踞长江天险。而清军入关时,满洲、蒙古、汉军八旗,总共不过二十万人。清军要在辽阔的中国腹地同诸多对手作战,兵力不足,并且会顾此失彼,很可能陷入腹背受敌的境地。

多尔衮审时度势,根据柳寅东的建议,制订了统一全国的作战部署,先怀柔南明政权,集中力量攻击李自成农民军,这样做可以达到一箭双雕的目的。第一,证明多尔衮宣称的清得天下于"流贼"的口号,正付诸军事行动,以便得到汉族地主阶级的广泛支持。第二,便于清军集中主力各个击破敌人,避免两面同时作战,从而取得政治上和军事上的主动地位。

确定了作战部署之后,多尔衮命英王阿济格经土默特、鄂尔多斯,由绥德攻击西安;命豫王多铎在攻打江南之前,也顺道追击大顺军。

与此同时,多尔衮实施对南明的迷惑工作。他传檄江淮等地说:有不忘明室,辅立贤藩,戮力同心攻"贼",共保江左者,也在情理之中,我不禁止你们。但是应当通和讲好,不负我朝,要永记我们替你们复仇灭寇之恩,共同发展睦邻之谊。这就给弘光政权造成一种错觉,好像清朝准备同南明搞南北分治,只打农军民,而不再进攻江南。南明果然放松了对清的警惕,不但不抵抗清兵,反而派出使臣,携带大量金银绢缎,到北京与清谈判,幻想效法宋朝故事,以每岁贡银十万两为条件,向清求和。福王还幻想联合清军,共同镇压农民军。

随着军事上不断取得进展,北京日趋稳固,多尔衮便对南明亮出了自己的真面目。顺治元年七月,他在致南明大学士史可法的信中,令福王"削号归藩"。他说:

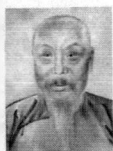

"如果不削号，那便是天有二日，就是我大清的劲敌。这样，我将拨出西征的精锐部队，转旗东征。现在是兵行在即，可东可西，南国的安危在此一举。"这是威胁弘光政权投降。十月，又发布檄文，严申"擅立福王"是"王法所不赦"，定将问罪征讨。同月，南明使臣陈洪范、左懋第、马绍瑜抵达北京。多尔衮有意贬低他们，下令说："陈洪范经过地方，有司不必敬他，让他自备盘费。"清廷收纳陈洪范等所带银十万两、金千两，蟒缎二千六百匹，而待之以藩属朝觐之礼，将福王的"御书"视为"进贡文书"。大学士刚林奉多尔衮之命严询南明使臣："尔福王奉何人之命僭位?"当堂朗读檄令，历数"擅立福王之罪"，宣布"且夕发兵讨罪"。在压力下，陈洪范变节，将江南的实情泄露给清。十一月，陈洪范请回江南策反南明诸将降清，并请扣留另外两名使臣。多尔衮依计而行，立刻遣人将这一新情况告知带兵在外的多铎。

顺治元年十二月，多铎率清军在潼关与大顺军激战近月，重创大顺军。顺治二年正月十八日，清军攻占西安。二月，多尔衮接到多铎"克定全省"的捷报，立刻命令他，"初曾密谕尔等往取南京，今既破流寇，大业已成，可将彼处事宜，交与靖远大将军英亲王等，尔等相机即遵前命，趋往南京"。又责成阿济格率吴三桂等，追击大顺军。五月底，阿济格追击大顺军于湖北通山县，李自成在九宫山遇害。顺治二年四月，张献忠在四川凤凰山与豪格率领的清军相遇时，不幸牺牲。此后，大顺军、大西军余部继续抗清。

顺治二年四月十五日，多铎率大军抵达扬州，明大学士史可法死守。二十五日城破，史可法死于难。扬州城经历了空前浩劫，清军大肆屠戮，史称"扬州十日"。

五月六日清军渡江，弘光政权军队不战而溃。十四日，清军占领南京，福王逃往太平，很快被俘，弘光政权的大批文武官员及二十余万军队投降，清军继续向南方各省进军。

清军占领南京，很快把自己的统治扩展到长江中下游地区。但是，由于当时清军再度强迫人民剃发，激起了江南人民的强烈反抗，清军继续统一南方的行动受到阻挠。在这个紧要关头，多尔衮又灵活地改变了策略。顺治二年七月间，他以"大兵日久劳苦"为名，把南方人民最恨的多铎召回北京，而改派福建籍的大学士洪承畴"招抚"江南。他要利用洪承畴在南方汉族地主阶级中的影响，来"节制"南京、江西、湖广等地区，进一步消灭刚刚建立

多尔衮

惊天动地明清案 英灵之冤泣鬼神

的唐王政权和鲁王政权。在洪承畴临行前,多尔衮称他为自己"心爱之人",鼓励他"此行须用心做事",并特铸"招抚南方总督军务大学士印",授权他"便宜行事"。

多尔衮采取的这套以汉人治理汉人的办法,在关键时刻收到了实效。洪承畴坐镇南京后,很快扭转了清军在江南的被动局面,阻止了对唐、鲁两个小朝廷的军事进攻。洪承畴先后招降了两政权中执掌大权的方国安和郑芝龙,乘唐、鲁互争之时,轻易地攻下浙江。随后长驱入福建,消灭了唐王政权。这样,清朝统治阶级就在多尔衮的领导下,在很短的时间内消灭了南明的大部分势力。到顺治五年,便是"天下一统,大业已成",除了东南沿海和西南一隅,基本上完成了清朝在全国的统治。

制订纲纪　巩固政权

满族是个人口不多的少数民族,要统治偌大的中国实非易事。多尔衮在清初立纲陈纪,对巩固清王朝的统治做出了巨大贡献。

满洲统治者是刚从奴隶制贵族转化为封建制贵族的统治集团,许多人还没有完全摆脱某些落后生产方式的影响。按照什么思想和模式建国,将直接关系清王朝的前途。多尔衮的思想较为开通,接受汉人的影响较多,在建国过程中,在许多重大问题上,他接受了范文程、洪承畴等人的建议。中央与地方的官制,大体上仿照明朝,没什么变化,所不同的只是兼用满汉二族罢了。赋役的征收制度,完全按照明朝万历年间的会计录进行。顺治三年制订的《赋役全书》,是"悉复万历之旧";盐法也是"大率因明制而损益之","俱照前朝会计录原额征收";在未制订清朝的法律以前,"问刑准依明律";顺治三年颁行的《大清律》,"即《大明律》改名";官吏的选拔,也是"向沿明制,实行科举";科举的做法也是"承明制,用八股文"。这一切,给人以无易代之感。

多尔衮深知"古来定天下者,必以网罗贤才为要图","故帝王图治,必劳于求贤"。所以,他颇自负地对人说:"别的聪明我不能,这用人一事,我也颇下功夫。"他除了用科举、招抚等各种手段尽力收罗汉族知识分子参加清政权外,还经常让身边的汉官随时推举各地的贤才。顺治二年六月,清军下江南后,多尔衮问大学士,江南"有甚好人物"? 大学士们说:"地方广大,定有贤才"。多尔衮说:"不是泛论地方贤才,只是先生们胸中有知道的否?"大学士们又对:"钱谦益是江南人望。"多尔衮问:"如今在否?"大学士们对:"昨'归文册'上有,现在。"多尔衮这才放下心来。

由于多尔衮重视搜求汉族统治人材,网罗名士,使大批汉族士大夫纷纷归附。多尔衮把他们当中一些最有统治才能的,安排在内院、六部等中央重要机构中,使

中国历代冤案

他们能有效地发挥治理国家的作用。

多尔衮作为满州贵族的代表,始终把满洲贵族集团作为维护清朝统治的基本力量。为此,清朝刚一建立,他就明确规定了王公贵族在政治上和经济上享有的种种特权。但是,多尔衮有远大的政治眼光,他懂得维护满洲贵族的尊严和特权,并不完全依靠他们治理国家事务。所以,多尔衮在从根本上维护满洲贵族特权的同时,不断限制诸王、贝勒个人的势力,尤其是削弱、打击自己的政敌,使他们无法利用特权干涉国家重大决策和事务。

入关之前,多尔衮就取消了诸王、贝勒在皇太极时代兼管部院事务的职权。入关后很长一段时间内,多尔衮接连派多铎、阿济格、豪格、济尔哈朗等亲王率领大批满族贵族,轮流到各地出征,使他们远离了统治中心,无法干涉国政。顺治四年二月,多尔衮以"府第逾制"的罪名,罢济尔哈朗辅政。顺治五年三月,又旧账重提,以当初皇太极死时,在继嗣问题上不揭发豪格为由,革去济尔哈朗亲王爵,降他为郡王。顺治五年二月,豪格平定四川后回到北京,多尔衮立即罗织罪名,把他逮捕下狱,三月便折磨致死。这两个事件还牵连了额亦都、费英东、杨古利等勋臣的不少子侄,使和多尔衮对立的满族贵族势力大受削弱。就在这年十一月,多尔衮由"叔父摄政王"被尊封为"皇父摄政王"。

多尔衮在打击满州贵族政敌的同时,给汉官以更多的参政机会。原来,由满洲贵族组成的"议政王大臣会议"是重要的决策机构。自多尔衮执政以后,这个机构的作用大大受到限制,它只能讨论和处理满洲贵族内部的一些升降、赏罚等事,多尔衮把更多的权力赋予了多由汉人担任大学士的内院。顺治元年五月,多尔衮同意了大学士洪承畴、冯铨的建议,首先改变了内院过去对一些重大事务不得与闻的地位。顺治二年三月,又进一步下令,"凡条陈政事,或外国机密,或奇物谋略,此等本章,俱赴内院转奏"。使内院成了参与国家重大决策的重要机构。多尔衮还让大学士"于国家事务,当不时条奏为是"。这些大学士日随多尔衮左右,应对顾问,处理政务,颇得重用。

内院之外,六部和都察院也是当时统治中枢的组成部分。不过在顺治五年以前,这些部的正职都由满人担任,汉人只能担任副手。顺治五年,多尔衮又设立了六部汉尚书、都察院、汉都御史,提高了汉官在这些重要机构中的地位和职权。

多尔衮为了使汉官能够有效地发挥作用,还严禁满洲贵族欺压侮辱汉官,违者要受到处罚。顺治元年,宣府巡抚李鉴劾奏赤城道朱寿黎贪酷不法,多尔衮下令议察。朱贿嘱满臣绰书泰求阿济格说情,阿济格途经宣府时,便派绰书泰和总兵刘芳名胁迫李鉴释其罪。多尔衮闻知这种不法行为后,立刻将绰书泰同朱寿黎等人枭首弃市,将刘芳名夺职入旗,将阿济格降为郡王,罚银五千两。阿济格是比较有实力的亲王,又是多尔衮的同母兄,在满洲统治集团的内部斗争中,是忠于多尔衮的。多尔衮对他们任意欺压汉官的行为做出严肃处理,说明多尔衮在处理满汉矛盾上,还是比较开明和公正的。

多尔衮接受范文程等人的建议,尊孔读经,提倡忠义。清入关前已开始祭孔,但未成定例。占领北京后的第二个月,多尔衮即派人祭孔,以后每年的二、八月都派大学士致祭,成为整个清代所遵奉的定例。顺治二年,尊孔子为"大成至圣文宣先师"。六月,多尔衮亲"谒先师孔子庙,行礼"。同时把儒家著作四书五经奉为经典,列为士子必读之书,科举考试以此命题。又提倡忠孝节义,把关羽作为忠君的最高典范来崇拜。自顺治二年起,每年五月十三日就"遣官祭关圣帝君"。

多尔衮还鼓励满汉人民通婚。多尔衮在统一中国的过程中,为了缓和满汉间的民族矛盾,曾主张满汉人民通婚。顺治五年,他以顺治帝名义谕礼部:"方今天下一家,满汉官民皆朕臣子,欲其各相亲睦,莫若缔结婚姻。自后满汉官民有欲联姻好者,听之。"过了几天,又谕户部:"凡满洲官员之女,欲与汉人为婚者,须先呈明尔部。……至汉官之女欲与满洲为婚者,亦行报部;无职者,听其自便,不必报部;其满洲官民娶汉人之女实系为妻者,方准其娶。"多尔衮"满汉一家"的思想是难能可贵的,较之清朝其他统治者确实高出一筹。

多尔衮也能接受西方先进的科学技术。多尔衮刚到北京,耶稣会士汤若望即向多尔衮报告教堂的情况,并报告他曾用西洋新法厘正旧历,制有测量日月星晷定时考验诸器,以及本年八月初一日京师将要出现日食的分秒时限等等。多尔衮看到这个奏折非常高兴,当即指出,西洋新法推算详审,遂命他修正历法。七月,清廷决定采用汤若望按西洋法所修之历,定名"时宪历",命自顺治二年开始,颁行天下。八月初一日日食,多尔衮命冯铨同汤若望携望远镜等仪器,率有关人员齐赴观象台测验,结果唯新法所推时刻方位吻合,大统、回回二法均有误差,多尔衮因而益信汤若望及其西法可行。十一月,命汤若望掌钦天监监印。顺治二年底,汤若望又将新著、旧著共一百零三卷,合编成《西洋新法历书》,进呈多尔衮。多尔衮以其"创立新法,勤劳懋著",加他以太常寺少卿衔。在对待西方先进的科学技术这一点上,多尔衮确实表现得较为开明。

应该指出的是,多尔衮作为一个封建统治者,为了维护满汉地主政权的利益,也推行过一些落后的、消极的政策。

多尔衮在进入北京的前一日,即谕令剃发,进京的第二天又谕令:"凡投诚官吏军民皆著剃发,衣冠悉遵本朝制度",不剃发者便被视为有狐疑观望之意,"定行问罪"。由于受到汉族人民的激烈反抗,22天后,多尔衮被迫取消了剃发令。但顺治二年六月,当南京弘光政权灭亡后,却又重申剃发令,宣布,京城内外及各省地方,从部文到日,限十天"尽令剃发,遵依者为我国之民,迟疑者同逆命之寇,必置重罪"。各州县奉到本府限期剃发的火票后,官吏"遍历村庄,细加严查","违旨蓄发,罪在必诛"。当时是留发不留头,留头不留发。因而士民大愤,纷纷起兵反抗。

多尔衮摄政期间,还三次下令在近京四百里内进行大规模圈地。顺治元年十

中国历代冤案

二月,正式颁布圈地令。在实际执行过程中,由于满洲贵族坚持"务使满汉界限分明",满汉土地要"互相兑换"的"圈地"政策,致使许多汉人的土地和房屋被大量圈占,成为无家可归的流民。以后在顺治二年八月和四年正月,又大规模地圈占两次。这种政策使很多农民"田地被占,妇子流离,哭声满路"。在北京城内尽圈东城、西城、中城为八旗营地,只留南城,北城为民居,房屋被圈占者限期逐出,几次圈地累计达二十万顷左右。

随着大规模的圈地,使得丧失土地的大批汉族农民被迫依附满族统治者,投旗为奴。多尔衮又多次下令:"听民人投充旗下为奴。"于是,投充问题更加突出了。开始时,投充仅限于贫穷小民,后来也有带地投充的。而一些庄头,更"将各州县庄屯之人,逼勒投充,不愿者即以言语恐吓,威势迫胁。各色工匠,尽行搜索,务令投充"。还有一些无赖恶棍,本身无地,却以他人土地冒充,而去投充,然后借旗人的保护,再危害乡里。

为防止那些强迫为奴的汉人逃亡,多尔衮又下令制定了严厉的"逃人法"。逃人法的重点是惩治"窝主"。凡逃人被获,或鞭责,或刺字,而后归还原主,窝主则处死,家产籍没并株连邻里,而奖赏告密者。因而在一些地方无赖往往勾结旗下奸人,冒充逃人,诬指平民为窝主来进行敲诈勒索,危害甚大。

在推行这些政策的过程中,多尔衮逐渐发现弊端甚多,故曾多次下令修改这些法令,或停止执行,但未能从根本上解决问题。

追歼流寇　抚定疆陲

在明清鼎革之际,由于顺治皇帝年幼,多尔衮身为摄政王,是实际上的最高统治者,为清朝的建立立下了汗马功劳。但是,多尔衮位宠功高,有时擅权过甚。豪格虽然镇压张献忠有功,但因在继嗣问题上和他有争,最终被他置之死地。济尔哈朗原和多尔衮同居辅政,被多尔衮逐渐排挤,终被罢其辅政。在排除异己的同时,对他的同母兄弟阿济格、多铎则予重用。入朝时,"诸臣跪迎",俨如真皇帝。

多尔衮身材细瘦,虬须,素患风疾,入关后由于日夜操劳,病情日重,常常"头昏目胀,体中时复不快"。刚到北京时,又复一度"为疾颇剧",顺治四年以后,由于风疾加重,跪拜不便,使他时感"几务日繁,疲于应裁",因而烦躁愤懑,易于动怒。上上下下都怕他,据说就是达官显贵往往也不能直接同他说话,要趁他外出过路时借便谒见。但他始终以全副精神经营清王朝的"大业",牢牢控制着军国重务。为此他一再令臣下,"章疏都须择切要者以闻",要求文字简明扼要,不允许有浮泛无据之辞,以免徒费精神。据多尔衮自己说,他之所以体弱神疲,是由于松山之战时亲自披坚执锐,劳心焦思种下的病根。

满洲贵族酷好放鹰围猎,多尔衮亦如此,礼部定有摄政王出猎的仪礼。顺治二年,有几个在北京的日本人曾目睹他出猎时的盛大场面,光鹰就有上千只。顺治七年十一月,多尔衮出猎古北口外,可能坠马受伤,膝创甚,涂以凉膏。太医傅胤祖认为用错了药。十二月初九日死于喀喇城,年仅 39 岁。

　　多尔衮无子,以豫亲王多铎子多尔博为嗣子。

　　由于多尔衮生前一直处在满洲贵族内部明争暗斗的中心,树敌颇多。他死后仅两个月,其近侍、刚被提升为议政大臣的苏克萨哈、詹岱,即首告多尔衮曾"谋篡大位"。于是以郑亲王济尔哈朗为首,合词追论其罪,说他"僭妄不可枚举,臣等从前畏威吞声,今冒死奏明"。顺治帝遂下诏,削去多尔衮官爵,籍没其家产入官,并平毁墓葬。有的记载说,"他们把尸体挖出来,用棍子打,又用鞭子抽,最后砍掉脑袋,暴尸示众。他的雄伟壮丽的陵墓化为尘土",座落在明南宫的睿王府同时被废。其亲信多人先后被处死或被贬革。至乾隆四十三年(公元 1778 年),乾隆帝认为,多尔衮"分遣诸王,追歼流寇,抚定疆陲。一切创制规模,皆所经划。寻即奉世祖车驾入都,定国开基。成一统之业,厥功最著",被"诬告以谋逆",构成冤案,下诏为其昭雪,复睿亲王爵,由多尔衮五世孙淳颖袭爵,并配享太庙,重修茔墓,又修建新睿王府。而这已是多尔衮死后一百多年以后的事了。

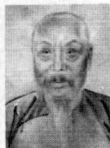

满清入中原　不容毁之词
——庄氏《明史》之冤

明崇祯十七年(顺治元年,即公元 1644 年)五月,年仅 6 岁的清顺治皇帝在北京坐了龙廷,大权落在皇叔父多尔衮手中。丢了江山的明代宗室自然不愿就此罢休,于是就几乎在顺治皇帝坐龙廷的同时,福王朱由崧在南京城也坐上了南明小朝廷的皇位。他是明神宗朱翊钧的孙子、福王朱常洵的儿子。早在李自成攻占北京时,他就逃到了淮安。现在在南京做了弘光皇帝,召凤阳总督马士英入阁,分淮阳凤庐为四镇,以黄得功、刘良佐、刘泽清、高杰四将率领,又以兵部尚书史可法督师江北,进封左良玉为宁南侯,准备与南下的清兵决一死战。

国家兴亡,匹夫有责。面对异族的侵入,奋起抵抗的决不只是前朝的宗室力量,而是整个民族的力量,其代表人物便是民族的精华——有血性的文人学士。明末抗清的事实又一次证明了这一点。

明朝知名的文人学士,别看平日里诗酒结社,歌舞笑谈,纵情声色,然而一旦国难当头,便壮怀激烈,投笔从戎,义无反顾,相继起义,还有大批的志士仁人或参加郑成功的海上义师,或投入李定国的大西农民军,或追随明宗室后裔的抗清活动。总之,他们都表现了文人学士共赴国难的英武气概。

面对这样的抵抗局面,清政府采取两种手段来对付士大夫们:一是软办法,以高官厚禄收买,连年开科考试,用八股文把大批读书人的手脚套住;二是硬办法,对坚持参加抗清反清者则严厉镇压,格杀勿论。这软硬两手很是奏效,大约到顺治十年(公元 1653 年)左右,江南各地的大规模抗清斗争就被镇压下去了,大多数读书人也剃发易服,臣服了新的朝廷。但清政府心里清楚:这些前朝的文人学士并不会完全割舍故国之思,更有不少死硬分子或隐匿山林,或暂入空门,或暗中结社活动,或公开进行反抗……总之是一股需要认真对付的力量,比对付几个南明小朝廷要麻烦得多,必须时刻瞪大眼睛注意他们的一举一动,并及时予以镇压。

就是在这样的时代背景下,浙江南浔镇上发生了一场血光之灾——庄氏《明史》冤狱。

《明史》脱稿　埋下祸根

当时的南浔镇上，庄家最为富有。当家的名叫庄允城，字君维。这庄氏的老家在江苏吴江县的陆家港，到庄允城这一代才迁来南浔镇定居，成了浙江省的子民。庄氏一门不但有钱，而且还出才子，时称有"九龙"，即庄允城、弟庄允埁、堂弟庄允坤、子庄廷鑨、庄廷钺、庄允埁子庄廷镳、庄廷鎏、庄廷镜、庄廷钟。这两代九人或为贡生，或为庠生，都是斯文一脉，对经史子集博览精通，吟诗作画也都有几分风雅。

事情就出在庄廷鑨身上。

庄廷鑨，字子相，从小文采出众，胸有大志。15 岁这年，他以优异成绩从县学里被选拔出来，进了当时的最高学府——设在北京的国子监。谁知美如彩霞的前途刚刚在他面前展现的时候，他却在一场大病过后双目失明了。然而这个性格坚强的少年郎没有气馁和沉沦，他决心以左丘明目盲作《国语》为榜样著书立说，争取名留史册。可是写什么呢？他动开了脑筋。就在他苦无门路的时候，一个意想不到的机会成全了他。

南浔镇是个人杰地灵的地方，历代都出过很有名气的人物。明代天启年间，这里出过一位宰相，就是朱国祯。他生于明嘉靖三十六年（公元 1557 年），字文宁，号平极，别号虹庵居士。明万历十七年（公元 1589 年），他 32 岁，中了进士，此后官运亨通，直升为文渊阁大学士，成了明熹宗的辅臣。他的政绩虽然平平，但文才还是挺高的。他所写的《涌幢小品》极富人生哲理，生动活泼，在日本也有很大影响。

其实，朱国祯的才华主要还在治史上。他后来为朝中奸人所劾，对官场心灰意冷，干脆托病辞官，回到故乡南浔镇，专心撰写史书。写有明《大事记》、《大政论》、《大训记》，当时已经刊印发行。又写有《明史》一部，仿照二十一史的体例写成，但还没有刊刻。

朱相国死后，子孙不肖，家道急剧中落，到顺治年间时，已经可怜到只有靠拍卖家产度日了。朱家子孙也委实可气，竟将朱老相国心血浇铸的《明史》书稿拿来换钱。双目失明的庄廷鑨听说朱家要出卖一部《明史》书稿，索价一千两银子，于是不假思索就买下了朱国祯的遗稿，准备以此为基础，好好地撰写一部《明史》。

由于朱氏遗稿的基础并不怎么好，再加之朱国祯死于明崇祯五年（公元 1632 年），所以他的《明史》书稿也不可能记载崇祯朝的事情，还得予以补充。这样，庄廷鑨面临的修史任务就变得繁重而艰难了。

作为盲人的庄廷鑨，知道单靠自己的才能和力量是难以完成的，应该组织起一个写作班子，靠集体的智慧写好《明史》。于是，经过几天的筹划，他终于拿出了一份名单，上面列着十八位他所仰慕的文人学士，有潮州府归安县的茅元铭、吴之铭、

吴之镕、李祖焘;湖州府乌程县的吴楚、吴心一(一说是茅次莱)、严云、唐元楼、蒋麟征、韦全佑、韦全祉;江苏吴江县的张隽、董二西、吴炎、潘柽章;仁和县的陆圻;海宁县的查继佐、范骧。拟聘请他们作为"参订",帮助他共同完成《明史》的撰写工作。

顺治十一年(公元 1654 年)腊月的一天,在庄家的客厅里,十一二位颇负才名的才子拥炉而坐,高谈阔论,话题集中在最近发生的两件大事上。一件是陈名夏叫清廷杀了头,一件是郑成功率领抗清义军,攻占了漳州和泉州。

陈名夏是江苏溧阳人,明崇祯十六年(公元 1643 年)中进士,官至翰林院修撰兼兵部和户部的都给事中。后来,归顺了李自成的起义军。但清兵入关南下时,他又投降了清政府,继续做自己的大官。前不久因为官场内部的勾心斗角,被政敌宁完我参劾,被顺治皇帝处死。这是那年三月里的事。对于陈名夏的死,这伙满怀抗清意识的文人自然是拍手称快,骂他是反复无常的小人,投敌叛国的叛徒,给文人丢脸败兴的渣滓,早就该死,死有余辜。

谈论起郑成功来,这伙人的情绪就大不一样了。头年冬天,顺治皇帝敕赐郑成功为靖海将军,派人送去海澄公印,想让他归降大清。但遭到郑成功的严厉拒绝,并当即发兵进攻,意欲收复大明朝的失地。前不久攻克了漳州泉州,军威大振。对此,这伙崇尚气节的文人自然击节称快,欢欣鼓舞,跃跃欲试。有人当即提议,在未来的《明史》稿中,要特别写好延平王郑成功。当下博得一片赞同声。

大家正在畅谈时,年轻的蒋麟征也不免激动起来,他大声发问说,既然时局这么鼓舞人心,我们还坐等什么? 快动手写吧! 写他个激昂慷慨!

庄廷鑨一听,笑了笑说,西宿老弟不用急,再等两位朋友。他们一来咱们就动手。

大家问是不是要等陆圻和查继佐? 庄廷钱说:陆、查二位,还有范骧,恐怕请不动,反正把他们三位的大名列入"参订"名单就是了。现在要等的是吴炎兄和潘柽章兄。

一听吴炎和潘柽章也参加编写,大家情绪为之一振。因为这吴、潘二人的名气太大了,可以说是如雷贯耳。

江苏的吴江县有个吴炎,还有个潘柽章,都是了不起的高才。国难当头时,他们才都二十多岁,宁可丢掉功名不取,以诗文来抒发怀念故国、反抗满清的豪情壮志。后来他们又说:光写这些空洞的诗文有什么用? 应该继承司马迁和班固的传统,好好写出一部《明史》,那么么有价值! 于是,他俩广泛搜罗实录、文集、奏疏等各种各样的宝贵资料,开始了撰写工作。真是怀纸吮笔,昼夜相继,写下的书稿堆满了床头,装满了箱子。

的确,在庄廷钱请到的这些名士中,论人品、学问、道德、文章,吴炎和潘柽章可算是佼佼者。

杜工部的名句"出师未捷身先死,长使英雄泪满襟",真是道尽天下无数志士仁人壮志难酬的遗恨与悲痛。这个庄廷鑨，也真叫命运不济，多灾多难。就在他安排好大家开始编写《明史》不久，突然得了一场大病，医治无效，竟撒手而去。他临死也没闭上眼睛，尽管那双眼睛什么也看不见。

遭受打击最大的，莫过于他的老父庄允城。这位明代的贡生、"复社"的积极参加者，此时已经60多岁。白发人送黑发人，令他老泪纵横，痛不欲生。但他毕竟是一位久历人间风雨的老人，最终坚强地挺住了。他含着泪对儿子的亡灵发誓说：廷鑨儿，你放心地去吧。编写《明史》的千斤重担，有老父一力承担！你九泉有知，就等着这一天吧！

庄允城放下手头一切活络，打起精神，领着写作班子继续写书。他又不辞辛苦地从同乡茅瑞征家借来参考书《五芝纪事》和《明末启祯遗事》等书；还跑到湖州城里，请当过南明礼部侍郎的李令晢为即将编成的书作序文。这样经过大约一年的努力，一部宏篇巨制的新编《明史》终于脱稿了。

产生于改朝换代时期的一部书，又出自一群充满抗清复明意识的江南名士之手，它的政治烙印是十分明显的。可惜的是，今天已见不到这部《明史》的全貌，只能从它遗留的残篇和一些古人的笔记中略知一斑。从清政府的眼光看，它至少有以下几处的"悖逆文字"。

其一，胆敢直呼清室先祖的名字而不加尊称。比如：不称开国皇帝努尔哈赤的祖父为景祖翼皇帝，而直呼其名曰觉昌安；不称努尔哈赤的父亲为显祖宣皇帝，而直呼其名曰塔克世，等等。

其二，把大清天朝的应天而生不写成"龙兴"，却诬蔑为异族的"兹患"，称天朝大军为"贼"、为"夷"。

其三，不用清之年号为正朔。该书纪年自明万历四十四年丙辰至崇祯十六年癸未，都一字不提清在关外的年号，即天命、天聪、崇德；就是在清廷已稳坐北京、君临中原之后，该书仍坚持不用清年号纪年，而只用南明小朝廷的年号如隆武、永历等。

其四，对明朝的败亡充满惋惜和同情。像"惜也……以故复没。迄今读稗官所记，犹令人拊髀捶胸，泣数行下。"等等这样露骨的文字，散见于该书的《杜松传》、《李如柏传》、《李化龙传》、《熊明迁传》中。同时大骂孔有德、耿精忠、吴三桂等为叛臣，不一而足。

在清政府看来，这样的书当然是百分之百的逆书。但在写书人看来，就难有清政府这种切肤之痛了，甚至觉得还远未解气，写得太冷静客观了点。

这就种下了祸根。

且说庄允城见新书编成，一副重担落了地。他送走诸位名士以后，不敢稍歇，又为刊印的事张罗起来。他请来当地最好的刻工汤达甫，最好的刷匠李祥甫，在南浔镇北头的圆通庵里收拾出两间静室，开始了工程浩大的刻版印刷工作。即使按

最快的速度计算,也得四五年的时间才能完成。

不管怎样,庄允城的决心已定,要不惜一切代价地叫这部书流行于世,以告慰爱子庄廷鑨的在天之灵。他把这件事看得比给儿子找一个过继者以延续庄门香火都重要。真是可怜天下父母心!但他做梦也没想到,报答他的却是一场杀身之祸。

无耻之徒　以《史》敲诈

顺治九年(公元1652年)浙江官场爆出一大丑闻。

古代水运为"漕"。沿江沿海省份征收米粮,由水路运往京师,为"漕粮"。清沿明制,设漕运总督一人,专管漕运之事,为正二品官,兼尚书衔者为从一品官,总漕部院衙门设在江苏淮安府。

在漕运总督之下,专管漕运事务的官儿是督粮道,又叫粮储道。他的主要职责是监督征收粮食和押运粮船,并任用地方上的佐贰官为具体押运官。他手里这点权力很是不小,被视为一种肥缺。各州县的父母官来省城钻营时,都不敢怠慢这个督粮道,也都要塞上一份厚礼。

此时浙江的督粮道名叫李廷枢,江苏震泽县(在江苏省东南部)人。此人学业尚好,顺治三年(公元1646年)中丙戌科进士,由庶吉士升任翰林院编修。后外放出京,谋得浙江督粮道这个肥缺。当时,浙江省有两个督粮道,分工是:一个押运粮船北上进京,一个留在省里准备次年的漕粮。这一年,轮到另一位督粮道进京,李廷枢留省不去。

事情就发生在这个时候。

浙江湖州府归安县知县吴之荣,是个一心要往上爬的无耻之徒,认准了空子,必定要大力钻营,不惜一切手段。他是江西省抚州人,按说也是读书人出身,但不知怎样却变成一个心黑手狠的官场无赖。他早已打听清楚,今年去北京押漕的不是李廷枢,而是满族出身的另一位督粮道。为了讨好这位满官,叫他"上天言好事",便送去一份沉甸甸的厚礼,而李廷枢收到的却是一份象征性的礼品。这事不知怎么叫李廷枢给嗅了出来,不禁勃然大怒,不顾体面地当面责骂起来。前面说了,吴之荣本是个官场无赖,叫李廷枢骂急了,把心一狠,我吴之荣也不是非靠你李廷枢就能升官!也破口回骂起来。

李廷枢吃了亏,岂能就此罢休?他眉头一皱,计上心来。归安县学里有一名诸生张辰生,与李廷枢素来认识,正想从他那儿找点当官的门路。李廷枢就暗中把张辰生找来,提供了几条吴之荣贪赃卖法的劣迹,叫张辰生以个人名义向总督和巡抚写信揭发,事成之后,必有好处。归安的秀才告归安的知县,这叫后院起火!挺绝的一招。

谁知吴之荣更鬼，早就防着李廷枢的报复，并掌握了张辰生的活动。这天他把张辰生叫去当面点破，并要以诬告罪处之。张辰生并不知道吴之荣是否真有揭发信上那些劣迹，心中发虚，便一个劲讨饶，并卖出了幕后的指使人。吴之荣转了转眼珠儿，对张辰生说，要我饶你好办，你也替我写信揭发李廷枢，写什么我告诉你。这家伙来了一个以毒攻毒。

一个张辰生，又告吴之荣，又告李廷枢。一杆枪两头戳人。事情张扬开，引得全省轰动。为了替官场遮丑，总督和巡抚只好请示皇上，把李吴二人同时治罪。结果判了绞刑，入狱待决。

到了这个地步，二人方后悔不迭。虽说多花些钱运动运动还有出头之日，但毕竟得在四堵墙里蹲一阵子，这个苦不好吃呀！谁知要关多长日子呢？

你别说，坏人常能走好运。到顺治十七年（公元1660年）时，皇上大赦天下。这李廷枢和吴之荣也在被赦之列，双双恢复了自由。而且经过这一折腾，二人握手言和，反而成了朋友，后来还结成了儿女亲家。二人的素质于此也可见一斑，整个一对无耻之徒。

后来的事实证明，大赦了的李吴之辈，尤其是吴之荣，真好似恶虎归山。一场血腥的文字狱，便是因他们而引发，造成惨绝人寰的结果。

就在李廷枢、吴之荣被赦出狱后不久，庄允城主持刊刻的《明史》问世了。它的销路很好，各大书铺都有买主。尤其此书有李令皙作序，十八名"参订"者中又有大名鼎鼎的陆圻、查继佐、范骧、吴炎、潘柽章等人，所以一时影响很大，流传很快。

但此时的政局，已经发生了根本的改变。清廷在军事上已经取得了决定性的胜利，别说东南诸省的抗清武装被消灭，就连四川、贵州、云南等西南偏远省份，也被清军一鼓荡平。一度成为人们精神支柱的郑成功，此时也元气大伤，无力回天了。而象征明祀未绝的最后一个南明皇帝朱由榔，也于顺治十六年（公元1659年）二月逃出国界，缩在缅甸苟延残喘。随着政局的稳定，清朝统治者对具有反抗意识的士大夫就态度强硬起来，动辄加以镇压。仅顺治十四年（公元1657年）的"丁酉顺天科场案"、"丁酉江南科场案"、"丁酉河南科场案"、"丁酉山东山西科场案"就杀了六七十个人，"江浙文人，涉丁酉一案不下万辈"。顺治十七年（公元1660年）春正月，严禁文人结社订盟。皇上的圣旨这样说："禁士子不得妄立社名，纠众盟会，其投刺往来，也不许用同社同盟字样。违者治罪"。

在这么一种高压气氛下，庄氏的《明史》既是大多数心怀不满的文人的一剂兴奋剂，又是少数士林败类卖身投靠、升官发财的敲门砖。总之，它是非常招人的敏感物。

果然没过多久，刚出狱的李廷枢就打上了《明史》的鬼主意，他也是从一个叫赵君宋的人的身上获得的启发。

赵君宋，温州人。他的学历并不高，只是一个拔贡出身。但他却擅长打小报告

等暗中害人的勾当,所以没用多久也混上个湖州府学教授的职务。这样一个小小学官,没什么实权,捞不到多大的油水,早就瞪大眼珠子盯着四周,看有个什么升官发财的大门路没有。《明史》一出,他心中暗喜,机会来了。他跑到本城叶圣基开的书店里,狠狠心,掏出自家六两银子的腰包,买得一套《明史》带回衙中。但他的本事有限,看不出多少问题。于是就把本学一位优等生俞世祯找来,命他替自己检阅磨勘,鸡蛋里头挑骨头,搞出一些"大逆不道"的罪状来,结果摘出几十条不法文字。赵君宋一面出榜贴于学门,一面报送浙江学政胡尚衡。

事情发生后,庄允城并不把赵君宋放在眼里,因为他与本省的官场人物也有不少交往,有些关系还是很吃硬的哩。比如,在北京通政司衙门主持工作的王元祚,当初在浙江任守道时,就与庄氏很有些交谊。眼下正好派上用场。庄允城拿出三部《明史》,呈送给王元祚,托他转给礼部一部、都察院一部,予以审查。当然,少不了也给王元祚送一些白花花的银子。这么一来,赵君宋掀起的一点小波浪也就被压下去了。庄允城从此也有点疏忽大意,总以为经过三大衙门审查过的书,谁还能奈我何?

李廷枢出狱以后,穷得发慌。从赵君宋那儿知道《明史》有把柄可抓,顿生诈财之念。你庄家可太肥了,总得割几两肉下来吧。于是,他也出手大方地花掉六两银子,从袁祥甫的书店买到一部《明史》,兴冲冲地跑到陈永命家里说:"苞苴到,共烹之。"苞苴者,以财物行贿,或指行贿的财物。这里当然是指后者。那么,李廷枢为什么敢这么随便地对陈永命讲话呢?

原来陈永命本是现任湖州府的知府大人,李廷枢曾经是他的老师。老师对学生说话,那自然就随便多了。这位知府大人出身满族,可谓根红苗正。顺治九年(公元1652年)中进士,也算斯文一脉。他由庶吉士转部属,再升任湖州知府。问他为官怎样? 回答是四个字:贪婪严酷。

听完老师企图诈取钱财的如意算盘,陈知府表示完全赞同,并愿意无偿地为老师办好这件事,以报答栽培之恩于万一。

但是,他的老师一走,他又如何行动呢? 首先,他先巧妙地放出一种空气:《明史》问题很大,现在又有人在上面告状,说不定朝廷会知道的。这风自然很快就传到庄允城的耳朵里,虽说他觉得有恃无恐,但既然风从知府衙门传出,还是不能不打听一下。向谁去打听呢? 欲知山中事,须问砍柴人,这得去问衙门里的人才行。正好,庄允城认识一个叫周国泰的人,是府衙中的一名库吏,便托他出面打探。

陈知府放出空气,知道必然会有反馈回来的消息。恰如他的神机妙算,没多久便出现了周国泰。几个来回过后,一笔幕后交易达成了:双方不见面,由周国泰穿梭来往,把三千两银子送给陈永命;作为回报,陈把《明史》案压下去,为了根除后患,答应把《明史》的全部刻版由府衙收回销毁。

大把的银子到手,陈知府就走第三步棋了。他没给尊师李廷枢一丝纹银,却将老师花六两银子买的《明史》完璧归赵，外加几句漂亮的官腔而已。

可笑李廷枢赔了夫人又折兵。他还不如一只猫，猫教学生老虎学本领的时候，还留下一手上树功夫秘而不传呢。

当然，李廷枢也决不甘心两手空空，就此完结。他立刻想到了当初的冤家、如今的亲家吴之荣，深知他的腰包也分文不名，处境不妙，不会不想发财的；还深知他要干起这种敲诈勒索的勾当，一定比自己高明十倍。想到这里，他就毫不犹豫地揣上那部《明史》，敲响了吴亲家的大门。

于是乎，真正的魔鬼要大显身手了。

正如李廷枢所估计的，吴之荣出狱后的处境同样不佳，岂止是不佳，简直糟糕透顶。且不说官职没恢复，首先经济上就没法过关。在他与李廷枢互揭老底那会儿，最后共查实他贪污受贿八万两银子，这是要退赔的。仅这一项就够他招架，而不走好这一步棋，下一步要官复原职什么的就谈不上。所以，怎样搞到大笔的钱，便成了他头等重要的大事。无奈之中，他不得不低眉顺眼地去求见施鲸伯。

这个施鲸伯原来在归安县衙当差，经吴之荣提拔，当了一名承办钱粮事务的书吏。为此，施鲸伯感恩戴德，忠心耿耿地听候吴之荣的驱使。但现在情况变了，施鲸伯已成为湖州知府衙门里的一名书吏，而且是在刑厅推官李焕手下当差，地位比过去高多了。他会不会再听吴之荣的话，在这困难之际帮一把呢？这一点，连吴之荣自己也心里没底，他是抱着碰一碰运气的态度去见施鲸伯的。

不料这位施鲸伯还挺重旧情，对吴之荣满接满待，答应一定帮忙。吴之荣喜出望外，便向施鲸伯面授机宜，把自己早就想好的一个计划如此这般地说了一遍。施鲸伯拍拍胸脯，说他愿意立即照办。

湖州府的推官名叫李焕。推官最早是唐代在节度使、观察使下面设置的一职，专管断案打官司。从元代和明代开始，在府一级衙门里也设此职。清代初叶，也就照样沿用，后来才废掉了。李焕是江西省宁国县人，顺治九年（公元 1652 年）中壬辰科进士，与现任知府陈永命有同榜之谊。他先在本省做官，任某府的推官。不久母亲去世，他丁艰回籍，满服后才又继续出来任职，于今年春天调来浙江湖州府。据记载，此人居官还算清白，只是说话言辞尖锐，锋芒毕露。

这天，施鲸伯来见李推官，递上一封请愿书之类的东西，大意是说：我们这些签名请愿的人，都是归安县的老百姓，对吴之荣知县的政绩念念不忘，他可是一位好父母官呢。如果李推官能设法跟巡抚大人和知府大人说通，让吴知县仍回归安任职，那么他应缴纳的八万两银子，我们愿意代付。云云。

李焕在总督和巡抚跟前还真能说上话，多次说项，还真把这事给办成了。

吴之荣的狡计得逞，重返湖州城，好不得意。如果说过去他弄钱是暗中取事，这回便要明目张胆地大干了。他太急用钱了，其主要手段就是寻准缺口，公开敲诈。

就这样，吴之荣还不满足，他终于把目标盯在南浔首富庄允城身上。如今老亲家李廷枢送来《明史》，真是再及时不过了。

几天后的一个晚上，吴之荣一个人来到南浔镇，走进庄家大门。他的目的是要捞钱，所以总的战略是"先礼后兵"。

一见夜猫子进宅，庄允城就明白了来者的心思。但他假装不知地笑问："吴知县大驾光临寒舍，不知有什么见教？"

吴之荣笑眯眯地说："君维兄（君维是庄允城的表字），咱们之间客气什么？什么见教不见教，快别讲这种话。下官对您的人品学问一向推崇得很，早想登门拜访，总也抽不开身，穷忙穷忙。今天顺便来看看，顺便来看看。"庄允城微微冷笑："吴知县黉夜屈驾到此，恐怕不会没有公务吧？"吴之荣打个哈哈说："庄兄，您真聪明。不过公务谈不上，倒还是为朋友的一件私事。"庄允城意带讽刺地说："吴知县真是热心人呀。"吴之荣说："老兄的事，下官岂能不热心。"庄允城冷冷说道："吴知县说笑话了。"

吴之荣见对方不接茬，有点不耐烦了，嘿嘿一笑说："先请老兄看一样东西，不知可否认识。"说着亮出那部《明史》，等着看庄允城一副惊慌失措的样子。

谁知庄允城只瞥了一眼，淡淡地说："原来是它呀，见笑，见笑。请喝茶，请喝茶。"

吴之荣心里恶狠狠骂道：老匹夫！我叫你再装胡涂！脸上却堆出关切无比的笑容，说："君维老兄，下官实话实说吧。这部书可惹麻烦了！督抚已经发下话，让下官严查这件事。可下官心想，老兄家是归安名门望族，身为父母官也好，士林同道也好，都不能眼看着你们吃大亏吧？所以，还是先来通报一声的好。"

作为复社遗老的庄允城，根本不把这个后进无赖往眼里放，再说他还迷信"此书已经三部堂审查过了"这一条，所以态度强硬。说："既然吴知县有这么好的心意，老朽代表庄氏一门表示感谢了。"说完便有送客的意思。

吴之荣又气又急，心想我低估这老家伙了。他稳稳神，给口气里加上点厉害东西，说："庄老兄，只怕感谢我于事无补，上面要催办起来，下官可就爱莫能助了。"

庄允城把脸一沉，说："那就由他去吧！"

"好好好！既然如此，下官告辞！"

"不送！"

吴之荣结结实实碰了这么一个钉子，气得一夜没睡着觉。第二天一大早就带着《明史》直奔杭州。他这是真要向总督和巡抚去告发了。

清初，地方上最有权势的是手握重兵的八旗将军，比总督还要高一级，从一品官，与加尚书衔的总督同级别。凡向皇上奏事，均要由将军领衔才行。吴之荣自然深知这一点，所以就直奔杭州将军衙门。此时的杭州将军是柯奎，接见了吴之荣，把书也放下，叫吴听候传唤。

吴之荣心中暗喜,只要八旗将军一句话?就够你庄允城喝一壶!此时他也不想钱了,一心想着要报复。谁知等了几天毫无动静,他有点坐不住了。正在胡思乱想,将军衙门差个小军官来了,传柯将军的话说:我们是武职衙门,对地方上这些笔墨官司不想多管。说完就走,把那部《明史》不经意地往桌子上一扔。

这是怎么回事?吴之荣想想那天柯奎接见他的情景,觉得这里面大有文章。

原来庄允城也一直没闲着,当他知道吴之荣去向柯奎告状时,便立刻想到得派徐典去搬梁化凤的面子,只要梁化凤说情,柯奎处就什么事也没有了。

梁化凤,字歧山,陕西省长安县人。他是顺治三年(公元1646年)考中的武进士,武艺高强,很会打仗。从顺治四年到顺治七年,他在山西因作战有功,由守备升为参将,五年后便升为宁波副将,又一年升为苏松总兵。顺治十六年(公元1659年)七月,郑成功率兵攻南京甚急,是这个梁化凤临危参战,生擒郑成功手下大将甘辉,从而击败了郑成功。为此,清廷对梁化凤大加褒奖,特授"轻车都尉"世职,赐金甲貂裘。就在前不久,又委任他为江南全省提督,加太子太保左都督,晋三等男,准世袭八次,真是红得发紫。自然,他要说出一件事,柯奎将军是绝对会给面子的。

至于徐典,他不过是湖州府学里一名诸生,与梁化凤有什么特殊关系,没有记载,也就不得而知了。反正只知道徐典带着大宗银子说通了梁化凤,梁化凤亲自出面又说通了杭州将军柯奎,而柯大将军就派人冷冷敲了吴之荣一棍子。

吴之荣搞清这层内幕以后,不禁倒吸了一口冷气:好深的水呀!他惦量了一下自己的实力,有点底虚。但是脑瓜一转,决定改变计划先把庄允城放一放,重找一个敲诈对象算了。

那么,谁是下一个目标呢?

南浔镇上,还住着一家朱姓富户,主人名叫朱佑明。像庄家一样,朱家的祖籍并不在此地,原来世居石桥浦。朱佑明这一辈上才迁来南浔落户的。朱家不是书香门第,祖传的谋生手段是当木匠。只是到了朱佑明哥哥手上才改为经商,从此发了大财。说到他们的发家,也是运气。开初,朱佑明的哥哥往来于景德镇和湖北各地,以贩卖瓷碗为生,辛苦奔波几十年,好不容易积攒到八千多两银子的家当,就一天福没享地去世了。朱佑明比哥哥小得多,兄弟俩还没分家,就由他继承了全部遗产,成为朱门当家人。他可碰上了好运气。

原来清兵一入关,天下人心惶惶,知道要起大动乱。许多商人都急于避乱,把手头的瓷货、药材、桐油、染料等大宗物资低价盘出。朱佑明跟这些人混得很熟,便冒险地全部吃进。后来世事果然越来越乱,烽火连天,战祸蔓延,交通为之阻断,谁知对朱佑明来说却是祸中得福。因为交通不畅,货源就缺乏,朱佑明屯积的大量物资正好派上用场,以高出进价十多倍的价钱一销而空,净赚了一百多万两白花花的银子,风吹似的成为富甲一方的百万富翁。

在那个社会,有钱就会有势,当时在江浙负责丝绸织造事务的是大太监卢九

德。这位专门替皇家督造好丝绸的老公公，最喜欢任用当地富豪作为各州府织造局的堂长，朱佑明就荣任此职。别看这并不是朝廷的正式官员，但很有实权。这么着，朱佑明就在地方上成了一位很有地位和影响力的头面人物。其能耐有多大，从下面这件事便可知道。

那时，朱家还在石桥浦。这地方濒临太湖，常有湖盗出没骚扰。朱佑明为了保护自己的巨大家产，就以保护贡丝的名义招募了大批武勇，置办一应军械武器之类，建立了自己的地方武装。

朱佑明的次子名叫朱彦绍，娶当地名士张雪封的侄女为妻。朱佑明为了装点斯文门面，对张雪封趋奉得十分殷勤。不承想张雪封的另一个兄弟张南纪却大吃其醋，认为我也是你朱家媳妇的一个叔叔，因何就不加敬重而低看一等呢？越想越气，思图报复。于是，这个张南纪悄悄跑到守道衙门告状，说朱佑明私建武装图谋造反，即将举事。守道名叫史儒纲，江苏溧阳人，原在洪承畴标下任事，不久前提拔上来的。按说这个来头也不小。史儒纲一听有人谋反，当即调兵遣将，决定第二天一早出发。这么机密的事，当天夜里朱佑明居然就知道了。他组织人把全部军械投入太湖，来个痕迹不留。第二天，史儒纲气势汹汹而来，却扑了个空，一无所获。他部下的那些个兵丁也不争气，把朱家的丝绸货物抢掠了不少，这正中朱佑明的下怀。他反守为攻，亲自去拜见卢九德，状告史儒纲纵兵劫夺御用丝绸。卢九德大怒，上本题奏，得旨将史儒纲问罪拟斩。后来虽说遇赦免死，可也在狱中受了六年监禁之苦，这就是朱佑明的能耐。

这件事情以后，朱佑明决定举家迁往南浔镇。他买下董氏的一座巨大宅邸，花七万多两银子加以装修，极尽豪华之能事。当地不少有名望的家族，都抢着与朱佑明联姻结贵，连庄允城也替长子廷钱娶了朱家的女儿。

就这样，朱佑明成了吴之荣选定讹诈的新目标。

吴之荣选朱佑明下手是很聪明的，成功的把握很大。因为朱佑明是庄廷鑨的岳父，又曾出钱赞助出版《明史》，而他本人又是个粗人，不会有多大见识。所以吴之荣心里盘算，只要拿"逆书"二字一吓唬，不怕他朱佑明不低头。其实这是吴之荣的想当然，看来他还不大了解这个朱佑明呢。

朱佑明见吴之荣敲诈到自己头上了，心里一阵冷笑：你在庄家那儿碰了壁，又把头伸这边来了。好，你就等着吧。他当下就打定主意，非狠狠教训这个狗官不可。他的长子朱彦绍也气愤不过地喊叫说："决不能受他吴之荣的敲诈。他要数千金咱们给了，那些知府大人、总督、巡抚大人都会跟着伸手。咱们就是把全部家当填进去，也填不满这个无底洞。"全家人统一了思想，又联络好老庄家的人，定出一个"治吴方案"。

且说这天吴之荣堂而皇之地前来索取钱款，却见不到朱家一个成年男子，当家的朱佑明当然就更不见踪影了。却有几百个妇女儿童（包括庄允城家的"援军"在内)蜂拥而至,把吴之荣团团围在垓心,又抓又骂,呼声震天,折腾了个狗血喷头,衣冠不整,狼狈极了。

吴之荣何曾料到这一手?一看大事不妙,此时不跑更待何时?慌忙闯出人群,抱头鼠窜。谁知刚刚跑出不远,迎头遇到一队官兵,不容分说就被拿下。他大声叫道:"我是归安知县吴之荣。你们抓错了。"带队的军官却说:"抓的就是你!"

这是怎么回事?原来这也是朱佑明安排好的。他事前已买通了守道张武烈。而张守道见吴之荣已经搜刮了几十万银子,竟独吞下去,早就气得不行,如今得了朱佑明的好处,也正好拿吴之荣出出气。那些兵丁差役就是他派的,硬是把吴之荣押出境外,一直过了吴江。

吴之荣诈财不成,反受到这等耻辱。无赖本性大发,发誓要不择一切手段进行报复,以雪此恨。为了给朱佑明加重罪责,他挖空心思想办法,终于想出了绝招。在这部《明史》中,于介绍资料来源时,提到了朱国祯,称为"朱氏史",但没写出"朱国祯"三个字。吴之荣就钻这个空子,在"朱氏史"下面加了"即朱佑明刊"五个字,连续起来就成为"朱氏史即朱佑明刊"。之后,他就带着那部《明史》直赴北京,要去刑部告状。

《明史》冤案 诛连甚广

吴之荣这一状,犹如点燃一根粗大的导火索,顿时引发了一场超级大爆炸。

吴之荣跑到北京告通天大状,此时朝廷里是一种什么情况呢?

顺治十八年(公元1661年)二月,年仅24岁的顺治皇帝病死了。关于他的死,民间流传着另外的传说,说他不是病死,而是没有死,上五台山当了和尚。理由主要有这么三条:

其一,顺治皇帝一直笃信佛教,拜木陈和玉林二位高僧为师,取法名"行痴",并刻有"尘隐道人"、"懒翁"、"癡道人"等佛号铃章,早就有出门的愿望。再加上视为生命的爱妃董小宛一死,他痛不欲生,对人世间一切事都了然无趣,于是视江山为敝屣,飘然而入五台山。

其二,当时的大诗人吴梅村写有名诗《清凉山赞佛诗》,诗曰:

> 双成明靓影徘徊,玉作屏风璧作台。
> 薤露凋残千里草,清凉山下六龙来。

人们认为诗中的"千里草"是个"董"字,暗指董鄂妃董小宛;而清凉山就是五台山,"六龙"就是指顺治皇帝。这便是顺治出家的文字依据。

其三，康熙皇帝即位后，多次奉母后之命去五台山巡幸，那是去探访他的父皇顺治皇帝的。光绪年间，发生了"庚子之变"。被八国联军吓出北京城的慈禧太后，从山西往西安逃跑。在路经忻州时，当地官员摆出丰盛的贡品，而放这些贡品的法器都是故宫大内之物。探询之下，原来都是从五台山寺庙里借来的，说明五台山确实有帝王居住过。这也是顺治出家五台山的事实证明。

终于，顺治出家一事成为清初三大疑案之一（另二桩疑案是："皇太后孝庄下嫁事"，即顺治皇帝的生母太后嫁给摄政王多尔衮一事；"世宗入承大统事"，即雍正皇帝杀兄篡位一事）。

不论怎样，反正是顺治皇帝不干了，康熙皇帝上了台。顺治皇帝在遗诏中有这样的交代：

> 太祖、太宗开创的大清江山一定得万世相传，这是头等大事！继承人问题相当重要，应该很快确立。朕的儿子玄烨，乃是佟皇后所生，已经8岁，非常聪慧，兹立为皇太子。朕死后，让他遵照典制服孝二十七天，便可易服登基。因为他年纪太小，朕特命内大臣索尼、苏克萨哈、遏必隆、鳌拜为辅政大臣。你们四个人都是功劳很大的老臣，朕才把心腹大事托付给你们。务必尽心竭力地保翊幼主，料理好朝廷大事。

清廷上层既然发生了这么重大的变动，自然显得有点乱。而8岁的康熙皇帝很难主事，大权落在四位辅佐大臣手里。这四个实权人物又不是一股道上的车：其中索尼是四朝元老，资望最深，但年老多病；苏克萨哈和遏必隆勋望较卑，凡事听从索尼主裁；而鳌拜此人自恃战功高，骄横得很，早想独揽大权，与索尼等明争暗斗得十分激烈。这样双方在处理问题时为了避免让对方抓住把柄，都尽量地"宁左勿右"，以显示自己最忠于皇上。

就是在这样一种政治形势和权力格局中，刑部转来了吴之荣的告状信，还有罪证——《明史》，其后果好得了吗？

刑部的报告中，列出了《明史》的八大罪状。四位辅政大臣很快取得了一致意见：派刑部满族侍郎罗多立即奔赴浙江，逮捕庄允城和朱佑明来京审问，与吴之荣对质，并提取《明史》的刻版。

刑部侍郎罗多于康熙元年（公元1662年）秋末动身，冬初抵达湖州。逮捕庄允城和朱佑明倒是很顺利，但提取书版时却遇到了问题。我们知道，湖州知府陈永命通过周国泰吃了庄允城三千两银子的贿赂，不仅把老师李廷枢给的那部《明史》退了回去，还把整个书版处理掉了。现在上什么地方找去？罗多完不成任务交不了差，心急免不住发火，一个劲地催知府大人。此时的湖州知府已不是陈永命，而换成了谭希闵。他表字九子，扬州人，顺治四年（公元1647年）中丁亥进士，原任浙江

某府推官,半个多月前才调任湖州知府,接替了陈永命。可以说他连板凳还没坐热,就摊上了这件麻烦事。

且说这天罗侍郎又来催促书版一事,把谭希闵抢白了一顿。这位老谭还带点书生气,自己身上也比较清白,所以不但不赶紧给中央大员说好话,反而实话直说,强调自己刚来乍到,不知有这回事,而且陈永命在办移交时也根本没有提及。

罗多大怒,"你身为知府怎能说不知此事?还敢顶撞!好,你不知道,叫管库的人来。"

管库的就是周国泰。他一见事情不妙,只怕把向陈永命行贿的事抖落出来,所以下决心死保陈永命。面对罗侍郎的提问,他昧着良心一口咬定说:《明史》书版的事,陈知府已经移交给谭知府了,现有交盘册上的记录为凭,请罗大人过目。

惊得谭希闵目瞪口呆,气得他七窍生烟,可面对交盘册上的白纸黑字,他却有口难辩。

罗多冷笑一声,甩袖而去。

此案后来审结时,判处谭希闵绞死。这真是天大的冤枉!他当初要对罗多恭顺殷勤一些,再孝敬一些黄白之物,或许不至于丢掉性命吧!

书版的事有了着落,罗多便押解庄允城和朱佑明动身回京复命。

天真的庄允城,直到这时还没认识到事情的严重性,准备到北京后上疏申辩,揭发吴之荣的老底。

罗多一行人前头刚走,庄允城的二儿子庄廷钺就随后出发,带足了钱和礼品,预备在京城活动一番。庄廷钺这年才 23 岁。他字左黄,7 岁便会作诗,是一个很有天赋的人。可惜从小生在富家,养成一种纨绔子弟的习气。几场科考失利后,再也无心读书,娶了一房美妾,整日里声色歌舞,吃喝玩乐。又在后花园盖起一座精致的小楼,取名"百尺楼",时常召来一伙青年文士豪饮狂吟,把所作诗文收集起来,编成一本《百尺楼诗草》。

对他的这种生活态度,父亲庄允城很不高兴,不免摇头叹息。只是见他年纪还小,也没有过多地责怪。

如今家里出了这么大的祸事,庄廷钺受到极大震动,好像一下成熟了许多。在北京天天去刑部监狱探望父亲,送些吃食,并且上下打点,四处活动,与先前那个花花公子判若两人。

这时,已是深冬天气,又下了一场鹅毛大雪,北京城里天寒地冻。庄允城被关在刑部监狱,受尽苦楚。他原以为能让他从容申诉,并揭发吴之荣的卑劣行径,谁知全部落空。倒是与吴之荣当堂对过质,那只是让他确认《明史》是否自己所编,别的什么话都不让说。接下来就是叫他承认《明史》有八大罪状,不承认就严刑拷打。他年事已高,又从来没有吃过什么苦,哪里经得住酷刑的折磨?再加上心里不服,憋着满腹怨情难以发泄,所以很快就垮了下来,腊月二十三日病死在牢房里。

中国历代冤案

刑部奉旨对已死的庄允城处以磔刑,即把他的尸体砍成碎块,同时下了抄家灭族的命令。

目睹父亲如此悲惨的下场,庄廷钺五内俱裂,悲痛欲绝。但他也清楚地意识到,光哭已无用,必须火速回乡报信,因为更大的灾难还在后头。于是买了一匹好马,日夜兼程地往回赶。

但他毕竟还是慢了一步。

一位姓吴的满族侍郎,一位姓戴的汉族侍郎,他们带着大搜捕的庞大计划,凡与《明史》有一丝一缕牵扯的人,主编的、参订的、刻版的、印刷的、卖书的、买书的、作序的、审查处理过此书的,甚至无意间说过有关的几句话的……一律全家拘捕,集中在浙江省会杭州进行审判。这两位官员的职务虽然不算太高,但由辅政四大臣点名派出,实际上与钦差大臣无异。两人带着几个心腹差役和罪犯朱佑明一路南下,沿途各驿站皆备有最好的马匹供役,日行数百里,那速度自然要快得多。刚过了康熙二年(公元1663年)的正月十五元宵节,他们就进了杭州城。并不休息,立即与杭州巡抚会商有关事宜,部署行动计划。

此案要抓的人,老少男女几千口子。

先说庄廷钺。他紧赶慢赶回到故乡,南浔镇已经被无数八旗兵丁团团围定,刀光剑影,人喊马嘶,一派紧张恐怖的气氛。要逃跑的话,是完全可以的。但已经在事变中成熟起来的庄廷钺,连这个念头都没有。此时他惟一想到的是:天哪! 我回迟一步害了王训导和六位保人!

原来,上次罗多来抓庄允城、朱佑明时,顺便把两家的主要成员也抓了起来,关在归安县学里,交由训导王兆祯看管。庄允城和朱佑明起解后,庄廷钺见父亲年迈力衰,此去京城数千里路程,天寒地冻,担心他受不了,想去给父亲做个伴。王兆祯是刚调来不久的训导,又是个正人君子,不免动了恻隐之心,犹豫好久便答应了庄廷钺的请求,只是提出两个条件:一是找六个保人担保,写出保状;二是必须快去快回。庄廷钺一一照办,托他认识的县学守门人邓攸之,请来了六位保人:五个在县学读过书的庄族的秀才,一个当衙役的戈明甫。他这才悄悄地跟着父亲去了北京。可现在……分明是一切都晚了。想到这里,他哪里还顾得上个人安危,一头便撞进了包围圈。

人家现在等的正是他。全镇的人看到庄廷钺自投罗网,面无惧色,而且大声疾呼地替别人开脱,把罪责尽往自己头上揽,不禁惊叹赞佩不已,对这位昔日的阔少爷刮目相看。

这里顺便交代一下,老学究王兆祯就因为这么一条罪状,最后被处以绞刑。保人中那五位庄廷钺的本家兄弟则死得更惨,凌迟丧命。至于那位戈明甫,也被斩决。

再说吴江两大名士吴炎、潘柽章人品学问冠于一时。官府逮捕他们时,一个方巾大袖，一个儒巾蓝衫，依然故明打扮，从容不迫，伸手让差役捆绑。并且大声地把全家人都召唤出来，让人家一个不留地抓。连差官都心软了，悄悄劝他们说，为什么不把最小的孩子藏起来呢？他们坦然一笑说：我们全家的名字早都登记在鬼录上了，覆巢之下，还指望有什么完卵！差官慨叹不已。

吴炎以诗文见长，曾与叶恒奏主持"惊隐诗社"。潘柽章国变后誓不降清，隐居韭溪著书立说。他精通史籍，对天文地理等无所不知，二人诚为一时俊杰也。

在《明史》的十八名参订中，活着的十七人全部就逮，董二酉三年前已经去世。但他也别想躲过劫难，被发家斫棺，断头戮尸。最可怜的是他的儿子董与沂，奇才也，9岁时作感怀五言诗四章，惊世骇俗。名士顾茂伦为他的诗集作过跋文，结果也被逮捕残杀，士林中人无不为之叹息流泪。

替《明史》作序的李令皙，字霜回，榜名木实，后改名本实，字木生，再后来才改成现在的名字。据说，李家先世以充任讼师为业，就相当于今天的律师职业。到他这一代才门风大改，走上了读书做官的道路。他从小就很聪明，文采不凡，青年时代就已经有了名气。明代天启四年（公元1624年），他考中甲子科举人。后来运气不佳，屡试不中，直到明崇祯十三年（公元1640年），方才荣登龙虎榜，中庚辰科进士。可惜官位还没升多高，清兵入关，天下就大乱。弘光皇帝朱由菘在南京建立南明小朝廷时，他赶去投奔，官至礼部侍郎。这个小朝廷只维持了一年多就垮了。之后，他便退归故乡隐居不出。到庄廷鑨张罗撰写《明史》时，他实际上已经病得把两只眼睛都瞎了。

所以，那篇序文据说非他写就，而是他的同学陶铸（字子固）代作，署上他的名字。

说到这篇序文，还有点小波折。由谁来写书首的序文，乃是一件大事。当时，廷鑨已死。庄允城考虑人选时，廷钺在旁提议说，这有何难？交给费尔庄一挥而就。费尔庄字夒一，与庄廷钺同在一个学社里，是一位青年学子。庄允城有点仰慕虚名，还看不起费尔庄，说："他有什么文名？还不跟你一样的货色。"经过再三选择，最后确定了李令皙。报酬是"四币十二金"。但这钱却只有一半到了李令皙手里，另一半被他的儿子李宏士半路打劫了。

李令皙全家住在湖州城里，抓人抄家时声势极大。那是正月二十日，大白天忽然城门紧闭，重兵把守。吴戴两位带领五百名全副武装的八旗精兵，五百名巡抚衙门的标兵，自然也是顶盔披甲，外加无数皂隶捕快，把李家包围得水泄不通，各个交通要道都设立岗哨，如临大敌一般。

李家本有百余口人，可这天正赶上他家有庆祝之事，来贺喜的邻居亲友也有七十多人。如狼似虎的丘八们不管这些，凡是在李家大门以里的人，不问青红皂白全部抓起来。大部分都是些普通老百姓，哪里见过这种阵势，只吓得哭爹喊娘，声震全城，把个喜庆红火的大正月搞得凄凄惨惨，一片白色恐怖。

在这次浩劫中，要不是陈紫荪出力，李家便要断子绝孙了。

陈紫荪是李令晢的表弟，读书不做官，足智多谋，且有侠肝义胆。他眼见李家满门被抓，16岁以上男子都得问斩，心急如焚。尤其对他最钟爱的李家长孙李书垂，充满怜惜之情。李书垂这年20岁，生得眉清目秀，一表人材，用功读书，是个很可造就的人物。陈紫荪决心要为李家保留一点血脉，为此，他跑去找好友费恭庵商议，希望能想出一个万全之策。两人绞尽脑汁，终于设计了一个很带冒险性的营救计划。

首先，他们花重金买到一个不怕死的硬汉，名叫金佩源，让他改姓为王。再告诉李书垂，让他也改姓王，名叫王纶，是王佩源的亲生侄儿，暂时过继在李家。

其次，为了增加可信性，他俩又去找县衙吏科书办姚敬舆。姚的女儿是李令晢的大儿媳妇，就让姚的女儿一口咬定她是王佩源的续弦，即王纶的亲生母亲，暂时住在李家的。

在后来的审讯中，三个人就这么一口咬定。尤其是金佩源，被提审了十几次，各种酷刑都受遍了，也坚不改供，反复大叫说："我王家两代单传就王纶这么一个儿子，因为与李家是表亲，母子俩就暂时住在他家。"

终于救下了李书垂，最后被判为充军之罪，总算保住了一条命。

在十八名参订中，很有名气的还有陆圻、查继佐、范骧。他们三人被列名其中，实际上没有参与其事，甚至连这回事也事先不知道。但案发后依然被捕。

李继白的被捕就更冤枉了，说来令人痛心疾首。

在苏州西北几十里处的太湖边上有一个浒墅关，乃是进入苏州的一个门户。李继白就是这里的一位地方官，任榷货主事之职。这位顺治二十年（公元1655年）的乙未科进士非常好学，爱书如命。庄氏的《明史》一出，他很快就知道了，本想亲自去城里去买，怎奈公务繁忙，实在脱不开身。他就挑选一个会办事的手下人，交代说："苏州城里阊门书坊卖一本叫做《明史》的书，是南浔庄氏所撰写，你务必给我买回来。书坊老板姓陈，叫陈德儒。你就告诉他是给我买书，准能买到。买不到你就别回来。"这位仆人来到阊门书坊，没找见主人要的书。问陈老板在不在，伙计说刚出去，有事就等一会儿。书坊里人来人往，也没个坐处，仆人就走出店门，站着观赏街景。

这书坊的旁边，住着一位老者，姓朱，也正坐在自家门前看热闹。他见那仆人站立多时，一个劲地倒腾两条腿，分明是站累了。便好心地吆喝说："客人，是等陈老板么？还得一阵子哩。你过来坐下歇歇脚。"

两人坐下闲聊。又等了半个多时辰，终于把陈老板给等回来了。在买那套《明史》时，这位老朱头还热心地替双方说合价钱。

就这么一个过程，案发时李继白、仆人、陈德儒、老朱头四人全部被捕。后来结案时，除老朱头外其他三人全部斩决。老朱头因年纪已经70多了，免予一刀，而把

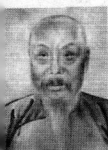

他连同老妻一起发配到三千里外的边疆地带。

再举一个可笑而又叫人笑不出来的例子。

南浔镇上,还有一位有才之人,名叫陆磷,字湘远。当初编写《明史》时,庄氏父子很倚重他,请他担任总裁,协调料理一切,确实出过一把力。成书后,他被苏州城里一户姓徐的人家聘去教书。这徐家不但有钱而且有势,所以重金请来名士做家庭教师。学生不多,其中有位女公子,长得闭月羞花,标致非凡,魅力大得居然让慎独功夫已属上乘的陆先生也春心荡漾,难以自持,不免开了色戒。这下可捅了马蜂窝,这徐家可不是好惹的,当下告到衙门,又移交到浙江省学道衙门,革去功名,下放回南浔镇交地方官看管。搞得声名狼藉,一塌糊涂。

庄允城是个很看重人品道德的人物,不顾廷钺的反对,从刻版上把陆磷的名字划掉了。

谁又能想到,因桃色事件而丢尽脸面的陆磷,最后却没有受到诛连,保全了一条性命。

最后再提一下陈永命。案将发时,他正好调迁,但还没有离开湖州。此时,他预感到事情不妙,便急忙打点在湖州任上搜刮来的大量金银细软,夺路北逃。行到山东台儿庄时,听说案子发了。他心里清楚,尽管有谭希闵这个倒霉蛋替自己抵挡一阵子,但迟早会追到自己头上。他越想越怕,便在旅店中自缢而死。等到最后结案时,他的棺材被拉到杭州,开棺暴尸,磔为三十六块。

受到他的诛连,身为江宁知县的他的弟弟陈永赖,也被杀于杭州。

三百多年后的今天,仅从以上数例也可概见当初那场大搜捕的惊人规模和残酷程度。

陆圻,字讲山,一字丽京,家住钱塘。《史记·秦始皇本纪》中说公元前210年,秦始皇"至钱塘、临浙江",就是这个钱塘县。可见是个很古老的地方。不过它现在已经归入杭州市。陆圻虽然饱学多才,却无意仕进,只取得一个贡生的"文凭"。他对生病的母亲侍候得十分周到,日久成医,成了这方面一个无师自通的专家。他一共兄弟五人,都各有造就:陆圻是老大,著有《威凤堂集》传世;老二陆培,字鲲庭,明崇祯十三年(公元1640年)中庚辰科进士,官行人,明亡时死于国难;老三陆增,字梯霞,著有《白凤楼集》流传;陆坦是老四,字紫蘧;陆垨是老五,字左城,著有《丹凤堂集》一书。真可谓书香门第名士多。

查继佐,字伊璜,老家在海宁县,居住在杭州。他是个举人,没去做官,诗酒风流,活得很潇洒。写有《敬业堂先申后甲集》、《落叶编》、《远道编》等书,颇有影响。

范骧,字文白,海宁县人。明代时是个岁贡生。清朝建立后,地方上推举他为贤良方正,他坚辞不就,说要保持明代士人应该有的气节。作品有《点庵集》行世。

这三位学人的名气很大,名扬于江浙一带。庄氏父子说什么也要把他们列入参订者名单,正是想借其名光彩门面,扩大影响。前头说到,陆、查、范三人对列名

一事并不知道,后来赵君宋一告状,才有人把庄氏编写《明史》的消息透露给他们。

康熙元年二月里,陆圻的一位朋友王于一,从福建来浙江旅行访友,下榻于昭康寺。这位老友的身体本来就很瘦弱,春寒料峭中一路奔波,对浙江的水土也不服,没住几天就病倒了。陆圻见老友病卧,便全力调治,白天黑夜不离开一步。谁知客人老病复发,百般调治也不见效,又拖延了十几天竟遽然而逝。陆圻不胜悲悼,买最好的棺材替朋友成殓,并拿出一笔可观的钱赠给王家的来人,叫他们扶柩回乡,厚葬王于一。他扶着亡友的灵柩一直哭送到江边,还恋恋不忍分手。在场的人无不为他的朋友义气所感动。这时,有个人忽然想起一件事,觉得不管陆圻知道不知道都应该再提醒一下,因为陆圻的人品太让他钦佩了。

这位路人要告诉陆圻什么事? 就是《明史》这本书。他说他刚从湖州方面过来,在府学门口见到府学教授赵君宋贴出榜来,公布《明史》里几十条不法文字,听说还告到了知府衙门。他出于好奇,还设法见了见这部书,乃南浔镇庄氏父子主编。而书前列出十八位参订者名字,其中就有陆老兄您,还有查继佐和范骧。不知您是否真的参与其事? 这可不是一件闹着玩的事!

陆圻经这么一问,大感惊奇,怎么会有这种事呢? 不可能。我跟这些人风马牛不相及,肯定是搞错了。回到家里,他越想越觉得怪,决心搞搞清楚。何不去问问查、范二友呢? 既然听到有他们二人的名字,或许他们知道内情。想到这里,陆圻就出门了。

范骧家住百里之外的海宁县,不好去问,而查继佐就住在杭州城里黄泥团,就近去拜访十分方便。陆圻想定主意,便直趋黄泥团。适逢查继佐不在,陆圻就坐在他的书房等候。他俩是常见面的朋友,彼此很熟络。陆圻闷坐无聊,便信手翻书乱看,无意间正好看到一本新书,就是庄氏父子的《明史》,参订者名单中果然写着自己的名字。此时,查继佐回来了。

陆:"此书从何而来?"

查:"昨天刚到手。"

陆:"听说此书大有犯禁之处。"

查:"我也听说了,但还没有细细翻阅过。"

陆:"这庄氏父子也太无礼了,怎么能不征求对方同意就列名呢?"

查:"老兄,如今可顾不上追究这个责任,当务之急是我们该怎么办。"

陆:"你说怎么办?"

查:"此书即使没什么问题,我等也得申明退出,岂能无功列名掠人之美呢? 若是它有什么漏洞,既然并不代表我们的观点,也理应向外界说清楚。你觉得怎样?"

陆:"那我们通知范兄一声,联名干吧。只是我们写给谁呢?"

查:"既然此书已经引起官方的注意,我们就公事公办,给学政衙门上书比较合适。"

事情就这么定下来了。

他们当时可没想到,这份三人联名的禀帖后来竟成了他们的救命符。尽管如此,但在开头的大逮捕、大审讯的狂风恶浪中,他们三人也难以幸免,可以说等于在地狱里走了一遭,没死也脱了一层皮。

康熙元年(公元1662年)元月:从湖州传来消息说,贪官吴之荣已赴京告状,事态日趋恶化。街谈巷议,人言籍籍。陆圻全家忧心忡忡,侄儿拒石因之吐血数升。

十月十四日:风声日紧。庄允城押送北京。陆圻妻子被恶梦惊醒,梦中一神人对她说:"你丈夫的文字之祸起矣,后果如何很难说。"夫妻相对不住地叹息。

十一月十五日:大清早,陆圻与兄弟陆墀正要外出,忽然有两个差役闯进门来说:"纪公请陆先生去看病。"纪公者,钱塘知县李纪。他与陆圻私交甚好。此时,陆圻意识到这是要拘捕他,为了不刺激家人,朋友李纪采取了这种比较委婉的办法。陆圻对差役说请稍等片刻,他迈步走到亡母灵前,长跪而大哭,全家都随着大放悲声。

陆圻跟差役来到县衙。李纪一言不发,只是流泪拉着陆圻的手。

陆圻入县狱。狱吏名叫慕天颜,经常请陆圻看病,很敬重他的人品,所以生活上多方关照,查继佐和范骧也先后入狱。

十二月十一日:巡抚衙门派来一个姓龚的差官,将要押送陆、查、范三人去北京。

三人先被押到杭州知府衙门。知府名叫丁浴初,是查继佐的至交,与陆、范也都熟识。他见三人披枷带锁,就令差役打开。差役说锁已灌铅,难以打开。丁浴初说你们马上给我砸开,完了另换新锁,这事我负责,差役照办,四人才从容说话。丁知府宽解说:"三位仁兄不必担忧,你们已早给学政大人递过帖子,应该算是首告的人,到北京就会剖白的。现在最好能尽快动身赴京,越早到越有利。"说罢每人赠银十两,棉被一条,催促上路。

十二月十五日:陆圻、查继佐、范骧三人起解上路。陆墀带上家仆张煜另坐一船,预备随着进京照顾哥哥陆圻。陆圻妻子带着仆人褚礼,把所有贵重衣物当成二百两银子,加上亲友们馈送的七十多两,共得二百七十多两。她以四十两作为小叔子陆墀的安家费,其余的全让带着去北京。

全家人一直把陆圻送至嘉禾。陆圻的亲家祝鲲清也驾舟追来,赠送路费,劝慰有加。陆圻含泪对大家说:相送千里终有一别。都请回吧,不然我的心就更乱了。他又特别对儿子冠周和侄儿拒石大声叮咛说:安心当个无知无识的老百姓吧。千万不可像我这样苦读诗书,落到今天这般下场!

康熙二年(公元1663年)正月十八日:陆圻妻子又被恶梦惊醒。梦境中,只见已死去多年的祖姑沈太孺人坐在那里举着筷子呜咽不止,面前一片浑黑,情景极为骇异。

第二天正是沈太孺人的忌辰。众妯娌祭奠毕,正要把她和其他诸祖的遗像收卷起来,忽见他们都满脸显出相同的愁苦之状,妯娌们大惊。忙打发冠周去神庙里求卦。就是这时,忽见一个差役进来叫道:知县大人到!众人顿时慌作一团,不知所为何事。出来一看,一百多个兵丁和差役跟在一位官员身后蜂拥而来。为首的官员并不是李纪,另是一副陌生面孔。大家正疑惧间,一差役大声宣布说:奉旨查抄陆犯之家!都站到外头,现由总捕毛老爷一一点名注册。

陆圻妻子急中生智,忙把陆坦的妻子拉过来,细声安排说:他二婶母,我把莘行托付给你。待会儿登记时,你就说她是拒石大伯的女儿,名叫文姑,与众侄和侄女站在一堆儿。切记切记。这样,官方的抄家名册上就留下了这么一条记载:"文姑,陆犯之姪孙女,年七岁。"

邻居许周父,平日与陆家很好。此时却翻脸不认人,向官府一一揭发谁是谁的儿子,谁是谁的婶母,等等,差官便就地取陆家布二匹、米三石奖励他。他又自告奋勇愿意带人去北京辨识陆堦,以便让官府拘捕。后来的结果是,陆家仆人褚礼在北京纱帽胡同看见了他和捕役,及时给主人报信,陆堦才免遭毒手,得以继续为哥哥奔走活动。

当天夜里,陆家三十口人拘押在总捕班房,查、范两家也关在这里。

正月二十一日:三家的男子送往按察使监狱,每人分一根铁链,分给陆拒石和陆冠周堂兄弟的两条,一轻一重。陆拒石要戴重的,说冠周年幼;而陆冠周则坚决不同意,说拒石兄身弱体病,应该戴轻的,推让不休。狱卒为之感动,便把那条重的也换成轻的。

女犯被移关在羁候所。这里共分七个分所。头所二所关着查氏一家;三所四所关着陆氏一家;五所六所关着范氏一家。三家共捕到男女一百七十六人。

二月下旬:经过在京亲友裘信甫、严颢亭等人四处活动,光陆家就花了五千多两银子,终于使案情有了转机。刑部传达内廷指示:命陆圻、查继佐、范骧三犯,押回杭州候审。

三月初六:陆、查、范三人被押回杭州,关在由旗兵看守的监号里。

三月十七:陆圻弟陆堦从京返杭,自投羁候所就逮。

至此,杭州狱中关押庄氏《明史》一案人犯共约二千多人。

绝大多数文人都关押在武林军监狱里。武林山即是灵隐山,这里多有名山灵水,然而这已与现在武林监中的文人们无缘。他们身陷囹圄,铁窗苦楚,有的只是对往事的回忆,对人世人生的深思和感慨。当然,表达这种心境和感情的方式依然不离本行,大都以诗泻泄。这种诗深沉、悲壮、凄惨,但很有个性色彩和力度。

潘柽章的诗写得伤感,透着点颓丧消沉和求生之望。但他在审讯中的表现却坚定而无畏。不少人都四处求人救援,或反复改变供词。他却依然故我,从容赴死。

吴炎的狱中诗虽然没有留传下来，但以他的刚烈性情推想，一定要慷慨激昂得多。他在审讯中的表现恰如其人，根本无视什么高居审判席的中央大员、封疆大吏，只顾一个劲地高谈自己的见解，指斥强权的可恶无耻，甚至大骂不止。弄得审判官们狼狈不堪，恼羞成怒，叫衙役们一哄而上使棍混打，直到把吴炎打昏在地。

据记载说，吴炎和潘柽章在就刑那天，谈笑自若，真正是视死如归的志士。

死得悲壮的还有李令晰的一个小儿子，名已不详。他只有16岁，正在刻苦读书，而且学业极优。有位好心的官员十分怜惜他，悄悄对他说，你在审讯报年龄时，别说16岁，减1岁为15岁，这样照法律就可不定死罪而只流放。可这位文质彬彬的少年郎却慨然而言道：父兄已死，我为什么要独生？要杀就杀，决不改变口供！死时跟吴、潘二学子一样面不改色，引颈就戮，一时传为佳话。

人品有高下，情操各不同。都是读书人出身，如今又都是同案狱友，但其作为却大相径庭。这里以赵君宋为例。

他是湖州府学的教授。这次牵连入狱，只要把自己是头一个揭发《明史》的事情说清楚，不但没有罪，只怕还要立功，他当然是这么做的。所以，他在狱中并不怎么忧惧。

这天放风中，他碰上同关一处的朱佑明。朱佑明是个有钱无文化的暴发户，如今只想着怎么能活下来，花多少钱都成。他就想抓住赵君宋这根救命稻草，对赵说："赵老爷！您老人家是最早的首告者，功劳是很大的。现在别看暂时受点委屈，不久还要得赏哩。"

这话正说在赵君宋心里，他觉得很受用。但还要表现出一副不乐意让朱佑明这种粗人吹捧的神气，淡淡地应了一声。

朱佑明是有求于人家，顾不得这种冷落，凑上去一针见血地说："赵老爷！您老人家若肯搭救兄弟一把，我情愿把家产的一半奉送。"

朱佑明家资百万，那一半可是个了不得的数目。

赵教授的眼睛放光了，道貌岸然的斯文气派不见了，说话的口气犹如老友夜话："你此话当真？"

朱佑明赶紧跟进："决不反悔。只是不知赵老爷如何救我？"

赵君宋笑而不答，他已胸有成竹了。他心里清楚，朱佑明之罪，最重者乃"朱氏史即朱佑明刊"，一条也。但这一条肯定是吴之荣做的手脚，证据是自己当初花六两银子买到的那本《明史》上，便没有这"即朱佑明刊"五个字。此书现在完好地存放在府学衙门的壁橱里，取出便是铁证，几十万白花花的银子就到手了！自己苦读寒窗十几载，又当穷酸的学官好些年，何曾见过这么多钱！千里做官，为着吃穿。不捞白不捞！

赵教授打好如意算盘，便向审判官提出正式报告。经过审判诸官紧急磋商后，决定派得力官员多带兵丁衙役，跟着赵君宋连夜奔湖州，务必取回所藏之书。

赵君宋的《明史》与吴之荣的《明史》当堂一对，果然相差出"即朱佑明刊"五个字。

吴之荣当初害人心切，没有料到这一招，有点发慌，闹不好落个伪造证据诬陷别人的罪名，这案子可就全翻了。这家伙不愧是个官场无赖，关键时候有点贼胆和急智。他一口咬定自己的这本《明史》无假，而赵君宋的那本做过手脚。他以攻为守地突出奇招，大声说："假如朱佑明与《明史》无关，那他为啥要在每页书上都刻下"清美堂"三个字？这"清美堂"是他家的堂号，现有匾额依旧悬挂他家，便是铁证。请大人们派人去查验，如有虚言，甘愿反坐。"

这半路上的一棒太厉害了。

我们知道，当年朱佑明买下一座董姓大宅，花数万银子装修一新，大肆炫耀。他本出身于木匠之家，门牌子不亮，如今既然已跻身于乡里头面人物之列，也得装点出一派斯文气象。请那么多名士和缙绅出席乔迁宴会，就是这方面的努力之一。

他有个外甥名叫韦甲，看出舅舅的用心，便想好好表现一下，就花钱买下"清美堂"这么一块匾额。此物有些来历，乃是朱国桢相国府里的堂匾，"清美堂"三字为董思白的大手笔。款书"朱老年亲台"一行字。

朱佑明接到外甥孝敬的这块匾，大为惊喜，认为是天赐佳品，当即悬挂起来。不免手舞足蹈，甚为得意，仿佛自家已成宰相府，而那"朱老年亲"便是他朱佑明，但做梦也想不到它竟是灭门之物。

且说吴之荣意外一刀，砍个正着。审判团再派杭、严道台和乌程知县郑宗圭，还有协镇高鼎、总捕头顾五经等军、政、警各路得力干将，率领大批人马二下湖州。果然，很快从朱佑明家里取到"清美堂"一匾，与《明史》每页上都刻着的"清美堂"三字一模一样。

无言以对的是朱佑明。

后悔不迭暗暗叫苦的是赵君宋。本想又升官又发财的他，最后以窝藏逆书久不缴出的罪名被判处斩刑。

朱佑明真是个毫无政治意识的庸俗之辈。他仗着钱多，继续钻营活命的门路，惟一"长进"点的是，上次要买通的赵君宋官儿太小，这回得贿赂一个手握生杀予夺之权的大官。他经过一番去粗取精、去伪存真、由表及里的调查研究之后，把浙江巡抚朱昌祚确定为贿买对象。

这位朱巡抚是汉军镶白旗人，先前一直在大内宗人府担任启心郎的职务，很得顺治皇帝的赏识。康熙皇帝即位后裁撤了十三衙门，就把朱昌祚外放浙江当了巡抚。他何以能叫朱佑明选中呢？

原来，朱昌祚虽是旗籍出身的大官，却娶了浙江的姑娘作妻子。他是潘协镇的女婿，这潘协镇上还有一位女婿也是大人物，就是有名的武进士龚廷元。两人同是一个地方的女婿，又都同朝做大官，无形中有了连襟之亲，很能说上话儿。而朱佑

明却不知怎么搞的，居然与龚廷元有些关系。就这么着，他先拿钱买通龚，再让积极性很高的龚去买通朱，共花费五万多两银子，来打通这条走出地狱之门。朱巡抚答应待收到银子后，将来只把朱佑明一个人判为流徙，不株连全家，也不没收财产，流放的地方也不会很远。并且告诉他一个具体地方，说最远就是这里，事情解决得十分满意，也许由于进展太顺利的缘故，朱佑明又有点怀疑是否花钱太多了？有点肉痛。他想，当初答应给三万也许就能办成。

就在朱佑明略为犹豫的空儿，王羽出现了。他是杭州城里的一名进士，在官场上层有不少关系。他又是朱佑明长子朱彦绍的大兄哥，正经亲戚，于是出来帮忙说，怎么能花那么多钱呢？省城南关的图赖我认识，人家是满洲八旗出身，又是管理南关的头儿，与下来办案的吴、戴二侍郎都是老关系，铁哥儿们，怎么也比他汉军旗籍的朱昌祚强十倍。你们要是相信我，出三万银子足够，我包了。你们想想，这可是路又真，钱又省的大好事。

朱佑明爱财如命，岂能不动心？他便把朱巡抚这头给冷下来了。朱巡抚一等钱不来，二等还不来，坐不住了，心想不对头，莫非放到锅里的鸭子还真要飞了？派人催龚廷元一打听，可不就是真的！这可把朱巡抚的鼻子都气歪了。

这天，吴、戴二位钦差坐在那里心痒难熬，眼巴巴地等着图赖来送银票。不想没等着图赖，却是朱昌祚走进来。寒暄过后，朱昌祚故做神秘地问道："二位大人，你们听到一件大新闻没有？"

二人反问："什么大新闻？朱大人快说说。"

"你们还不知道呀，全杭州人可都传遍了，哄传朱犯佑明拿出一百万两银子交给图赖，要来贿赂二位大人，也真是瞎了狗眼，别说二位大人两袖清风，从来最恨这一套，何况这是桩可怕的案子，我看谁也不敢受贿作弊，那是要掉脑袋的。听说吴之荣又想据此大做文章，似乎要二次上京告状。这个无赖可是什么坏事也干得出来的呀。我是替二位大人担心，所以一大早就跑来汇报。"

朱昌祚的这番话，惊得二位钦差目瞪口呆，好半天做声不得，心里卟咚卟咚地跳得邪乎，待缓过神来，便一齐赌咒发誓，声明绝无这种可能，他俩说："至今还没见过图赖的面，他也决不会在结案前来找我们叙私情。"

事也真巧。二人话音刚落，兴冲冲的图赖却一头撞将进来，口里大声叨叨说："兄弟来迟一步，二位等急了吧。抱歉，抱歉！"

二位钦差脸上白了又红，红了又白。

朱昌祚冷笑一声，拂袖而去。

图赖只管傻乎乎地问："怎么回事？怎么回事？"

当然，最后倒大霉的只有朱佑明了。

说吴之荣要二次进京，状告图赖和二位钦差这话，是朱昌祚的即兴发挥，说说而已。不过吴之荣这家伙的胆量确实不小，已经把杭州将军柯奎和江南提督梁化

凤给告下了,这倒一点不假。

柯奎是个松包,一审讯就全交代了,说此事的责任不在他,是梁化凤向他写信说情的,有梁的亲笔信为证。

于是,钦差大人下令传讯梁化凤。梁化凤的提督衙门在松江,派人连夜去拘捕。

自从《明史》案起,梁化凤就预感不妙。及至听说已把柯奎拘留,他知道自己已难逃此劫。他这几年步步高升,官运大开,不免有些得意忘形。当初徐典来为庄氏说情,他觉得一本书能有多大了不起?一个进过牢的小小知县吴之荣又算个什么东西?再说还有那一大堆送上门来的硬通货,不要白不要……如今他觉得太大意了,后悔不迭。这些天他茶饭不思,夜夜失眠,军务也推给副手去抓,自己则召集全体智囊人物研究应急之策。

致命的是柯奎手里的那封信,白纸黑字,证据确凿;而且据昨天去杭州打探消息的人回来说,此信已掌握在二位钦差之手。事态已经相当严重紧急,可以说危如累卵。谁能挽救这个危局,那真叫回天有术了。

然而你别说,一些在官场黑幕中滚打成精的师爷们,到最后还真给梁化凤开出一付救命药方。

就在有了对策的第二天,杭州的专差到了松江。

梁化凤来到杭州,对钦差大人说他身体有病,请求三天后再对薄公堂。二位钦差不敢不给面子,人家毕竟是比自己高一级的大官,谁知道以后会怎么着呢?得容人时且容人,留条后路没大错,这么一想就答应了。其实梁化凤哪里有病?他是给手下人争取钻营活动的时间。

几天后开庭对质。

面对自己的那封亲笔信,梁化凤死不认帐,说根本不是他写的。我身为堂堂从一品的武臣,怎么会干这种丧失原则的事?柯奎将军收到的这封信很可能是冒名顶替者之所为,必须彻底追查!至于对我本人清白的怀疑,这很好排除,可以当堂对证笔迹呀。

这一番话说得义正辞严又合情合理。

于是当堂对证笔迹。对证结果是:"柯奎手里的那封信,确乎非梁化凤所写。"当然,这个结果是用钱买下的。审判者们对此不是没有怀疑;但又不能不信对证结果。大家碰碰头,一致决定矛盾上交比较稳妥,叫四大臣去裁决吧。

事情到了四大辅臣那儿,首先考虑的就不是笔迹的真伪问题,而是梁化凤这个人动得动不得。当时的形势是:南方大规模的抗清武装虽然已经肃清,但零星的反抗活动依然存在,有的地方还相当厉害;最有影响的抗清领袖人物郑成功虽然已于去年五月病死在台湾,但他的武装力量还在,由他的儿子郑经统率着,更别说还有他的巨大影响和号召力;另外,浙江南田悬岙岛还蛰伏着一位很有威胁性的人物张

惊天动地明清案 英灵之冤泣鬼神

苍水,他要东山再起的话,必为心腹大患。

鉴于上述江南情况,尤其是浙江沿海一带的不稳定形势,辅政四大臣经过再三权衡,认为无论如何不能动这个很会打仗的梁化凤。在保江山社稷面前,那笔迹真是梁化凤的也得让路。于是,以九岁皇帝的名义下圣旨一道,言简意骇:梁化凤忠心为国,战功卓著。以致招致奸徒中伤陷害,设计诬攀。如今海疆多事,正需良将镇摄,着即令梁化凤回衙供职。钦此!

梁化凤一点事没有。柯奎有一点事,不大,因为他是八旗的将军,革职了事。徐典出了大事,说一切的一切都是他从中搞鬼,拉到北京砍了头。

从吴之荣赴京告状到大审判全部结束,经过了大约一年不到的时间。康熙二年(公元1663年)五月二十六日,结案的日子到了。

对于杭州人来说,这是血流成河的一天。

根据圣旨,凌迟处死七十余人,绞死十人,斩首百余人,家属和未成年子女侄孙等数百人被流放为奴。

可怜刻字匠汤达甫,不过一个靠手艺吃饭养家的下苦人,也难逃屠戮。据记载,这位刻字匠临刑前仰天大哭说:"我上有八十岁老母,下有十八之妻,我死后必嫁人,谁来养活我的老母亲啊!"他家就在刑场旁边,一腔悲愤泄出,使自己被刀砍下的头颅,骨碌碌直滚到自家门前,犹泪流不止。

此案的主犯是庄氏父子,一个瘐死刑部监狱,一个早就病死。但也不能就便宜了死人,得开棺戮尸。

且说这庄廷鑨生前屡遭坎坷,想有所作为而少壮遽逝。人们极感惋惜,想对亡灵施以厚礼,便给他坟前修起一座牌坊,上书"才高班马"四个大字。谁知这也保不住,掘坟戮尸的同时,连这块牌坊也给捣毁了。真是做人做鬼皆难逃浩劫!

一场人祸的飓风虽然过去,但造成的灾难和伤害却远没有结束。尤其是对一代文人的心灵,或打击,或震慑,或扭曲,或激奋……引出种种反应,折射出稀奇古怪的色彩。而陆圻和查继佐分别代表的,可能算是最基本的两大类。

先说陆圻。他在押解赴京途中路经金山寺时,遥听山寺暮鼓之声,曾发誓如能生还,必遁入空门,逃脱人间世事。这种在时代风云变幻中因受挫而消极避世的生活态度,有相当的普遍性。

在吴六奇的救援下,他和查、范三家不但没罪,反而因自首在先而立了功,得到分享庄氏家产的奖赏。这种令人啼笑皆非的结局,倒叫陆圻的心灵,遭到比入狱更受刺激的伤害。他觉得他面前只有一条路可走,那就是越早越好地隐身于佛门净地。

查继佐在获释得归后,更加放情诗酒,并花重金买到十二个小姑娘养在家中学习歌舞,由他的夫人亲自指导。每遇良辰便组织家庭歌舞活动,请来众多朋友边饮酒边欣赏,尽情地取乐玩耍。查氏女乐一时成为浙中一绝。

中国历代冤案

但这只是一种表面现象，一种假象。查继佐借着这种掩护，正在加紧撰写自己早就开了头的《罪惟录》。此书原名《明书》，写到半路遇到庄氏父子出了事，便赶快停笔，现在把书名一改继续写，丝毫不动原来的写作计划。这无异于"顶风作案"，跟皇帝老儿对着干。试想一旦犯事，那可要比庄氏还罪加一等的，当时他得冒多大的风险！也算不幸中的一个大幸，《罪惟录》洋洋一百零二卷，最后印入《四部丛刊》三编而流传至今，也堪称为一个奇迹。

至于吴之荣，他连个人也算不上。他的结局又怎样呢？自然是官也升了，当到右检都这么一个职位；财也发了，把庄允城和朱佑明的大半家私都捞到手里。据说最后活到康熙二十八年（公元 1689 年）病死了。死时正值酷夏，忽发恶疾，骨存于床，肉化于地，颈断而亡。也算应了恶有恶报的老说法吧。

惊天动地明清案　英灵之冤泣鬼神

忠至死不渝　遭文字冤狱
——顾炎武之冤

明朝灭亡,清廷统治中国,这是一个历史巨变的时期,改朝换代,更张易弦,一方面是坐上江山的欣喜,而另一方面却是国破家亡的痛心,两者鲜明的对比给历史的残酷性作了最有力的注解。

但凡是中国朝代的更迭过程,都会产生一种强烈的摩擦,其中文化上的对立可能是最为鲜明和敏感的因素了。一个朝代经过几十、上百年的人文孕育,必然会产生某种人文上的凝聚力,这种凝聚力往大了看可以体现在国家的政治体制上,往细微了看可以是一个老百姓最平凡的日常起居。而现在一种突然的变故使得这一切都要动摇甚至不复存在了,试问伤者几何!

我们知道,自从汉代独尊儒术以来,中国的文化一直承袭着儒家的文化体系、道德观念和人生价值观,更培育出了一种纲常礼数美德甚至可以说是一种愚忠,这是个人对于集体、国家的责任。清朝替代明朝,这对于亡明遗孤来说,无异于否定了其存在的理由。况且清朝还是以被中原人视为蛮夷的民族来统治,这为一向以汉家天子为正统的世人所不容。

亡明孤臣顾炎武就生逢这个时代,面对这个物是人非的局面,他能做些什么呢? 既然身为文人,那么就以文人的方式来写些文章,同时,就其身份而言,这些文章中必定会融入肯定明朝、贬损清朝的东西。但清廷对于这些是最忌讳的,你顾炎武既然写了,结果还会怎样? 就等着坐冤狱吧!

遭遇官司　离家出游

顾炎武是江苏昆山人。生于明万历四十一年(公元 1613 年)。最早名叫顾绛,后改炎武,字宁人,学界称为亭林先生。他的祖父顾绍芳,官至太常寺左赞善。在县学里,他与后来成为大诗人的归庄很要好。归庄的曾祖父就是大散文家归有光。他二人小小年纪,落落有大志,言行不俗,被人们称为"归奇顾怪"。清兵南下时,顾炎武积极参加了苏州、昆山等地的抗清斗争。失败后回到家里,继母王氏谆谆告诫他说:堂堂读书人,决不能变节投降,二姓事人。这位有骨气的知识妇女身体力行,以绝食来表达自己誓不降清的决心，直到不屈而死。

乡里有个叫叶方恒的财主。当初顾炎武的父亲在世时，急着用钱，就把几顷好地押给叶方恒，得到押银救急。到了顾炎武手里，他想把这些地赎回来。但叶方恒有心吞没，就一再地推托不谈。最后，他想了个一劳永逸的办法，用一千两银子收买了顾家的世仆陆恩，叫陆恩去官府告发顾炎武，就说顾参加过抗清活动，至今还与拥兵反清的郑成功保持秘密联系，这可是个足可满门抄斩的罪名。陆恩果然见利忘义，卖主求荣，告了恶状。后来不知什么原因，案子给压了。顾炎武眼见故乡难留，便一怒之下处死陆恩，离开故土，开始了长达 20 多年的周游天下的"逐客已无家"的豪迈生涯。

母亲绝食殉国后，顾炎武离开昆山老家，打扮成商人模样，开始了第一次漫游天下的行程。先就在江浙一带留连，不久来到南京。南明小朝廷已不复存在，物是人非，沧海桑田。顾炎武感慨无限，几次哭倒在明孝陵前，干脆就住在神烈山下，自称为"蒋山佣"。住了一段之后，动身来到山东游历，并在一座山下动手开垦了一块荒地，过起半耕半读的日子。又从山东北上，直达"天下第一关"——山海关。这可是他久慕之地。登上山海关，他不由忆起它的历史，此乃明代开国元戎徐达所建，那是在洪武十四年（公元 1381 年），因为建关设卫在山与海之间，故得名山海关。它北依巍巍燕山，南临滔滔渤海，地势极为显要，是连结东北和华北的咽喉要冲，自古便是兵家必争之地，向有"两京锁钥无双地，万里长城第一关"之说。长城就是始自关南海滨的老龙头，沿着群山之巅向北蜿蜒而去。

山海关共有四门，东曰"镇东"，即"天下第一关"，西曰"迎恩"，南曰"望洋"，北曰"威远"。各门上都修筑有城楼，城中心筑有钟鼓楼，城外绕以护城河。镇东门外修有瓮城，外面绕以东罗城，"天下第一关"城楼雄踞门上。望洋门外老龙头修有周长一华里的宁海城，内有澄海楼，稍北有南翼城。山海关与长城的衔接处有奎光阁，东罗城有牧营楼，北面城墙上有临闾楼、威远堂，关北有北翼城，关东二里的欢喜岭上有威远城，关城周围的烽火台星罗棋布，彼此呼应。山海关与附近的南海口关、南水关、北水关、旱门关、角山关、三道关、寺儿峪关以及城堡、墩台相配合，构成一个坚固的军事防御体系，成为威镇一方的军事重镇。

顾炎武面对这座已历三百多年风雨的雄关想到它居然没能挡住清兵入侵,国破家亡,生灵涂炭,既觉悲哀又觉气愤,一股反清复明的大丈夫气概充溢胸间,令他久久难以平静。

游览罢山海关,在南返路上,顾炎武又专程来到昌平。他要拜谒明十三陵。十三陵整个陵区四周都有围墙,正门开在南端,蟒山、虎峪嵯峨两侧,恰似一龙一虎踞守大门,保卫着里面的长陵、献陵、景陵、裕陵、茂陵、泰陵、康陵、永陵、昭陵、定陵、庆陵、德陵、思陵。过去的皇陵都设有陵卫,如今也没了,外面的围墙也多处倒塌。又勾起顾炎武一番凄凉感慨来。

顾炎武离开北京,取道保定、娘子关,来到山西首府太原,再由军渡过黄河入陕西,抵达秦北重镇榆林。考察一番后又过河返回山西,遍游雁门、五台之地,并且再次住下来开荒种地。初具规模后,他把垦种事务交给门人们去管,自己又抽出身子继续漫游,回到了南方。就在这时,一场大祸临头。

著文招祸　身入冤狱

这天,他正在整理自己的旅游笔记,忽然一群如狼似虎的官差把他逮捕起来。罪名是有本题名为《忠节集》的书,是他搜集编辑并刊刻发行的,书中的《郭汾阳王考传》、《黄御史传》、《顾推官传》等文章和诗词,都有严重的政治问题,充满"悖逆"、"反叛"的内容。此案是姜元衡一手制造的。

姜元衡原来姓黄,叫黄元衡。他出身低贱,是世代奴仆之后。到他手里门风一变,居然读书有成,中进士,点翰林,春风得意。惟有一块心病:怎么才能改变一下奴仆出身的名分呢?想着想着就想歪了。

康熙四年(公元 1665 年),姜元衡忽然发难,向山东巡抚衙门告状,检举说黄培写有反诗。黄培是谁呢?他曾任明朝锦衣卫都指挥使之职,而姜元衡的先辈曾在黄家多年为仆役。如今黄培无职在家,但他的子侄多人,现任清朝的县令、推官等。姜元衡完全出自一种变态的报复心理,诬告黄家共有十四人写有反诗,因为证据不足,案子拖了三年多也没个了结,姜元衡继续加码。康熙七年正月,他再次告发黄培藏有反动著作《忠节集》,并有鼻子有眼地说,该逆书的编著者就是昆山顾炎武,顾炎武就是这么被牵连进来的。

顾炎武入狱,朋友们急坏了。万一把他参加抗清的那些事都扯出来,那可凶多吉少。李因笃、朱彝尊等朋友全力以赴地开展营救工作,到了当年的九月,总算把顾炎武救了出来,戳穿了士林败类姜元衡的诬陷阴谋。还应提到的是,此案之所以能较快地了断,与另一起文字狱大有关系。

康熙六年(公元 1667 年),市面上出现了这么一本书:书名《忠义录》,又名《启

祯集》，陈济生编辑，是吴生作序，书中诗文系黄尊素等人作。黄尊素是明朝著名的御史，吴生更是明朝的阁老大臣。光看这两个名字，就够吓人的了。其实，这本书根本不是陈济生编辑的，而是江南的沈天甫、吕中、夏麟奇、叶大等人搞的。他们为何要弄虚作假、借用他人名义呢？原来有着不可告人的目的。

吴生有个儿子叫吴元莱，现任中书之职。这天有几个人找上门来，亮出《忠义录》，说这是一本煽动反清复明的逆书，书序系你父吴生所作，肯定会招来灭门之祸。又说如果你吴中书肯出二千两银子，我们保证可以把此书全部收回，使你全家免祸无灾；否则，便要去告发。

显然，这是诬陷勒索的行径。在文字狱兴盛的专制时代，一些文痞恶棍趁机作恶，这是很自然很普遍的现象。

吴元莱不是等闲之辈，还是有点胆识的。他一看序文，就断定不是父亲的手笔，心知这是一场大讹诈。当即稳住来人，去给巡城御史报了案。于是，沈天甫等人很快被捕，严审之下供出实情。这年闰四月里，这几个文痞以伪造逆诗、肆行诈编、大干法纪的罪名被处以死刑。

这个案子无疑给山东的"《忠节集》案"提供了一种思路，办案者在顾炎武朋友的提醒下，找来《忠义录》与《忠节集》加以对照，这下案情大白了。原来姜元衡正是把沈天甫的《忠义录》加以删节，把黄培的一个小册子《十二君唱和序跋》的内容加进去，便拼凑起那个《忠节集》来。审问姜元衡，他对作案过程和动机也供认不讳，顾炎武和黄家多人也才能无罪获释。

冤狱重生　死不事清

顾炎武从这场文字狱脱身出来，已经是过了知天命之年的人了。他看出恢复故国已不可能，便转向学术研究和著书立说，同时继续那种"以驴马载书自随"的漫游生活。顾炎武晚岁的游历重点仍在华北地区，尤其是秦晋两地。他来到陕西华阴县时，说过下面一段话：

> 陕西这地方的知识分子，非常喜欢研究经世致用的学问，性情豪爽重感情，很容易交往，而且敢于讲真话，坚持真理。这都是其他地方比不上的。华阴县正处在关河之口这样的中枢位置。住在这里用不着跑多远，就能知道天下发生了什么事，出现了怎样的人物。一旦接到什么警报，很快就可退到山里据险固守，而要想施展胸中抱负，向外而求得发展，一出潼关便可获得高屋建瓴之势。可谓进退自如之地。

从他这段话可以看出,这位反清志士依然壮心不已,满怀激烈慷慨之情。

于是,快60岁的人了,又在华阴县定居下来,买了五十亩地,领着门下弟子垦种起来,过着自给自足的屯田士兵式的生活。而把山东、山西两地垦田的收入全部储存起来,作为一旦举事时的战略物资。以华阴为立足点,他又四出游历,考察踏勘。据史书记载,他每到一地,凡阨塞海陬,必找来老兵询问其中的情况。如果与平日所听到的不合,当即加以检勘。凡国家典制、郡邑掌故、天文仪像、河漕兵农之属,无不穷原究委,考证得失。顾炎武遍览诸史图经文编说部之类,取其关于民生利病者,且周游西北历经20年,终于写成洋洋一百二十卷之巨的《天下郡国利病书》。而这仅是他一生著述的区区小部分,从这里我们可以看出顾炎武学问的渊博。

更值得称道的是顾炎武的人品。即使到了夕阳晚岁,他依然保持了高风亮节、冰清玉洁的品行。康熙十七年(公元1678年),朝廷为了收买汉族知识分子,开设了"博学鸿儒科";第二年,又组织大手笔纂修《明史》。趁着这两个机会,满朝大臣都争先恐后地推荐顾炎武,借以抬高自己的身价;不少老朋友也修书寄诗,劝顾炎武脱离那种奔波艰辛的江湖生涯,回到故乡安度晚年。然而,年近古稀的亭林先生依然是"力辞不赴"。康熙二十一年(公元1682年),70岁的顾炎武客死异乡,病故在山西曲沃,身后留下无数著作而无子嗣,由好义的学生们扶棺归里,安葬于出生地昆山。

直言皇家事　罹祸遭杀身

——严增之冤

中国文明是以儒家文化精神为基础的文明范畴,它所推崇的是一种修身——齐家——治国——平天下的治世之道,讲究的是以天下为己任的人生情怀。对于这一切,中国的文人恐怕是最有发言权的了。中国文人的人生轨迹,可以说是彻头彻尾的儒者人生,他们从小便开始接受儒家文化的洗礼和灌输,研习经史子集,再后来更是把这些当作致仕之途径。

既然深受儒家文化熏陶的文人们有一种以天下为己任的人生情怀,那么他们也会不惜一切地去为之而奋斗,即使是在今日被我们所不敢恭维的事情。本文这则冤案讲的就是乾隆时期一位山西文人因直言不讳皇家之事而罹祸的故事。

果敢固执　铁骨铮铮

从乾隆三十九年(公元1774年)至乾隆四十二年(公元1777年),是清廷大臣舒赫德人生旅途的最后四年,但也是他一生官场得意的辉煌顶峰。乾隆三十九年三月,他被任命为翰林院的掌院学士,成为领导该院的最高行政长官。这个相当了不起的职务,他的祖父徐元梦(在满族语音中,"舒"与"徐"两字的发音略同。所以,满族正白旗出身的徐元梦,便给自己取了个汉人名字,表字善长,还有一个表字蝶园,往往人称"蝶园徐先生")也曾经得到过。祖孙二人同登翰林院掌院学士的宝座,不能不认为这是舒穆禄氏家族史上的一种殊荣。到了乾隆四十一年的五月,舒赫德因为镇压山东农民起义有"功",得到了一个世袭职务——云骑尉,同时他的肖像被恩准进入大清王朝前五十名功臣图像的行列。同年七月,他又兼任了文渊阁的阁领事。这个文渊阁可不简单,是乾隆皇帝敕建的得意殿宇,位于文华殿之后,是用来专门收藏钦定《四库全书》的。谁不知道编纂《四库全书》是乾隆最为得意的一件事? 得意的建筑,得意的图书,谁来看管? 自然必须是皇上最感得意的大臣了,舒赫德的得宠于此可见一斑。总之,这一连串的浩荡皇恩,把舒赫德推上了位极人臣的地步。对于这样的荣耀,他当然不能不倍加珍惜;反过来说,他对于任何损害或可能损害这种荣耀的人和事,都是非常敏感而痛恨的,都是决不会予以容

忍的。

乾隆四十一年(公元1776年)七月十七日,刚兼任文渊阁领事没几天的舒赫德,兴冲冲地早朝归来,刚端起一杯龙井茶要喝,家人就走了进来,双手捧着一个白纸包,说是吏部送的公文。

舒赫德顿觉奇怪:吏部的公文怎么会是白色纸包?上写"送舒大人宅"这几个字,也不合公文规矩嘛。他放下茶杯,接过白色纸包就拆,里面有两件东西:一封信,一道奏折。其中信上写道:

我名叫严增,原是都察院的一个吏员,任期满后已经离开了那里。我早就听说舒大人您是当朝一位贤名卓著的大臣,向来做事与众不同,别具一格,不愧是国家社稷的栋梁之臣。我之所以给大人您致函,正是仰望大人您的英名。

我不过是一个微不足道的角色,眼见当今之世英才济济,更觉得自己平庸愚昧,难有什么大的作为。所以,我已无意于功名利禄,在都察院任期届满后便回到了故乡。但是,心里一下子又很难平静,毕竟担任公职20多年了,皇上的恩遇,国家的培养,自己难以报答于万一,于心不安啊!我经过反复思考,便给皇上写了一道奏折,内容是请求皇上严惩贪官污吏、不要过分压迫黎民百姓。但我这样的身份地位,当然是没有资格给皇上直接奏事的,所以想请大人您代为转呈。此事如果有结果,一方面对国家百姓大有好处,也会使大人您的贤名更为昭著,流传千古。万一有什么意外,我这奏折也无非是请求镇压贪官污吏的内容,算不上什么罪过,所以对您的名声也不会有多大妨碍。希望大人您三思,千万不要过多地考虑眼前利益而谨小慎微,应以国家大事和百姓利益为重。最后,我声明一点,此事成与不成,我都在住处静候消息,即便是大祸临头,我也决不逃避。

舒赫德看完这封信,不禁大怒。心想哪里蹦出来这么一个小人物,竟敢用这样的口气跟我讲话,好大的胆子!他把信和奏折扔过一边,问家人道:"来人走了吗?"

家人说:"没有,还候在大门外,他要等着确定大人收到白色纸包。"

舒赫德厉声喝道:"放肆!可恶!把他抓进来!"

不一会儿,两个家人架住一个四十多岁的男人走了进来。这人两颊深陷,满脸菜色,但目光灼灼,显出才智、果敢和固执。舒赫德对其严加盘问,结果和信上所说并无二样。舒赫德又问了一些别的,便让人把严增押下去关在私牢里听候发落。他又把严增的信看了一遍,把那份奏折也看了一遍,然后踱步沉思,考虑如何处理此事。

一个丢掉了饭碗的九品小官吏,一个出身贫寒的读书人,既然信上和奏折上没写什么犯法的话,虽说有点无礼,也毕竟说了许多赞美歌功的话。舒赫德是否应该宽大为怀放走严增,全当没有这么回事儿呢?可他连想都没这么想过。在他看来,怎么能做有损于自己高贵血统和门楣的事儿呢?这样的汉人,这样的读书人,这样不安分守己的人,怎么能轻易放过呢?这个严增是否有同谋?是否有主使之人?

是否有谋反朝廷的计划？都得一追到底才是。舒赫德想到这里，便下了决心，在给皇上报告此事之前，自己先要查个水落石出。当下，他就挑选了一批精明强干的家兵家将，前去严增居住的万春杂货店进行搜查。

在崇文门外的万春杂货店里，从严增的住处又搜出下列几种东西：严增自著《瓦石集》书稿一部、奏折底稿二篇、写给四阿哥(四皇太子)的信一封、誊清的奏折一篇、零星图书数本。

搜查人员带走全部搜获物的同时，也将该店老板山东人韩昌林一起抓走。

当夜，舒赫德在自己家里私设公堂，先审韩昌林，用意是先探明严增来历、同谋者、指使者等各种线索。结果舒赫德从韩昌林嘴里也问不出什么来，就把注意力投向查获来的文字东西。翻阅完毕后，他对这些东西的评价是什么呢？在他随后给皇上的折子里这样写道：

详加阅看，严增所著《瓦石集》，全是一些劝人行善济世的老生常谈；但是他的奏折底稿和誊好的奏折，以及写给四阿哥的那封信，却充满疯狂荒诞、大逆不道的内容，读后令人万分惊骇；其它零星书籍都是些无关大碍的东西。

看来，舒赫德是要从奏底、奏稿和写给皇太子的信上大做文章了。为了确证以上文字是严增所写，就让严增当堂默写了一段，以做到一切牢靠。之后，便给皇上动本题奏。他在奏章的最后部分这样写道：

臣观察了一下。罪犯严增讲话井井有条，头头是道，决不是患有疯癫怪病的人。又经过对证笔迹，证明所有不法文字确系他的手笔。细细地推敲他的种种言论，确实居心险恶，充满对皇上的仇恨。据此，臣这样认为，这样一个役满去职的书吏，居然敢上书皇上妄论朝政国事，实在是最可恨的奸民！难道他仅仅是因为去职以后，候选无期，冒险投书，以求侥幸地得到任用吗？没有这么简单。说不定他怀着别的更大的阴谋，想诬陷什么人，或者干脆就是有意诬蔑我大清圣朝，这种可能性极大。为此，臣正在不断思索。当然，还是先向皇上您汇报一下，皇上马上就会予以神断的了。

乾隆显短　龙颜慑宫

那么，严增的奏折等到底写了什么样的内容呢？乾隆看后又是何种反应呢？

乾隆是七月初来到避暑山庄的。对于这座由其祖父康熙开辟的皇家园林，他是十分偏爱的。每年夏天，只要他没有南巡，都要来这里住上个把月，一面避暑一面办公，颇为轻松愉快。

这天傍晚，他还留恋在"万壑松风"，久久不忍离去，触景生情，乾隆不免大为伤感起来，往事如乱云，百感集心间，不由地又想到自己整十年的鳏居生活……

众所周知,乾隆是一位喜欢拈花惹草的风流皇帝。但也正因为这一点,使他的婚姻生活极不正常,风波迭起,悲剧连连。他先是与皇后的嫂嫂傅夫人陈仓暗渡,如胶似漆,气得皇后一命归西去了,这是乾隆十三年二月里的事。到了乾隆十五年八月,册立乌喇那拉氏贵妃娘娘为新皇后,也难以白头偕老。因他风流成性,居然在秦淮河上嫖妓女,把新皇后气得发了狂。她寻死觅活把头上的万缕青丝一古脑儿剪干净(满族最忌剪发),以示悲愤和抗议。不久,这位乌喇那拉氏皇后也泪尽血枯,命丧黄泉。对于这位自己原本并不喜欢的皇后的干涉行为,乾隆是十分气恼的,因此,对于她的死并不在乎。但对她的死因却不能不注意遮掩,于是下过这么一道圣旨:

皇后于本月十四日未时薨逝。自从册立她以来,倒是没有发现她有多大的过失。只是去年春天我陪皇太后去江南视察的时候,皇后忽然性情大为改变,言行失常,在太后面前有失孝道,似乎是患了一种疯迷病。有鉴于此,当时就送她返回京城调养。不料她天年不永,福份浅薄,医治无效,竟然去世了。按说,像她这样的皇后理应废黜,但我宽大为怀,仍然允许保留她的皇后称号。不过她的葬礼决不能与孝贤皇后同等待遇,依据皇贵妃的葬礼就可以了。

这件丑闻总算顺顺当当地遮掩过去,但毕竟成了乾隆的一块心病。什么时候想起来,什么时候不痛快。至今十年过去,也再没有另立皇后,做了一名鳏夫皇帝。

且说乾隆在"万壑松风"盘桓良久,郁郁地回到寝宫,就见到舒赫德的紧急奏章。他不看则已,一看便气不打一处来。尤其是严增奏折里的这么一段话,差点儿没把他气死:在世人眼里,那拉氏皇后实在是一位贤惠、美丽、贞节、刚强的好皇后,她是非常爱皇上的,她当时看到皇上已经五十多岁,国事纷繁,日理万机,够劳累的了。假若还像以前那样天天宠幸佳丽,恐非养生之道而只会伤害圣体。她之所以剪发顶撞,全是为皇上着想啊!……恳请皇上还是尽快册立一位像那拉氏皇后那样的正宫娘娘吧。

这个严增,真是哪壶不开提那壶。俗话讲:打人不打脸,骂人不揭短。皇上老子的隐私是当面揭得的么?

不用问,乾隆自然是恼羞成怒,当下提起朱笔,就发下一道"将严增审明具奏正法"的圣谕:一个小小狂徒,居然妄议立正宫之事,公然诬蔑我堂堂皇上,令人难以置信,无法容忍,不严惩不足以镇慑顽民而端正世风。事情的严重性还不在此,一个小小严增,充其量不过是一个微贱莠民,他怎么会知道宫廷中的事情? 怎么知道有那拉氏这么个姓? 这中间肯定另有造谣传说的人物,不能不彻底查究。朕记得今年正月里,就有一个山西人去舒赫德家里投书,内容是反对我去山东巡视。想不到这次的严增又是山西人,又去舒赫德那里,这是偶然的巧合吗? 这不令人奇怪吗? 是不是山西籍的京官中,有人在暗中搞什么名堂呢?

最叫人吃惊的还有一点,严增居然写信给四阿哥,这是怎么回事? 当然,在诸多皇太子中,现在四阿哥是年龄最大的。但若以办事能力而论,六阿哥管事最多。为什么严增不写信给六阿哥而只写给四阿哥?很不好理解。有没有这种可能呢?即严增曾给四阿哥投递过他那奏折,朕看这事得查查。假如有这事,四阿哥当然要受惩罚;就是舒赫德、阿桂(协办大学士)、英廉(刑部尚书)三人,也有不可推脱的责任,因为舒赫德和阿桂是总谙达,而英廉则是总管阿哥家务者,你们能没有包庇的罪过吗?试问你们三位大学士是谁的大学士?难道不是朕让你们当的大学士吗?既然是朕的大学士,你们能不怕朕而去包庇纵容四阿哥吗?要知道你们的一举一动、一思一想都别想逃过朕的眼睛。你们还是各秉天良地给朕严查此案,有什么就汇报什么,绝不准有半点过失。对于严增这种恶毒攻击皇上的凶犯,审明之日即可处以极刑。

乾隆的这道密旨,以"五百里"的传递等级发往北京。

接到皇上的严旨,舒赫德、阿桂、英廉三人吓得屁滚尿流,朝北跪在地上,一个劲地直磕响头,口里齐呼"臣罪该万死!臣罪该万死!"好半天不起来。他们也都是六七十岁的人了,这副样子也实在可怜。

然而,就是这副可怜相,转脸就变得杀气腾腾。当即三人联名给山西巡抚巴彦三发函,以皇上的名义命令说:立即派可靠得力的官员,以最快速度前往高平县米山镇,将严增父母、妻妾、子女、同胞兄弟子侄、伯叔兄弟子侄等全部逮捕,勿使一人漏网;同时进行抄家,查缴所有文字东西及可疑器物。

高官审讯　严刑逼供

山西抓人,北京审讯。

审讯严增,当然是三位一品大员同堂开庭,这规格不但破例,而且是最高档次的了。

问:"严增,你先不用胡说别的。你在奏折里公然议论宫廷内的事情,这些话你都是从哪里知道的?"

答:"这件事外面早有传说!我是乾隆二十五年离开都察院的。回到老家山西高平以后,大约在乾隆三十二年间,就听乡间传说,前年皇上下江南的路上,皇后娘娘得罪了皇上,被皇上先打发回京城去了。一年后,我上京谋差。在北京我才听到了一些更为详细的情况。例如,皇后病死,不按皇后的规制安葬,只以皇贵妃的资格处置。当时的刑部侍郎阿永阿准备参奏此事,又怕获罪后年迈的母亲受到株连,十分犹豫。此时他母亲大声对他说,忠孝岂能两全!于是阿永阿大胆进谏,果然惹恼了皇上,被发配到黑龙江服苦役。监察御史李玉明也给皇上题本,请求给皇后行三年的丧礼。同样惹恼了皇上,充军到新疆的伊犁。还有不少类似的零星传说。"

问："你这是听谁说的呢？"

答："到处都在议论，随便聊天就知道了。"

问："你都经常与谁聊天？"

答："很多，老乡、熟人、朋友等等。"

问："一个人都记不得吗？"

答："这有什么。譬如钱铺的伙计梁二，是我的老乡，就常随便聊聊天。"

问："好。再问你，你给四阿哥写信这事，是什么意思？"

答："这自然与给皇上的奏折有关系。听到皇后的遭遇，我心里觉得不平，再说皇上久不册立新皇后，对国家来说也不体面。所以我就想到应该就册立正宫一事，给皇上反映一些看法。我当时认为，以前的阿侍郎和李御史，之所以进谏失败而身遭不幸，可能是他们说话的角度和方式不好才惹恼皇上的。接受他们的教训，我想少说那拉氏皇后剪发之事，多说些她贤美节烈、一心为皇上好的话头，也许能打动皇上。我就这样拿定了主意。"

还有一个难题：立不立皇后是皇上的家事。我这折子怎么能递给皇上呢？想来想去就想到四阿哥。他在现存的皇太子中年纪最大，肯定要跟皇上时常议事，是否托他递上奏折？这就是我写信打算与四阿哥联系的原因。

问："你这奏折和信是什么时候写的？"

答："乾隆三十七年。当时我在老家闲住几年，无所事事。不久，妻子和两个儿子也相继去世。我孤苦伶仃，心灰意冷，想换个环境生活，便来到北京，经人介绍做了万春杂货店的记账先生。第二年正月里，人家都过团圆年，我一人客居异乡，形影相吊，百无聊赖。忽然间就想做出一件惊天动地的大事业，也不枉来人世走一遭。于是就写下这份《补行颁诏议立正宫》的奏折，还有给四阿哥的信。"

问："既然写成，为什么压着不发出去？"

答："说来惭愧。那天写成，已是半夜时分。忽然一阵冷风刮过，把给四阿哥的信吹在砚台上，墨汁顿时把署名和年月日的地方给污染了。我就心里发毛，觉得这不是好兆头，还是不要往出拿吧。想起来还是自己天生凡夫俗子，根本没有做侍郎、御史的胆量呀。"

问："你既然没有胆量送出折子和信，怎么又给舒大人送来另一份奏折？你说贪官污吏，扰乱黎民，有什么根据？"

答："贪官扰民的事太多了，举不胜举。就说我们高平县的知县吧，今年因为派协济牲口的事，他擅自决定每头牲口要老百姓出二两或三两银子。老百姓们不干，派出代表去反映情况。这位大老爷不但不听，反而把代表们打了一顿。像这种多派收牲口钱的事，今年三月在潞安府也发生过，那里的老百姓不服，用砖头砸那些出门的官员，事态很严重。"

"我再讲一件事。前几年，高平知县虞礼宝强迫百姓出银办铜矿，凡抗命不交者,一律抓进衙门关起来,饭也不给吃。有位任钦,他的父亲就是被关在牢里又冻又饿死掉的。"

"还有,县官们上省城办事,为了讨好上司,钻营官职,每次都让百姓出钱出物,作为他们在上面活动的资本。这种负担是很重的。听说有个地方的百姓气忿不过,跑到省城去告状,不料在大街上就碰见了他们的县太爷。这位父母官不问三七二十一,叫衙役用短轿杠当场夹死一人。"

"山西的官儿如此可恶,外边的就好些吗?天下乌鸦一般黑。听说山东地方的官府向店铺不断科派银两,谁要不交就封谁的店门。可见整个的官风多么败坏。"

以上严增所说的各种情况,显然是真情实话。但三位审案大人并不以此为满足,在他们看来,像严增这样的大案要犯,不用酷刑焉肯实招?再说,即便严增所说属实,别无隐瞒,他们也不敢一审定案,那样岂不显得简单了事,不够严肃?只有一审再审,刑讯逼供,反复折腾,才好给皇上交代。至于严增要受多少痛苦折磨,他们是连想也不想的。

重刑之下,结果如何呢?这位严增虽说是个让人可怜的小人物,却是一条硬汉子,不管怎样严刑拷打,打得他皮开肉绽,死去活来,就是不再翻口。至于新的交待,只有这么两件事:其一,他说关于那拉氏皇后的事情,他在都察院工作时就知道了,是从《邸报》上看到的,跟梁二无关;其二,他说他在乾隆三十七年上京的路上,还写过两副对联,头一副是"臣道艰难利禄条条焉能事事行公正;乾纲不易将相济济那能个个辨贤愚。"第二副是"忠孝节义果能行虽然贫贱理宜起敬;奸淫邪盗若有犯即使富贵法难宽容。"

舒赫德三人看看不会再打出什么东西了,便计议一番,给皇上写表汇报,请示下一步的指示。

炮灰一生 终老刀下

这几天,乾隆冷静下来了。他毕竟是位有见识有头脑的人;再说年纪也近古稀,火气应该不是很大的了;还有避暑山庄这幽静美丽的天然风光,都会叫人很快平静下来,反思回味一些事情。

他对四天前发出的那道圣旨有些后悔,太严厉了,太失常了,何必那样呢?分明是给气糊涂了。首先,对舒赫德、阿桂、英廉三位大臣是否责备过分了?是有点过分了。这三位满族大臣可是自己的心腹人物、顶梁柱,不能连他们都怀疑吧。何况此案就是由舒赫德告发出来的,也足见他的忠心可勉。倘若他怀有异志,什么事情都隐匿不报,你又有什么办法?还有,对四皇子的话也不该那么去说的。现如今他们一个个都是中年人了,都有自己的地盘和权力,过分束缚他们有什么用?汉族

人不是有句俗话说,好老子不管三十岁的儿。再说,四阿哥一向对自己也忠孝两全,以他们的才气胆识也不会有什么野心和阴谋。严增写给他的信,他是一定没见过的,否则,他不会不给自己报告这件事。考虑到他们皇哥儿们之间的关系不是很融洽,自己以后说话还是要慎之又慎才好……

乾隆这么思来想去的结果,是两天连着发出两道圣谕,指示审讯官不要把事情看得太过严重。

按照皇上的旨意,在审定一干同案犯后,舒赫德等便给皇上写了定案的奏折,对严增的判决是:"凌迟处死"!——最严厉的千刀万剐的处决。

这几天,乾隆的心情在继续好转。他在如意洲北面的青莲岛上游玩时,兴致很浓,就是在这种心境下,收到关于处决严增的奏折的。他浏览一遍,略一思忖,提起朱笔作了三条训示。

其一:严增可以不必凌迟处死,改为立即斩首示众也就行了。

其二:严增的家属子女亲朋好友以及同案各犯,可以不必追究了。

其三:严增关于贪官污吏扰民害民的说法,不管他本人身犯何罪,也应引起我们的关注。不妨就此在全国各省查一查,假若真有贪官污吏,要彻底追究。

这三条谕旨,充分显示了"圣意难猜"的皇帝派头。

奴才并不好当。舒赫德、阿桂、英廉三位办事大臣接到皇上的新旨,知道皇上又变样了,于是跟着也赶紧变样儿。问题是皇上要变是一句话,可他们这些做奴才要变并不简单。

首先,他们先大拍马屁把上头安顿住,紧接着就得安顿下头。因为早就给山西巡抚巴彦三发出严令,叫他抄家抓人大折腾,如今得赶快阻止,不然也是抗旨的罪过。于是,三位奴才又给巴彦三这个小奴才发出新的严令:

根据皇上圣旨,罪犯严增已由原拟之凌迟处分,改为斩立决;他一人犯罪,与其亲属并无牵连,再者他的父母妻子都已死去,所以不必逮捕法办,这都是皇上的英明决断。巴彦三你要很好领会圣意,立即停止抓人行动。

至于要不要抄严增的家,皇上没有明确指示。不过我们以为,像严增这样敢于诬蔑皇上的钦犯,平日一定不会安守本分,肯定还有其他不法字迹和犯法书物等存留于老家。为此,你还是速派布政使黄检,立即前往泽州高平县米山镇,彻底抄查严增的家,将所有可疑字迹物品一概封存带回,并迅速送交给我们。对敢于阻止搜查或代为藏匿物品的亲族人等,不能客气,要一起捉拿,解回太原严办。

高平县距省城太原620华里。早在接到上次要抓人抄家的严令后,布政使黄检就日夜兼程,用不到三天的时间赶到高平。随他同去的有代理太原知府周克开、泽州知府范树礼。米山镇在高平县城东面20里处。去米山镇时,高平县知县王藏宝自然得小心陪送上面来的大员。

黄检办事效率高手段狠。他不但抓起上面提到要抓的人,还把没提到要抓的

梁二也给抓起来，并且先审梁二，试图有所意外收获，便于立功邀宠。但这梁二一口咬定没给严增说过那拉氏皇后的事，说那是严增有意害他。因为他在北京做买卖时，严增曾向他借钱，要去捐官，他没有答应，所以严增就报复他。黄检自然不信，正要动用大刑审讯，忽然接到新的指令，不让株连其他人，只进行抄家就行了。黄检有些失望，但也不敢不遵圣旨，便放脱了梁二等被抓的人，开始抄严增的家。

这个严增，说来可怜。父母早亡，毫无遗产。他又从小读书，后来去北京做事，收入菲薄，竟没有置下一点房产田地。妻子儿女在世时，也是赁房居住，他们一死，这个落脚处也用不着了。严增在家时，就住在胞弟严浦的闲房里。

严浦的妻子李氏、儿子履安、儿媳妇王氏、孙子严会全，是完好的一大家人。时间长了，对寄居的严增免不了生厌。严增自命清高，又很爱面子，忍受不了冷言冷语，也断不了发火争吵。后来再也忍不下去，才又去了北京。临走前，除随身行李物品要带走外，遗留的全部东西也不过一个大木柜就装下了，放在弟弟严浦家里。如今要搜，就打开吧。

木柜的铁锁已经锈迹斑斑。砸开后，内装都察院供事木牌一个、任职届满的证明信一封、《洗冤录》等书数本、妇女幼儿破旧衣物若干。

这就是严增来到这个世界上一场，居然还在皇家的都察院当了二十多年九品京官，所积攒的全部财产吗？人们不禁瞠目结舌。这时严增在北京已被杀头。他的灵魂若回归故里，目睹自己遗留于世的这个大木柜，不知将作何感想？

对这个贫穷一生、迂阔可怜、最后惨然而死的小小农村读书人，乡亲百姓无不掬一汪同情之泪，他们向官府联名作保，说严增从小到大都是一个好人。

禁烟图国强　反遭发边陲

——林则徐之冤

19世纪40年代,清王朝统治下的中国,在封建制度的束缚下,在闭关锁国、妄自尊大中,不思进取,致使有着几千年文明史的悠久之邦仍处于封建制度下,没有发展到资本主义阶段。此时的清王朝已走过了它的强盛时代而步入末路,吏治腐败,贿赂公行,贪污成风,老百姓民不聊生,以致于农民起义在各地频繁地爆发。起义沉重地打击了清政府的统治,在清政府摇摇欲坠之际,以英国为首的西方资本主义势力的侵略爪牙指向了中国。

以英国为首的西方资本主义国家,在进行了17世纪资产阶级革命及随后的工业革命之后,资本主义经济得到长足发展。伴随这一发展,是在世界各地寻找殖民地。16世纪初,以葡萄牙殖民主义者为首,西班牙、荷兰、英国、法国、美国、沙俄等一系列资本主义列强都把殖民矛头指向中国,先是以"互市"贸易为借口,为弥补贸易上的逆差,竟无耻地将鸦片输入到中国。从嘉庆五年(公元1800年)到道光元年(公元1821年),各列强每年输入中国的鸦片约为四千至五千箱,至嘉庆二十年(公元1815年)到道光十九年(公元1839年)则年平均输入高达三万五千箱以上。清政府因购买鸦片而付出的白银,从道光七年(公元1827年)开始,每年都在一千万元以上,道光十七年(公元1837年)竟达两千多万元。更为严重的是,吸食鸦片使人体力日衰,意志萎靡,甚至丧失生命。西方列强在中国利用鸦片制造一批批的"东亚病夫"。

正所谓世不平有人管,身处中华民族的危难之中,一些有识之士自然会义无反顾地担当起救国图强的历史重任,林则徐就是其中的一位。提到林则徐,人们很容易会想起"虎门销烟"大快国人心的场景,林则徐的禁烟行为值得人们尊敬。然而,林则徐的义举显然是"悖逆"了当时的时局,苟合洋人的清

林则徐

政府是不会允许这种破坏其与洋人"亲善"关系的行为,圣旨一下,断肠人在天涯,林则徐的冤屈也只有与天涯明月倾诉了。

痛陈利弊　敦促戒烟

　　林则徐(公元 1785—1850 年),字元抚,又字少穆、石麟,晚号埃村老人、埃村退叟、七十二峰退叟,福建侯官(今福建福州沙白镇)人,嘉庆十六年(公元 1811 年)进士。林则徐小时就聪明机敏,4 岁起接受私塾的启蒙教育,12 岁时通过县试,并取得了府试第一名。第二年,林则徐参加科试,中秀才,之后进入当时福建的最高学府——鳌峰书院读书,年轻时就十分注意经世致用之学。

　　林则徐初入仕途便显示了非凡的才智和实干精神。在杭嘉湖道任上时,"修海塘,兴水利";道光二年(公元 1822 年),在江苏按察使任上时,"治狱严明";道光十一年(公元 1831 年)七月任江宁布政使;道光十一年(公元 1831 年)十月被提升为河东河道总督,治理黄河;第二年调为江苏巡抚,赈饥济民,奏免赋税,抚恤黎民。林则徐每任政绩都非常卓绝。

　　然而,林则徐一生中最光辉的业绩则是禁烟抗英。禁烟运动是民族英雄林则徐的伟大壮举,也使林则徐成为中国历史上抗击外国侵略的先驱。

　　清廷内部在鸦片问题上分成弛禁与严禁两派,争吵不休。以鸿胪寺卿黄爵滋为首主张严禁鸦片。面对烟毒泛滥,白银外流,清政府财政日窘的状况,黄爵滋指出:"上自官府缙绅,下至工商优隶以及妇女僧尼道士,随在吸食。""以中国有用之财,填海外无穷之壑,易此害人之物,渐成病国之忧,日复一日,年复一年,臣不知什么时候才是个头。"为此,"必先重治吸食"。而以直隶总督琦善为首的弛禁派却强烈反对禁烟,认为此法不可行。

　　林则徐坚决支持黄爵滋的主张,认为鸦片流毒于中国,纹银潜耗于外洋,凡是作臣子的,谁不切齿……今鸦片贻害于内地,如病人经络之间,久为外邪缠扰……。指出衙门中吸食的最多,而且还极力包庇贩卖之人,同时,自鸦片猖獗以来,历年来没有听说惩治过一人,办过一件案子,就如同虚设一般。

　　为敦请道光帝早日做出最后决策,林则徐毅然密奏道光帝以陈述利害,并告诫道光皇帝:此祸不除,十年之后,不仅没有可筹之饷,而且连可用的兵也会没有了。道光皇帝被林则徐的话深深打动,于道光十八年九月二十三日(公元 1838 年 11 月 9 日)命林则徐觐见商议对策,先后召见十九次。林则徐的禁烟建议得到道光帝的支持。道光十八年十一月十五日(公元 1838 年 12 月 31 日),道光帝授命林则徐为钦差大臣,加兵部尚书、右都御史衔,驰驿前往广东,查办海口事件,所有广东水师兼归节制。

力行禁烟　成效显著

道光十九年正月二十五日（公元 1839 年 3 月 10 日），林则徐抵达广州。为摆脱当时官场中的腐败现象，林则徐手书一则告示，将其悬于辕门之上，以儆世人："本部堂奉命来粤，现驻扎省垣。公馆一切食用，均予自行买备，不收地方供应。所买物件，概照民间时价，发给现钱，不准勒索赊欠。公馆前后不准设立差房，偶遣家人出门，乘坐小轿，亦予随时雇用，不必派人侍候。如有借故影射扰民者，许被扰之人控告，即予严办，各宜凛遵毋违。特示。"

寥寥数语，道出了林则徐一身凛然正气，表明了林则徐的远见卓识。当时鸦片受贿公行，上自朝廷，下至吏胥、兵弁，以致水师有费，巡船有费，营讯有费，差保有费，窑口有费，自总督衙门以及关口司事者，无不有费。林则徐这种洁身自好的做法与当时的腐败之风形成强烈的对比。为表明禁烟决心，林则徐晓谕官民："若鸦片一日未绝，本大臣一日不回，誓与此事相始终，断无中止之理！"

林则徐的远见卓识还表现在他预见到禁烟可能导致战争，从而加强了海防的各项措施。林则徐认识到：欲绝鸦片，必须整顿海口。为剿夷而不谋船炮水军，就是在自取灭亡。到广州后，林则徐知人善任，用水师提督关天培整兵严备。同时，着手建立一支可与英国等西方列强匹敌的海军，并建设一整套海防防御措施。林则徐要求制炮必求极利，造船必求极坚，达到有船有炮，水军驾驶，往来海中，追南逐北，对方所能到的地方，我军也能到。在此种认识下，林则徐一方面派人翻译外文书报，并亲自主持编译《四洲志》，加深对西方情况的了解；一方面购买西方的军舰大炮。同时，注重发掘自身潜力，组织制造或仿造外国先进的武器设备，从而努力接近或达到西方列强的军事技术装备水平。

林则徐针对广东海防线长的状况，采取有重点的、有针对性的海防措施。地处珠江口的虎门是进出广州的咽喉要地。为此，林则徐从虎门至广州共布置了三道防线：第一道，在沙角和大角东西对峙的两山之间；第二道，在横档和南山之间；第三道，在大虎山和小虎山之间。沿防线设筑炮台，并在第二道防线设拦江木排、铁链两道。三道防线如铜墙铁壁，即使当时的英国侵略者也不得不承认防御设施坚固。

防御措施中最为重要的是军队的素质问题。林则徐与关天培不仅重视清军水师的训练，提高正规军的战斗力，而且积极招募民间壮勇，"籍壮军威，而助兵力"。招募告示一经贴出，苦力成千成万群涌而来。林则徐通过严格的挑选，量才录用，使其成为一支重要的御敌力量。

林则徐到任后，在加强海防建设的同时，对禁烟也采取了积极的措施。

首先是驱逐列强的贩毒头子。林则徐到广州后，通过调查核实，下令驱逐英国贩烟惯犯。

其次是惩治民族败类，严令吸食鸦片者戒烟。早在林则徐任江苏巡抚时，就对鸦片的危害有了深刻的认识，并采取了一些积极措施。对吸食鸦片者随时认真访查，力拿严惩。并采集戒烟良方在民间推广，禁令种植、贩售鸦片。在至广州上任途中，林则徐就掌握了一些贩毒"汉奸"的具体情况，到任后即令拘拿。同时，令查缉的兵丁逐户搜查，禁烟的成果显著。

再次就是收缴鸦片，对藏匿或拒不出缴鸦片的外国商馆采取围困的办法，以期杜绝后患。限令列强贩毒分子三日内交出全部鸦片，并保证以后的来船永不敢夹带鸦片，如有带来，一经查出，货尽没官，人即正法。在林则徐的强烈措施下，英美等国烟贩被迫交出了一万九千一百八十七箱又二千一百一十九袋，计二百三十七万六千多斤鸦片。林则徐命将这些鸦片堆积在虎门外海滩上。

道光十九年（公元1839年）四月二十二日，闻名于世的虎门销烟开始了。沸腾的石灰水将一箱箱鸦片销解，然后放水冲入大海。虎门销烟历时二十多天，表现了林则徐大无畏的英雄气概，表现了中国人民不可侮的民族尊严和反抗侵略的坚强意志。

遭遇诬陷　流放伊犁

林则徐的禁烟措施得到广东人民的热烈欢迎和支持，致使一人之瘾，众人帮助其断绝吸食。而英美等西方列强却对林则徐禁烟运动深恨于心，在虎门销烟后，蓄意发动侵华战争。

英国驻华商务监督义律是蓄意侵华的主要策划者。林则徐到粤禁烟的消息传到广州，犹如晴天霹雳，使英美等国贩毒分子目瞪口呆，惊恐万状。贩毒分子惊惧之余，商议对策。义律是阻挠禁烟的首谋，他指使贩毒分子们采取了一系列阻挠禁烟的伎俩：

首先是曲意应付，命各国烟贩交出微不足道的几箱鸦片，企图敷衍过关。林则徐识破其用心，义正词严地传达口谕，如不按期缴出鸦片，严惩不赦。

其次是威胁与挑衅并举，以此向林则徐施加压力。义律命英船开到香港，置于英舰保护下，同时致信质问邓廷桢："现在特以本国国王的名义质询贵总督，是否想同在中国的英国人和英国船只作战？"并确信坚决的语调和态度将会抑制广东省当局轻举妄动的气焰。还借索食为名，以货船载兵犯九龙山炮台，被守军击退。

再次是义律包庇贩毒分子，拖延缴烟期限。对此，林则徐给出了强硬的制裁措施。

在黔驴技穷的情况下,义律宣称:"以不列颠女王陛下政府的名义并代表政府,责令在广州的所有女王陛下的臣民,为了效忠女王政府,将他们各自掌管的鸦片即行缴出……英商财产的证明以及照本通知乐于缴出的一切英国人的鸦片的价值,将由女王陛下政府随后规定原则及办法,予以决定"。

义律表面缴烟,实则用心险恶,意在把中国禁烟扩大为中英两国政府间的问题。义律写信给英国外交大臣帕麦斯顿,颠倒黑白地诬称"用最近这样方式强迫缴出英国人的财产就是一种侵略",要求英国政府"应该出之以迅速而沉重的打击,事先连一个字的照会都不用给"。英国国内的资产阶级分子也极力策划并怂请英国政府发动武装侵略。道光二十年(公元1840年)四月七日,英国国会下院经过三天的激烈辩论,以二百七十一票对二百六十二票的微弱多数,通过了对华用兵军费案和"英商在中国的损失,须达到满足的赔偿"的决议,并任命义律和懿律为侵华全权代表。同年六月,一支拥有四十多艘战船、约四千人的第一批英军从印度到达中国,英国殖民者发动的鸦片战争开始了。

虎门销烟后,道光十九年十二月一日(公元1840年1月5日)林则徐被任命为两广总督,邓廷桢调任闽浙总督。为抗击英国的侵略,林则徐与邓廷桢、关天培等筹划抗击英国侵略事宜。林则徐将英军进犯的消息发往闽、浙、江苏、山东、直隶各省,饬属严查海口,协力筹防。并令沿海官兵森严壁垒,严阵以待。同时张贴安民告示:"如英夷兵船一进入河,许以人人持刀痛杀。"

英舰封锁珠江口,欲进而破坏江面的防御工事。道光十九年七月二十四日(公元1839年9月4日),英国军舰在九龙山海面挑衅,挑起九龙炮战。道光十九年九月二十八日(公元1839年11月3日)英军又挑起穿鼻洋海战,后又六攻官涌山,均被广东守军击退。英国侵略者见广东海防严密,遂大举北上。

然而,清政府以道光皇帝为首,对英军的进犯不以为然,自认为"天朝声威"可以"慑服蛮夷",对林则徐奏报敌舰北上仍持"主客之势已定,你能有什么作为"的蔑视态度,并下令停止中英贸易,林则徐于道光十九年十一月初一日(公元1939年12月6日)遵旨停止中英贸易。在英军攻陷定海后,清政府仍满不在乎,尚认为"此等丑类,不过小试其技,阻挠禁令,仍要借势售私,他能干什么!""待到计穷势蹙,自然会返棹人洋,无所希冀"。直到英军兵临白河口后,才感到事态严重,诏告直隶总督琦善:"一旦有洋船驶至海口,不要立即开枪开炮,如果投书,即收受驰奏"。

真正的战事还未开始,清政府的态度即已转变,从妄自尊大改为妥协退让。对此,林则徐上疏道光帝,密陈兵事不可中止。他指出:"夷性无厌,得一步又进一步,若不能打掉他们的威风,恐怕会后患无穷,而且如果别的国家也争相效尤的话,那就更不可不虑了。"建议鼓励将士,同仇敌忾,收复失地。可是,此时的道光帝在弛禁派的围说下,开始对林则徐禁烟持疑虑态度,在接到林则徐奏报后,认为林则徐

所言无理、可恶、一派胡言。

　　道光帝对鸦片的态度，本来就是游移于严禁与弛禁之间的，只是由于鸦片的输入威胁到清政府的财政来源和统治根基，才在禁烟问题上加重了一点砝码，并派林则徐为钦差大臣禁烟的。所以，道光帝原本并未对禁烟寄予太大的希望。一旦英国借口禁烟发动侵略战争，直接威胁到清政府的统治根基时，道光帝的禁烟态度便急转直下，由勉强的禁烟而为妥协投降了。在琦善等主和派的怂恿下，下令严查林则徐等人，并将英国侵略带来的失败归于林则徐的禁烟措施。

　　为讨好英国，道光帝不惜以重治林则徐作为换取英军退兵的条件。道光二十年九月八日（公元 1840 年 10 月 3 日），道光帝以"误国病民，办理不善"罪名，将林则徐、邓廷桢革职，留粤查问。林则徐被罢免后，由琦善接任两广总督。道光帝下旨琦善晓谕义律："上年林则徐等查禁烟土，未能仰体大公至正之意，以致受人欺蒙，措署失当。兹所求昭雪之冤，大皇帝早有所闻，必当逐细查明，重治其罪。现已派钦差大臣驰至广东，秉公查办，定能代申冤抑。该统帅义律等，著即返棹南返，听候办理可也"。同时申斥林则徐："外而断绝通商，并未断绝；内而查拿犯法，亦不能净……不但终无实济，返生出许多波澜，思之曷胜愤懑！"对于林则徐奏报抗英的请求更是严切指责。

　　琦善在英国人面前卑躬屈膝，致使"宦局旋更"，"夷务改换局面"，并于道光二十一年一月二十日与义律私订《穿鼻草约》，其中规定中国割让香港、赔偿英国六百万元、开放黄埔贸易等。

　　林则徐在革职留粤查问后的二百余天中仍念念不忘与英战事。他说服广东巡抚怡良，上书揭露琦善投降卖国的种种事实。最终，琦善于道光二十一年二月被革职锁拿进京。然而，抗英战事江河日下，英军攻陷虎门，广州告急。道光二十一年三月，道光帝匆匆指派靖逆将军奕山赴粤主持战事。道光二十一年三月二十五日，诏命林则徐以四品卿衔赴浙听候谕旨。林则徐于四月二十一日抵达浙江镇海后，便察看山海形势，积极铸炮，筹办抗英事务。

　　虽然林则徐仍欲有所作为，但道光帝对处置林则徐已经是急不可耐了。道光二十一年五月十日，道光帝以广东战败为由，将林则徐以"办理殊未妥协"和"废弛营务"的罪名，革去林则徐的四品卿衔，与

林则徐

邓廷桢"均从重发往伊犁,效力赎命,即由各该处起解"。一位杰出的政治家、民族英雄,就是这样因功被黜、革职罢官并发配边疆而蒙受不白之冤的。

弛禁派在林则徐为钦差大臣禁烟伊始,就百般阻挠。清政府指定的垄断对外贸易的官商十三行洋商,以伍绍荣为首,与义律、颠地等外国烟贩沆瀣一气,串通起来设置重重障碍。伍绍荣甚至为贩毒分子出谋划策,抗拒缴烟。沿海诸省在弛禁派把持下,对林则徐英军北上的通报置若罔闻,或饰词应付。在定海失陷后,弛禁派却将失利嫁祸于林则徐。林则徐虽然十分愤慨,但由于弛禁派逐渐占据上风,林则徐也只有"惟待罪而已"。

在英军的进攻面前由弛禁派变为主和派、以琦善为首的一伙人对林则徐更是极尽诬陷。琦善在道光帝面前强调英军"船坚炮利",中国断难取胜,且本年即经击退,明年仍可再来,边衅一开,兵结莫释。甚至据义律信中所言"广东烧烟之衅,起自则徐及邓廷桢二人",将英军侵略归罪于林则徐。

林则徐没有被英军的炮舰打败,却因皇帝的软弱及主和派的谗言而被黜。然而,他的功绩是不因他蒙受不白之冤而湮没的。林则徐被革职赴京听候查处,爱国士绅、商人和百姓纷纷为之送行,并赠送林则徐颂牌达五十余个,上有"烟销瘴海"、"威慑重洋"、"勋留东粤,泽遍天下"、"民沾其惠,夷畏其威"、"公忠体国"、"清正宜民"等褒美之词,表明百姓对林则徐禁烟运动的支持及对他无端被黜的同情和惋惜。

道光二十二年七月初六日(公元 1842 年 8 月 11 日),林则徐在流放途中,在西安与家人和其他送行人员依依惜别。

林则徐坚信自己所做的禁烟抗英是正确的,并为此不计个人的生死祸福。然而,对于投降派的丧权辱国,林则徐又无可奈何。"青史凭谁定是非"? 他将禁烟抗英的是非功罪付之于历史的判决。历史永远是公正的。

腐朽的清政府在战败后,于道光二十二年七月二十四日(公元 1842 年 8 月 29 日)在南京江面的英舰"汉华丽"号上与英国签订了卖国的《南京条约》,而此时的林则徐正在流放伊犁的途中。

林则徐得知《南京条约》签订的消息,痛心疾首,泣不成声……

红颜伴光绪　慈禧打鸳鸯

——珍妃之冤

　　我们都知道,清朝末年的光绪皇帝一生命途多舛,他曾经有所作为,主持了历史上有名的"戊戌变法",以期通过国家体制的变革来达到振兴中华的目的,虽然后来以失败告终,但他锐意进取的精神还是给我们留下了深刻的印象。

　　光绪皇帝的失意或者说是失败原因其实并不在他,在当时的局面下,积弊难返的大清国运已经不是能以一己之力力挽狂澜的了,作为这时的君主,他的命运注定是一场悲剧。但令光绪欣慰的是,他的这场悲剧是因为一个人,才不至于悲悯无依,这个人就是他一生最值得骄傲的人,她就是珍妃。

　　在光绪眼里,珍妃就是他的红颜知己,在光绪失意的时候,珍妃就是他的精神支柱。就是这样一位奇女子,最终还是没有能够逃脱慈禧的魔掌,含冤而死。

被选入宫　得宠光绪

　　光绪帝7岁的时候,他的老师翁同龢告诉他,广东有一位女孩,很喜欢火车玩具,而且自己会拆卸装修,还说她长大了要自己制造火车、轮船。从那以后,光绪皇帝就把这个同自己志趣相投的人引为知己,想像她一定是个聪明、美丽的姑娘;可是,他后来娶的皇后,看过姑娘成群的皇妃候选人,都个个呆若木鸡,同他心中想像的广东姑娘毫无共通之处。这使他非常失望。

　　在光绪帝选妃的时候,正好广州将军长叙带着两个女儿到京议事。翁同龢与长叙是朋友,闻信即前往拜访。来到长叙官邸,翁同龢看见院中有两位姑娘在玩照相。一个胖一点,着旗袍,穿木底鞋,一身标准的满族少女打扮。另一个身材苗条,皮肤白里透红,一双眼睛清澈而机灵,露出智慧而温柔的光彩;身着西服,乌黑油亮的长发像黑缎一样披在背后,十分萧洒。她们就是长叙的两个闺女,大的十七,小的十五。几年前翁同龢对光绪帝提过的正是这两人里面的一个。喝茶的时候,翁同龢得知,姊妹俩跟江西才子文廷式读书,学业不错,特别是二姑娘,读了不少介绍西方国家情况的书籍,有富国强兵的理想。长叙叹息说,可是她是一个女子,如果是男孩,也许将来会做一番事业的。

回宫以后，翁同龢说广东的那个姑娘来京城了。光绪皇帝一听真是喜出望外，但他又想，他的命运掌在慈禧手里，即使自己中意，又有什么用呢？不觉深深叹息了一声。

后来，翁同龢托熟人向慈禧吹风，说长叙的女儿可作皇妃候选人，慈禧果然同意"亲眼看一看"。

慈禧在太监、宫女的簇拥下来到养心殿，坐定之后，内府官员便领着姐妹俩款款而来。大殿上下的眼光，一下向两位姑娘聚集起来。光绪帝的两眼眨也不眨地盯着二姑娘：只见她落落大方，步履轻盈，没有丝毫造作之态，她简直就是美和智慧的化身，这就是他多年想像中的人！他见过成千上万的美人，不曾有一个像这个女子让他一见倾心。他有生以来，第一次感到了生活的光明和美好，如同一个穷汉忽然获得了一个宝库。

看过之后，慈禧问皇帝、皇后意下如何？皇后看出光绪皇帝中意的是妹妹。她想，如果选中她，皇帝定会被她完全占有，便故意说姐姐不错，光绪帝说他喜欢妹妹。慈禧从他两人的表情中已经明白他们各自的真意，便做了一个照顾双方情绪的决定："将姐妹俩都纳为妃子，共同侍候皇帝。"同时封姐姐为瑾妃，封妹妹为珍妃。

第一夜，光绪帝宣召珍妃侍寝。宫女们将一条毛毯铺在她床上，让她脱去衣服，等太监来背她去皇帝寝宫。

"为什么侍寝要脱去衣服，让人背去？"珍妃问。

宫女们告诉她，因为前朝有个皇帝被宫人刺杀，以后便定下这个规矩。

珍妃一听，变色说道："既然不相信我们这些人，为什么又让我们去侍寝？"但她心想，既是旧例，自己也不好破，再说自己是爱皇上的，虽然有气，还是照办了。朝廷有规定，妃子侍寝，到了一定时候就得离去，不能整夜呆在皇帝身边。皇后派出的包打听却报告说，珍妃一夜没离皇帝寝宫。之后，不仅整夜，而且连续几夜都同光绪帝厮守在一起。皇后妒火中烧，不仅每天拿脸色给珍妃看，而且挑拨瑾妃同妹妹的矛盾。瑾妃是个没有心眼的人，加上被冷遇所产生的怨恨，果真对妹妹也淡漠起来，有时同皇后一起，在慈禧面前一唱一和，说妹妹的不是。

珍妃

珍妃自己对这一切并不在意，但她怕给皇上带来麻烦，光绪帝却劝她不必担

心,他一国之君难道一个爱妃也保不住吗？珍妃深情地说："只要皇上永远爱奴婢如今日,那奴婢什么也不怕了。"

女中英才　心怀社稷

珍妃把全部爱都献给了光绪帝,使他感到无限幸福。她还为他分担政事上的忧愁,成了光绪帝难以离开的助手。

有一天,翁同龢报告光绪帝,说英、俄两国军队侵占了新疆以西的帕米尔地区,光绪帝立即去颐和园谒见慈禧。光绪帝离宫,珍妃紧锁愁眉,坐立不安地等待着他,设想他可能遭遇的种种情况。她话也不说,晚饭无心吃,等呀等,光绪帝终于回来了。她赶紧走上前去迎接光绪,发现他情绪激动,便小心地问他有什么事。光绪帝说:"我们新疆以西的帕米尔被英、俄侵占,太后都说什么不毛之地让人家占去算了,一句话就丢了大片国土。"珍妃听了感到又惊又气,但她担心光绪帝气坏了身子,便宽解说:"皇上光生气也无用,只有让国家强盛起来,列强不敢欺侮,才是根本。"光绪帝问国家如何才能强盛起来呢？珍妃答,效法外国开矿山和工厂,办海军,练新兵。

"这不是前人办洋务的老路子吗？"

"是,但李鸿章他们是虚张声势,并没有认真兴办,要是皇上脚踏实地,认真兴办,是一定会见效果的。"

"那银子从哪里来？现在李鸿章训练水师,还正伸手向我要钱呢!"

"皇上不必发愁,大清国地广物博,只要开源节流,是会有钱的。"接着,她拿过一个瓷罐,把自己身上的银子、龙洋都装了进去,并取过案上的笔,写了一张"富国强兵储蓄罐"的条子,贴在罐上,然后笑眯眯地望着光绪帝,光绪帝高兴地点了点头。珍妃说,从今天起,她每天从俸银中节省十块钱放进去,不久就会有不少。

光绪帝激动地抚摸着瓷罐,说:"爱妃的精神可嘉,但是这点钱能顶什么用呢？"

"皇上不要小看这点钱,古人说,涓流成海,聚沙成塔。"

正在这时,王商报告说翁同龢求见。随着一声"请",翁同龢拿着工部一份奏折进来,上面说,修复颐和园尚缺三千多万两银子,同李鸿章商妥,由海军经费中开支。

光绪帝没有看完,就一拳击案,气愤地说道:"不顾国家危亡,一味讨好太后,太可恶了!我立刻驳回去!"他抓起奏折踅进内宫,准备批驳,珍妃同皇上有相同的心情。她说:"是该驳回。不过,要是太后生气怎么办呢？"一句话点到了光绪帝的痛处,他颓然落座在龙椅上。

"奴婢倒有个想法。"

光绪帝以期待的目光注视着珍妃。她告诉他,可采取一个既可保护海军银两,又可以向慈禧交待的批法,说海军军费专款专用,不便挪用,修复颐和园不足经费令户部另行筹拨。光绪认为很好,就照此批了。

慈禧看了皇帝的批语大为光火,骂道:"现成的银子不让我花,让我去花没有影儿的。哼,我还在,他们就这样克我!"拿起笔把朱批几笔勾掉,改批为:"修复颐和园所需的钱,仍由海军经费中照拨,毋庸再议。"

慈禧的改批,把光绪帝气得怒火万丈,但又不敢公开发泄,走到寝宫,看到珍妃的储金罐,不禁无名火起,一掌打去,储金罐飞落地上碎成几瓣,里面的龙洋撒得遍地都是。珍妃不知发生了什么事,委屈地看着光绪帝。光绪帝像怒骂又像解释地说:"成千上万的银子,他们任意挥霍,咱们这样辛辛苦苦地积攒有什么用!"

"皇上,这一点奴婢也想过,但是加一点总比少一点好,要是大家都这样做,何愁国家不富?"

珍妃说得这样恳切和沉痛,光绪帝感到在她面前这样发作太不应该。他躬身捡起一块罐片抚摸着,望着珍妃那近乎哀求的神情,一股热泪夺眶而出,哽咽地说:"爱妃,要是朝廷内外有一半人像你这样以国家为念,那大清朝就绝不会是现在的局面了!"

内忧外患,弄得光绪帝寝食难安。珍妃献计说:"治天下之道,莫大于用人,选贤任能是当务之急。"而且她认为科举考试难以发现真才,要广开才路,如请有识之士推荐等。接着,她推荐了饱学多才的文廷式。

光绪帝十分欣赏珍妃的意见,积极物色有胆有识之人,寻觅维新之路。但是,他看到,从太后到王公大臣,都一味谋权争势,耽于享乐之中,毫不以江山社稷为念。日本侵略军已打进东北,他们仍麻木不仁,执迷不悟。珍妃对光绪帝说:"问题的症结在太后,皇上应当劝她以国事为重,不要再这样下去了!"

"那只能是虎口拔牙,徒自取伤害!"光绪帝叹息说。珍妃不忍同他争辩,却自己决心冒死进谏慈禧,为挽回局势出一点力。

刚好,慈禧要珍妃等前去颐和园陪她看戏。珍妃觉得这是个好机会,便不顾光绪帝劝阻,毅然去了。那天演出的是《哪吒闹海》。慈禧看得正起劲,忽然李莲英来报告,清军在平壤吃了败仗;一会儿又报告,日军击沉了清军四艘舰船。慈禧听得发烦,就嚷嚷说:不要为这种小事来干扰她看戏。站在一旁的珍妃犹如万箭穿心,头发被热血冲得简直要直立起来。她顿觉双眼一黑,便赶紧抓住慈禧的坐椅。慈禧不高兴地问:"怎么哪?"珍妃趁此机会,跪下说:"奴婢有几句话想禀太后,不知当讲不当讲?""说吧。"

"太后,眼下国难当头,奴婢希望太后停止游乐,缩小祝寿规模,减少庆典开销,发动全国官民协力抗击倭寇。奴婢以为,这才是对太后万寿诞的最好庆贺。"

慈禧听了,本想大发雷霆,但心想珍妃的话并没有说错,要是发作反显得自己

中国历代冤案

不占理，便强压下怒火，应付说："说得有理，回去告诉皇帝照办。"这个结果，大出珍妃意料。不久，光绪帝果然得到懿旨，说因为打仗花钱，原定在颐和园举行庆典改在皇宫内进行，以便节省从皇宫到颐和园沿途的开支。

囚禁慈宁　力挺维新

抗战接连失败，引起全国震惊，纷纷要求惩办消极抗战的李鸿章。文廷式和珍妃的哥哥志锐大胆上书指责李鸿章和慈禧。慈禧看罢奏折，一下摔到地上，把战败的责任一下推到主战的光绪帝头上。事先，她还听皇后、李莲英说，珍妃也参与其事，以往对珍妃的恨一下发泄出来，叫李莲英立即把珍妃姐妹找来。慈禧厉声骂道："你这两个狐狸精，平时迷惑皇上不说，现在公然出来干预朝政。"

珍妃辩道："奴婢按规矩陪伴皇上，从来不干预朝政。"

"你还敢强辩，快拿棍子来！"慈禧大吼。

光绪帝吓得连忙叩头，说她们实在没有做什么错事。

"哼，平时蛊惑皇帝，现在又怂恿你对日开战。她俩为何自己不去临阵退敌？"

珍妃实在听不下慈禧的谗言，凛然地说："倭寇来犯，朝廷是战是和，奴婢从未插过嘴；不过奴婢想，天下兴亡，匹夫有责，即使上书言战，恐怕也不算什么过错！"

慈禧气得脸色铁青，狂叫道："来人！将这个狐狸精扒掉衣服，重打四十！"同时狠狠指责皇帝把她宠坏了，限他下令把她们姐妹降为贵人，幽禁三个月，不准召幸。光绪帝不敢吭声，一一答应下来。

珍妃被关在景仁宫，由两个贴身宫女陪同。光绪帝从慈禧那里出来，直奔景仁宫探望珍妃。她已经被打得趴在床上动弹不得了。一见光绪帝，她拼命挣扎起来，委屈的泪水夺眶而出，但她嘴上问的却是："眼下战势如何？"

光绪帝轻轻擦着她的眼泪，说："败局已定。日寇仍在进犯，太后让我忍辱求和。"

"又要割地赔款了！"珍妃难过地哀叹道。

珍妃忙劝慰说："失败乃成功之母，皇上不要灰心，只要选贤任能，图维新致强之道，中国总会有富强的那一天！"

三个月之后，李鸿章奉慈禧之命与日本签订了《马关条约》。这

珍妃

项割地赔款的卖国条约，激起了全国图存救亡的浪潮。这时，对珍妃的禁令已经解除，光绪帝又把她召到身边共商大事。接着，光绪帝起用了康有为、谭嗣同等人，实行变法维新。以慈禧为首的顽固派被迫表面赞同，背后却大肆抵制破坏，随时准备废掉光绪帝。

后来，因为袁世凯的出卖，光绪帝拟对慈禧实行"兵谏"的计划败露。慈禧决定先捕杀康有为等主张变法的人。动手之前，她以陪她"游园"为名把光绪帝、珍妃骗到颐和园软禁起来，割断他们同变法派的联系。珍妃知情以后，建议光绪帝写一密诏，叫康有为等火速离京避祸。但他们被慈禧拉着"游园"，脱身不得。为了赢得行动的时间，慈禧在"游园"之后，又留下光绪帝和珍妃在排云殿"教他们雕葫芦"。估计时间差不多了，慈禧遣散了其他人，单留下光绪帝和珍妃、李莲英。

慈禧突然厉声说道："今有一人大逆不道，要毁我江山社稷，我要你立即革职拿办！"

光绪帝一听大惊，忙问："谁呀？"

"康有为！"慈禧指着光绪帝说："你马上亲写一道密令，盖上玉玺，叫部兵统领急速捉拿康有为，交我亲自治罪！"

光绪帝不觉打了一个冷战，但他见珍妃点了一下头，便答应道："是！"

慈禧拿到密令，吩咐光绪帝、珍妃在原地等候，她去办件事就回来，光绪帝知道她是发令去了。

慈禧刚跨出门，珍妃要光绪帝把给康有为的密诏给她。她刚拿过藏好，李莲英就回来了。珍妃迎上去微笑着说："李总管，你看皇上的衣服全湿了，快去取件干的来换换。"

"这个——"李莲英想赖着不走。

"快去，你没看见我冷得发抖吗？"光绪帝喝道。

李莲英斗不过，只得去找王商。李莲英一出门，珍妃迅速用雕刀把葫芦切开一个三角口，把密诏封好装进去，再封好。这时王商跟着李莲英进来。

"王商，皇上衣服湿了，快去玉澜堂取干衣服来换。"

王商转身要走，珍妃又让他把太后赐的葫芦带回，她回去要好好练雕葫芦。王商接过葫芦、刻刀出门，李莲英想跟上去检查，珍妃却叫他去给皇上拿鲜藕。慈禧不在，他不敢公开对抗皇上，只好去拿。

王商察觉到光绪表情很紧张，便琢磨着珍妃让他带葫芦的含义。他仔细检查了一遍，发现了三角口，于是揭开，取出密诏，立即送给在东宫门等候皇上接见的林旭。林旭知道事急，不及多问就驰回京城的南海会馆。康有为得诏，马上赶乘去天津的火车，第二天坐英国轮船重庆号去了上海，再由上海逃到了香港。等李鸿章奉了慈禧的密令赶到南海会馆时，康有为、梁启超都已经走了。

慈禧带人从颐和园回到皇宫，一见光绪帝就破口大骂。侍立在一旁的珍妃看

中国历代冤案

到事情已经发展到难以挽回的地步，毅然跪下说："太后，皇上并无罪过，即使有，也恳求明白指出，不应任意辱骂。"

"闭嘴，没有你说话的份儿：骂？我还要废掉他！"

"皇上是天下人的君主，不是太后私有，岂能随便废黜！"

珍妃理直气壮地顶撞，气得慈禧暴跳起来，她扑向珍妃，揪住她的头发，拳打脚踢，口里骂道："混帐东西，还没有同你算账，你倒教训起老娘来了！"

珍妃直挺挺地跪在地上，任慈禧打骂，不动，不吭。

慈禧打骂累了，叫喊道："把这妖精关进黑屋，严加看管。"

几个卫士抓起珍妃就走，珍妃挣扎着，不断回头呼喊："皇上，要保重……"

慈禧第三次垂帘听政，光绪帝被囚禁在慈宁宫旁的偏殿里，后来又因在瀛台，维新派的人物遭到了残酷镇压。

联军破城　珍妃被杀

珍妃在景仁宫关了一段时间，慈禧想进一步亲自折磨她，看着她在肉体、精神上受苦，便令珍妃去"伺候"她。每天给她端茶送水，铺床叠被，抹桌擦地，如同奴仆，还不时斥责辱骂。为了保护光绪帝平安，这一切她都忍耐着，有时被太后打得昏死过去，也一声不吭。

不久，珍妃被重新禁闭在"北五所"。这里原来是药房，长期弃置不用，破旧荒凉，院内蓬蒿丛生，鼠兔出没，珍妃的住房阴暗潮湿，霉气熏人；床上只有单薄的被褥。她穿的是破烂衣裳，吃的是粗茶淡饭。李莲英每天还奉慈禧的旨意来对着面数落她的"罪行"，詈骂凌辱她。这一切她并不在意，她最揪心的是光绪帝和国家的安危。

囚在瀛台的光绪帝当然也在为珍妃担心，但一水之阻，如在天涯。后来，他从王商口里得知珍妃囚在"北五所"，就托王商以瑾妃的名义给珍妃送糖果。珍妃见糖果的商标是英文，知道这一定是皇上送来的。她打开糖盒，果然看见光绪写的一封信："朕住瀛台，一切均好，万望爱妃保重！"珍妃顿时热血沸腾，泪下如雨。看守珍妃的老太监同情珍妃的不幸遭遇，便同王商一起为他们暗通信息。

通了消息虽然给光绪帝和珍妃带来了无限的欣慰，却更使他们渴望见面。在一个夜静灯阑的黑夜，王商终于弄到一支船，载着光绪帝渡南海去会见珍妃。两人一见，抱头痛哭。

"爱妃，是朕连累你遭难，看你现在形容枯槁，真叫朕心如刀割！"

珍妃连连摇头，叫光绪帝别那样说。她告诉他，只要他健康活着，有朝一日重振朝纲，富国强兵，她就是死了也感到幸福。

光绪帝紧紧抱住珍妃,深情地说:"'在天愿做比翼鸟,在地愿为连理枝'。这就是朕对爱妃生命不谕的誓言。"

"'春蚕到死丝方尽,蜡炬成灰泪始干',这是奴婢对皇上的一腔情思。"

深沉的倾诉,不觉已送走了大半夜时光。王商在房外轻音地催促。房内两人为分离痛彻心肝。珍妃把光绪帝的手按在自己的心口,说:"皇上,奴婢这颗心是为你跳动的!"然后她轻轻推开他,要他快走,万一被巡逻的人发现就不好了。光绪帝依依难舍,慢慢走了。

八国联军进犯,慈禧惊惶万状,决定化装西逃,同时裹协皇帝、皇后一起逃走。一切准备做好了,她吩咐李莲英把珍妃带来。

事前,珍妃曾同光绪帝约定,国难当头,绝不为了自身安危而弃国出走。但是,当她看到李莲英带着幸灾乐祸的奸笑来到她面前时,便知道自己的生命已到了最后关头。她庄重叱退了李莲英,换了一身干净衣服,对着尘封的破镜理了理散乱的头发。两年的冷宫生活就要永远结束了。进宫前后的生活在她脑际一一闪过。她最难割舍的是光绪帝,最担忧的是国家受外侮的猖虐。自己的生死已经置之度外,但她觉得应该给皇上留点什么。她走到案前,提笔写了一首陆游的诗:"死去原知万事空,但悲不见九州同。王师北定中原日,家祭勿忘告乃翁。"写毕斟酌了一下,将"乃翁"二字改成"亡灵"。她感到自己满腹的话语,都被这首诗表达出来了,不觉产生了一种轻松的心情,长叹了一声,迅速走出冷宫,径向乐寿堂走去,李莲英慌忙跟在后面。

到了慈禧面前,她立即明白她要逃跑了。慈禧看了看珍妃那鄙视的眼神,解嘲地问道:"我这身打扮,你觉得好笑吗?"

"不,没有什么好笑的,弄到国破家亡,化装逃跑,奴婢只感到可悲!"

慈禧像是被抽了一鞭,战栗了一下,接着她说:"洋兵已经打进北京,不能不走。可是皇上硬要留在北京,你去劝劝他。"

"皇上本不应该走,他是一国之主,外敌入侵之际,他岂能置祖宗基业和老百姓于不顾,而只图个人逃命呢?"

"你知道洋鬼子进来会无恶不作的!"

"奴婢早已知道,所以才支持抵抗外侮。现在奴婢愿以死报国,决不苟安偷生!"

慈禧吩咐李莲英:"把她押到景祺阁去等我。"

景祺阁北面小院里有一口水井,平时盖着石盖。珍妃到后不久,慈禧随后也到了。她看了珍妃一眼,说:"你不愿走,我也不强迫。但你这样的花容月貌,洋鬼子决不会放过你。为了免遭污辱,你就在这里死去吧。"她指着那口井,并对李莲英说:"把井盖打开!"

面对死亡,珍妃多年来积压在胸中的怒火燃烧起来,她逼视着化装成村妇的慈禧说："你用大清的权力，来强逼一个手无寸铁的弱女子去死，这算什么威风？有本事，为什么不去抵抗那些杀人放火的强盗？"

"你，死到临头也不怕……"

"怕？我早知你容不得我活下去，可惜我只活了25年！不过这25年中，我活得正直、清白、问心无愧！太后，你想想你自己，你一生的所作所为，对得起谁？能问心无愧吗？"

慈禧气得全身发抖，大叫："把她推到井里！"

"住手，我自己去！"珍妃挡开想动手的李莲英，转脸对慈禧说："太后，奴婢就要遵照你的旨意去死了。此时奴婢有句忠告，望你做点好事，把朝政归还皇上，让他把国家治理好。你不为大清朝着想，也该想想你自己死后的名声，不要做国贼和民族的罪人，让后世唾骂，遗臭万年……"

慈禧跳起来，声嘶力竭地吼叫："快把她推下去！"

"太后！"珍妃高声喊道："儿媳同皇上夫妻恩爱一场，在永别的时候，愿你看在皇帝面上，让奴婢见皇上一面！"

慈禧什么也听不进去，一个劲儿地狂叫："把她推下去！"

李莲英抢步上前，抓起珍妃，投入井中……

"盖上井盖！"慈禧感到有点昏眩，但她没有忘记杀死珍妃的最后一道手续。

一年零四个月后，慈禧又带着光绪帝回到京城，因怕珍妃事件引起麻烦，便暗令李莲英把珍妃的尸体打捞起来，装棺收殓，葬于西直门外的田村。据说，珍妃尸体完好，一点也没有腐烂，好像安祥地睡着。此后，慈禧夜夜惊恐，梦中常梦见珍妃持剑向她刺来。为掩人耳目，慈禧降旨，追封珍妃为"恪顺皇贵妃"。

横刀向天笑　肝胆两昆仑

——谭嗣同之冤

　　大清王朝到光绪帝时期，康乾时期的太平盛世景象，到这时已荡然无存，日益深重的内忧外患却接踵而来，从士绅到百姓，他们都感到中国出现了前所未有的危机。经历了两次列强大规模侵略中国的鸦片战争之后，创深痛巨的中国士绅对世界仍然一无所知。他们还不知晓，在19世纪上半叶，英国等列强，陆续完成了工业革命。工业革命的巨大成果不仅产生了使用机器生产的资本主义大工厂，而且，他们把根本改变生产手段的蒸气机装在了用于海外殖民的军舰上，用当时最先进的技术生产的后膛装弹的来复枪装备了殖民军队。在工商业资本家疯狂的怂恿下，列强凭着坚船利炮，开辟了一片又一片的殖民地，不断地掠夺殖民地的财富，又不断地向殖民地倾销商品。从1840年起，中国成为列强重要的侵略和掠夺对象。屈辱悲愤的历史便从此开始：割地、赔款、开辟通商口岸和租界、领事裁判权和片面的最惠国待遇、准许通商口岸停靠外国军舰、允许外国传教士在中国自由传教并建造教堂。列强的侵略使清王朝本来就已经十分尖锐的社会矛盾愈益加剧：天灾人祸频仍，全国各地的灾民人数在急剧增加；洋布滚滚而来，使原来以纺织为业的人失去了生活来源；为了支付数额巨大的赔款和镇压太平天国的军费开支，清政府不断增加捐税种类，提高税额；与此同时，各级官吏肆意欺榨百姓，巧取豪夺……清王朝的残暴统治迫使贫困百姓流离失所，家破人亡，反抗清政府专制统治的斗争在这一时期此伏彼起。

　　面对国难当头的局面，一些有识之士当仁不让地走到时代的前沿，他们大声疾呼时代变革的重要性，倡议学习西方的先进科技，发展中国的工业，以此来增强国力，抵抗外辱，复兴中华。于是，光绪帝在公元1898年实行了维新运动，史称"戊戌变法"。但不幸的是，新政刚刚推行了103

谭嗣同

天,就在西太后慈禧的阴谋迫害下夭折了,一批志士也惨遭杀害,未能实现为国为民的宏愿,含冤而终。谭嗣同便是其中的一位。

年少志壮　洞悉国运

谭嗣同,字复生,号壮飞、华相众生、东海褰冥氏。他的祖辈从明朝末年起定居湖南浏阳,世代为官。祖父谭学琴,是清朝最高学府——国子监的学生。父亲谭继洵在进士考试中遥遥领先,获得一甲第二名(榜眼),因此担任了户部主事,后升任户部郎中。父亲37岁那年(公元1865年),谭嗣同出生在北京宣武门外斓眠胡同一座大宅第中。这个小生命的诞生,给谭家带来了无限的欢乐。

然而,谭嗣同却生不逢时,少年时期的谭嗣同聪颖好学。5岁时,他在北京开始读书。时间不长,他就能准确地分辨四声,与人应对作诗。他不用教师督促,自觉地把所学的内容全都背诵下来。8岁那年,由于疲劳过度,嗓子不能发出声音,像撕肝裂胆一样疼痛难忍。可是,他依然如故,起早贪黑地读书。母亲从浏阳老家归来听说了这件事,既心疼孩子,又为孩子的作为感到欣慰。她笑着对家人说:"这个孩子倔强,能自立自强,我死了以后,可以不必担忧了。"

十岁时,谭嗣同拜欧阳中鹄为师,学习中国的文化典籍。欧阳教师不仅有渊博的知识,而且还具有忧国忧民、改革时政的进步思想,这些对谭嗣同的成长起了重要的作用。和所有的官宦家庭一样,父亲希望嗣同能够通过科举考试,获得功名。然而,谭嗣同的志向却不在这里,他在课本上写了"岂有此理"4个字,并且批评科举考试对国计民生没有任何帮助,反而使人皓首于八股文。在欧阳教师的熏陶下,他好学深思,善于从先秦经学、诸子、宋明理学和清代诸家的学说中吸收有益于国计民生的内容。他向往能经国济世、学以致用的学问。明朝末年王夫之、黄宗羲对儒家思想和封建制度的批判精神和清朝中期龚自珍、魏源所倡导的经世致用思想对谭嗣同有着重要的启迪作用。他如饥似渴地钻研他们的著作,希望有一天能实现改造中国的宏伟志向。要一展宏图,必须要有勇猛顽强的精神和技艺超群的武艺。谭嗣同专门请蜚声京内外的武林高手大刀王五传授击剑术,大刀王五早年曾在直隶(河北)、河南、陕西和甘肃一带杀富济贫、扶弱锄强,人们称他是"义侠"。谭嗣同钦佩大刀王五为民解难的仗义之举,决意为了国事而练武强身。

12岁那年,北京城内外流行瘟疫。谭嗣同的母亲、姐姐和哥哥3人相继去世。他自己也被传染,一直昏死3天才醒来。经过这场灾难,谭嗣同痛失3位亲人,他忍受了骨肉离别的痛苦。然而,母亲尸骨未寒,谭嗣同又遭受了庶母的歧视和虐待。他痛苦万分,走投无路,几次被推到死亡的边缘。处于这样艰难困苦的生活中,他感悟到生命是那样的微小,不过是具躯壳。但是,除了让这一躯壳为了别人

而存在之外,又有什么可惜的呢?他崇拜墨子的"兼爱"、"任侠"和"摩顶放踵"的精神境界,要不分亲疏远近地爱别人,用自己的力量舍死忘生地去帮助别人,只要对大多数人有利,即使自己全身从头到脚被消磨掉也心甘情愿地去做。

1883 年,谭嗣同跟随父亲赴兰州任所。在西北边寨广袤的原野上和层峦叠嶂的山峰中,他尽情地跃马驰骋。壮丽的河山开阔了他的胸怀,更激起了他对祖国锦绣山河的热爱。各地的风土人情和人民的疾苦使他加深了对社会的了解和认识。第二年,法国军队侵犯滇闽,中法战争爆发,清政府在战场和外交上首鼠两端。对此,谭嗣同不能理解,感到十分困惑。为了探索一条改变中国现状,而能与西方资本主义国家并驾齐驱的途径,他开始漫游各地,结交同志,访求民情。在长达十年的漫长旅途中,他的足迹遍及直隶、江苏、浙江、安徽、河南、湖北、湖南、台湾等省,耳闻目睹了民不聊生,路有饿殍的惨景。因而,谭嗣同发出了"风景不殊,山河顿异;城部犹是,人民复非"的哀叹。

1894 年 7 月,中日甲午战争爆发。但是,清政府一意妥协投降,致使中国军队遭到惨败。听到这一噩耗,谭嗣同奋笔写了愤怒的诗篇:世间无物抵春愁,合向苍冥一哭休;四万万人齐下泪,天涯何处是神州。这首诗的大意是:人们说"春愁最愁人",可是当前的民族危机,就是最大的春愁。它给我增加了无限的痛苦,这痛苦折磨着我,我应该向着苍天,痛哭一场,一泄我久积在胸中的愤懑。这不只是我一人这样,民族危亡,使四万万中国人都一齐流下悲痛的泪水,我遥望天边,痛苦地思索:理想的中国在哪里呀?

1895 年 3 月,中日《马关条约》签订,中国被迫赔偿军费 2 亿两白银,将台湾、辽东半岛、澎湖列岛及附属岛屿割让给日本。消息传到国内,举国哀痛。从爱国士绅到普通民众都切齿扼腕,痛恨卖国贼把民族国家的利益视同儿戏,一些在北京的台湾省籍人不禁失声痛哭。时在浏阳的谭嗣同,吃不下饭,睡不着觉,一人独自在房内彷徨,痛定思痛。

当时,正值全国各地的举人在北京参加进士考试。广东举人康有为邀集应试的 1300 名举人,联名上书皇帝,提出"拒和"、"迁都"、"变法"的主张。因举人进京考试乘坐公家提供的车马,所以称这次上书为"公车上书"。虽然,都察院以《马关条约》已签为由,拒绝接受"公车上书",但上书被广泛传抄和刊印,从此揭开了资产阶级维新变法运动的序幕。这时远在湖南的谭嗣同,虽然还没有机会与康有为会面,然而他的思想却与康有为等人的思想在很多方面不谋而合。在艰难的探索中,谭嗣同形成了自己改造中国的思想体系,找出了一条挽救民族危亡的道路。针对朝廷内外死抱"祖宗之法不能变"的顽固势力对维新事业的扼杀,谭嗣同在致朋友的一封信中明确地指出:"当今清政府所实行的不但不是儒家学说所倡导的治国之策,实际上却是暴虐的秦朝所实行、并导致中国两千多年社会动荡不安、黑暗腐朽统治的制度和法律法令。实行这样的制度和法律法令还不如没有制度和法律法令,既然如此,还说这样的制度和法律法令不应该变吗？即使是在今天全部地采用周公所制订的尽善尽美的制度和法律法令,也不会有任何实效,因为时势已经不同了。""在今天,借鉴外国的制度和法律法令,而弥补中国所无,这是中国挽救民族危亡的必由之路,是大势所趋。"

谭嗣同批评一些官僚只从外国引进机器技术不过是拣了芝麻而丢了西瓜,而学习西方的根本则是学习他们卓有成效的制度和法律法令。接着,他提出了系统的改革方案:改变官吏和民众的衣冠式样,迁都中原,皇帝除旧布新、开辟新的局面,改革水路粮运,开发水利,废除科举制度。创办各类学校,兴办铁路、矿业,改用钞票等。为了使改革方案得到顺利实施,他提出了保障改革成功的四项措施:筹集变法经费,创造变法的条件,树立变法的权威,招揽变法人才。

谭嗣同变法思想的核心是以西方资本主义国家的政治制度为模式,改造中国的封建专制制度,这一具有划时代意义的进步思想不仅揭示了时代发展的方向,预示着中国封建专制制度将面临着前所未有的危机,而且标志着谭嗣同开始了一个崭新的奋斗历程。

湖南新政　振兴工商

1896 年春,谭嗣同随父亲北上到达北京,而后又到天津考察工业设施的发展状况,但此行却令他看到了许多民生凄惨的场面,从此他萌生了发展工商业的念头。去天津考察不久,谭嗣同的父亲为他捐官(用交纳捐款的办法取得官职),为候补知府,分司浙江。在临上任前,他拜访了光绪皇帝的教师翁同龢。翁同龢在日记中写道:谭嗣同"通晓洋务"。6 月底,谭嗣同到达南京任所。他到任后,目睹了官场的黑暗和官吏的贪婪,他特立独行,不与贪官污吏同流合污。谭嗣同虽身居南京,但振兴祖国工商业的抱负使他时刻关怀着湖南的兴衰,并与湖南的朋友频繁联系,商讨兴革大事。

刚刚就职的湖南巡抚(省级地方政府长官)陈宝箴,受到谭嗣同爱国思想的感染,接受了谭嗣同实业救国的方案。于 1895 年 11 月,奏请清政府设立湖南矿务总局。不久,为了商谈创办矿业的具体办法,谭嗣同离开南京,赴湖南面见陈宝箴。恰巧这时欧阳中鹄也来到长沙,做陈宝箴的幕僚(官府中辅佐行政的人),他对办矿有一定经验,谭嗣同万分喜悦,立即和他的老师进行商量。他们打算先从开采煤矿入手,运进机器,物色矿师,以期事半功倍。师生二人,情投意合,谈得十分热烈,一直到深夜,才把开矿事宜设计得滴水不漏,非常周详。

湖南矿务局成立后,谭嗣同与欧阳中鹄、唐才常、刘淞芙等人共同筹建湘矿。与唐才常、刘善涵开始在浏阳东乡开采"安的摩尼"(即锑)矿石,矿石经过化验,证

明是质量优良的稀有矿,于是唐才常筹划在浏阳西乡跃龙市创办煤井。谭嗣同并为已于1896年由官办改为商办的汉冶萍公司采办炼焦用煤,等等。

在与一些民族资产阶级中下层人物的交往中,谭嗣同更深入地了解了他们的愿望和要求,产生了强烈的愿望:新兴的资产阶级必须摆脱封建势力强加在自己身上的桎梏,争取得到政治上的解放,并分享一部分政权,然后才可能冲破封建经济对民族资本主义经济的限制和干扰,而使资本主义获得顺利的发展。所以他一方面希望封建地主投资于新式企业,并设立学校,讲求科学技术,培养专门人才,以便有计划、有步骤地把工业和农业纳入机器生产的道路;另一方面希望统治者改变压制民族资本主义的政策,借鉴西方国家发展资本主义的经验,允许"官民"自由地兴办工矿企业,不但"予以自主之权",不加"禁阻",而且"鼓舞其气"。减轻捐税,如果厘金暂时不能废除,也应"以学会及商会中人办理厘金之事",使资产阶级拥有参与理财的权利,从而杜绝征收厘金的种种弊端,然后逐渐代以印花税,这样才能使民族资本主义经济得到发展,才有可能与列强并驾齐驱。为此,就必须要实行政治上的变革。

湖南是变法维新运动中最有成效的一个省。而在其中扮演推动和领导角色的人物,应当首推谭嗣同。

1897年10月,谭嗣同应湖南巡抚陈宝箴的邀请,从南京回到湖南。与湖南学政江标、按察使(主管地方司法刑狱和官吏考核的官员)黄遵宪以及熊希龄、皮锡瑞、唐才常等人,一同开始了推行湖南新政的工作。

倡导、兴办学会是湖南新政中一项重要内容。追溯中国历史,中国古代并没有学会这种事物,学会的产生是近代以来资产阶级知识分子觉醒的标志,是在民族危机日益严重的情况下组织成立的。维新人士认为,近代中国屡屡被列强打败,是因为全国4亿人形同散沙,大家没有为民族和国家利益奋争的凝聚力。因此,要使中国摆脱危亡,就必须"合群",养成公德。要达到这一目的,就必须借助学会,开发民智,培养民德。

1895年,康有为等人在北京成立的强学会(由拥护光绪皇帝的官员文廷式出面组织,会长由户部郎中陈炽担任),这是维新派成立最早的具有政治团体性质的组织。强学会以挽救时局为宗旨,每十天集会一次,大讲"中国自强之学"和挽救民族危亡的道理。强学会得到了光绪皇帝的教师翁同龢的支持,曾一度吸引了许多官员和士大夫,会员数千人,强学会成为传播变法思想、积蓄维新力量的阵地。然而在1896年初,北京强学会遭到朝廷封禁。谭嗣同听到强学会被清政府封禁的消息后,极为愤慨。原本并未参加强学会的谭嗣同,偏偏在强学会被封禁之后,立即在汉口着手建立湖南强学分会。经过多方努力,强学分会虽然没有建成,但却表现了谭嗣同与封建势力勇敢抗争的精神。

1897年冬,德国强占胶州湾,帝国主义日益加紧瓜分中国的步伐。康有为在

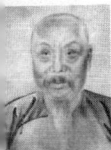

上海闻讯后，急速赶赴北京。第五次上书光绪皇帝，指出：瓜分大祸，迫在眉睫，必须当机立断，迅速维新变法，否则"皇上与大臣想在都城做一个平民百姓都做不成了"。光绪皇帝读后深为感动，表示不甘做亡国之君，随即准备亲自召见康有为。恭亲王奕䜣和一些守旧大臣以"本朝成例，非四品以上官不得召见"为借口，从中阻拦，光绪帝改令康有为上递条陈。

这时，谭嗣同、唐才常等人"思保湖南之独立"，使"南支那"可以不亡，因而筹议组织南学会。在湖南巡抚陈宝箴的支持下，南学会于1898年2月成立。组织南学会，本是想从湖南一省做起，逐步把南方各省仁人志士联合起来，共同探讨爱国之理，寻找救亡之法。南学会在长沙设立总会，由陈宝箴选派本省10位士绅担任总会长，再由这10人联络会友。会友分三类，一是议事会友，由南学会创办人谭嗣同、唐才常充任，职责是议定会中事务章程；二是讲论会友，定期讲学，随时答问，公推皮锡瑞主讲学术，黄遵宪主讲政教，谭嗣同主讲天文，邹代钧主讲地理；三是通讯会友，承担回复咨询的工作。南学会规定每周开一次大会，或公议地方的事情，或由谭嗣同等人发表演讲。听众十分踊跃，每次都有近千人参加。

谭嗣同演说时，常常挥动有力的手臂，气势激昂，他的观点明晰，语言犀利，深深地打动了听众的心。在南学会，谭嗣同发表的第一次演讲题目是《中国情形危急》。他沉痛分析了中国被帝国主义侵略而面临着的被瓜分的危险。在《论今日西学皆中国古学派所有》的演讲中，他热情宣传西方资产阶级的进化论和天赋人权论的思想，猛烈抨击中国两千多年来的封建君主专制。

谭嗣同希望通过南学会来团结维新人士，开导风气，并不只是着眼于湖南，而是以湖南为基础，将变法成果扩及全国，力图掀起全国性的变法维新运动。同时，谭嗣同还寄希望南学会在一定程度上担当起"议院"的作用。谭嗣同以南学会为活动中心，团结了一部分迫切地要求革新的维新人士，并得到陈宝箴的支持，他对湖南的兴革事宜多资策划，从而促使湖南的的维新运动迅速地开展起来。

在南学会的影响下，湖南各府州县纷纷组织学会，培养改造社会的人才，对于削弱陈腐守旧的顽固势力，传播西方的社会政治学说和自然科学知识，推动维新运动的发展，产生了积极的影响。

南学会积极参与推行新政，倡导设立课吏堂，以培训新式官吏。在南学会的倡导下，湖南仿照上海租界巡捕房的形式，设立了一个由官绅合办的维持市区秩序的机构——保卫局。谭嗣同建议保卫局，不仅要能够抵御帝国主义的蹂躏和屠杀，而且要附属设立迁善所，拘留有流氓、拐骗、盗窃等行为的人，强制他们劳动、学习技艺，使他们在被释放以后，能够弃恶从善，成为自食其力的劳动者。

不仅如此，谭嗣同等维新志士在积极创办学会以外，还致力于移风易俗的工作，使得社会风气和社会习俗方面也有了明显的变化。

为培养国家有用的人才，必须废除陈腐的教育制度，兴建学校。而教育贤才，

又应当以学习算学、物理、化学为主。1895 年,谭嗣同与好友唐才常、刘善涵等商量,准备在浏阳设立算学馆。谭嗣同上书欧阳中鹄和湖南学政江标,请求将浏阳南台学院改为算学馆。谭嗣同又拟定了算学馆《开创章程》和《经常章程》,除规定时间学习算法外,其余时间温习儒家经典、历史,阅览外国史事、古今政事、中外交涉、算学、物理、化学、等书籍及各种报刊。谭嗣同的主张,得到他的教师欧阳中鹄及唐才常等人的支持,但是他们的行动却遭到顽固派的激烈反对。那时,浏阳灾情严重,所以算学馆的兴建被迫搁浅。在这种情况下,谭嗣同邀集 16 人,组织了一个小型的算学学社,自己出资,购买书籍,聘请教师,开展活动。经过千辛万苦,终于在1897 年初建成了浏阳算学馆,迈出了举办新政的第一步。

时务学堂,是湖南新政中一个重要的成果,也是培养维新变法人才的基地。谭嗣同为了它的创立和发展,花费了很多的心血。在时务学堂的影响下,湖南的一些开明士绅请求更改书院章程,岳州府士绅郭鹏、方付鸾等请求岳阳书院设置经学、史学、时务、地理、数学、诗歌散文六门课程。宝庆府武冈州拟将鳌山、观澜、峡江三书院的课程一律改为实学。时务学堂的设立对湖南学风影响巨大。

谭嗣同在湖南推行新政的另一个重要内容是创办《湘报》(日刊)。《湘报》由谭嗣同、唐才常创办于1898 年 3 月 7 日,在长沙出版,每天一张,唐长常、熊希龄主编。主要内容有社论、奏疏、圣旨、本省及国内外政治、经济、军事新闻等。在此之前,湖南曾刊行《湘学报》旬刊,曾不遗余力地鼓吹维新变法。但是,谭嗣同考虑到,列强纷纷加紧了对中国的侵略和掠夺,因而要使民众更快地知晓国内外的局势,知晓中国所处的困境;况且新闻的时效性很强,今天是新闻,到明天已不能算新,何况10 日呢? 因此,要体现"每天都有新的内容和思想的追求","并将这种风气传播到其他省"的精神,所以重新创立《湘学》日刊。

《湘报》是维新派宣传新思想和变法主张的喉舌,它所发表的论说文章一针见血,不仅有很强的感染力,令人精神振奋,同时具有深刻的说理性,让人从中受到民主思想的熏陶,谭嗣同先后在《湘报》上发表 20 多篇文笔犀利的宣传维新变法的文章。此后在《湘报》上便很少见到谭嗣同的文章,这无疑说明张之洞对谭嗣同等人宣传维新的思想的压制,而谭嗣同等人那一篇篇像投枪一样的文章也的确使旧封建的顽固势力胆战心惊。《湘报》对西方资本主义社会的政治学说,对西方资本主义民主政治制度的介绍,对维新变法思想的鼓吹和宣传,对湖南以及各地维新运动的支持和介绍,推进了人们的思想解放,增强了人们救亡图存、维新变法的自觉性。

赴汤蹈火　推动变法

为了变法的成功,谭嗣同已经随时做好了赴汤蹈火、流血牺牲的准备。当时,谭嗣同等维新派在湖南推行的变法工作,遭到破坏,几乎全部停顿。面对朝野内外

强大的顽固势力对维新事业的阻挠和扼杀,谭嗣同感受到在中国实行变法的艰巨性和必要性,因而在进行和平改革遇到破坏时,他又开始寻求用武装斗争的手段改造中国的途径。

哥老会是清朝具有反清性质的秘密团体,成员来自手工业工人、破产农民、退伍军人和游民,他们的首领称"袍哥"。据记载,湖南是哥老会组织的重点活动地区,约有 12 万会员,他们崇尚刚正侠义,经常袭击劫夺豪强及贪官污吏的不义之财,而相约不侵扰平民。哥老会组织的特点及其反清宗旨,使谭嗣同为之向往。因此,谭嗣同与唐才常决定按照毕永年提供的线索,联络大江南北的哥老会与散兵游勇,在其内部设立自立会,作为哥老会的领导核心,准备在时机成熟的时候,使这支反清力量发挥作用。并准备在京结纳有志之士,作为接应。

1898 年 6 月 11 日,光绪皇帝颁布"定国是诏",决定变法。此后,侍读学士徐致靖于 6 月 13 日上奏折向光绪皇帝推荐谭嗣同与康有为、张元济等。认为谭嗣同具有超绝的天才和无可比拟的学识,忠心爱国,勇于担当重大的事情,不躲避艰难,不畏惧别人的攻击和怀疑,在朝廷中可以任命为参谋之官,在地方可以为皇上冲锋陷阵、制敌取胜。如果谭嗣同等被皇上重用,以备皇上咨询参与新政或在学堂工作,使他们任教,或开办译书局,让他们从事翻译工作,一定能做得恰如其分,轻而易举,很快地显现出实效来。奏折当天上奏,光绪皇帝当天就有上谕令"送部引见"。谭嗣同接到上谕后,感到光绪皇帝决意变法维新,中国的改革有了希望,国事大有可为,自己的理想就要付诸实现了。他兴奋得彻夜未眠。但这时的谭嗣同头脑是十分清醒的,他知道光绪皇帝宣布变法,只是表明变法的开始,今后的道路会更艰难,面临更大的阻力和考验。离行前,他再三嘱咐妻子李闰,要"视荣华如梦幻,视死辱为常事,无喜无悲,听其自然"。在给时务学堂学生的留言中,他引用佛经上"我不入地狱,谁入地狱"之意,写下了"我不病,谁当病者"的话,从而表明谭嗣同时刻准备为变法献身的勇敢精神。

在湖南新政蓬勃发展的时候,康有为、梁启超等人为宣传变法维新思想,阐发改革主张,劝说光绪皇帝赞同变法做了大量工作,取得了显著的成就。

在 1896 年至 1897 年初,以康有为为代表的维新派知识分子为了"去塞求通",有助于发现和铲除社会弊端,创办了一系列报刊,这些报刊成为宣传维新变法思想和主张,批判并回击封建顽固派的阵地。比较著名的有徐勤等主编的上海强学会机关报《强学报》(上海),梁启超任主笔、汪康年任总经理的《时务报》(上海),章太炎任撰述的《经世报》(杭州),章太炎主笔的《译书公会报》(上海),夏曾佑创办的《国闻报》(天津)。这些报刊如雨后春笋般地纷纷问世,在中国是史无前例的。

与报刊相呼应的是谭嗣同主持的南学会、时务学堂等全国各地的学会、学堂。在谭嗣同、康有为、梁启超、严复等维新志士的宣传、组织和影响下,出现的学会和报刊,不但打破了清朝统治者对结社的禁令,在城市知识分子和士绅中初步形成建

立民主性团体的风气,更重要的是在不同程度上宣扬了救亡图存的爱国主义精神,传播了西方社会政治理论和自然科学的新知识,培植了平等、自由的思想,从而为变法维新运动扩大了社会基础。维新派自己创办的学会和报刊,联系了一批具有民主意识和变革志向的知识分子,这是中国国内最早形成的一支自觉的民主力量。在这支力量的带动和影响下,全国议论时政的风气已经形成,封建的传统思想和顽固守旧的社会风气受到了巨大的冲击。

1898年1月29日,康有为呈递了《应诏统筹全局折》(上光绪皇帝第六书),请求光绪皇帝正式确定维新变法政策,选拔人才,改革中央政权机构。在这次上书中,康有为再次申述变法的重要性,批驳顽固派对变法维新的种种责难。光绪皇帝对这个奏折非常满意,把这个奏折放在御案上,每天都要浏览,对于世界各国胜败兴衰的原因更加明了了,光绪皇帝实行变法的志向更加坚定。

康有为除给光绪皇帝上书外,又于4月在北京发起组织以救亡图存为号召的保国会。保国会以"保国、保种、保教"为宗旨,在北京、上海设立总会,各省、府、县设立分会。在保国会的影响下,保浙会、保川会、保滇会相继成立。保国会的出现,为后来的百日维新作了直接准备。

自1895年公车上书以来,资产阶级维新思想得到广泛传播,维新派的力量不断壮大。北京、上海、湖南、天津以及广东等地的维新运动普遍高涨,维新派已创办了3000多所学会、学堂、报馆、书局,从而为百日维新奠定了思想基础和组织基础。到1898年春夏之交,变法与反变法,以及与此密切关联的帝党与后党之争日趋激烈。处于无权地位的光绪皇帝,不愿做亡国之君,颇想有所作为。

光绪皇帝,即爱新觉罗·载湉,是道光皇帝的孙子,同治皇帝的从弟。同治皇帝早夭无子,慈禧太后为了继续垂帘听政,于1874年择立年仅四岁的载湉入继大统,是为光绪皇帝。光绪皇帝在位期间,封建统治集团内部,在皇帝和慈禧太后周围逐渐形成两股势力,产生了帝党和后党的权力之争。

1889年,19岁的光绪皇帝举行"大婚典礼",按照清代制度,此后皇帝应该"亲政",慈禧太后不得不宣布"归政",退居颐和园,但要政还须请示她。她仍掌握着清政府的内外大权。光绪皇帝经历了1883—1885年的中法战争和1894—1895年的甲午中日战争的失败,感触很深。他在甲午战争时是主战的,本想借对日战争的胜利来提高自己的政治地位,不料中国遭到惨败,丧权辱国,割地赔款。战后财政非常困难,北洋海军全军覆灭,淮军所剩无几。而人民的反抗,如西北的回民,四川余栋臣和山东、湘赣的会党(大刀会、哥老会)的武装暴动,给予清政府严重的威胁。加上帝国主义掀起的瓜分危机,都使光绪皇帝十分忧惧。为了巩固清朝的统治权,必须重练海军,重理财政,这就使他倾向于改革,通过改革从慈禧太后手中夺得实权,改变国家衰弱的局面。经过康有为等人多次上奏书催促,加上帝党官员与维新派的积极活动,光绪皇帝决定利用不断高涨的维新运动来实施变法。

谭嗣同接旨赴京,途经湖北时,突然生病,不能立即赴京。光绪皇帝电催"迅速来京,毋稍迟延"。于是,谭嗣同抱病动身,于 8 月 21 日到达北京,住进宣武门外的浏阳会馆。浏阳会馆与康有为住的南海会馆相隔不远,二人常常相互蹉商、研究如何推进变法运动。

9 月 5 日,谭嗣同觐见光绪皇帝,表达了自己的政见。光绪帝对他很欣赏。光绪皇帝在特许康有为专折奏事并任命他任总理衙门章京上行走后,于谭嗣同觐见的当天便下令破格授予谭嗣同、杨锐、林旭、刘光第等为四品卿衔,军机章京上行走,参预新政。

第二天,光绪皇帝召见谭嗣同,皇帝表示,他早就要图谋富强,不愿别人骂他是"昏君","没有办法,太后不允许变法,又有满洲各大臣总是说要守祖宗之成法",他"自己的确束手无策"。又叮嘱谭嗣同,凡"所欲变者,俱可随意奏来",他"必依从"。

谭嗣同等军机四卿的具体工作是阅览全国臣民的奏折、上书,并拟出处理办法,"凡事关新政者,每令拟旨,大军机不与闻",谭嗣同等也不向他们通告。军机处是清政府的中枢决策机构,一切国家的重大决策,包括人事任免,都由该处官员参与制订和决定。谭嗣同等成了光绪皇帝推行新政的心腹参谋。

为了报答光绪皇帝的信赖,也为了实现自己挽救民族危亡的政治抱负,谭嗣同悉心尽力地工作。谭嗣同考虑到康有为提出的变法措施(包括替别人所写奏折中提出的)还必须补充更为切合现实的新内容,所以他在 9 月 12 日为光绪皇帝拟了一道值得注意的谕旨,指出目前所进行的各方面改革并不是"崇尚新奇",而是为了使"赤子"得到"康乐和亲"。中国处于"各国环处,陵迫为忧的局面,不吸取西人的长处,便不能发展我们已有的长处",而"不肖之官吏,与守旧之士大夫"却不明了这个道理,"相互鼓励谣言,使百姓疑惑而惊恐",必须切实纠正,"以成新政,以强中国"。在这里,谭嗣同强调变法主要是"为民立政"(他所说的民,是指民族资产阶级),必须认真从西方资本主义国家的政治学说中汲取那些经济上和文化上能充分体现"民"的利益的东西,从而使中国摆脱帝国主义的欺凌,进而跻于富强国家之列。这表现了他比较鲜明的资产阶级民主观和爱国思想。

从 6 月到 9 月,康有为本人或代其他官员起草的变法奏折 50 多件,大部分被光绪皇帝采纳,并以上谕形式发布全国。

明官国是　变法失败

变法触犯了以慈禧太后为首的顽固派的利益,遭到他们的激烈反对。废除八股取士,使举国守旧迂谬之人,失其安身立命之业,自是日夜相聚,阴谋与新政为

敌。撤并政府机构和裁汰冗员，将使大小官僚连带关系因之失职失业者将及万人。令旗人自谋生计，更引起惯于寄生生活的八旗子弟及守旧势力的仇视。以慈禧太后为首的从中央到地方的封建顽固势力，从变法法令下达之日起，就极力进行阻挠和破坏。对光绪皇帝的一系列关于变法和新政的诏谕，除了手无实权的某些开明帝党官员表示支持，湖南巡抚陈宝箴能认真执行，湖北巡抚曾铄也比较热心之外，其他各省督抚则观望敷衍，甚至抵制。如两江总督刘坤一和两广总督谭钟麟，对谕令筹办之事，竟无一字复奏，经电旨催问，刘坤一声称"部文未到"，谭钟麟则置若罔闻。光绪皇帝虽然也谕令奖励陈宝箴，斥责刘坤一和谭钟麟，但新政在绝大多数省份仍然不能推行。因此，光绪皇帝关于变法的许多诏谕，大都成了一纸空文。而阴险狡诈的慈禧太后集团，从新政一开始，就加紧布置，准备反扑。

"明官国是"诏书颁布后4天，即6月15日，慈禧太后迫使光绪皇帝在一天之内连发3道谕旨：第一道是下令免去光绪帝师傅翁同龢的军机大臣和总理衙门大臣等职务，驱逐回籍。翁同龢本系支持变法的帝党首领，他的被革职，无疑是对光绪皇帝和变法运动的沉重打击。第二道谕旨规定，凡授任新职的二品以上官员，必须到皇太后面前谢恩。已经"归政"的慈禧太后，照例不再召见大臣。这一违反常规的举动无疑是要重新控制光绪皇帝，抓住朝廷用人大权，阻塞光绪皇帝与破格重用维新派和支持变法的帝党官员的渠道。第三道谕旨是任命慈禧太后的亲信荣禄署理直隶总督。不久又实授荣禄统帅北洋三军，即董福祥的甘军，聂士诚的武毅军和袁世凯的新建陆军，并加文渊阁大学士衔（军机大臣及内外名官之资望特重者，授大学士作为荣典）。于是荣身兼将相，权倾举朝。同时，慈禧太后又广布心腹，把北京城内外和颐和园的警卫权牢牢抓到自己手里。

面对慈禧太后的一连串打击，9月4日，光绪皇帝下令将阻挠礼部主事王照上书的礼部尚书怀塔布、许应骙，侍郎堃岫、徐会沣、溥颋、曾广汉等六人全部革职。同时授王照三品顶戴，以四品京堂候补。9月5日，光绪皇帝又破格任命谭嗣同等军机四卿，加紧推行新法。9月7日，把阻挠新政的李鸿章等人逐出总理衙门。

光绪帝的这些反击措施，更加激起了慈禧太后的恼恨，下决心扑灭新政，于是不断派人去天津与荣禄密谋策划。京津一带盛传10月间慈禧偕光绪皇帝去天津阅兵时发动政变，废掉光绪。

9月14日，光绪皇帝决定开懋勤殿，计划任命李瑞棻、徐致靖、康有为、杨深秀、康广仁、梁启超、谭嗣同、林旭、杨锐、刘光第为顾问，咨询改革官制等方案。光绪帝为了避免慈禧太后和守旧大臣的指责，就让谭嗣同根据内监拿出的康熙、乾隆、咸丰三朝"圣训"，拟写"诏谕"，然后请命于慈禧太后。谭嗣同从这件事，看出了光绪皇帝确实无权，而受制于慈禧太后；同时想到天津阅兵的时间迫在眉睫，将要出现非常激烈的斗争，而维新派虽然在光绪皇帝的支持下取得了草拟谕旨和阅览奏章的权力，但没有掌握军队权，也就无法来保障变法运动的推行和防御顽固派

的迫害。

在这种情况下,谭嗣同考虑到如何利用光绪皇帝的关系,结纳拥有重兵的将帅为援。究竟召哪一部分"外兵"最合适? 谭嗣同和康有为研究后,认为曾加入强学会并握有7000人武装的袁世凯可为己用。于是派遣徐致靖的侄子徐仁录去天津小站探视袁世凯的虚实,见面时,袁假意恭维维新派。与此同时,谭嗣同密荐袁世凯有"将才",要光绪帝"先发制人",把顽固派所依靠的慈禧太后"监禁在颐和园,以期制止顽固派对于维新的一切障碍"。光绪帝看了谭嗣同的密折,立即采纳,招令袁世凯入京觐见。光绪皇帝于9月16日召见了袁世凯,夸奖他练兵有功,并提升他为侍郎,叫他专办练兵事务,以保新政。

9月中旬,政变风声四紧,光绪皇帝在惊惶失措之中,于14日黎明时召见杨锐,问他是否可想一良策,既可排除维新变法的阻力,除旧布新,使中国转弱为强,而又不致有拂"圣意",并泣涕商量保全之策。杨锐原是张之洞的门生,以新进官僚表示支持维新而得到光绪帝的信任。但此时他畏惧推辞,于是光绪帝写一道密诏,说自己"位且不保",要杨锐和康有为、谭嗣同等商量,赶紧设法"相救"。杨锐接受密诏后,惊惶无策,数日隐匿不敢出门。

光绪帝召见袁世凯的当天,前往颐和园向慈禧太后问安,了解到阴谋政变的危急情况,就于次日回宫后,写第二道密诏约林旭带出,要康有为迅速出京,留着性命以便今后为他出力。之后,光绪帝又召见袁世凯,向袁世凯授意:回天津后,"即带兵入京师","以免意外之变"。

袁世凯本是李鸿章提拔的洋务派官僚,虽曾参加过康有为倡办的强学会,只是借此沽名钓誉,根本没有一点要变法的思想。此时他正心怀鬼胎,表面应付,而内心是不愿冒险地与掌握军政大权的后党为敌。所以他在光绪帝召见后,就谒见刚毅、王文韶、裕禄等属于后党的大臣,扬言自己无功受禄,一定力辞,借以试探这些权贵的口气,并企图表白自己虽被光绪帝所提拔,但并没有丝毫与后党为敌的意思。

顽固派得知光绪帝召见并提拔袁世凯后,荣禄立刻密谋制造了英俄在海参崴开战的谣言,借机调动聂士诚的武毅军移驻天津陈家沟一带,守住北京至小站的过道,以防袁世凯的军队西行;又调动董福祥的甘军移驻北京南面的长辛店,准备对帝党和维新派进行镇压。慈禧太后为首的顽固派布置政变,已呈剑拔弩张之势,而光绪帝的第一次密诏,直到9月18日早晨,杨锐才交给林旭。林旭马上将两道密诏分别带给谭嗣同和康有为。康有为、谭嗣同看了光绪帝的密诏后,相对痛哭,束手无策,除拉拢袁世凯之外,又幻想取得英、日帝国主义的支持,挽救败局。

英、日帝国主义为了和沙俄争夺在华霸权,曾表示愿意帮助中国变法。维新派轻信了他们的诺言,称赞英、日帝国主义是"救人之国",并奏请光绪皇帝联合英、日对抗顽固势力。英、日帝国主义也密切注视中国政局的发展。9月14日,日本前

首相伊藤博文来到北京。他原想博取光绪皇帝和维新派的信任，操纵中国政治，但当他发现维新派的败局已定，便无意支持光绪皇帝的维新变法，只对光绪帝和维新派虚表"同情"。康有为等人也曾到外国驻华使馆要求支持，但毫无结果。

9月18日，谭嗣同急电唐才常："速偕同志，来京相助"。晚上，谭嗣同独自一人急赴袁世凯在北京的住地法华寺。他不等通报即闯入袁宅，他开门见山地问袁世凯："荣禄他们准备趁皇上到天津阅兵的机会，阴谋废掉皇上，你听说了吗？"袁世凯回答："嗯，我听到一点传闻"。谭嗣同接着说："现在皇上大难临头了，只有你一个人能够救他，你如果愿意救，就救他；不愿意救，就请你到颐和园慈禧太后那里去告密，杀了我，你就可以享荣华富贵了！"袁世凯看到谭嗣同声色俱厉，腰间隆起，好像携带着利刃，知道他不达目的，是不会轻易走的，便假惺惺地说："你把我袁某当成什么人了？你我都是受过皇上特殊恩典的人，救护皇上，不但是你的责任，也是我的责任。有什么，你就尽管吩咐，我袁某一定万死不辞！"

听了袁世凯的话，谭嗣同以为袁世凯已被说动，连忙拿出光绪帝的密诏，激动地说："你如果真心救皇上，就立刻回天津，杀死荣禄，然后率兵进京，一半兵力包围颐和园，一半兵力守皇宫保卫皇上。"并告诉袁世凯，他自己已雇有好汉数十人，并电告湖南召集良将多人，很快就到，他将率领这支武装力量除掉慈禧太后这个老朽。

袁世凯听了这番话，左右推托，经谭嗣同再三催促后，袁世凯才表示："如果皇上在阅兵时，迅速跑到我的大营里，传令杀奸贼，我袁某一定拼死去干"。谭嗣同说："荣禄可不是等闲之辈，恐怕不那么好对付吧？"袁世凯拍着胸脯满口答应："如果皇上在我军营里，只要命令我下手，那么杀一个荣禄就像杀一条狗那样容易！"谭嗣同提醒道："恐怕等不到10月，就会发生变乱，势甚迫急，必须早做准备。"

袁世凯借口事机紧迫，必须立即回天津部署。袁世凯骗走谭嗣同后，反复筹思，如痴如病。他感到光绪皇帝既没有实权，又没有军队；维新派也是空谈书生；慈禧太后掌权多年，根深蒂固，投身光绪，自身难保；投靠慈禧，可升官发财。

9月20日，袁世凯向光绪皇帝再次信誓旦旦地表示自己的"忠心"。傍晚，他急忙赶回天津，到总督衙门向荣禄告密，同时策划镇压维新派。当夜，荣禄急忙入京，向慈禧太后报告。次日凌晨，慈禧太后决定发动政变。经过周密布置，立即回宫，命太监收了光绪帝的玺绶，随即将光绪幽禁在中南海的瀛台，重新宣布"训政"。同时下令搜捕维新派。杀气腾腾地要杀尽维新派，剿灭维新变法的思想。

在政变前一天，康有为按照光绪皇帝的旨意离京赴沪，在英国人的保护下逃往香港。梁启超则在政变当天躲入日本公使馆，后在日本人的掩护下，乔装出京，由天津逃往日本。从6月11日至9月21日，为时103天的"新政"便宣告终结。

中国历代冤案

变法而死　死得其所

1898 年 9 月 21 日,政变发生后的当天中午,谭嗣同正在自己的寓所里同梁启超商议对策。二人对坐床上,苦心焦虑。忽然有人报告朝廷派人来南海会馆搜捕康有为,又听说慈禧宣布垂帘训政,两个人大惊失色,深深地担忧康有为的安危,痛惜维新变法事业惨遭夭折。谭嗣同从容地对梁启超说:

"过去我们筹划救皇上,现在已不能救了,今天我们想救康有为也了无办法。我已无事可办,只是等待就义的那一天了!虽然这样,我们知道天下事并非尽如人意,你可以试入日本使馆,谒见伊藤博文,请他致电日本驻上海领事在那儿救护康先生。"

这天晚上,梁启超按照谭嗣同的主意赴日本使馆,而谭嗣同却终日不出门,等待着唐才常率哥老会"健儿"的到来,以求从瀛台救出光绪皇帝。但是,事情正值千钧一发之际,容不得更多地等待,他立即与大刀王五商议劫出光绪皇帝的计划。不料,自从政变发生后,紫禁城外每一处岗哨,就增至二十人,往来巡查,日夜不息,而且各土门戒备森严。这样,劫救光绪皇帝的计划不得不放弃。

为了保存维新力量,以图再举,大刀王五苦劝谭嗣同暂作躲避,并愿意做谭嗣同的保镖,护送他出京。但是,谭嗣同坚决不同意。他把心爱的"凤矩"宝剑赠给大刀王五,以作纪念。这时,谭嗣同已做好了流血牺牲的准备。

9 月 23 日,谭嗣同已经知道牺牲在所不免,但他不顾自己的安危,毅然去日本大使馆,劝说在那里避难的梁启超,东赴日本,以待来日。他对梁启超说:"没有暂避时艰的人,便无法寻机再举;没有为事业而牺牲的人,就不能激励后来的人"。之后,谭嗣同和梁启超一同去会见英国传教士李提摩太,商讨劫救光绪皇帝的办法,决定由容闳去见美国公使,梁启超去见日本公使,李提摩太去见英国公使,请他们设法保护光绪皇帝。但那时这几个外国公使均不在,因而这一设想又落空了。在与梁启超告别时,谭嗣同把自己所著的诗文辞稿本数册和一箱家书托咐给梁启超,在生死离别之时,谭嗣同和梁启超紧紧地抱在一起。

从使馆回到寓所,谭嗣同仍与几位志士谋划营救之事,一直到入狱。一天,日本使馆派人来到寓所,提出可以设法保护,让谭嗣同安全出京。来者苦劝,谭嗣同慷慨地说:"各国变法,无不从流血而成,今日中国未闻有因变法而流血者,此国之所以不昌也。有之,请自嗣同始!"

9 月 24 日,谭嗣同在寓所——浏阳会馆的"莽苍苍斋"被清政府逮捕。谭嗣同入狱后,被囚禁于刑部监狱。大刀王五为了使谭嗣同少遭狱吏的折磨,专门给狱吏送去钱。谭嗣同在狱中视死如归,慷慨激昂地在囚室中壁上写下了:

望门投止思张俭，忍死须臾待杜根。

我自横刀向天笑，去留肝胆两昆仑。

他想到汉朝的张俭和杜根不畏权贵，勇敢地劝谏太后、规劝皇帝而遭到残害，到处流浪，历尽人间的苦难，可是他们却受到人们的尊敬和爱戴，死后流芳千古。谭嗣同感慨变法事业虽然遭到慈禧太后为首的封建顽固派的扼杀，但是改造中国的事业决不会就此而停止，这一次夭折必然唤起更多的志士为之而奋斗。在反动统治者的屠刀面前，谭嗣同大义凛然，视死如归。他又想到康有为，并寄望康有为继续承担起维新变法大业，"他的去和我的留，都是肝胆相照，像巍然屹立的昆仑山一样的巨人。"

谭嗣同等维新志士被囚禁后，封建顽固势力更加猖狂。兵部掌印给事中（掌管国家军事力量部门中的官员）高燮曾和福建道监察御史（掌监察百官的官员）黄桂鋆上奏，主张早日处决谭嗣同等人。刑部尚书赵舒翘在慈禧太后召见时，恶毒地说："这些无父无君的禽兽，杀无赦"，是不必讯问的。这些话都说到了慈禧的心坎上，她无不为斩尽杀绝维新志士而后快，但是慈禧太后的残酷屠杀，便预示着这一统治的危机将更快地到来。

9月28日，是北京最黑暗的一天。北京宣武门外菜市口刑场上，临时竖起六根木柱、木柱前绑着六个维新志士。他们是谭嗣同、杨锐、刘先军、林旭、杨深秀、康广仁，刑场上聚集了很多人。只见谭嗣同正气凛然地对监斩官刚毅喝道："你过来，我有话讲！"刚毅不敢正视，仓皇示意刽子手，立即行刑。谭嗣同对围观的群众大声说道："有心杀贼，无力回天，死得其所，快哉，快哉！"谭嗣同面对屠刀毫无惧色，英勇就义。

这一年他才33岁。谭嗣同为了自己的理想，为了国家的强盛，牺牲了宝贵的生命。大刀王五满怀悲哀地为这位志士收敛了尸体。第二年，谭嗣同的骨骸被运回湖南浏阳原籍，在城外石山下建造了志士的陵墓。

戊戌政变后，维新变法运动宣告失败。谭嗣同的家乡——湖南，陈宝箴被革职，新上任的巡抚俞廉三，在慈禧后面亦步亦趋，全部摧毁了湖南新政时期创办经营的各种事业，囚禁、罢黜或放逐支持或赞同维新变法的人，经过血腥的镇压之后，光绪皇帝所颁布的变法措施除京师大学堂和保甲制度被保留下来以外，其他全被取消。

在这场资产阶级变革封建政治制度、推进资本主义经济发展、开创新式文化教育事业的运动中，谭嗣同是一个核心人物。他的思想闪耀着追求民主政治理想、深刻批判封建的专制制度及与其相适应的意识形态、勇往直前、无私无畏精神的光辉。他的爱国思想、对传统的批判精神激励着后人为民族的振兴和国家的强盛而执着地奋斗。